MONDE PRIMITIF,
ANALYSÉ ET COMPARÉ
AVEC LE MONDE MODERNE,
CONSIDÉRÉ
DANS LES ORIGINES LATINES;
OU
DICTIONNAIRE
ÉTYMOLOGIQUE
DE LA LANGUE LATINE.

SIXIEME LIVRAISON.

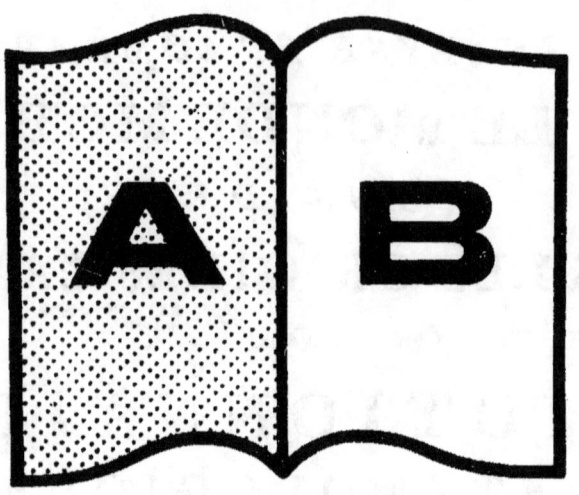

Contraste insuffisant
NF Z 43-120-14

MONDE PRIMITIF,

ANALYSÉ ET COMPARÉ
AVEC LE MONDE MODERNE,
CONSIDERÉ
DANS LES ORIGINES LATINES;
OU
DICTIONNAIRE
ÉTYMOLOGIQUE
DE LA LANGUE LATINE;

AVEC UNE CARTE ET DES PLANCHES:
PAR M. COURT DE GEBELIN,
De diverses Académies.

PREMIERE PARTIE.

A PARIS,

Chez
- L'Auteur, rue Poupée, Maison de M. Boucher, Secrétaire du Roi.
- BOUDET, Imprimeur-Libraire, rue Saint Jacques.
- VALLEYRE l'aîné, Imprimeur-Libraire, rue de la vieille Boucherie.
- Veuve DUCHESNE, Libraire, rue Saint Jacques.
- SAUGRAIN, Libraire, quai des Augustins.
- RUAULT, Libraire, rue de la Harpe.

M. DCC. LXXIX.
AVEC APPROBATION ET PRIVILÉGE DU ROI.

DISCOURS PRÉLIMINAIRE SUR LES ORIGINES LATINES.

PARTIE PREMIERE.

ORIGINE DES LANGUES ET DES PEUPLES DE L'ITALIE.

ARTICLE I.

§. I.

AVANTAGES DE LA LANGUE LATINE.

A la suite des Origines Françoises, marchent naturellement les Origines Latines.

Aucune Langue ne mérite plus notre attention : la gloire du Peuple qui la parla, l'éclat de ses Ecrivains, l'empire qu'elle exerce encore au milieu de nous, la nécessité où nous sommes de la sçavoir, tout la rend intéressante.

Parlée par les Vainqueurs des Nations anciennes, elle participa à toutes leurs révolutions, & porta sans cesse leur empreinte. Mâle & nerveuse, tandis qu'ils ne s'occuperent que de combats

a

& de carnage ; elle tonna dans les camps, & fit trembler les Peuples les plus fiers, les Monarques les plus defpotes. Abondante & majeftueufe, lorfque las de combats, ils voulurent lutter en fcience & en graces avec les Grecs, elle devint la Langue fçavante de l'Europe, & fit difparoître par fon éclat les idiomes des Sauvages qui s'en difputoient la poffeffion. Après avoir enchaîné tous ces Peuples par fon éloquence & par fes loix, elle en devint la Langue religieufe, lorfque Rome Chrétienne eut attiré les Peuples de l'Occident dans le fein du Chriftianifme par la grandeur de fes Dogmes, par la pompe de fes Cérémonies, par la beauté & par la pureté de la Morale Chrétienne qui en faifoit un Peuple nouveau, encore plus que par la terreur de fon nom & par l'habitude de lui obéir.

Ainfi la Langue Latine, tout-à-la-fois Langue des Combats, de la Politique, de l'Eloquence & de la Religion, devint dans tout l'Occident la Langue de quiconque voulut penfer : tout fut foumis à fon Empire, & il fallut ou fçavoir cette Langue, ou paffer pour barbare. Encore aujourd'hui, quiconque ne veut pas l'être, quiconque eft jaloux d'occuper une place dans la République des Lettres, & de puifer l'érudition dans fes fources, doit fçavoir cette Langue, être en état de confulter les Ouvrages qu'elle fit naître.

C'eft-là qu'on puife les modèles de l'Eloquence, qu'on s'inftruit des Loix anciennes, qu'on converfe avec l'Antiquité : c'eft par-là que le culte de l'Eglife Latine ceffe d'être un culte étranger & qu'on n'entend pas ; qu'on n'eft plus foi-même étranger aux Lettres.

§. II.

Néceſſité d'abréger l'étude de ſes mots, & moyens d'y parvenir en remontant à leur origine.

Plus il eſt eſſentiel de connoître cette Langue, & plus il importe d'en rendre l'étude agréable & facile : mais quels moyens peuvent faire diſparoître la ſéchereſſe d'une pareille étude, abréger le tems qu'on y conſume, en rendre les travaux moins pénibles, moins faſtidieux ; diminuer ſur-tout le poids de cette maſſe énorme de mots qui compoſent cette Langue, qui dépouillés de toute vie, ne ſemblent jamais que l'effet du haſard, & dont on ne voit jamais la raiſon ?

Ce ſeroit, ſans contredit, de démontrer que chacun de ces mots eut toujours une cauſe, & une cauſe intéreſſante : qu'il eſt toujours étroitement lié avec l'idée qu'il peint, qu'il en eſt l'image fidelle : ce ſeroit ſur-tout d'unir entr'eux cette multitude de mots par un petit nombre de radicaux ou de monoſyllabes, dont tous les autres ne fuſſent que des dérivés : enſorte qu'en jettant les yeux ſur ces mots, on les reconnût auſſi-tôt à leur air de famille, & qu'on pût, non-ſeulement les claſſer tous dans ſa mémoire avec autant d'exactitude que de ſimplicité, mais juger la Langue Latine elle-même, s'aſſurer ſi elle a fait uſage de tous les mots qu'elle auroit pu employer, ſi elle a tiré de ces chefs de famille tout le parti poſſible.

Rien ne manqueroit à cette méthode, ſi en même-tems on pouvoit montrer que ces chefs de famille, ces mots radicaux, très-ſimples, très-courts, ſont eux-mêmes repréſentatifs de leurs objets, qu'ils tiennent à un petit nombre d'Élémens connus, & dont on les verroit ſe dériver ſans peine.

L'utilité d'une pareille méthode se fait aisément sentir : la mémoire ne seroit plus la seule faculté qu'on pût mettre en œuvre pour apprendre cette masse effroyable de mots, que peut-être personne ne posséde entiérement : toutes les puissances de l'ame seroient mises en jeu ; toutes viendroient nous prêter leur secours. L'imagination déploieroit ses richesses pour faire briller l'énergie de chaque mot, pour l'animer, le faire valoir ; le jugement montreroit ses rapports avec ceux qui sont déjà connus : le goût en feroit sentir la justesse, la précision, la solidité. Ne voyant plus que des attraits dans cette étude, elle seroit aussi agréable qu'elle étoit fastidieuse, aussi simple qu'elle étoit embarrassée, aussi ferme qu'elle étoit versatile, aussi prompte qu'elle étoit lente, aussi étendue qu'elle étoit bornée. Notre esprit en embrasseroit l'immensité avec moins de peine qu'il n'en faut pour en saisir une légère partie. Tel, l'œil qui s'égare dans les contours tortueux d'un espace peu étendu, saisit & parcourt à l'instant la vaste étendue d'une forêt où tout est aligné, & où ne regne aucune confusion.

On apprendroit plus de mots par cette méthode en deux ans, & on les sauroit plus impertubablement que dans l'espace de trente ans par la méthode ordinaire, utile si on veut pour trouver à l'instant le sens d'un mot inconnu en ouvrant un Dictionnaire, mais qui n'est que la lumiere de l'éclair : dénuée de tout principe, de toute conséquence, isolée, ne conduisant à rien, elle ne sert ni à approfondir les Langues, ni à les lier entr'elles.

§. III.

Les Origines Latines, partie essentielle du Monde Primitif : ce que nous en avons dit dans notre Plan général & raisonné.

Ce sont ces Origines que nous nous empressons de publier ;

PRELIMINAIRE.

elles font une partie effentielle du Monde Primitif : c'eft ainfi que nous nous exprimâmes à leur fujet dans le Plan général & raifonné de cet Ouvrage (p. 36.)

» « Avec la marche & les principes par lefquels on fe dirige dans
» ces recherches, il n'eft aucune Langue dont on ne pût donner
» le Dictionnaire Etymologique : cependant, nous ne ferons pas
» entrer ici ces Dictionnaires particuliers ; ils ne feroient pas d'un
» intérêt affez général, & ils rendroient cet Ouvrage trop volu-
» mineux : on trouvera d'ailleurs dans le Dictionnaire Comparatif,
» les principales familles de chaque Langue.

» Diftinguons cependant quelques Langues qui, par leur utilité
» & par leurs rapports avec les autres, méritent un examen plus
» particulier : telles font la Latine, la Françoife, l'Hébraïque &
» la Grecque : toutes intéreffantes comme Langues fçavantes, &
» comme Langues cultivées avec foin par l'Europe entière.

» Nous en donnerons donc le Dictionnaire Etymologique, &
» nous le donnerons de la manière la plus complette, & nous ofons
» dire la plus folide : le Lecteur en jugera par l'analyfe de nos
» procédés à cet égard, & d'abord pour la Langue Latine.

» Ici les mots Latins feront claffés fuivant leurs rapports avec
» les Langues déjà en ufage au tems des anciens Romains, ou
» même antérieures à ce Peuple. On verra leurs mots communs,

» 1°. Avec les Grecs.

» 2°. Avec les Celtes.

» 3°. Avec les Orientaux.

» 4°. Les mots compofés par les Latins eux-mêmes, & dont
» l'origine eft ainfi dans la Langue Latine même.

» Par cette méthode, ce Dictionnaire fera extrêmement fimplifié ;
» puifqu'en reftituant à chaque Langue ce que le Latin en a
» emprunté, nous n'aurons à rendre raifon que des mots qui

» appartiennent strictement à la Langue Latine : tandis que l'on » donnera la raison des autres dans la Langue qui la premiere en » fit usage.

» Rapportant ensuite les mots Latins à ces deux classes géné- » rales dont chaque mot portera avec soi la raison qui le fit » choisir pour exprimer telle ou telle idée, la connoissance de la » Langue Latine en deviendra infiniment plus aisée. L'on ose » assurer qu'en moins d'un an, à ne lire qu'une ou deux pages par » jour, on pourra passer en revue avec le plus grand intérêt, tous » les mots de la Langue Latine, & l'on sera en état de rendre » raison de tous ; ce dont on n'a peut-être vû aucun exemple jus- » qu'ici, après vingt ans d'étude ».

Cette annonce étonna : on la regarda comme une chimère : ramener la Langue Latine à la Celtique, parut une vision digne d'un Etymologiste : pouvoit-on juger autrement ? On n'avoit d'autres points de comparaison que ceux que renfermoit cette annonce, & ce n'étoit qu'un point pour l'immensité de nos pro- messes. Le Public plus éclairé, est actuellement en état de juger si nous tenons parole.

Ces Origines Latines sont destinées sur-tout aux Jeunes Gens qui se vouent à l'étude des Langues : nous ne les croyons cependant pas indignes des regards de ceux qui sont déjà avancés dans cette carrière : ils y trouveront des vues neuves, des rapports lumineux, des vérités inconnues aux Romains eux-mêmes ; une énergie dans les mots dont ils ne se doutoient pas.

§. IV.

Pourquoi ces Origines sont mieux connues aujourd'hui qu'au tems des Romains.

Qu'on ne soit étonné ni de ce que les Romains avoient totalement perdu de vue les origines de leur Langue, ni de ce qu'à une si grande distance, nous avons pu parvenir à les connoître.

Les Romains n'avoient aucune idée du Génie Etymologique des Langues : & jamais ils ne penserent à rapprocher la leur des Langues Celtiques qu'on parloit dans le reste de l'Europe : il étoit de toute impossibilité qu'ils pussent répandre la moindre lumiere sur les origines de leur Langue.

Actuellement, au contraire, il existe une science étymologique au flambeau de laquelle doit se dissiper tout doute ; & l'on connoît cette Langue parlée par les premiers habitans de l'Europe, qui étendit ses fertiles rameaux dans toute cette partie de l'ancien Monde avec les Colonies qui s'y répandirent de tous côtés, & de laquelle descendirent, comme nous l'avons déjà dit dans nos Origines Françoises, (*Disc. Prélim. p. xij.*) l'ancienne Langue Grecque, antérieure à Homère & à Hésiode, l'ancienne Langue Latine ou celle de Numa, l'Etrusque, le Thrace parlé depuis la Mer Noire jusqu'au Golfe de Venise, le Theuton, le Gaulois, le Cantabre, le Runique.

Si dans nos Origines Françoises, nous avons prouvé cette assertion relativement à notre Langue, nous ne la prouvons pas moins aujourd'hui relativement aux Origines Latines : & même pour la plupart des autres Langues, de la Grecque en particulier dont nous montrons les rapports étroits avec la Latine.

Ces rapports sont à la vérité de deux espéces qu'on n'a pas assez distinguées, & qu'il est cependant essentiel de ne pas confondre. Les uns sont l'effet de l'origine commune de toutes ces Langues : les autres sont dûs aux emprunts successifs que chaque Peuple a fait chez ses voisins. C'est ainsi que le Latin, outre les mots primitifs qui lui sont communs avec les autres Langues, en emprunta successivement de la Langue sçavante des Grecs : c'est ainſi que cette même Langue & la nôtre ont nombre de mots communs avec celles de l'Orient, & par droit d'origine commune, & par droit d'adoption.

§. V.
Ignorance & mépriſes des Romains ſur les origines de leur Langue.

Les Romains brouillerent tous ces rapports : ils ne virent dans leur Langue que du Grec ou du Latin compoſé ils croyoient donc avoir tout fait lorſqu'ils avoient pu ramener quelques-uns de leurs mots à la Langue Grecque, ou lorſqu'ils avoient pu le dériver tant bien que mal de leur propre Langue : on croit lire des rêves lorſqu'on jette les yeux ſur leurs étymologies : ſouvent le livre bleu a plus de ſens.

Ils ne pouvoient ſe diſſimuler cependant que, malgré cette prétendue lumiere, ils étoient toujours dans les ténébres, qu'ils ſe traînoient dans la fange, qu'une multitude de mots ſe refuſoient à ces rapports, à ces miſérables tours d'adreſſe : mais ils n'en étoient pas plus avancés, n'appercevant nul moyen de faire mieux.

Quelquefois ils ne pouvoient s'empêcher de reconnoître qu'ils étoient redevables de divers mots à quelques-unes de ces anciennes Nations qu'ils traitoient de barbares, aux Etruſques, aux Sabins, aux Oſques : mais comme s'ils euſſent rougi de devoir quelque choſe à leur *Terre-mere*, & de reconnoître leurs vrais ayeux, ils détournerent leurs regards de deſſus ces beaux apperçus ; & aimerent mieux reſter dans l'ignorance que de convenir que leur origine n'étoit pas toute Troyenne.

Quels ſervices n'auroit pas rendu VARRON aux connoiſſances humaines, à la ſcience étymologique en particulier, ſur-tout à l'Hiſtoire

PRELIMINAIRE.

l'Hiſtoire Générale des Nations & aux cauſes de leurs développemens, perdues ſans la connoiſſance des Langues, s'il eût profité de l'avantage qu'il avoit de pouvoir approfondir les diverſes branches de la Langue Celtique, qui reſſembloient à celles du Latium, & les anciennes Langues de l'Italie ; & que raſſemblant les mots antiques de ſa Langue, il nous eût tranſmis les vraies origines du Latin & ſes rapports avec les autres Langues, dans un tems où ils étoient moins altérés.

Mais les Romains qui ne connoiſſoient qu'eux, qui n'aimoient qu'eux, aux yeux de qui tous les Peuples n'étoient que des barbares, deſtinés, ſelon eux, à devenir leur proie, à être leurs eſclaves; livrés d'ailleurs aux illuſions de toute eſpéce, ne purent que donner à gauche dans les recherches étymologiques. VARRON, le plus ſçavant d'entr'eux, dut donc reſter infiniment au-deſſous du vrai. Ses fautes & ſon exemple durent avoir les influences les plus funeſtes : & lors même qu'on oſa douter qu'il eût ſuivi la meilleure voie, l'inutilité de ſes travaux, malgré ſon grand ſçavoir, arrêta néceſſairement à jamais les progrès des Romains dans ce genre : auſſi n'eurent-ils jamais la moindre idée d'une Langue primitive & commune, quoiqu'ils tinſſent à toutes les Langues, quoique leur Ville fût la réunion de tous les Peuples & de tous les idiomes. Tel fut l'état de la ſcience étymologique juſqu'au renouvellement des Lettres : on peut même dire qu'elle ſe détériora plutôt qu'elle ne ſe maintint dans cet état, quelqu'imparfait qu'il fût.

Mais ſans nous borner à ces généralités, jettons un coup-d'œil ſur les principaux Sçavans qui ont traité des Etymologies Latines, & commençons par les Romains.

ARTICLE II.

Romains qui se sont occupés des Etymologies de leur Langue.

Dès que les Romains commencerent à cultiver les Sciences & à perfectionner leur Langue, ils s'occuperent des Etymologies Latines : ils sentirent sans peine que cette connoissance pouvoit seule leur donner une juste idée de la valeur de leurs mots ; qu'ils ne pouvoient sans elle, en faire l'application la plus exacte, ni donner à leurs Discours cette vérité, cette énergie qui peuvent seules animer les tableaux de la parole. Cicéron, qui, si César n'avoit pas écrit, seroit le plus éloquent des Romains, Cicéron, Juge que personne ne récusera sur cet objet, s'adressant à Varron dans ses Questions Académiques, lui disoit que par ses Ouvrages sur l'Etymologie, il étoit devenu une source de lumiere pour les Poëtes mêmes, & pour tous les Latins à l'égard des connoissances & des mots. Il venoit de lui dire : « nous étions errans & étrangers
» dans notre propre Ville : vos Livres nous ont fait retrouver en
» quelque sorte notre maison ; nous pouvons du moins connoître
» le tems, la nature & le lieu de notre existence. Vous avez
» débrouillé à nos yeux l'âge de notre Patrie, les descriptions des
» tems, les droits des cérémonies sacrées, les fonctions des
» Prêtres, la discipline domestique & celle de la guerre, l'empla-
» cement des régions & des Villes, les noms, les genres, les
» devoirs, les causes de toutes les choses divines & humaines ».
Mais rapportons ses propres expressions, on les aimera mieux que notre foible traduction.

Sunt, inquam, ista Varro. Nam nos in nostrâ urbe peregri-nantes, errantesque tanquam hospites, tui libri quasi domum de-

PRÉLIMINAIRE. xj

duxerunt ; ut possemus aliquando, qui & ubi essemus, agnoscere. Tu ætatem patriæ, tu descriptiones temporum, tu sacrorum jura, tu Sacerdotum munera, tu domesticam, tu bellicam disciplinam, tu sedem regionum & locorum, tu omnium divinarum humanarumque rerum nomina, genera, officia, causas aperuisti : plurimùmque Poetis nostris, omninòque Latinis & litteris luminis attulisti, & verbis.

E L I U S   G A L L U S, *Jurisconsulte.*

Le plus ancien Etymologiste Latin dont nous trouvions des traces, est un Elius Gallus, cité par Varron : il avoit composé un Ouvrage sur la signification des termes de Jurisprudence. Il n'est point étonnant que le premier Etymologiste Latin ait été un Jurisconsulte. Chez tous les Peuples qui ont une Législation, les mots consacrés à cette science se transmettent inviolablement de génération en génération, malgré toutes les altérations du langage : ensorte qu'au bout d'un grand nombre de siècles, le Droit se trouve en quelque maniere une Langue surannée dont on n'entend plus les mots : on est donc forcé, pour ne pas parler une Langue inconnue, de remonter à l'origine de ces mots, & d'en rétablir la vigueur & l'intelligence. Dès-lors la Science Etymologique devient pour ceux qui se vouent au Droit, un objet de premiere nécessité, d'autant plus important, qu'il porte essentiellement sur la fortune, les propriétés, l'existence de chacun des individus de la Société. Cet avantage seul devroit faire aimer la Science Etymologique à tous les hommes.

Nous aurions pu faire la même remarque dans nos Origines Françoises : nos premiers Etymologistes & ceux qui ont soutenu les plus grands travaux à cet égard, ont été des Jurisconsultes ; le Président Fauchet, Etienne Pasquier, Des Laurieres, Du Cange, Terrasson, &c.

DISCOURS

L. ELIUS STILO.

Elius Gallus fut suivi de L. ELIUS STILO. Cicéron en parle dans son Brutus : il le dépeint comme un excellent homme & comme un des plus illustres Chevaliers Romains : il ajoute qu'il étoit très-sçavant dans les Lettres Grecques & Latines, & très-versé dans la connoissance des inventions & des actions des antiques Romains, de même que dans celle de leurs anciens Ecrits. C'est lui qui fut en ce genre le Maître de Varron ; il avoit même essayé d'expliquer les Vers Saliens du tems de Numa ; mais il s'en falloit de beaucoup, selon la remarque de son Disciple, qu'il eût pu les entendre en entier.

Q. CORNUFICIUS.

Nous pouvons mettre au rang des Eléves d'Elius Stilo, un célébre Contemporain de Cicéron, Q. CORNUFICIUS, Romain aussi distingué par son sçavoir & par son esprit, que par son rang & par ses richesses, au jugement même de Cicéron, qui le mettoit au rang des hommes rares de son siécle, comme Catulle & Eusebe le mettent au rang des grands Poëtes. Son mérite l'éleva successivement à la place de Propréteur dans la guerre d'Illyrie, à celle de Gouverneur de Syrie où il eut de grands succès contre Bassus, & à la dignité d'Augure ou de Pontife.

Malgré une vie aussi active, cet illustre Romain trouva du tems pour s'occuper des Origines de la Langue Latine ; sur lesquelles il fit un Ouvrage cité avec éloge par les Anciens. Connoissant aussi-bien les beautés & les avantages de l'Eloquence, de même que la force des mots, il étoit fait pour sentir la nécessité de remonter à la cause de chaque mot, & d'en fixer le sens propre & primitif : ces recherches étymologiques font donc honneur à son génie & à son goût : quelle idée doit-on par consé-

PRÉLIMINAIRE. xiij

quent se former de cette phrase d'un Académicien qui, parlant de Cornuficius, s'exprime ainsi : « La science de ce Romain, quoique du premier ordre, ne dédaignoit pas de s'abaisser jusqu'aux matieres purement grammaticales, puisqu'il s'étoit appliqué à la recherche des Origines ou des Etymologies de la Langue Latine. » *Ne dédaignoit pas !* Ne diroit-on pas que les mots devoient être très-flattés de ce qu'on vouloit bien s'occuper d'eux ? qu'un bel esprit ne sauroit, sans se rabaisser, s'occuper des Elémens du langage, remonter à l'Origine des mots, en peser la force ? que les Sciences sont plus nobles les unes que les autres ? Il faut espérer que le tems n'est pas éloigné où l'on craindra de s'exprimer ainsi, & où l'on regardera comme une vérité incontestable que la Science Etymologique est la base de toute connoissance, & que c'est par elle qu'on doit commencer toute étude.

N'omettons pas qu'on voit dans les Mémoires de l'Académie des Inscriptions & Belles-Lettres (*Tom. III. Hist.*) une Dissertation de M. BAUDELOT sur une Médaille d'or frappée à l'honneur de Cornuficius : il y porte les titres d'*Augure* & d'*Imperator*.

La Déesse *Fauna* ou Junon Conservatrice, lui met sur la tête une couronne de laurier. Au revers est la tête de *Faunus* ou de Jupiter Ammon aux cornes de Bélier : emblêmes très-remarquables & pleins de sens.

VARRON.

Mais celui qui surpassa tous ses concurrens en fait d'Etymologies ou d'Origines Latines, c'est M. Terentius VARRON. Nous avons déjà vu le cas infini que Cicéron en faisoit : il l'appelle, tantôt *le Rechercheur le plus soigneux de l'Antiquité* (1) ; tantôt *un homme éminent en génie & en sçavoir*.

---

(1) Dans son BRUTUS.

DISCOURS

Un Pere de l'Eglise dit de cet illustre Romain, qu'il avoit tant lu, qu'on étoit étonné qu'il eût eu le tems d'écrire; & qu'il avoit tant écrit, qu'on étoit étonné qu'il eût eu le tems de lire (1).

Ouvrages que VARRON composa sur les Origines Latines.

VARRON avoit composé IX Livres sur la Langue Latine; les trois premiers n'existent plus; mais nous en retrouvons l'objet au commencement du quatriéme. « Je m'étois proposé, y dit Varron, » de faire voir en six Livres comment les noms avoient été imposés » aux choses dans la Langue Latine. De ces six, j'en ai déjà » composé trois que j'ai envoyés à SEPTIMIUS: j'y traite de l'Art » qu'on appelle ETYMOLOGIQUE: dans le premier, de ce qu'on se » permet contre cet Art; dans le second, de ce qu'on dit en sa » faveur; dans le troisiéme, de ce qu'on en peut dire ».

Ce Septimius, dont le vrai nom étoit P. SEPTIMIUS, avoit été Questeur sous VARRON, comme on le voit à la fin du VIᵉ Livre: c'étoit un jeune homme plein de goût pour les Sciences, qui sentoit tout ce que valoit son Maître, & auquel s'étoit attaché celui-ci par un juste retour.

Pour remplir ce premier plan, Varron composa trois autres Livres sur les causes des mots; il les adressa à un de ses grands Admirateurs, à Cicéron, qui lui avoit demandé sans doute ce qu'il pensoit sur cet objet, étroitement lié d'ailleurs avec la recherche des Etymologies: il marque à Cicéron qu'il y traite des causes des mots Latins & de ceux qui ont passé en usage chez les Poëtes.

Varron avoue que de très-grandes obscurités sont répandues

---

(1) S. AUGUST. Cité de Dieu, Liv. VI.

fur cet objet, parce que le tems a détruit une partie de ces mots : & qu'entre ceux qui ont échappé à fes ravages, il en eft qui n'ont pas été impofés avec exactitude ; tandis qu'à l'égard de ceux même qui ont été affignés aux chofes de la maniere la plus parfaite, les uns fe font altérés à la longue, d'autres ont changé infenfiblement de fignification.

« Quant à ceux, dit-il, que le tems a détruits, MUCIUS &
» BRUTUS ne pourroient jamais les rétablir, malgré leur ardeur
» pour ce genre de recherches ».

Ce font donc ici deux Sçavans Etymologiftes Latins, qui feroient abfolument inconnus fans ce paffage : mais l'affertion à laquelle ils donnent lieu, prouve combien peu Varron étoit ferme dans fes principes. Sur quoi fe fondoit-il en effet, pour croire que des mots étoient totalement perdus ? Etoit-ce parce qu'on n'entendoit plus le fens de quelques anciens mots ? mais on devoit le retrouver par fes racines. Etoit-ce parce qu'on ne trouvoit plus les racines de ces mots ? mais il falloit les chercher dans les Langues plus anciennes.

On peut juger par-là du peu d'utilité de ce qui nous refte de Varron à cet égard : on n'y trouve prefqu'aucun fecours pour les Origines Latines. Comment auroit-il pû réuffir ? Il fe bornoit aux mots dérivés du Latin ou du Grec ; quelquefois il en entrevoit d'Ofques ou de Sabins, comme nous avons dit ; mais c'étoit pour lui un effort prodigieux, & le *non plus ultrà* des Etymologiftes.

Cependant, il étoit le plus fçavant des Romains, parce qu'aucun d'eux n'avoit porté plus loin les connoiffances en ce genre, & n'avoit mis une auffi grande variété dans ces connoiffances : comme nous en pouvons juger par la continuation du Difcours que lui adreffe Cicéron, & dont nous avons rapporté le commencement ci-deffus. « Vous avez compofé, lui dit-il encore, un Poëme

» aussi varié qu'élégant, dans lequel vous faites entrer toutes nos
» différentes espéces de Vers. Vous avez même souvent traité de
» la Philosophie, si ce n'est assez pour l'enseigner, du moins
» d'une maniere assez intéressante pour porter les hommes à sa
» recherche ».

D'ailleurs Varron parloit aux Romains, de Rome, de leur Origine, de leur Langue dont ils étoient des enthousiastes si outrés que Cicéron lui-même prétendit prouver qu'elle l'emportoit en abondance & en choix de termes sur la Langue Grecque : Varron étoit donc bien sûr de plaire aux Romains & d'en être admiré.

Utilité de ses Ouvrages.

On chercheroit en vain de l'éloquence dans ses Ecrits ; mais on y trouve beaucoup de sagacité & une profonde connoissance des Poëtes Latins, peu anciens quant au tems, mais très-anciens par la rapidité avec laquelle leur Langue avoit vieilli. Ces citations embellissoient ses Etymologies ; elles présentoient aux Romains un spectacle nouveau en les transportant au-delà de leur siècle ; elles faisoient mieux sentir la beauté & l'avantage de son travail. Nous y trouvons nous-mêmes celui de connoître le génie de ces Poëtes dont nous n'aurions presqu'aucune idée, la plupart de leurs Ouvrages étant perdus ; ainsi que nous avons laissé perdre ou que nous négligeons presque tous les Ecrits de nos premiers Poëtes : il n'est aucun Peuple qui, dès qu'il a des Ouvrages plus intéressans, tienne compte de ceux qu'il admiroit le plus auparavant, & dont il étoit aussi inséparable qu'un enfant de ses joujoux.

Tels étoient L. Attius, Livius Andronicus, Nævius, Pacuvius, Ennius, sur lesquels nous entrerons dans quelque detail à la suite de ce Discours, & quelques autres qui ne sont connus que par ce qu'en dit Varron.

PRÉLIMINAIRE. xvij

Il nous apprend, par exemple, que dans l'espace de dix ans, on oublia entiérement le *Teucer* de Livius Andronicus, parce qu'il fut absolument éclipsé par le *Teucer* de Pacuve; Piéce également perdue malgré son succès si mérité, que Cicéron lui-même en fait l'éloge dans son Traité de l'*Orateur*.

Mais pour en revenir à ce qui fait l'objet des trois Livres sur la Langue Latine que Varron avoit adressés à cet illustre Orateur Romain, le premier traite des noms de lieux; le second, des noms de tems; & le troisiéme, des mots employés par les anciens Poëtes, relativement à ces objets. C'est ainsi que Varron les intitule lui-même.

A ces six Livres, c'est-à-dire aux trois adressés à Septimius & aux trois adressés à Cicéron, leur Auteur en ajouta trois autres qui subsistent, ainsi que ces trois derniers, à l'exception de quelques lacunes: ils ont pour objet la formation des Cas & des Tems, ou ce que nous appellons Déclinaison & Conjugaison, & que Varron appelle simplement la *Déclinaison des Noms & des Verbes*.

Calcul d'un Ancien sur le nombre des radicaux Latins.

Varron rapporte dans son cinquième Livre un calcul de Cosconius, trop relatif à nos recherches actuelles pour l'omettre. Ce Savant n'admettoit qu'environ MILLE MOTS RADICAUX dans la Langue Latine; nombre suffisant, disoit-il, pour en dériver au besoin cinq cens mille mots. Varron avoit déjà dit, au commencement du quatrième Livre, que les mots se formoient par grandes familles. Ainsi ces vérités importantes n'avoient pû leur échapper; mais comment étoient-elles demeurées stériles jusqu'ici?

Orig. Lat.

DISCOURS
De quelques autres Ouvrages de Varron.

Ce ne font pas encore là les feuls Ouvrages de ce favant & laborieux Romain. Les anciens nous ont confervé les titres & les fragmens d'un grand nombre d'autres ; tels qu'un Traité en plufieurs Livres fur la *Vie privée* du Peuple Romain, & un Ouvrage fur l'*Education des Enfans*. Un objet de cette importance dut occuper fans doute les Romains au moment où les Sciences & les Arts fe développerent chez eux ; & ils durent s'élever plus d'une fois avec force contre des défauts à-peu-près femblables à ceux qu'on reléve dans l'éducation moderne.

NONIUS MARCELLUS (chap. xiv.) nous a confervé un paffage de ce dernier Livre de Varron, que nous allons effayer de traduire. *Ut puellæ habeant potiùs in veftitu chlamydas, encombomata ac parnacidas quàm togas.* « Que les jeunes Romaines portent plutôt » des furtouts, des fourreaux, des polonoifes, que des robes de » parure, que des toges ».

On fait que la toge étoit l'habit caractériftique des Romains, hommes & femmes : mais c'étoit un habit de parure ; Varron condamne donc les meres qui le faifoient porter à leurs filles encore jeunes : il leur donnoit un air trop âgé, il les affujettiffoit à trop de gêne, à trop de repos. Cet illuftre Auteur veut donc des habits plus légers, plus fveltes, mieux affortis à l'âge des jeunes Romaines, tels que des furtouts, des fourreaux, des robes femblables aux polonoifes ; car c'eft à-peu-près le fens des mots Latins employés ici, tous empruntés de la Grèce ou d'Athènes (1) ;

(a) La CHLAMYS étoit une Robe Grecque plus jufte au corps que la Toge, & qu'on mettoit également par-deffus les autres habits. ENCOMBOMA, mot formé d'*Encombóftheis*, lié, défignoit une Robe qui fuivoit en quelque façon les contours du corps & en facilitoit les divers mouvemens. PARNACIS eft un mot compofé de *pars* ou *paros*, autre Robe Grecque, & *nafos*, jufte. Il paroit par ces divers noms que les deux premiers de ces habits fervoient fur-tout pour l'intérieur ; & le dernier, pour les vifites du dehors.

on ne sauroit douter en effet qu'il ne fût du bon ton à Rome de suivre les modes des Athéniens, le seul Peuple de ce tems-là distingué par son goût & par son élégance, le seul qu'on puisse comparer aux Habitans de la Capitale des François.

D'ailleurs il n'étoit point indigne de Varron de s'occuper de l'habillement des jeunes gens : cet objet fait une partie essentielle de l'éducation, par ses influences sur la santé, sur la meilleure constitution du corps, sur la vigueur de l'ame : des habillemens trop serrés ou trop larges, trop chauds, trop recherchés, sont tous plus ou moins nuisibles dans la jeunesse principalement, où tout doit concourir au développement du corps & à l'accroissement de ses forces. Si on a fait des études profondes sur tout ce qui peut favoriser le développement des arbres & des plantes, pourquoi seroit-on plus dédaigneux à l'égard des jeunes gens, de ces plantes qui font l'espoir des Familles & des Etats, & qui sont si supérieures à ces arbustes, de la conservation desquels on s'occupe avec tant de soin ?

Des Livres de Varron sur l'Economie Rurale.

N'omettons pas un autre Ouvrage de Varron qui nous est parvenu presqu'en entier : c'est celui qu'il fit sur l'Economie Rurale, *de re rustica*, & qu'il divisa en trois Livres, sur l'agriculture, sur les bestiaux & sur tout ce qui compose une basse-cour, *de agricultura, de re pecuaria, de villaticis pastionibus*. On voit à la tête une liste de tous les Grecs, au nombre d'une cinquantaine, qui avoient traité ces mêmes objets, & on y lit ces anecdotes, qu'un Carthaginois, nommé MAGON, avoit aussi composé en Langue Punique un Ouvrage sur l'agriculture ; que cet Ouvrage étoit divisé en XXVIII Livres ; que Cassius Dionysius d'Utique l'avoit traduit en Grec en le réduisant à XX Livres qu'il dédia au Préteur Sextilius ; & que Diophanes de Bithynie en fit un abrégé en VI Livres qu'il envoya au Roi Dejotare, Prince contemporain de Cicéron.

On voit par-là que dans tous les tems & chez tous les Peuples on s'occupa essentiellement de tout ce qui avoit rapport à l'Economie rurale, Science trop négligée quoiqu'elle soit la base des Familles & des Empires, & la source de toute richesse : mais qu'il étoit réservé à notre siécle & à notre tems de porter au-delà de tout ce qu'on avoit apperçu jusqu'ici.

Il n'est donc pas étonnant qu'un Auteur aussi infatigable & aussi éclairé que Varron, d'ailleurs grand Propriétaire lui-même, ait voulu rédiger tout ce que ses lectures & son expérience lui avoient appris de plus intéressant sur l'Economie rurale, dans un tems sur-tout où l'Italie étoit devenue en quelque sorte le bien propre des Familles Romaines les plus puissantes.

Editions des Ouvrages de Varron.

Quant aux Editions des Ouvrages de Varron, la meilleure que je connoisse est celle d'Henri ETIENNE, Paris 1573. *in*-8°. accompagnée des remarques & des corrections de Joseph SCALIGER & d'Adrien TURNEBE sur ceux qui ont la Langue Latine pour objet : & des corrections d'AUGUSTIN & de VICTORIUS, ainsi que des Commentaires du même Scaliger sur les Livres qui traitent de l'Agriculture.

Le Jurisconsulte GODEFROY mit les Livres de Varron sur la Langue Latine à la tête de son Recueil des anciens Auteurs sur cette Langue, qu'il fit imprimer à Genève en 1623. *in*-4°.

M. VERRIUS FLACCUS.

M. VERRIUS FLACCUS étoit un affranchi (1) célébre par son savoir qu'Auguste choisit pour donner des leçons à ses petits-fils, & qu'il plaça pour cet effet avec toute son Ecole dans son Palais : c'est-là que Flaccus enseignoit, dans le vestibule de la maison de Catilina qui en faisoit partie.

Il composa, & sans doute à l'usage de ses illustres Eléves, un Traité de la *signification des mots*, où il donnoit l'étymologie des uns, la valeur des autres, en les appuyant de passages des Auteurs les plus remarquables, & de traits d'Histoire intéressans ; il y fit entrer aussi une multitude de vieux mots qui n'étoient plus entendus de son tems.

Flaccus mourut sous le regne de Tibère, dans un âge fort avancé : on voyoit sa statue dans une des Places publiques de Préneste, où il avoit fait graver sur le marbre des Fastes de sa façon.

Son Ouvrage ayant été abrégé par un Grammairien nommé SEXTUS POMPONIUS FESTUS, fut si fort négligé dans la suite, qu'il n'existe plus. L'abrégé qu'en avoit fait Festus n'eut pas un meilleur sort, parce qu'il fut également abrégé lui-même sous le regne de Charlemagne par PAUL DIACRE. Il ne nous reste ainsi que l'abrégé d'un abrégé, imprimé à la suite de Varron par Godefroy, avec des fragmens du Livre de Festus épars çà & là, & mutilés, que divers Savans ont rassemblé & restitué de leur mieux avec beaucoup d'art & d'intelligence.

NONIUS MARCELLUS.

A la suite de Festus, est l'ouvrage d'un Philosophe Péripatéti-

___
(1) SUETONE, sur les Grammairiens.

cien de Tivoli, nommé Nonius Marcellus, sur la propriété des mots, qu'il composa en faveur de son fils.

Les mots y sont distribués par matieres ; l'Auteur a soin de donner l'étymologie de chacun de ceux qu'il emploie, & de les accompagner de quelque passage qui en constate l'usage & le sens. Cet Ouvrage est utile pour connoître la valeur d'un grand nombre de mots Latins : mais on ne doit pas s'attendre d'y trouver des étymologies plus heureuses que dans les autres Ouvrages de ce genre.

Isidore.

Le dernier des Etymologistes anciens dont nous ayons à parler, est Isidore, Evêque de Séville en Espagne, dans le VIIe siècle. Il composa une espéce d'Encyclopédie, divisée par sciences, sous ce titre : *Vingt Livres des Origines ou des Etymologies, tirés de l'Antiquité*. Ce sont des Traités de Grammaire, de Rhétorique, de Dialectique, de Mathématiques, de Musique, d'Astronomie, de Médecine, de Droit, de Théologie, de Physique, de Géographie, de Minéralogie, poids & métaux, d'Agriculture, d'Art Militaire, &c.

Cet Ouvrage qui étoit le résumé d'une très-grande lecture & de connoissances très-variées, dut avoir le plus grand succès dans l'état d'ignorance & de barbarie où l'Europe venoit d'être réduite par les convulsions effroyables que lui faisoient souffrir ces Barbares qui bouleversoient depuis quelques siécles l'Empire Romain.

On y trouve quelques traditions intéressantes, telles que celle qui faisoit regarder les Ombriens comme Gaulois d'origine, & celle qui dérivoit le nom des Allemands de ce Fleuve Leman dont parle Lucain :

Deseruere cavo tentoria fixa Lemano.

Cependant on ne sauroit s'en rapporter entiérement à Isidore, du moins en fait d'étymologies ; pour une vraie & intéressante, il en rapporte une multitude de fausses, que divers Auteurs n'ont cependant pas dédaigné d'adopter.

Exemples des Etymologies de Varron & de Festus.

Mais afin qu'on ne croye pas que nous blâmons mal-à-propos les Etymologies des Savans Romains, rapportons-en quelques-unes prises au hasard à l'ouverture du Livre.

VARRON, par exemple, dit que le Merle, *merula* en Latin, fut ainsi nommé du Latin *mera* pur, sans mêlange, parce qu'il vole seul, tandis qu'il vient du Celte MER, qui signifie *noir*.

Il dit avec son Maître Elius que le Renard fut appellé *vulpes*, parce qu'il vole du pied, qu'il a le pied léger ; mais est-il plus léger que le Cerf, que le Liévre, &c ?

Que la Noix fut appellée *nux*, parce que, semblable à la nuit, elle rend noires les mains qui la touchent.

Et la Pomme *malum*, parce que les Eoliens lui donnoient déjà ce nom.

FESTUS dérive *avide* de *a*, signifiant non, & de *videre* voir, parce qu'on desire ce qu'on ne voit pas.

Audace, d'avide ; *casa*, maison, de *cavation*, excavation : *celsus* élevé, du Gr. *Kelés*, Cavalier.

Ils dérivent tous deux le mot *Brassica*, chou, de *præsecare*, couper.

MARCELLUS exalte l'étymologie qu'ANTISTIUS LABEO avoit donnée du mot *Sŏror*, Sœur, celle qui naît à part, *seorsim*, & qui se sépare de la famille où elle est née. C'est ce qu'il appelle une ÉLÉGANTE EXPLICATION.

Aucune de leurs Etymologies qui ne rentre dans celles-là :

n'en foyons pas furpris. Ce genre de recherches ne peut réuffir qu'autant qu'on remonte à la Langue premiere & à la nature, bafe de toute Science : s'en féparer, fuivre toute autre route, c'eft s'égarer néceffairement : plus on aura d'efprit, & plus on extravaguera, plus on aura l'air du délire : c'eft ainfi que les Ouvrages de ces Etymologiftes Latins, de Ménage, de Ferrari, d'une foule d'autres, ont été de la plus petite utilité poffible, parce qu'ils manquoient toujours par les fondemens.

ARTICLE III.

ETYMOLOGISTES *Modernes fur la Langue Latine.*

§. I.

La plupart la dérivent de l'Hébreu.

Au renouvellement des Sciences en Europe, on s'appliqua avec une ardeur inconcevable à l'étude des Langues favantes : on dévora les Livres Latins, Grecs, Arabes, Hébreux, &c. en même-tems qu'on ne négligeoit rien pour remonter à l'origine de ces Langues. A cet égard, il n'y eut en quelque forte qu'une opinion ; on vit toutes les Langues dans l'Hébreu : chaque mot, Grec, Latin, &c. dut reffembler, bon gré malgré, à un mot Hébreu ; on l'allongeoit, on le raccourciffoit, on le changeoit jufqu'à ce que le rapport fût parfait : jamais Phalaris ne difloqua mieux les malheureux étrangers qui tomboient entre fes mains, pour les affortir à la longueur de fon lit.

Il parut donc dans les XVIe & XVIIe fiécles une multitude d'Ouvrages où l'on fe propofoit de prouver que la Langue Hébraïque eft la premiere de toutes les autres, la Langue-Mere dont toutes

PRÉLIMINAIRE.

font descendues : Ouvrages en général sans goût, sans principes, sans critique, sans philosophie ; malheureux essais où l'érudition est presque toujours en pure perte, où elle ne sert qu'à égarer ; fruits trop précoces de connoissances qu'on n'avoit pas assez approfondies : mais tel étoit le génie de ces siécles encore barbares : on formoit des systêmes avant d'avoir acquis les matériaux dont ils devoient être les résultats : & tout étoit bon, pourvû qu'il vint à l'appui de ces systêmes.

C'est sur-tout dans les Dictionnaires destinés à démontrer que le Latin descend de l'Hébreu, que ce malheureux esprit de systême se manifeste avec le plus d'apparat, & avec le moins de succès.

Plusieurs Savans du XVIIe siécle en particulier, composerent, à l'envi les uns des autres, des Dictionnaires pareils : on peut distinguer ceux-ci.

§. II.

Noms de ces principaux Etymologistes.

ETIENNE GUICHARD, Avocat, qui fit paroître en 1610 un Ouvrage François *in-8°.* intitulé : *l'Harmonie Etymologique des Langues*, où il tâche de les ramener à l'Hébreu, sur-tout le Grec & le Latin.

M. GEORGES CRUCIGER, qui publia en 1616 une Harmonie des Langues Hébraïque, Grecque, Latine & Germanique.

CHRÉTIEN BECMAN, Théologien d'Anhalt : on a de lui un Dictionnaire Latin dérivé de l'Hébreu, sous le titre de *Manuductio ad Latinam Linguam* ; c'est un gros *in-8°.* imprimé en 1629.

EMERIC CASAUBON, fils du célébre Isac : il se proposa de prouver, d'après les idées de son pere, que la Langue Grecque est descendue de l'Hébraïque, & que l'ancienne Langue Angloise vient de la Grecque. C'est ce qu'il développoit dans la Préface d'un

Ouvrage imprimé en 1650, en Latin fur les rapports de l'Hébreu, & du Saxon.

GÉRARD-JEAN VOSSIUS, du Palatinat, & Profeſſeur à Leyde : il publia en 1662 un Dictionnaire Etymologique de la Langue Latine, *in-folio*. Son but eſt de ramener cette Langue au Grec, & au défaut du Grec, à l'Hébreu. On trouve dans cet Ouvrage une très-vaſte érudition, une profonde connoiſſance des Auteurs qui avoient déjà parcouru cette carrière, un grand apparat : & cependant peu d'Etymologies qu'on puiſſe adopter, & preſque jamais de principes ſûrs ; tout y paroît l'effet du haſard.

Le P. LOUIS THOMASSIN, Prêtre de l'Oratoire, ſans être effrayé du peu de ſuccès de toutes ces tentatives, fit imprimer en 1693 un Ouvrage en deux gros volumes *in-8°.* intitulé : *Méthode d'étudier & d'enſeigner chrétiennement la Grammaire ou les Langues.... en les réduiſant toutes à l'Hébreu.* Le premier volume renferme des Préliminaires fort étendus ſur le rapport des Langues & leur deſcendance de l'Hébreu : un Vocabulaire Malayen & un Dictionnaire Saxon, ramenés à l'Hébreu. Dans le ſecond, les Dictionnaires Grecs & Latins ſont ramenés également à cette même Langue Hébraïque.

§. III.

Motifs dont ils appuyoient leur ſyſtême que les Langues deſcendoient de l'Hébreu.

Voici quels étoient les motifs de ces Savans qui voyoient toutes les Langues dans l'Hébreu : je tâcherai de n'en affoiblir aucun, de les préſenter dans toute leur force.

La Langue Hébraïque tranſmiſe de main en main depuis Adam juſqu'à Abraham, étoit la Langue qu'on avoit parlé dans le Paradis Terreſtre, la Langue de Dieu même.

PRÉLIMINAIRE. xxvij

Cette Langue s'étoit conservée au moment de la confusion, dans la Famille d'Héber, Chef des Hébreux par Abraham, & cet avantage fut l'effet des mêmes causes qui avoient destiné cette Famille à devenir le Peuple de Dieu.

Cette Nation choisie auroit-elle pû changer de Langue, s'écarter de ces expressions sacrées avec lesquelles ses Chefs, ses Législateurs avoient conversé avec la Divinité ?

D'ailleurs, la simplicité de cette Langue, l'énergie de ses mots, le sens sublime qu'elle offroit dans tous les noms des premiers hommes & dans ceux des objets de la nature, lui assuroient la prérogative d'avoir été la premiere.

Enfin, le rapport de toutes les autres avec celle-là, lui donnoit incontestablement la primauté sur elles.

§. IV.

Objections qu'on alléguoit contre ce système.

Cette opinion ne fut cependant pas généralement adoptée, & voici comme on raisonnoit.

Dès le commencement il n'y eut qu'une Langue ; or cette Langue fut la Langue Primitive ou Adamique ; mais elle n'appartint pas plus à la famille d'Héber qu'aux autres descendans de Noé ; on pouvoit l'appeller la Langue des NOACHIDES, mais non Langue Hébraïque.

Elle ne put porter ce dernier nom que lorsque les Hébreux furent devenus une Nation ; mais dans ce moment il existoit déjà une foule de peuples, les Chaldéens, les Mésopotamiens, les Assyriens, les Madianites, les Egyptiens, les Cananéens, les Scythes, les Grecs, les Arabes, les Ethiopiens, &c.

Chacun de ces Peuples avoit une Langue à foi, semblable ou non à celle des Hébreux.

Si elles n'étoient pas semblables à celle-ci, il seroit absurde de lui en attribuer l'origine.

Si on affirme au contraire que ces Langues sont si semblables à la Langue Hébraïque qu'on en peut reconnoître toutes les origines dans celle-ci, il en résulte qu'elles ne sont semblables à la Langue des Hébreux que parce qu'elles descendent toutes de la Langue primitive.

La question se réduit donc entiérement à ce fait : Si la Langue des Hébreux est si parfaitement & si complettement conforme à la Largue primitive, qu'on n'apperçoive entr'elles aucune différence ; car alors elle tient lieu de cette Langue primitive, & elle la remplace, sur-tout si elle est la seule en qui on reconnoisse ces rapports.

Mais pour le prouver, il faut donc connoître déjà la Langue primitive ; sans cela comment s'assurer qu'elle est parfaitement conservée dans l'Hebreu ? Mais une fois que vous avez pu remonter à la Langue primitive, vous n'avez besoin de l'Hébreu que pour vous assurer s'il ressemble plus que les autres Langues à la primitive.

On a cru, à la vérité, pouvoir décider cette question par une supposition de droit. Les Hébreux ne se sont jamais mêlés avec les autres Nations : ils ont donc eu constamment la même Langue. Sans doute le génie de cette Langue aura été inaltérable ; mais dans la comparaison des Langues il ne s'agit pas seulement de leur génie, mais sur-tout de la masse des mots : il n'est peut-être aucune Langue qui, sans cesser d'être la même au premier égard, n'ait prodigieusement changé au second : c'est ainsi que les Langues Angloise & Theutone dont le génie est le même, diffèrent prodigieusement par rapport aux mots : c'est ainsi que le François actuel ne ressemble presque plus au vieux François.

Quelle certitude a-t-on que dans l'espace de tems qui s'écoula depuis Héber jusqu'à Moyse, dans cet espace de tems où les Hébreux furent voyageurs en Mésopotamie, en Canaan, en Egypte, en Arabie, ils ne firent aucun changement à leurs mots, ils n'abandonnerent pas l'usage de plusieurs radicaux ?

Si depuis le tems de Moyse jusqu'à celui de David, on apperçoit déjà des nuances dans cette Langue, si les Prophétes du tems de la captivité ne purent empêcher qu'elle ne s'altérât prodigieusement, s'ils adopterent eux-mêmes une foule de mots étrangers, s'ils ne crurent pas nuire en cela à la majesté de leur Langue, pourquoi n'en auroit-il pas été de même auparavant ?

Sur-tout quelle preuve avons-nous, par exemple, que lorsque Moyse donna une législation, une police, un culte, des poids, des mesures, des habillemens, &c. au Peuple Hébreu, il évita avec soin d'employer aucun des noms par lesquels quelques-uns de ces objets étoient déjà désignés par leurs voisins, lors sur-tout que ces objets étoient empruntés de ces mêmes voisins ?

Tant qu'on ne pourra pas démontrer toutes ces choses, on ne sera pas en droit d'affirmer que la Langue Hébraïque représente parfaitement la Langue primitive, qu'elle en tient lieu.

Lors même qu'on le démontreroit, il en résulteroit que les autres Langues ne ressemblent à celle des Hébreux, que parce qu'elles descendent comme elle de la Langue primitive, qui dès ce moment n'est pas plus celle des Hébreux que celle des autres Peuples; car certainement ce ne sont pas les Hébreux qui apprirent aux Nations à parler.

Ramener toutes les Langues à la Langue Hébraïque, étoit

donc ne faire que la moitié du chemin; car on étoit toujours en droit de demander quelles étoient donc les causes du rapport de toutes les anciennes Langues avec celle des Hébreux, dont l'existence ne date au plus, comme celle de tous les autres Peuples, que de la dispersion au tems d'Héber.

On péche donc contre l'exactitude en difant que toutes les Langues defcendent des Hébreux, & on s'ôte en même-tems tout moyen de démontrer l'excellence de celle-ci ; au lieu que lorfqu'on remonte à une Langue primitive dont toutes les autres font defcendues, il devient très-aifé de faire fentir le plus ou le moins de pureté de la Langue Hébraïque par fa conformité avec cette Langue; & de s'affurer fi elle éprouva des changemens ou non, & quelle fut la nature de ces changemens.

Lors même qu'on pourroit démontrer que la Langue Hébraïque eft parfaitement conforme à la primitive, on feroit encore obligé d'examiner, relativement à la Langue Latine, fi elle defcend immédiatement de la Langue Hébraïque, ou fi elle ne fe forma pas d'après quelque autre Langue qui avoit déjà altéré cette Langue primitive : & alors ne verroit-on pas que le Latin dut defcendre des anciennes Langues de l'Italie, & que celles-ci durent defcendre des anciennes Langues de l'Europe ; enforte, qu'entre la Langue Latine & celle des Hébreux ; il fe trouve une foule de Langues intermédiaires qui empêchent néceffairement qu'on puiffe remonter de l'une à l'autre fans le fecours de tous ces intermédiaires.

Ajoutons que fi on ramenoit à des principes fimples & inconteftables ceux qui croyent trouver toutes les Langues dans l'Hébraïque, ils s'appercevroient bientôt que rien n'eft plus arbitraire que leur marche, & rien de moins démontré que leurs fuppofitions gratuites.

Selon eux, ces rapports font plus clairs que le jour, rien ne les arrête : trouvent-ils des mots composés dans l'Hébreu qui correspondent à des mots simples dans les autres Langues, ce sont ces mots simples qui viennent des composés, & non ceux-ci qui viennent des simples : trouvent-ils des mots Hébreux dont les consonnes soient foibles, tandis que dans les autres Langues ces mots sont composés de consonnes fortes, ce sont ceux-ci qui dérivent des autres. Un mot offre-t-il en Hébreu un sens figuré, tandis que dans les autres Langues il offre le sens propre & naturel, c'est celui-ci qui s'est formé du premier. Ainsi le simple dérive du composé, le fort du foible, le propre du figuré : & après des travaux immenses, on n'a rien prouvé, rien éclairci, on se trouve moins avancé qu'auparavant.

§. V.

Etymologistes qui ont cherché l'origine du Latin dans d'autres sources.

D'après ces vues plus ou moins développées, d'autres Savans crurent devoir chercher les origines Latines ailleurs que dans l'Hébreu. On regarda la Langue Latine comme un mêlange d'Aborigene, de Grec, de Phénicien.

D'autres, offusqués du nom d'Aborigene, & prétendant que les premiers habitans du Latium avoient été des Theutons, crurent voir la Langue Germanique dans celle des Romains.

Tandis que quelques-uns s'élevant plus haut chercherent la Langue Latine dans celle des Celtes, & en particulier dans le Dialecte des Gaulois.

DISCOURS

1°. *Dans la Langue Germanique.*

JEAN VORSTIUS, en 1653, de Dithmarſe dans le Holſtein & Bibliothécaire de l'Electeur de Brandebourg;

JACQUES REDINGER, en 1659, firent paroître des Ouvrages ſur le rapport de la Langue Allemande & de la Latine.

JEAN-LOUIS PRASCHIUS, Bourgmeſtre de Ratisbonne, & qui avoit de grandes connoiſſances, publia en 1686 & en 1689 divers ouvrages pour établir que la Langue Allemande étoit la mere de la Latine, & pour montrer les rapports d'une multitude de mots communs aux deux Langues.

JEAN-NICOLAS FUNCCIUS publia en 1720 un Ouvrage ſur l'enfance de la Langue Latine, où il dit avoir déjà prouvé que les premiers habitans de l'Italie étoient venus de la Germanie, & qu'ils y avoient néceſſairement porté leur Langue.

Si ces Savans avoient connu les rapports du Latin & du Perſan, ils en auroient tiré une grande preuve en leur faveur, puiſque l'Allemand ne reſſemble pas moins au Perſan, & que pour paſſer de la Perſe en Italie, il faut traverſer la Germanie.

2°. *Dans la Langue Celtique.*

Le P. PEZRON, Abbé de la Charmoye, s'ouvrit une nouvelle route; il prétendit que le Latin deſcendoit de la Langue des anciens Gaulois ou du Celte; mais perſonne ne crut à lui: il fut conduit à cette idée par les rapports qu'il apperçut entre le Latin & le Bas-Breton, ſa Langue maternelle, étant né à Hennebon dans le Diocèſe de Vannes. Son Ouvrage ſur cet objet fut imprimé en 1703.

PRÉLIMINAIRE. xxxiij

Ce Savant qui étoit fait pour s'ouvrir des routes nouvelles, se rapprochoit des idées de BOXHORNIUS, de STERNHIELM, de LEIBNITZ, qui voyoient dans toutes les Langues de l'Europe des filles d'une seule Langue qu'ils appelloient SCYTHIQUE, ou CELTO-SCYTHE ; & que SAUMAISE appelloit Langue GETIQUE.

Ces idées n'avoient eu aucune suite, lorsqu'en 1754, BULLET, Professeur à Besançon, fit imprimer son Dictionnaire Celtique en trois vol. in-fol. destiné à faire voir que le Latin de même que toutes les Langues de l'Europe, descendent de la Langue Celtique. Dans les Préliminaires de cet Ouvrage, il établit : Que la confusion des Langues ne fut qu'une diversité de Dialectes : Que la Langue Celtique est un de ces Dialectes : & que la Langue Latine descend de celle-ci, parce que les Celtes & les Gaulois pénétrerent, avant tout autre Peuple, dans l'Italie.

Cet Ouvrage infiniment précieux pour acquérir la connoissance de la Langue Celtique & celles de ses immenses ramifications, n'avoit cependant pû persuader aucun de nos Savans : ils continuoient de croire que les rapports qui pouvoient exister entre le Bas-Breton, le Gaulois, le Theuton, &c. & la Langue Latine, étoient absolument dûs à cette derniere ; des Peuples barbares, tels que ceux là, n'étant faits que pour profiter de la Langue d'un Peuple poli tel que les Latins, & non pour lui communiquer leurs mots.

Aussi il ne persuada aucun Savant, d'autant plus que tombant dans la même faute que tous les Etymologistes, il suffisoit qu'un mot Latin eût le moindre rapport avec un mot Celtique, pour qu'il se crût en droit de conclure que le mot Latin dérivoit du Celtique, quoique celui-ci fût plus composé, ou qu'il fût manifestement dérivé du Latin.

Orig. Lat.

DISCOURS

§. VI.

Comment on peut parvenir à la vérité sur cet objet.

Comment se décider au milieu de ces opinions diverses, soutenues également par nombre de Savans, & qui ont chacune pour soi une foule de rapports dont on ne peut douter?

Il n'est qu'un seul moyen de les juger toutes, non d'après des données systématiques & dénuées de preuves, mais d'après des principes lumineux & incontestables, qui puissent nous conduire à la vérité simplement & sûrement.

Nous ne risquerons donc point de nous tromper, lorsque ne regardant la Langue Hébraïque & la Latine que comme des points de comparaison relativement à la Langue primitive, nous ne mutilerons point les mots de ces deux Langues pour établir qu'elles sont descendues l'une de l'autre, & que nous chercherons par quels canaux passa la Langue Latine depuis les tems primitifs, avant de devenir la Langue du Latium.

On sait à n'en pas douter que la Latine éprouva de très-grandes variations, ainsi que toutes les Langues, & que dans son origine elle n'étoit pas ce qu'elle devint dans ses beaux jours; mais s'étoit-elle formée immédiatement de la Langue primitive, ou étoit-elle descendue d'une autre Langue entée elle même sur la primitive?

Cette question tient nécessairement à celle-ci. Les Latins sont-ils un Peuple primitif; ou en d'autres termes, vinrent-ils en droiture dans l'Italie après la dispersion des Peuples?

Mais peut-il entrer dans l'esprit, que dans l'origine une Colonie sortie du cœur de l'Asie vint aborder directement dans le Latium? N'est-il pas plus conforme à la raison, de penser que tout l'espace qui est entre l'intérieur de l'Asie & les Alpes se peupla successivement, quoiqu'assez vîte, de proche en proche, & que de quelqu'une de ces Colonies sortirent celles qui vinrent peupler le Latium, après avoir peuplé le reste de l'Italie ? Qu'ainsi la Langue Latine tiendra nécessairement & immédiatement à ces Colonies, tandis qu'elle ne tiendroit à la Langue primitive que médiatement; & à la Langue Hébraïque, que comme étant dérivées d'une source commune ?

Examinons donc par quelles Nations fut peuplée l'Italie; si elle le fut par des Asiatiques parlant Hébreu, ou par des Européens parlant Celte. Ce sont des gradations essentielles pour dissiper les ténèbres répandues sur cet objet, & cependant trop négligées jusqu'ici.

ARTICLE IV.
DE L'ORIGINE DES PEUPLES DE L'ITALIE.

§. I.
L'Origine des premiers Peuples de l'Italie, peu connue.

L'Origine d'une Langue tient constamment à celle des Habitans de la contrée où elle se parla : mais souvent cette derniere Origine est aussi difficile à découvrir que la premiere : souvent les Peuples qui porterent une Langue dans un pays, en ont été retranchés sans qu'il en reste aucune trace; souvent encore l'Histoire qui nous a transmis les Noms de ces Peuples, garde un silence profond sur les contrées qui les virent naître.

Les guerres sanglantes que les Romains furent obligés de soutenir pendant quatre cens ans contre les Peuples de l'Italie avant de les aſſervir, ſont cauſe à la vérité qu'on nous a tranſmis les noms de ces Nations courageuſes, qui les premieres eurent de vaſtes poſſeſſions dans l'Italie; quel eſt l'homme ſi étranger dans la République des Lettres qui n'ait entendu parler des Latins, des Etruſques, des Oſques, des Sabins, des Samnites, &c. ? Qui n'a pas eu occaſion de déteſter une fois en ſa vie l'ambition & la rapacité dévorante des Romains qui exterminerent ces Peuples par le fer & par le feu, qui réduiſirent leurs Villes en cendres, qui changerent l'Italie en vaſtes déſerts, qui lui ôterent toute reſſource contre les Barbares qui devoient un jour leur en arracher la poſſeſſion ? Qui n'a pas admiré une fois en ſa vie le courage héroïque de ces Peuples paiſibles & floriſſans ? Qui n'a pas vû avec regret que leurs efforts contre les Romains n'ayent pas été couronnés d'un meilleur ſuccès; que leur deſtinée n'ait pas pû réſiſter davantage à la férocité des Romains, que la deſtinée des Habitans du nouveau monde à la férocité barbare des Européens ?

§. I I.

Comment on peut eſpérer de découvrir cette Origine.

Mais qui juſqu'ici a pû nous dire quelle avoit été l'origine des premiers Peuples de l'Italie; & d'où ils étoient venus avec la Langue Latine ? Les Romains qui ſeuls nous ont conſervé quelques monumens à cet égard, les font enfans de l'Italie, comme ſi elle les eût fait ſortir de ſon ſein de la même maniere que ſes forêts ou ſes fleuves : ce ſont des contes d'enfans, indignes d'un être qui penſe. Nous avons de meilleurs Maîtres, les mœurs de ces Peuples, leur local, les noms de leurs contrées : conſultons-les, ce ſeront des guides aſſurés au moyen deſquels nous diſtiperons tout ce que leur Origine sembloit avoir de ténébreux : tout nous convaincra que l'Italie ne put être peuplée dans l'origine que par des Colonies Celtiques, par des bandes de Celtes, premiers Habitans de l'Europe, qui, cherchant des contrées plus heureuses, & descendant du Nord au Midi, durent nécessairement rencontrer sur leur chemin l'Italie, après avoir enfilé les gorges des Alpes, de ces montagnes énormes qui sembloient faites exprès pour mettre des contrées plus heureuses, à l'abri des frimats désolans du Nord.

§. III.

Italie ouverte aux Celtes.

Telle est l'heureuse & unique situation de l'Italie. C'est une vaste étendue de terre longue & étroite qui domine entre deux mers, au milieu desquelles elle s'éléve en amphithéâtre, jusqu'à ce que ses montagnes s'abaissent sous les mers pour reparoître dans l'Afrique, vers les rives de Carthage. Séparée ainsi du reste de l'Univers dans toute sa longueur par des portions de la Méditerranée, elle ne tient au reste de l'Europe que par cette masse énorme & effrayante de Rochers qu'on appelle les ALPES, qui semblent menacer les Cieux, qui sont couvertes de glaces éternelles, & qu'on prendroit pour des murs faits pour terminer l'Univers.

Cette contrée, ainsi enclose, auroit été à jamais dépourvue d'Habitans avant les tems où les hardis mortels oserent s'embarquer sur de frêles canots & se livrer aux fureurs de la mer, si les Alpes n'avoient laissé quelques passages aux Peuples épars en Europe pour pénétrer dans ce vaste & florissant Pays. Les Celtes, dont la vie sauvage & vagabonde se roidissoit contre les dangers, rencontrerent bientôt ces paſſages étroits : l'amour des découvertes, l'eſpérance, partage des Peuples coureurs, leur ardeur naturelle pour la chaſſe, excitée par les bêtes fauves dont ces montagnes ſont remplies, & qui ſembloient devoir y trouver un aſyle aſſuré contre les pourſuites des humains, tout invitoit les Celtes à franchir ces bornes effroyables, à s'enfoncer dans ces paſſages, à pénétrer juſqu'au-delà. Qu'avoient à riſquer des Peuplades aguerries qu'aucun travail ne rebutoit, accoutumées à parcourir des eſpaces immenſes pour ſubſiſter, & qui mettoient leur gloire à la grandeur & au péril de leurs courſes ?

Ainſi les Celtes traverſerent les Alpes, & les traverſerent de divers endroits ; les uns du côté de l'Illyrie, en côtoyant le golfe de Veniſe ou la mer Adriatique ; les autres par les gorges du Dauphiné & de la Provence, ou en côtoyant les bords eſcarpés contre leſquels bat la mer de Gênes ; des troiſiémes en s'enfonçant dans les gorges qui ſéparent l'Italie de l'Autriche & de la Suiſſe.

Peut-être même ces paſſages étoient-ils moins difficiles, moins affreux dans ces premiers tems : quelles altérations ne doivent-ils pas avoir éprouvées dans l'eſpace de trois ou quatre mille ans par les volcans, car il y en a eu dans ces montagnes, par les tremblemens de terre, par les éboulemens, par l'amas toujours croiſſant des neiges & des glaces, par leurs fontes fréquentes ?

Une fois parvenues en Italie, ces bandes errantes durent s'étendre & ſe développer à droite & à gauche de l'Apennin, le long de ces montagnes qui, ſemblables à l'épine du dos, traverſent cette contrée dans toute ſa longueur, & oppoſent aux flots de la mer un terrein élevé où les hommes, à l'abri de leurs efforts, jouiſſent tranquillement du fruit de leurs travaux.

PRÉLIMINAIRE.

§. IV.

Noms de ses premieres Peuplades.

Avant que ces Peuplades eussent formé des Etats distincts, elles porterent des noms génériques : ceux qui habiterent la pointe méridionale de l'Italie, porterent le nom de SICULES : on appella ABORIGENES ceux qui s'étendoient le long du Tibre, entre la mer & l'Apennin ; & OMBRIENS, ceux qui s'établirent entre le Tibre & le Pô.

C'est de ces derniers que Denys d'Halicarnasse dit (1) qu'ils étoient une Nation *des plus grandes & des plus anciennes*. Aussi se divisa-t-elle en deux portions ; les Ombriens proprement dits, Habitans de l'Apennin, & les Ombriens Habitans de ces pays qui sont situés entre les Alpes & la mer, à l'Occident de l'Italie, & qu'on appella par cette raison *Insombri* ou *Insubres*, surnommés *Liguriens* ou hommes de mer, parce qu'ils étoient établis sur les côtes.

Il est apparent que les Sicules étoient entrés en Italie par les gorges du Tirol, qu'ils venoient de l'Illyrie, & qu'ils s'avancerent jusqu'au Midi de l'Italie, le long de l'Apennin & de la mer Adriatique.

Les Ombriens qui s'étendoient de l'autre côté de l'Apennin, entrerent nécessairement en Italie par les gorges du Dauphiné & de la Provence ; tandis que les Aborigenes avoient sans doute pénétré dans l'Italie par les contrées qu'on appella dans la suite Rhétie, Norique & Pannonie.

---

(1) Liv. I. ch. 3.

Les uns & les autres furent donc des Colonies Celtiques, qui se separerent de bonne-heure de la masse des Celtes, deux mille ans au moins avant notre Ere.

§. V.

Leurs Mœurs.

Ces Peuples cultivoient peu: Habitans de l'Apennin, ils laissoient sous les eaux les plaines qui en étoient couvertes; & se nourrissoient en paix des fruits que rapportoient leurs collines, du lait de leurs bestiaux, de la chair des animaux qu'ils tuoient ou de ceux qu'ils pêchoient.

Tels on peignoit les Aborigenes, du tems de l'ancienne Rome. Ils étoient, disoit-on, enfans de l'Italie, & ne devoient leur origine à aucun autre Peuple: ils avoient choisi pour leur demeure des postes fortifiés & d'une situation avantageuse où ils vivoient de brigandage & du revenu de leurs troupeaux.

Pouvoit-on mieux peindre des Nations sauvages, parfaitement semblables à toutes celles que formerent les Celtes, eux-mêmes Colonies errantes & vagabondes, sorties de l'Orient pour végéter dans l'Occident.

§. VI.

Ordre de leur Entrée en Italie.

On peut même, par la situation de ces trois Peuples, déterminer l'ordre de leur entrée en Italie. Les Sicules, maîtres du Midi, furent les premiers qui parvinrent dans ces contrées. Les Aborigènes ensuite, puisque ce fut sur les Sicules qu'ils enleverent le pays qui est entre le Tibre & le Liris, nous dit Denys d'Halicarnasse (Liv. I.), contrée, ajoute-t-il, dont aucun Peuple

PRELIMINAIRE. xlj

ple n'a pû les déposséder, & où ils conserverent leur premier nom jusques au tems de la guerre de Troie, où ils prirent celui de Latins. Les Ombriens, maîtres du Nord, furent les derniers en date.

§. VII.

Récits des Anciens à ce sujet.

Lors même que les Romains n'auroient jamais connu l'origine de ces Peuples, lorsqu'ils les auroient cru enfans de la Terre, nous ne devrions pas en être surpris.

La mémoire de ces événemens ne s'étoit cependant pas effacée au point de n'en retrouver aucune trace chez les Anciens. DENYS d'Halicarnasse nous a transmis à cet égard des aveux très-intéressans ; c'est par ces mots qu'il commence ses Antiquités Romaines.

« ROME...... fut autrefois occupée par les SICULES, (en
» Grec SIKELOI,) Nation barbare née dans le pays même. Ce
» sont-là ses plus anciens habitans, du moins qui soient connus.
» ..... Ils furent chassés dans la suite par les ABORIGÈNES,
» après une longue guerre.

» Des Historiens, dit-il plus bas, prétendent que ces Abo-
» rigènes, dont les Romains tirent leur première origine, étoient
» des naturels d'Italie, dont la Nation ne devoit son origine à
» aucune autre...... D'autres prétendent que c'étoient des
» gens errans & vagabonds, qui venus de différens endroits, se
» rencontrerent par hasard en Italie, & s'établirent dans des pos-
» tes avantageux, où ils vivoient de brigandage & du revenu
» de leurs troupeaux.

Voici, selon ces Historiens, les Villes que les Aborigènes

avoient bâties depuis Reate jusqu'à une journée de Rome, avant d'habiter le Latium.

    Palation, à vingt-cinq stades de Reate.

    Tribule, à soixante stades, sur une petite colline.

    Vesbole, à environ soixante stades de Tribule, près des Monts Cerauniens.

    Sunium, qu'il appelle *célèbre*, à quarante stades de Vesbole : on y voyoit un Temple antique de Mars.

    Mephyle, à trente stades de Sunium, mais en ruines.

    Orvinion, à quarante stades de Mephyle, la Ville la plus grande & la plus célèbre de la contrée : on y voyoit encore les fondemens des murailles, quelques magnifiques tombeaux d'un travail ancien, l'enceinte des cimetieres situés sur de hautes & longues terrasses : un vieux Temple de Minerve au haut de la Citadelle.

    Cursule, à quatre-vingt stades de Reate, auprès du Mont Corete.

    Marubium, près d'un lac aux environs de Cursule.

    Batia, ou Vatia, à trente stades de Reate, sur le chemin du Latium.

    Tiore ou Matière, à trois cens stades.

    Lista, capitale des Aborigènes, à vingt-quatre stades de Tiore.

Notre Auteur prétend que ces mêmes Peuples fonderent d'autres Villes dans le Latium, telles qu'Antemne, Tellène, Ficulne, Tibur dont un quartier s'appelloit encore de son tems SIKELIÓN, ou Ville des Sicules ; mais, ou il se trompe, ou ce quartier étoit une Ville déjà bâtie par les Sicules, & que les Aborigènes ne firent qu'aggrandir sous le nom de Tibur.

PRÉLIMINAIRE.

§. VIII.

Autres émigrations en Italie.

Long-tems ces Nations furent seules habitantes de l'Italie ; long-tems par conséquent elles vécurent en paix ; mais il vint un tems où la population surabondante de leurs voisins & l'esprit de découvertes troubla enfin leur tranquillité.

Colonies Grecques.

Seize siécles environ avant notre Ere, ou seize générations avant la guerre de Troye, deux freres, ŒNOTRUS & PEUCETIUS, trop resserrés dans l'Arcadie, ou pour mieux dire dans le Péloponèse, s'embarquerent chacun à la tête d'une Colonie, & après un court trajet, ils descendirent en Italie; là, tandis que le dernier s'établissoit dans les plaines qui sont à l'Orient de l'Apennin, Œnotrus se fixoit à l'Occident sur les rives presque désertes du Golfe Ausonien dans le Latium.

Douze ou treize générations après Œnotrus, d'autres Grecs, du nombre de ceux qui étoient hors du Péloponèse & qu'on appelloit PELASGES, pénétrerent dans l'Italie par le Nord-Est, & y formerent de nouvelles peuplades. Une de leurs bandes s'avança jusques chez les Aborigènes qui les accueillirent fort bien, & leur abandonnerent leurs plaines marécageuses qui en prirent le nom de VELIES qu'elles portoient encore au tems d'Auguste.

Ces Pelasges unis aux Aborigènes bâtirent de nouvelles Villes. CÆRE, appellée *Agylle*, noms dont nous aurons occasion de donner l'Etymologie ; PISE, SATURNIE, qui forma, à ce que je crois, une partie de ce qu'on appella ensuite ROME ; ALSIUM, & quelques autres ; ils aggrandirent en même tems

Falere & Fescennie, qui avoient appartenu aux Sicules. On voyoit encore dans ces dernieres Villes au tems de DENYS, des restes, des vestiges de la Nation Pelasge, & on y avoit conservé long-tems divers usages des Grecs, tels que la forme & les ornemens des armes, le bouclier à l'Argienne, les piques, la structure des Temples, les Sanctuaires des Dieux, les purifications, les sacrifices, la coutume de faire marcher devant l'Armée des Hérauts, ces Personnes sacrées qui alloient sans armes offrir la paix aux ennemis ; passage remarquable qui nous fait voir l'origine des Féciaux & d'un grand nombre d'usages adoptés par les Romains.

Enfin, une preuve sans réplique selon notre Auteur, que ces Pelasges venoient d'Argos, c'est qu'on voyoit à Falere un Temple semblable à celui d'Argos, où l'on pratiquoit les mêmes cérémonies que dans celui-ci. On y voyoit les mêmes Chœurs de Vierges, les mêmes Prêtresses, la même jeune Canephore (ou porteuse de la Corbeille sacrée dans les processions,) & qui étoit toujours choisie dans une des familles les plus distinguées.

Ces Pelasges ayant également chassé les Auronces, un des Peuples du Latium, ils bâtirent sur leur terrein une Ville qu'ils appellerent LARISSE, du nom de l'ancienne Capitale du Péloponèse, réduite dans la suite à n'être que la Citadelle d'Argos; mais cette Ville avoit été ruinée plusieurs siécles avant Denys.

§. IX.

Les SICULES passent en Sicile.

Les Sicules pressés de toutes parts par ces divers habitans de l'Italie, & n'étant pas assez forts pour se maintenir contre des

Nations qui avec plus d'expérience possédoient sans doute de plus grandes connoissances dans l'art militaire ; les Sicules, dis-je, furent forcés de leur abandonner entièrement le terrein ; & s'embarquant sur des radeaux, ils allerent s'établir avec leurs familles & leurs richesses dans l'Isle qui est au midi de l'Italie, & à laquelle ils eurent d'autant moins de peine à donner leur nom, qu'ils la trouverent à peu près déserte & en friche.

Cependant les Historiens ne s'accordent pas sur le tems de cette retraite. Selon HELLANICUS de Lesbos, ce fut la troisiéme génération avant le siége de Troye, pendant qu'Alcyone étoit Prêtresse d'Argos, & environ la vingt sixiéme année de son régne ; mais selon THUCYDIDE, ce fut plusieurs années après la guerre de Troye.

Un moyen peut-être très-naturel d'accorder ces Historiens, seroit de supposer que les Sicules passerent à diverses fois dans la Sicile, avant & après l'époque de la guerre de Troye : mais ils durent y prospérer avec une rapidité étonnante, puisque quelques siécles après, cette Isle étoit couverte de Villes opulentes & de Peuples nombreux.

§. X.

TOSCANS en Italie.

L'arrivée d'une nouvelle Nation en Italie, environ douze siécles avant notre Ere, accélera sans doute ces nouveaux changemens. Alors, les RASENI, appellés aussi TUSCI ou Toscans, Etrusques, Tyrrheniens, fondirent du haut des Alpes sur les Ombriens, leur enleverent trois cent Villes, les firent refluer au Midi. Ceux-ci se jetterent donc sur les Pelasges & les Aborigènes, qui à leur tour resserrant de toutes parts les Sicules, obligerent ceux-ci, faute de place, de se transporter en Sicile.

DISCOURS

On a avancé beaucoup de rêveries sur l'origine des Etrusques. Avec HÉRODOTE, la plûpart des Savans les font venir de la Lydie, sous la conduite de Tyrrhenus, frere du Roi Lydus : c'étoit, dit on, dans le tems d'une si grande stérilité, que les Lydiens se virent obligés de jeûner de deux jours l'un, & de manger fort peu le reste du tems : on ajoute que c'est alors qu'on inventa les jeux, afin que les Lydiens s'apperçussent moins de la rigueur de leur jeûne : cependant malgré leurs jeux & leur jeûne, ne pouvant plus résister à ce fléau, ils tirerent, ajoute-t-on, au sort pour savoir qui abandonneroit une terre si funeste, & le sort tomba sur cette moitié de la Nation qui avoit Tyrrhenus pour chef.

Il n'est pas étonnant qu'Hérodote ait bercé les Grecs de ces contes; mais ce qui l'est, c'est qu'on nous les répéte gravement, tandis que Denys lui-même n'y a pas cru. Il s'appuie pour les rejetter, de XANTHUS de Lydie, qui écrivit l'Histoire de son pays, & que Denys représente comme l'Auteur le plus versé dans l'Histoire ancienne, & qu'on préféroit à tout autre, sur-tout pour l'Histoire de la Lydie. Or Xanthus ne parloit ni de Tyrrhenus ni de ces prétendus Lydiens passés en Italie, quoiqu'il fît mention de plusieurs objets moins importans.

Cet Historien rapportoit, à la vérité, qu'il y eut un partage entre Lydus & son frere Torybe; mais il ajoutoit que celui-ci ne s'éloigna pas de la Lydie. » De Lydus, dit-il, viennent » les Lydiens; & de Torybe, les Torybiens : leurs Langues dif- » ferent fort peu, & même aujourd'hui ils empruntent plusieurs » mots les uns des autres, comme font les Ioniens & les Doriens.

Aussi Denys dit : » je ne saurois croire que les Tyrrhéniens » soient une Colonie de Lydiens : ils n'en ont ni la Langue, ni » les Dieux, ni les Loix ou les usages ».

PRELIMINAIRE. xlvij

Le sentiment qui lui paroissoit le plus favorable étoit l'opinion de ceux qui prétendoient que les Tyrrhéniens n'étoient pas venus d'un pays étranger, mais qu'ils étoient des habitans naturels de l'Italie.

Nous pouvons donc prendre à l'égard de leur origine le parti qui nous paroîtra le plus conforme à la vérité, sans craindre d'être en contradiction avec les Anciens.

§. XI.

Ils viennent de la Rhétie.

Nous avons donc lieu de croire que les Raseni ou Tyrrhéniens furent du nombre de ces Nations Celtiques qui se transplanterent en Italie, & qui après avoir séjourné quelque tems près des rives du Pô, se porterent plus au Midi, & envahirent sur les Ombriens ce qu'ils occupoient à l'Occident de l'Apennin.

Nous avons même tout lieu de croire qu'ils étoient une Colonie de ces Peuples qu'on appella RHASI, RHÆSI, RHETI, Peuples placés dans les Alpes même au Nord de l'Italie, dont la Contrée portoit le nom de RHETIE, & dont une portion est connue aujourd'hui sous le nom de GRISONS.

FRERET l'avoit déjà soupçonné, & le Savant SCHEUZER, cet habile Physicien de Zurich, en étoit convaincu. Dans un de ces voyages littéraires & curieux, qu'il fit à travers tous les Cantons de la Suisse, il avoit retrouvé chez les Grisons les noms des *Rhasi* & des *Tusci*.

C'est-là qu'en remontant le Rhin, depuis Coire capitale des Grisons, jusqu'aux sources de ce fleuve, on voit sur sa rive gauche le Bourg & le Château de RAZIM, *Razüns*, *Rhetzuns*,

Rhætium, &c. où demeure un Administrateur de l'Empereur.

Sur la rive droite, RETZIM. Ensuite,

TUSIS, *Tufana*, *Tufcia*, gros Bourg sur le Nolla.

Dans le nom de *Razüns*, Scheuzer voyoit celui de Rhætus, chef des Toscans; & dans celui de *Tufis* ou *Tufcia*, le nom même de ce Peuple, & celui de leur Ville de TUSCIA.

A ces noms communs aux Toscans & aux Grisons, nous pouvons ajouter,

ALBULA, nom d'une riviere qui se jette dans le Rhin près de Tufis.

GABIE, Bourg à peu de distance de là, sur les bords du Muesa.

TALAMONA. & VAL-di-RIZIN, dans la Valteline.

Le Savant MAZOCCHI ne voyoit cependant dans les Etrusques qu'une Colonie de Phéniciens, & il essaya d'expliquer par l'Hébreu les noms de leurs Villes (1); tandis que BOCHART, non moins savant, avoit fait un chapitre exprès dans sa Canaan (2), pour prouver que les Etrusques n'etoient point Phéniciens, lui cependant pour qui tout étoit Phénicien.

§. XII.

Colonies dans la grande Grèce.

Pendant que les Etrusques s'établissoient dans l'Italie, & qu'ils s'y rendoient illustres par leur puissance, par leur sagesse, par leur commerce, par leurs arts, des Colonies Grecques, mêlées de quelques-unes de l'Orient, venoient fonder des Républiques puissantes sur ces côtes de l'Italie, que la fuite des Sicules avoit laissées désertes. Les Grecs sur-tout s'y établirent en si grand nombre, que tout le pays en prit le nom de GRANDE GRÈCE.

---

(1) Mém. de l'Académ. de Cortone, in-4. Tome IV.
(2) Liv. I. ch. XXXIII.

ARTICLE V.
Des Romains.

§. I.

Tradition des Romains sur leur Origine.

Entre les Villes fondées par ces illustres Aventuriers qui se partagerent l'Italie, se distingue enfin la Ville de Rome. Bâtie sur les bords du Tibre qui y formoit une Isle favorable à la sûreté d'une Colonie naissante, garantie des inondations par les côteaux rians sur lesquels elle s'éléve majestueusement, placée dans un terrein fertile, & que l'industrie de cette Colonie va rendre plus fertile encore, Rome sembloit destinée à dominer sur toute la contrée.

Mais quel fut le Fondateur de cette Ville qui devint la Reine du Monde connu, & qui s'attire encore les hommages de l'Europe presqu'entiere ? ROMULUS, dit-on, petit-fils d'un Roi d'Albe ; & ces Rois d'Albe, ajoute t-on, descendoient d'Iulus ou Ascagne, fils d'Enée le Troyen, arrivé dans le Latium plus de quatre cens ans auparavant, lorsque venoit d'être terminée la funeste guerre des Grecs & des Troyens. Telle est la tradition des Romains, fiers de se faire descendre d'un sang illustre, & de relever par-là leur obscure origine.

§. II.

Incertitude de cette Tradition.

Cette Tradition est cependant regardée comme une vérité constante : les Romains, à force de la répéter, n'en douterent plus,

& la plûpart de nos Erudits font convaincus qu'on ne fauroit l'attaquer avec le moindre fondement.

Lorfqu'on jette les yeux fur les Hiftoriens modernes de l'ancienne Rome, & qu'on voit l'intrépidité avec laquelle ils affurent les faits relatifs à fon origine, on croiroit que ces faits n'ont jamais été conteftés, qu'il n'y a jamais eu deux opinions à leur égard : qu'il feroit abfurde d'avoir le moindre doute fur leur autenticité.

On eft cependant forcé de convenir que les origines Romaines font enveloppées d'une obfcurité qu'on n'a jamais pu diffiper : les Romains eux-mêmes l'avouoient ; & s'ils fe déterminerent pour certaines traditions plutôt que pour d'autres, ce ne fut pas parce qu'elles étoient plus vraies, mais parce qu'elles étoient plus flatteufes. C'eft par ce motif fans doute que Cicéron toujours follicité d'écrire l'Hiftoire de Rome, s'y refufa toujours : & comment un Philofophe, chef en même tems de la République, auroit-il pu fans péril rejetter ou adopter la plûpart de ces traditions, puifque de nos jours, où l'on n'eft cependant pas obligé d'avoir le même refpect pour elles, il femble qu'on ne fauroit s'en écarter fans paffer pour un téméraire qui veut ébranler les vérités les plus inconteftables ? Cependant, dût-on dire que nous changeons tout en allégories, nous fommes perfuadés que l'obfcurité qui couvre le commencement de l'Hiftoire de Rome, eft en partie due à l'allégorie, & qu'en féparant les faits allégoriques des faits hiftoriques, on peut rendre à l'Hiftoire Romaine toute fa certitude.

Cette certitude a cependant occafionné dans ce fiécle de vifs débats ; quelques Savans ont attaqué avec feu l'Hiftoire des premiers fiecles de Rome : d'autres en ont foutenu la vérité avec autant de chaleur ; l'Académie des Infcriptions & des

PRELIMINAIRE.

Belles-Lettres fut en particulier pendant plus de deux ans le théâtre de cette dispute qui enfanta nombre de Mémoires.

Comme ces contestations tiennent essentiellement à l'objet dont nous nous occupons ici, donnons-en une légere idée.

§. III.
Précis des Ouvrages relatifs à la certitude de l'Histoire des premiers siécles de Rome.

1.

M. DE POUILLY.

M. DE POUILLY ouvrit le combat par une Dissertation sur *l'incertitude de l'Histoire des quatre premiers siécles de Rome*; c'est ainsi qu'il débuta (1).

» La plûpart de ceux qui ont écrit l'Histoire des tems recu-
» lés, l'ont remplie de fictions; soit qu'ils ayent déféré à des tra-
» ditions infidelles, soit qu'ils ayent voulu flatter leur Nation,
» ou qu'à la simplicité du vrai, ils ayent préféré l'agrément du
» merveilleux, soit enfin qu'ils ayent été sensibles au vrai plaisir
» de se jouer des autres, & d'acquérir en les trompant, une sorte
» de supériorité sur eux; cependant l'Histoire ainsi altérée perd
» ses avantages, & les observations qu'empruntent d'elle la Phy-
» sique, la Morale, la Politique & le Droit desgens, deviennent
» suspectes & trompeuses.

» Il seroit donc utile de porter le flambeau d'une sévère cri-
» tique dans toutes les annales des Peuples, pour y démèler ce
» qu'elles renferment de douteux ou de faux; quelque difficile
» que soit cette entreprise, j'oserai néanmoins la tenter; je com-
» mencerai par l'examen de l'Histoire Romaine, la plus célébre

(1) Mém. de l'Acad. des Inscr. & B. L. Tome VI. 14.

» de toutes les Histoires Profanes ; & j'essayerai de faire voir
» qu'elle est incertaine, jusqu'au tems des guerres de Pyrrhus en
» Italie : que ceux qui l'ont écrite, n'ont pû s'en instruire; qu'ils
» contredisent souvent des Ecrivains dont le témoignage doit
» au moins balancer le leur ; qu'ils ont fait honneur aux Ro-
» mains de plusieurs événemens qui appartenoient à des Histoi-
» res étrangeres : qu'enfin, ils reconnoissent eux-mêmes l'incer-
» titude de ce qu'ils racontent.

Ces vues étoient très-sages, très-judicieuses; mais l'esprit de critique & de philosophie, nécessaire pour tracer la vraie histoire du genre humain, n'étoit pas encore assez développé; on tenoit encore trop aux anciens préjugés, à ces préjugés qui faisoient regarder les Historiens Romains comme des personnages dignes de la confiance la plus aveugle, & qui ne s'étoient jamais trompés dans le choix entre des traditions confuses & contradictoires.

Aussi se souleva-t-on contre M. de Pouilly : il fut regardé comme un téméraire dont les efforts ne tendoient pas à moins qu'à renverser toute l'Histoire. » On m'accuse, disoit-il dans
» une note, de donner atteinte à la certitude de toute l'Histoi-
» re, parce que je prétends qu'il y a des faussetés dans les an-
» nales des quatre premiers siécles de Rome ; mais quoi ! est-ce
» combattre tous les faits historiques que d'attaquer quelques
» fables ? N'est ce pas au contraire servir la vérité que de la dé-
» gager de ce qui pourroit nous la rendre suspecte ? Nous ne
» devons point, sans doute, nous croire condamnés à une en-
» tiere ignorance ; mais aussi ne devons-nous pas nous flatter
» d'être savans quand nous ne sommes que crédules : la critique
» nous fait éviter dans les recherches historiques, ces différens
» écueils. Par elle, nous croyons sans témérité, & nous suspen-

ning
» dons notre jugement sans pyrrhonisme; elle nous fait respec-
» ter le témoignage des Historiens, qu'on peut présumer n'avoir
» été ni trompés ni trompeurs; mais elle nous fait aussi tenir
» pour suspect, ce que rapportent des Ecrivains qui ne parois-
» sent pas avoir travaillé sur de fidèles Mémoires.

2.

M. l'Abbé SALLIER.

M. l'Abbé SALLIER, admirateur des Romains, ne put goûter ces maximes : & dans deux *Discours*, l'un *sur les premiers Monumens Historiques de Rome*; l'autre *sur la certitude de l'Histoire des quatre premiers siécles de Rome*, (T. VI.) destinés à réfuter M. de Pouilly, il fait les plus grands efforts pour démontrer la parfaite certitude de l'Histoire des quatre premiers siécles de cette Ville illustre.

3.

RÉPLIQUES.

M. DE POUILLY ne se regarda pas comme vaincu : & les Dissertations de M. l'Abbé Sallier ne l'empêcherent pas de répliquer par un Mémoire qu'il intitula, *Nouveaux Essais de Critique sur la fidélité de l'Histoire*.

Il y dit (Tome VI. 71.) » Evitons les excès opposés; recon-
» noissons que dans l'Histoire le faux est mêlé avec le vrai; mais
» qu'il est des marques auxquelles on peut les distinguer. L'a-
» mour du merveilleux, l'intérêt, la vanité, l'esprit de parti,
» sont comme des sources toujours ouvertes, d'où la fable se
» répand, pour ainsi dire, à grands flots dans les annales de tous
» les Peuples.

Ces Essais occasionnerent un troisiéme Discours de l'Abbé Sallier, où il semble convenir (Tom. VI. 115.) que l'Académie des Inscriptions étoit elle-même partagée sur cet objet, dont la discussion duroit depuis plus de deux ans.

4.

FRERET.

Le Savant FRERET se mit lui-même sur les rangs par un profond Mémoire intitulé, *Réflexions sur l'étude des anciennes Histoires, & sur le degré de certitude de leurs preuves* : il s'y range du côté de l'Abbé SALLIER : cependant, il fait dépendre l'autorité des Historiens de ces trois conditions ;

1°. Qu'ils ayent été témoins des événemens, ou à portée d'en être instruits.

2°. Qu'ils ayent été sincéres.

3°. Que leurs Ouvrages n'ayent pas été altérés.

Et cependant par ces conditions, il tend à resserrer prodigieusement la portion d'Histoire qu'on peut regarder comme certaine.

5.

M. DE BEAUFORT.

Cette dispute, aussi importante par ses résultats qu'intéressante par ses tenans, passa les mers : elle y réveilla l'attention sur ces grands objets, & M. DE BEAUFORT adoptant les principes de M. de Pouilly, les étendit plus loin, & fit un Ouvrage en deux volumes pour démontrer l'incertitude des cinq premiers siécles de Rome.

6.

M. Hooke.

Ceux-ci eurent un vengeur dans M. Hooke, Auteur d'une Histoire Romaine en Anglois fort estimée, & qu'il accompagna de divers Discours qu'on a traduits sous le titre de *Discours critiques sur l'Histoire & le Gouvernement de l'ancienne Rome*, in-12. Paris, 1770.

Le premier de ces Discours a pour objet, *la Croyance que mérite l'Histoire des cinq premiers siécles de la République Romaine*.

§. IV.

Vrai état de la Question.

La lecture de tous ces Mémoires ne produit point l'effet auquel leurs savans Auteurs les destinoient : après avoir lu tout ce qu'on dit contre l'incertitude des quatre premiers siécles de Rome, on n'est pas tenté de les rejetter comme faux ; & après avoir lu tout ce qu'on dit en faveur de leur certitude, on est presque tenté de les rejetter : on voit par-tout une vaste érudition, peu de critique, des propositions trop vagues, trop indéterminées, on est toujours hors de la question.

En effet, étoit-ce à M. de Pouilly à discuter la certitude ou l'incertitude de l'Histoire des premiers siécles de Rome lorsqu'on lui voit dire : « Je sais qu'Eratosthène & d'autres Critiques cités » par Diodore, croyoient qu'Hercule & Bacchus devoient leur » naissance à l'imagination des Poëtes : mais pourquoi le nom des » anciens Conquérans se seroit-il effacé pour faire place à des » Personnages feints ? ou par quel privilége n'y auroit-il pas eu » dans les tems fabuleux, de même que dans les tems historiques,

» de ces brigands trop illuſtres, qui méritent des autels par des » exploits qui devroient les priver du tombeau ».

On regarde à trois fois ſi un pareil langage n'eſt pas de celui qui ſoutient la certitude de l'Hiſtoire Romaine, & on n'en croit pas ſes yeux lorſqu'ils nous aſſurent que celui qui le tient, eſt celui-là même qui ſoutenoit l'incertitude de cette Hiſtoire.

Nous accorderons à M. l'Abbé Sallier tous ſes raiſonnemens, toutes ſes preuves en faveur de l'Hiſtoire des quatre premiers ſiècles de Rome en général; nous conviendrons avec lui que dans ce tems-là exiſterent les grandes Annales (T. VI. 119.), des *Traités* de Paix ou d'Alliance (124.), des Inſcriptions (126), les Loix des XII Tables (127).

Mais on ne peut en conclure ni la certitude de la fondation de Rome, ni celle des événemens dont il s'agit ici, tels que l'Hiſtoire Fabuleuſe d'Enée & de Romulus: il faudroit avoir démontré auparavant que tous ces monumens parloient de ces faits, & en parloient d'une maniere inconteſtable; mais M. l'Abbé Sallier en excepte lui-même la fondation de Rome.

« Les *Grandes Annales*, dit-il (121), n'ont pas dû renfermer » l'Hiſtoire de la fondation *de Rome*; ces regiſtres ne prenoient » pas la choſe de ſi haut; ils n'avoient commencé à être tenus que » depuis l'établiſſement des Pontifes.

La vérité lui arrache encore cet aveu frappant (122). » Les » Hiſtoriens Romains n'ont jamais prétendu que ces commence- » mens de Rome fuſſent appuyés ſur des MONUMENS INCONTES- » TABLES; ils ont toujours dit qu'ils étoient illuſtrés par le mer- » veilleux des Fables; qu'ils ne vouloient ni en aſſurer la vérité, » ni en faire voir la fauſſeté ».

ſ. V.

PRÉLIMINAIRE.

§. V.

Les Origines Romaines remplies d'Etres allégoriques.

Après l'examen impartial & attentif de toutes ces dissertations sur le degré de croyance que mérite l'Histoire des premiers siècles de Rome, on est donc forcé de convenir qu'on alla trop loin de part & d'autre ; qu'on ne fut presque jamais dans l'état de la question ; & que si l'Histoire de ces premiers siècles est plus digne de créance qu'on ne croit, elle renferme cependant un grand nombre de choses fabuleuses, du propre aveu des Romains ; aussi laissoient-ils une liberté entiere pour les croire ou pour les rejetter : serions-nous plus enthousiastes qu'eux sur la certitude de leur Histoire primitive ?

Les principes du Monde Primitif peuvent seuls fixer les idées à cet égard : ils peuvent seuls nous apprendre comment il put arriver qu'au bout de cinq siècles, les Origines Romaines furent comme couvertes d'une obscurité profonde, tandis que les nôtres sont plus certaines au bout d'un tems trois ou quatre fois plus long.

Ainsi que toute Histoire ancienne, celle de Rome fut remplie d'une foule de Personnages allégoriques, représentés comme autant de Rois qui avoient regné dans des tems très-reculés : tels, JANUS aux deux têtes : FAUNE aux cornes de bélier, sa femme FAUNA armée d'un bouclier, & ayant pour casque une peau de chévre avec sa tête. CARMENTA la Prophétesse & son fils EVANDRE, adorés au pied du Mont-Palatin : ENÉE, Prince Troyen, que les Dieux aménent en Italie pour y fonder un Empire : ROMULUS, frere de Remus, fils de Mars, nourri par une louve, enlevé au Ciel, mis au rang des Dieux par Numa, &c.

Nous avons déjà eu occasion de prouver que *Janus*, *Carmenta*, *Evandre* étoient des Personnages allégoriques ; que l'un désignoit le Soleil, l'autre la Lune ; le troisiéme, appellé fils de Carmenta, les révolutions cycliques. (1)

Ajoutons ici que le nom de CARMENTA fut très-bien choisi pour désigner la Lune, son nom étant composé des mots CAR, pointu, cornu, & de MEN, flambeau.

Nous avons fait voir également qu'*Enée* désignoit le Soleil chez les Albains, & que *Romulus* & *Remus* étoient pour les Peuples Latins ce que les Dioscures étoient pour les Egyptiens, les Phéniciens, les Grecs, &c. le Soleil d'été & le Soleil d'hiver : mais comme l'Histoire d'Enée & celle de Romulus sont liées essentiellement avec les Origines Romaines, nous ne pouvons nous dispenser d'entrer ici dans un plus grand détail sur ces objets, & sur-tout d'examiner la vérité de la tradition qui assuroit que Rome fut bâtie par un Prince appellé Romulus.

I. ÉNÉE.

Afin de pouvoir fixer nos idées sur ce Personnage illustre, rappellons-nous que les Anciens, dans toutes leurs prieres, adressoient leurs actions de graces au Soleil, Pere de la nature, guide & flambeau de toutes leurs opérations, Roi du monde, sur-tout Roi de la contrée dans laquelle on l'adoroit ; & que dans chaque pays, ce Roi étoit adoré sous un nom très-significatif dans la Langue du Pays : c'est ainsi que le Soleil étoit appellé :

Le Roi MENÈS, en Egypte,
Le Roi MINOS, en Crete,
Le Roi MON, en Phrygie,
Le Roi MANNUS, en Germanie,
} Par-tout, *Flambeau*, *Lumiere*.

---

(1) Histoire du Calendrier, pag. 270. &c. 410. &c.

PRÉLIMINAIRE.

Le Roi Bel ou Seigneur, à Babylone & à Tyr.
Le Roi Cadmus ou l'Oriental, à Thèbes de Béotie.
Le Roi Orus ou Pere du Jour, à Trœzene.
Le Roi Cecrops, à Athènes, mot à mot, *l'œil rond de la Terre* & le Pere aux trois Filles.
Le Roi Janus, chez les Latins, époux de Carna ou de la cornue, c'est-à-dire de la Lune.

Il en résulte déjà une grande présomption, qu'il pourroit bien en avoir été de même du premier Roi d'Albe : mais cette présomption se change en certitude, lorsqu'on rassemble tous les caracteres qu'il offre.

1°. Ce Roi fut adoré sous le nom de Jupiter Indigene.
2°. Il se noya dans le fleuve Numique.
3°. Dans ce même fleuve où s'étoit déjà noyée Anna Perenna.
4°. On voyoit son tombeau dans un grand nombre de Villes de l'Italie & dans d'autres contrées.
5°. Il s'appelle Enée.
6°. Il est Chef des Troyens.

Caracteres auxquels on n'a jamais fait attention, & dont l'ensemble convient parfaitement au Roi-Soleil, & ne peut convenir qu'à lui.

1°. Il est incontestable que les premiers Peuples n'ont jamais adoré des hommes sous le nom de Jupiter, ou de Pere Iou : qu'on n'entendit jamais par-là que la Divinité Suprême, ou le Soleil qui en étoit le symbole le plus parfait ; & que l'équivoque étoit parfaitement levée au moyen de l'épithète d'*Indigene*, qui convenoit essentiellement au Soleil comme Roi & Pere de la contrée, & qui vient de Troie dans le sens allégorique.

2°. Nous avons déjà vû dans l'Histoire du Calendrier, que le

DISCOURS

fleuve Numique défigne l'abîme des tems dans lequel fe précipite chaque année, à mefure qu'elle finit.

3°. Nous avons vu auffi, qu'*Anna Perenna* fe noye également dans le même fleuve, parce qu'elle défigne la Lune & fes révolutions.

4°. Denys d'Halicarnaffe nous apprend qu'on montroit en divers lieux le tombeau d'Enée; fait auffi intéreffant que peu connu, & dont cet Auteur cherche à rendre raifon, mais en homme qui n'avoit nullement la clef de l'Antiquité; & cependant en nous fourniffant de nouveaux objets de comparaifon propres à démontrer ce que nous avançons.

» On n'en fera pas étonné, dit-il (1), fi l'on fait réflexion
» qu'il en eft de même à l'égard des Héros illuftres dont la vie a
» été errante & vagabonde : chacun des Peuples auxquels ils s'é-
» toient rendus utiles & qu'ils avoient comblés de biens s'empref-
» foient à leur élever des tombeaux pour leur en témoigner leur
» reconnoiffance : » & il en conclut, que puifqu'on voit un fi grand nombre de tombeaux d'Enée en Italie, c'eft une preuve fans réplique qu'il y a féjourné.

Denys avoit raifon; il ne fe trompoit que dans le genre de féjour & dans la nature des bienfaits : & fon erreur tenoit à l'erreur générale dans laquelle on étoit fur le génie allégorique.

Dans le ftyle allégorique, le mot TOMBEAU avoit un fens non moins allégorique que tous les autres objets : & c'eft ce fens qu'il faut développer, pour pouvoir découvrir l'énigme renfermée fous ce mot.

---

(1) Liv. I. ch. XII.

PRÉLIMINAIRE. lxj

Des Tombeaux des Dieux, & en particulier du Tombeau de MAUSOLE.

Dans l'Antiquité, on marchoit par-tout sur les tombeaux des Dieux : on montroit celui de JUPITER dans l'Isle de Crète, à Gnosse, sur le Mont Ida, sur le Mont Jasius : on le montroit également sur le Mont Sipyle près de Magnésie dans l'Asie mineure.

L'Illyrie possédoit le tombeau de Cadmus surmonté de serpens.

La Thrace, celui du Dieu Mars.

Dans chaque ville de Phénicie étoit un tombeau d'Adonis où les Phéniciens venoient le pleurer chaque année.

En Egypte, Isis avoit élevé XII tombeaux à Osiris, un dans chaque Gouvernement, afin, disoit-on, que son ennemi, le cruel Typhon, ne pût reconnoître celui dans lequel reposoit réellement son corps.

Cette Déesse elle-même avoit des tombeaux à Nysa en Arabie, à Phyle, à Memphis.

Thébes d'Egypte possédoit celui d'Osymandias sur lequel étoit le fameux cercle de 360 coudées.

Il n'est pas jusqu'aux fameuses Pyramides qui ne fussent destinées, disoit-on, à renfermer les tombeaux des anciens Rois, & sur-tout de ceux qui les avoient élevées, quoique ces tombeaux fussent vuides, parce, disoit-on, qu'on n'avoit pas osé y faire inhumer ces Rois, de peur que le peuple irrité de leurs vexations n'en arrachât leurs corps & ne les détruisît : & tout le monde adopte ce conte qui n'a pas le sens commun.

Ces tombeaux devinrent à la longue un objet de scandale.

Les EVHEMERE & les autres beaux esprits du Paganisme disoient : vos Dieux ne sont donc que des hommes, puisqu'on montre leurs tombeaux en tels & tels endroits ? & ils croyoient triompher. Ils ne montroient que leur ignorance, & combien on s'étoit éloigné du génie allégorique qui avoit établi toutes ces choses.

Ces prétendus tombeaux étoient autant de Temples, de Monumens symboliques, de Hauts lieux élevés à l'honneur de la Divinité, ou relatifs à son culte & à ses mystères.

Ces Monumens étoient ordinairement placés sur des hauteurs ombragées d'arbres qui servoient de hauts lieux, de bois sacrés, & qui furent les premiers Temples.

Comme ces tombeaux étoient nécessairement vuides, on disoit que l'Epouse du Héros avoit fait de son propre corps le vrai tombeau de son Epoux en le mêlant avec ses alimens. C'est ainsi qu'on expliquoit le Cénotaphe ou tombeau vuide qu'on voyoit dans le magnifique monument élevé à l'honneur du prétendu Mausole, Roi de Carie, par Artemise sa prétendue femme : & qui étoit surmonté d'une Pyramide couronnée d'un char à quatre chevaux en marbre : mais on ne voyoit pas qu'ARTIMISE est en Grec le nom même de Diane ou de la Lune ; que le Roi auquel elle élève ce monument est nécessairement le Soleil son Epoux, Roi de la contrée ; que le nom de ce Roi est l'oriental משל, Mesol, qui signifie Roi, Souverain, épithète du Soleil ; tandis qu'*Artemise*, composé de deux mots Orientaux, signifie *la régle de la Terre* : que CARIE, signifie le pays des Laboureurs, *Car, Icar, A-gar*, un Laboureur ; & que l'ensemble de cette Histoire étoit relatif au culte du Soleil. Il étoit d'autant plus aisé de s'y tromper, que l'Histoire de Carie est absolument inconnue, & que les Historiens qui ont parlé de ce monument, paroissent ne l'avoir fait qu'en voyageurs peu instruits.

C'est donc un nouveau Roi-Soleil à ajouter à tous ceux que nous avons découverts jusqu'ici. N'omettons pas qu'on trouve dans Hérodote une anecdote qui nous apprend (1) que le nom d'Artemis s'étendoit fort au-delà des Grecs & des Cariens. Il dit que chez les Scythes, Vénus Uranie ou la Lune s'appelloit Artimpasa ; mais on fait que chez tous les Peuples du Nord, ainsi que chez les Etrusques, les Dieux s'appelloient As, les Déesses Asa : ce nom Scythe de la Lune signifie donc mot-à-mot la Déesse Artim, ou Artemis.

Ce qui induisoit encore plus dans l'erreur au sujet de ces prétendus tombeaux, c'est qu'ils étoient environnés de hauts cyprès, arbres consacrés aux morts, & qu'on plaçoit ici sans doute pour marquer la mort spirituelle au vice, ou le renoncement à la vie mondaine, qu'on étoit censé promettre en s'attachant au culte de la Divinité adorée en ce lieu.

Ajoutons que les mots Tombeau & Colline ou Haut lieu étoient des mots absolument synonymes. Taphos en Grec, Tumulus en Latin, offrent la double idée de Tombeau & de Haut lieu.

Elles se trouvent réunies dans la description que fait Virgile d'un vieux Temple aux portes de Troie :

Est urbe egressis Tumulus Templumque vetustum
Deserta Cereris : juxtaque antiqua Cupressus
Religione patrum multos servata per annos.
Æneïd. II. 713.

« On voit près de la ville un *Tumulus* (Colline-Tombeau,)
» avec un ancien Temple de la délaissée Cerès : il est ombragé d'un
» antique Cyprès qu'on laisse subsister depuis un grand nombre

---

(1) Liv. IV. n°. 59.

» de siécles comme un monument respectable de la Religion
» des Ancêtres.

5. Ce personnage à Tombeaux qu'Albe reconnoît pour son premier Roi, s'appelle Enée, AINEAS en Latin; mais ce nom s'accorde très-bien avec ces idées: c'est un tableau parlant. On peut le décomposer en trois, AIN-E-AS.

AIN, en Oriental עין, est chez les Orientaux le nom du Soleil, considéré comme l'œil du monde, comme la source de la lumiere.

Si on ne veut pas regarder le reste de ce nom comme une terminaison, si on exige que je l'analyse de même que le commencement, je dirai que la seconde syllabe E est le verbe qui marque l'existence, & que la derniere AS, est ce mot primitif qui signifie seul, unique, dont les Latins firent le mot AS, *un*, & dont nous avons fait le mot même AS, nom de l'unité dans les jeux de cartes.

AINEAS signifie donc mot-à-mot, « l'Etre qui est seul la lu-
» miere, l'œil du monde ». C'est donc sous ce nom que les Albains adoroient le Soleil.

6. Enfin, Enée est le Chef des Troyens, non d'un Peuple venu de la ville de Troie en Asie; mais de Troyens allégoriques suffisamment désignés par la réponse de l'Oracle qui ordonna à ce Heros de s'arrêter là où il trouveroit une Truie, mere de trente petits, & d'y bâtir une ville.

Dans l'Antiquité, la Truie étoit un des symboles vivans de l'Agriculture par sa fécondité, & parce que cet animal sillonne la terre avec son museau; & comme dans les Langues Celtique & Phrygienne, cet animal s'appelloit TROIA, nom altéré en celui de Truie, & qui se prononce encore *Trouie* dans le Valdois, tout Agriculteur étoit un Troyen. Nous verrons même un

jour

PRELIMINAIRE.

jour que Troie dut son nom aux mêmes idées, & il est très-apparent qu'une Truie formoit les armoiries & de Troie & des Albains.

Ce qui est incontestable, c'est que la ville d'Albe avoit une très-grande & très-riche culture, qui la mit en état de remplir le Latium de ses colonies : aucune ville de ce pays qui ne fût de ce nombre : il est donc très-probable qu'elle fut fondée par des Agriculteurs, des Troyens allégoriques venus de l'Orient qui enseignerent cet Art aux peuples errans du Latium ; & qui adoroient le Soleil, Roi de l'Agriculture.

Lorsqu'après un grand nombre de siécles, & dans un tems où on avoit perdu la vraie origine de toutes ces choses, les Savans voulurent en écrire l'histoire, ils prirent nécessairement au pied de la lettre les récits que ces divers peuples faisoient de ce personnage illustre qu'ils regardoient comme leur Pere, leur Roi, leur Fondateur ; ils en firent nécessairement autant de Rois par lesquels s'ouvroit l'Histoire de chaque pays ; & ils changerent en autant de Tombeaux, les Hauts lieux élevés à leur honneur.

Ainsi l'Histoire fut altérée dès son origine chez tous les peuples ; mais en rassemblant ces débris des anciennes idées communes à toutes les Nations, en comparant ces histoires de Rois, de Tombeaux, de Troyens, d'enfans des Dieux, on débrouille le cahos des tems antiques ; on voit tous les peuples descendre d'une même origine, d'un peuple primitif qui, depuis l'Inde Orientale jusqu'au fond de l'Occident, avoit une même Langue, un même culte, les mêmes mœurs, & qui par-tout vénéroit les Hauts lieux.

DISCOURS II.

ROMULUS.

Rome ne fut pas exempte de ces idées communes : & pourquoi n'auroit-elle pas eu, comme Albe, comme Memphis, comme Tyr, comme Babel, comme tant d'autres villes, le Soleil à la tête de ſes Rois? Pourquoi ſeule entre toutes les Cités, n'auroit-elle pas regardé le Pere du jour & de l'agriculture, comme ſon Pere, comme ſon Fondateur? Comment une ville auſſi religieuſe ſe ſeroit-elle ſouſtraite au culte commun? Auſſi n'eſt-il pas difficile de prouver qu'elle ſuivit à cet égard l'impulſion générale, & que le premier de ſes Rois, ROMULUS, doit être ajoûté à la liſte nombreuſe de ces Rois, par leſquels s'ouvre le catalogue des Rois de tous les anciens Empires, & qui ſe réduiſent tous au Soleil : qu'ainſi ceux d'entre les anciens qui regarderent Romulus comme un mortel qui fonda la ville de Rome, furent de très-mauvais Critiques, des Antiquaires très mal inſtruits. On n'en doutera pas d'après toutes les preuves que nous allons ajouter à ce que nous avons dit.

Que Romulus n'ait pas été un homme, & qu'il ſoit le nom ſous lequel les Romains mirent, comme tous les autres peuples, le Soleil à la tête de leurs Rois, c'eſt ce que prouvent les faits ſuivans.

1°. Romulus fut mis au rang des Dieux par Numa qui le fit adorer ſous le nom de Quirinus.

2°. La tradition qui le regardoit comme Fondateur de Rome, n'étoit ni ancienne ni généralement adoptée : & elle ne le fut que par de très-foibles motifs de convenance.

3°. Romulus n'étoit point de la famille des Rois d'Albe, &

tout ce qu'on dit de sa naissance ne peut être vrai que dans le sens allégorique.

4°. L'Histoire de Romulus est calquée sur de plus anciennes.

5°. Tout ce qu'on en dit étoit dû aux Tables sacrées, par conséquent son existence tenoit non à l'Histoire, mais à la Religion.

6°. Le reste des faits attribués à Romulus n'offre que des contradictions ou des amplifications controuvées.

I.

Romulus adoré sous le nom de Quirinus.

Nous trouvons dans l'Histoire de Numa par Denys d'Halicarnasse (1), que ce Prince fit bâtir un Temple à Romulus comme étant au-dessus de la nature des *mortels* ; qu'il ordonna qu'on l'appelleroit QUIRINUS, & qu'on lui offriroit des sacrifices tous les ans.

Ce fait seul auroit dû désiller les yeux à tout le monde ; tous les Savans auroient dû en conclure que Romulus n'étoit pas un mortel.

Quoi ! Numa mettra au rang des Dieux un Tyran que les Sénateurs venoient de massacrer ; il forcera les Sénateurs de lui offrir des sacrifices, & ces Sénateurs lui obéïront, & ils feront de Numa un Sage ; & ce Sage cependant ne sera pas mis lui-même au rang des Dieux après sa mort ! Qui ne voit l'incohérence de ces idées : que c'est un conte mal digéré : que le prendre au pied de la lettre, c'est tomber dans une crédulité absurde, presqu'imbécille ?

A quel Prince encore attribue-t-on cette extravagance,

---

(1) Liv. II. Ch. XVI.

à un Philosophe digne d'avoir été élevé à la même école que Pythagore, & dont les maximes étoient si opposées à l'idolâtrie, que lorsqu'on fit par la suite la découverte de ses Ouvrages perdus depuis long-tems, le Sénat les condamna au feu comme étant trop opposés à la religion du moment; mais si c'est un homme auquel Numa a fait élever des Autels; si c'est un homme qu'il a donné aux Romains pour leur divinité suprême, en quoi étoit-il opposé au système idolâtrique de Rome?

Ou l'Histoire de Numa est fausse, & alors que devient celle de Romulus lui-même; ou ce Sage fut convaincu que Romulus étoit un personnage allégorique qui désignoit le Dieu-Soleil.

Aussi lui donne-t-il un nom assorti à ces idées; celui de QUIRINUS; & il l'accompagne de l'épithéte *Pere*; le Pere-Quirinus; comme on dit JU-PITER, *le Pere-Iou*: mais le mot de *Quirinus* est composé du mot IN qui désigne le Soleil, & de QUIR, KEIR, qui signifie *Ville*: c'est donc mot-à-mot » le flambeau de » la Ville ».

C'est par cette même raison qu'on n'a pas osé faire succéder Numa immédiatement à Romulus: on met entr'eux un intervalle: on dit que Numa fut élu dans un tems où les Romains dénués de Rois, étoient plongés dans des dissensions civiles, que ce Prince eut le bonheur de terminer, & de mettre par-là *tout le Peuple d'accord comme un instrument de musique*, *ensorte que tous les Citoyens n'eurent plus d'autres vues que le bien public*; expressions sublimes, dignes d'un Sage, & que la raison la plus sévere ne désavoueroit pas.

II.

Les Anciens n'étoient pas assurés que Romulus eût fondé Rome.

Tout Peuple, toute Ville, étoient supposés porter le nom

PRÉLIMINAIRE.

de leur Fondateur : ainsi Troie avoit été bâtie par *Tros*, Tarente par *Taras*, &c. Les Italiens descendoient d'*Italus*, les Siciliens de *Siculus*, les Latins de *Latinus*, les Tyrrhéniens de *Tyrrhenus*, &c. & afin de rendre ces origines plus vraisemblables, chaque ville ne manquoit pas d'accompagner le nom de son prétendu Fondateur de quelqu'histoire faite à plaisir, qu'on prenoit dans la suite des tems pour des vérités incontestables.

C'est par une suite de ce tour d'esprit que Rome dut nécessairement avoir pour Fondateur un Prince nommé *Romulus* ou *Remus*, ou une Princesse nommée *Roma*. Quant à l'époque où ils avoient vécu & à leur origine, on varioit à l'infini, preuve qu'il n'y avoit rien d'historique dans cette tradition. Denys d'Halicarnasse, Festus, Plutarque ont réuni là-dessus une multitude d'opinions que nous allons mettre sous les yeux de nos Lecteurs, afin qu'ils voyent quel fond on peut faire sur cette prétendue vérité que Romulus fut le Fondateur & le premier Roi de Rome.

Le premier de ces Auteurs écrivoit cependant au tems d'Auguste, & Festus éleva les petits-fils de cet Empereur ; mais puisqu'ils ne craignirent pas de rassembler toutes les traditions opposées à celles-là, quoiqu'ils sussent le foible qu'avoit cette Maison de se faire descendre du fils même d'Enée, & par conséquent de Vénus ; d'être ainsi la Famille la plus auguste entre toute les Familles Romaines ; puisque malgré des motifs très-pressans pour eux, ces Historiens n'ont pas cru devoir manquer à ce qu'exigeoit d'eux la fidélité de l'Histoire ; n'aurions-nous pas tort d'être plus circonspects ? Voici le récit de Denys. (1)

---

(1) I. ch. XVI.

DISCOURS

I.
DENYS.

» Comme on ne s'accorde ni sur l'époque de la Fondation
» de Rome, ni sur ceux qui l'ont fondée, je n'ai pas cru qu'il fût
» suffisant d'en parler légerement comme si c'étoit une vérité re-
» connue de tout le monde.

» CEPHALON de Gergithe, Auteur très-ancien, dit qu'elle a
» été fondée la deuxiéme génération après la guerre de Troie,
» par ceux qui avec Enée échapperent à l'embrâsement de cette
» ville : & que son Fondateur fut Rémus, un des quatre fils d'E-
» née, qu'il appelle Ascagne, Euryleon, Romulus & Remus : il
» est d'accord en cela avec Demagore, Agathyllus & plusieurs
» autres.

» Mais l'Historien des Prêtresses d'Argos & de ce qui est ar-
» rivé de leur tems, dit qu'Enée étant venu du pays des Molos-
» ses en Italie avec Ulysse, fut le Fondateur de cette ville, &
» qu'il lui donna le nom d'une Dame Troyenne appellée Rome.
» Il ajoute que cette Dame ennuyée des fatigues de la naviga-
» tion, excita les autres Troyennes à se joindre à elle pour met-
» tre le feu à la flotte. DAMASTES de Sigée & quelques autres
» sont du même sentiment.

» Mais selon Aristote, cette flotte brûlée dans le Latium ap-
» partenoit à des Grecs qui au retour de la guerre de Troie
» furent portés jusques-là par les tempêtes, & que le feu y fut mis
» par les Captives qu'ils avoient amenées de Troie.

» CALLIAS qui a écrit la vie d'Agathocle, Roi de Sicile, dit,
» qu'une Dame venue en Italie avec les Troyens, & qui s'appel-
» loit Roma, épousa Latinus Roi des Aborigenes, dont elle eut

PRELIMINAIRE.

» Rémus & Romulus qui bâtirent une ville à laquelle ils donne-
» rent le nom de leur mere.

» XENAGORE l'Historien prétend qu'Ulysse eut de Circé
» trois enfans, Remus, Antias & Ardeas, qui bâtirent chacun
» une ville auxquelles ils donnerent leur nom.

» DENYS de Chalcide fait de Remus Fondateur de Rome
» selon lui, un fils d'Ascagne selon les uns, & d'Emathion selon
» d'autres.

» Il y a aussi des Auteurs qui disent que Rome fut fondée
» par Remus fils d'Italus & d'Electre fille de Latinus.

Notre Auteur rapporte ensuite les opinions diverses des Romains sur leur propre origine ; mais il commence par cet aveu : » ils n'ont aucun ancien Historien, & chacun de leurs Au-
» teurs a pris quelque chose des anciennes Histoires qu'on con-
» servoit dans les Tables sacrées. Les uns prétendent que Romu-
» lus & Remus, Fondateurs de Rome, étoient fils d'Enée : d'au-
» tres qu'ils étoient fils d'une fille d'Enée, sans dire qui étoit leur
» pere : qu'Enée les donna en ôtage à Latinus Roi des Aborige-
» nes, dans le tems qu'il fit un Traité d'alliance avec les naturels
» du pays : que Latinus s'attacha à ces jeunes Princes, qu'il les
» fit élever avec beaucoup de soin, & que n'ayant point de fils,
» il les laissa héritiers d'une partie de son Royaume.

» D'autres disent qu'après la mort d'Enée, Ascagne hérita de
» tout le Royaume, qu'il le partagea avec ses freres Remus &
» Romulus : qu'il fonda Albe, tandis que Remus bâtit quatre
» villes ; Capoue, du nom de Capys son bisayeul ; Anchise, du
» nom de son ayeul ; Enée, ensuite Janicule, du nom de son
» pere, & Rome à laquelle il donna son nom, & enfin que cette
» ville étant devenue déserte, elle fut rétablie par les Albains
» sous la conduite de Romulus & de Remus.

DISCOURS

2.

Festus.

Festus qui cite une partie des Auteurs Grecs dont parle ici Denys d'Halicarnasse, y en ajoute un grand nombre d'autres qui, loin d'éclaircir ce fait, ne servent qu'à l'embrouiller davantage.

» Cephalon de Gergithe, dit-il, attribuoit la fondation de
» Rome à un Compagnon d'Enée, qui l'avoit bâtie sur le Mont-
» Palatin. Apollodore, à un Romus, troisiéme fils d'Enée & de
» Lavinie. Alcime, à un Romus, fils d'Alba, petite-fille d'Enée
» par son pere Romulus. Antigone, dans son Histoire d'Italie, à
» un Romus, fils de Jupiter, qui la fonda sur le Mont-Palatin.

» Athenis, dans son Histoire de Cumes, dit que des bandes de
» Sicyoniens & de Thespiens ayant été obligées de s'expatrier
» faute de place, & après nombre d'aventures étant arrivées en
» Italie, où on les nomma Aborigenes, quelques-uns d'eux se
» réunirent sur le Mont-Palatin, où ils bâtirent une Ville appellée
» *Valentia*, & que ce nom ne fut changé en celui de Rome que
» lorsqu'Evandre & Enée furent arrivés en Italie avec un grand
» nombre de Grecs.

» Agathocle, dans son Histoire de Cyzique, dit que Rhoma,
» fille d'Ascagne & petite-fille d'Enée, éleva sur le Mont-Palatin
» un Temple à la Fidélité, & que lorsqu'ensuite on bâtit une
» Ville sur cette montagne, on ne crut pas pouvoir lui donner
» un nom plus convenable. Il ajoute qu'un grand nombre d'Auteurs
» disent que Rome fut fondée par un descendant d'Enée
» nommé Romus, qui vint en Italie après la mort d'Enée, arrivée
» à Berecynthie, près du fleuve Nolon.

» Callias, dans la Vie d'Agathocle, Roi de Sicile, attribue
» cette

» cette fondation à un Troyen nommé Latinus, & qui avoit
» épousé une femme appellée Roma.

» Lembus, surnommé Heraclides, dit que des Grecs au retour
» de la guerre de Troie ayant abordé en cet endroit, leurs captives,
» à l'insinuation d'une d'entr'elles, nommée Roma, avoient mis
» le feu à leurs Vaisseaux, & que forcés de s'arrêter dans leur
» course, ils avoient bâti en ce lieu une Ville qu'ils appellerent
» *Rome*, du nom de la Captive qui avoit donné ce conseil.

» Selon Galitas, Latinus, successeur d'Enée, & fils de Télé-
» maque & de Circé, avoit eu de sa femme Roma, deux fils,
» Remus & Romulus, qui bâtirent sur le Mont-Palatin la Ville
» de Rome.

Enfin, Dioclès de Peparethe est le seul d'entre les Grecs cité par Festus, qui ait adopté l'Histoire de Romulus, telle que la racontent les Romains ».

Ajoutons cette tradition constante, que dans le tems d'Hercule on construisit une Ville sur le Mont-Palatin, à cause de l'Autel qu'il y avoit élevé.

Quelque variés que soient ces récits, les traditions que Plutarque a rassemblées sur ce fait, ne sont ni moins nombreuses, ni moins extravagantes.

3.

Plutarque.

« Les Historiens, dit-il, ne s'accordent pas à escrire, par qui
» ne pour quelle cause le grand nom de la Ville Rome, la gloire
» duquel s'est estendue par-tout le monde, lui a esté premierement
» imposé, pour ce que les uns tiennent que les Pélasgiens, après
» avoir couru la plus grand'partie de la terre habitable, & avoir
» dompté plusieurs Nations, finalement s'arresterent au lieu où elle

DISCOURS

» est à présent fondée : & que pour leur grande puissance en armes, » ils imposerent le nom de Rome à la Ville qu'ils bastirent qui » signifie en langage grec puissance. Les autres disent qu'après la » prise & destruction de Troie, il y eut quelques Troyens qui » s'estans sauuez de l'espée, s'embarquerent sur des Vaisseaux » qu'ils trouuerent d'auenture au port, & furent jettez par les » vents en la coste de la Thoscane, où ils poserent les anchres » près la riuiere du Tybre : & là leurs femmes se trouuans desia si » mal, qu'elles ne pouuoient plus nullement endurer le trauail de » la mer, il y en eut une, la plus noble & la plus sage de toutes, » nommée Rome, qui conseilla à ses Compagnes de mettre le feu » en leurs Vaisseaux, ce qu'elles firent : dont leurs maris du » commencement furent bien mal contens : mais depuis estans » contrains par la nécessité de s'arrester auprès de la Ville de » Pallantium, quand ils virent que leurs affaires y prospéroient » mieux qu'ils n'eussent osé espérer, y trouuans la terre fertile, » & les Peuples voisins doux & gracieux, qui les receurent » amiablement, entre autres honneurs qu'ils firent en récompense » à ceste Dame Rome, ils appellerent leur Ville de son nom, » comme de celle qui auoit esté cause de la bastir....

» Les autres disent que Rome fut fille d'Italus & de Lucaria, » ou bien de Telephus, fils d'Herculès femme d'Æneas : autres » disent d'Ascanius fils d'Æneas, laquelle donna son nom à la » Ville. Autres y en a qui tiennent que ce fut Romanus fils » d'Ulysses & de Circé qui fonda Rome. Autres veulent dire que » ce fut Romulus fils d'Emathion, que Diomede y envoya de » Troye. Les autres escriuent que ce fut un Romis, tyran des » Latins, qui chassa de ce quartier-là les Thoscans, lesquels partans » de la Thessalie, estoient premierement passez en la Lydie, & » puis de la Lydie en Italie.

PRELIMINAIRE.

» Qui plus eſt, ceux meſmes qui tiennent que Romulus (comme
» il y a plus d'apparence) fut celuy qui donna le nom à la Ville, ne
» ſont pas d'accord touchant ſes anceſtres, pour ce que les uns
» eſcriuent qu'il fut fils d'Æneas & de Dexithet, fille de Phorbas,
» & qu'il fut apporté petit enfant en Italie avec ſon frere Remus :
» mais que lors la riuiere du Tybre eſtant ſortie hors de riue, tous
» les autres bateaux y périrent, excepté la nacelle où eſtoient ces
» deux petits enfans, laquelle de bonne fortune vint à ſe poſer
» tout doucement en un endroit de la riue qui eſtoit uny & plain :
» & qu'eſtans par ce moyen les enfans ſauuez contre toute eſpéran-
»ce, le lieu en fut depuis appellé Rome. Les autres diſent que
» Rome, fille de celle premiere Dame Troyenne, fut mariée avec
» Latinus, fils de Telemachus, duquel elle eut Romulus. Les
» autres eſcrivent que ce fut Æmilia, fille d'Æneas & de Lauinia,
» laquelle fut engroſſée par le Dieu Mars. Les autres content une
» choſe touchant la naiſſance de Romulus où il n'y a veriſimili-
» tude quelconque : car ils diſent qu'il fut jadis un Roy d'Alba,
» nommé Tarchetius, homme fort meſchant & cruel, en la maiſon
» duquel apparut par permiſſion des Dieux une telle viſion : c'eſt
» qu'il ſourdit en ſon foyer une forme de membre viril, laquelle
» y demeura par pluſieurs iours : & diſent qu'en ce temps-là y
» auoit en la Toſcane un Oracle de Thetys, duquel on apporta
» à ce mauvais Roi Tarchetius une telle reſponſe, qu'il fit que ſa
» fille qui eſtoit encore à marier, eut la compagnie dudit monſtre
» pour ce qu'il en naiſtroit un fils, lequel ſeroit très-renommé pour
» ſa vaillance, & qui en force de corps & proſpérité de fortune
» ſurpaſſeroit tous ceux de ſon temps. Tarchetius communiqua cet
» Oracle à l'une de ſes filles, & lui commanda qu'elle s'approchaſt
» du monſtre : ce qu'elle dédaigna faire, & y envoya l'une de ſes
» Servantes. Dont Tarchetius fut ſi aigrement courroucé, qu'il les

» fit toutes deux prendre pour les faire mourir : mais la nuict en
» dormant, la Déesse Vesta s'apparut à lui qui luy défendit de le
» faire : à l'occasion de quoi il leur commanda de lui ourdir une
» piece de toile en la prison, à la charge qu'elles feroient mariées
» quand elles l'auroient acheuée. Ces filles étoient tout le long du
» jour après ; mais la nuict il en venoit d'autres par le commande-
» ment de Tarchetius, qui deffaisoient tout ce qu'elles auoient
» fait & tissu le jour. Cependant, la Servante qui avoit été engrossée
» du monstre, se déliura de deux beaux fils iumeaux ; lesquels
» Tarchetius bailla à un nommé Teratius, lui enjoignant de les
» faire mourir : ce Teratius les porta sur le bord de la riuiere, là
» où il vint une louue qui leur donna la mamelle, & des oiseaux
» de toutes sortes qui leur apporterent des petites miettes ; & les
» leur mirent dedans la bouche, jusqu'à ce qu'un bouuier les
» apperceut, qui s'en esmerueilla fort & prit la hardiesse de s'en
» approcher & enlever les enfans, lesquels ayans ainsi esté préservez,
» quand ils furent depuis parvenus en aage d'hommes, coururent
» sus à Tarchetius, & le défirent. C'est un nommé Promathion,
» lequel a escrit une histoire Italique, qui fait ce conte. Mais
» quant au propos qui a plus d'apparence de vérité, & qui est
» aussi confirmé par plus de tesmoins, ça esté Diocles Peparethien,
» que Fabius Pictor suit en plusieurs choses qui l'a le premier
» mis en auant entre les Grecs, au moins quant aux principaux
» points ».

III.

*Romulus ne descendoit pas des Rois d'Albe dans le sens
historique.*

Romulus n'étoit point de la famille des Rois d'Albe : tout
ce qu'on dit de sa naissance & de sa mort ne sont que des allé-

PRÉLIMINAIRE.

gories, & les faits qu'on lui attribue ne sont que des amplifications de Rhéteurs : c'est notre troisième preuve.

Si Romulus avoit été petit-fils du dernier Roi des Albains, auroit-il souffert que cette Ville se fût soustraite à sa puissance ? qu'elle eût obéi à d'autres qu'à lui ? Un Prince qu'on nous représente si fier, si entreprenant, si fort ami des combats, n'auroit-il pas été jaloux de réduire sous son pouvoir la Ville de ses Peres, son patrimoine ? & cependant il ne forme jamais aucune entreprise sur cette Ville, il ne réclame pas un instant ses droits sur elle. Il n'en est même jamais question dans le procès intenté contre les Albains par le troisième Roi de Rome, par Tullus Hostilius, qui, pour satisfaire la jalousie dont il étoit dévoré à leur égard, allégue des motifs frivoles, tandis qu'il auroit eu dans ces droits un prétexte d'une toute autre force.

Romulus ne descend donc d'Enée & des Rois d'Albe que dans un sens allégorique : jamais il n'exista de Romulus avec des droits sur ce Trône.

Mais dans le sens allégorique.

Sa naissance est inexplicable dans le sens historique ; c'est un conte qui n'a pas le sens commun : qu'on le prenne dans le sens allégorique, il devient très-intéressant : Remus & Romulus sont les Dioscures Latins, le Soleil d'été & le Soleil d'hiver, Fondateurs de tout état agricole ; & élevés par une louve, symbole de la lumiere dont elle porte le nom.

La mort de Romulus, également allégorique.

La mort de Romulus n'est pas moins allégorique que sa naissance. Ce Prince est mis en piéces par les Sénateurs : & cependant il apparoît à Iulus, il lui donne commission de déclarer au Peuple qu'on doit l'adorer comme un Dieu, & Numa vient qui en fait le

Dieu Quirinus. Tout cela est dans l'ordre, & tout cela auroit dû conduire à la vérité. La fin de l'année est toujours une mort, elle expire mise en piéces par chacun des jours qui la composent, représentés comme des Décans, des Princes, des Sénateurs : cependant le Soleil, qui en est le Roi, reparoit brillant de gloire, & le premier jour de l'année qui recommence, IULUS, ou la révolution le déclare encore vivant malgré sa mort, & prouve qu'il est le Pere des tems, le Dieu de l'immortalité.

Il n'est cependant pas étonnant qu'on fût dans les ténébres malgré cette vive lumiere : c'est qu'on dénaturoit ces objets, sous prétexte de les expliquer.

« Quelques Auteurs, dit Denys, (1) supprimant tout ce qu'il y
» a de fabuleux comme indigne d'être mêlé avec l'Histoire, mettent
» au nombre des absurdités & des fictions poëtiques, la louve
» apprivoisée qu'on prétend leur avoir présenté ses mammelles,
» (à Remus & Romulus).... & ils changent cette louve en une
» femme de mauvaise vie »....

Mais loin de féliciter ces Auteurs de leur merveilleuse pénétration, on doit attribuer à ce malheureux systéme d'expliquer par l'Histoire la Mythologie entiere, & à ce funeste triage de faits fabuleux & de faits historiques, quoique faisant partie d'un seul & même récit ; on doit, dis-je, attribuer à ces vûes raccourcies, l'ignorance totale dans laquelle on a été jusqu'à présent sur la signification de ces faits primitifs. En supprimant le fabuleux qu'ils renferment, en tordant leur sens, on en détruisoit l'ensemble, on s'ôtoit tout moyen de parvenir au vrai.

Otez de l'Histoire de Romulus cette louve, cette mort, cette déification, il ne reste plus rien.

---

(1) Liv. I. ch. XIX.

PRÉLIMINAIRE.

IV.

Histoire de Romulus calquée sur d'autres.

Les Anciens d'ailleurs étoient accoutumés à raconter de leurs premiers Rois-Soleils, des aventures semblables à celles qu'on a mises sur le compte de Romulus.

1. *Sur celle de* PHILONOME.

ZOPYRE de Byzance, cité par l'Auteur Grec des parallèles Grecs & Romains, dit que Philonome, fille de Nictimus, eut du Dieu Mars deux gémeaux qui furent jettés dans l'Erymanthe. L'eau porta ces enfans dans le creux d'un arbre où une louve les allaita; un Berger frappé de ce prodige, prit soin de les élever, & ils devinrent Rois d'Arcadie.

2. *Sur celle d'un Roi d'Orchomène.*

La mort de Romulus est de même semblable à celle d'un ancien Roi d'Orchomène, appellé PISISTRATE. Les Sénateurs indignés que ce Prince fût plus favorable au Peuple qu'à la Noblesse, l'assassinerent: chacun d'eux emporta sous sa robe un de ses membres; & Tlesimaque, pour prévenir une émotion populaire, feignit qu'il avoit vû Pisistrate monter au sommet du Mont *Pisée* sous la figure d'un Dieu: c'est ainsi, ajoute le même Auteur, que le rapportoit Théophile dans son Histoire du Péloponèse.

Les tenans pour & contre la certitude des Origines Romaines, ont anéanti la force de ces passages en n'y voyant que des faits historiques, empruntés, selon les uns, de l'Histoire Romaine par les Grecs, tandis que les autres prétendent que les Romains furent les plagiaires. Tous se trompent: aucun de ces Peuples ne dut à cet égard rien à l'autre: tous puiserent dans le même esprit: tous fabriquerent des Histoires pareilles sur des faits symboliques ou allégoriques dont on avoit perdu insensiblement le fil.

Pisistrate & Romulus n'ont point été imaginés l'un sur l'autre : c'est des deux côtés la même maniere d'allégoriser les mêmes idées. Pisistrate, qui, après avoir disparu, se fait voir comme un Dieu sur le sommet du Pisée, est le Dieu même qu'on y adoroit: son nom, composé du mot *Pisée*, & de celui de *Stratos*, Chef, signifie le Chef, *le Gouverneur de Pisée*, celui qui y regne, qu'on y adore.

Quant aux deux gémeaux petits-fils de Mars par Philonome, jettés également dans un fleuve, & nourris par une louve dans l'Arcadie, c'est l'Histoire des Dioscures appropriée aux Peuples de l'Arcadie, comme si elle concernoit des enfans du pays : elle n'est ni plus ni moins fabuleuse que celle de Romulus & Remus : & elle vient à l'appui de l'explication allégorique.

3. *Histoire de* ROMULUS SABIN.

Que deviendra enfin toute cette Histoire du prétendu Romulus, si nous pouvons démontrer qu'elle fut beaucoup plus ancienne que Rome, & qu'on a lieu d'être étonné de la méprise ou de la superstition de ceux qui, dans le sixiéme siècle de Rome, commencerent d'en écrire l'Histoire, & qui regarderent comme réellement arrivé à Rome ou à Albe, un événement allégorique que les Sabins racontoient déjà comme arrivé à leur Fondateur, un grand nombre de siècles auparavant ?

C'est encore Denys qui nous en fournira la preuve incontestable, quoique personne n'y ait fait attention, tant on avoit les yeux & l'entendement fascinés.

« Au pays de Reate, (1) dit-il, dans le tems qu'il étoit habité

---
(1) On peut voir ci-dessus ce que nous avons déja dit de cette Ville.

» par

» par les Aborigenes, une Vierge Indigene de la plus haute naiſ-
» ſance vint pour danſer dans le Temple d'Enyalius. C'eſt cet
» Enyalius que les Sabins, & les Romains après eux, appellent
» Kurinus, quoiqu'on ne puiſſe pas dire préciſément s'il eſt Mars
» ou ſi c'eſt un Perſonnage différent auquel on rend les mêmes
» honneurs qu'à Mars : car les uns prétendent qu'ils déſignent tous
» deux le Dieu de la Guerre, quelques autres croyent au contraire
» que ce ſont deux Divinités guerrieres différentes. Tandis que
» cette Vierge danſoit, ſaiſie tout-à-coup d'une fureur Divine,
» elle laiſſe la danſe & ſe précipite dans le Sanctuaire du Dieu, qui
» la ſerre auſſi-tôt dans ſes bras, & elle en a un fils appellé Me-
» dius Fidius. Ce Perſonnage étant devenu grand, fut d'une
» taille au-deſſus de celle des mortels ; ſa figure étoit celle d'un
» Dieu, & il ſe fit la réputation la plus éclatante par ſon habileté
» dans les combats. Il eut enſuite envie de fonder une Ville, &
» raſſemblant de tous les environs une troupe nombreuſe, il bâtit
» en très-peu de tems une Ville qu'il nomma Kureis, du nom de
» la Divinité dont il deſcendoit, ou ſelon d'autres, du nom de ſa
» lance ; car c'eſt ainſi que les Sabins appellent les lances : voilà ce
» que nous apprend Terentius Varron ».

Peut-on ſe refuſer au rapport qu'on apperçoit entre le Fondateur de la ville de Cures, Capitale des Sabins, & le Fondateur
de la ville de Rome dont les habitans étoient preſque tous Sabins ? Tous deux nés d'une Princeſſe, tous deux enfans de Mars,
tous deux Guerriers, tous deux raſſemblant des gens de toute
main pour bâtir une ville, tous deux illuſtres par leurs vertus guerrieres, tous deux appellés Quirinus, tous deux ſemblables aux
Dieux. C'eſt donc la même Hiſtoire, le même conte ſous des
noms différens, Rome ne voulant céder en rien à Cures ſa rivale.

Orig. Lat.   *l*

On sait d'ailleurs qu'Enyalius désignoit chez les Sabins la même Divinité que Mars chez les Latins : & quant à sa lance, on sait encore que dans l'origine la lance étoit le symbole de Mars ; aussi ceux qui ont cru que les Scythes & d'autres peuples adoroient une lance, sont tombés dans une méprise grossiere, en ne voyant pas que cette lance n'étoit que l'emblême d'une Divinité guerriere.

Observons que le nom de la ville de CURFS est le même que celui de la capitale des Grisons appellée CHUR, mot que nous prononçons *Coire* ; tous les deux signifient VILLE, la Ville par excellence.

Nous voyons ici que Dius-Fidius étoit le fils de Mars ; mais nous avons vu dans les Allégories Orientales que Dius Fidius étoit le même qu'Hercule ou le Soleil ; ici c'est le même que Romulus. Nouvelle preuve que, par Romulus-Quirinus, on n'a jamais entendu dans l'origine que le Soleil.

La danse de Rhea ou de la mere de ce Dieu, en est une autre preuve ; mais comme elle tient à un ensemble d'idées que nous ne pourrions développer ici, nous la renvoyons au Volume dans lequel nous discuterons tout ce qui a rapport à cette danse.

4ᵉ. *Rapport. Histoire d'*ANIUS, *Roi de Delos.*

L'Isle de Delos nous fournit un autre exemple des allégories sur lesquelles est fondée l'Histoire de Romulus : on y trouve le nom de sa mere Rhea, porté par une Princesse foible & galante comme elle, un nom fort approchant de celui d'Enée & des récits absolument allégoriques.

Bacchus, petit fils de Cadmus, fut, dit-on, pere de Staphylus, (grappe de raisin,) & celui-ci eut une fille nommée RHEÂ. Cette Princesse ayant eu une foiblesse comme Rhea, fut forcée

PRÉLIMINAIRE.

par son pere de s'embarquer sur un frêle vaisseau, avec lequel elle aborde dans l'Isle de Delos; & là elle accoucha d'Anius qui devint Roi de Delos & Grand-Prêtre de Phœbus. Virgile l'appelle:

Rex Anius, Rex idem Hominum Phœbique Sacerdos.
Eneid. Liv. III.

» Le Roi Anius, Roi des Hommes, & Prêtre de Phœbus».

Ce Roi épouse Doripe dont il a trois filles, Oeno, Spermo, Elaïs, qui changent tout ce qu'elles touchent en vin, en bled, en huile. : qui deviennent d'excellentes ménageres, & qui font de grands amas des offrandes qu'on portoit au Temple d'Apollon. Ce n'est pas tout : les Grecs occupés du siége de Troye, & se trouvant prêts à manquer de vivres, envoyent Palamedes à Delos pour en demander à Anius, & Palamedes l'oblige de lui donner ses filles en ôtage; mais Bacchus vient au secours de ses petites-filles : il les change en pigeons, & elles s'échappent.

Ne voye qui voudra dans ce récit que des faits historiques : ils nous paroissent trop incohérens, trop fabuleux, trop remplis de traits allégoriques, pour n'y pas voir des récits entierement allégoriques & très-aisés à expliquer.

Commençons par les trois filles d'Anius : elles s'appellent *Œno*, *Spermo* & *Elaïs*, & elles changent en vin, en blé, en huile, tout ce qu'elles touchent ; mais c'est précisément ce que signifient leurs noms, vin, bled, huile : & si elles sont filles d'Anius, c'est que toutes ces productions sont en effet filles de l'année ou du Soleil : leur mere est Doripe, nom composé de *Dor*, présent, parce que ces productions sont autant de présens de la Nature. La mere d'Anius est *Rheo* ou *Rhea*, la lumiere, Diane : elle accouche comme Latone à Delos, puisque Delos signifie manifesté, mis en lumiere : l'année est en effet fille de Rhéa ou de Diane, elle est manifestée ou née à Delos, & sa Mere a eu une foiblesse, puisqu'elle est vierge, & qu'elle a cependant une fille.

5. *Romulus & Remus sont les Gemeaux de tous les Peuples.*

Enfin nous avons vu dans l'Histoire du Calendrier que Romulus & Remus étoient pour les Romains ce qu'étoient les Dioscures & les Cabires pour les Phéniciens, pour les Grecs & pour quelques autres Peuples. Ajoutons que les Egyptiens avoient exactement le même culte des Dioscures : on le voit manifestement par le récit d'Hérodote, lorsqu'au sujet de la destruction des Temples de Memphis (1) par Cambyse, il dit que ce Prince mit en piéces les statues des Cabires semblables à celles de Vulcain leur pere, ou à celles des Dieux Pataïques des Phéniciens, c'est-à-dire, parfaitement semblables à celles des Dioscures.

On les retrouve également dans la Germanie chez les *Naharvales*. (2) Tacite nous apprend qu'on y adoroit deux Freres qui sont les mêmes, selon les Romains, que Castor & Pollux.

V.

Histoire de Romulus, tirée des Tables sacrées, & par-là même allégorique.

Denys d'Halicarnasse fait au sujet de ces premiers événemens de l'Histoire Romaine, un aveu qui seul démontreroit la vérité de tout ce que nous venons d'avancer, s'il avoit besoin de nouvelles preuves : il assure que ces traditions sur Enée, sur Rémus & sur Romulus, avoient été puisées dans ces anciennes Histoires qu'on conservoit dans les TABLES SACRÉES. Or ces Tables sacrées

---

(1) Liv. III.
(2) TACITE, Mœurs des Germains.

PRELIMINAIRE. lxxxv

n'eurent jamais pour objet de transmettre l'Histoire Profane, mais tout ce qui avoit rapport au culte & à la Divinité suprême : c'est une vérité à laquelle on n'a jamais fait attention, ou dont on ne s'est jamais douté ; aussi en est-il résulté une très-grande obscurité sur plusieurs parties de l'Antiquité, comme nous aurons occasion de le faire voir dans la suite de nos recherches.

Les Anciens ne mêloient jamais les choses profanes avec les sacrées : chez eux les hommes n'étoient rien, la Divinité étoit tout. Dans leur culte il n'entroit rien d'humain ; leurs Loix étoient toujours au nom de la Divinité : la monnoie même ne portoit jamais l'empreinte d'un mortel, comme nous aurons occasion de le démontrer dans un de nos prochains Volumes ; on n'y voyoit que les symboles des Dieux tutelaires du pays. Ainsi une espéce de Théocratie régnoit sur tous les peuples, chez les Romains comme chez les Grecs & chez les Egyptiens, &c.

Ainsi plus on nous assure que l'Histoire d'Enée & de Romulus s'étoit transmise fidèlement dans les Livres sacrés, plus il est incontestable que ces Personnages sont allégoriques.

VI.

Le récit des faits attribués à Romulus n'offre que des contradictions ou des amplifications controuvées.

Ajoutons que tout le reste de l'Histoire de Romulus n'est qu'un cahos de contradictions & d'amplifications indignes de toute créance.

On lui fait composer une année de dix mois qui n'a jamais pu exister, sur-tout chez un peuple qu'on prétend descendre des Albains & des Troyens ; il étoit impossible que ces Nations qui avoient subsisté avec tant de gloire pendant sept ou huit siecles,

& qui étoient Agricoles, ne connuſſent pas mieux la durée de l'année ; & ç'eût été le comble de l'extravagance dans Romulus de prétendre raccourcir cette durée : ce n'eſt point ainſi qu'on mène les Peuples : il faut que ceux qui les premiers ont avancé une pareille abſurdité, euſſent renoncé à toute raiſon.

On lui fait conquérir des villes qui fous fes ſucceſſeurs appartenoient ſi peu à Rome, qu'ils furent obligés d'en faire la conquête ; & cependant il n'eſt point dit qu'elles en euſſent ſecoué le joug.

On lui fait renfermer dans Rome & peupler des montagnes qui font cependant hors de Rome & inhabitées ſous le ſecond de ſes ſucceſſeurs. Le fait eſt trop curieux pour que nous l'omettions.

» Romulus & Tatius, dit Denys (1), ne furent pas long-tems
» *ſans agrandir* la ville de Rome : car ils y *ajouterent* deux autres
» collines, le mont Quirinal & le mont CÆLIUS. Après cela, ils
» ſe ſeparerent pour demeurer chacun dans le quartier qui lui
» appartenoit. Romulus s'établit ſur le mont Palatin & ſur le
» mont CÆLIUS. Tatius alla demeurer ſur le mont Quirinal &
» ſur le mont Capitolin.

Oubliant tous ces détails, ils nous racontent enſuite (2) que Numa agrandit Rome en y ajoutant le mont Quirinal qui juſqu'alors n'avoit point été fermé de murs ; que Tullus Hoſtilius, troiſiéme Roi de Rome renferma le mont Cælius dans ſon enceinte, qu'il y donna des emplacemens aux Romains qui n'avoient point de demeure, qu'ils y bâtirent des maiſons, & que Tullus y alla demeurer lui-même.

---

(1) Liv. II. ch. XII.
(2) Liv. II. ch. XVI.

PRELIMINAIRE.

Le mont Cælius n'avoit donc pas été renfermé dans Rome par Romulus ; il n'avoit donc pas contribué à agrandir cette ville ; il n'avoit donc pas été couvert de maisons, ni comme quartier de la ville, ni comme faubourg ; on a donc chargé l'Histoire de ce premier Roi de faits controuvés, & il le falloit bien, puisqu'on vouloit passer pour avoir eu sept Rois.

Denys nous donne lui même un bel exemple des amplifications qu'on s'est permises sur ce prétendu Roi, afin de remplir les années de règne qu'on lui attribue. Denys fait tenir par ce Prince au Peuple Romain un discours très-long, très-pathétique, très-éloquent sur la forme de Gouvernement qu'il falloit établir dans sa nouvelle ville, & ce Gouvernement devoit être démocratique. Le Peuple répond par un Discours non moins poli pour élever Romulus à la dignité de Roi ; & Romulus n'accepte modestement la royauté qu'autant que les Dieux approuveront ce choix & cette espéce de Gouvernement : il leur adresse aussitôt une priere fervente ; à peine est-elle achevée, qu'un éclair la ratifie de gauche à droite ; & c'est ainsi que Romulus devient Roi selon ce Grec qui fabrique ainsi un Roman où rien n'est vrai : les Romains n'ont jamais représenté ce Prince que comme un Roi despote & absolu, qui régloit tout selon SON BON PLAISIR, pour nous servir de l'expression de TACITE lui-même ; *nobis Romulus AD LIBITUM imperaverat*, nous dit cet Historien.

Puisqu'on s'est donné tant de licence sur ce Prince, & que tout ce qu'on nous dit de lui est allégorique ou faux, nous reste-t-il même la ressource de supposer deux Romulus, l'un allégorique relatif au Soleil, l'autre Historique relatif au premier Roi de Rome ?

Mais ce n'est pas tout.

---
(1) Annales, Lib. III. cap. XXVII.

DISCOURS

III.

Histoire de Tarpeia.

Une prétendue trahison qu'on place sous le régne de Romulus, sera une nouvelle preuve de la profonde ignorance des Romains sur leurs origines. Personne n'ignore que la principale montagne de Rome est le Mont Capitolin ; mais ce qu'on ignore peut-être, c'est qu'avant qu'on y eût bâti le Capitole d'où il tire son nom, il s'appelloit le Mont Tarpeien ; nom qui fut conservé par une portion du Capitole appellée la Roche Tarpeia, de dessus laquelle on précipitoit ceux qui étoient traîtres à la Patrie, ou coupables du crime de lèze-majesté.

Avant qu'on eût bâti sur ce Mont un Temple à Jupiter, & déjà avant Numa, on y avoit élevé un Tombeau magnifique, dit Denys, & cette Colline étoit la Colline la plus sacrée de la ville : il ajoute qu'il ne fait que copier Pison : là, chaque année on venoit offrir des sacrifices & des libations.

C'étoit donc un de ces Hauts lieux dont nous avons déjà parlé ; ce Tombeau étoit un Temple ancien, & c'est sur ce Temple qu'on en éleva un plus magnifique lorsqu'on construisit le Capitole & le Temple de Jupiter Capitolin.

Mais qui dit TOMBEAU, semble supposer une personne ensevelie dans ce monument : on chercha donc dans la suite des tems quelle personne avoit pû être enterrée sur cette Colline appellé Tarpeia. Put-on hésiter ? C'étoit un nom féminin, on en fit Mademoiselle Tarpeia : il fallut aussi-tôt lui forger une histoire, & comme c'étoit du haut de cette roche, ainsi que nous venons de le dire, qu'on précipitoit les traîtres, il en fallut faire une traîtresse, une perfide. On raconta donc qu'elle étoit fille du Chef

de

de la garnison, & qu'elle étoit elle-même à la tête de cette garnison, lorsque Tatius avec ses Sabins, vint attaquer la ville de Rome. Charmée de la beauté de ce Roi, elle consent à lui ouvrir les portes de la ville, pourvu qu'il lui fasse donner ce que ses soldats portoient à leurs bras; elle entendoit leurs bracelets d'or & d'argent; mais aussi-tôt que Tatius s'est rendu maître par son moyen de la Citadelle, il la fait assommer avec les boucliers de ses soldats qu'on lui jette à la tête comme pour lui tenir parole.

Selon d'autres, au contraire, Tarpeia étoit une Héroïne qui avoit demandé réellement les boucliers des Sabins, afin que les soldats Romains eussent bon marché des ennemis lorsqu'ils seroient privés de cette arme défensive; & vu les honneurs qu'on rendoit à son tombeau, Denys se range à ce sentiment. » Si Tarpeia, dit-il, avoit trahi sa Patrie, lui auroit-on rendu de » tels honneurs? Plutôt, ne l'auroit-on pas exhumée, & n'au-» roit-on pas jetté son corps à la voirie, pour servir d'exemple à » tous, & pour les détourner à jamais d'un pareil crime?

C'est ainsi que lorsque les Anciens eurent perdu de vue leurs origines, ils s'en rendirent la découverte impossible par de prétendues traditions historiques dont ils ne pouvoient démêler le vrai, & que les Historiens adoptoient mal-à-props, victimes d'une confiance aveugle qui leur faisoit perdre la vérité de vue, pour courir après une ombre qui les égaroit.

§. VI.

Année de la Fondation de Rome; les Chronologistes ne sont point d'accord sur son époque.

En voyant l'assurance avec laquelle les Modernes fixent l'année dans laquelle Rome fut bâtie, on croiroit qu'il n'y a rien d'auſſi certain, & qu'on ne s'eſt point trompé par conſéquent en regardant Romulus comme ſon Fondateur & comme ayant régné pendant l'intervalle à peu près qui s'eſt écoulé entre la fondation de Rome & le régne de Numa. Que deviendra donc ce prétendu régne, & toute cette prétendue certitude, s'il n'y a rien d'aſſuré dans l'année de la fondation de Rome ; ſi celle qu'on lui aſſigne n'a été choiſie qu'au bout de ſix ſiécles, & ſi elle ne l'a été que par des raiſons de convenance & ſans preuve certaine ? C'eſt cependant ce qu'il eſt très-aiſé de prouver.

ENNIUS qui écrivit les annales de Rome dans le ſixiéme ſiécle depuis la fondation de cette ville ſelon le calcul ordinaire, dit qu'elle étoit fondée depuis environ ſept cens ans : il reculoit donc cette fondation d'environ un ſiécle.

TIMÉE de Sicile la rapportoit au tems où Carthage fut bâtie, 38 ans avant la Iere. Olympiade, ou 814 ans avant J. C.

PORCIUS CATON, 432 ans après la guerre de Troie, la premiere année de la VIIe. Olympiade, 752 ans avant J. C.

QUINTUS FABIUS, la premiere année de la VIIIe. Olympiade.

Le Sénateur CINCIUS, la quatriéme année de la XIIe. Olympiade ou l'an 729 avant J. C. Voilà donc 85 ans de différence pour la fondation de Rome entre Timée & le Sénateur Cincius, & au moins 150 ans de différence entre ce Sénateur & l'Annaliſte Ennius.

Varron, Caton & ceux qui fixent cette époque vers l'an 752 de J. C. prennent donc un terme moyen entre Timée & Cincius : ce n'étoit donc qu'un à-peu près, une compenſation entre deux calculs, l'un fort, l'autre foible, mais tous incertains.

PRELIMINAIRE.

2.

Ils ne pouvoient l'être.

Ils ne pouvoient en effet avoir aucune certitude de l'année où Rome fut fondée, vu la maniere dont ils s'y prenoient. Ces Savans remontoient d'année en année d'après les fastes consulaires jusqu'à l'établissement des Rois. Une fois parvenus à ce point, ils n'avoient plus que des motifs de convenance ; car ils ne trouvoient que sept Rois, en comptant Romulus, & il falloit que ces Rois remplissent tout l'espace qui s'étoit écoulé entre la fondation de la ville & l'établissement des Consuls : il falloit de plus que le premier de ces Rois eût regné depuis le dernier Roi d'Albe, puisqu'on le regardoit comme le petit-fils de ce Roi : & de-là, on concluoit que ces Rois avoient regné 244 ans, dont il falloit que Romulus en eût regné 37. N'est-ce pas une chronologie bien assurée que celle qui ne s'appuie que sur des convenances ? & n'est-ce pas un beau calcul qu'un calcul fondé sur le nourrissage d'un Prince par une Louve ?

De plus, 244 ans de regne pour sept Rois sont une exagération énorme : nulle part on ne trouvera un exemple pareil de sept Rois consécutifs, électifs ou héréditaires, n'importe, qui ayent regné aussi long-tems.

Nos huit derniers Rois n'en ont regné que 226, & dans ces huit, sont les longs regnes de Louis XIV & de Louis XV ; car si l'on comptoit les générations de Princes éteintes sous ces deux Rois, combien n'en trouveroit-on pas ?

Nos Rois depuis Clovis jusqu'à Louis XV inclusivement n'ont pas regné 21 ans chacun l'un dans l'autre : ce qui donne 140 ans de sept en sept, & non 244.

Tullus Hostilius, troisiéme Roi de Rome, étoit monté sur le

Trône environ 160 ans avant l'établissement des Consuls : il restoit donc 80 ans pour les deux premiers Rois : que pouvoiton faire de mieux que de partager cet espace entr'eux ? Il fallut donc donner à Numa au moins 40 ans de regne, & comme il avoit vécu un peu plus de 80 ans, on lui donna jusqu'à 43 ans de regne. C'étoit cependant lorsqu'il monta sur le Trône, un homme illustre par sa sagesse, vénérable par son âge, profondément versé dans les connoissances nécessaires à un grand Législateur.

Je ne prête rien aux Anciens lorsque je leur fais calculer de cette maniere la durée de Rome. Voici les propres expressions de Denys d'Halicarnasse.

» Presque tout le monde, dit-il, convient que l'expédition
» des Celtes qui prirent la ville de Rome se rapporte au tems
» que Pyrgon étoit Archonte à Athènes vers la premiere année
» de la XCVIII^e. Olympiade. Or si l'on remonte jusqu'à Lucius
» Junius Brutus & Lucius Tarquinius Collatinus qui ont été les
» premiers Consuls de Rome après qu'ils eurent détrôné les Rois,
» on trouvera depuis leur Consulat jusqu'à la prise, 120 ans, ou
» XXX Olympiades : d'où il résulte que les premiers Consuls sont
» entrés en charge dans le tems qu'Isagoras étoit Archonte à
» Athènes, la premiere année de la LXVIIIe. Olympyade.

» D'ailleurs en remontant du bannissement des Rois jusqu'à
» Romulus premier Roi de Rome, il y a 244 ans, comme on
» le voit par leur succession & par la durée du regne de chacun
» d'eux.

Et voilà précisément ce qu'il falloit démontrer ; & qu'on ne s'est point mis en peine de prouver. On suppose toujours sept Rois renfermés entre le dernier Roi d'Albe & l'établissement des Consuls, & qui ont ainsi 244 ans à partager pour leurs regnes.

3.

Calcul astrologique de la Fondation de Rome.

N'omettons pas une des grandes preuves de Varron sur le tems de la durée de Rome. Il étoit fort lié avec Tarutius, grand Philosophe & grand Astrologue, dit-on. Il le pria de calculer par ses régles astrologiques, l'heure & le jour de la naissance de Romulus, & de la fondation de Rome. Notre Astrologue rassemble les faits & gestes de son Héros, il considére la maniere dont il est né, celle dont il est mort, & il trouve que Romulus fut conçu la premiere année de la IIe. Olympiade, le vingt-troisiéme jour du mois que les Egyptiens appellent Chœac, & qui répond au mois de Décembre : qu'il naquit le 21 du mois de Thot, ou de Septembre, au Soleil levant : & que Rome fut fondée le 9 du mois de Pharmuthi qui répond à Avril : on ajoute que Romulus fut conçu pendant une éclipse totale de Soleil, & que Rome fut fondée le jour d'une éclipse de Lune qui fut observée par le Poëte Antimaque la troisiéme année de la VIe. Olympiade.

Ainsi, Romulus auroit été conçu au solstice d'hyver ; & il seroit né à l'équinoxe d'Automne où commençoit l'année civile orientale : ce sont des calculs astronomiques absolument relatifs au Soleil, & qui viennent à l'appui de notre maniere de voir l'Histoire de ce Prince. C'est la seule utilité dont ils puissent être.

Mais on en conclura qu'il falloit être bien dénué de preuves chronologiques pour recourir à celle-là, & pour s'en contenter.

§. VII.

DE NUMA.

1. L'Epoque de son Regne incertaine.

Que deviendront ces prétendus calculs, s'il est démontré qu'on n'a jamais pû déterminer d'une maniere sûre le regne de Numa, de ce Législateur de Rome, de ce Prince pacifique, qui succéda, dit-on, à un Prince turbulent & guerrier? Si quelqu'un dut s'assurer du tems où vécut & régna Numa, c'est certainement Plutarque qui entreprit l'Histoire de sa vie : telle est cependant la maniere dont il débute.

« Il y a aussi semblablement diversité grande entre les Histo-
» riens touchant le tems auquel regna le Roi Numa Pompilius,
» encore que quelques-uns veuillent dériver de lui la Noblesse
» de plusieurs grosses Maisons de Rome.

Il dit ensuite que suivant l'OPINION COMMUNE, ce Roi avoit été le disciple & l'ami intime de Pythagore, quoique, selon quelques-uns, Pythagore ait vécu cinq générations plus tard.

Cependant, comme il falloit prendre un parti, il se décide non pour le plus vrai, mais pour le plus convenable : » ce no-
» nobstant, dit-il, nous ne laisserons pas non plus de coucher par
» escrit les choses dignes de mémoire que nous avons pu amasser
» du Roi Numa, en commençant à l'endroit qui nous semble
» le plus convenable.

Tel étoit encore le peu d'exactitude de ces tems-là, qu'on ne pouvoit décider si Numa avoit eu des fils ou non : plusieurs familles Romaines prétendoient descendre de ce Roi par ses quatre fils, Pomponius, Pinus, Calpus, Mamercus : les autres prétendoient que ces généalogies étoient supposées, & que Numa n'avoit eu qu'une fille nommée Pompilia, qui épousa Martius & qui fut mere d'Ancus Martius, quatriéme Roi de Rome.

2.

Appellé CHEVELU, *& pourquoi.*

Observons, relativement à Numa, une épithéte que lui donne

PRÉLIMINAIRE.

Ovide, qui lui fut commune avec Pythagore, qui étoit relative à la sagesse dont il faisoit profession, & à laquelle cependant aucun Savant n'a fait la moindre attention; nouvelle preuve de la négligence avec laquelle on a écrit l'Histoire des premiers siécles de Rome. Cette épithéte est celle de CHEVELU, nom sous lequel on désigne ces deux Sages.

» Le jeune Pythagore, dit M. Dacier dans la Vie de ce Philo-
» sophe, croissoit tous les jours en sagesse; la douceur, la modé-
» ration, la justice, la piété, paroissoient avec tant d'éclat dans
» toutes ses paroles & dans toutes ses actions, qu'on ne douta plus
» de la vérité de l'Oracle, & qu'on regardoit déjà cet enfant
» comme un bon génie venu pour le salut des Samiens. On l'ap-
» pelloit *le jeune Chevelu*, & par-tout où il passoit on le combloit
» de bénédictions & de louanges ».

Tel fut également le nom qu'on donnoit à Numa: il fut appellé *le CHEVELU*; c'est à Ovide que nous sommes redevables de cette anecdote. Voici ses propres termes; ils sont dignes de remarque: c'est au sujet du Temple de Vesta que ce Prince avoit fait bâtir.

Quæ nunc ære vides, stipula tunc tecta videres :
Et paries lento vimine textus erat.
Hic locus exiguus, qui sustinet atria Vestæ,
Tunc erat intonsi regia magna Numa.

Fast. Lib. VI. 261.

« Cet édifice qui est aujourd'hui couvert d'airain, n'avoit alors
» qu'un toit de chaume: son mur n'étoit qu'un tissu d'osier. Et ce
» lieu qui n'est à présent que le vestibule du Temple de Vesta,
» étoit alors le grand Palais de *Numa le Chevelu* ».

L'expression du Poëte est plus énergique même, plus symbo-lique: *qui ne tondit jamais ses cheveux.*

Voilà donc deux des plus grands Hommes de l'Antiquité, tous

deux célébres comme Philosophes, comme Législateurs, comme amis de la vertu, qui sont caractérisés par l'épithète de *Chevelus*, de gens qui *n'ont point rasé leurs cheveux.*

C'est que cette épithète indiquoit toutes ces idées : & toutes ces idées étoient venues de l'Orient avec le même symbole.

Ceux qui dans l'Orient se vouoient, comme Numa, comme Pythagore, &c. au bonheur du genre humain, à l'étude des connoissances utiles à l'humanité, & qui par conséquent faisoient en quelque façon vœu de pureté, se faisoient reconnoître à leurs cheveux longs. Aussi les appelloit-on Nazaréens chez les Hébreux, mot à mot les *Chevelus*, du mot Nazar, chevelure.

C'est faute d'attention qu'on a dit que ce mot signifioit *séparé, pur saint* ; ce n'étoit ici que le sens figuré : Chevelu étoit la signification propre.

Samson, Jean-Baptiste étoient des *Chevelus* ; ils manifestoient par-là qu'ils s'étoient voués au bonheur des hommes, ils s'en montroient les Peres, les Bienfaiteurs, les Sauveurs.

Ce caractere étoit si essentiel à tout ce qui étoit au-dessus des mortels ordinaires, que les Payens en firent une des marques distinctives d'Apollon, Chef des Muses consacrées à célébrer la vertu, à porter les hommes au bien : ils le peignent toujours avec une chevelure blonde qui tombe à grandes boucles sur ses épaules : toutes ses statues sont ornées d'une pareille chevelure, chantée également par les Poëtes : c'est ainsi qu'Horace le représente dans les Vers séculaires :

Intonsum pueri dicite Cynthium.

« Jeunes, gens célébrez le Dieu chevelu de Cynthie ».

Ne soyons pas étonnés que les hommes vertueux, que les Législateurs & les Sages, conservassent avec soin leur Chevelure : elle est un des plus beaux ornemens du corps humain ; elle marque sa force & sa vigueur ; & comme elle se concilie beaucoup mieux avec la vie indépendante & libre qu'avec l'esclavage ou les travaux du corps, elle devint naturellement le symbole de tout être libre & ingénu : aussi chez les Francs, tout Citoyen étoit chevelu ; aussi leurs premiers Rois porterent par excellence le titre de Chevelu : encore aujourd'hui, la chevelure est l'emblême de la classe des Citoyens qui se consacre à la Justice & à la Législation : & être condamné à perdre sa chevelure, c'est être dégradé du rang de Citoyen : c'est n'être plus François.

§. VIII.
Vues sur les commencemens de Rome.

1.
Causes & forme de son premier Gouvernement.

Nous croyons donc, d'après toutes ces observations, être fondés à dire que le premier Roi de Rome fut Numa son Législateur : & que Romulus, ou le Dieu Quirinus, ne fut que ce même Roi allégorique qui peint le Soleil, & que tous les Peuples ont mis à la tête de leurs Rois : mais qu'étoit Rome auparavant ? c'est ce qu'il faut examiner.

Déjà depuis long-tems existoient des Peuplades sur les collines de Rome lorsque Numa en devint Roi : & comment n'auroient-elles pas existé, vû la beauté de sa situation, & les ressources dont elle étoit pourvue ? beauté & ressources qui ont constamment attaché des hommes en ce lieu, malgré les plus grandes révolutions, malgré les catastrophes les plus terribles.

Un Fleuve qui fournissoit les moyens de pourvoir aux premiers besoins, en même-tems qu'il servoit de rempart contre les attaques

Orig. Lat.   *a*

du dehors : une Isle qui servoit de sanctuaire au culte de la Divinité, des côteaux délicieux, fertiles jusqu'à leur sommet, & qui ne demandoient qu'à être habités ; tel étoit l'aspect des lieux sur lesquels s'éleva Rome ; tels, les attraits qui invitoient à s'y arrêter, les Peuplades que leur bonne fortune y amenoit.

Ainsi, un Bourg se forma de bonne-heure sur le Mont-Aventin, un autre sur le Mont-Palatin.

Ces Bourgs furent long-tems sous la domination des Rois d'Albe, Maîtres du Latium, où ils établirent une cinquantaine de Villes ; & pendant ce long intervalle, ils n'eurent point d'Histoire : fait-on l'Histoire d'une Bourgade qui n'est peuplée que de Pêcheurs ou de Laboureurs ?

Mais la puissance des Rois d'Albe s'affoiblissoit : les derniers Princes de cette Maison se dépossédoient tour-à-tour : les riches Familles des environs de Rome durent donc penser à leur propre sûreté ; elles sentirent sans peine les grands avantages dont seroient pour elles ces côteaux en en faisant leur point de réunion : elles y établirent un Temple, un asyle, un Culte, un Gouvernement. Les plus puissans d'entr'eux, les grands Propriétaires eurent le titre de Peres, d'Anciens ou SÉNATEURS ; d'autres, moins riches ou plus jeunes, eurent le droit d'être les Défenseurs de la Confédération & de la servir à cheval, sans abandonner les champs qu'ils cultivoient, & qui formoient leur puissance (1) : la Ville continua d'être habitée par des Artisans, des Pêcheurs, des Salariés, qui, ne pouvant avoir aucune part au Gouvernement, formerent le

---

(1) C'est ce qu'Ovide a si bien décrit :
... *Populum digessit ab annis*
Romulus, in partes distribuitque duas,
Hæc dare consilium pugnare paratior illa est
Hæc ætas bellum suadet; & illa gerit.
Fast. Lib. VI. 83.

» Romulus divise le Peuple en deux
» classes, relativement à leur âge : l'une
» délibere & l'autre exécute : l'une ordon-
» ne la guerre, l'autre en soutient les tra-
» vaux.

PLEBS: ils enfermerent enfin d'un mur ces côteaux, afin qu'ils remplissent mieux le but de leur confédération : c'est alors qu'on put se servir de cette expression, URBS CONDITA, *mot à mot*, la Ville renfermée, fondée, Rome élevée au rang de Ville. Auparavant elle n'étoit qu'un assemblage de Hameaux.

Quant à l'administration, elle étoit entre les mains des Sénateurs qui avoient établi un Conseil de dix d'entr'eux qui changeoient tous les cinquante jours, & qui étoit présidé par chacun des dix successivement, ce qui faisoit cinq jours de regne pour chacun.

Et cette République étoit sous la protection de Romulus nourri par une Louve, ou du Soleil Dieu tutelaire de cette Nation agricole.

2. *Ce Gouvernement devient Monarchique.*

On ne tarda pas à sentir les inconvéniens d'un Gouvernement de cette espéce ; ils furent même nécessairement augmentés par les divisions qui ne purent que s'élever entre ces Patriciens, dont les uns étoient d'origine Celte, d'autres Sabins, d'autres Pelasges : ils desirerent donc tous un Chef, un Législateur, un Roi, & ce Chef fut le sage Numa.

Dès ce moment, unie au dedans, & les forces de chacun concourant désormais au bien général, Rome sortit de son état de langueur ; elle eut des Fastes ou une Histoire ; elle devint redoutable à ses voisins ; elle sentit qu'elle étoit faite pour dominer sur l'Univers.

Ajoutons que son Gouvernement Sénatorial avoit été absolument Pontifical. Les Patriciens possédoient seuls le droit de régler ce qui avoit rapport à la Religion ; seuls, ils avoient le droit d'augure, de consulter les Sibylles, d'offrir les Sacrifices; seuls, ils avoient celui d'avoir des Armoiries, & le droit de *vestibule* ou de feu sacré, comme les Gentilshommes ont encore de nos jours le droit de Chapelle.

C'est le seul moyen de concilier la sagesse de Rome avec ses origines. Si Rome n'eût été qu'un amas de brigands, ses Peres-Conscripts ne se seroient pas concilié tant de respect ; Rome se seroit consumée de ses propres mains ; elle n'auroit pû passer à l'instant de l'état le plus désordonné à l'état le plus policé, le plus sage. Elle n'auroit pû être susceptible de la Législation de Numa.

Ce n'est qu'une réunion d'hommes vertueux, à leur aise & qui ont une grande élévation d'ame, qui puissent faire les établissemens qu'on prête à Romulus, c'est-à-dire, au Roi-Soleil, à la Divinité Suprême.

Ce ne sont que de tels hommes qui peuvent établir un asyle pour les infortunés ; qui peuvent défendre qu'on passe au fil de l'épée la jeunesse des Villes subjuguées, & qu'on laisse leurs terres en friche : eux seuls peuvent inviter les hommes justes à entrer dans leur confédération, & partager avec eux leurs priviléges de Citoyens.

Tels on vit les Habitans de l'Helvétie ménager le sang dans le tems où ils s'affranchirent d'un joug qu'ils trouvoient insupportable ; se lier & s'aggrandir par des Confédérations réciproques ; recevoir dans leur sein ceux qui voulurent avoir part à leur liberté & à leurs avantages ; donner aux hommes l'exemple du plus grand courage uni à la plus grande modération. C'est qu'ils n'étoient pas des brigands ; qu'ils tenoient, de même que les Fondateurs de Rome, à un sol & à des revenus qui leur donnoient des mœurs ; & qu'avec des mœurs, on sera toujours capable de grandes choses.

ARTICLE VI.

CAUSES
DE LA GRANDEUR DU PEUPLE ROMAIN.

1°. Son génie & son habileté.

Tels furent les commencemens des Romains ; mais comment parvinrent-ils à un point de puissance unique ? Comment purent-ils subjuguer insensiblement les Peuples de l'Italie, & ensuite toutes les Nations policées ?

De très-beaux Génies se sont exercés sur cette intéressante question. Ils ont indiqué un grand nombre de causes de cette élévation étonnante ; ils les ont puisées dans les mœurs des Romains, dans leur courage, dans la forme de leur gouvernement, dans leur éducation, dans leur grande habileté dans l'Art de la guerre, dans leur constance à toute épreuve, dans leur soif dévorante de la gloire, dans leur ambition orgueilleuse, dans cette profonde politique avec laquelle ils renonçoient toujours à leurs anciens usages militaires quand ils en trouvoient de meilleurs.

Leurs Rois & leurs Consuls contribuerent également à leur élévation. » Ses Rois, dit un Ecrivain illustre, furent tous de
» grands personnages ; on ne trouve point ailleurs dans les His-
» toires, une suite non interrompue de tels Hommes d'Etat & de
» tels Capitaines.....

» Rome ayant chassé les Rois, établit des Consuls annuels ;
» c'est encore ce qui la porta à ce haut degré de puissance. Les
» Princes ont dans leur vie, des périodes d'ambition ; après quoi,
» d'autres passions & l'oisiveté même, succedent : mais la Répu-

» blique ayant des Chefs qui changeoient tous les ans, & qui
» cherchoient à signaler leur Magistrature pour en obtenir de
» nouvelles, il n'y avoit pas un moment de perdu pour l'am-
» bition ; ils engageoient le Sénat à proposer au Peuple la guerre,
» & lui montroient tous les jours de nouveaux ennemis.

» Ce Corps y étoit déjà assez porté de lui-même ; car étant
» fatigué sans cesse par les plaintes & les demandes du Peuple,
» il cherchoit à le distraire de ses inquiétudes, & à l'occuper au
» dehors.

» Or la guerre étoit presque toujours agréable au Peuple ; par-
» ce que par la sage distribution du butin, on avoit trouvé le
» moyen de la lui rendre utile.

» Rome étant une Ville sans commerce & presque sans arts,
» le pillage étoit le seul moyen que les particuliers eussent pour
» s'enrichir......

» Les Consuls, ne pouvant obtenir l'honneur du Triomphe
» que par une conquête ou une victoire, faisoient la guerre avec
» une impétuosité extrême ; on alloit droit à l'ennemi, & la force
» décidoit d'abord.

» Rome étoit donc dans une guerre éternelle, & toujours
» violente ; or une Nation toujours en guerre, & par principe
» de gouvernement, devoit nécessairement périr, ou venir à
» bout de toutes les autres, qui, tantôt en guerre, tantôt en
» paix, n'étoient jamais si propres à attaquer, ni si préparées à se
» défendre.

» Par-là les Romains acquirent une profonde connoissance de
» l'Art militaire. Dans les guerres passageres, la plûpart des exem-
» ples sont perdus ; la paix donne d'autres idées, & on oublie ses
» fautes & ses vertus même.

Il seroit trop long de transcrire tout ce que cet Auteur dit d'intéressant sur ce sujet ; mais j'invite mes Lecteurs à lire la fin de ce premier Chapitre ; les deux suivans, qui roulent sur l'*Art de la guerre chez les Romains*, & sur la question, *comment les Romains purent s'aggrandir* ; & *le Vme de la conduite que les Romains tinrent pour soumettre tous les Peuples.*

Mais n'omettons pas la fin du troisiéme Chapitre ; on y indique le partage des terres comme une des grandes causes de l'élévation de cette République.

» Ce fut le partage égal des terres qui rendit Rome capable
» de sortir d'abord de son abaissement ; & cela se sentit bien,
» quand elle fut corrompue.

» Elle étoit une petite République, lorsque les Latins ayant
» refusé le secours de troupes qu'ils étoient obligés de donner,
» on leva sur le champ dix Légions dans la ville, (c'étoit peu de
» tems après la prise de Rome). A peine à présent, dit Tite-
» Live, Rome que le Monde entier ne peut contenir, en pour-
» roit-elle faire autant, si un ennemi paroissoit tout-à-coup de-
» vant ses murailles : marque certaine que nous ne nous sommes
» point aggrandis ; & que nous n'avons fait qu'augmenter le luxe
» & les richesses qui nous travaillent.

Mais de toutes ces considérations, il résulte que le Peuple Romain, très-pauvre, très-circonscrit, très-ambitieux, étoit un assemblage systématique de pillards toujours prêts à fondre du haut de leurs collines sur quiconque étoit trop foible pour leur résister, & pas assez politique pour former une ligue capable de les écraser à jamais.

2°. *Ces Causes ne purent pas être suffisantes.*

Mais quelqu'habileté, quelque sagesse qu'eussent les Romains, il fallut cependant que les circonstances les favorisassent ; car on fera toujours en droit de demander comment une seule ville put vaincre de grands Etats : car ni le génie ni la volonté ne peuvent rien contre des forces supérieures. C'est cependant ce à quoi on n'a pas fait assez d'attention ; on a trop considéré les Romains en eux-mêmes, & pas assez relativement à leurs voisins : cette combinaison est cependant le seul moyen par lequel on puisse résoudre ce problême.

M. de Montesquieu en avoit fort bien senti la nécessité. » Comme les Peuples de l'Europe, dit-il, (chap. III,) ont dans ces » tems-ci à peu près les mêmes armes, la même discipline & » la même maniere de faire la guerre, la prodigieuse fortune » des Romains nous paroît inconcevable. D'ailleurs, il y a aujourd'hui une telle disproportion dans la puissance, qu'il n'est » pas possible qu'un petit Etat sorte, par ses propres forces, de » l'abaissement où la Providence l'a mis.

» Ceci demande qu'on y réfléchisse, sans quoi nous verrions » des événemens sans les comprendre ; & ne sentant pas bien la » différence des situations, nous croirions, en lisant l'Histoire » Ancienne, voir d'autres hommes que nous.

On s'attend donc à une solution digne de ces hommes célébres ; on s'attend à voir quelles causes firent disparoître la disproportion qu'offre naturellement une seule ville en opposition avec tous ses voisins, avec tous les Peuples de l'Italie. Cependant comme s'il avoit totalement oublié l'état de la question, il se contente de nous dire ce que nous avons déjà rapporté, que le partage des terres faisoit de tout Romain un soldat, ensorte que cette Ville renfermoit dans son sein une armée nombreuse toujours prête à marcher : mais les villes voisines, toutes guerrieres, n'avoient-elles pas également le partage des terres ? Les armées des Eques, des Volsques, des Sabins, &c. n'étoient-elles pas

composées

composées de propriétaires de terres, de Laboureurs qui quittoient la charrue pour l'épée, & qui revenoient à la charrue dès que l'expédition étoit finie ? Il y eut donc d'autres causes qui firent disparoître la prodigieuse disproportion qu'offre la seule Ville de Rome d'un côté, & toutes les puissantes Nations de l'Italie de l'autre : & ce sont ces causes qu'il faut découvrir. Mais pour cet effet, sortons une fois de Rome, & considérons quels Peuples composoient l'Italie lorsque Rome fut fondée.

ARTICLE VII.

Division Politique des Peuples de l'Italie Ancienne.

§. I.

Cette Division, effet de la Nature.

LORSQUE Rome fut fondée, les Peuples de l'Italie n'étoient plus dans cet état convulsif qu'occasionnoit leur vie pastorale & le petit nombre de ses habitans, hors d'état de résister à des Peuples coureurs qui venoient de toutes parts chercher dans l'Italie des demeures plus agréables que celles qu'ils abandonnoient dans les glaces & dans les déserts de la Germanie ou de la Sarmatie. Chacun de ces Peuples cantonné par tous les autres dans un coin particulier, n'avoit eu d'autre ressource que de cultiver le district qui lui étoit échu en partage ; ainsi l'Italie entiere étoit couverte d'une population immense, & d'un grand nombre d'Etats riches en hommes, en soldats, mais petits en étendue & bornés en richesses disponibles.

Ces petits Etats s'étoient formés de par la Nature ; chacun

d'eux, au moment de l'invasion générale, s'étoit emparé d'une part qu'il avoit trouvée toute faite par la Nature elle-même, qui sembloit s'être plue à les dessiner, à couper l'Italie par grandes cases également bornées par la mer d'un côté, par l'Apennin de l'autre, & séparées les unes des autres par un fleuve plus ou moins considérable. Chaque peuplade n'avoit eu qu'à se jetter dans une de ces cases, & qu'à en tirer le meilleur parti possible. Ainsi s'étoit peuplée l'Italie ; ainsi s'étoit formée la division politique de ses Etats, lorsqu'on fonda cette ville qui devoit les engloutir tous.

§. II.

Tableau & situation respective des Peuples de l'Italie au tems de la Fondation de Rome.

Au Nord de l'Italie, entre les Alpes & le Pô, étoient les GAULOIS INSUBRIENS.

Les Nations suivantes s'étoient établies à l'Occident, entre l'Apennin & la mer, en descendant du Nord au Midi.

    Les LIGURIENS, qui s'étendoient du Pô jusqu'à la mer de Gênes au Midi, & depuis le Var jusqu'à l'Arnus au pied de l'Apennin.

    Les ETRUSQUES ou TOSCANS, depuis l'Arnus jusqu'au Tibre.

    Les LATINS, depuis le Tibre jusqu'au Liris.

    Les CAMPANIENS, du Liris jusqu'au Silarus.

    Les LUCANIENS & les BRUTIENS occupoient tout le bas depuis le Silarus jusqu'à la mer, & depuis la mer en remontant du Midi au Nord jusqu'au Bradanus.

A l'Orient, entre l'Apennin & la mer, en continuant de remonter du Midi au Nord, on rencontroit les Nations suivantes.

PRÉLIMINAIRE.

Les Apuliens, entre le Bradanus & le Tiferno.

Les Samnites, entre le Tiferno, le Vomanus & le Vulturne.

Les Sabins, au centre de l'Apennin, entre l'Anio qui les féparoit des Latins, & le Nar qui les féparoit des Ombriens.

Les Ombriens, au Nord des Sabins & des Samnites; ils occupoient le refte de la bande Orientale jufqu'au Pô, feul pays qui leur reftât des vaftes poffeffions qu'ils avoient eues autrefois en Italie.

Au Nord du Pô, au Septentrion des Ombriens, d'autres Gaulois appellés Senonois, Cenomans, Venetes, &c. & qui entamerent également les Ombriens, leur ayant enlevé une portion confidérable du terrain qui leur étoit refté.

Ce font là les Peuples entre lefquels étoit partagée l'Italie, fept fiécles environ avant notre Ere ; & qui étant eux-mêmes fubdivifés par Cités ou par Tribus, formoient autant de Ligues confédératives qui fe tenoient mutuellement en refpect, & fe maintenoient dans le même état par une efpéce d'équilibre, comme de nos jours les Républiques Suiffes.

§. III.

Leur profpérité & fes caufes.

Ces Nations cantonnées ainfi dans des limites qu'elles tenoient de la Nature, placées dans le plus beau fol, fous le climat le plus heureux, ne penferent qu'à jouir de ces avantages & fe livrerent au plaifir de cultiver un terrain auffi fertile. Les côteaux délicieux de l'Apennin leur fourniffoient des fruits en abondance: les torrens & les fleuves qui en defcendoient formoient de riches prairies où paiffoient de nombreux troupeaux; avec le fecours de ces troupeaux, ils faifoient rapporter à leurs champs es récoltes les plus abondantes.

De-là cette immense quantité de villes florissantes, & cette prodigieuse population dont l'Italie se couvrit dans ce tems-là, & dont l'ensemble nous paroît une vision.

Tel étoit l'état de cette belle contrée, telle étoit la force & la richesse de ses habitans, lorsque Rome parut; & que semblable à un loup au milieu de brebis paisibles, elle manifesta dès le premier moment de son existence un caractère insocial & turbulent, un esprit de conquête & de domination dont elle ne se départit jamais.

§. IV.

Premiers efforts des Romains pour détruire cette balance, cette division politique.

Rome placée entre les Toscans, les Latins & les Sabins, devoit voir sans cesse ses intérêts mêlés avec ceux de ces Peuples : mais réduite à un territoire moins grand qu'un Fauxbourg de Paris, elle devoit éternellement végeter dans ce terrain étroit sous la protection de ses voisins, ou en être écrasée, si leur maladresse n'avoit fourni des armes contr'eux à cette Colonie naissante, & si son régime & sa politique n'en avoient fait un Peuple guerrier sous les armes duquel devoit tomber toute Nation qui oseroit se mesurer avec lui.

Il falloit, dit on, des épouses aux fondateurs de cette nouvelle ville ; ils invitent leurs voisins les plus proches, tous Sabins, à une fête solemnelle ; leurs filles y accourent, ils les enlévent. Les Habitans d'*Antemnes* qui sont à peine à une lieue de Rome, ceux de *Crustumerium* qui n'en sont qu'à trois lieues & le Roi de *Cenina* qui n'en est qu'à six, prennent les armes pour venger cet affront : ce Roi est tué, & les Habitans d'Antemnes & de Crustumerium transportés à Rome.

PRÉLIMINAIRE.

Le Roi de *Cures*, autre ville des Sabins, & qui n'étoit lui-même qu'un Cacique comme les petits Rois de Phénicie, de la Gréce, &c. ce Roi effrayé de ce premier succès, prend les armes & s'empare du Capitole. Rome n'étoit plus, si elle n'a l'adresse de céder à l'orage, en associant ces Sabins à son Gouvernement.

Ce Prince meurt quelque tems après : des villes Sabines moins attachées par cet événement à la ville de Rome, l'attaquent en un tems, dit-on, de peste & de famine : mais Rome déjà accrue de deux ou trois Villes est en état de résister : *Camere* perd six mille de ses habitans, & *Fidene* qui n'est qu'à deux lieues de Rome tombe en son pouvoir.

§. V.

Tréve de cent ans avec l'opulente Veies qui étoit à ses portes.

Les Habitans de *Veies*, Ville Toscane aux portes de Rome, veulent reprendre Fidenes comme une Ville qui leur appartient, Veies qui compte dans ses murs autant d'Habitans qu'Athènes & qui a un riche territoire : mais Veies auroit dû s'y prendre plutôt & s'unir aux Sabins avant qu'ils fussent affoiblis : elle paye son peu de prévoyance par la perte de ses Salines & de sept Bourgs qu'elle est forcée d'abandonner aux Romains en faisant avec eux une tréve de cent ans, qui facilite à ceux-ci la conquête des autres Villes du voisinage privées du secours des Veiens. Cette tréve fut ainsi un coup de partie pour Rome, & une ignominie pour une Ville aussi riche, aussi puissante que Veies : mais qu'avoient à gagner ses opulens Citadins, contre des hommes tels que les Romains ?

DISCOURS

§. VI.

Destruction d'Albe, Capitale du Latium, qui met les Romains hors de page.

Cependant Rome se voyoit arrêtée par une rivale qui l'auroit sans cesse gênée dans ses vues, & qui n'auroit jamais voulu lui céder la gloire de l'Empire. Elle avoit à ses portes la Ville d'Albe, Ville bâtie, disoit-on, par les enfans d'Enée, Ville ancienne & si florissante, qu'elle avoit fondé une multitude de Colonies dans le Latium : toutes ces Villes la respectoient comme leur mere, l'honoroient comme leur Métropole, avoient avec elle l'alliance la plus étroite : jamais elles n'eussent souffert que Rome l'eût attaquée, & Albe auroit toujours pris parti en leur faveur contre Rome. Tullus Hostilius, successeur de Numa, & qui vouloit absolument se faire un grand Etat, sentit parfaitement à quel point cette Ville Royale nuiroit à ses vues : il saisit le moment où elle a joint son Armée à la sienne, pour faire démolir cette Ville jusqu'aux fondemens, en même-tems qu'il en fait investir les Troupes, qu'il en fait écarteler le Prince ou le Général, après l'avoir fait battre de verges ; & qu'il en transporte toutes les familles dans Rome, en incorporant les plus puissantes dans le Corps des Patriciens. Que peuvent faire désormais toutes ces Villes du Latium effrayées du sort de celle qu'ils regardoient comme leur point de réunion, comme leur mere, & frémissant de l'aggrandissement continuel de leur ennemi commun ?

PRÉLIMINAIRE.

§. VII.

Féries Latines dont les Romains se font les Chefs, ce qui leur concilie tous les Peuples Latins.

Cet ennemi sut même trouver dans la Religion de toutes ces Villes un moyen de les adoucir & de les disposer insensiblement à subir son joug, à le regarder comme leur Chef, ainsi qu'Albe l'avoit été. Dans cette derniere, étoit un Temple de JUPITER LATIAL, révéré des Peuples Latins, & où ils venoient tous adorer la Divinité en un même jour de Fête. Les Romains statuerent au bout de quelque tems que cette Fête continueroit d'avoir lieu toutes les années : que les premiers Magistrats de chaque Peuple Latin seroient obligés de s'y trouver : qu'aucune guerre ne pourroit suspendre un droit aussi sacré ; & que le *Sacrificateur* & le *Président* de la Fête, seroient toujours choisis dans le Peuple Romain.

Outre les vœux, les offrandes, les libations de chaque Peuple, on offroit en commun un Taureau blanc qui étoit distribué ensuite entre tous les Peuples Latins ; au point que si on en avoit oublié un dans cette distribution, ou si un de ces Peuples avoit négligé de se rendre à la Fête, on étoit obligé d'en recommencer la célébration.

Telles étoient les FÉRIES LATINES destinées à maintenir les Peuples du Latium dans l'union la plus étroite, & que les Romains tournerent si habilement à l'affermissement de leur puissance ; ils affecterent d'ailleurs un si profond respect pour la Divinité d'Albe, qu'il étoit passé en loi que les Consuls Romains allassent offrir eux-mêmes des Sacrifices dans son Temple lorsqu'ils étoient élus, & lorsqu'ils devoient entrer en campagne.

Un des grands plaisirs de ceux qui se rendoient aux Féries

Latines, étoit de se régaler de lait qu'on y portoit en abondance ; & de s'amuser au jeu de l'escarpolette, auquel on attachoit des idées symboliques & pieuses.

Aucun Peuple d'ailleurs qui n'eût une institution pareille. Dans toutes les contrées étoit toujours un Temple auguste auquel se réunissoient tous les Peuples voisins. Chez les Theutons, le Temple d'Ertha ; chez les Grecs, celui de Jupiter Olympien ; chez les Syriens, celui d'Héliopolis ; dans les Indes, celui de Jagrenat ; ainsi que dans ces derniers tems, chez les Valdois, la grande Eglise de Notre-Dame, au tems où commençoit l'ancienne année, &c.

Ces points de réunion étoient de la plus grande utilité pour civiliser les Peuples, pour maintenir la paix entr'eux, pour les ramener par le plaisir à de grandes & sublimes idées.

Le Législateur des Hébreux en étoit bien convaincu, lui qui établit que chaque année toutes les Tribus se rendroient au Temple de Jérusalem au moins une fois à la Fête de Pâques, au renouvellement de l'année.

C'est par la raison du contraire que celui qui déchira ce Royaume en deux, substitua deux lieux de Fête à celui-là, l'un au midi, l'autre au nord de ses Etats, dans la crainte que ses Sujets ne se réunissent à son rival s'ils continuoient d'aller à Jérusalem : ainsi, pour se maintenir dans sa révolte, il prit le contrepied de ce que les Romains eurent l'habileté d'imaginer pour s'assujettir les Latins.

C'est ainsi que Rome parvint à former du Latium un Corps de Nation florissant, qu'aucune ligue ne put entamer, & avec lequel ils subjuguerent l'Italie entiere & presque tout l'Univers.

Ces moyens de civilisation & d'union sont perdus dans nos vastes Empires & dans nos mœurs détériorées où le Public n'est rien, &
où

PRÉLIMINAIRE.

où chacun rapporte tout à soi : mais le Peuple n'y a-t-il pas perdu, & les Anciens n'avoient-ils pas en cela un grand avantage sur nous ?

§. VIII.

Rome ne rencontra jamais d'ennemis plus puissans qu'elle.

Le sort des Romains fut donc de ne trouver jamais d'ennemis plus puissans qu'eux : si dans les commencemens ils ne sont qu'une poignée, ils n'ont également à combattre que de foibles ennemis : c'est une guerre de Ville à Ville. Si des Peuples un peu plus puissans marchent ensuite contre Rome, Rome est déjà devenue un Peuple puissant par la conquête de tous ces Villages, de toutes ces bicoques dont elle étoit environnée. Se battant de proche en proche, & toujours à force égale, elle subjugue tout, elle entraîne tout.

La puissance de ces Villes étoit cependant si considérable relativement à celle de Rome, que la Ville de *Gabies* qui étoit à ses portes, soutint contre le dernier Roi de Rome une guerre de sept ans ; & que celle de *Veies*, plus voisine encore de Rome, ne put être prise qu'au bout de dix ans d'un siége continuel, quoiqu'abandonnée des Etrusques, & réduite à ses seules forces.

Encore fallut-il que Rome abandonnât la seule maniere dont on avoit guerroyé jusqu'alors, à la Sauvage, par des incursions après ou avant la récolte, & qu'il falloit interrompre, pour ses moissons & pour ses vendanges, ou pour ses semailles : inconvénient heureux, en ce qu'il empêchoit toute longue guerre, toute guerre portée au loin.

§. IX.

Rome soudoie ses Habitans.

Rome devenue conquérante par nécessité, par ambition, par

un juste mépris pour ses voisins dénués de toute politique, se fait alors une Armée de ses propres Habitans qu'elle prend à sa solde ; elle les tient sans cesse sous les armes, elle les occupe sans cesse au dehors, & rien ne peut lui résister : en vain les Peuples les plus braves & les plus puissans de l'Italie, soutiennent contr'elle les guerres les plus opiniâtres ; il faut qu'ils succombent sous le génie & sous la politique toujours soutenue du Peuple Romain : telle l'eau tombant goutte à goutte sur le rocher le plus dur, le mine & le consume.

§. X.

Ces Nations ne pouvoient se maintenir.

Ainsi furent anéanties les diverses Nations de l'Italie, parce qu'elles avoient ignoré l'art de se maintenir, parce qu'elles avoient toujours vécu isolées ; qu'elles n'avoient jamais vû qu'elles-mêmes : qu'elles n'avoient pas compris que l'homme n'est fort que par le concours de tous : que l'Etat le plus puissant ne peut subsister que par sa force intérieure, & par son union avec ses voisins : que rien ne doit être exclusif, & que ce n'est que dans le bien général que peut se trouver le bien de tous.

Il falloit donc que ces riches Peuplades tombassent sous le pouvoir du premier Peuple qui voudroit les conquérir. Si Rome n'eût pas existé, elles n'en auroient pas vécu plus libres : elles seroient devenues la proie des nouvelles émigrations des Celtes, qui, sous le nom de Gaulois, entroient en foule en Italie par les mêmes chemins qu'avoient tenus les anciennes Colonies ; ces nouveaux venus étoient déjà maîtres des Alpes, qu'ils avoient remplies de la gloire de leur nom ; ils avoient déjà enlevé aux Ombriens une partie de leur territoire ; ils vinrent jusques dans Rome, & long-tems ils firent trembler les Romains, au point que

PRÉLIMINAIRE.

c'étoit pour eux une Loi d'Etat de ne point les attaquer, & de ne pas porter leurs frontieres jusqu'à eux.

§. XI.

A quoi se réduisoit la Politique des Peuples de l'Italie.

Les Peuples de l'Italie avoient cependant quelqu'idée de ce que peut l'union de plusieurs : ils se formoient en confédérations : mais ce n'étoit qu'entre ceux du même nom. Les ETRUSQUES divisés en douze Républiques formoient un Corps à part qui avoit ses Assemblées générales & qui auroit garanti Veies, une des douze, si les onze autres ne l'avoient mal à propos séparée du Corps général parce qu'elle avoit voulu avoir un Roi, ce qui étoit en quelque sorte une défection volontaire.

Les VOLSQUES, Peuple Latin, formoient du tems de Coriolan, une République composée de plusieurs cantons.

Il paroît que les SAMNITES adopterent le même usage, surtout dans le tems de leurs guerres contre les Romains.

C'étoit le plus haut point de la politique de ces Nations. Avec plus d'habileté dans ce genre, que n'auroient-elles pas été en état de faire contre les Romains, qui, malgré cela, ne purent les dompter qu'après quatre siécles de guerres, de combats & de ravages continuels ; & en plongeant cette belle contrée dans un si grand affoiblissement, que lorsque Rome ne fut plus en état de soudoyer des troupes pour défendre l'Italie, qu'elle avoit dévastée, épuisée, ruinée, dont elle avoit abattu les villes, & énervé le courage, où des esclaves avoient pris la place des hommes libres, où des déserts avoient succédé à de riches & florissantes Campagnes ; l'Italie se trouvant sans force & sans puissance, devint nécessairement la proie des Barbares qui ne craignirent pas d'y pénétrer, & qui firent disparoître à leur tour de dessus la terre ces familles orgueilleuses, qui en avoient exterminé les anciens possesseurs.

§. XII.

Ce genre de politique étoit celui de tous les Peuples Celtes.

Mais cette fausse politique étoit commune à toutes les Nations Celtiques : nulle part on ne trouvoit alors en Europe d'Etat étendu. Tandis que l'Asie & l'Afrique offroient des exemples nombreux d'Empires vastes & florissans, on ne voyoit chez les Celtes que des peuplades foibles & resserrées : la Grèce étoit divisée en une foule de petites Sociétés qui ne purent acquérir de la considération que par leur réunion en un Corps de Confédérés : les Thraces, les Illyriens, les Sarmates, les Germains, n'étoient que des Hordes de Sauvages : l'Espagne étoit le partage de cent Nations éparses, que n'avoient pu policer les Phéniciens, & que n'avoit pu réunir en un Corps la crainte de leur nom ; & lorsque les Romains entrerent dans les Gaules, & que Jules César en entreprit la conquête, elles étoient partagées en soixante Nations, dont aucune n'étoit en état de se défendre contre un ennemi aussi redoutable : leur union seule auroit pu faire leur force ; mais quelle union peut exister entre tant de peuples ?

Ainsi, la situation de l'Italie & la constitution de ses habitans, nous apprennent également qu'elle fut peuplée par des Colonies Celtiques, soit Gauloises, Germaines & Illyriennes, soit Grecques, à l'exception peut-être de quelques Colonies Orientales qui vinrent s'établir en divers tems sur les côtes du Midi. Cette vérité ne sera pas moins sensible par la considération du culte des anciens Peuples de l'Italie, & par l'examen des noms de plusieurs de ces Peuples, ainsi que d'un grand nombre de fleuves, montagnes, forêts & villes ou villages de ces contrées.

ARTICLE VII.

Du Culte des anciens Peuples de l'Italie.

SI la situation de l'Italie & la constitution de ses habitans attestent hautement que ces Peuples furent des Colonies Celtiques, l'uniformité de culte n'établit pas moins cette vérité; d'un culte sur-tout qui consistoit plus en actions qu'en discours, qui s'apprenoit plus par l'exemple que par l'instruction, qui étoit plus superstitieux qu'éclairé.

§. I.

Origine de ce Culte.

Dans ces tems où on n'avoit aucun livre pour s'instruire, le culte devenoit de la plus grande importance; il faisoit une partie essentielle de la civilisation; on se rassembloit avec soin dans le lieu le plus agréable, sur un côteau riant, ombragé d'une antique forêt, rafraîchi par des eaux abondantes & limpides. Là on se livroit à tous les charmes de la fraternité & de l'amitié, en se considérant comme les enfans d'un même Dieu, comme les Citoyens d'une même terre : on se grandissoit à ses propres yeux par les sentimens les plus sublimes : on se délassoit des travaux passés & on acquéroit de nouvelles forces pour les futurs par les plaisirs les plus doux & les plus innocens, par le chant d'hymnes sublimes, & par des danses sacrées relatives aux actions qu'on célébroit dans ces hymnes.

Le tems dévorant, des mains animées d'un zèle trop amer, une juste haine contre des idées belles dans l'origine, mais qui avoient dégénéré en viles superstitions, nous ont ravi ces hymnes touchantes, fruit des premiers principes religieux des hommes; & dans lesquelles, à travers la rouille des siécles qui les ternirent, on trouveroit sans doute les traces du premier feu qui les anima, les idées pures qui remplirent l'homme de ravissement pour la vertu, d'admiration pour l'Univers, de reconnoissance pour la Divinité, mere commune des hommes.

Seroit-il difficile cependant de les supléer? Je m'imagine voir un sage, un homme illustre, pénétré lui-même de tous ces sentimens, se lever au milieu de tout un Peuple rassemblé pour se réjouir, & lui dire :

Freres chéris, suspendez un moment vos danses & vos jeux; écoutez le Ciel qui m'inspire. Ces eaux qui vous abreuvent, ces forêts qui vous nourrissent ou qui vous prêtent un ombrage salutaire, ces côteaux qui vous offrent des retraites délicieuses & sûres, ce gazon que vous foulez d'un pied léger, ce Soleil qui luit sur votre tête & qui favorise vos travaux, cette Lune, ces Astres dont le doux éclat ne nuit point à notre repos, tous ces biens précieux ne sont pas l'effet du hasard. Un Dieu bienfaisant les forma pour votre bonheur : c'est lui que vous devez honorer dans tous ces objets : c'est vers lui que vos pensées doivent s'élever : c'est lui que vous devez aimer comme la source de tous ces biens.

Sans cesse présent ici, vous le trouverez toujours dans la réunion de toutes ces choses : vous le verrez dans ces eaux limpides, dans ces sombres forêts, dans ces côteaux rians, dans ce Soleil Roi du monde : rapportez-les sans cesse à cet Etre bienfaisant : après les révolutions de chaque Lune, au retour de chacune de ses phases, retrouvons-nous toujours ici tous ensemble pour jouir des mêmes biens, pour faire retentir ces lieux de nos chants de reconnoissance & de joie, pour nous unir dans nos danses sacrées, pour louer la Divinité en toutes ces choses ; surtout pour devenir bons comme elle ; pour nous aimer comme elle nous aime : pour nous fortifier tous ensemble dans l'exercice de tout ce qui est bien : qu'en nous voyant chacun s'écrie, voilà l'Assemblée des Justes ! & qu'entraînés par notre exemple, tous les hommes deviennent vertueux, qu'ils se regardent comme des freres : s'ils tiennent une autre route, que ces eaux, que ces forêts, que l'Astre brillant du jour, soient autant de témoins qui déposent contre leur ingratitude : & qu'à leur mort ils soient privés de ce repos dont leurs passions insensées auront privé les mortels.

Ainsi durent parler les Chefs des Peuplades religieuses, ces Druides, ces Mages, ces Hiérophantes qui furent éclairer les hommes & les rassembler pour les conduire à la sagesse.

Long-tems toutes les familles du Canton se réunirent ainsi dans le sein de la joie, de la paix, de la vérité, de la vertu : insensiblement les Sages disparurent ; ces idées sublimes se brouillerent, s'affoiblirent, ces hymnes ne furent plus entendues ; mais les générations moins éclairées se souvinrent que là on se rassembloit, & elles continuerent de le faire ; qu'on exaltoit ces lieux sacrés, & elles les exalterent ; mais elles crurent qu'on les exaltoit pour elles ; elles crurent y voir une vertu divine ; & bornant leurs idées grossieres à ces objets extérieurs, l'idolâtrie & la superstition prirent la place de la vérité rayonnante ; ainsi on honora les fontaines, les montagnes, les hauts lieux ou les bocages, Mars ou le Soleil, Diane ou la Lune. On ne vit plus que la créature là où tout auroit dû ramener au Créateur.

Telles durent être, telles furent en effet ces Peuplades agrestes qui les premieres pénétrerent dans l'Italie à travers les effrayantes gorges des Alpes.

Il reste même encore assez de monumens pour prouver le rapport qu'eurent à cet égard les Nations Italiques avec tous les autres Peuples Celtiques, Gaulois, Germains, Grecs, Thraces, Scythes, Getes, ou Sarmates, de quelque nom en un mot qu'on les nomme; & pour être en droit d'ajouter cette preuve à toutes celles qui établissent, qui constatent que les Peuples primitifs de l'Italie étoient sortis d'entre les Celtes.

Une opinion sublime les avoit tous entraînés dans ce culte des Elémens: persuadés que la Nature entiere étoit la production de l'Etre suprême, ils le virent dans tous les Etres; ils crurent qu'il n'y en avoit aucun qui ne fût animé par un soufle divin, ou sous la protection d'un Génie (1): c'étoit donc le Créateur lui-même qu'ils croyoient adorer dans ce culte; c'étoit la Divinité qu'ils croyoient célébrer dans ces Nymphes, ces Nayades, ces Dryades, ces Hamadryades, ces Héros, ces demi-Dieux, qui présidoient à tous les Elémens. Ces personnages intéressoient le cœur & l'esprit; ils sembloient aggrandir l'Univers, & rendre sensibles dans ses effets les perfections infinies du Dieu suprême que tant d'obscurités profondes paroissoient dérober aux yeux des foibles Humains. C'étoient des erreurs, mais c'étoient les erreurs d'hom-

---

(1) Idée qui est présentée avec autant de beauté que d'énergie dans ces Vers de Virgile:

> Principio cælum, ac terras, campósque liquentes,
> Lucentemque globum Lunæ, Titaniaque Astra
> Spiritus intus alit: totámque infusa per artus
> Mens agitat molem, & magno se corpore miscet.
> Æn. VI. 724.

« Dès leur commencement, le Ciel, la Terre & les plaines liquides, le Globe lumineux de la Lune & les Astres étincelans, sont vivifiés intérieurement par l'Esprit. L'Intelligence se répand dans toutes les parties de cette masse, elle les pénétre & les agite: elle s'unit à cet immense tout. »

mes

PRÉLIMINAIRE.

mes fortement pénétrés de leur excellence, convaincus de la grandeur de la Divinité, touchés de la plus vive reconnoissance de ses bienfaits, attendris à la vue de tous les objets propres à élever leur ame, à la rapprocher de la Divinité, à les rendre plus heureux & meilleurs.

§. II.

Culte des Lacs & des Fontaines.

Les Peuples d'Italie avoient comme les Celtes la plus grande vénération pour les Lacs & pour les Fontaines : n'en soyons pas étonnés : on se rassemble auprès des eaux, qui font une partie essentielle des moyens que la Nature nous a donnés pour notre subsistance & pour notre conservation. Elles entrerent nécessairement dans le culte comme emblême de la purification, & comme un moyen de se présenter à la Divinité d'une maniere plus parfaite ; on ne put qu'attacher une grande efficace à un Elément qui contribuoit à laver & à expier ses fautes : sur-tout on se souvenoit que dans la Philosophie primitive l'eau avoit été le principe de tout ; & que sans elle, la terre ne produiroit rien. De-là, les idées religieuses qui eurent les eaux pour objet, & qui inspirerent celles-ci.

On dut même mettre une différence entr'elles. La fontaine dont les eaux étoient les plus abondantes, les plus limpides, dont les bords étoient les plus riants, qui étoit ombragée par les arbres les plus majestueux, dont s'étoient abreuvés ou qu'avoient mis en réputation des hommes bienfaisans & pleins de génie, cette fontaine dut toujours être distinguée par dessus toutes les autres.

On sent parfaitement qu'il doit s'être conservé peu de traces du culte des Lacs & des Fontaines : il avoit déjà changé de nature lorsque les Grecs & les Latins commencerent à écrire. Depuis long tems il avoit été remplacé dans les villes par les Temples & par les Statues qu'on avoit eu l'art de construire; & dans les campagnes, il étoit entierement abandonné au Peuple dont les Historiens & les Poëtes ne s'occupoient guères. Malgré ces desavantages, il existe cependant un assez grand nombre de traits échappés au tems qui détruit tout, & relatifs à ce culte, pour que nous ne puissions douter de son existence.

Nous trouvons ainsi, que les anciens Peuples Italiques honorerent les Lacs & les Fontaines suivantes.

Le Lac sur les bords duquel on bâtit dans le Latium la ville d'Albe la longue.

Le Lac peu éloigné de celui-là, & sur les bords duquel on éleva la ville d'Aricie, près du bois sacré de Diane Taurique, où les Dames Romaines se rendoient chaque année, à pied, la tête couronnée de fleurs, & une torche à la main. On y éleva dans la suite un Temple digne de la Déesse.

Les Eaux Férentines, auprès desquelles se tenoient à Ferentum les Féries Latines.

Les Eaux de Feronie, eaux très-belles, très-abondantes, où on voit encore les ruines d'un Temple consacré à la Nymphe de ces eaux.

La Fontaine de Vacune chez les Sabins, près de la maison de campagne d'Horace, & au-devant de laquelle on éleva un Temple à l'honneur de la même Déesse.

Le Fleuve Clitumne très-révéré par les Ombriens.

Le Fleuve Numique, où l'on disoit que s'étoient noyés Anna Perenna & Enée.

Les Etangs de Marica dans le Latium, sur les bords duquel étoit une Forêt consacrée à la Nymphe de ces eaux.

PRÉLIMINAIRE.

La Fontaine de JUTURNE : c'étoit un Lac du Latium, voisin du Numique, & dont les eaux étoient regardées come si salubres qu'on s'en servoit à Rome pour les Sacrifices. Ce nom est composé des mots *Iou* Jupiter, & TUR, fontaine, riviere, *mot-à-mot*, la Fontaine des Dieux, la Fontaine par excellence. Aussi disoit-on qu'elle avoit été aimée de Jupiter, & qu'en récompense il l'avoit établie la Reine ou la Déesse des Eaux. Qui ne voit que c'est une allégorie charmante, relative à l'excellence de ses eaux ? on lui forma une généalogie non moins allégorique, que nos Mathanasius modernes, Mythologistes froids & sans goût, ont tous pris au pied de la lettre.

Iuturne, disoit-on, étoit sœur de TURnus, niéce de la Nymphe AMata, fille de la Nymphe VENilia, petite-fille de PILumnus, parente de LATinus qui avoit épousé sa tante AMata. C'est Virgile qui a chanté toute cette Famille dans son immortelle Enéide.

Mais tous ces noms sont allégoriques.

VEN-ilia, étant un nom des Eaux, le flux de la mer, son montant, on dit fort ingénieusement que JU-turne en est la fille. PILumnus, nom des Etangs, en est le grand-pere ; elle a pour tante AMata, nom formé de AM, riviere ; pour frere TURnus, ou le Fleuve : pour oncle, LATinus, ou le pays dans lequel elle coule.

Ainsi les Poëtes personifiant tout ce qu'ils avoient sous les yeux, en devenoient plus intéressans : au lieu d'une froide & puérile métaphysique, ils offroient par-tout des tableaux remplis de chaleur & de vie : la Nature faisoit les frais du fond, ils n'avoient qu'à l'orner de formes riches & brillantes.

Le Lac FUCIN dans le pays des Marses, qui a quarante milles de tour, & dont les eaux sont très-claires & très-abondantes en poisson. Ce Lac étoit consacré à une Divinité à l'honneur de laquelle on éleva un Temple dont on voit les ruines à la droite de Marrubium ou de San-Benedetto, (1).

Le Lac de CUTILIES, formé par le Velin; ses eaux nitreuses & bitumineuses étoient excellentes pour divers maux. Il étoit célèbre par sa profondeur & par son Isle flottante: ce Lac étoit consacré à la Victoire ou à Vacune: tous les deux ans on y célébroit une grande fête pendant laquelle ce Lac étoit entouré de fleurs.

Mais il en étoit de même chez les Peuples Celtes; c'est ainsi que l'Oracle de Dodone chez les Grecs commença par le culte de la Fontaine qu'on y voyoit; & que les Thessaliens vénéroient le Penée.

Le Lac Helanus, sur la Lozere, dans les Cévennes, n'étoit pas moins célèbre. GRÉGOIRE de Tours nous apprend que toutes les années, une foule de paysans se rassembloient sur ses bords: qu'ils lui offroient des libations, & y jettoient des piéces de toile ou de drap, des toisons, des fromages, des pains, &c. Ils s'y rendoient sur leurs chariots avec des vivres & des boissons, & y passoient trois jours, pendant lesquels ils ne pensoient qu'à se réjouir & à faire bonne chere.

On voit dans le Lac Leman, à peu de distance de Genève, une pierre que le Peuple appelle *la Pierre à Niton*, restes d'un ancien Autel où l'on offroit des Sacrifices à Neptune le Dieu des Eaux.

Les Illyriens avoient une fête annuelle dans laquelle ils offroient un cheval aux Eaux en le noyant dans un fleuve.

Les Sarmates, au rapport de PROCOPE (2), ne reconnoissoient

---

(1) Discours de la Maison de Camp. d'Horace, Part. III. p. 235.
(2) Goth. Lib. III. cap. 14.

qu'un seul Dieu maître du Tonnerre & de l'Univers : mais ils vénéroient aussi les Fleuves, les Nymphes, & d'autres Divinités subalternes auxquelles ils offroient des Sacrifices.

Canut, Roi d'Angleterre, voulant supprimer l'Idolâtrie dans ses Etats, proscrivit entr'autres le culte des eaux courantes & des fontaines, ainsi que celui des arbres & des forêts.

AGATHIAS, qui vivoit au VI. siécle, remarque que les Allemans soumis aux Francs, vénéroient les arbres, les eaux courantes, les côteaux & les vallées ; qu'ils leur offroient diverses victimes, & entr'autres des chevaux.

MAXIME DE TYR (1) nous apprend, que les Scythes vénéroient le Danube, (une partie des Celtes avoit donc conservé le nom de Scythes, étant tous venus de ce côté là). Il nous apprend également que les Phrygiens de Celene offroient des victimes au Marsyas & au Méandre : les Massagetes, au Tanaïs ; les habitans des bords des marais Méotides, à leurs eaux.

On trouve encore des vestiges de cette ancienne vénération pour les eaux dans quelques contrées de l'Europe, où pour le jour de l'an on orne les fontaines de rubans & de guirlandes de fleurs, & où l'on se dispute à qui aura la premiere eau qui en coule au moment où l'année commence, au moment de minuit, comme du meilleur augure pour le cours de l'année.

§. III.

Culte des Hauts-Lieux & des Forêts.

On voit par les antiquités de l'Italie & de Rome qu'on y vénéroit les bois & les hauts lieux, comme chez les Celtes, & chez les Scythes, où l'on n'avoit d'autres Temples que des forêts &

---

(1) Diss. XXXVIII.

des hauts lieux. Rien en effet n'est plus auguste qu'une grande forêt de chênes ou ces colonnades, à perte de vue, que forme un bois de hauts sapins : lorsque ces bois s'ouvrent & qu'ils laissent entr'eux un terrain découvert, gazonné & entouré de portiques saillans & rentrans, on est rempli de vénération, on est tenté de se mettre à genoux devant le Maître de la Nature, qui donne lieu à des perspectives si éminemment au-dessus des édifices les plus majestueux.

De-là cette multitude de forêts consacrées chez les Habitans de l'Italie, de la Grèce, des Gaules, de la Suisse, de l'Allemagne même. Dans ce dernier Pays, à l'embouchure de l'Elbe, étoit une Isle dans laquelle on voyoit une forêt avec un lac non moins sacré, qui servoit de Sanctuaire à la Déesse Hertha, ou la Terre, la même que les Déesses Rhéa, Cybèle, Tellus, ou la Grand'-Mere des Dieux. Et lorsque dans le VIIIe siècle de l'Ere Chrétienne, Boniface prêcha l'Evangile dans l'Allemagne, il trouva que ses Habitans offroient des Sacrifices aux bois & aux fontaines, les uns en cachette, les autres hautement & en public.

Pour honorer ces arbres sacrés, on faisoit ses prieres devant eux, & on y allumoit des flambeaux. On les arrosoit du sang des victimes : on y suspendoit ses présens, ses vœux, les dépouilles consacrées des ennemis : on les ornoit de rubans, de bandelettes, de colliers ; souvent on les consultoit comme des Oracles : & on y faisoit des conjurations & des enchantemens.

Les Celtes n'aimoient pas moins les montagnes pour en faire le lieu de leur Culte : l'air qu'on y respiroit étoit plus pur, l'horison plus étendu, on sembloit s'y rapprocher de la Divinité, & la servir dans des lieux plus dignes d'elle : point de doute que ce ne soit là un des motifs pour lesquels l'Italie donnoit aux hauts lieux le nom de *Saturnéens*. Si on y retiroit tout ce qu'on avoit de plus précieux, on étoit tout aussi empressé à y placer les Sanctuaires des Dieux.

Les Pelasges consacroient pour simulacres à Jupiter, le sommet des hautes montagnes comme ceux de l'Olympe & de l'Ida : & ils y érigeoient des Autels comme sur le Mont-Hymette & sur le Parnethe : aussi Jupiter étoit appellé par eux EPACRIUS, le Dieu des hauts sommets.

Les Espagnols avoient une montagne sainte dont il n'étoit pas permis de remuer la terre : les Gaulois avoient un Sanctuaire consacré à Jupiter sur le plus haut des Alpes & de l'Apennin : il en étoit de même des Pelignes à Pallene, & des Aborigènes sur le Mont Soracte, & sur le Mont-Algide où on éleva un superbe Temple à Diane sur celui de ses sommets, qu'on nomma depuis par cette raison le Mont-Artemise ou de Diane.

Du haut de ce sommet on voyoit l'Univers sous ses pieds : d'un côté on appercevoit la mer d'Antium, le rivage de Circée, les plaines Pomptines jusqu'à Anxur, la voie Latine jusqu'aux Monts Cassins ; de l'autre, la vue s'étendoit sur les montagnes des Sabins, de Tibur, de Préneste, de Cora.

Les Getes avoient leur montagne sainte où résidoit leur Souverain Sacrificateur. Les Thraces en avoient une également qui leur fut enlevée par Philippe, Roi de Macédoine : aussi STRABON a-t-il cru que les Montagnes saintes de la Grèce avoient été consacrées par les Thraces dans le tems qu'ils étoient maîtres du pays : il ignoroit que les Grecs, les Thraces & les autres Peuples de l'Europe, avoient une origine commune, & par conséquent les mêmes usages.

Rien de plus célébre chez les Phrygiens que leurs montagnes consacrées à Cybèle, *Berecynthe, Dindyme, Agdestis, Cybèle*, & auxquelles cette Déesse dut quelques-uns de ces noms.

Les Perses & les Cananéens avoient le même usage. L'Histoire sacrée est remplie de traits relatifs au Culte des hauts lieux & de leurs bocages; & à la guerre que leur déclaroient les Princes les plus religieux du Royaume de Juda.

Les Hébreux eux-mêmes adoroient sur des hauts lieux jusqu'à ce qu'ils furent devenus maîtres de la Montagne sainte sur laquelle ils éleverent leur Temple.

Tout ce que nous avons déjà dit au sujet des Tombeaux saints placés sur des montagnes, sert également de preuve à ce que nous venons de dire, ainsi que la construction du Capitole sur la montagne de Rome, sainte entre toutes, parce qu'elle dominoit sur toutes les autres.

§. IV.

Culte de Diane.

Tous ces Peuples honoroient le Soleil & la Lune : il en étoit de même des Celtes : les Germains, au rapport de Jules César, (1) servoient le Soleil, la Lune & Vulcain.

Dans la proscription que fit le Roi Canut des superstitions de son tems, il y joignit celle du culte de la Lune.

Nous avons vû que les Scythes adoroient cet Astre sous le nom d'Artimpasa, de même que les Grecs sous celui d'Artemis, l'Artemise des Cariens.

Nous en retrouvons des traces chez les Peuples Latins : il est certain que CARNA, femme de Janus, & CARMENTA, ou NICO-STRATE, mere d'Evandre, sont autant de Personnages allégoriques, par lesquels ces Peuples désignoient la Lune, comme nous l'avons fait voir dans l'*Histoire du Calendrier* (2).

---

(1) Liv. VI. 21.
(2) Pag. 391. & 410.

PRÉLIMINAIRE.

Si on raſſembloit les Divinités particulieres de chaque Peuple, auſſi peu connues que l'ont été juſqu'à nous Carna & Carmenta, on trouveroit une foule d'autres exemples du Culte de la Lune chez tous ces anciens Peuples.

C'eſt certainement elle qu'on adoroit à Aricie ſous le nom de Diane, & dont on prétendoit que la ſtatue y avoit été tranſportée de la Tauride ou Crimée où elle étoit également honorée ſous le nom de Diane. On a fait divers contes ſur cette Diane d'Aricie : comme ils ſont relatifs à d'illuſtres Perſonnages Grecs, nous ne ſaurions les omettre.

Ce lac d'Aricie étoit appellé le miroir de Diane : & l'on ne pouvoit faire entrer aucun cheval dans cette forêt, ſans doute afin qu'ils n'y cauſaſſent point de dommage. Mais on avoit forgé là-deſſus un conte que nos Mythologues Hiſtoriens n'ont qu'à regarder comme un fait hiſtorique inconteſtable. On diſoit donc « qu'Hyppolite, fils de Théſée, ayant péri par la trahiſon de ſa » belle-mere, Diane chargea Eſculape de le reſſuſciter, & qu'elle » le tranſporta enſuite en Italie, où il épouſa la Princeſſe Aricie : » qu'ayant été enſuite enterré dans cette forêt, on la conſacra, » avec défenſe d'y laiſſer entrer des chevaux, en mémoire de ce » que ce Prince avoit perdu la vie entrainé par ſes chevaux dans » d'affreux précipices ».

Si on avoit fait voyager Hyppolite juſqu'à Aricie, on n'avoit pas plus épargné les pas de la Divinité qu'on y adoroit, puiſque c'étoit la même que celle qu'on avoit adoré en Tauride, & qui y avoit été apportée par Oreſte & par Iphigénie. On doit être aſſez étonné de ces grandes aventures & de ces voyages faits comme par la main des Fées. Voici les motifs qu'on en donnoit & qu'on n'a auſſi qu'à prendre au pied de la lettre.

Lorſque les femmes de Lemnos eurent formé le projet de

massacrer leurs maris, Hypsipile sauva son pere Thoas, & lui fournit les moyens de s'enfuir dans la Tauride, où il fut établi Roi de la Chersonèse, qu'on appelle aujourd'hui la Crimée, & où il fut en même-tems Sacrificateur du Temple de Diane; suivant l'usage des tems anciens où l'on étoit tout-à-la-fois Roi & Sacrificateur: c'étoit peu avant l'expédition des Argonautes. Quelque tems après, Iphigénie ayant été enlevée par Diane au moment où les Grecs alloient l'immoler, elle fut transportée dans le même pays par cette Déesse, & remise à Thoas qui étoit encore vivant, & qui l'établit Prêtresse du même Temple dont il étoit Sacrificateur: c'est en cette qualité qu'Iphigénie eut le plaisir d'immoler sur l'Autel de Diane Ménélas & Hélène, qui étoient venus en Tauride pour chercher Oreste. Celui-ci vint en effet dans cette contrée, mais après ce cruel événement: ce fut sur l'avis d'un Oracle qui lui annonça que le seul moyen par lequel il pourroit se délivrer des furies qui le poursuivoient, étoit de passer en Tauride, & d'en enlever la statue de Diane pour la porter en Grèce. Oreste s'embarque donc pour ce pays, il fait naufrage sur ses côtes, est saisi par les Habitans, & conduit à l'Autel de Diane pour être immolé: heureusement sa sœur le reconnoît; ils forment le complot de se sauver & d'emporter la statue de la Déesse cachée dans des faisceaux: & ils viennent la déposer dans le Latium à Aricie, emmenant avec eux Thoas, que, selon d'autres, ils avoient égorgé avant de prendre la fuite.

Mais la Grèce, que devient-elle? C'est pour elle cependant qu'Oreste devoit enlever la statue: & comment passe-t-il par-dessus cette contrée pour venir à Aricie? Sans doute que la Déesse les transporta là d'un plein saut.

Le savant PELLOUTIER voulant remonter dans son Histoire des

Celtes aux causes de ces traditions, dit que les Grecs n'ont fait voyager dans la Tauride, Thoas & Iphigénie, que parce que le Dieu Suprême s'y appelloit TAU-AS, le Seigneur Tu, ou Teut: & Diane, IPHI-GÉNIE, ou IPHI-ANASSE, la Reine IPHI, ou OPHI, la même qu'*Ops* des Latins: & que c'est par cette raison qu'on les fit venir à Aricie: mais cette équivoque de noms ne suffit pas pour rendre raison de ces fables, & sur-tout du prétendu sacrifice de Ménélas & d'Hélène sur l'Autel de Diane: elles tiennent à une masse nombreuse de fables & d'allégories que nous aurons occasion de développer un jour, & où les chevaux d'Hyppolite trouveront également leur place.

§. V.

Culte de Mars.

Nous avons vu que Mars fut une des plus anciennes Divinités des Romains & des Sabins, & qu'on le peignoit sous la figure d'une lance. Mais il en étoit de même chez les Germains & chez les Scythes, ces Scythes qui venoient jusques dans la Germanie, & qui avoient la même origine que les Celtes.

Tacite fait dire par un Ambassadeur des Tenchteres aux Habitans de Cologne: (1) « Nous rendons graces à nos Dieux communs, » & à Mars, le plus grand des Dieux, que vous soyez réunis au » corps des Peuples Germains, & que vous en ayez repris le » nom ».

Les Scythes qui reconnoissoient plusieurs Dieux, croyoient cependant qu'il ne falloit consacrer des Simulacres, des Autels & des Temples qu'au Dieu Mars (2), comme étant leur Divinité suprême.

---

(1) Hist. Liv. IV. 64.
(2) HEROD. Liv. IV.

Mars paroît être le même que le *Teut* des Peuples Celtes, & sur-tout des Gaulois, le Thot des Egyptiens, & le Mercure des Romains.

Mais Varron n'a pu s'empêcher de reconnoître dans sa Menippée, que Mars étoit le même qu'Hercule ou le Soleil. Macrobe confirme cette opinion, en ajoutant que dans les Livres Pontificaux Mars étoit regardé comme étant le même qu'Hercule (1).

Il en étoit ainsi des Accitains, Peuples d'Espagne : ils adoroient Mars, mais ils le confondoient également avec Hercule ou le Soleil, puisqu'ils le représentoient la tête environnée de rayons (2).

§. VI.

Symboles de Mars & de Diane : & à cette occasion, de la pierre que dévore Saturne.

Dans cette ancienne Religion où tout étoit allégorique, on avoit été obligé de peindre aux yeux par des symboles les idées qu'on se formoit des deux grandes Divinités du ciel physique, le Soleil & la Lune, Mars & Diane : ces symboles furent la lance & la pierre.

On sait que Diane, Vénus, Cybèle, &c. étoient représentées par une grosse pierre conique ou pyramidale.

La lance étoit chez les Scythes, chez les Celtes, chez les Sabins, &c. le symbole de Mars : nous l'avons vu pour ces derniers, dans l'article de Romulus-Quirinus, adoré à Cures sous la forme d'une lance : & elle devint, sous le nom de haste pure, l'appanage de presque tous les Dieux.

---

(1) Macr. Saturn. Liv. III. ch. XII.
(2) Ib. Liv. I. ch. XIX.

PRÉLIMINAIRE.

Est-il difficile de découvrir la justesse de ces emblêmes ? Mars ou le Soleil est le Dieu des travaux, de l'agitation, des combats : Diane ou la Lune est la Déesse du sommeil, du repos : Mars est le Dieu des hommes qui soutiennent ces travaux, ces combats : Diane est la Déesse du sexe qui préside à l'intérieur des maisons, qui mène une vie sédentaire.

Il fallut donc peindre celle-ci par la stabilité d'une pierre, par son immobilité : & pouvoit-on mieux peindre l'autre que par cette lance qui facilitoit tous les travaux, & dont on se servoit pour arrêter dans leur course les animaux nécessaires à sa nourriture, pour repousser l'ennemi qui en disputoit la propriété, ou qui venoit ravager les possessions de ses voisins ?

Mais puisque la pierre peint la vie sédentaire, nous voyons donc s'expliquer de la maniere la plus agréable & la plus simple, cette allégorie, jusqu'ici inconcevable, de la pierre que Rhéa ou Cybèle donne à Saturne pour assouvir sa faim dévorante ?

On se rappelle sans peine ce que nous avons dit dès le commencement de notre Ouvrage, que Saturne est l'homme agriculteur, & que Rhéa qui lui donne une pierre afin qu'il ne dévore plus ses enfans, est la terre.

Avant que l'homme fût agriculteur, il dévoroit tous les enfans de Rhéa, tous les fruits que la terre produisoit d'elle-même; & comme ils n'étoient pas proportionnés à ses besoins, il les dévoroit aussi-tôt qu'ils paroissoient, avant qu'ils eussent acquis leur maturité : Rhéa ne put donc le satisfaire qu'en lui donnant la *pierre* par excellence, c'est-à-dire, en rendant sa vie sédentaire, en lui faisant construire un champ, une habitation, une ferme, au moyen desquelles, cessant d'aller fourager des déserts, cultivant lui-même un morceau de terre, il alloit désormais avoir des fruits permanens & multipliés, qui calmeroient sa faim dévorante, qui lui rendroient la vie auſſi douce, auſſi agréable, auſſi heureuſe, que ſa vie précédente étoit amere; qui ameneroient à leur ſuite les Graces & les Muſes, Apollon, Minerve, l'Olympe entier, ou l'Induſtrie active, les Arts auſſi étonnans qu'utiles, les Sciences ſublimes, les charmes de la Société.

ARTICLE VIII.
DES NOMS DE LIEUX DE L'ITALIE.

§. I.

Carte de l'Italie ancienne.

Afin que nos Lecteurs puſſent nous ſuivre dans le développement de nos idées ſur l'Origine des Peuples de l'Italie, ſur les cauſes de leur diviſion politique dans le tems où la ville de Rome parut, & ſur l'Etymologie de divers noms de lieux de cette contrée, une Carte devenoit indiſpenſable: & nous l'avons tracée.

Nous avons pris pour guide, à la vérité, la Carte de l'Italie ancienne par M. D'ANVILLE, dont l'habileté en ce genre eſt ſi connue; mais comme notre objet eſt de faire ſentir de la maniere la plus évidente que la Nature avoit déjà tracé d'avance la diviſion politique des Peuples de l'Italie, nous avons été obligés de donner à notre Carte une forme abſolument oppoſée à celle que ſuit ce célèbre Géographe. Comme il diſtingue les limites de chaque pays par des points ou par des couleurs, il n'a pas beſoin de faire reſſortir un fleuve ou une montagne plus qu'un autre fleuve, qu'une autre montagne; auſſi dans ſes Cartes, tout eſt

PRÉLIMINAIRE.

sur le même ton ; l'œil n'apperçoit aucune différence entre les divers objets de la même espéce.

Dans notre plan, cette forme agréable & commode devenoit impraticable ; ramenant au physique, au sol, les causes de la division politique des Peuples de l'Italie, nous ne pouvions les distinguer par des points, & par des couleurs, objets factices, effets des révolutions des Sociétés, de leurs chocs, de leurs alliances, &c. & nullement celui de la Nature.

Nous avons été obligés, au contraire, de rendre sensibles aux yeux les limites de chaque contrée, de présenter le sol même de l'Italie coupé, distribué en diverses Cases, par les montagnes & par les fleuves : ensorte qu'en jettant les yeux sur ces Cases, on pût voir d'un coup-d'œil combien il dût y avoir de Nations différentes en Italie ; quelles durent être les mieux garanties par leurs limites ; quelles furent les plus aisées à conquérir ; quelles au contraire les plus vaillantes, les plus obstinées à maintenir leur liberté, à résister au joug des Romains.

Cette maniere de traiter la Géographie, de la rapprocher de la Nature & des causes de ses révolutions, que nous croyons absolument neuve, intéressera, sans doute ; elle engagera peut-être d'habiles Géographes à en faire l'application sur d'autres contrées & à la perfectionner.

Notre Carte ancienne diffère de toutes les autres à un autre égard, relativement à la figure ou à la forme de sa partie méridionale, de ce qu'on appelloit la grande Grèce. Nous devons au Public notre justification à cet égard.

Quand nous fûmes parvenus à cette partie de la Carte, nous crûmes nous appercevoir que nombre de lieux de la grande Grèce ne devoient la place qu'ils y occupent dans toutes les Cartes, qu'à des raisons de convenance ; & lorsque nous voulûmes approfondir ces motifs, nous ne trouvâmes qu'incertitude & que contradiction entre ceux qui en ont traité. On en sera d'autant moins surpris que chacun sait combien peu est connue cette partie de l'Italie ; elle est presque pour nous une terre australe ; & il est telle Contrée beaucoup plus éloignée, qu'on connoît infiniment mieux : il n'est donc pas étonnant qu'on fut réduit à de simples conjectures sur la position d'un grand nombre de villes qu'on y voyoit anciennement.

Dans l'impossibilité de dissiper ces ténébres, nous aurions volontiers laissé ces contrées sans noms de lieux, comme on le fait pour les pays inconnus, lorsque M. l'Abbé CAPMARTIN DE CHAUPY est venu à notre secours ; il s'est fait un plaisir de nous donner la position de plusieurs lieux anciens, & il en est résulté pour les parties méridionales de l'Italie, une forme différente à plusieurs égards de celle qu'elles offrent dans les Cartes qui ont paru jusqu'ici.

Rien n'auroit manqué à la justesse, à l'exactitude de ces changemens, si on avoit pû les appuyer d'Observations Astronomiques ; mais il n'en existe que de manuscrites déterminées par M. de CHABERT : notre Carte aura du moins cet avantage de faire désirer des lumieres plus étendues sur cet objet.

M. l'Abbé de CHAUPY se propose de donner lui même un Ouvrage complet sur l'Italie, accompagné d'un grand nombre de Cartes : on peut se former une idée de ce dont il est capable en ce genre, de la profonde connoissance qu'il a de l'Italie, de ses nouvelles vues sur ce pays intéressant, en jettant les yeux sur un Ouvrage qu'il a déjà donné au Public en trois volumes, & qui a pour objet la découverte de la Maison de campagne qu'Horace avoit dans le pays des Sabins.

Il y expose d'abord les caractères auxquels on devoit reconnoître

noître cette Maison de campagne; il réfute ensuite les systêmes de tous ceux qui la plaçoient hors du pays des Sabins; & finit par prouver que le lieu qu'il indique, renferme tous les caractères qui le désignent dans Horace, la riviere de Ligence, le mont Lucretil, la ville de Varia, le Temple de Vacune, la Fontaine qui étoit derriere ce Temple, celle de Bandusie, &c.

On voit dans cet Ouvrage, des preuves de la profonde connoissance, que vingt-deux ans de travaux, de voyages & de dangers ont fait acquérir à cet Auteur sur le sol entier de l'Italie; sur son état ancien & moderne; sur ses antiquités; sur les voies Romaines qu'il a suivies jusqu'aux extrémités de l'Italie; & combien son travail en ce genre peut être neuf, curieux & utile. Nous ne pouvons donc trop l'exhorter à le faire paroître, persuadés qu'il sera bien reçu du Public, si cet Auteur estimable veut bien y mettre l'ordre & les graces nécessaires à un pareil Ouvrage, & qui ne lui sont point étrangeres.

§. II.

Les noms de Lieux de l'Italie, presque tous d'origine Celtique.

Si l'origine des Peuples de l'Italie sert à prouver qu'ils étoient des Colonies Celtiques, la valeur de la plûpart des Noms les plus remarquables de l'Italie, ceux de ses montagnes, de ses forêts, de ses lacs, de ses fleuves, de ses fontaines, de ses villes, de ses peuples, parfaitement assortis à la Langue Celtique, & communs à l'Italie avec toutes les autres contrées qu'habitoient les Celtes, formera une autre preuve sans réplique de ce que nous avons avancé sur l'origine des Latins & de leur Langue.

On retrouvera ici la même marche & les mêmes mots que nous avons déjà mis en œuvre dans nos Origines Françoises, pour faire voir que plusieurs noms de lieux de l'Isle de France leur avoient été imposés par des Celtes; mais nous appuierons les noms Celtes de l'Italie, d'un beaucoup plus grand nombre de rapports avec les autres contrées de l'Europe, afin qu'on sente mieux ces rapports, & qu'on en puisse mieux juger. Nous commencerons par les noms les plus remarquables, tels que ceux-ci, *Italie*, *Alpes*, *Apennin*, *Latium*, &c.

Il est vrai que cette partie de l'Europe renferme un grand nombre de noms de lieux dérivés des Langues Latine, Grecque, Orientales, qui leur furent donnés par ces divers Peuples à mesure qu'ils s'y établissoient; mais on ne sauroit en conclure qu'elle ne fut habitée que par des Grecs ou par des Orientaux; c'est un de ces faux principes d'après lesquels on a imaginé tant de mauvais systêmes sur les étymologies & sur les origines des Peuples.

Nous laissons jouir sans peine les Langues Grecque & Orientales de tous les noms qu'elles ont portés en Italie; mais on doit voir avec plaisir par ce même esprit de justice & de vérité, que nous restituions aux Celtes, du moins une partie des noms qu'ils imposerent aux lieux de cette contrée où ils s'établirent. Nous sommes d'autant plus fondés en cela, qu'il n'est personne qui ne sache que lorsque les Colonies Grecques & Orientales pénétrerent en Italie, elles y trouverent des Peuples Autochtones ou non-Etrangers, qu'on regardoit comme les naturels du pays, parce qu'ils y étoient établis depuis long-tems, avant toute autre Nation; & très-certainement, ces Naturels du pays avoient donné des noms à plusieurs lieux de l'Italie. Il faudroit être bien dépourvû de logique ou de sens commun, pour aller chercher l'origine de ces noms dans des Langues que ces premiers habitans ne parloient pas: la Celtique est donc la seule qui puisse en

PRÉLIMINAIRE.

donner l'explication ; c'est donc à elle qu'il faut s'adresser pour trouver la raison ; à elle seule, & non à la Grecque & aux Orientales.

Ce que nous allons rapporter des Noms de lieux de l'Italie dérivés de la Langue Celtique, n'est même qu'un essai de ce qu'on peut faire en ce genre : nous l'aurions plus que doublé si nous n'avions voulu nous borner à des étymologies que personne ne pût contester ; à des étymologies de simple rapport, comme nous avons dit, & qui se réduisent à faire voir, 1°. que ces noms Celtes de l'Italie existent également dans toutes les contrées Celtiques, sans qu'elles les doivent en aucune maniere aux Latins ou à quelque Peuple de l'Italie ; mais uniquement à une Langue commune portée au contraire en Italie par des Colonies Celtiques ; & 2°. que ces noms ont toujours été significatifs dans cette Langue commune.

Nous ne craignons pas de dire que par cette marche, nos Etymologies sont d'une nature absolument différente de tout ce qu'on a tenté jusqu'à présent dans ce genre, & qu'elles sont aussi sûres & aussi utiles que le sont peu les Essais qu'on a donnés jusqu'ici sur ces objets, où l'on décompose les mots à volonté, & où l'on prend ensuite ces décompositions arbitraires pour base de systêmes non moins arbitraires.

Aussi avons-nous lieu d'espérer de l'équité de nos Lecteurs, qu'ils en sentiront la différence, & qu'ils ne se laisseront pas donner le change par les Frondeurs de toute Etymologie.

§. III.

Etymologie des Noms les plus remarquables de l'Italie.

ITALIE.

L'Origine de ce nom a fort occupé les Etymologistes ; ils

l'ont dérivé, les uns d'un mot Grec qui désigne un *Bœuf*; les autres, du mot Oriental *Oitar*, qui signifie *poix*, parce, disent ceux-là, que ce pays étoit abondant en bœufs, & parce, disent ceux-ci, que l'Apouille qui est en face de l'Orient étoit couverte de forêts dont les arbres abondent en résine. Mais ces motifs sont trop vagues, trop éloignés, trop dénués de points de comparaison pour qu'on puisse admettre de pareilles étymologies.

L'Italie a une figure des plus remarquables, une forme unique qui dut frapper les premiers voyageurs, & qui dut déterminer nécessairement son nom dans la Langue significative des Celtes. C'est une terre qui s'élève entre les deux mers dans une longueur de plus de 300 lieues; on diroit l'épine du dos qui le traverse dans toute sa longueur. C'est donc de cette forme qu'on dut tirer son étymologie afin de peindre cette contrée par son nom. On choisit donc pour cet effet le mot ITAL ou ITALIE, formé du mot Celte TAL qui désigne toute idée relative à grandeur, à élévation; & du mot I, prononcé anciennement EI, & qui désigne les eaux: mot-à-mot, *pays qui domine sur les eaux*. Nous avons donné dans nos Origines Françoises (1), les mots François dérivés de cette racine Celtique: *Talus*, *Falent*, *Taille*, &c. C'est de là que se formerent les mots Latins, *Talis*, qui signifie Tel, dont la *Taille* est la même; *Tollo*, élever, &c.

Cette racine est devenue également le nom de diverses montagnes & d'un grand nombre de lieux situés sur des montagnes, en se prononçant *Tal*, *Tel*, *Til*, *Atel*, &c.

---

(1) Col. 1052. & suiv.

PRÉLIMINAIRE. cxlj

I. *Montagnes appellées du nom de TAL.*

THALA, Montagne de la Lybie intérieure.
    Thalæ, nom des Peuples qui l'habitoient.
TALAO, Montagne de la Chine dans le Fokien.
TALO, Montagne de la Chine dans le Quantung.
TALO, Montagne de la Chine dans le Suchuen.
TELAMUS, Montagne de la Paphlagonie.
TELETHRIUM, Montagne d'Eubée.
TELIT, Montagne du Royaume de Fez.
TELMESIUS, Montagne de Béotie.
TELMISSUS, Montagne de Lycie.
A-TLAS, hautes Montagnes d'Afrique, pour *A-TELas*.

II. *Villes appellées du nom de TAL à cause de leur situation sur des Montagnes.*

TAL-MONT, sur un roc, } en Saintonge.
TAILLE-BOURG, sur un roc, }
TALETUM, Temple du Soleil dans la Laconie, au sommet du Mont-Taygete.
TALANDA, Ville de Béotie sur une Montagne.
TELLENE, Ville du Latium qui fut prise par Ancus Martius.
TEL-AMONE, sur un rocher escarpé à l'embouchure de l'*Osa* en Toscane.
TILATÆI, Peuple qui habitoit le Mont-Scomius dans la Thrace, & dont parle Thucydides.
TALAN, en Bourgogne sur une Montagne.
TEIL, en Bourbonnois, dans un territoire coupé de côteaux.
TEILLET, en Bourbonnois, dans la Montagne de Nuits.
TELL, aujourd'hui *Teglio*, Ville sur une hauteur dans la VALTELLINE, qui en a pris son nom, *mot à mot* la vallée de Tel.
TIL, en Auxois, sur une Montagne : & dessous, NAN-*sous-Til*, mot à mot *Vallée sous-Montagne*.
TILL-ARD, dans les Montagnes du Beauvoisis.
MON-TILLIUM *Adhemari*, aujourd'hui *Montelimar* ; mot à mot le Mont *Tall*-Adhemar.
MON-TIL-ISIUM, en Dauphiné, *aujourd'hui* Monteils.

III. *Ce mot s'eſt auſſi adouci en DAL, DEL, &c. De-là:*

DALIE, } Provinces très-montagneuſes de la Suéde.
DALE-carlie, }

DAL-matie, Contrée montagneuſe à l'Orient de la Mer Adriatique.
DELEMONT, ſur une éminence dans le Porentru ou Evêché de Baſle.
DAILLENS, ſur une colline au Pays de Vaud.
DOLE, ſur un côteau dans la Franche-Comté.
THOULOUSE, ſur une hauteur en Franche-Comté.

ALPES.

Après le nom de l'Italie, il n'y en a point de plus remarquable que celui de ces montagnes énormes qui compoſent la portion ſeptentrionale de cette contrée, & par laquelle elle touche aux habitations Celtiques: auſſi, leur nom eſt-il Celtique. SERVIUS dans ſon Commentaire ſur l'Enéïde Liv. X. dit que les Gaulois donnent le nom d'*Alpes* à toutes les montagnes élevées. C'eſt un témoin qui vient à l'appui des preuves de fait que nous avons à alléguer. Ajoutons que ce mot s'eſt prononcé également ALB & ALP: en voici un autre témoin: STRABON, qui dit que les Alpes s'appelloient également ALBia & ALPia.

I. *Noms de Montagnes en ALB.*

Il n'eſt donc pas étonnant que dans la langue des Gallois
ALBANI, ſignifie Montagnards: & que dans celle des Suiſſes
HOHEN-ALBEN, ſoit le nom des hautes Montagnes.
ALBEN, nom des Montagnes dans la Stirie.
ALBA, ALBAN, nom Celtique de l'Ecoſſe, à cauſe de ſes Montagnes.
ALBANIE, contrée montagneuſe de la Grèce.
ALBANIE, contrée montagneuſe entre la Georgie & la Mer Caſpienne.

II. *Noms de Villes appellées ALB, à cauſe de leur ſituation ſur des Montagnes.*

ALBE, Capitale du Royaume d'Enée dans le Latium ſur & au pied

PRÉLIMINAIRE.

d'une Montagne, appellée Mont-ALBANUS.
MONS-ALBANUS, Mont d'Albe dans le Latium.
MONS-ALBANUS, Montauban en Quercy.
MONS-ALBANUS, Montauban en Dauphiné.
MONS-ALBANUS, Montalvan en Espagne.
MONS-ALBANUS, Albano dans le Royaume de Naples.
MONS-ALBANUS, Montecalvo en Italie.
MONS-ALBANUS, Montagne de l'Asie mineure.
MONS-ALBANUS, Mont-Alben sur lequel est le Bourg d'ALBEN, dans la Carniole.
MONS-ALBANUS, Montalban près de Nice.
S. ALBANUS, ou S. AUBAN, sur une Montagne en Dauphiné.
ALBE, Ville & Château sur la Satre en Lorraine.
ALBE-Julie, en Transylvanie, sur un côteau qui domine une vaste plaine.
ALBY, en Languedoc, sur un côteau.
ALBY, en Savoye, sur le penchant d'une Montagne.
ALBY en Italie, l'*ALBA* du pays des Marses.
ALBICI, Peuples qui habitoient les Montagnes au-dessus de Marseille, & dont parle Jules César. C'est-là qu'est ALEBECE.
ALBI-DONA, dans les Montagnes de la Calabre.
ALBIUS, Montagne de la Liburnie.
ALBON, sur une Montagne en Dauphiné.
ALB-OR, Montagne du Portugal dans l'Algarvie.
ALBURNUS, aujourd'hui ALBORNO, Montagne du Royaume de Naples.
ALBUCH, pays montagneux de la Souabe.
ALBUNEA, Montagne & forêt d'Italie.
ALPINI, Peuples des Montagnes voisines de l'Ebre en Espagne, & abondantes en mines.
ALPE, Bourg dans les Montagnes du Vicariat de Barcelonette.
AUBAIS, sur un côteau dans le Bas-Languedoc.
AUBENAS, en Latin ALBEN*acum*, sur un côteau dans le Vivarais.
AUBE-TERRE, sur une hauteur dans l'Angoumois.
AUBONNE, sur une colline dans le pays de Vaud.

APENNIN.

Le Mont Apennin, cette chaîne de Montagnes qui traverse l'Italie dans toute sa longueur, & sans laquelle l'Italie n'existeroit pas, porte un nom également Celtique; car dans cette Langue PEN désigne Elévation, Montagne.

Si ceux qui ont travaillé au Dictionnaire de la Martiniere avoient eu quelqu'idée de l'Origine Celtique des Peuples de l'Italie, ils n'auroient pas dit qu'il étoit impossible de décider d'où vient le nom de l'Apennin: il étoit si inconnu que SERVIUS, ISIDORE, &c. le dériverent du nom des Carthaginois, du mot *Pœni*.

Comment tous ces Auteurs n'ont-ils pas vû que ce nom venoit de la même source que les Alpes PENNINES, dont nous allons parler?

ALPES PENNINES.

1°. *En Italie.*

Les Alpes Pennines sont les Montagnes les plus élevées des Alpes depuis le Saint-Bernard jusques au Saint Gothard. On indiquoit par ce nom des Montagnes élevées au-dessus de toutes Montagnes.

Entre ces Alpes Pennines, on en distinguoit une plus élevée que les autres, qu'on appelloit,

SUMMUS PENNINUS, *mot-à-mot*, la Montagne la plus élevée, celle qui domine sur toutes les autres: on l'appelle aujourd'hui le St. Bernard. Au pied étoit ce qu'on appelloit,

VALLIS-PENNINA, *mot à mot*, la vallée des Pennins, ou la vallée formée par les Montagnes les plus hautes. C'est ce qu'on appelle aujourd'hui le VALLAIS, *mot à mot*, la vallée par excellence, la vallée profonde,

Tous

PRELIMINAIRE. cxlv

Tous ces mots sont formés du primitif PEN, pointe, sommet, élévation. C'est à cette même racine qu'il faut rapporter,

PINNA, *aujourd'hui* Civita di PENA, Ville du pays des Samnites, dans de hautes Montagnes.

VEN-AFRUM, Ville sur une Montagne près du Vulturne : *mot à mot* Montagne noire, escarpée.

Dans l'Ombrie, & sur le sommet des Apennins, étoit un Temple consacré à Jupiter sous le nom de

JOU PENNINUS,
» Le Dieu élevé.

Les ruines de ce Temple s'appellent *Palazzo del Poggio*, le Palais de la Haute-Montagne. C'est sur les terres qui en relevoient que doit avoir été élevée une Abbaye de Bénédictins, & qu'a été bâti le Bourg de S. BENEDETTO.

II°. RAPPORTS ETRANGERS.

1°. *En Espagne.*

Le mot de PEN est consacré en Espagne pour désigner de hautes Montagnes, mais avec la prononciation mouillée en GN.

PEGNA CERRADA, Montagne d'Espagne dans la Biscaye, & qui domine sur de très-hautes Montagnes.

PEGNA *de los Enamorados*, la Montagne ou le Rocher des Amoureux, dans le Royaume de Grenade.

PEGNA-*Golosa*, au Royaume de Valence.

PEGNA *de San-Roman*, au Royaume de Leon.

PEGNAS *de Pancorvo*, Montagnes très hautes & très-escarpées dans la vieille Castille.

2°. *Avec la prononciation franche.*

PEN-ALVA, sur une colline du Beira en Portugal ; mot où sont réunis les radicaux de PEN & d'ALB.

PENNA, sur une Montagne dans la vieille Castille.

3°. *Dans diverses contrées Celtiques.*

PEN-TELI, Montagne voisine d'Athènes : mot où sont réunis les radicaux des noms de l'*Apennin* & de l'*Italie.*

Orig. Lat. t

PEN-TELIA, Montagne de l'Arcadie.
PEN-DENYS, Château d'Angleterre dans le Cornouaille.
PENNE, Ville de l'Albigeois en France, fur un côteau.
PENE, dans l'Agénois fur un côteau.
PENESE, partie de l'Apennin, entre Gênes & le Val de Taro.
PENESTÆ, Peuples des Montagnes de Theſſalie.
PENESTÆ, Peuples de l'Illyrie.
PEN-LAN, haute Montagne de l'Ecoſſe.

4°. *Ce mot s'eſt également prononcé* BAN & BEN : *de là divers noms dérivés qui préſentent la même idée d'élévation & de Montagnes.*

BEN-*Avin*,
BINE-*Vroden*, } Hautes Montagnes de l'Ecoſſe.
BINNE-*More*,
BEIGNE, fur une hauteur au midi de Charleroy.

LATIUM.

1°. *Ce mot ſignifie Pays.*

Un des noms les plus remarquables de l'Italie, eſt celui du LATIUM, contrée dont les Habitans furent appellés LATINS, & leur Langue, *Langue Latine*.

Dans le tems où on n'avoit aucun principe fixe en fait d'étymologie, on racontoit que ce Pays s'étoit appellé ainſi du latin *latere*, cacher, parce que Saturne fuyant loin de ſon fils Jupiter, s'étoit réfugié dans le Latium & s'y étoit caché. Nous avons fait voir que Saturne ne s'étoit réfugié dans ce pays & ne s'y étoit caché que dans un ſens allégorique, effet de la vraie étymologie du mot *Latium*, & non cauſe de cette étymologie ; car telle eſt une des grandes erreurs de tous nos Etymologiſtes, d'avoir mis preſque toujours l'effet à la place de la cauſe.

LATIUM ſignifie Pays : ce nom fut donné à la contrée qui eſt entre le Tibre & le Liris, comme à la contrée par excellence, à cauſe de la beauté de son sol au pied de l'Apennin, sur les bords de la mer & entre deux fleuves. Ici, le nom générique devint un nom propre, comme cela est arrivé à tous les noms génériques, ainsi que nous aurons nombre d'occasions de nous en assurer.

2°. *Il s'est prononcé* LAND, LANG, &c.

Ce qui a fait perdre de vue l'origine de ce mot, c'est qu'il s'est nasalé comme tant d'autres dans les dialectes Celtiques : qu'on en a fait les mots LAND & LANG.

De-là, LAND qui en Theuton, & dans tous les dialectes, signifie Pays.

> LANDS-END, mot-à-mot, *extrémité du pays*, la pointe la plus avancée de la Grande-Bretagne, à l'Occident, dans la Province de Cornouaille ; parfaitement synonyme du Cap *Finisterre*.
> Les LANDES de Bordeaux, pays couvert de bruyeres.

3°. *Il a désigné aussi les* BOIS, *les* FORÊTS.

Ce mot paroît avoir été consacré aux pays couverts de bois : s'étant peut-être confondu avec le mot LAN, qui signifia *bois* ; *forêt*, comme on peut le voir *Orig. Franç.* 626.

> LA LANDE-HEROULD, mot-à-mot *le pays des Forêts*, en Normandie, D. de Coutances. Cette paroisse contenoit autrefois un Prieuré appellé S. Leonard *des Bois*.
> LA LANDE, bois dans l'Angoumois.
> LANDE MINE, bois dans le Bourbonnois.
> LANDAVILLE, en Lorraine, près d'un bois.
> LANDRECY, à la tête d'une très-grande forêt, & sur la Sambre.
> LENS, forêt & ville dans l'Artois.
> LENS, forêt dans le Dauphiné.
> LANDEUIL, dans des bois, près de Tulle en Limousin.
> Le LANGADOIS, canton de la basse-Auvergne.
> Les LANGUES, contrée du Piedmont.

MAR-LAIGNE, forêt des Pays-Bas, près d'un lac.
LANDORP, près d'un bois, dans les Pays-Bas, *mot-à-mot*, *habitation de la forêt*.

4°. *En Bas-Breton*, LAN, LANN *signifie Pays, Territoire.*

De-là une multitude de noms de lieux dans la Bretagne.

LANTREGUIER, ancien nom de Treguier.
LANNION,
LANGOUAT,
LANDE-VENEC,
LANDE-VISIAU, } dans le district de Treguier.
LANDE-PENION, dans le même D. canton au pied des Monts Romagren.
LANDER-NEAU, &c. D. de S. Paul de Léon.
LANVODAN & LANVAUX, Abbaye dans des bois.

AVENS, AVENTIA, Fleuves.
AVENTIN, Venise, &c.

Tous ces noms furent significatifs & dérivés d'une racine commune : du mot Celtique VAN, VEN, AVEN, AVON, &c. qui désigna constamment de l'eau, une source, une riviere, &c. De-là une multitude de noms de rivieres, de Villes, de Peuples, &c.

1°. *Noms de Rivieres.*

La VANE, Riviere des Pays-Bas.
La VANNE, { Riviere de Champagne.
         { Riviere de Provence.
La VENDÉE, Riviere du Poitou.
WENT, Riviere de la Grande-Bretagne.
VENE, Riviere de Languedoc.
AVEN, Riviere d'Ecosse.
AVENNE, { Riviere du Bas-Languedoc.
        { Deux Rivieres en Basse-Bretagne.
        { Riviere du Pays de Galles.

PRELIMINAIRE. cxlix

AVANCE, Riviere de Guyenne.
AVANÇON (l') Riviere de Suisse.
AVIGNON, Riviere de Picardie.
AVIGNON, Riviere de l'Orléanois.
AUFEN, Riviere de la Basse-Bretagne.
AVON, { Riviere de la Basse-Bretagne.
{ Trois Rivieres de ce nom en Angleterre.
{ Trois en Ecosse.
BAR-VANE, Riviere d'Illyrie.
VAR-VANE, source dans la Brie.
L'OR-VANNE, Riviere de Champagne.

2°. Nom de Villes.

VANNES, sur la Mer de Bretagne.
VANVRES, en Latin *VINUÆ*, à une lieue au Midi de Paris. On dérive son nom de *Venna*, qui en vieux François signifioit *pêche*, n'étant habité que par des Pêcheurs de la Seine.
VENAY, au bord d'une Riviere en Lorraine.
VENOIX, Village de Normandie dans un Marais.
VENAN, en Franche-Comté, près d'un Marais.
VANNEMONT, en Lorraine, à la source d'une Riviere.
WAN-GEN, en Suisse, sur les bords d'une source.
WAN-GEN, en Alsace, } sur des Rivieres.
VIN-GEN, en Alsace, }
AVAIN, sur une Riviere des Pays-Bas.
AVENAY, en Normandie, près d'un Marais.
AVANE, sur le Doubs, } en Franche-Comté.
AVENE, }
AVIGNON, sur une Riviere, près St. Claude.
AVIGNON, sur le Rhône.
AVANCY, en Lorraine, à la source d'une Riviere
AVANCHY, en Franche-Comté, près la Saône.
AVANCHES, en Suisse, près du Lac de Morat : il étoit autrefois à ses portes ; ce qui en faisoit une Ville de grand commerce.
L'AVANTZNAU, en Alsace, près de l'embouchure de l'Iu, dans le Rhin.
AVESNES, en Flandres.

AVENTIO, dans l'ancienne Angleterre, entre les Trinouantes & les Ancalites ; de *Went* & *Iu*.

AVENTIO, dans l'ancienne Angleterre, au pays des Silures ; aujourd'hui Ewenney.

VEN-DENIS, Ville près du Margus, dans la Dardanie.

3°. *Noms d'Italie.*

AVENTIA, Riviere entre la Toscane & la Ligurie.
AVENS, Riviere du pays des Sabins qui se jette dans le Tybre.
UFENS, Riviere des Volsques.
BEN-ACus, Lac de la Gaule Transalpine.
VER-BANus, Lac de la Gaule Transalpine.
BONa, Riviere de Verceil.
APONus, Fontaine près de Padoue, d'où le Bourg d'ABANO.
ME-VANIA, } sur des Rivieres, dans l'Ombrie.
ME-VANIOLA, }
AVENTIN, une des Montagnes de Rome & une des premieres qui ait été habitée : elle dut son nom aux Marais dont elle étoit environnée. On en a donné diverses étymologies, mais dénuées de tout principe & entiérement illusoires.
VEN-ISE, Capitale du pays des VENEDES, *mot-à-mot*, pays ou Habitant d'un pays de Marais.
C'est le même nom que la FIN-LANDE, *mot-à-mot*, Pays de Marais.
TRI-VENtum, sur le Trinius, Riviere du pays des Samnites.
VENusia, aujourd'hui VENOSE, dans la Basilicate, sur une Riviere.
BANTIa, aujourd'hui Ste. Marie de Vanzo, sur une Riviere & dans le même Pays.
BANO, Riviere de la Terre de Bari.

VACUNE.

VACUNE étoit le nom de la grande Déesse des Sabins : mais on n'a jamais pu en découvrir l'étymologie ; ce nom n'ayant en effet aucun rapport avec des mots Latins, propres à désigner une Déesse : mais c'étoit un nom Celte qui peignoit parfaitement la grande Déesse ; telle en est la décomposition, VAC-UNA. *Una* signifie UNE, & celle qui existe : la SEULE existante, la parfaite,

PRÉLIMINAIRE.

la Déesse par excellence. VAC, de même que FAC & MAC, signifie grand en Celte & dans toutes les Langues qui en dérivèrent.

Les froids Etymologistes Latins s'imaginant que ce nom venoit de *Vacare*, fainéanter, la prirent pour la Déesse de l'oisiveté ; or rien de moins oisif que les Sabins.

PORPHYRION, ancien Interprète d'Horace, dit au sujet de cette Déesse dont parle HORACE dans ses Epitres, *Liv. I. Ep. X.*

« VACUNE est une Déesse très-vénérée par les Sabins : les uns
» l'ont prise pour Minerve, d'autres pour Diane ; quelques-uns
» pour Cérès ou pour Bellone : mais VARRON assure dans son
» premier Livre des Choses Divines, qu'elle est la Victoire, &
» sur-tout celle qui couronne ceux qui sont victorieux en sagesse ».

Aucun d'eux n'avoit tort, puisque Vacune étant la grande Déesse, la Reine des cieux, étoit tout cela, qu'elle étoit Diane, Minerve, la Guerriere ou Bellone, la Victorieuse ou Nicé, Sémiramis, la sagesse ou la fille de Jupiter armée de l'Egide.

Le savant & courageux Auteur de la Découverte de la Maison de Campagne d'Horace, a retrouvé nombre de lieux qui devoient leur nom au culte de cette Déesse, ou aux Temples qu'on y avoit élevés à son honneur.

VACONE, Bourg sur la rive droite de l'Hymele.

VACONIANUM, *aujourd'hui* Buchiniano, Bourg sur les bords de la Farfa.

VACUNIO, Bourg près des sources du Velin.

D'autres Temples furent élevés à cette Déesse dans les Villes de Cures, de Cutilie, &c. dans la vallée de Ligence, près de la maison de campagne d'Horace.

OVIDE (*Fast. Liv. VI.* 307.) parle des feux qu'on allumoit encore de son tems dans les Fêtes de l'antique Vacune, & qu'il appelle *Feux Vacunaux*; ce qui confirme que cette Déesse étoit un symbole de la Lune.

Horace représentoit le Temple de Vacune, qui étoit près de sa maison de campagne, comme un édifice si vieux qu'il tomboit en ruines : mais il fut rétabli par l'Empereur VESPASIEN, sous le nom de Temple de la Victoire; comme on le voit par l'inscription que cet Empereur y fit placer, & qui existe encore au Bourg de *Rocca-giovine* qui en est tout près, & où elle est appliquée à un mur au-dessus de la porte d'un grenier qui touche le Château. On peut la voir dans l'Ouvrage de M. l'Abbé de Chaupy, T. III. p. 170.

ROME.

Le nom de Rome étoit Grec : dans cette Langue, RÔMÊ, en Dorien RÔMA, signifie la force, l'élévation ; & telle étoit la situation de Rome, élevée sur des montagnes qui en faisoient une Ville forte. Ce nom Grec n'a pas peu contribué à faire croire que Rome étoit une Colonie Grecque, d'autant plus que l'ancien Latin & le Grec Dorien ou Eolien, le Grec le plus rude, avoient le plus grand rapport entr'eux.

Mais outre que RUM, RAM, est également une racine Celtique désignant l'élévation, la supériorité, la puissance, on sait que Rome eut un autre nom absolument Celtique, & dont celui-là ne fut que la traduction Grecque.

C'étoit VALENTIA, nom composé de ENTIA, *celle qui est*, & de VAL, *forte*, *élevée*. C'est, nous disent les Anciens, le vrai nom de Rome, mais son nom secret & magique, auquel étoit dûe, ajoutoit-on, sa conservation : les Dieux d'une Ville ne pouvant être évoqués par ses ennemis, dès qu'ils ignoroient le nom de cette Ville, ou le charme qu'il renfermoit.

Mais ce nom secret de Rome étoit Celtique ; de-là les divers lieux appellés VALENCE, dans l'Italie Gauloise, dans la France,

PRELIMINAIRE.

en Espagne, &c. Voyez la famille VAL dans les *Origines Françoises.*

§. IV.

Noms de divers Peuples d'Italie, par ordre alphabétique.

AURUNCES, AUSONES.

AURUNCES, nom d'un Peuple Latin qui habitoit les rives du Clanis ou Liris : il dut son nom aux mots Celtiques AU, eau ; & RUN, qui coule.

AUSONES, autre nom du même Peuple : du même mot AU, eau ; & du mot SON, SEN, courant.

EQUES.

LES EQUES ou EQUICOLES habitoient une contrée abondante en eaux ; là sont les sources de l'Anio & du Tolonius : l'eau Claudia, l'eau Marcia, & nombre d'étangs : ils furent donc très-bien appellés EQUI pour AIQUI & AIQUICOLI, Habitans d'un pays d'eaux : c'est ainsi que dans les Gaules une Province riche en eaux fut appellée AQUI-TANIA, le pays des eaux, l'Aquitaine, nom altéré en celui de *la Guyenne.*

VIRGILE trace le portrait de ce Peuple en quatre Vers :

Horrida præcipuè cui gens assueta que multo,
Venatu nemorum, duris ÆQUICOLA glebis
Armati terram exercent, semperque recentes
Convectare juvat prædas & vivere rapto.

ÆNEID. VII. 740.

« On voit ensuite la nation effrayante des Eques, accoutumée » à chasser dans ses forêts, à cultiver ses pénibles sillons les armes » à la main ; elle se plaît dans le butin, & à vivre de brigandage ».

Orig. Lat.

Telle étoit l'idée que l'aversion des Eques pour les **Romains** en avoit donnée à ceux-ci. Les Eques leur avoient juré une guerre éternelle ; & c'étoit sur-tout dans les coups de main qu'ils excelloient ; aussi les Romains ne trouverent d'autre ressource contre eux que de les exterminer par le fer & par le feu : ils détruisirent toutes leurs Villes au nombre de quarante-une : & leur contrée ne fut plus considérée que comme une partie du pays des **Marses**.

C'est à eux cependant qu'on attribue le droit des Féciaux, qui n'étoit rien moins qu'une invention de barbares.

FRENTANI.

Les **Frentani** placés au midi des Marrucins & des Pelignes, durent leur nom au fleuve **Frenta** ou Frento, qui leur servoit de borne au midi : leurs plus belles possessions s'étendoient le long de ce fleuve. Mais ce nom de *Frenta*, le même que *Vrenta* & *Brenta*, est commun à diverses rivieres Celtiques ; il s'est formé de la racine *Ren*, courant, nom de plusieurs fleuves.

HERNIQUES.

Servius, dans son Commentaire sur l'Enéide, & au sujet de ce Vers,

HERNICA SAXA colunt quos dives ANAGNIA pascit.

» Ceux que nourrit la riche **Anagnie**, cultivent les Roches Herni-
» ques.   (*En.* VII. 684.)

Servius, dis-je, nous apprend qu'un Chef puissant engagea une Colonie de Sabins à quitter leurs demeures & à le suivre dans des montagnes remplies de roches, qui valurent à cette Colonie le nom d'Hernique, parce que dans la Langue des Sabins, Hernæ signifie Rochers : & on disoit *Hernica Loca*, pour désigner des lieux remplis de roches.

PRELIMINAIRE.

Mais ce mot est Celte : HARN, HERN, désigne dans cette Langue, des montagnes. Il est dérivé de HAR, pointu, escarpé : il s'est prononcé également CAR, CARN, & a formé nombre de mots : tels que BEN-HARN*um*, le BEARN, Pays montagneux comme l'Hernicie.

HIRPINS.

Les HIRPINS furent une Nation Samnite qui habita dans de hautes montagnes, & qui dut son nom au Sabin *Hirp*, Loup : ils furent donc très-bien nommés.

Quant au mot *hirp*, il tient aux racines primitives Celtiques *harp*, prendre, saisir, enlever.

LEPONTII.

Les LEPONTIENS étoient les Habitans des ALPES LEPONTIENNES, qui s'étendoient des sources du Rhin jusqu'à celles du Rhône. Aucune portion de montagnes n'est plus abondante en eaux : de-là sortent une multitude de grands fleuves qui portent leurs eaux vers les quatre parties du monde.

Ce nom se forme des mots TI, lieu élevé ; PON, à la tête ; LE, LEI, eau : » lieux élevés à la tête des eaux ».

On appelle aujourd'hui ces montagnes LIVINEN ALPEN. C'est un nom correspondant à LIU-VIN, à la tête de l'eau.

Les noms suivans en LIEU sont formés du Celte LIU, eau.

 LIEUX, près du Lac de Jou.
 LIEUX, dans le Vexin, près de Pontoise.
 LIEUX, près de la ville de Cominges.
 LIEUVIN, Contrée de Normandie, en Latin *LIVINUS*.
 LIEUVRAY, qui en est la Capitale.
 LIEU-DIEU, plusieurs endroits de ce nom en France.
 Le Lac de GRAND-LIEU, dans le Duché de Retz.

LIGURES.

Les LIGURES étoient ce Peuple de l'Italie qui habitoit les côtes de la mer entre la Provence & l'Etrurie, ce qu'on appelle aujourd'hui Gênes & ses rivieres. Ils étoient donc bien nommés, du même mot LI, LIU, eau, dont nous venons de parler, & du mot GUR, GER, voisin, près.

LIU-GER, près de l'eau; LU-GER, terre de l'eau.

Aussi plusieurs Peuples porterent ce nom. Il y eut des LIGURES;

En Espagne.	En Germanie.
Dans les Gaules.	Dans la Thrace.
En Sicile.	Dans la Pannonie.

LIGURIA, *aujourd'hui* LIVIERE, près de Narbonne, lieu abondant en eaux.

MARRUCINS.

Les MARRUCINS étoient un Peuple Sabin, placé au revers de l'Apennin, le long de la mer Adriatique & à la rive droite de l'Aternum. Leur nom est composé de divers mots qui peignoient leur situation : CIN signifie tête; RU; ruisseau; MAR, haut : « PEUPLES placés à la tête des fleuves qui descendent des monta-» gnes élevées ».

PLINE rapporte (Liv. II. ch. 83.) que dans cette Contrée, un Romain distingué par ses Places, & maître d'un champ planté d'oliviers, fut tout-à-coup transporté avec sa terre d'un côté à l'autre du grand chemin.

L'excellent Auteur des *Elémens de l'Histoire Romaine*, trouve ce fait plus aisé à transcrire qu'à croire : il regrette qu'on n'ait pas dit ce que devinrent les plantations dont ce champ d'oliviers prit la place : 2°. ce qui remplaça le champ d'oliviers transplanté si subitement.

PRÉLIMINAIRE.

Mais c'est un événement trop commun dans les pays de montagnes. De mon tems, une vigne, avec les arbres qui y étoient plantés, prit la peine d'abandonner sa place & de s'aller poser sur un pré : le Maître du pré fut fort étonné de voir son pré devenu vigne ; le possesseur de la vigne voulut la vendanger : cela vous plaît à dire, répondit l'homme à la prairie ; c'est bien le moins que j'aye le raisin pour me dédommager du fourrage que je perds : je suis d'ailleurs dans mes bornes, sous mon ciel ; allez chercher le vôtre : de-là un procès que le Souverain termina, en laissant la vigne au maître du pré, & en donnant un dédommagement à celui qui avoit perdu sa vigne d'une maniere très-aisée à concevoir & très-conforme aux Loix de la Physique. Cette vigne étoit sur un côteau ; des pluies abondantes l'avoient détachée du sol, & formant une nappe par-dessous, elles l'avoient fait descendre dans la plaine tout d'une piéce, à cause du fort tissu que formoient les racines de toutes les plantes qui composoient la vigne. Un roc nud remplaça la vigne, & un pré fut changé en vigne : il en arriva ainsi au champ d'oliviers.

MARSES.

Les MARSES, autre Peuple Sabin, habitoit un pays extrêmement montagneux, & dont le centre étoit occupé par le lac FUCIN. Ils étoient donc très-bien nommés, des mots Celtes MAR, élévation, montagne ; SI, CI, eau ; « Habitans d'un Pays élevé sur les eaux ».

Ils avoient pour Capitale MARRUBIUM, nom dans lequel entrent également les mots de MAR, élevé ; RU, ruisseau ; & celui de BI, pâturage, prairie. Marrubium étoit placée en effet dans des prairies près des bords du lac Fucin.

OMBRIENS.

Les OMBRIENS furent pendant plusieurs siècles maîtres d'une

très-grande partie de l'Italie, jusqu'à ce que d'un côté ils se subdiviserent en d'autres Peuples, tels que les Sabins, les Samnites, les Lucaniens, tous Ombriens d'origine ; & que, d'un autre côté, les Etruriens leur enleverent tout ce qui composa l'Etrurie, tandis que les Gaulois les resserroient au nord. Ce Peuple étoit, comme nous l'avons dit, Celte d'origine, & son nom le confirme.

Mais pour découvrir sa signification, rappellons-nous que dans une multitude d'occasions, le *b* placé entre les lettres *m* & *r*, est étranger au mot, & tient la place d'une voyelle qui a disparu insensiblement : en restituant ici la voyelle *a*, nous aurons le mot *Omariens*, *Omari*, composé de l'article O & du même mot MAR, élevé, parce que ce Peuple habitoit le haut des Apennins. Ce nom se prononça ensuite OMERI, UMRI, & puis UMBRI. Ce Peuple avoit laissé divers vestiges de son séjour en Etrurie.

OMBRONE, Rivière d'Etrurie qui se jette dans la Mer.
UMBRO, Rivière qui se jette dans l'Arno, fort au-dessus de Florence.
OMBRONE, Rivière qui se jette dans l'Arno, au-dessous de Florence.
UMBRO, Ville située sur une Montagne de l'Etrurie.

PELIGNES.

Les PELIGNES, Peuple Sabin placé à l'Occident des Marrucins, avoient consacré dans le cœur de leur pays un Temple à Jupiter PALENUS, c'est-à-dire à l'*Œil élevé* ou *Très-haut* de l'Univers. PAL signifiant grand, racine très-connue, & EN, œil, flambeau. Ces Peuples adoroient donc la grande lumiere : ils purent en tirer leur nom.

Il vaut peut-être mieux le dériver de leur position : ils habitoient de très-hautes montagnes, couvertes de neige presqu'en tout tems : aussi leur contrée étoit telle, que pour exprimer un froid rigoureux, on disoit *un froid de Pelignes*.

RUTULES.

Les RUTULES étoient un Peuple du Latium, situé au pied de l'Apennin, & dont le territoire étoit arrosé de plusieurs rivieres ou ruisseaux qui descendoient de ces montagnes. Il fut donc très-bien nommé de RU, riviere, ruisseau, & de TAL, TEL, TUL, qui signifie profond, élevé.

On le retrouve dans CU-TIL*ie*, dans AU-TIL*e*, &c. *Voyez* ITALIE.
TULLE, Capitale du Bas-Limousin sur le penchant d'une Montagne & dans un pays extrêmement montagneux, en Latin *TU-TEL*a.

SABINS.

Les SABINS étoient une Nation Ombrienne, dit ZÉNODOTE, cité par Denys d'Halicarnasse. Chassés de leur contrée par les Pelasges, ils se retirerent au haut de l'Apennin, en se portant vers le pays des Aborigenes & le long du Tibre. Selon STRABON, (Liv. III.), ils étoient enfans de la terre, & faisoient portion des Peuples OPIQUES avec lesquels ils avoient la même Langue.

Les Sabins étoient donc Celtes, puisqu'ils descendoient des Ombriens; ainsi leur nom sera significatif dans la Langue Celtique: c'est-là que SAB signifie haut, élevé. Ils furent donc bien nommés, puisqu'ils habitoient le haut de l'Apennin:

Delà vint également le nom de
SABAUDIA ou SAVOYE, pays montueux.

HORACE fait des Sabins un portrait semblable à celui des Suisses qui habitent également des pays montagneux; il les peint francs, généreux, vaillans : leurs femmes étoient modestes, vertueuses ; leurs enfans bien élevés. De la même main, les Chefs de famille savoient conduire la charrue & manier l'épée.

Du haut de l'Apennin, de ces rochers entassés d'où naissent trois fleuves, le Velin, le Truente, l'Aterne, qui se répandent de trois côtés différens, ce Peuple s'étendit, par ses Colonies, jusqu'aux extrémités méridionales de l'Italie : d'eux sortirent les Herniques, les Eques, les Samnites avec toutes leurs subdivisions, les Lucaniens, les Brutiens.

Quant au nom d'OPIQUES, donné à divers Peuples de l'Italie liés par une même Langue, & en particulier aux Sabins, il les désignoit sans doute comme les naturels de la contrée, comme ses enfans, puisqu'il est formé d'Op, Op*is*, la terre.

SAMNITES.

Les *Samnites* étoient un des grands Peuples de l'Italie. STRABON dit qu'ils tiroient leur origine des Sabins, de même que les Picentes : ils étoient donc aussi une subdivision des Ombriens, & ils étoient par conséquent Celtes d'origine.

C'est parce qu'ils descendoient des Sabins qu'ils furent appellés SABELLI ou petits Sabins par les Habitans de Rome. C'est par cette raison qu'Horace s'appelle SABELLUS, parce qu'il étoit originaire de Venuse, Ville de l'Apulie :

Renuit negat atque SABELLUS.
Ep. Lib. I. Ep. XVI.

Il appelle également SABELLA cette vieille Samnite qui lui annonça dès son jeune âge qu'il seroit la victime d'un babillard.

Instat fatum mihi triste SABELLA,
Quod puero cecinit.
Sat. Lib. I. Satyr. IX.

Quant au nom de Samnites, il fut donné par les Grecs aux SABELLI, on ne sait pourquoi, disent les Anciens, Strabon en particulier (Lib. V.) ; mais ils l'écrivoient SANNITES : on peut donc

PRELIMINAIRE.

donc penser que ce n'est qu'une altération du nom même des Sabins ; on aura dit *Sabinites*, ou descendans des Sabins : ensuite Sabnites, puis *Sannites*, & en Latin *Samnites* : à moins que ce ne soit un dérivé du mot Grec *Semnos*, élevé, &c.

Le pays des Samnites étoit hérissé de hautes montagnes, où ces Peuples se défendirent vaillamment contre les Romains jusqu'au tems de Sylla, qui renversa leurs Villes & leurs Châteaux, & qui les fit passer eux-mêmes au fil de l'épée ; persuadé que c'étoit la seule ressource qui restoit aux Romains contr'eux, tant ces Peuples aimoient leur liberté, & détestoient un joug pareil à celui des Romains.

PEUPLES SAMNITES.

1. CARA-CENI.

Ce nom, qui est celui d'un Peuple Samnite, confirme parfaitement l'idée que nous avons donnée des Samnites & de leur local. Les Caracenes habitoient les montagnes les plus élevées de l'Apennin ; & ces montagnes abondent en sources, d'où se forment un grand nombre de fleuves qui se répandent de droite & de gauche : aussi peut-on regarder ce canton comme un des sommets de l'Apennin. Son nom présente toutes ces idées.

CARA, le même que HAR*a*, HAR, signifie montagnes, rochers, tout ce qui est pointu : CEN, tête, source.

2. PENTRI.

C'est le nom des Habitans d'un autre canton des Samnites, rempli également de hautes montagnes. Il n'est pas moins énergique.

PEN signifie montagne ; & TRE, habitation.

Orig. Lat.

DISCOURS

3°. LUCANIENS.

Les *Lucaniens* habitoient cette portion où l'Italie commence à se rétrécir, & où elle est arrosée plus qu'ailleurs d'une multitude de rivieres & de torrens. Ce pays fut donc très-bien nommé : dans tous les Dialectes Celtiques, LUC, LUG, LLWCH, signifia Eau, Riviere, pays d'eau.

Lucus, Riviere de la Ligurie.

4°. BRUTTIENS.

Au midi des Lucaniens, dans la partie la plus méridionale de l'Italie, étoient les BRUTTIENS, Peuple descendu des Lucaniens, & dont la Contrée étoit couverte d'une vaste forêt; de-là leur nom : BER, BRE, BRET, signifie en Celte, arbre, forêt.

Ainsi ces deux Contrées Samnites & qui formoient l'extrémité de l'Italie, portoient également des Noms Celtiques parfaitement assortis à chacune d'elles.

VESTINS.

Les *Vestins*, situés au Nord des Marses, habitoient une contrée dont la mer & les fleuves *Matrinus* & *Aternus* formoient presqu'une Isle de la même maniere que l'Isle de France. Ces Peuples furent donc bien nommés des mots TIN, pays ; ES, UES, riviere : » habitans du pays des Eaux. »

VOLSQUES.

Les *Volsques* étoient une Nation Latine qui habitoit sur les bords de la mer. Ils portoient le même nom que les *Volsques* des Gaules qui habitoient aussi sur les bords des côtes ou des Etangs du Languedoc. C'étoit donc un nom Celtique : il étoit très-si-

PRÉLIMINAIRE.

gnificatif, formé de VOL-ISC-UI : » ceux qui habitent au ventre, » au renflement des Eaux » : de Isc, eau, & VOL, BOL, ventre : BOLG en Irlandois, ventre : en Anglois, BELLY. De-là également :

BOLLINGEN, nom porté par sept Villages de la Suisse, tous situés sur des Lacs ou sur des Rivieres, dans des endroits où elles forment un ventre.

BOLLINGHEM, près de Calais.

BOLLE-VILLE, } en Normandie, dans une position à-peu-près pa-
BOLBEC,   }   reille.

BOLBE, Ville & Lac de Macédoine.

BULLIS, Ville de l'ancienne Illyrie sur la Mer Adriatique.

§. V.

Divers Noms de l'Italie relatifs aux EAUX.

Les Celtes désignerent les Eaux de toute espéce, l'Eau en général, les Fleuves, les Rivieres, les Etangs,

1°. par les voyelles telles que A, U, O, AU :

2°. Par la voyelle accompagnée d'une liquide, AL, EL, IL ; AM, AN ; AR, OR, UR ;

3°. Par ces derniers mots précédés d'une consonne, LAM, MAN, VAN, REN, SAL, SEL, SIL, MAR, NAR, DAR, TER, DUR, TUR.

4°. Sur-tout par les voyelles suivies d'une sifflante AS, ES, IS, ISSE, ETZ, & par ces mêmes mots précédés d'une consonne, tels que NETZ, &c.

Ces mots composés de voyelles & de liquides étoient donc autant d'Onomatopées, qui peignoient l'eau courante, & qui la peignoient par sa fluidité, par son murmure, par l'agitation de ses ondes.

De-là, dériverent une multitude prodigieuse de noms de

fleuves, d'Eaux, & de lieux situés sur les eaux qu'on peut dire appartenir à une seule & même racine, formée par imitation du bruit des Eaux. L'Italie ancienne & moderne en fournit une foule d'exemples, ainsi que les autres contrées Celtiques : nous en allons présenter un grand nombre par ordre alphabétique.

Mais n'omettons pas qu'on appliquoit différemment ces nuances suivant la nature des eaux ; les mots en AN, désignoient les eaux tranquilles ; les mots en AR, les eaux impétueuses ; les mots en EL, en IL, les eaux limpides & d'un murmure doux ; les mots en ES, les eaux mugissantes.

I.

AL, HAL, EL

Eau, Riviere.

De la liquide L, se formerent les noms d'un grand nombre de Lacs, de Marais, de Rivieres, &c.

En Italie.

HALES, Riviere de la Lucanie Occidentale.
 HELA, ou VELIA, à l'embouchure de cette Riviere.
AL-SA, Riviere, de la Venetie.
HEL-VINus, Riviere des Picentins, nom où entre le radical VEN, nom des Eaux.
HYLIA, Riviere entre la Lucanie & le Brutium.
HELII, VELII, nom des Marais dans l'ancienne Langue Latine, & dans la Grecque.
AL-Esus, Riviere de Toscane, *aujourd'hui* SANGUINaria.
VELINus, Lac & Riviere des Sabins.
ALLIA, Riviere des Sabins.

Dans les autres Contrées Celtiques.

AL-Esus, Riviere de Sicile.
AL-Abus, Riviere de Sicile.
ALL, Riviere de la Prusse Ducale.
ALLA, Riviere de la Prusse Royale.

PRÉLIMINAIRE. clxv

All-er, Riviere de la Basse-Saxe.
Allia, Riviere d'Espagne.
Allier, *en Latin* Elaverus, Riviere de France.
Elle, Riviere de la Basse-Bretagne.
El-Issus, plusieurs Rivieres de ce nom dans la Grèce.
Elwa, Elwy, Riviere d'Angleterre dans le Dengby.
Hales, Riviere de l'Ionie.
Halle, Riviere du Porentru en Suisse.
Hal-Ys, Riviere de l'Asie Mineure.
Ila, Riviere d'Ecosse.
Ihle, Riviere du Magdebourg.
Yll, Riviere du Comté de Bregentz.
Il-Ak, Riviere de la Grande-Tartarie.
Il-Issus, Riviere de l'Isle d'Imbros.
Ill, Riviere de la Petite Bretagne, près de Rennes.
Ill, Riviere d'Alsace.
Ill, Riviere du Bigorre.
Ill, Riviere du Tirol.
Ill-Er, Riviere de Souabe.
Ilm, Riviere de la Haute Baviere.
Ilm, Riviere de l'Electorat de Hanovre.
Ilmen, Lac de Russie, dans le Duché du Grand Novogorod.
Il-Ment, Riviere de Perse.
Ils, Riviere de Baviere.
Ilse, Riviere du pays de Halberstad.
Ilse, Riviere de l'Evêché de Hildesheim.

A L M.

Alma, Riviere du Latium.
Alma, Riviere de l'Etrurie.
Alma, *aujourd'hui* Born, Riviere de la Frise.
Alma, Alm, Riviere de Westphalie.
Alme, Riviere du Comté de Devon, en Angleterre.

Pays qui durent leur nom à celui d'Ell, Ill, Eau.

L'Elide, *en Gr.* Helaia, Province du Péloponèse; elle dut son nom au grand nombre de ses eaux & à sa situation sur la Mer.

Helos, d'où les Hilotes, dans la Laconie, fut appellée ainsi à cause de ses eaux.

L'Alsace, anciennement Elsass, tire son nom de la Riviere d'Ell, ou Ill, qui l'arrose, ou de ce qu'elle est sise entre des Fleuves.

POL, PUL, POUL.

Plaine, étendue d'eau, de terre, &c.

De AL, EL, OL, Eau, se forma naturellement POL, PUL, POUL, PAL, mot Celte qui signifie étendue d'eau, de terre : Plaine, dans le même sens qu'ÆQUOR, signifie Plaine ; 2°. Etendue d'eau. De-là :

Le Latin PALUS, Marais, Etang, conservé dans le vieux François *PALU*, la *PALU*.

Les PALUS MÉOTIDES, vastes Etangs qu'avoit laissés la Mer Noire en diminuant d'étendue, en se retirant.

PADULA, Marais de l'Otrantin, au lieu de *Palude*.

Le PADULE, nom de quelques Marais, au lieu de *le Palude*.

POLESINO, nom de diverses Contrées unies & marécageuses, en Italie. POLESINO di Ferrara ; di S. Georgio ; di Ariano.

POLA, Capitale de l'Istrie, au fond d'un Golfe.

A-PULIA, *aujourd'hui* la POUILLE, Contrée de l'Italie qui ne consiste presque qu'en Plaines très-étendues & assez fertiles.

II.

POOL, ou POUL, Ville sur un bras de Mer dans le Comté de Dorset.

POLES-WORTH, dans le Comté de Warwick en Angleterre : ce nom signifie Passage de l'Etang, du Lac.

LIVER-POOL, ou POLE, Ville à l'embouchure d'une Riviere, & sur un grand golfe en Angleterre.

POL-DAVID, sur des Marais dans la Basse-Bretagne.

POEL, sur des Etangs, près du Bois de Bellebranche, dans le Maine.

PRÉLIMINAIRE.

Sel, Sil,
Eau.

De EL, IL, Eau, Riviere, se forma naturellement SEL, SIL, nom de diverses Rivieres.

En Italie.

SELO, *ou* SILARO, autrefois SILARUS, dans la Lucanie.
SILA, Riviere qui se jette dans le Reno, près de Boulogne; elle s'appelle aussi SILARO.
SILIS, Riviere de la Venetie : elle passe à Altinum.

Dans le Péloponèse.

Ce nom fut très commun dans le Péloponèse.
SELA, Riviere de la Messenie.
SELEMNUS, Riviere de l'Achaïe propre.
SELINUS, Riviere de l'Elide.
SELLEIS, Riviere de la Sicyonie.

Dans la Grèce.

SELLEIS, Riviere de l'Etolie.
SELLENES, Riviere de l'Epire.
SELINUS, Riviere de Sicile.
SELINUS, Riviere de l'Ionie.
SELINUS, Riviere de la Cilicie.
SELLEIS, Riviere de la Troade.

Ailleurs.

SILOE, célèbre Fontaine au pied de Jérusalem.
SILYS, nom que les Scythes donnoient au Tanaïs & au Iaxartes, selon Pline, *Liv. VI.*
SELLUS, Riviere de l'Espagne-Tarragonoise.
SILICENSE, Riviere de l'Espagne-Betique.
SELLA, Riviere d'Espagne dans les Asturies.
SILTZ-BACH, Riviere d'Alsace.
SEILLE, Riviere du Pays Messin.
SEILLE, Riviere du Cambresis & de l'Artois.

SELLE, Riviere des Pays-Bas.
SYL, Riviere de Suisse, Canton de Zurich.
SIGLIO, Lac de Suisse dans l'Engadine.
SILON, Lac d'Irlande.

II.

A N, Riviere.

De la liquide N, si propre à peindre la Fluidité des eaux, on forma une multitude de mots relatifs aux Eaux: tels que,

NEÔ, nâger, en Grec, & toute sa famille.
NO, NATO, nâger, en Latin, & toute sa famille.
NAUS, vaisseau en Grec & toute sa famille.
NAVIS, en Latin, NAVIRE en François.
Et le nom de plusieurs Fleuves & Rivieres.

En Italie.

ANIO, Riviere qui séparoit les Sabins & les Latins, *aujourd'hui*, TEVERONE.

Cette Riviere avoit donné lieu à ce conte ; qu'elle avoit pris son nom du Roi ANIUS, pere d'une charmante fille qui lui fut enlevée par un certain Cethegus ; & que de désespoir de n'avoir pu l'atteindre, il s'étoit précipité dans ce fleuve.

Voici donc encore un Roi à qui on enléve sa fille, & qui se jette dans un fleuve, où sans doute on l'alloit chercher. On peut voir dans l'Histoire du Calendrier une multitude d'Histoires semblables, & leur explication allégorique.

Ceci nous montre que les mêmes allégories, les mêmes usages étoient répandus chez tous les Peuples, & que si nous ne pouvons pas toujours réunir par le fait la masse de ces rapports communs, parce que tous les Peuples n'ont pas eu des Ecrivains, nous n'en sommes pas moins en droit d'en conclure, d'après tout

PRÉLIMINAIRE.

ce qui s'en est échappé d'un bout de notre Hémisphère à l'autre, qu'un même esprit régnoit chez tous les anciens Peuples.

L'Anio n'a point tiré son nom du Roi Anius : mais comme ces deux noms sont les mêmes, on ne pouvoit choisir une Riviere plus convenable pour y faire noyer le Roi Anius.

On le voit déjà : ce Roi est l'ANNÉE finissante : il a une fille qui est l'année naissante : elle lui est ravie par Cethegus, mot Grec qui signifie celui qui marche à la tête, le premier : & qui n'est autre que le premier jour de cette année naissante. L'Année finissante ne peut donc l'atteindre, puisqu'elle est déjà expirée ; elle se noye dans le fleuve des tems, dans ce fleuve où se sont noyés Enée, & tant d'autres.

L'Italie nous offre encore ces noms en A N.

AN-EMO, Riviere des Boïens, près de Ravenne.
AN-AGNIA, Ville des Herniques près d'un Lac & du Trerus.
AN-NECY, Lac & Ville de Savoye.

On peut rapporter à ces familles le NENU-PHAR, *mot à-mot*, production des Eaux.

Dans d'autres Contrées.

AN-APUS, Riviere de Sicile.
AN-APUS, Riviere d'Illyrie.
AN-APUS, Riviere de la Chaonie, dans la Grèce.
AN-APO-DARI, Riviere de l'Isle de Candie.
AN-ASSUS, *aujourd'hui* ENS, Riviere d'Allemagne.
AN-AURUS, Riviere de Thessalie.
AN-AURUS, Riviere de la Troade.
AN-AURUS, Riviere de Syrie.
FONTAINE d'AN-ONUS, dans la Laconie.

CLAN.

Riviere lente.

CLANN, GLANN, signifie en Celte, Riviere dont le mouvement est doux, modéré. De-là le nom de plusieurs Rivieres.

En Italie.

CLANIS, Riviere d'Etrurie, *aujourd'hui* la Chiana.
CLANIS, Riviere du Latium, appellée ensuite LIRIS.
CLANIUS, Riviere de Campanie, ensuite LITERNUS.
CLENNA, Riviere qui se jette dans le Pô.

Ailleurs.

GLAN, Riviere du Duché des Deux-Ponts.
GLAN, Riviere de la Basse Carinthie.
    GLAN FURT, sur cette Riviere.
GLAN, Riviere du Palatinat, & se jette dans la Nabe.
GLAN, Riviere de la Baviere, se jette dans l'Ammer.
GLAN, Riviere de la haute Baviere.
GLANES, Riviere de la Vindelicie.
GLANA, Riviere & Village en Suisse.
GLENNER, Riviere du pays des Grisons.
GLANA, Riviere de Boulogne sur Mer.
CLANUS, *aujourd'hui* CLAIN, Riviere de France.
GLANTINE, (*la*) Riviere d'une eau très-claire, dans la Franche-Comté.
GLEN, (*le*) Riviere d'une eau très-pure, en Angleterre.
GLAN, ancien nom d'une Riviere en Angleterre.
GLANIS, CLANIS, Riviere d'Espagne.

Villes appelées GLAN parce qu'elles sont sur des Rivieres ou sur la mer.

GLAN, au bord d'une Riviere en Franche-Comté.
GLANATICA, Ville des Alpes Maritimes.
GLADOMIRUM, Ville de l'Espagne Tarragonoise.
GLANUM LIVII, Ville des Gaules.
GLANO-VENTA, ancienne Ville d'Angleterre sur le Went.
GLANNES, sur une Riviere, près de Vitry en Champagne.
GLANDEVES, autrefois sur le Var en Provence.
GLAN-VILLE, près du Pont-l'Evêque en Normandie.
GLAN-FEUIL, sur la Loire en Anjou.

GIAN, en Suisse, près du Lac Leman.
CIENDY, en Suisse, sur la pente d'un Côteau, au bord du Lac Leman.
CLIN Dessus, Ville du Berry.
CLINE, Ville de la Grèce.
GLEN-LUCE, *aujourd'hui* GLENLUZ, dans le Comté de Galloway en Ecosse, sur la Luce ou Luz.

LEN, LIN, LIGN.

C'est un nom Celtique formé de AN, EN, Riviere, & qui offre les mêmes significations.

LEN, Riviere de la Bretagne.
LINON, Riviere de la Bretagne, D. de Dol.
LIGNON, Riviere dans le Forez, qui ne cessera d'être célèbre tandis qu'on aura assez de goût pour sentir les beautés de l'ASTRÉE.
La LENE, Riviere du Languedoc : elle se jette dans la Tougue.
La LENZA, Riviere de la Lombardie.
LENTA, Riviere de l'Abruzze, au Royaume de Naples.

MAN, MEN, MON.

Ces mots désignoient en Celte les Eaux : de-là,

I.

MANT*ua*, *aujourd'hui* MANTOUE, Ville dans des Marais.
Vo-MAN*us*, Riviere qui se jette dans la Mer Adriatique.
AL-MONE, Riviere qui se jette dans le Tibre, au-dessous de Rome.
Vadi-MON, Lac d'Etrurie près du Tibre.
MIN*io*, Riviere de l'Etrurie.

II.

MIN*ho*, Riviere du Portugal.
A-MANCE, Riviere de Franche-Comté.
H*am*-MEN-*ium*, Ville des Scordisques en Illyrie.
EI-MIN*acium*, Ville de Dalmatie sur le Drillo.
STRY-MON, Riviere ou Fleuve de Macédoine.
MANNI-DORF, sur le Lac de Zurich, *mot-à-mot*, habitation sur les eaux.

DISCOURS
REN.

RE signifie courir en Celte ; on en fit REN, Riviere : de-là,

En Italie.

RENUS, *aujourd'hui* RENO, riviere du Boulonois en Italie : elle se jette dans le Pô.

ER-RO, riviere du Mont-Ferrat : elle se jette dans la Bormia.

Dans les Contrées Celtiques.

Le RHIN, *en Latin* RHENUS, fleuve qui prend sa source en Suisse, dans le pays des Grisons.

RENN-ACH, riviere d'Ecosse.

RINN-ES, riviere d'Ecosse.

Le REN, riviere de la Franche-Comté.

RHIN, riviere d'Allemagne dans le Brandebourg.

SEN,

Riviere, Eau lente.

I.

AMA-SENUS, riviere des Volsques : *mot à mot*, riviere lente.

SENUS, riviere des Ombriens, *aujourd'hui* SENO. Sur ses bords, SENA Gallica, ou la Seine Gauloise, bâtie par des Senonois.

SENO, SINNO, riviere qui se jette dans le golfe de Tarente.

ZENA, riviere du Bolonois.

SENA, *aujourd'hui* SIENNE, Ville d'Italie.

II.

SEINE, fleuve des Gaules ou de la France.

SENNE, riviere qui passe à Bruxelles.

AQ, Eau.

AQUILA, Ville des Sabins, dans une belle vallée, dont elle occupe le milieu.

AQUILONIA, Ville des Samnites.

AQUILÉE Ville de la Venetie.
   Toutes situées sur des eaux.
   Ces noms sont communs à un grand nombre de lieux Celtiques, soit qu'ils les doivent aux eaux sur les bords desquelles ils sont, soit qu'on ait comparé le cours de ces eaux à la rapidité de l'Aigle.

III.

AR, ARN,

Riviere rapide.

AR, mot Celte qui signifie *rapide*, devint par-là même le nom de plusieurs Rivieres qui avoient cette qualité.

1°. *En Italie.*

ARO, } riviere de l'Etrurie. L'*Arnus* s'appelle aujourd'hui ARNO
ARNUS, }   en Toscane.
ARNO, riviere qui se jette dans le Tesin.
    ARNA, Village sur l'Arno.
AR-MINIA, riviere près du Rubicon; d'AR. & *Min*, autre nom de fleuve.
ARI-MINIUS, riviere de Tarquinies.
ARMINIUM, *aujourd'hui* Rimini, à l'embouchure de l'Arminia.
ARNONE, entre Volturne & Capoue.
ÆS-ARUS, riviere qui se jette dans la Sibaris.
ÆS-ARUS, riviere qui passe à Cortone.
    Ces deux dernieres dans la grande Grèce.
TAN-ARUS, *aujourd'hui* Tanaro, riviere des Liguriens.
AR-TIUM, trois Villes de ce nom en Etrurie.
ARULA, en Latin, rigole pour faire écouler les eaux.
ARCNE, riviere d'Italie près de Rome, au pays des Véiens.
AR-PINUM, Ville des Volques, sur une montagne; Patrie de Cicéron & de Marius : *mot à mot*, sommet de montagne.

2°. *Dans les Contrées Celtiques.*

ARabo, le Raab, fleuve de Hongrie.
ARAR, *is*, la Saône, riviere de France.

A{ RAUR, *is*, / ARis, *is*, } l'Eraud, riviere de Languedoc.

AR-Axes, fleuve de l'Arménie ; de *AX*, eau, & *AR*, rapide ; 2°. surnom du Penée en Thessalie.

AR*ula*, le Loir, riviere de France.

AR*ula*, l'AAR, riviere de Suisse.

AR*etas*, nom Grec d'une riviere de la grande Grèce, près de Cortone.

L'AR*e*, riviere d'Angleterre.

AR*N*e, fontaine du Peloponèse.

AR*N*e, riviere du Faucigny en Savoye.

AR*N*on, riviere rapide de la Suisse.

AR*N*on, riviere du Berry.

AR*N*on, riviere de la Palestine, au-delà du Jourdain.

AR*unde*, riviere du Beauvoisis.

AY*R*on, riviere de Franche-Comté.

AIR, riviere du Barrois, qui se jette dans la Moselle.

AERH, riviere dans le pays de Cologne.

OR, Eau.

OR est un mot Celtique de la même origine que les précédens, & qui signifie, Eau, Riviere.

ORGUS, riviere d'Italie dans le Piémont, *aujourd'hui* ORCO.

ORBA, riviere d'Italie dans le Milanez.

ORBO, riviere de l'Isle de Corse.

ORA signifioit en Latin, rivage, côte. Ce mot tient donc dans ce sens à la même famille.

Plusieurs Rivieres, Sources, &c. s'appellent OR.

OR, source dans l'Angoumois.

OR, riviere du Forez.

L'OR, riviere d'Angleterre.

L'ORR, riviere d'Ecosse.

L'OURRIE, riviere d'Ecosse.

Mont-d'OR, en Auvergne ; il doit son nom aux sources dont il est rempli, & qui forment la Dordogne.

PRÉLIMINAIRE. clxxv

Monte-dell'Oro, montagne de la Valtelline, sur laquelle est un lac d'où sort la riviere de Malar.

Orbe, riviere de Suisse au pays de Vaud.

    Orbe, Ville sur cette riviere.

Orbe, riviere du Languedoc.

Or-Biquet, riviere de Normandie, sur laquelle est Or-Bec.

Or-Bego, en latin, Urbicus, riviere d'Espagne au Royaume de Léon.

MAR, Riviere, Eau.

D'Ar, d'Or, Eau, & de M, vaste, grand, se forma le mot MAR, MER, MOR, désignant les Eaux, & source de plusieurs noms.

En Italie.

Mare, nom des Mers en Latin.

Maira, riviere qui se jette dans le Pô, vers Cremagnole.

Mar-Echia, riviere d'Italie dans l'Etat de l'Eglise.

Mar-Gozza, lac & Ville dans le Milanez.

Mar-Cellino, riviere de Sicile dans le Val de Noto.

Marica, vastes marais formés par le Liris, près de son embouchure dans le Latium; 2°. Nymphe de ces eaux; 3°. Forêt qui lui étoit consacrée.

Mar-Inus, lac d'Etrurie.

Marta, ou Lartes, riviere d'Etrurie : elle sort du lac Volsinium.

Cu Mara, riviere des Vestins.

Cre-Mera, riviere des Veientins en Etrurie.

Ameria, près du Tibre en Ombrie.

Ameriola, sur le Tibre, au pays des Sabins.

Amerinum, Château sur le lac Vadimon en Etrurie.

Crustu-Merium, sur le Tibre, au pays des Sabins.

Chez les Celtes.

Margus, riviere d'Illyrie.

Marusius, Ville sur le Pangase en Illyrie.

Is-Marus, marais & Ville en Thrace.

Maronée, au midi d'Ismarus, entre la mer & un lac.

Mardus, riviere de la Médie; elle se jette dans la mer Caspienne.
Am-Mer, Amber, Amper, riviere de Baviere, & qui forme le lac Ammer.
Merck, riviere du Brabant septentrional.
Meurte, riviere de Lorraine.
Mor-awa, riviere de Moravie.
Mor-ges, riviere du pays de Vaud.
Mortane, riviere qui se jette dans la Meurte.
Muertz, riviere de Stirie.
Mura, riviere de Baviere.
Mur, riviere de Souabe, se jette dans le Necker.
Murg, riviere de Souabe, Margraviat de Bade.
Mar-iza, riviere de la Romanie.
Morini, anciens Habitans du Boulonois & de Picardie, sur les bords de la mer.
Morin (le), riviere de Champagne.
Morat, lac en Suisse.
Mervan, Bourg de Champagne, dont les environs sont marécageux & inaccessibles en hiver.
Morvan (le), canton de Bourgogne arrosé par plusieurs ruisseaux.
Marne, riviere de Champagne.
Mori-Mond, Abbaye dans un terrein rempli de sources, en Champagne.
Mer, au bord d'un ruisseau dans la Beauce.
Muri, Abbaye en Suisse entre deux marais.
Le Maire, riviere d'Irlande.
Le Mer-lay,
Le Mer-sey, } Rivieres d'Angleterre.
Le Mer-ton,
La Marque, riviere des Pays-Bas, bordée d'étangs dans son cours.
Mera,
Merine, } Rivieres de Suisse.

NAR,
Nom de Rivieres.

NAR, mot primitif désignant tout ce qui est coulant, & devenu le nom d'un grand nombre de Rivieres : *voyez Allégor. Orient.*

Pagination incorrecte — date incorrecte
NF Z 43-120-12

PRELIMINAIRE.   clxix

En Italie.

NAR, riviere de l'Ombrie.
NARNia, Ville sur cette riviere.
NERETum, aujourd'hui *Nardo*, dans la Terre d'Otrante.
NERUa, riviere de la République de Gênes, à l'Orient de Vintimiglia.
NARO, riviere de Sicile.
NURa,
NUReta, } Rivieres du Plaisantin.

Dans les Contrées Celtiques.

NARBONNE, *mot-à-mot*, Ville sur l'eau appellée *Nar*.
NAIREIGUE, sur une riviere dans le Canton de Fribourg.
NERRE, riviere du Berry.
NERIS, Ville de l'Election de Mont-Luçon, qui doit son nom à ses Eaux minérales.
NAIRET, riviere du Lyonnois.
NEERE, riviere de la Pologne.
NARBO, riviere de la Pannonie.
NARONA, riviere & Ville de la Dalmatie, *aujourd'hui* Narenta.
NAREW, riviere & Ville de Pologne.
NARVA, riviere & Ville de la Livonie.
N'AIRN, riviere & Ville d'Ecosse.

SAR, SER, Riviere.

D'AR, Eau, se forma SAR, SER, nom de Rivieres.

AU-SER, riviere de Luques.
SARNO, Ville & riviere du Royaume de Naples, dans la Principauté citérieure, *autrefois* SARNUS.
SERITELLA, riviere du Royaume de Naples.
SERIO, riviere d'Italie dans le Bergamasc.

II.

SARE, riviere du Bas-Rhin, *autrefois* SAR-AVUS.
I-SER, riviere de Baviere.
ISARA, *aujourd'hui* Isere riviere du Dauphiné: elle coule dans la vallée du Grésivaudan.

Orig. Lat.   z

SAR-WIZZA, rivière de la Basse-Hongrie.
SARCA, rivière d'Allemagne dans le Tirol.
SARUS, riviere de la Cappadoce.
SARUS, riviere de la Cilicie.
SARUS, riviere de la Carmanie.
SERE, riviere du Quercy.
SERRE, riviere de Champagne.

TAR, TER;
Eau rapide.

De AR, rapide, escarpé, rude, se forma TAR, TER, nom des Eaux rapides, impétueuses, des Torrens qui entraînent tout.

Une fois que ce mot fut devenu un nom de Fleuves, de Rivieres, on perdit de vue son origine, & il ne seroit pas étonnant qu'on en eût fait l'application à des Rivieres dont les eaux ne sont pas impétueuses, ou qu'il se trouvât appliqué à des Rivieres dont la nature du cours aura changé; ce qui est arrivé en effet à un grand nombre de Rivieres d'Italie que les Anciens nous représentent comme très-dangereuses, comme occasionnant de terribles ravages, & qui maintenant sont fort paisibles, & ont beaucoup moins de volume. C'est une observation qu'il ne faut pas perdre de vue dans les comparaisons géographiques des tems anciens avec les tems modernes.

Nous en pouvons juger par les tableaux effrayans qu'Horace fait de l'*AUFIDE*; il l'appelle le violent, *violens* (1); Fleuve qui retentit au loin, *longè sonantem* (2); il dit ailleurs (3):

Sic Tauriformis volvitur Aufidus,
Qui regna Dauni præfluit Appuli,

---
(1) Od. Liv. III. Od. XXX.
(2) Ib. Liv. IV. Od. IX.
(3) Ib. Ib. Od. XIV.

PRELIMINAIRE. clxxj

Quum sævit, horrendamque cultis
Diluviem meditatur agris.

« Tel l'Aufide à tête de Taureau roule ses flots à travers les Etats
» de Daunus Roi de l'Apouille lorsqu'il entre en fureur & qu'il se
» prépare à couvrir d'un affreux déluge les campagnes cultivées.

Plusieurs Rivieres ont donc porté le nom de TER, TAR, &c.

I.

A-TERN*us*, qui borde le pays des Vestins, & forme le territoire Ater-
nensis.

ATERNUM, AMITERNUM, Villes sur l'Aterne, celle-là à son embouchure, celle-ci à sa source.

TAR*as*, riviere près de Tarente.

TAR*us*, riviere de la Gaule Césalpine; *aujourd'hui* Taro.

TARO, Ville sur cette riviere.

TAR-TAR*us*, riviere qui passe à Adria.

VA-TERN*us*, riviere des Boïens, & qui se jette dans le Pô près de
Ravenne.

LI-TERNUS.

TAR-GIN*es*, riviere des Brutiens.

II.

TER-IN, riviere de France dans le Beauvaisis.

TERRETE, riviere de Normandie dans le Cotentin.

TAR-DOUERE, riviere du Limousin.

TARN, riviere de France.

TAR-ONNE, riviere de France en Sologne.

TER, riviere d'Espagne dans la Catalogne.

TER-MUS, riviere de Sardaigne.

TUR, STUR, &c.

Noms de Rivieres.

TUR, STUR, DUR, DOR, DOUR, &c. désigne les Fleuves &
les Villes qui sont sur leurs bords, dans tous les Dialectes Celtiques.

DISCOURS

En Italie.

Turrus, riviere de la Venetie, au pays des Carnes.
Taurasium, Ville des Hirpins fur le Calor.
Duria major, } Rivieres des Segusiens, *aujourd'hui* Doria en
Duria minor, } Piémont.
Stura, riviere des Ségusiens, *aujourd'hui* Sture.
Stura, riviere qui se jette dans le Tanaro, sous Cherasco.
Sture, riviere du Mantouan, & qui se jette dans le Pô à *Pondesture*.
Sture, riviere qui se jette dans l'Urba, frontiere de Gênes.
Astura, riviere des Volsques, & à l'embouchure de laquelle Cicéron avoit une maison de campagne, ou plutôt un Château digne d'un Roi.
Vul-Turnus, riviere de Campanie & des Samnites, avec la Ville de Vulturnum à son embouchure.
Turano, riviere qui se jette dans le Velino à Rieti, au pays des Sabins.
Turin, *en Latin* Taurini, entre la *Duria* minor & le Pô.
Thurium, dans la grande Grèce, près d'une fontaine appellée *Thuria* & sur le fleuve *Sibaris*.
Min-Turnæ, Ville à l'embouchure du Linis ou Clanis, dans le Latium; mot à mot, *à la bouche du fleuve*.

2.º *Chez les Celtes.*

La Dour, eau, riviere en Auvergne.
Le Mont-d'Or, en Auvergne, abondant en sources.
La Durance, riviere du Dauphiné.
L'Adour, riviere de Gascogne.
Dordogne, riviere de Guyenne.
Durbion, riviere de Lorraine.
Dor (le) ou *Doyer*, }
Dorn-*ford*, } Rivieres d'Angleterre.
Stoure (la). }
L'Astura, } Rivieres d'Espagne.
L'Astaria, }
Thur, ou le Thoor, grande riviere de Suisse.
Thur, riviere de la Haute-Alsace.
Tour, riviere en Alsace, à l'Occident de Colmar.

PRÉLIMINAIRE. clxxiij

THUR-*Govie*, Contrée de Suisse, *mot à mot*, pays de la THUR.
DUR*ach*, } Rivieres de Baviere.
DOR*sen*, }
Le DOURO, riviere d'Espagne & du Portugal.
CHI-DOR*us*, riviere de Macédoine.
A-THUR*as*, *ou* Athyras, riviere de Thrace.

Si nous ajoutions ici tous les noms des lieux en DOR & TUR situés sur des Rivieres, nous ne finirions point.

VAR, PAR, Eau.

D'AR, Eau, se forma également VAR, nom de divers Fleuves, Lacs & Rivieres.

En Italie.

VAR, fleuve très-rapide qui sépare l'Italie de la Provence.
VAR-AM*us*, riviere dans le pays des Venetes.
VAR-AN*us*, lac de la Capitanate.
VERA, riviere qui se jette dans le Pô, au Midi de Pavie.
VERSA, riviere qui se jette dans le Pô, près de la Véra.
VERESE, riviere de Præneste, *aujourd'hui* Sacco.
VER-BAN*us*, le lac Majeur : *voyez* AVENTIN, ci-dessus, page cl.
VAR-CA Fossa, canal qui se décharge dans le Tibre, au dessus de Rome, à l'endroit où est la Ville de Varca.
PAR-OLA, riviere du Parmésan.
PAR-MA, riviere d'Italie.
PAR-MOSA, riviere qui se jette dans la Parma.
   PARME, Ville sur la Parma.
VER, riviere de la Calabre, sur laquelle,
   SI-BERENA, *aujourd'hui* St Severin.
VER-GELI*us*, riviere d'Italie près de Cannes.
VERCEIL, VEROLI, VERONE, Villes sur des rivieres.

Dans les Contrées Celtiques.

Il n'est aucune Contrée Celtique qui ne puisse fournir quelque exemple du mot de VAR, VER, servant à désigner les Eaux, des Lacs, des Rivieres : nous n'en rapporterons que quelques-uns.

    Var-Ais, riviere du Maine, elle se jette dans l'Huisne.
    Var-Vane, riviere de l'Illyrie.
    Var-Dar, riviere de la Bulgarie.
    Varde, riviere du Dannemark.
    Warf, riviere d'Angleterre.
    War-ne, riviere du Mecklenbourg.
    Hi-Bar, lac, riviere, vallée & Ville dans la Servie.
    War-ta, riviere de Pologne.
    Vere, riviere de Bulgarie.
    Were, riviere d'Angleterre.
    Vero, riviere d'Espagne.
    Wero, lac & Ville de la Carinthie.
    Werre, riviere de Lorraine.
    Werra, riviere de Thuringe.
    A-Ber, lac d'Ecosse.
    A-Veirou, riviere de Languedoc.
    Le Veiron, riviere de Suisse.

BIBER, Riviere du Castor.

Du mot VAR, VER, prononcé BER, joint au mot BI, vivre, se forma en Celte, & en Latin le mot BI-BER, FIBER, nom du Castor, parce qu'il vit dans l'eau : & de-là se formerent le nom de plusieurs Lacs & Rivieres, à cause des Castors qui les hantoient. De-là :

I.

    Bebriacum, lieu du Crémonois où les Partisans d'Othon & de Vitellius se livrerent bataille. L'ancien Scholiaste de Juvenal dit que ce lieu tiroit son nom de celui des Castors.
    Vi-Ver-One, lac du Piémont entre des montagnes.
    Vi-Ver-One, Bourg }
    Pi-Ver-One, Village } sur ce lac.
    Fi-Berenus, puis Fibrenus, aujourd'hui Fibreno, riviere des Volsques.
    Bi-Bera, riviere à l'O. de Gênes.

PRELIMINAIRE.

II.

BIEVRE, riviere du Blaisois.
BIEVRE, riviere des Gobelins à Paris.
BIEVRE, riviere du Dauphiné.
BEVER, quatre rivieres de ce nom en Westphalie.
BIEBER, riviere de Franconie.
————, riviere du Bas-Palatinat.
————, riviere de la Souabe.
————, riviere de la Wetteravie.
————, riviere du Darmstadt.
BIBER, riviere de Suisse.
BIBER*en*-BACH, riviere de Suisse.

TIBRE.

Tibre, Fleuve illustre par les murs qu'il baigna, mais dont l'étymologie n'en étoit pas mieux connue. Selon d'anciens Auteurs, il s'appella TIBERinus, parce qu'un Roi d'Italie de ce nom s'y noya : tout ce qu'on en pourroit inférer, c'est que les Latins disoient qu'un Prince s'y étoit noyé, par la même raison que ceux qui habitoient les bords de l'Anio, du Numique, &c. y faisoient également noyer autant de Rois. Selon VARRON (1), il s'étoit appellé DEHEBRIS, du nom d'un Roi Veïen : étymologie de la même force, occasionnée sans doute par la même allégorie racontée un peu différemment par les Veïentins, & comme ayant eu lieu dans leur propre contrée.

Cependant il en résulte que le nom de Tibre n'est qu'une altération de celui de Dehebris qui aura été relatif aux qualités de ce Fleuve.

Descendant de l'Apennin, enflé par les torrens & par les fontes des neiges, il ravage, il inonde, il entraîne les terres & les possessions, il creuse sans cesse ses rivages, ses eaux sont troubles

---

(1) Lib. IV. de Ling. Lat.

& jaunâtres: aussi l'appelloit-on *Albula*, la scie, le rongeur, le fleuve jaune, *flavus*.

Mais c'est ce que signifie son nom Celtique ou *Dehebris*, composé du radical BER, BRE, BRI, nom de fleuve, d'où HEBRUS, HEBRIS, & du radical Celtique, DU, DEY, DE, noir, funeste.

IV.

AU, Eau, EV, AP, AB.

Ce mot Celte est devenu le nom de plusieurs Rivieres & lieux.

I.

AU-FID*us*, riviere de l'Apouille.

AU-FID*ena*, Ville des Samnites sur le Sagrus.

PAT-AV*ium*, Padoue, sur une riviere.

TIM-AV*us*, riviere de la Venetie au pays des Carnes.

AU-FIN*a*, Ville des Vestins, *aujourd'hui* Ofena, *mot à mot, eau blanche*.

AU-SER, riviere de Luques.

AP-RUS*a*, (de AU & ru) riviere qui se jette dans la mer Adriatique.

II.

Aw, entre un grand nombre de noms de lieux le long du Rhin sur des Rivieres, & signifie Prairies ou Terrains arrosés, tels, *Leber-Aw*, *Haguen-Aw*, *Land-Aw*, *Rhin-Aw*; *Aw-am-Rhin*, dans le Margraviat de Bade, *mot-à-mot*, Prairie sur le Rhin.

Aw, Ville sur l'Ambs en Baviere.

Aw*en*, petite Ville sur une riviere en Souabe.

Ev*ia*, Ville d'Illyrie.

AP-SUS, riviere d'Illyrie; de *Su*, eau, & *AV*, eau.

AN-AP*us*, riviere de Dalmatie; d'*An*, eau, & *AV*, eau.

Aw*e*, riviere du Brunswick.

AB-DERE, Ville de Thrace, à l'embouchure d'une riviere; d'*AV*, eau, & *DERA*, porte, entrée.

GAV,

PRELIMINAIRE. clxxxv

Gav, Gab,
Riviere.

Du mot Av, Eau, se forma en Celte le mot Gav, Gab, qui désigna également l'eau des Rivieres, & sur-tout celles qui coulent dans des prairies. De-là,

- Gabies, Ville des Gabiens, Peuple voisin de Rome, & qui habitoit sur les bords d'une riviere & d'un petit lac. Ce nom signifioit *mot à mot*, canton arrosé.
- Gau, signifie dans la Langue Allemande, Pays de prairies au bord des eaux : de-là,
- Ar-Gau, en Suisse, les prairies de l'Ar.
- Thur-Gov, en Suisse, Pays qu'arrose la Thur.
- Gave, nom des rivieres du Béarn.
- Gave de Pau, Gave d'Oleron.
- Gabellus, riviere qui passe à Modène, *mot à mot*, le petit Gave.

Lau, Lav, Eau.

Du Celte Au, Eau, se formerent, Lau, Lav, Eau, d'où vinrent sans doute les noms de tous ces endroits.

I.

- Lavin*ium*, sur le Numique, & près de la mer.
- Laur*entum*, sur le bord de la mer.
- Lab*icum*, au Midi de Gabies.
- Lau-Mell*um*, dans le Milanois, doit signifier *mot-à-mot*, tête de l'eau.
- Lawis, lac du Milanois, sur laquelle est la Ville de Lawis ou de Lugano ; car elle porte ces deux noms.
- Lav*inus*, riviere de la Gaule Cisalpine, près de Boulogne.

II.

- Lavey, en Suisse, sur une riviere.
- Lavigny, riviere de Suisse dans le pays de Vaud.
- Lavigny, Village près d'Aubonne dans le pays de Vaud, dont le terri-

Orig. Lat. a a

toire est borné par cette riviere dont il porte le nom.
Lavigny, près de Laon-le-Saunier en Franche-Comté.
Lavignay, près de Gray, dans le même pays.
Lavignac, près de Brive en Limousin.

Lors donc que les Romains disoient que *Lavinium* tiroit son nom de Lavinus frere de Latinus, ou d'Enée, parce que, selon Aurelius Victor, il s'étoit baigné dans un étang proche de là, ils en donnoient des étymologies à la grecque, & ils prouvoient qu'ils ignoroient les vraies Origines de ce lieu célèbre.

Lau, prononcé aussi Lo, désigna également des Prairies, des lieux arrosés par des eaux.

Hoffman, dans ses observations sur le droit Germanique, dérive de-là tous ces noms;
O. Oster-lo, Wester-lo, Tanger-lo, Ven-lo, &c.
Lipse en tiroit le nom de Louvain: *Loven*, dit-il, *plaine humide*.
Une ancienne famille noble de la Suisse, appellée de Loo, devoit son nom à des terres qu'elle avoit le long de l'Yonen, dans le Canton de Zurich.

L a u c.

Lauchen, riviere de la Turgovie en Suisse.
Lauch, riviere d'Alsace.
Lauch-Art, riviere de Souabe.

Laus, Los, Lous, Lus,

De L a u, Eau, se forma aisément Laus, Lous, nom de Riviere.

Laus, riviere d'Italie, au Midi de la Lucanie occidentale.
Lous, riviere du Béarn.
Lu*zieges*, riviere du Limousin.
Luiset, riviere de la Franche-Comté.
Lusch-Nitz, riviere de Bohême.
Lutz, riviere de Souabe.
Leuzna, riviere de la Haute-Baviere.

Loson, riviere du Béarn.
Lozain, riviere de Champagne.
Lossa, riviere de la Thuringe.
Lossa, riviere du Pays de Caffel.
Luzen-dro, *Lago de Luzendro*, lac fur le fommet du Mont-Saint-Gothard ; de *Lus*, eau, & *Sen*, élevé.

S A V, Eau.

D'Au, d'Av, Eau, fe forma naturellement le dérivé Sau, Sav, Sab, défignant les Rivieres.

I.

Savena, riviere du Bolonois.
Sabatus, riviere des Brutiens.
Sabatus, riviere des Herniques.
Sabate, lac & Ville du pays de Cære.
Sapis, Isapis, *aujourd'hui* Savio, riviere qui fe jette dans la mer Adriatique.

II.

Savok,
Saverne,
Seven,
Saw,
} Rivieres d'Angleterre.

Saw, ou la Save, riviere d'Allemagne.
La Save, riviere de l'Armagnac.
Sava-Ren, riviere d'Irlande.
Sau-Nium, fontaine de la Phocide en Grèce.
Sau-Say, riviere du Vexin François.

V.

B O U, B U, Riviere.

I.

Bu-Xentum, *aujourd'hui* Busento, riviere & Ville d'Italie, dans la Lucanie.
Bu-Xeium, *aujourd'hui* Busseto, fur le Longena, entre Parme & Plaifance.

DISCOURS

Bu-Trium, *aujourd'hui* Butrio, en Italie, dans le pays des Cenomans.
Bu-Trinto, *anciennement* Buthrolo, Ville sur la mer, dans l'Albanie Grecque.

II.

Bux-Ton, Village d'Angleterre dans le Comté de Devon, remarquable par ses neuf sources d'eaux minérales, dont une seule est froide.
Bu-Zay, en Basse-Bretagne, sur le bord d'une riviere, à quelques lieues au-dessous de Nantes.
Bu-Zet, en France sur le Tarn.
Bu-Zet, près de la Blaise, dans le Bazadois.
Bou-Vines, en Flandres sur la Meuse.
Bou-Vines, en Flandres sur la Marque.
Bou-Zane, riviere du Berry.

BOE, VOE, VEI,

Pays d'Eaux, de Pâturages.

Boe, Boi, Vei, désignoient des Pays de pâturages & arrosés. De-là :

I.

Veii, Capitale des Veientins, dont la contrée étoit basse, très-arrosée, & abondante en pâturages : aussi les Veientins se distinguoient par leurs richesses.
Boe-Bi-*ana*, Ville des Cœrites, sur une riviere & peu éloignée de Veies : par conséquent dans des lieux à pâturages.
Aveia, Ville du pays des Vestins.
Veia, riviere qui vient de Viterbe, & se jette dans le Marta.
Bou-*ianum*, grande Ville du pays des Samnites-Pentri.
Boium, Ville de la Doride en Grèce, sur le Cephise.

II.

Bevais, dans la Principauté de Neuchâtel, sur deux ruisseaux, & dans un pays de pâturages.

La France est remplie de lieux en *Beu, Bu, Beuf* qui viennent des mêmes radicaux, Elbeuf, Tournebu, &c.

PRÉLIMINAIRE.

BRUN,
Nom de Fontaines.

SIM-BRUINA STAGNA & COLLES, les étangs & les collines qu'on appelloit SIMBRUINA dans l'Etrurie; de BRUN, fontaine, & SIM, tête.

BRUNN, signifie également sources, fontaines dans les Langues Theutones.

C'est une terminaison commune à plusieurs noms de lieux dans l'Autriche Orientale.

C'est le même mot que BORN, qui signifie fontaine, & qui termine un si grand nombre de noms en Allemagne.

BORNE, riviere du Valais.
BORNE, riviere du Velay.

ES, ESC, ET, IS, ISC, ASH, AT, VESC,
Eau.

I.

Æs-Is, riviere qui se jette dans la mer Adriatique.
Æsis, Ville sur cette riviere dans l'Ombrie.
VEscinus, lac, montagne & forêt vers l'embouchure du Clanis, dans le pays des Ausones.
VEscia, Ville sur ce lac.
HED-Esis, riviere des Boïens, en Italie.
ATH-ESis, grande riviere de l'Italie Vénitienne.
SU-Essa, voyez SU.
GRAV-Iscæ, Ville de Toscane, mot-à-mot, la grève du fleuve, de la mer.

II.

Nombre de Fleuves ou de Rivieres de la Grèce terminoient leurs noms en *Issus*, ILYSSUS, &c.

Axius, fleuve de Macédoine.
Axius, riviere d'Illyrie.

Esk, riviere d'Ecosse.

Ex, riviere d'Angleterre.

Is-*bach*, riviere de l'Electorat de Tréves.

Esch-*bach*, riviere du Duché de Berg; ce nom peut signifier aussi riviere des Frênes.

LEMNA.

Lemna, Riviere qui coule près de Pignerol dans la Vallée de Lemna, qui en prend son nom.

Le mot LEM, LIM, LIMEN, LIMNE, &c. signifie Eau, Riviere, Lac dans tous les Dialectes Celtiques. En Theuton LEEM: en Flamand LEIMEN, en Latin LIMUS, en Grec LIMNÈ.

On voit dans STRAHLEMBERG, que chez les Ostiakes, Peuple de la Siberie au Nord de l'Asie, LIM*osus* signifie un Marais qui a beaucoup d'eau, LIMEN un grand marais ou Lac d'où sort une Riviere.

Près de la Ville de Surguth, & à peu de distance de l'Obi, un Lac porte également le nom de LIMEN.

Il n'est donc pas étonnant que tant de rivieres & tant de lacs ayent tiré leur nom du mot LIM.

Le lac LEMAN, ou de Lausanne en Suisse.

LIMMAT, riviere qui sort du lac de Zurich.

LIMONE, riviere de l'Auvergne.

LIME, riviere du Comté de Kent en Angleterre, appellée aussi LIME-WATER, eau lime, *ou* rapide.

LIM, riviere de Bosnie.

LIMA, riviere du Portugal.

LIMONIN, riviere entre le Lyonnois & le Vivarais.

LEUC, LEUG.

LEUC, de la même famille que LUC, dont se forma le nom des LUCANIENS, signifie EAU. De-là:

I.

LEUCA, Ville du pays des *Sallentins*, au bord de la mer: Lucain en parle, *secretaque littora* LEUCÆ.

PRÉLIMINAIRE.

LEUCERI, Ville d'Italie sur une riviere qui se jette dans le lac Sevinus, du côté du Nord.

LUCERY, Village du pays de Vaud, sur une colline que baigne la Venoge.

LUCERIA, *aujourd'hui* Nocera, Ville de Campanie.

LUZZARA, en Piémont.

Tous ces noms sont composés de LEUC, eau, & AR, ER, tête ; lieux à la tête des eaux.

LEUSCHER-SEE, *lac de Leuscher*, dans le pays des Grisons, à deux lieues de Tusis.

LEUGENEN, riviere du Canton de Berne près de Buren.

LEUGEL-BACH, *riviere de Leugel*, du Canton de Glaris en Suisse, avec un Village du même nom, remarquable autrefois par ses bains.

LEUCK, les bains de Leuck, dans le Valais, au pied du Mont-Gemmi.

LEUC-ATE, dans la Gaule Narbonnoise, au bord de la mer.

POMPONIUS MELA dit que ce nom, Leuc-ate, désigne en effet un lieu sur le rivage des eaux ; & il est digne de foi puisque sa Langue maternelle étoit la Celtique.

ATE, est une terminaison Celtique qui signifie habitation, & qui étoit très-commune chez les Peuples d'Italie : *voyez* ci-après ATE.

II.

LEUC, étoit très-commun chez les Grecs dans le même sens, dans le sens de rivage, de riviere.

LEUCA, Ville Grecque de l'Asie mineure sur la mer.

LEUCASIA, riviere du Péloponèse dans la Messenie.

LEUCATE, Promontoire de l'Acarnanie.

LEUCATE, Promontoire de la Bithynie.

LEUCADE, presqu'Isle de l'Acarnanie, & ensuite Isle qu'on appelle *aujourd'hui Sainte-Maure*. Homere l'appelle RIVAGE d'Epire : ce qui confirme parfaitement le sens du mot LEUC, & qu'il fut Celtique.

LEUCA, Ville de la Doride en Asie, appellée aussi LEUCOPOLIS.

LEUC-TRES, Ville de la Béotie, voisine de la mer.

LEUC-TRES, Ville de la Laconie, sur le golfe de Messenie.

Ces deux derniers noms sont formés de LEUC, eau, rivage, & de TRE, habitation.

Comme de LEUC, eau, on forma le mot LEUC, blanc, les Grecs s'imaginerent que ce mot n'avoit été donné à tant de lieux, que parce qu'ils étoient sur des rivages blancs. Mais quand on les prendroit dans le sens du mot *blanc*, il n'en résulteroit pas moins que nombre de lieux dans la Gréce durent leurs noms à la Langue Celtique.

III.

LEUCI, nom de la Cité de Toul, Peuple placé entre la Meuse & la Moselle.

LEUGUE, en Franche-Comté, sur le Doux.

Le LEUGUEUE, en Normandie, sur une riviere près d'Eu.

La LEUGUE, sur une riviere près de la Ville d'Armagnac.

LOCH, LUCA, LUQUES, LUCEOLI.

Nous avons vu à l'article des LUCANIENS, que LUC, LUG, LEUC, signifioit eau, mot qui s'est également prononcé LOC. De-là un grand nombre de noms.

I.

LUCA ou LUQUES, en Italie, formé de LUC, eau.

LUCEOLI, Ville des Ombriens sur une riviere.

LUGANO, dans le Milanez, sur le lac de Lugano.

LUCCÆ, *aujourd'hui* LOCHES sur l'Indre en France : où LUC peut s'être réuni à CAE, enclos ; elle est environnée de belles prairies.

LOCH, est un mot qui entre en Irlande dans un grand nombre de noms ; LOCH-DER, LOCH-FOIL.

LOC entre également chez les Bas-Bretons dans un grand nombre de noms ; LOC-MARIA ; LOC-RENEN, &c.

LOC, Tour de Provence, entre la mer & l'étang de Sigean.

LOCHÉ en Touraine, sur une riviere.

LOCRA, riviere de l'Isle de Corse.

LUZERNE, riviere, vallée & Ville du Piémont.

PRÉLIMINAIRE.
II.

La France & la Suisse sont remplies d'une multitude de noms de lieux, en LUG, LUC, LUZ, &c. situés tous sur des rivieres.

LUCH-SINGEN, Riviere & Village du Canton de Glaris en Suisse.

LUG, prononcé LUK & LYK, devint chez les Grecs le nom d'un grand nombre de Rivieres, qu'on rend à la grecque par le nom de LOUP. On peut voir dans les Dictionnaires Géographiques une longue liste de fleuves appellés LYCUS.

LOCH, LOGH; c'est un mot Ecossois qui signifie LAC. On peut voir dans les Dictionnaires Géographiques une trentaine de Lacs qui ont cette dénomination en Ecosse, tels que AW-LOGH, EW-LOGH, LOGH-LEVIN, LOGH-NESS, LOGH-RUNN, LOGH-SINN.

Un des plus grands de ces Lacs s'appelle LOGH-LOGH.

- LOUCH, nom de plusieurs lacs & golfes en Irlande.
- LOGH-OR, riviere & Village d'Angleterre au pays de Galles.
- LOGIA, riviere d'Irlande dans Ptolomée: on croit que c'est LOUGH-FOYLE.
- LOGANA, nom Latin de la LOHN, riviere d'Allemagne qui prend sa source dans la Haute-Hesse.
- LOUCH-BOROUGH, sur une riviere, dans le Comté de Leicester en Angleterre.
- Les LOGES, entre des étangs, au Maine.
- Saint-Mars de LOQUENAY, entre des rivieres & des étangs, au Maine.

LUNA.

Luna, sur la Macra, étoit une Ville frontiere des Liguriens, & des Etrusques. Son nom doit être par conséquent Celtique. LUN est en effet un mot Celte qui désigne également l'Eau, les Rivieres, les Lacs, la Mer : il se prononça aussi LON, LOUN, LOGN, & s'est formé du mot AN, ON, Riviere, eau, dont il est

Orig. Lat.   *b b*

un dérivé : car comme nous l'avons dit, les voyelles nasalées &
tous leurs composés, tels que L*on*, M*on*, R*en*, S*en*, L*in*, V*en*,
&c. ne doivent être regardés que comme des branches d'une
seule & même famille. Du même radical vinrent ces noms;

I.

Lac de Lungin, sur une montagne dans le pays des Grisons : nom composé de Lun, eau, & de Gen, Cen, élevé.

Lune-Bourg, Ville sur l'Elmenau, nom lui-même Celtique.

Lune-Ville en Lorraine, sur la Meurthe.

Lun-el, en Languedoc, sur le Vidourle.

II.

Lohn, rivière du pays de Nassau.

Logne, rivière de Gascogne.

Lun-tza, rivière du Valais.

Lon-tscha, rivière du Canton de Glaris.

Lon-Grin, rivière du Gessenay, dans le Canton de Berne.

MED.

Nom de Rivieres & de lieux arrosés.

Nous avons vû *Disc. Prélim. du Tom. V.* que Medu désignoit des lieux bas, des terres basses & couvertes d'eaux, ou en prairies. De-là ;

Medu-*acus major*, } Rivieres de la Venetie.
Medu-*acus minor*, }

Medio-*Lanum*, aujourd'hui Milan, *mot à mot*, belles prairies : de *Laniou*, beau.

Medio *Lanium*, aujourd'hui Bewdley, en Angleterre.

Medio-*Nemetum*, Ville de l'Angleterre, dont le nom se trouve dans l'Anonyme de Ravenne.

Medels, vallée des Grisons, où le Haut-Rhin prend sa source, & que Scheuzer (*Iter Alpin.* IV. p. 267.) dépeint comme étant très-agréable & riche en beaux pâturages, *pascuis læta*.

PRELIMINAIRE.

Su, Eau.

I.

Suesa, riviere qui passe à Milan, & s'y réunit à l'Olona.
Sluese, Bourg sur la Suesa.
Suasa, Ville de l'Ombrie sur une riviere.
Suana, Ville d'Etrurie, près de la source d'une riviere.
Suessa Arunca, Ville de Campanie, sur une montagne.
Suessa Pometia, Ville des Volsques près des marais.
Suessula, Ville au Midi de Capoue.
Soana, riviere du Canaveze.
Su-Trium, Ville des Falisques sur une montagne au bord d'une riviere.
Suinus, riviere qui se jette dans la mer Adriatique.
Sulmone, au Royaume de Naples, abondante en eaux & en rivieres.

II.

Suessiones, *aujourd'hui* Soissons, Peuple qui habitoit sur les bords de l'Aisne.
Suevus, fleuve de la Germanie.
Suabe ou Souabe, pays coupé par une multitude de rivieres : il doit en avoir pris son nom.
Les Sueves, Habitans des bords de la Baltique & d'un pays coupé par de grands lacs, par une multitude de marais ; ils durent sans doute leur nom à la même cause.
Suize, riviere de France en Champagne.

CI, CU, même que SI, SU.

Eau.

Ci-minus, lac, forêt & montagne chez les Falisques.
Cu-Mara, riviere des Vestins.
Cu-Tiliæ, lac & Ville chez les Sabins : de Cu, eau, & Tel, profond.

Tam,
Eau dont le cours est doux.

Tame est un mot Anglois qui signifie apprivoiser, doux.

Tamer, qui dompte ; *To Tame*, dompter, apprivoiser : 2°. *au fig.* humilier, rendre humble.

b b ij

On le retrouve dans l'Anglo Saxon ; TAM, TAME, signifie doux, apprivoisé.

TAMIAN, dompter.

Ce mot n'est pas tombé des nues dans la Langue Angloise : en voyant qu'il est Saxon, on est disposé à croire qu'il est Celte, Theuton du moins : on ouvre les Dictionnaires Celtiques & Allemands, & on n'y trouve point TAM.

On est tenté alors de renoncer au prétendu rapport des Langues, du moins de croire qu'il n'est pas possible d'en réunir les débris, tant elles ont laissé perdre de mots, tant ces mots se sont dénaturés : & que celui qui court après ces prétendus rapports, est un Enthousiaste victime d'un système qui n'a pas le sens commun.

Cependant, il faut que ce mot nous serve à expliquer les noms de plusieurs fleuves ou rivieres qui en sont composés : & le moyen s'il n'est qu'Anglois ou Anglo-Saxon ? Dirons-nous, il étoit primitif, mais il s'est perdu chez les autres Peuples : il nous suffit de le trouver-là ? Dirons-nous, que nous importe de l'expliquer ?

Avons-nous tout dit ? eh bien, tout va s'expliquer, & ce mot, va être une nouvelle preuve du rapport des Langues.

I.

TAM est un composé de la lettre T qui se change sans cesse en Z & en D : en Z, chez les Allemans ; en D, chez d'autres peuples.

Cherchons donc ce mot sous ces lettres dans les Langues où nous ne le trouvons pas écrit en T, & nous verrons naître les rapports les plus brillans.

ZAM, mot radical des anciens Francs & des Allemands, signifie doux, apprivoisé.

PRÉLIMINAIRE.

ZÆMEN, dompter, soumettre, ou par la force ou par l'instruction, ainsi que l'a très-bien vu WACHTER.

TAMIAN, GATAMIAN chez les Goths.

TEMMEN, en Flamand.

On voit donc aussi-tôt que ces mots tiennent au Grec DAMAÒ, dompter, & au Latin DOMO.

De-là ces noms de fleuves & rivieres.

II.

TAM-ARUS, riviere de la grande Grèce, *aujourd'hui* TAMARO.

TAM-IS, riviere du Péloponèse.

TAME, riviere d'Angleterre, qui, se joignant à l'Is ou ISSE, forme la

TAMISE, ou THAMISE, le plus grand fleuve de l'Angleterre, & qui coule dans une contrée si unie, que la marée monte jusqu'à cent milles depuis son embouchure.

TAM-AGA, riviere de Portugal.

TAM-ARA, TAMARIS, *aujourd'hui* TAMBRA, riviere de l'Espagne Tarragonoise.

TAM-ER, riviere d'Angleterre, dont l'embouchure est à Plymouth.

TAM-WORTH, Ville sur cette riviere ; *mot à mot*, passage du fleuve Tam.

TAM s'est aussi prononcé TIM : de-là,

TIM-AVUS, fontaine, lac, riviere & port d'Italie près d'Aquilée.

TIM-ETHUS, riviere de Sicile.

§. VI.

Noms de divers Lieux de l'Italie, dus à divers rapports, &c.

De même que les fleuves, les lacs, les étangs, les Fontaines, eurent des noms qui leur furent consacrés chez les Nations Celtiques, ainsi les montagnes, les forêts, les défilés, les vallées, les habitations en général eurent également des noms communs chez toutes ces Nations. Nous pourrions rassembler à cet égard des rapports aussi nombreux que ceux que nous avons présentés dans l'article précédent : mais pour ne pas fatiguer nos Lecteurs, nous nous contenterons de quelques-uns.

Bal, Bel, Mal,
Tête, Sur, Dessus.

La racine Celtique BAL, a constamment désigné la tête, l'élévation, la qualité de dominer ; elle dut donc servir nécessairement à désigner des Montagnes, des lieux élevés, des Villes situées sur des hauteurs : de-là ces divers noms :

BIL-ITIO, *Ablat.* BILITIONE, *aujourd'hui* BELLINZONE, Ville sur le Tésin, près du lac Majeur.

VEL-ITRÆ, sur l'Astura.

MALOITON, nom primitif, selon FESTUS, de la Ville de Benevent. On en fit *Malvinton*, & *Maloventum* : puis on crut qu'on lui avoit donné ce nom parce qu'elle étoit exposée à des vents funestes, & on le changea en BENE-VENTUM. Il venoit de DON, TON, habitation élevée, de MAL, tête, & de OI, IU, eau.

Dans les Pays Celtes.

BELIO-VAC, aujourd'hui BEAUVAIS.

PELLEN-DONES, Peuple d'Espagne placé sur des collines, à la tête ou à la source du Douro.

BIL-BILIS, Ville d'Espagne au confluent de deux rivieres.

Fal.

Nous avons déjà vu constamment que FAL étoit une nuance de BAL, & qu'il signifioit également *élevé* ; de-là ces noms :

FAL-ACRINUM, Ville des Sabins sur une montagne.

FAL-ERNUS, terroir montagneux, célèbre par ses vins : de FAL, élevé, & HERN, montagne.

FAL-ARIA, Ville des Picentins.

FAL-ERII, Ville & Peuple de l'Etrurie.

PRÉLIMINAIRE.

FELS, *anciennement* FELIS, signifie en Theuton, roches, Falaises, & de-là nombre de lieux en Allemagne. WEISSEN-FELS, roches blanches, &c.
FALAISE, en Normandie.
FALAISES, en François, roches escarpées, &c.

ÇAL,
Bois.

CAL signifie en Celte, bois; c'est le Latin CALA: de-là, avec OR, bord,

> CAL-OR, riviere qui coule le long d'un bois ou d'une forêt qui a près de vingt milles de long, sur quatre milles de large, & qui commence à peu de distance de Benevent.

Ce nom se conserva sur-tout dans l'Ecosse: on y voyoit:

> CALATERIUM NEMUS, ou le bois de Calaterium, dans la Province d'Albanie.
> CALIDONIA SYLVA, la forêt CAL-EDONIENNE.

Cette forêt occupoit une partie considérable de l'Ecosse, & étoit remplie de taureaux blancs très-farouches, redoutables aux hommes & aux chiens.

Cette forêt donna son nom aux Peuples Caledoniens, à la Ville de CALEDONIE, & à l'Océan Caledonien.

CAR, COR, SOR,
Noms de Montagnes.

CAR, COR, désignent en Celte des Montagnes & des habitations sur les Montagnes.

I.

> CAREA POTENTIA, *aujourd'hui* CARO, sur des hauteurs. Ici *Potentia* désigne la même idée, de POT, élevé, escarpé.
> CAREIA, Ville du Veientin, sur une montagne.
> CAR-SULÆ, Ville des Ombriens.
> CORA, Ville des Volsques, sur une montagne.
> CORas,
> COR-Itus, } montagnes du pays des Sabins.

Us Coras, *aujourd'hui* Mont Iscaro, dans la grande Grèce : de Cor, montagne, & des, élevé, en Celte.

Sor-Acti, montagne escarpée du Latium.

Sora, Ville des Volsques sur une hauteur.

II.

Carnicæ Noricæ, montagnes de l'Italie septentrionale. Leurs Habitans furent appellés Carni, *mot-à-mot*, les Montagnards. De-là, la Carniole, nom moderne de ce Pays. C'est le même nom que celui de Harn, donné à divers Pays de montagnes.

A-Carnania, l'Acarnanie, Province très-montagneuse de la Grèce. Son nom vient donc de la même racine. Il n'est pas étonnant que les Grecs n'en ayent pas connu l'étymologie : qu'ils ayent imaginé un Héros, appellé *Acarnan*, qui lui donna son nom, ou qu'ils l'ayent dérivé de ce que les Caretes ne comptoient pas leurs cheveux. Quand on est hors de la vérité, plus on imagine, & plus on s'égare.

CÆR, KER, CAER,
Ville.

CER, KER, signifioit en Celte, Ville, Habitation : de-là nombre de noms.

Cære, port de mer & très-grande Ville du Latium, qui fut soumise de bonne heure par les Romains. Ce nom signifioit la *Ville* par excellence. On l'appella aussi *Agylla*.

Acerra, Ville de la Campanie sur le Clanis.

Caro, Ville du Mont-Ferrat, à l'Est de Ceva.

Ker, est un nom de lieu très-commun dans la Petite-Bretagne. Il signifie habitation, Ville, &c.

CAUD,
Forêt.

Nous avons vu dans le Discours Préliminaire des Origines Françoises, que dans la Langue Celtique CAUD signifioit forêt, & que plusieurs lieux de l'Isle de France en tirerent leur nom : il en fut de même dans l'Italie.

Caudium

PRÉLIMINAIRE.

CAUDIUM fut par exemple, une Ville des Samnites située dans des forêts & dans des défilés entre Capoue & Benevent, appellés la *Forêt malicieuse*; c'est dans ces gorges que fut battue l'Armée Romaine à la fameuse journée des Fourches CAUDINES.

Ce mot de CAUD a eu aussi plusieurs dérivés dans la Langue Latine que nous avons réunis dans ce Volume, col. 239. & qui prouvent également l'origine commune de ces divers Peuples.

Le Caudium des Samnites s'est conservé dans les noms de deux villes situées dans les mêmes gorges; mais dans sa prononciation radicale, CAD, CAT: ces villes sont AC-CAD*ia*, & Sainte A-GATHE.

Il existe également dans la Calabre ultérieure une autre ville appellée Sainte AGATHE, sur les bords d'une Forêt à laquelle elle dut son premier nom qu'on changea ensuite en celui-ci.

Dans les Gaules.

Le nom de CAUD, prononcé CHAUX, s'est conservé jusqu'à présent dans celui de plusieurs forêts des Gaules.

CHAUX, forêt près de Dole en Franche-Comté.

CHAUX, } forêts près du lac de Joux en Franche-Comté.
Petite CHAUX, }

La CHAUX, près d'une forêt dans le même Pays.

CHASTI*llon*, sur une forêt près de Philippeville.

Point de doute que le Village de Suisse qu'on appelle LA CHAUX, & qui est peu éloigné de la Franche-Comté, n'ait dû son nom également au voisinage de quelque forêt. Le Savant Etymologiste des noms de lieux de l'Helvétie n'a cependant pas mis celui-ci au nombre des anciens noms de cette contrée, parce qu'il l'a regardé sans doute comme dérivé de notre nom François *Chaux*, & qu'il n'a point soupçonné le rapport du nom de lieu CHAUX avec le mot antique CAUD, forêt: ce qui lui a fait manquer de très-beaux rapports.

COTIA, CAUSIA, puis *Cusia, aujourd'hui* CUISE, forêt de Picardie avec Maison Royale, célèbre dans le IXe siècle.

Orig. Lat.

Dans la petite Bretagne, CAUD devenu COET, COUET.

COET-*Maloen*,
COET-*Goerren*, } Diocèse de Quimpercorentin.
Le COUET, près d'un bois, D. de Saint-Malo.
COUET-*Ergan*, à côté d'un bois, D. de Vannes.
BON-COUET, près de Moncontour, D. de Saint-Brieux.
GATTE-BOIS, près de Rohan, au N. E.

Au Maine.

Bois des GAUT-ELERIES, dans les Quintes du Mans.

Cette Province du Maine offre dans les noms de ses Forêts en GAUT, ART, la HAYE, BOIS, &c. des mots de toutes les Langues qu'on y aparlées.

Dans GAUT & ART, la Langue Celtique.
Dans LA HAYE, les Hayes, le Franc.
Dans FORET, Bois, le François actuel.

Ces Etymologies & ces rapports sont simples, constans & d'une évidence irrésistible.

CLUS.

CLUS désigna en Celte, des passages étroits, des portes qu'il étoit aisé de fermer.

I.

CLUSINA Palus, l'étang Clusium, lac long & étroit dans les gorges de l'Etrurie.

CLUSIUM, Ville sur cet étang ou lac.

CLUSIUS, riviere de l'Ombrie, qui coule dans une vallée, & se jette dans le Clitumne.

CLUSON, le Val de CLUSON, ou de Pragelas, dans les vallées du Piémont.

CLUSON, riviere qui traverse cette vallée.

Un autre rapport entre le CLUson du Piémont & le CLUsium des Etrusques, c'est que l'un & l'autre touchent des lieux appel-

PRÉLIMINAIRE.

lés Pérouſe; en Etrurie, le Lac & la Ville de Pérouſe : en Piémont, la Vallée & le Bourg de Pérouſe.

CLUSIUS, *aujourd'hui* CHIESE, riviere de Lombardie.

CHIUSA, Ville de l'Etat de Veniſe, ſur les frontieres du Trentin : elle ferme le grand chemin; enſorte qu'il faut paſſer par l'intérieur de la Ville, ou eſcalader les montagnes.

LA CLUSE, Ville de Savoye ſur l'Arve, & environnée de hautes montagnes.

II.

L'ECLUSE, Ville forte des Pays-Bas.

L'ECLUSE, le Fort de l'Ecluſe, au-deſſus du Rhône, dans le Bugey, & qui ferme entierement le chemin.

Les CLÉES, ſur l'Orbe, au pays de Vaud, & qui fermoit le chemin de la Franche-Comté.

LA CLUZE; divers lieux en France portent ce nom, & ſont tous ſitués dans des gorges.

FID,
Forêt.

FID, eſt un autre nom Celtique qui déſignoit les Forêts, & qui exiſte dans l'Irlandois *FEADHA*, Forêt. De là ;

FID-ENÆ, Ville des Sabins.

JULIA FID-ENT*ia*, au Midi du Pô, au Couchant de Parme, *aujourd'hui* C. Guelfo : & *mot-à-mot*, Julie de la Forêt.

ARETIUM FID-ENS, Ville d'Etrurie ; *mot-à-mot*, Aretium de la forêt, pour la diſtinguer d'une autre Aretium.

AU-FID*us*, une des plus grandes rivieres de l'Apouille, & qui prenoit ſa ſource dans de grandes forêts.

GAUN, CAUN,
Rocher.

GAUN, ſignifie Rocher en Langue Celtique : de-là ;

GAUNA, ſur un rocher dans le Canaveze.

Caunus, montagne d'Espagne dans la Celtibérie.
Caunus, plusieurs Villes dans la Grèce de ce nom & sur des montagnes.
Caunes, Ville du Haut-Languedoc dans les montagnes de l'Albigeois.
Acaunum, Agaunum, sur un rocher dans le Vallais en Suisse.

COT.

Cot, Kot, Kwt, est un mot Celte qui signifie Collines, Roc, & qui forma le Cos, Cotis, des Latins : de-là ;

Alpes Cottiæ, les Alpes Cotties, ou Cottiennes ; *mot-à-mot*, les Alpes de Rocs, escarpées. On a cru qu'elles tiroient leur nom du Roi Cottis, ou du Royaume Cottien auquel il avoit donné son nom ; mais toutes les Alpes ayant tiré leur nom de leur forme, ou de leur nature, on ne voit pas pourquoi il n'en auroit pas été de même de celles-ci : en effet, les Alpes maritimes, Graies, Pennines, Carniennes, &c. ne durent jamais leur nom à des hommes.

Il est plus naturel de croire que le Royaume dont il s'agit prit son nom des Alpes même qui le composoient, & que le nom du Roi Cottis n'étoit pas un nom propre, mais un nom relatif à ses Etats, ou plutôt un nom de dignité.

Cotynes, principale Ville des Aborigenes dans le pays de Reate, sur une montagne.

Dans les Pays Celtes.

Cot-Ylius, montagne du Péloponèse dans l'Arcadie.
Cot-Yius, colline de Phrygie : une des branches du Mont-Ida.
Cot-Ylaium, montagne de l'Eubée.
Cottens, dans le pays de Vaud, *mot-à-mot*, habitation sur la colline.
Cottences Saint-Hilaire, dans l'Artois.
Cottance, dans le Forez.
Cottenson, dans la Brie.
Cottun, en Normandie.
Cottes, en Bourgogne, entre deux vallées.

PRÉLIMINAIRE.

G E N,

Joue, Coude, Genou.

GEN, est un mot Celtique qui désignoit toute convexité, le genou, le coude, la joue, & qui devint le nom de tout lieu situé sur la convexité des eaux, sur leur courbure.

GEN-UA, *aujourd'hui* GENES, *mot à mot*, le genou, le coude des eaux. Cette superbe Cité est située sur l'endroit le plus élevé de l'arc que décrit la mer de Gênes.

GENUSIA, *aujourd'hui* GENOSE, sur un ruisseau, dans la Terre de Bari.

Dans les Pays Celtes.

GEN-ABUM, *aujourd'hui* Orléans, sur le coude si remarquable que forme la Loire qui, ayant coulé jusques-là vers le Nord, retourne vers le Midi pour se porter à l'Occident.

GEN-EVE, sur le coude du lac Leman & du Rhône.

AR-GENTO-RATUM, AR-GEN-TINA, nom de Strasbourg : cette Ville ne le doit pas à ses mines, mais à sa situation. TINA, habitation ; GEN, sur le coude, AR, de la riviere ; RATUM, passage, mot qui se prononce aujourd'hui RAT sur l'Océan Celtique.

GENES, près Château-Gontier, dans le Maine, sur un coude de l'Aillieres.

GENES, en Bretagne, frontieres du Maine, sur un coude de la Seiche.

PONT DE-GENES, sur l'Huisne au Maine, près Montfort-l'Amaury.

GEN-EAU, sur un coude de l'Huisne, en face de Pont-de-Genes.

G R A I.

GRAI, CRAI, est un mot Celte, qui désigne tout ce qui est pierreux, graveleux.

Il n'est donc pas étonnant qu'on l'ait donné à des montagnes, & à des lieux situés sur des montagnes.

ALPES GRAIÆ, les Alpes Graies, entre le Dauphiné & le Piémont. Comme on ignoroit la valeur de ce mot, on s'étoit imaginé qu'il signifioit Alpes Grecques, & qu'on avoit voulu conferver par-là le souvenir du paſſage d'Hercule dans ces Alpes: ce n'eſt rien de cela.

Le GRAISI-VAUDAN en fait partie ; c'eſt cette belle Vallée qui s'étend depuis le Fort Bareau juſqu'à Grenoble, & que traverſe l'Iſere. On a cru que ſon nom venoit de Grenoble, appellée, dit-on, GRATIANO-POLIS, ville de Gratien. Ne vaut-il pas mieux la dériver de ces mêmes montagnes GRAIES, au pied deſquelles elle étoit ? » Le VAUD, ou la Vallée des monts GRAIS ».

GRAY, Ville de Franche-Comté, ſur une montagne.

Ces noms paroiſſent avoir été connus des anciens Grecs : ils appelloient un Cap de l'Afrique, GRAIAS GONU, nom qu'on rend par ceux-ci, *Genou de la vieille*, c'eſt *mot à mot*, & au ſens propre, *Genou du rocher*, *du* rivage graveleux, pierreux, rempli de roches.

Ce Mot s'eſt également prononcé *Gres*, *Grez*, *Gris* : de-là divers autres noms de lieux.

 CRISSIER, GRISSIER, GRISSIERS, dans le Pays de Vaud, tous ſur des terrains graveleux & remplis de carrieres.

 GRESY, prononcé CRESSY, à l'Orient de Lauſanne, ſur un terrain ſemblable.

 CRECY, en Bourgogne, dans un pays de côteaux & de rochers.

 CRÉCY, en Brie.

 CRESSY, dans le Ponthieu, en Latin CRISCIA*cum*.

 GRISELICÆ NYMPHÆ, Nymphes du lieu appellé Griſolium.

 GRISOLI*um*, *aujourd'hui* Greoux, en Provence, déjà connu du tems des Romains par ſes eaux minérales.

 GRIZ*olles*, dans le Forez.

 GRIZOLL*es* en Brie ; un autre en Normandie.

 GREZE, dans le Bas-Languedoc, *anciennement* le Château GREDON, forterelle où l'on s'étoit réfugié lors de l'invaſion du Roi Crocus.

 GRIES-BERG, *mot à mot*, montagne griſe ou graveleuſe, en Suiſſe.

Dans la Baſſe-Alſace, on voit trois GRIESHEIM & trois GRIES-BACH.

PRÉLIMINAIRE.

Har, Ar, Art, Ert,

Noms de Forêts & de Villes situées dans des Forêts.

Nous avons vu dans le Disc. Prél. du Ve. Vol. pag. xxj que le mot HAR, HART, &c. désignoit en Celte une Forêt, & que divers lieux de l'Isle de France en avoient tiré leur nom. Il en fut de même en Italie.

I.

Sud-Ertum, Ville d'Etrurie, sur les bords d'une forêt & d'une riviere : de Su, eau, & Ert, forêt.

Eretum, Ville de la Campanie, située dans la forêt malicieuse.

Ardea, Capitale des Rutules, dans une forêt & sur le Numique.

Ar-Icie, forêt dans laquelle étoit une fontaine & un lac : de Ar, forêt, & Ic, eau. Cette forêt étoit consacrée à Diane.

Aricie, Ville située dans cette forêt & près de son lac.

Eg-Erie, fontaine & lac de la forêt d'Aricie : d'Eg, eau, & Er, forêt.

Artena, sur l'Aro, dans le Veientin, peut appartenir à cette famille.

Herdonea, aujourd'hui Ardona, dans la Daunie.

II. Dans les Pays Celtes.

Hartz, est en Allemand le nom général des forêts : de-là le nom de la forêt

Hercinienne, qui traversoit l'Allemagne; & qui subsiste dans plusieurs forêts particulieres, dont l'ensemble formoit celle-là.

Hercynia, forêt du Duché de Brunswick, abondante en mines de toute espéce, & dont il existe une Carte détaillée.

Hars, bois de la haute Hars, à l'Orient méridional de Namur, *mot-à-mot*, bois de la haute forêt.

Arts-Laer, sur les bords d'une forêt, dans le Brabant, *mot à mot*, Ville de la forêt.

Herstal, Château du Pays de Liége, qui donna son nom à Pepin de Herstal; il étoit placé dans une forêt : aussi étoit-il désigné par ces mots : *Haristallium cùm Foreste*.

Hert-Ford, Comté d'Angleterre fertile en bois.

Her-Gis-Wald, bois du Canton de Lucerne en Suisse.
Heri-Court, au bord d'une forêt, dans le Comté de Montbelliard.
Heri-Court, près du bois de Dozoulé & de Beuvron, en Normandie.
Saint-Martin l'Ars, ⎫ tous situés dans le Poitou, sur une forêt d'envi-
Ardin, ⎪ ron sept lieues, qui s'étendoit depuis l'endroit
Faye-sur-Ardin, ⎬ appellé la forêt jusqu'à Saint-Paul en Gatines, à
Puy-Hardy, ⎭ l'E. de la Chataigneraye.

Le Breuil Baret, le Breuil Bernard, Faye Moreau, Faye sur Ardin, Rouvré, la Chataigneraye, &c. durent leurs noms à cette même forêt suivant ses variétés : le *Breuil*, signifie un bois touffu ; *Faye*, un bois de hêtres ; *Rouvré*, un bois de chênes ; la *Chataigneraye*, un bois de chataigniers.

Art-Enay, près la forêt d'Orléans.
Ard-Enay, à côté d'une forêt, dans le Maine.
Arthée, à côté d'une forêt appellée landes du petit Bouleau, dans le Maine.
Bo-Ere, forêt, Ville & canton dans le Maine.

MAR,
Montagne.

MAR, est un mot Celte qui désigne les montagnes : de-là divers noms.

I.

Maricus, montagne d'Italie.
Mario, montagne sur le Tibre, dans la campagne de Rome.
Maronée, Ville des Samnites.
Marons, descente des Marons ; *mot à mot*, descente des montagnes.
Tel est le nom de cette longue descente qui conduit du sommet du Mont-Cenis à la Novaleze ; du haut des Alpes, dans les plaines de l'Italie.

II.

Mariola, montagne d'Espagne dans le Royaume de Valence.
Marly, sur un côteau dans l'Isle de France.
Morey, montagne de la Franche-Comté.
Maronée, Ville de Thrace sur une montagne, & célèbre par ses vins.
Maronites, les Habitans du Mont-Liban.

Is Maros

PRÉLIMINAIRE.

Is-Maros, montagne de la Thrace.

Mar signifiant montagne, s'est souvent confondu avec le nom du Dieu Mars.

Martis Vertex, un des sommets des Alpes Cottiennes.

Mont-Martre, montagne près de Paris.

NET, Fil, Filet.

Neeto, *anciennement* Neæthus, riviere dans la grande Grèce ou dans la Calabre citérieure : ce nom est très-commun en Celte : & tient au verbe Nydhu, filer.

Neath, riviere & Ville d'Angleterre.

Neda, riviere de l'Arcadie.

Nedon, riviere du Péloponèse.

Nedh, riviere du Comté de Morgan en Angleterre.

Nid, riviere dans la contrée de Sollwey.

Né, riviere de Saintonge.

Nea, riviere du Périgord.

Nez, riviere du Béarn.

Ness, lac & riviere d'Ecosse.

Nette, deux rivieres du Brabant, la grande & la petite.

Nette, riviere de l'Electorat de Tréves; & Nette, Village sur cette riviere.

Nette, riviere du Duché de Brunswick.

Nette, riviere de Paderbornn.

Neize, riviere du Lunebourg.

Nidda, riviere de la Wetteravie.

Nide, deux rivieres de ce nom en Lorraine.

Nide, riviere du Pays Messin.

O c è l l.

Ocill, signifie en Bas-Breton, presqu'Isle, terre avancée dans l'eau. Ocell en Gallois, Promontoire, pointe de terre avancée dans l'eau.

Ces noms viennent de Och, élevé.

Ocellum, en Piémont, sur la Duria minor.

Oscela, sur une riviere, au Nord du lac Verbanus en Italie.

Orig. Lat.

Ocellus, Place considérable dans la presqu'Isle d'Holderness, sur un cap, en Angleterre : c'est aujourd'hui le Village de Keln-Sey : *mot à mot*, le lieu de Cell sur la mer.

Och, Ochr,
Montagne.

Och, Ochr, signifie en Celte, haut, élevé, escarpé, rude.

I.

Ocra, Montagne des Alpes entre la Venetie & la Norique, chez les Carnes.

Ocra, Ville d'Italie chez les Carnes.
Inter-Ocrea, Ville des Sabins entre les montagnes : ce nom démontre qu'*Ocrea* étoit significatif chez les Sabins, & qu'il désignoit les montagnes.
Ocri-Culum, Ville sur le Nar.
Locri, Ville de la grande Grèce, sur une montagne appellée aujourd'hui la Motta de Burzano.

II.

Ocha, la plus haute montagne de l'Eubée.
Ochus, montagne de la Perside.

Or, Hor, Ur,
Montagne.

Hor, Or, Ur, est un autre nom de Montagne, commun en Celte.

Uria, ou Oria, Ville sur une Montagne au Sud-Ouest de Brindes.

Oros, montagne en Grec.
Or-Belus, montagne de Macédoine.
Orestæ, Peuple de la Molosside.

Po, Pot, Bod,
profond, haut.

Bod, Pot, est un mot Celtique qui désigna les idées relatives à la hauteur & à la profondeur ; il forma le Latin Potens, Puteus, &c. & une foule de noms de lieux, même des noms de rivieres, de lacs, &c.

I.

Bodincus, le Pô, le plus grand fleuve de l'Italie.

Bodinco-Magum, ensuite Industria, Ville sur le Pô, à l'endroit où il commençoit à s'élargir.

Padinum, Ville sur le Pô, à l'endroit où il se partage en diverses branches.

Pat-Avium, aujourd'hui Padoue, sur une grande riviere : mot à mot, eau profonde.

Pot-Entia, riviere qui se jette dans la mer Adriatique, aujourd'hui Potenza.

Pot Entia, Ville sur cette riviere.

Pot Entia, aujourd'hui Potenza, Ville dans de hautes montagnes au Royaume de Naples, dans la Basilicate.

II.

Pot, en Grec signifie grand, d'où Pot-Amos, nom des fleuves, mot-à-mot, grande eau.

Prononcé Pont en le nasalant, il devint le nom des mers, ou la vaste eau & le nom de quelques rivieres.

Le Pont-Euxin, &c.

Pontus, fleuve de la Macédoine.

Pot-Idée, Ville de Macédoine, sur un Isthme.

Bod-Incus Lacus, Lac de Constance en Suisse :

Podium, désigna dans les Gaules, les montagnes élevées en forme de pic : ce mot s'altera en Puech, Puy, Poet, Peu, &c.

Podium, la Ville du Puy en Velay.
Podium Celsum, Château du Diocèse d'Alby, *aujourd'hui* Pech-celsis, ou Puiceley.
Podium Laurentii, *aujourd'hui* Puy-Laurens, en Languedoc.
Podium Nauterium, *aujourd'hui* Pénautier, D. de Carcassonne.
Podium Soriguer, *aujourd'hui* Puy-Salguier, D. de Beziers.
Podium Ferrandi, *aujourd'hui* Puy-Ferrand, en Auvergne.
Pod-Eacia, *aujourd'hui* la Puisaye, pays de montagnes dans l'Auxerrois.
Puiers, en Bourgogne, sur une montagne.
La Roche Pot, la plus haute montagne sur le chemin de Lyon à Paris.
Puech d'Usselou, montagne du Quercy.
Puy de Dome, la plus haute montagne d'Auvergne.
Puy-Beiiard, sur une montagne dans le Poitou, Election de Fontenay.
Poet-Laval, dans le Dauphiné.
Potes, Ville d'Espagne dans l'Asturie de Santillane.

Sal, Sul,

Habitation.

Sal, Sul, mots Celtes désignant les idées relatives à Habitation : de-là divers noms de lieux.

I.

Sala, Ville de la Province de Verceil.
Salla, Village du Val de Suze.
Sulmo, Ville des Volsques ; de *Mo* ou *Mon*, montagne.
Sulmo, Ville des Pelignes.
Salerne, Ville au Midi de Naples.
Æ-Sula, ⎫
Sas-Sula, ⎬ Ville du Latium.
Sues-Sula, Ville à l'Orient de Naples.
Fæ-Sula, Ville d'Etrurie.
Sal-Ebro, Ville sur l'embouchure d'une riviere.
Ru-Sella, Ville sur une riviere.

PRÉLIMINAIRE. ccxiij

II.

SALA, nom de Villes en Thrace, Pannonie, Espagne, Asie mineure, Afrique.

SALE, la SALE, plusieurs lieux de ce nom en France.

TRE, TRI, TREV, TREB,
Habitation.

TRE, TREW, signifie en Celte, habitation : de-là divers noms de lieux.

I.

TREBa,
TREBia, } Villes du pays des Eques.

TREBula Mutusca,
TREBula Suffenatis, } Villes des Sabins.

TREBula, Ville de Campanie.

TRI-VENtum, Ville des Samnites sur le Trinius.

ALa-TRIum, Ville des Herniques sur une montagne.

II.

TREVES, en Allemagne, Capitale du Peuple appellé TRE-VIRI, ou Habitans des fleuves, étant sur le Rhin, la Meuse, &c.

TREVES, dans l'Anjou sur la Loire, mot-à-mot, habitation sur la Riviere.

TREVOUX, Ville du pays de Dombes.

En terminaison TRE, TRY, signifie Habitation : de-là ;

VI-TRY, plusieurs lieux de ce nom en France.
VI-TRÉ, en Bretagne.
CU-TRY, en Picardie.
CU TRIVEY, en Suisse.
LU-TRY, en Suisse, sur le Lac Leman.
BOU-DRY, en Suisse.

DISCOURS

PARTIE II.
DES LANGUES DE L'ITALIE,

Et en particulier de la Langue Latine & de ses Révolutions.

ARTICLE I.
Des Langues OSQUE, SABINE, &c.

§. I.
Causes par lesquelles la Langue primitive se modifia en plusieurs dans l'Italie.

LES Peuples de l'Italie sortis d'une même souche parloient la même Langue; celle qui forma le fond du Theuton, du Grec, du Gaulois; mais dès que chacun de ces Peuples fut séparé de sa Mere Patrie, & cantonné dans un territoire où il n'eut point de liaison avec les autres Habitans de la même Contrée, leur Langue commune dégénéra nécessairement & de bonne-heure en plusieurs Dialectes qu'on ne tarda pas à prendre pour autant de Langues différentes.

La prononciation seule fut une des grandes causes de cette diversité : les Ombriens, les Marses, les Samnites qui habitoient le haut des Apennins, ne purent, ni ne durent prononcer de la même maniere que les Peuples qui habitoient dans les plaines ou sur le bord des mers, tels que les Latins, les Campaniens, &c.

La variété des besoins, des idées, des occupations fut une autre cause essentielle de cette diversité. Les Etrusques, par exem-

PRÉLIMINAIRE.

ple, livrés à un très-grand commerce, liés avec les Grecs, les Egyptiens, les Phéniciens, avec tout ce qu'on connoissoit de Peuples policés; qui cultivoient la peinture, la marine, les beaux Arts, tous les objets de luxe, &c. durent avoir de très-bonne-heure une langue riche, nombreuse, douce, savante: tandis que leurs voisins qui persévéroient dans la vie dure, champêtre & sauvage des premieres peuplades, durent conserver la rusticité de leur ancienne Langue; & elle dut paroître plus rustique, à mesure qu'elle se polissoit & se perfectionnoit chez leurs voisins.

Chacun des Peuples de l'Italie dut encore altérer sa Langue par des emprunts dans les Langues des Nations qu'il avoisinoit. Les Peuples du Midi sans cesse mêlés avec des Colonies Grecques, & qui alloient à l'Ecole des Grecs, durent adopter une foule d'expressions & de tournures grecques; tandis que ceux du Nord dont les intérêts étoient sans cesse mêlés avec ceux des Gaulois, des Theutons, des Illyriens, durent porter l'empreinte de ces Langues barbares. De-là, les diverses Langues qu'on parloit dans l'Italie au tems des Romains, & dont ils nous ont conservé les noms ou quelque léger vestige; la Langue Osque ou Volsque, parlée dans la Campanie; la Langue Opique ou des Sabins; l'Etrusque; celle du Latium.

Les Romains auroient pû nous transmettre une idée générale de ces Langues: mais ils ne les regardoient que comme des patois indignes d'eux, sur-tout lorsqu'ils eurent goûté la Langue Grecque; car dans les commencemens, ils se piquoient d'être instruits dans l'Etrusque qui se parloit à leurs portes, & de faire élever leurs enfans chez ce Peuple savant & poli. C'est ainsi que Tite-Live observe (1) que Marcus-Fabius Cæson fut savant dans la Langue Etrusque, & qu'il la possédoit d'autant mieux qu'il avoit été élevé avec un Esclave Etrurien.

(1) Liv. IX.

DISCOURS

Ce mépris des Romains pour tout ce qui n'étoit pas eux, nous a privés des grands avantages que nous auroit procuré la comparaison de ces Langues : ils ne nous en ont conservé que quelques mots ; heureusement on a découvert dans ces derniers siécles des monumens Osques, Etrusques, &c. qui peuvent nous en donner une légere idée.

§. II.
De la Langue OSQUE.

La Langue Osque étoit celle des Campaniens & de l'ancienne Ausonie : elle subsistoit encore dans les beaux tems de la République, & on pouvoit la regarder en quelque sorte comme un patois de l'ancien Latin : aussi les Romains qui en adopterent quelques mots se faisoient un plaisir d'introduire sur la Scène des Acteurs parlant Osque, comme nous l'apprend STRABON, (Liv. V), de la même maniere que nous trouvons dans Moliere des Scènes en Picard & en Gascon.

A l'exception de ces mots empruntés par les Romains, & de quelques Médailles, on ne connoît de ces Peuples qui étoient cependant riches & puissans qu'un très-petit nombre de monumens, tels que celui de la Table de Junon que nous avons rapporté dans l'Origine du Langage & de l'Ecriture, Pl. XX, & un plus étendu dont nous ferons bientôt mention : il semble que ces Nations avoient hérité de l'indolence des Celtes & des Gaulois sur les moyens de transmettre le souvenir de leurs exploits & de leurs belles actions : que contents d'être libres, toute autre gloire leur étoit indifférente ; ou que semblables à ceux qui ne connoissent d'autre bien que les plaisirs de la vie animale, ils n'avoient nul goût, nulle disposition pour éclairer leur esprit & pour cultiver les sciences.

PRÉLIMINAIRE.

Mots Osques.

Les Anciens Auteurs Latins nous ont conservé divers mots Osques ; mais il n'en est aucun qui soit particulier à cette Langue : nous les retrouvons tous dans la Langue Latine ou dans les Langues Grecque & Hébraïque ; ce qu'ils ont de propre, c'est une prononciation & une orthographe différente de celle qu'ils offrent dans les autres, ou une terminaison particuliere, souvent même l'absence de toute terminaison. Voici ces mots.

Cascus, vieux, ancien.

Casnar, vieillard. Ces deux mots sont des dérivés de l'Oriental קץ *Cats*, fin, extrémité, la vieillesse étant l'extrémité de la vie, mot qui est le Celte Cas, blanc ; la vieillesse est blanche & chenue : Varron dérive également de là le nom de la Ville de Casinum qui signifioit, dit il, en Latin Forum Vetus, *le vieux Bourg*, ou *Bourg vieux*, Ville vieille.

Cœl, Ciel, mot également adopté par les Latins qui y ajouterent une terminaison.

Daiivus, insensé ; mot prononcé dans l'origine *Dalcius*. C'est l'Oriental שלה, *Salé*, imprudent, sans sagesse, mot où les lettres S & D ont été mises l'une pour l'autre, comme cela arrive souvent.

Famel, serviteur : les Latins en firent Famulus.

Gau, joie, mot Celte, Grec, &c. Les Latins en firent Gaudium.

Ma-mers, Mars : *mot-à-mot*, le Grand Mars.

Mamercus, par réduplication pour Marcus.

Mæsius, le mois de Mai.

Meddix, le Magistrat suprême : en Celte, Medd, puissant.

Multa, amende : en Latin, *Mulcta*, & même *Multa*.

Petora, quatre, c'est le Quatuor des Latins ; Q changé en P ; changement très-commun.

Pipatio, cris d'une personne qui pleure : ce qui est une très-belle onomatopée.

Pitpit, en Latin, Quidquid, tout ce que ; ici Q changé en P, comme dans *Petora*.

Solium, tout, le *Holon* des Grecs qui signifie tout, & dont les Latins firent le mot *Solum*, ce qui est seul, ce qui fait le tout.

Vita, charriot, racine du Latin V*e*ho, je conduis, je voiture.

Ungulus, anneau. Ce mot ne paroît avoir aucun rapport avec d'autres langues : il est cependant Grec, &c. mais avec une prononciation particuliere. Ici la lettre N a pris la place du G : on sait que de deux G de suite, le premier se prononce en N chez les Grecs : Nous pouvons donc l'écrire Ogg ; mais ce mot Ogg est un radical qui a toujours désigné l'idée de rondeur, d'anneau, d'enceinte.

Inscription en Langue Osque.

Dans les ruines d'Abella en Campanie, on trouva une pierre chargée d'une Inscription dont on fit le seuil d'une porte : dans ces derniers tems un homme de Lettres nommé Etienne Remondin, fit enlever cette pierre, & la donna au Séminaire de la villle de Nola, voisine d'Abella. On en envoya une copie au savant Passeri, qui y vit un Réglement entre ces deux villes au sujet de leurs limites. Remondin fit imprimer ces observations en 1760, & Passeri les fit réimprimer dans le dernier volume de son bel Ouvrage sur les Peintures Etrusques, en trois volumes in-folio. M. l'Abbé de Chaupy nous a communiqué une autre copie de ce monument qu'il a prise lui-même sur les lieux avec la plus grande exactitude, & qu'il se propose de donner un jour au Public avec ses observations : comme cette copie differe en quelques endroits des imprimées, nous en avons fait graver quelques lignes, *Planch*. I. N°. II. que nous allons mettre ici en caracteres romains.

Ekkuma
Tribalak
Liimitu
Herecleis. Fiisnu. Mfff
Ist. Entrar Feinuss Pu
Herecleis. Fiisnam. Am

PRÉLIMINAIRE. ccxix

ET. PERT. VIAM. PUSSTIS
PAI. IPISI. PVSTIN. SLACI
SENATEIS. SVEIS. TANCI
NVR. TRIBARAK. AVUM. L. I.
KITUB. IM.... IUK. TRIBA

On y reconnoît sans peine des mots Latins.

Liimitu, limites.
Ist, est.
Enirar scinuss, entre les confins.
Pert, par.
Viam, le chemin.
Senateis sueis, de son Sénat, ou ses Sénateurs.
Aht, pour *Act*, mesure de terre.
Tri, trois.
Teremmss, termes, bornes.

Lis, procès.
Tera, terre.
Thesaurus, trésor.
Nep, pour *Nec*, ni.
Patens, manifeste.
Vestiri cvi, vos Citoyens.
Seksi, six.
Puranter, purement.
Fructatius, du mot *fructus*, fruit.
Muinicu Ville Municipale.

Ce Monument est relatif à une détermination de limites, entre les habitans d'Abella & de Nola; les premiers avoient nommé pour chef de la Commission Tancinus leur Tribun ou Magistrat suprême: l'Arpenteur étoit Namus-Vettius. Il paroît qu'un Temple d'Hercule servoit de point de partage; parce, sans doute, qu'il étoit comman aux deux Peuples, suivant l'usage de l'Antiquité: coutume non-seulement utile aux finances de chaque Peuple; mais très-propre à les lier entr'eux par les sentimens de la piété la plus tendre, & de la fraternité la plus affectueuse.

§. III.

De la Langue des SABINS.

Les SABINS, Peuple Ombrien, parloient la même Langue que les Ombriens, que les Peuples du Latium, que les Osques; mais avec des variétés qui en formoient une Langue à part, comme

e e ij

DISCOURS

l'Anglois, l'Allemand & le Suédois diffèrent, quoique ces Langues n'en formassent dans l'origine qu'une seule.

Les Anciens nous ont conservé quelques mots Sabins, par lesquels nous pourrons nous former une idée de cette Langue & de son origine.

MOTS SABINS.

ALPUS, blanc : c'est l'ALBUS des Latins, l'ALP des Celtes, qui signifie blanc : de-là le nom des Alpes, qui signifia également montagnes élevées.

AURELIA, famille Sabine qui faisoit dériver son nom du Soleil, parce qu'elle prétendoit lui devoir son origine : c'est une des familles qui vinrent s'établir à Rome.

CATUS, pointu, aigu, (VARRON). CATA DICTA, des bons mots, des pointes ; c'est un mot Celtique : on en fit chez les Gaulois, CATEIA, javelot, dard.

En Irlandois, CATad, dard, CATH-FUReas, action de pointiller. CATH-FURE, Sophiste.

CIPRUS, bon, d'où Varron tiroit le nom d'une rue de Rome, bâtie par les Sabins, & qu'ils avoient appellée *Vicus Ciprius*.

CRETRUM, le soir.

CUBA, Litière ; du Prim. CUB, cacher, mettre à couvert.

CURIS, Lance, en Celt. CUR, action de frapper ; CURO, frapper, blesser.

EIDUS, le jour des Ides ; mot Sabin, comme nous l'apprend Varron.

EMBRATUR ; on voit ce mot sur des médailles Samnites : c'est l'Imperator des Romains : venant de MAR, grand ; AMAR, ordonner.

HERNA, rochers ; du primitif ARN, rocher, pierre, montagne : ce mot est Béarnois, Celte, &c. C'est de-là qu'est venu le mot ARSAUTES, nom des montagnes de l'Epire, dont l'origine étoit inconnue. *Voy. ci-dess. p.* cliv. cxcvij. cc.

IRPUS, loup, mot à-mot, animal vorace : c'est un mot Samnite. Il tient à la famille HARP, harper, ravir, enlever. *Voy. ci-dess. p.* clv.

LIXULA, mot Sabin, dit Varron, & qui désignoit un gateau fait très-simplement, sans beaucoup d'apprêt : de LIXUS, cuit à l'eau.

PRÉLIMINAIRE.　　ccxxj

N<small>ERO</small>, vaillant, fort : c'est le Celte *Nar*, fort, d'où le Grec A-N<small>ER</small>, homme ; le Latin, N<small>ERV</small>us, nerf, &c.

O<small>CRIS</small>, mont escarpé, mot Sabin, Grec, Celte. Dans les Tables Eugubines, O<small>CRER</small>, le Dieu des montagnes, est un des surnoms de Jupiter. *Voy. ci-dess. p.* ccix & ccx.

S<small>TREBULA</small>, désignoit en Ombrien, un morceau de viande offerte en sacrifice. Turnèbe le dérive du Grec *Strephein*, tourner, parce qu'il étoit toujours pris sur la hanche. Ne seroit-pas plutôt de ce qu'on offroit ce morceau en se tournant vers toutes les faces de la terre ?

T<small>ALUS</small>, prénom Sabin.

Les Sabins avoient outre cela divers mots qui ne différoient des Latins que par la prononciation : c'est ainsi qu'on voyoit entre ces Peuples la même différence qu'entre les François & les Espagnols, dont les uns prononcent en F, ce que les autres prononcent en H.

Les Espagnols disent, par exemple, *Hierro* pour *Fer*.

Les Béarnois, *Hille* pour *Fille*.

De même les Sabins prononçoient en F ce que les Latins prononçoient en H.

F<small>EDUS</small>, étoit chez-eux le Latin H<small>EDUS</small>;

F<small>IRCUS</small>, en Latin H<small>IRCUS</small>.

INSCRIPTIONS

En Langue Sabine - Ombrienne,

O<small>U</small> T<small>ABLES</small> E<small>UGUBINES</small>.

Restituons à la Langue des Ombriens, même Peuple que les Sabins, un monument précieux dont on faisoit honneur aux Etrusques ; & qu'on appelle T<small>ABLES</small> E<small>UGUBINES</small>, parce qu'on les trouva à Eugubium.

DISCOURS

C'étoit une ville considérable de l'Ombrie, située dans les Apennins & à quelque distance d'un Temple élevé au haut de ces monts à Jupiter, dans une Forêt de chênes qui avoit été son premier Sanctuaire. C'est-là qu'on l'adoroit sous le nom de IOU APENNIN.

Près des ruines de ce Temple on trouva en 1456, sept Tables de Bronze chargées d'Inscriptions, deux en caractères Latins, les cinq autres dans l'ancien caractère Italique ou Pelasge qu'on appelle Etrusque, parce qu'il fut employé par les Peuples d'Etrurie, mais qui étoit également Osque.

D'ailleurs, EUGUBIUM n'étoit point ville Etrusque: & la Langue de ces Inscriptions a de très-grands rapports avec celles des Osques & des Latins.

Tous ceux qui s'en sont occupés jusqu'ici, les ont regardées comme des monumens Etrusques, à l'exception du seul Passeri, d'autant plus digne de foi, qu'il est lui-même Noble Eugubien, & très-versé dans les antiquités de l'Italie: aussi tout ce qu'on a dit à ce sujet se confond avec les idées qu'on a eues sur la Langue Etrusque.

MAZOCHI, MAFFEI, AMATI, n'y voyent que l'Hébreu: tandis que BOCHART, pour qui tout étoit Hébreu & Phénicien, a soutenu que l'Etrusque n'avoit aucun rapport avec l'Hébreu. BOURGET (1) & GORI en faisoient un Dialecte Grec.

Le P. STANISLAS BARDETTI, dans un Ouvrage posthume imprimé à Modène en 1772, sur la Langue des premiers Habitans de l'Italie, y voit les Langues Celtiques du Nord, le Bas-Breton le Gallois, le Goth, l'Anglo-Saxon, le Franc, l'Alamannique.

---

(1) Mém. de Cortone, in-4°. T. II. & Bibl. Ital. T. XVII.

PRÉLIMINAIRE. ccxxiij

Adrien Scrifkius, soutient que la Langue Etrusque est la même que le Theuton.

De ces vues diverses, résultoient des explications chimériques qui confirmoient l'Abbé Renaudot dans l'idée que la Langue Etrusque étoit perdue sans retour, & qu'il étoit impossible d'en recouvrer un seul mot.

Passeri, laissant de côté toutes ces opinions, entreprit d'expliquer les Tables Eugubines par elles-mêmes, & par les rapports qu'elles pouvoient avoir avec les Langues de l'Italie; il en est résulté un travail très-ingénieux, conforme aux usages religieux de ces anciens Peuples, & vrai dans la plus grande partie, s'il ne l'est en tout.

Ces Explications de Passeri parurent d'abord en forme de Lettres dans le Journal de Calogheri (1) sous le titre de LETTERE RONCAGLIE'E. L'Auteur les réunit ensuite en un seul corps à la fin de son Supplément à l'Ouvrage de Dempster, intitulé *Etrurie Royale*, & qui parut à Luques en 1767, in-folio.

Jusqu'à lui, on ne s'étoit pas moins partagé sur l'objet de ces Tables, que sur leur langue. Buonaroti y voyoit des Traités d'Alliance. Gori, des Complaintes: Bourguet, des Litanies Pélasgiques; Montanus, des Tables de Loix. Mais Passeri qui avoit lu dans Pausanias qu'on suspendoit dans les Temples, des Tables qui contenoient les cérémonies des initiations, & qui voyoit que celles-ci étoient remplies de mots relatifs aux sacrifices & aux divers noms de la Divinité, Passeri, dis-je, les a prises pour ce qu'elles sont, pour des Rituels relatifs au culte de Jupiter & à celui de Mars.

Le premier de ces Dieux y est appellé IVPATER, & on lui don-

---

(1) Raccolta d'Opuscoli Scientifici, T. XXI, ann. 1740. & XXVI, ann. 1742.

ne diverses épithétes tirées de la Langue Italique, telles que celles-ci;

SERFE, Sauveur.
KAPIRV, Cabire, ou le Très-Puissant.
ESO, ESONA, ESU-NUMEN, le Dieu fort.
FOSSEI, le Lumineux ; en Grec, *Phós*, lumiere.
FABV, FABIV, l'Auteur de la parole. ⎱ Mots Latins.
FERHTRV, le Feretrien, celui qui frappe. ⎰
NERV, NERF, le fort, le nerveux. ⎱
OCRER, ⎱ le haut, le montagneux. ⎰ Mots Sabins.
ORER, ⎰
PACERSEI, le Pacifique.
PERSEI, le Destructeur des méchans.
PRESTOTA, le Secoureur.
SANSIE, le Saint.
TIKAMNE, le Pere du fort ; de *Tyche*.
HONDV, le Dieu des ondées ou de la pluie.
OLTV, le Vengeur ; en Latin, VLTOR.
NIMCTV, le Neigeux.
NIPITV, le Nébuleux.
SONITV, le Tonnant.
VVFIVNE, autre épithère que n'a pu expliquer Passeri. En Irl. FIUN, signifie vénération, dignité, estime. FIU, estimable, vénérable. En Vald. *Fion*, élévation, vanité, action de se priser, estime de soi-même.

On y trouve ces noms d'animaux,

OVEI, OVI, AVEIS, VVEF ; *en Lat.* OVE, brebis.
ANGLA, ANGLAF, ANGLVTO, agneau.
ARVIO, HERIEI ; *en Lat.* ARIES, bélier.
HAPINA, APINA, *en Lat.* AMBEGNA, brebis entre deux agneaux.
APICA, PEIQVA, PEIQ, brebis dont le ventre est sans laine.
KAPRV, KAPRVM, KAPRES, chévre.
PORCO, SVE, SI, SAKRE, cochon.
BERRVS, *Lat.* VERRES, verrat.
ABRVNV, ABROF ; *Lat.* APRO, sanglier.

PRÉLIMINAIRE.

BUF, BVE, bœuf.

JVVENGAR, TORV, VITLV; *Lat.* JUVENCA, TAURUS, VITULUS, geniſſe, taureau, veau; *en Lang.* Vedel.

KATLE, KATLV; *en Lat.* CATULUS, chien.

ANXERIATES, animaux qu'on n'a pas tondu.

PERAKRI, animaux qui étoient errans; *per-agros.*

FELIV, animaux qui tettent; *en Lat.* FELLARE, téter.

FERINE, bêtes fauves ou ſauvages.

Les noms de ces couleurs.

ROFRV, *Lat.* RVBRO, rouge.

RUSEME, roux; ATRV, *Lat.* ATRO, noir.

CONSTITUTION de cette République.

On voit par ces Tables que la République d'Eugubium, très-antérieure à celle de Rome, étoit compoſée de la même maniere que celle-ci; de Patriciens ou Nobles nommés PRE-VERIR, *hommes placés à la tête*: du Peuple nommé POPLER, & de la populace du plebs, appellée TRIPLER, parce qu'elle payoit au fiſc un impôt de trois oboles: & qu'elle étoit compoſée de neuf Tribus de Campagne dont on trouve les noms dans ces Tables.

Le Chef de la République étoit appellé POEMON ou Paſteur; il n'étoit en place qu'un an: il avoit ſous lui un KVESTUR ou Queſteur qui levoit les Impôts, & qui les portoit dans le tréſor public.

On y voyoit des Freres Arvaux, des Saliens, un Hiérophante ou Miniſtre ſacré ſous le nom d'ERUS, &c.

Cette République ſubſiſta juſqu'à la fin du XIVe. ſiécle, où par un Arrêt de ſon Sénat, elle ſe mit volontairement ſous la protection des Comtes de Feretri.

TABLE I.

La premiere Table ordonne un ſacrifice d'une brebis qui

Orig. Lat.

vient de mettre bas & qui n'ait pas été tondue : Este... Aveis Aseriater ; d'une brebis dont le ventre fût sans laine Peica ; d'un agneau avec sa laine, Angla Aseriato ; à l'honneur de Jupiter redoutable, Tremnv; pour la ville entiere, Tote Iiovine, nom primitif d'Ikuvium, ou Eugubium; soit pour les Tribus de la plaine, soit pour celles des montagnes, Popler Anferener et Ocrer.

A la seconde ligne, est le mot Stiplo : il paroît être le même que Stipe, nom de la monnoye dans les premiers tems, & c'étoit le nom de celle qu'on offroit aux Dieux. Suetone (Vie d'August.) dit que, » chaque année tous les Ordres de l'Etat » jettoient pour sa prospérité Stipem, une piéce de monnoie dans le Lac de Curtius ». Varron, (Lang. Lat. Liv. V.) dit aussi, » qu'on appelle Stipem, l'argent qu'on donne aux Dieux.

A la vingt-deuxiéme, commence un Cantique ou une Hymne à l'honneur de Jupiter & en faveur des Eugubiens : notre Auteur propose de le diviser par stances de cette maniere, afin d'avoir une idée de la poésie de ces tems antiques.

Chœur.

Prevereir. Treblaneir.
Iuve. Grabovei.
Buf. trif. fetu. eso.
Naratu. vesteis. teio.
Subocau. Suboco-Dei.
Grabovi. ocriper. Fisiu.
Totaper. Iiovina.

Demi-Chœur.

Erer. nomneper. erar.
Nomneper. Fossei.
Pacersei. ocresisei
Tote Iiovine.

Chœur.

Erer. nomne. erar.
Nomne. Arsie. tio. subocau.
Suboco. Di. Grabove.
Arsier friteio.
Subocau. suboco.
Dei. Grabove. Di Grabovie.
Tio. esu. bue. peracrei.
Pihaclu. ocreper. fisia.
Totaper. Iiovina.

Demi-Chœur.

Trer. (lis. Erer.) Nomneper. erar.
Nomneper. Dei. Grabovie.

PRELIMINAIRE.   ccxxvij

Orer. ofe. perfei.
Ocrefifie. pir. orto eft.
Toteme. Iovine.

Chœur.

Arfmor. derfecor. fubator. fent.
Pufei. neip. heritu.
Dei Grabovie. perfe. tuer. perfcler.
Vafeto. eft. pcfetom. eft.
Peretom. eft. frofetom. eft.
Daetom. eft. tuer. perfcler.
Virfeto. avirfeto. vas. eft.
Di. Grabovie. Perfei. merfei.
Efu. bue. peracrei. pihaclu.
Pihafei. Di. Grabovie.
Pihatu. ocrefifei. pihatu.
Tota. Iovina.

Demi-Chœur.

Di. Grabovie. pihatu.
Ocrer. fifier.
Totar. Iuvinar.

Chœur.

Nomne. nerf. arfmo. veiro.
Pequo. caftruvo. fri. pihatu.
Futu. fos. pacer.
Pafe. tua. Ocrefifi.
Tote. Iiovine.

Demi-Chœur.

Erer. nomne. erar.
Nomne. Di. Grabovie.
Salvo. fcritu. ocre. fifi.
Salva. feritu.
Tota. Iiovina.

Chœur.

Di. Grabovie. falvo. fcritu.
Ocrer. fifier.
Totar. Iiovinar.

Demi-Chœur.

Nome. nerf. arfmo. veiro.
Pequo. caftruvo. fri.
Salva. feritu. futu. fos.
Pacer. pafe. tua.
Ocrefifii.
Tote. Iiovine.

Chœur.

Erer. nomne. erar.
Nomne. Di. Grabovie.
Tio. Efu bue. peracri. pihaclu
Ocreper. fifiu.
Totaper. Iiovina.

Demi-Chœur.

Erer. nomneper. erar.
Nomneper. Di. Grabovie.
Tio. fubocau. Di. Grabovie.
Tio. Efu. bue. peracri.
Pihaclu. Etru. ocriper. fifiu.
Tota. per. Iovina.

Ces ftances s'étendent depuis la 22e. ligne, jufqu'à la 34e. inclufivement, & elles continuent ainfi jufqu'à la 58 ou l'avant dernière inclufivement.

Comme on y voit depuis la 34 ligne, des Pihaclu *etru*, & depuis la 45 des Pihaclu *Tertiu* ; il en réfulte que ce font trois Hymnes semblables en tout, avec cette seule différence qu'elles se rapportent chacune à une espéce d'expiation particuliere.

Essayons de donnner l'explication litérale de cette Hymne qui a quelque rapport avec celle des jeux séculaires célébrés par Horace.

Chœur.

Offrez le sacrifice, en faisant trois tours,
Au puissant Jupiter.
Offrez trois bœufs en sacrifices :
Dites, exposant vos maux ;
A haute voix, je vous invoque,
Dieu puissant, Dieu des montagnes.
Pour tout le pays Igubien.

Demi-Chœur.

Seigneur, vous qu'on nomme Seigneur,
Vous qu'on nomme Dieu de lumiere,
Donnez la paix, Dieu des montagnes,
A tout le pays Igubien.

Chœur.

Seigneur, vous qu'on nomme Seigneur,
Vous qu'on nomme Dieu des forêts,
A haute voix, je vous invoque,
Dieu des forêts, Dieu des campagnes ;
A haute voix, je vous invoque,
Dieu puissant, Dieu très-puissant,
Que ces bœufs si gras, soient à vos yeux
Un sacrifice expiatoire :

Dieu des montagnes, Dieu secoureur,
Pour tout le pays Igubien.

Demi-Chœur.

Seigneur, par votre nom de Seigneur,
Par votre nom, Dieu puissant,
Dieu des montagnes, saint & terrible ;
Dieu des hauts lieux, Dieu secoureur, exaucez
Tout le pays Igubien.

Chœur.

Qu'à ces animaux découpés, on ajoute
Un bélier qui soit sans tache.
Dieu puissant, & si terrible, que ce sacrifice
Vous soit agréable. Il est à vos pieds ;
Il est parfait : on vous l'offre,
On vous le donne en expiation.
Détournez, détournez *nos maux* : il est juste,
Dieu puissant & terrible, Dieu miséricordieux,
Que ces bœufs servent d'expiation !
Soyez appaisé, Dieu puissant,
Soyez appaisé, Dieu secoureur, soyez appaisé
Envers tout le pays Igubien.

PRÉLIMINAIRE.   ccxxix

Demi-Chœur.

Dieu puissant, soyez appaisé,
Dieu secoureur,
Envers tout le pays Igubien.

Chœur.

Que les Chefs, les jeunes gens, les Troupes, les Citoyens,
Les troupeaux, les campagnes, la Patrie, soyent expiés.
Dieu de lumière & de paix,
Donnez votre paix, Dieu secoureur,
A tout le pays Igubien.

Demi-Chœur.

Seigneur, vous qui êtes notre Seigneur;
Vous, qu'on nomme Dieu puissant,
Conservez nos récoltes, Dieu secoureur,
Conservez les récoltes
De tout le pays Igubien.

Chœur.

Dieu puissant, conservez les récoltes,
Dieu secoureur,
De tout le pays Igubien.

Demi-Chœur.

Protégez nos Chefs, nos jeunes gens,
Nos Troupes, nos Citoyens;
Nos troupeaux, nos champs, notre pays;
Conservez nos récoltes, Dieu de lumière,
Et donnez votre paix,
Dieu secoureur,
A tout le pays Igubien.

Chœur.

Seigneur, vous qu'on appelle Seigneur,
Vous, qu'on nomme Dieu puissant,
Que ces bœufs gras vous servent d'expiation,
Dieu secoureur,
Pour tout le pays Igubien.

Demi-Chœur.

Seigneur, vous qu'on appelle Seigneur,
Vous, qu'on nomme Dieu puissant,
Nous vous invoquons, Dieu puissant,
Que ces bœufs gras
Vous soient une seconde expiation,
Dieu secoureur,
Pour tout le pays Igubien.

En examinant les mots les plus remarquables de cette Hymne, nous trouverons une multitude de rapports frappans avec la langue Latine.

> PRÆVERIR, est composé manifestement de *Verire*, en Latin *Vehere* porter, employé par Virgile, *verrantque per auras*. Præverir est donc mot-à-mot, porter devant, offrir: il est opposé à *Pest verir* qu'on trouve dans ces mêmes Tables.

TREBLANIR, porter trois fois autour ; usage de la fête des Ambarvales, où l'on faisoit trois fois le tour des champs. Ce mot est composé de *tres*, trois, & de *Bal*, *Bla*, autour, cercle, ou du grec *Plané*, marche, tour, qui tient au François *planer*.

IUVE, prononcé IOUVE, c'est le nom même de Jupiter, d'Iou.

GRABOVEI, puissant ; mot qui tient à GRAVIS, prononcé *Grabis*. Il est aussi écrit CRAPUVI dans les autres Tables, suivant l'ancien usage des Latins, où C étoit G.

BUF est le plurier du singulier BUE ; on ne peut y méconnoître le Bous des Grecs, le Bove des Latins, notre mot bœuf : ici la lettre *f* marque du pluriel répond au *b* latin des datifs pluriels ; on voit dans la Table III. *Aprif Trif*, pour *tribus apris*, trois cochons.

TRIF, pluriel de *Tre*, trois.

FETU, le même que FIAT, qu'il soit, qu'il devienne ; les vieux Latins disoient, *tu Dives Fite*, deviens riche.

Eso appartient au Verbe *Ess*, être.

NARATU, est certainement un tems du Verbe *Narare*, raconter ; il est pour *Naraio*, raconte.

VESTEIS TEIO ; TEIO, signifie *Tes*, vos ; mais que signifie *Vesteis* ? Ce mot a été une énigme pour Passeri : il semble qu'il ne peut appartenir qu'au radical *Væ*, douleur, mal : dont on aura fait *Vesteis* maux, douleurs, de *Væ*, douleur & *est*, est. Dans la seconde Table, & à la même place à peu près, on voit ces mots, *Vestisia*, *Vestis tio*.

SUBOCAU, SUBOCO ; ces mots viennent de *Boco*, *Voco*, invoquer ; le dernier est le Verbe ; le premier, le Substantif *Vox*. Ces mots sont joints à la préposition SUB, comme dans *suplico*.

DEI, DI, est manifestement le Latin *Dei*, *Deus*, Dieu.

OCRI-PER ; *Per* est une terminaison qui revient assez souvent dans ces Tables ; c'est ainsi que dans le vers qui suit immédiatement, on voit *Tota-per* formé de *Tota*, toute. Quant à OCRI, il vient d'*Oc*, haut, élevé, OCRA, montagne. Il peut aussi être formé des mots OC ER, le Seigneur élevé, le Souverain, ce que les Allemands écrivent & nomment HOCH HERR.

FISIU ; Passeri a cru que c'étoit le Grec *Phyxius*, surnom de Jupiter comme Patron des fugitifs, de ceux qui se réfugioient dans ses asyles. Je préfère de le dériver de FID, FIS, qui marque la confiance, la certitude d'être secouru.

PRÉLIMINAIRE.

IIOVINA, nom d'Iguvium, comme si on disoit le Pays d'Iou, de Jove, de Jupiter, dans le même sens qu'en Suisse le Lac & la montagne de Joux.

ERER, mot formé par la répétition de HER, Seigneur; c'est le mot Allemand HERR, Latin HERus, vieux Fr. HERE, d'où le Grec HÉRA Junon, la Souveraine des Dieux.

NOMNEPER, plus bas NOMNE, le même que le Latin *Nomine*, nom.

FOSEI, de *Phós*, lumiere.

PACERSEI, de *Pace* paix.

OCREFISEI, c'est la réunion des deux mots que nous avons déjà vu, OCRIS & FISIUS : nous le rendons par Dieu des Montagnes, Dieu secoureur. On pourroit le rendre par, *toi qui est notre Rocher assuré*, très-belle expression Orientale & très-conforme au sens littéral de ces mots.

ARSIR, forêt : Tite-Live, Liv. II. parle de la forêt ARSia. Passeri a été réduit à dériver ce mot du Grec ALSOS, forêt. Il ne connoissoit pas le mot radical ARD, ARS, forêt. C'est une belle addition à ce que nous avons déjà dit sur ce mot ci-dessus, pag. ccvij.

FRITEIO, plus bas FRI; c'est tout le pays, la contrée; la terre FRU-gifere, productrice.

PERACREI, en Latin *Per-ager*, *Per-eger*, qui parcourt, qui pâture dans de vastes prairies : j'ai substitué à cette périphrase le mot *gras* qui en est l'effet : je vois que Passeri (dans la Table III.) l'a également rendu par *opimus*, gras, admirable.

PIHACLU ; peut-on y méconnoître le même mot que le Latin PIACULO, expiation ? Qu'on trouve écrit aussi PIHACULO dans Caton.

ORER, d'*Oros*, frontieres, bornes.

OSE, d'*Osios*, saint, en Grec.

PERSEI, de *perdo*, perdre, détruire; Grec *Pershó*, ravager.

PIR-ORTO EST, en Latin, *PERORATum est*, formule des sacrifices.

ARSMOR : *Or* est une terminaison Sabine, Ombriene, qui correspond à l'Ablatif Latin en Od; ARSM, correspond lui-même au Latin, ARmentum, gros bétail.

DERSECOR, de DERSECare, disséquer, découper.

SUBATOR ; ce mot tient au Latin, *Sub-agere*, ajouter, amener. Les

Romains disoient *Subjicere Arietem* pour *Agere Arietem*, conduire, amener un bélier.

SINT, pour *Sunt* ou *Sint*, qu'ils soient.

PUSII, pour PURE, purement, propre: il est écrit *Pusi* dans la seconde Table.

NEIP; notre Auteur a cru que c'étoit le nom de quelque victime, d'une brebis, *p. ex*; mais il tient à l'Allemand *neip*, *neif*, Anglois *nip*, couper, découper, couteau, &c. & par conséquent au Latin, NECO, NECE.

HERITU; ce mot correspond sans doute au Latin FERITO, frappe; le F, & le H, se mettant sans cesse l'un pour l'autre, comme nous l'avons vû ci-dessus pag. ccxxj. Il est écrit sans H dans la Table II, lig. 29, & à la suite des six mots précédens.

PERSCLER; Passeri croit que ce mot désigne le sacrifice d'un chien qui faisoit partie des sacrifices expiatoires, & que ce mot étoit grec, formé de *Peri*, autour, & de *Skulax*, petit chien, d'où le mot grec *Periskulakismos*, expiation faite par l'offrande d'un chien.

VASETO, de la même famille que FAS, juste, légitime.

PESE*tom*, de *Pes*, pied.

PERE*tom*, de *Per*, qui marque l'excellence.

PROSE*tom*, de *Pro*, devant.

DAE*tom*, de *Da*, donner.

VIRSETO, tourne; même que Verte, de Versus.

AVIRSETO, détourne; opposé du précédent.

MERS*ei*, apparemment de *Merces*, grace, d'où merci.

PHATEI, *Piatus fias*, de la même famille que *pius*, & *piaculum*.

NOME, de *Nomos*, loi.

NERF, pluriel Ombrien de NER, homme; les jeunes gens forts & vigoureux.

VEIRO, hommes mariés; Latin, VIR, *vieux lat*. VEIR.

PEQUO, menu bétail, Latin, *Pecus*: François figuré, *Peque*.

CASTRUO, les Campagnes; de la même famille que le Latin CASTRA.

FUTU, Fos; notre Auteur dérive ces deux mots du Grec *Phós*, *Photos*, lumiere: 2°. homme.

PASE, le Latin PACE, paix.

SALVO, SALVA, en Latin, SALVO, sauf, SALVare, Sauveur, conserver.

SERITU,

SERITU, en Latin, SERere, semer.
ETRU, second; en Grec Etero, d'où *alterum*.

Le style de ces Hymnes étoit sans doute d'un tems beaucoup plus reculé que celui dans lequel elles furent gravées; il n'est donc pas étonnant qu'il nous paroisse barbare: il l'étoit pour les Romains eux-mêmes: Tite-Live (Liv. XXVI,) dit que dans ces tems anciens, on chantoit des Hymnes agréables sans doute à des esprits grossiers; mais qu'une Nation semblable aux Romains de son tems ne pouvoit goûter.

Cependant on trouve dans Caton une Hymne pour les Ambarvales à l'honneur du Dieu Mars qui n'est pas d'un style plus relevé, dont la tournure est la même que celle de cette Hymne Ombrienne, & qui renferme souvent jusqu'aux mêmes expressions; rapport d'autant plus remarquable que dans la IIe. & la Ve. de ces Tables, on invoque sans cesse Mars en lui donnant les mêmes épithétes qu'à Jupiter; ce qui n'est point surprenant dès qu'il est le même que le Soleil.

Mars, Pater, te precor, quæsoque, uti sies volens propitius mihi, domo, familiæque nostræ, cujus rei ergo agrum, terram, fundumque meum suovetaurilia circum agi jussi, uti tu morbos visos invisosque, viduertatem, vastitudinem, calamitates, intemperiasque prohibessis, defendas averruncesque: uti tu fruges, frumenta, vineta, virgultaque grandire & bene evenire sinas, pastores, pecuaque salva servassis, duisque bonam salutem, valetudinemque mihi, domo, familiæque nostræ; harunce rerum ergo fundis

Mars, notre Pere, je vous invoque, je vous prie que vous me soyez de votre plein gré propice, à moi, à ma maison, à tous nos gens, en considération de ce que j'ai ordonné qu'on promenât autour de mes champs, de ma terre, de mon fond, les *suovetaurilia*, afin que vous en éloigniez les maladies visibles & invisibles, la stérilité, la désolation, les calamités, les intempéries: que vous les défendiez, que vous les détourniez, que vous permettiez que les fruits, les blés, les vignobles, les arbres grandis-

Orig. Lat.

agri que mei luſtrandi, luſtrique facienda ergo, ſicuti dixi macte hiſce ſuovetaurilibus lactantibus immolandis eſto. Mars Pater ejuſdem rei ergo macte hiſce ſuovetaurilibus eſto.

ſent & proſperent : que vous conſerviez les Paſteurs & les toupeaux; que vous les mainteniez en bon état, que vous donniez la ſanté à moi, à ma maiſon, à tous mes gens: en faveur de toutes ces choſes, pour l'expiation & pour la purification de mon fond, de ma terre, de mes champs, ſoyez-nous favorable à cauſe de ces animaux de lait qu'on va vous immoler comme j'ai dit : Mars, notre Pere, en faveur de cela, laiſſez-vous toucher par ce Sacrifice.

TABLE II.

La IIᵉ. Table eſt gravée au revers de la précédente, dont elle différe ſouvent par l'orthographe : du moins nombre de mots écrits en EI dans la premiere, ſont écrits ici par un I ſimple. On y voit PREVERIR, PUSI, VIRO, &c. au lieu de *preverir*, *puſei*, *veiro*. On y voit également C pour G ; je ſoupçonnerois donc qu'elle appartient à un tems différent. On en jugeroit mieux ſi on pouvoit conſulter le monument même : je ſuis étonné que cette remarque ait échappé à la ſagacité de Paſſeri, du moins je n'ai rien apperçu dans ſon Ouvrage de relatif à cet Objet.

Il régne encore cette différence entre ces deux Tables, que Jupiter qui dans la premiere reçoit ſeul les vœux, eſt preſque toujours aſſocié à Mars dans celle-ci, & qu'on donne à ce dernier Dieu les mêmes épithétes qu'au premier, avec de légeres différences.

Elle commence ainſi:
Lig. 1. PREVERIR. TESENOCIR.
    Buf. trif. fetu. Marte.
    Crabovei. Ocriper. Fiſiu.
    Totaper Iiovina....

Lig. 6. Eſo. Perſnimu.
    Viſtiſia. Veſtis. Tio.
    Subocau. Suboco. Fiſovi.
    Sanſi. Ocriper. Fiſiu.
    Totaper Iiovina.

Lig. 7. Erer. Nomneper. Erar.
Nomneper. Fons. Sir.
Pacerſir. ocre. fiſi.
Tote Iiovine.
Lig. 8. Erer. Nomne. Erar.
Nomne. Arſie. tiom. Subocau.
Suboco. Fiſovi. Sanſi.
Aſier. Frite. Tiom.
Subocau. Suboco.
Ces paſſages ne différent de la Table I. que par quelques mots.

TESENOCIR, de *Taſſö* ſtatuere, placer.

PERSNIMU, qui eſt déjà dans la Table I. lign. 55, eſt ſelon notre Auteur le même mot que *Perna* des Latins, la cuiſſe de derriere d'un animal.

SANSIUS, même que Sancus, Sanctus.

Cette Table ſert d'ailleurs d'explication ou de dévelopement à la Ve. écrite en caractere nationnaux, & quelquefois avec une orthographe un peu différente ; mais elle eſt très-utile pour déchiffrer les caracteres Eugubéens.

On voit dans celle-ci, MANDRACLO pour Mandragore, ſymbole de l'oubli des choſes paſſées, & offerte aux Dieux pour en obtenir l'oubli des fautes.

On voit auſſi des vœux au Dieu des Fontaines, au Dieu FONS.

Le mot CRINCATROHATU, pour indiquer l'eſpace de cinq jours, le *Quinquatre* des Latins.

Cette invocation au Dieu Mars, lign. 57, SERFE. MARTIE. PREITOTA. SERFIA. SERFER. Sauveur, Mars, ſecours nous, Sauveur, ſauve.

On y ordonne des Ambarvales, ou proceſſions autour des champs ; & on y dit E VROONT. APE. TERMNONE, » qu'ils ſoient brûlés auprès du terme ou de la borne ».

BENUS, pour BONOS ou bene.

IIIe & IVe TABLES.

Ces deux Inſcriptions également Latines ſont ſur une même Planche. Elles ſont une ſuite des deux premieres, & ſont également très-longues: du moins la IIIe. qui sert de Paraphrase à la Ve. & à la VIe. en caractères Eugubéens. La quatriéme est très-courte, mais elle devoit sûrement contenir la septiéme, comme le conjecture très-bien notre Auteur.

On y voit ACNE année; C pour N, à la Grecque; SEVACNE, cette année: PER-ACNE, tous les ans, *perennè*.

SUBRA. SCREHTO. EST, ce qui est écrit ci-dessus.

TABLES V, VI, VII.

Les autres Tables sont en caracteres Ombriens, par conséquent beaucoup plus anciennes que les quatre précédentes qui paroissent n'en être que des copies en caracteres Latins: l'orthographe en est aussi très-intéressante, parce qu'on voit en quoi elle différoit de celle des Latins.

On en peut juger par cet exemple.

Tabl. II. l. 43.

Vocucom. Ioviv. ponne. ovi. surfant.
Vitlu. toru. trif. fetu. Marte.
Horsefetu. Popupler. totar. Iiovinar.
Totaper. Iiovina.
Vatuo. Ferine. (l. 44.) fetu.
Poni. fetu. arvio. fetu. tases.
Persnimu.

Tabl. III. 3.

Fondlire. Abros. trif. fetu. heriei.
Rosu. heriei. peiu. serfe. Martie.

Tabl. VI. l. 1.

Vukukum: Iuviu: pune: uvef: furfath.
Tref: vitluf: turuf: (2) Marte:
Hurie: fetu: pupluper: tutas: Iuvinas:
Tutaper: Ikuvina
Vatuva: ferine: fetu:
Ustentu. Kutep.
Puni: fetu: arvia: Ustentu. Kutep.
Pesnimu.

L. 24.

Funtlere: trif: aprut: rufru:
Ute: peiu: feitu: berse: Marti:

Dans cette VIe Tab. l. 13, il est question d'un petit Temple, PARFA TESCA, à élever à l'honneur de Jupiter foudroyant: & ce mot *tesca*

PRELIMINAIRE. ccxxxvij

eſt également employé par les Romains dans le même ſens. Dans Parfa, on voit F pour V à l'Allemande.

Dans la VIIe Tab. l. 25, Vinv. nvvis... tiv. pvni. tiv. vinv. Le vin nouveau, le pain ſacré : le vin ſacré : de *Thió*, offrir en ſacrifice : à la lig. 40, le vin & le pain ſont répétés avec l'adverbe Tertv, *pour la* 3e *fois*.

L. 21. Natine, épithète d'un Prêtre : ce mot correſpond au Latin *Natinator*, Agent, Procureur.

Table VIII.

Cette Table eſt gravée au revers de la VIIe. & a pour objet les ſacrifices nationaux offerts par l'Aſſemblée de toutes les Tribus Eugubiennes.

A la lig. 1. Nies Tekuries, nouvelles Décuries aſſemblées pour le ſacrifice d'un chévreau : *caprum*.

Lig. 2. *Famerias* pour *Famelias*, les Familles ou Colléges qui préſidoient aux fêtes.

A cette occaſion, notre Auteur parle d'un Canton Eugubien ſur le haut de l'Apennin appellé *Chiaſerna*, que les Habitans poſſédent encore en commun, ſans en avoir partagé les champs entr'eux. Il ſoupçonne que c'eſt le même Peuple qui eſt appellé dans cette Table *Klaverniu*. Ce qui eſt d'autant plus probable que les Italiens changent k l en *Chi* ; & que nous voyons dans ces Tables que s & v ou b ſe mettoient chez les Ombriens l'un pour l'autre. Berſe *ou* Verſe, *pour* Serſe.

L. 23. Manuve, en Lat. Manuviæ, action de lancer la foudre.

Table IX.

Cette Table compoſée de deux fort courtes, l'une en caracteres Ombriens, l'autre en caracteres Latins, renferme le rit d'un ſacrifice offert à Jupiter par le Collége des Freres Atiriens.

Jupiter y est appellé Esuk, Esuna, Esune: mais *Esus* étoit son nom chez les Gaulois.

> Dans la lign. 3, Pulpe est au nombre des offrandes : or, on voit dans Caton *de Re Rust.* au chap. intitulé *Votum pro Bobus*, qu'on offroit de la Pulpe dans ces occasions.
>
> L. 7. Devestu ; Varr. *Ling. Lat.* l. IV. nous apprend que chez les Sabins, on appelloit Depesta des Vases sacrés remplis de vin qu'on mettoit sur les Tables sacrées dans les jours de fêtes. *Depeska* désignoit également un vase chez les Grecs.

Lig. 11. Vipurus ; non pur, impur : c'est le Ve négatif des Grecs & des Latins.

Lig. 15. Kulnahkle ; dans Festus Clunaclum désigne un coûteau de sacrifice, qui dut son nom, dit-on, à ce qu'on s'en servoit pour dépecer les cuisses appellées Clunes.

> Kluvier qui précéde ce mot, & qui tient au Latin Cluere, purger, marque qu'il falloit purifier ce coûteau pour le sacrifice; en effet, rien n'y étoit employé sans avoir été purifié, purgé.
>
> Plaute, dans *Amphytr.* Act. IV. sc. 3, dit :
>
> *Tu purgari jusseras vasa ut rem divinam faceres.*
>
> « Tu avois ordonné que les vases fussent purifiés, afin que tu pusses » remplir les devoirs divins.

Table X.

Cette Table au revers de la précédente est également composée de morceaux, l'un en caracteres Ombriens, l'autre en caracteres Latins.

Cette derniere commence ainsi :

| Claverniur. Dirsas. Herti. Fratrus, Atiersir. | Clavernius, Chef des Saints Freres Atiersiens. |

Cette Inscription a pour objet la donation d'une piéce de terre au Temple de Mars.

Bourguet y voyoit la vente d'un arpent de terre par Dirsas

en faveur de Faber Opeter; l'Abbé OLIVIERI, un décret des Freres *Atierſir* ou Pontifes au sujet du déplorable état des Pelaſges ſur lequel il croyoit avec Bourguet que rouloient les grandes Tables (1).

TABLES XI & XII.

Ces Tables contenues ſur la même Planche, l'une d'un côté, l'autre de l'autre, roulent ſur un objet auſſi peu connu qu'intéreſſant, ſur les cérémonies qu'on mettoit en uſage pour attirer la foudre, & qui firent donner à Jupiter le nom d'ELICIUS, ou *qu'on attire*. L'enſemble de ces cérémonies étoit contenu dans des Livres que Cicéron (2) appelle *Fulgurales*, *Fulminales*, » livres » qui renferment la doctrine relative aux éclairs & à la foudre.» Les Prêtres de l'Antiquité avoient donc l'art d'attirer la foudre, art qui ſe perdit avec l'exiſtence de ces Prêtres, & que d'illuſtres Phyſiciens ont retrouvé de notre tems ſous le nom d'Electricité.

On regardoit Numa comme celui qui avoit inſtitué ces cérémonies à Rome, mais elles étoient fort antérieures à ce Prince; il les avoit empruntées des Sages qui l'avoient précédé. C'étoit, ſelon les Romains, un art magique, que ce Prince avoit forcé les Divinités Latines FAUNUS & PICUS de lui révéler, en les liant, après les avoir enyvrés avec des coupes de vin qu'il avoit placées auprès d'une Fontaine où ils venoient ſe déſaltérer, & cette Fontaine étoit au pied du Mont Aventin, d'où elle ſe répandoit ſur une verte pelouſe au milieu d'un Bocage touffu.

Ces Divinités apprirent donc à Numa des vers, des enchantemens propres à évoquer la foudre; ce qui fit dire à Ovide: (3)

---

(1) Mém. de Cort. T. II, 28.
(2) De Divin. Lib. II.
(3) Ovid. Faſt. Liv. III, 311.

Eliciunt cælo te Jupiter. Unde minores,
Nunc quoque te celebrant, ELICIUM que vocant.

« Ils t'attirent donc, ô Jupiter ! du haut des Cieux ; aussi ils t'invoquent
» encore aujourd'hui sous le nom d'ELICIUS ».

Il falloit une grande adresse dans l'opération d'attirer ces foudres, puisqu'il en coûta la vie au successeur de Numa, pour n'avoir pas pris les précautions nécessaires en attirant la foudre ; il en fut frappé, parce, disoit-on, qu'il avoit oublié quelque circonstance essentielle à l'évocation.

On n'en trouvera pas le secret dans ces deux Tables ; mais on y voit la pompe avec laquelle on y procédoit, & l'éclat des sacrifices dont on les accompagnoit, & qu'on appelloit *suovetaurilia*, parce qu'on y immoloit un cochon, une brebis & un taureau. On y voit également le faste avec lequel on en imposoit au Peuple pour lui persuader que c'étoit le Dieu de la foudre lui-même, qui se rendoit aux prieres de ses Prêtres pour la lancer en faveur de son Peuple.

Nous avons fait graver Pl. I. N°. I. les quatre premieres lignes & la derniere de cette XIe Table. On lit ainsi les quatre premieres.

ESUNU : FUIA : HERTER : SUME ;
USTITE : SESTENTASIARU :
URNASIARU : HUNTAK : VUKE : PRUMU : PEHRTU ;
INUK : VHTURU : URTE SUUNTIS :

Ce qu'on peut rendre ainsi :

Qu'on fasse à Esus (Jupiter) un sacrifice avec une truie égorgée ; avec un septier (de farine fine), une urne (de vin) ; des cuisses de vache : c'est pour le premier FOUDRE. Qu'un Frere (le Prêtre) égorge suivant les régles un taureau....

Notre Auteur fait voir qu'ici Herter tient au Grec *Hieros*, sacré ; *sume*, au Latin *sumen* ; ustite, au Lat. *hostire*, frapper, égorger.

PRELIMINAIRE. ccxlj

Que Huntak est le même qu'Onse dans les Tables en caracteres Latins, où il signifie cuisse.

Quant au mot Mersus qui se trouve çà & là dans ces mêmes Tables, & dont notre Auteur n'a jamais donné l'explication, je crois qu'il tient au Latin *mersus*, plongé, & qu'il est relatif aux purifications par l'eau, qui accompagnoient toujours les sacrifices, & dont sans cela il ne seroit point parlé dans ces rituels, ce qui ne paroît pas vraisemblable.

Lig. 13. Fertvta-Aitvta: en présentant l'offrande en rond, comme c'étoit l'usage.

Il est ensuite question de plusieurs rituels sous le nom d'Antentv, d'Ententv & d'Astintv : mots qui tiennent au Verbe augural & pontifical *Intentare*, prédire, augurer, présager.

Trois de ces présages se rapportent à Jupiter Féretrien, Isvnt. Ferehtrv. Antentv. & super-Feretrien, Svperaklv, *mot-à-mot*, à Jou, qui frappe & qui refrappe, ou comme on l'appelle dans d'autres Tables, Hostatir, & An-ostatir, foudroyant & refoudroyant.

Lig. 22. Antentu. Sakre. Sevakne. Vpetv. Ivvepatre. On voit ici un présage *Antentu* qui doit être tiré d'un cochon d'un an, Sacre Sevacne par le Prêtre ou le Pasteur, l'Vpetv de Jupiter : ce Prêtre étoit en même tems le Roi, le Chef de la Contrée ; comme *Anius Rex & Sacerdos*, Roi & Prêtre : aussi est-il appellé lig. 25, Pvemvne. Pvprike : le Roi des Peuples ; du Grec *Poimaneus* Roi, Pasteur : ainsi qu'ils sont appellés dans Homere, *les Pasteurs des Peuples*.

Lig. 25. Tiblv. Sevakni. Teitu. Inumek. Uvem. Sevakni. Vpetv. Pvemvne. Pvprike. Qu'un veau d'un an soit sacrifié, ainsi qu'une brebis d'un an par le Prêtre, le Pasteur des Peuples.

Lig. 31. Ici commence le détail d'un nouveau Sacrifice pour un second tonnerre, ou pour deux tonnerres, l'expression étant équivoque, Tvva Tefra : Tvva, deux : Tefra, foudre : du Grec *Tephroō*, réduire en cendres, incendier, brûler.

Dans la Table suivante, on voit une troisiéme cérémonie pour

Orig. Lat. h ii

obtenir une troisiéme foudre par le dépécement d'autres victimes.

Lig. 2. TERTIAMA. SPANTI. TRIIA. TIFRA. PAVSFRATV. Ce dernier mot est le Latin *Profecatio*, le dépécement: *Spanti* signifie sans doute assemblée générale; de PAN tous.

Lig. 3. On voit ici que cette cérémonie devoit être dirigée par le Roi ou le Chef de l'année précédente. VESVNE. PVEMVNES. PVPRIKES. Ici VE-SVNE, de VETVS, prononcé VISVS, vieux, ancien.

Lig. 10. Les deux Rois ou Pasteurs sont désignés tous deux dans cette ligne, PVEMVNE. PVPRIKE. VESVNE. PVEMVNES. PVPRIKES.

Lig. 18. SCALBITA. KYSIKAN. Dans la Table II. lig. 5. on lit également SCALIER. COSTRES. On reconnoît ici le Latin COSITVM, espèce d'offrande qui consistoit en un gâteau: du Grec *Chôneia* four, comme l'a bien vû Festus, mot également Hébreu, Vaudois, &c.

Scalia, *Scaliera*, viendront du Grec *Sklaô*, couper, tailler, sacrifier.

Quant au caractère de ces deux dernieres Tables, il paroît moins ancien que celui des autres, parce qu'on y voit le *d* prendre la forme de notre *d* minuscule, & la lettre *R* prendre une queue & ressembler au *q*, sans changer sa forme primitive: comme on peut s'en assurer dans la gravure que nous donnons de la 30e. ligne de ce monument, *Pl. I. Nº. I. ligne 4.*

§. IV.

Langue & Médailles Samnites.

Les Samnites étant descendus des Ombriens & des Sabins, parlerent certainement la même Langue, avec peut-être quelques légeres différences: malheureusement, il ne reste de ces ennemis mortels du Peuple Romain que quelques Medailles relatives à leurs guerres contre ce Peuple: elles prouvent cependant qu'ils avoient le même Alphabet & à peu près la même Langue.

PRÉLIMINAIRE.

Entre ces Médailles, on en distingue deux sur lesquelles on voit un même nom écrit de droite à gauche.

1.

Au revers,   C. PAAPI. C.
Autour de la tête,   MVTIL. IMBRATVR.

2.

Autour de la tête,   C. MVTIL.
Au revers,   SAB.NIM.

Ces deux Médailles sur lesquelles on trouve le même nom MUTIL, ont été expliquées diversement par chacun de ceux qui s'en sont occupés : & on doit s'y attendre lorsqu'il s'agit d'objets si peu connus.

L'Abbé OLIVIERI (1) combinoit ensemble les Inscriptions de ces deux Médailles : il en faisoit, C. Mutil Empereur, fils de C. Papius de Sapinim.

Il avoit bien vu que c'étoit le C. Papius Mutilius dont parlent divers Auteurs Latins, comme Général des Samnites dans la guerre des Alliés en 662, & qu'ils représentent comme un homme plein de courage, & un des plus grands Capitaines contre lesquels les Romains ayent eu à se défendre (2). Quant à Sapinim, il veut que ce soit la ville des Samnites qu'on appeloit Sapinum : il remarque aussi qu'à Rome il y avoit la famille SABINIA qui étoit Samnite d'origine ; tandis que, selon M. MAFFEI, ce nom désignoit les Sabins.

PASSERI (3) prétendit au contraire que le nom de Sabin ou Safinim substitué à celui d'Empereur, ne pouvoit désigner ni un

---

(1) Mém. de Corton. T. IV. & V.
(2) Plutarq. de la Fortune des Romains, ch. XV.
(3) In Dempsteri Etruria Reg. p. 113-115.

nom de lieu, ni un nom de famille, mais un nom de dignité, un nom Samnite correspondant en quelque sorte à celui d'Empereur: celui de SUFFÉTE, de Chef suprême, de Juge, nom que les Hébreux & les Carthaginois donnoient à leurs chefs; & qu'il soupçonne que portoit ce METIUS SUFFETIUS, que les Albains établirent pour leur Magistrat suprême, ou leur Dictateur, lorsque la famille de leurs Rois se fut éteinte. Il soupçonne également que les noms de Sophi chez les Perses & de *Saphnat* donné par les Egyptiens à Joseph, désignent la même chose.

Quant au nom d'Empereur, il prouve par un passage de Strabon (1), que c'étoit un nom de dignité chez les Samnites. » Les » Samnites, dit celui-ci, se réunissant à Corfinium chez les Pé- » lignes, montroient cette ville à tous les Peuples de l'Italie com- » me leur Métropole commune, & l'appellant, par ex. la ville Ita- » lique, le Boulevard de l'Italie contre le Peuple Romain, ils » créerent avec leurs Alliés, des Empereurs & des Consuls: » C. PONTIUS, Statius CELLIUS, Gellius EGNATIUS, ont » tous été du nombre de leurs Empereurs ».

M. PELLERIN (2) se rangeant à l'idée du Marquis MAFFEI, ne voit dans Sabinim, que le nom des Sabins: Mars, dans le Général peint au revers: la ville de Bovianum, capitale des Samnites-Pentri, ville riche & forte, dans le bœuf qui est au pied: Bellone ou Minerve, dans la Déesse dont on voit la tête au type de la Médaille.

Le Docteur Swinton (3) prétend que le mot Sabinim ne désigne que la famille du Général, cette famille Safinia qu'on voit

---

(1) Liv. V.
(2) II. Supplém. à ses VI Vol. de Médailles, p. 5.
(3) Transact. Philos. 1769. p. 432.

également établie à Rome, & qui y étoit venue du pays des Samnites.

Mais ne pourroit-on pas dire que ces deux Médailles n'ont pas le même personnage pour objet ? que le Mutil de la seconde n'est pas le Mutil de la premiere ? Dans celle-ci on en voit deux, C. Paapius, & C. Mutil, dont le premier est fils du second; c'est C. Paapius, fils de C. Mutil, qui est Empereur: mais qu'étoit C. Mutil, son pere ? Il étoit *Sabinim* ; c'est à dire, revêtu une dignité appellée de ce nom, ainsi que son fils de celle d'*Embratur*. N'y pourroit on pas même trouver du rapport avec les SCABINI du Nord ? on sait que le S ou Sch des Hébreux, s'est souvent changé en X & en Sc. Dans la disette des monumens, on ne peut former que des conjectures : & souvent telle conjecture fausse & absurde en apparence a conduit à de grandes vérités.

§. V.

LANGUE ETRUSQUE.

La Langue Etrusque est celle des Peuples de l'Etrurie : on en a beaucoup parlé, on lui a donné la plus grande étendue, on lui a attribué tous les monumens Ombriens, Samnites, Campaniens: c'étoit abuser étrangement des mots : qu'avoient de commun avec les Etrusques, les Peuples de la Campanie, séparés d'eux par tous ceux du Latium ? Pourquoi veut on que les Sabins & les Samnites qui ne furent jamais soumis aux Etrusques, ayent parlé leur Langue ? Il n'est pas surprenant qu'avec des idées aussi fausses, on n'ait jamais pu débrouiller la nature & les rapports des Langues de l'Italie A la vérité, on étoit induit en erreur par l'écriture de ces divers Peuples qui avoit un très-grand rapport avec celle des Etrusques, & qui marchoit également de droite à gauche, du moins jusqu'au deuxième ou troisième siécle avant notre Ere ; mais comment ne voyoit-on pas que le rapport d'écriture ne prouve rien pour le rapport des Langues? Les Langues d'Europe en sont elles plus semblables, parce que dans presque toutes on employe les caracteres Romains ? Les Peuples de l'Italie n'eurent qu'une écriture, parce qu'ils avoient eu le même Maître; mais n'en concluons pas que le Sabin, le Samnite, le Campanien avoient appris des Etrusques à parler : laissons sa Langue à chacun de ces Peuples, & contentons-nous d'en remarquer les rapports avec chacune des autres, & sur-tout avec la Latine.

Imitons encore moins le *Signor* MARIUS GUARNACCI, Prélat Romain, retiré depuis très-long tems à Volterre sa Patrie, qui dans son enthousiasme pour les Etrusques fit paroître il y a peu d'années un gros Ouvrage en trois volumes in-folio, pour prouver qu'eux seuls avoient peuplé l'Italie : que d'eux seuls étoient descendus les Latins, les Sabins, les Samnites, les Ombriens, les Ligurians, &c. : que franchissant les Alpes, ils avoient également formé les Theutons, les Gaulois, &c. : que d'eux étoient sortis tous les Arts, toutes les Sciences; qu'à eux seuls avoient été redevables les Grecs de toutes leurs connoissances : que c'est par eux que ceux-ci avoient été policés.

Afin de prouver une thèse aussi dénuée de fondement, il falloit nécessairement faire des Etrusques la premiere Colonie établie en Italie : remonter donc aux tems les plus reculés : à cet égard, on n'a rien à désirer : le *Signor* GUARNACCI remonte jusqu'au Déluge, & trouvant là Noé avec son Arche, il les amene en Italie qu'ils peuplent d'Etrusques : peut-on les méconnoitre dans Janus le planteur de vigne, & dans son vaisseau?

Il est bien étonnant que dans un siécle aussi éclairé, on re-

PRÉLIMINAIRE.

nouvelle les visions d'un Annius de Verterbe & du faux Berose, proscrites depuis si long-tems en Europe; que sur la foi de quelques vaines étymologies, on fasse partir des rives de l'Euphrate Noé & sa famille; qu'on les fasse arriver sur les bords de la Méditerranée; là équiper une flotte, & s'exposant aux hasards d'un élément inconnu, cingler droit en Italie comme des Aventuriers, pour y devenir les Peres des Etrusques. Que Virgile se soit permis ces fictions pour Enée; qu'il ait supposé qu'à la ruine de Troie, ce Prince poursuivi par la colere des Dieux, fut obligé d'abandonner une Patrie incendiée, qu'étant monté sur ses vaisseaux, & ayant été poursuivi de rivage en rivage par une Déesse ennemie, il trouva enfin un asyle dans le pays Latin, on le lui passe, & on s'en amuse; un Poëte, un Romancier, ont tout droit d'imaginer, d'inventer, d'entasser merveilles sur merveilles; mais que des Historiens deviennent leurs imitateurs, c'est ce qu'on a peine à concevoir.

D'ailleurs, quel avantage peut-il revenir à l'Italie d'avoir été peuplée par mer plûtôt que par terre: d'avoir été mere des Celtes, ou d'en avoir reçu les enfans dans son sein? Quelle Nation peut mettre sa gloire à des choses de cette nature, qui, lorsqu'elles seroient vraies, ne seroient guères que l'effet du hasard. La seule chose qui importe, c'est la vérité; c'est de chercher, non les récits les plus merveilleux, mais les plus vrais; c'est de se rapprocher le plus qu'on peut de la Nature, de cesser de se repaître de fables & de chimères.

Diverses espéces de Monumens Etrusques.

Pour se former quelqu'idée de la Langue Etrusque, on peut consulter trois sortes de monumens; 1°. Mots rapportés par les Anciens; 2°. Médailles; 3°. Inscriptions. Cependant, en réunissant ces secours, on sera très-peu avancé, & on verra avec surprise, que quoiqu'on ait prodigieusement exalté les monumens Etrusques, il ne nous reste presque rien de ce Peuple, après qu'on l'a réduit dans ses justes bornes.

Les mots que les Anciens nous ont conservé dans la Langue Etrusque, ne vont pas à deux douzaines : encore plusieurs sont-ils suspects, n'ayant été conservés que par Hésychius, qui a écrit dans des tems peu reculés, & qui ne cite nul garant, nul lieu, nulle époque.

Les Médailles Etrusques sont en si petit nombre, que ceux qui élévent le plus ce Peuple, en sont d'un étonnement extrême (1) : & quant aux Inscriptions, elles ne consistent en quelque sorte que dans des noms propres, gravés sur des Tombeaux; aussi, ne peut-on recueillir par-là qu'un très-petit nombre de mots connus.

Mots Etrusques,

Transmis par les Anciens.

Les Anciens nous ont conservé quelques mots Etrusques par lesquels ont peut se former quelques légéres idées de cette Langue & de ses rapports avec la Langue Celtique, & ses filles la Grecque & la Latine.

 Aesar, Dieu, Æsi, Dieux, (*Hesychius*); c'est le Runique & l'Oriental, As, Dieu.
 Agalletor, enfans, (*Hesych.*) de Gall, joli, beau,
 Andas, Borée, Antai, les vents, d'*An*, souffler, respirer.
 Antar, aigle (*Hes.*)
 Arakos, épervier, (*Hes.*) Gr. Hierax.
 Arimoi, singes. (*Strab.*)

―――――――――――
(1) Voyez Passeri, *de re nummaria Etruscorum*, cap. II.

Auxelos,

PRELIMINAIRE. ccxlix

Aυκelos, aurore, d'Aug, œil, lumiere.
Burros, coupe ; en Celte, Burr, *d'où* Burète.
Cære, Ville Etrusque ; de Ker, Kar, Ville.
Capra, chévre, mot Gr. Lat. Celt.
Capys, faucon.
Damnos, cheval, (*Hef.*) de Dam, élevé, ou de Damaô, dompter.
Druna, Principauté, principe, (*Hef.*) Celt. Trum, faîte, élévation.
Gapos, char, (*Hefyc.*) Celt. Cap, vase, ce qui sert à porter.
Hister, Comédien, Histrion.
Idυare, diviser,
Idυs, ides, } de Duo, deux.
Viduus, veuf, Vidua, veuve ;
Italυs, veau, Gr. Italos, Hébr. Itar.
Lanista, Bourreau, Celt. Lan, déchirer.
Mantissa, addition, (*Festus*) : de Mant, grand.
Mantus, Dis Pater, (*Servius*), du même mot que les Manes.
Subulo, Joueur de flute : (*Fest. Varr.*) en Lat. Sibilo, sifler ; c'est une onomatopée.
Tina, de *Tin*, profondeur, capacité, même famille que Tineo des Latins, *tenir*.
Tyrses, ou Tursès, tours ; ici R changé en S pour Turres, mot Celt. & Orient.
Veia, chariot ; de *Veho*, voiturer.

Al est une terminaison commune aux Etrusques & aux Romains, qui désigne la qualité adjective : de-là ces divers mots.

Tribunal, Puteal, Minerval, Lupercal, Fagutal, Compital, Pomonal, Vectigal, Latial, Animal, Cervical, Capital, &c.

Mots déchiffrés sur divers Monumens.

Dans notre Pl. I. Nº. III & IV, nous avons fait graver divers mots Etrusques qu'on a heureusement déchiffrés sur plusieurs Monumens encore subsistans : on ne sera pas fâché d'en voir ici l'explication.

Le premier de ces numéros ne renferme que des noms pro-
Orig. Lat.

pres. Les trois premiers sont le commencement d'une Inscription, & se lisent ainsi :

AULEMI, METELIM, VESIAL, le Fecial Aulus Metellus.

On voit ensuite les mots, *Larth Ceisinis*, comme nous dirions, Don Ceisinis, ou le Seigneur Ceisinis: le mot Lart, répondant à ces idées & tenant à la même famille que le LORD des Anglois.

Viennent ensuite ces noms; Marcus, Achille, Ulysse, *Menerva* ou Minerve, *Hercla* ou Hercule, Castor, *Pultuke* ou Pollux, *Aplu* ou Apollon : *Thalna* ou Junon ; *Tinia* ou Bacchus ; Pérouse, ville d'Etrurie.

Dans le N°. IV. sont ces mots :

Mi, moi, je.	*Kurr*, char.
Avils, âge.	*Fanu*, Temple.
Lupum, tombeau.	*Precum*, prieres.
Felus, fils.	*Frontac*, foudroyant.
Clan, né.	*Trutnut*, aruspice.
Metres, mere.	*Thana*, dame.
Flerem, consacré.	*Cuer*, enfant.

Aucun de nos Lecteurs qui ne reconnoisse dans cette derniere liste divers mots Latins, tels que *Mi, Felus, Metres, Kurr, Fanu, Precum*.

D'autres tiennent au Grec, tels *Lupum & Frontac*.

CLAN est commun aux Irlandois avec la même signification.

CUER, enfant, est également Latin & Grec ; c'est le KOROS de cette derniere Langue : le POR & PUER des Latins ; on sait que C & P se sont sans cesse mis l'un pour l'autre.

TRUTNUT Aruspice, tient au Latin *Trutinator*, qui examine, qui pése, qui considére.

PRÉLIMINAIRE. cclj

D'autres noms dechiffrés sur diverses Inscriptions ou Epitaphes Etrusques par le savant Passeri, démontrent le plus grand rapport entre la Langue de ce Peuple & celle des Romains. On y voit des personnages appellés *Cæcus* ou l'aveugle ; *Elpis* ou l'espérance ; *Gracchus* ou Corneille ; *Glaucus* ou bleu, bluet ; *Gallus* ou coq : *Caprilis* ou cabrit ; *Maicer* ou maigre, maigret ; *Rufus* ou le roux ; *Sefri* ou le severe ; *Trepuniammui*, Trebonien, ou Trois-Fontaines.

Sur une Inscription trouvée à Tuders, on lit ce nom T:IANA NIKÉLLA, Dame Nigella ou la noire.

On se croit dans les Catacombes de Rome & non dans celles de l'Etrurie.

ALPHABETS.

Nous avons cru devoir ajouter à ces recherches sur les anciennes Langues de l'Italie, les divers Alphabets qui résultent des Monumens qui nous en restent ; on les verra dans la Pl. II. elle est intitulée ALPHABETS ITALIQUES, comparés avec le Grec ancien & avec l'Oriental.

Ces Alphabets Italiques sont l'Etrusque de divers âges, l'Eugubien ou Ombre, l'Osque de Nola & le Samnite du VII.me siecle de Rome. On y voit leurs rapports avec l'Hébreu des Médailles, & avec le Grec ancien.

On ne sauroit les considérer sans se convaincre qu'ils furent l'origine des caracteres Romains, & qu'ils eurent tous la même origine que les Alphabets Orientaux : ce qui s'accorde parfaitement avec ce que nous avons déjà dit à ce sujet dans nos *Origines du Langage & de l'Ecriture*.

ARTICLE II.
DE LA LANGUE LATINE
Et de ses Révolutions.

La Langue Latine dont il s'agit ici, n'est point celle des Habitans du Latium ; c'est celle de Rome ; la même sans doute que celle des Peuples Latins, mais modifiée par leur réunion avec les Sabins, & par leur commerce avec les Colonies Grecques établies dans leurs environs, peut-être même sur quelqu'une des montagnes de Rome. Mais le fond de cette Langue, comme nous l'avons vû, fut la langue Celtique accommodée à la prononciation, au génie, aux besoins des Peuples du Latium & des Citoyens Romains.

Cette Langue, semblable en cela à toute Langue vivante, essuya de siécle en siécle des changemens d'autant plus considérables, que cette Nation elle-même éprouva continuellement les révolutions les plus grandes, & souvent les plus rapides, au point que vers les derniers siécles de la République, on n'entendoit plus la Langue de Numa.

D'abord, confinée dans le Latium, elle est la même que celle de ses voisins, que la Langue ancienne qu'ils n'avoient eu ni le tems ni les moyens de policer. Cette Langue dut rester nécessairement la même pendant les premiers siécles qui suivirent la fondation de Rome, dans ces tems où les Romains occupés uniquement d'Agriculture, de combats au dehors, & de divisions au dedans, n'eurent pas un instant pour se livrer aux Sciences,

PRELIMINAIRE.

& furent bornés à quelques Hymnes antiques, & à des annales groſſieres.

Mais dès qu'une fois ils eurent franchi ces barrieres; que leurs intérêts furent mêlés avec ceux des Grecs & des Peuples les plus policés; qu'ils eurent occaſion de ſentir la beauté des autres Langues, & d'appercevoir ce qui manquoit à la leur ; & que poſſédant de grandes terres, de grandes richeſſes, de grands moyens & plus de loiſir, ils commencerent à avoir honte de leur ignorance, & à cultiver les ſciences & les arts: qu'ils furent jaloux de faire de leur Langue celle de l'Univers dont ils devenoient les Maîtres, de l'enrichir des beautés qu'on admiroit dans les autres, d'avoir des piéces de théâtre, & des poëſies dignes de lutter avec celles des Grecs, une hiſtoire de leurs révolutions, aſſortie à la majeſté du Peuple Romain; que les jeunes gens des plus illuſtres Familles ſe livrerent à l'éloquence & à la poëſie, & qu'ils ſe défierent à l'envi dans cet illuſtre combat ; il fallut que leur Langue ſe prêtât à toutes ces vues, & qu'elle éprouvât les changemens les plus rapides : ce fut l'effet de moins d'un ſiécle, de deux ou trois générations.

C'eſt dans ce court eſpace de tems, que la Langue Romaine devint abondante, harmonieuſe, capable de ſe prêter au beſoin des Poëtes, des Hiſtoriens, des Orateurs: qu'elle fut à leur gré douce, majeſtueuſe, agréable & tonnante, flatteuſe & terrible, qu'elle ſut ſe prêter aux jeux des Bergers, inſpirer les Poëtes, s'élever avec l'Hiſtoire, peindre les combats & le carnage, frémir avec les flots des aſſemblées publiques, & leur en impoſer.

On a comparé ces révolutions, à l'enfance, à la jeuneſſe & à l'âge mûr. Cette enfance fut longue, & n'a laiſſé preſqu'aucune trace; la jeuneſſe paſſa avec la rapidité d'une roſe ; l'âge mûr abondant en excellens Ouvrages de tout genre, fait encore aujourd'hui les délices des personnes qui aiment à s'instruire, & servent de modèles à ceux qui veulent se distinguer dans les Lettres.

Mais afin qu'on juge mieux du chemin qu'eurent à faire les Romains pour parvenir à ce point, donnons des échantillons de ce qu'étoit leur Langue avant les beaux siécles de leur Littérature.

Monumens du premier Age

De la Langue Latine.

I.

Vers Saliens.

Le plus ancien monument littéraire des Romains dont il reste quelque trace, consiste dans les Vers que chantoient les Prêtres Saliens établis par Numa. Ce Prince Philosophe, choisi entre les Sabins pour régner sur un Peuple qui ne connoissoit que la charrue & l'épée, sentit la nécessité de lui donner des mœurs & un culte : il profita pour cet effet de l'ascendant que la haute idée qu'on avoit de ses connoissances, lui donnoit sur ce Peuple grossier, pour en devenir le Législateur moral, politique & religieux. Dans cette vue, il établit entr'autres, un Corps de Prêtres appellés SALIENS, parce qu'ils dirigeoient les danses sacrées, en dansant eux-mêmes, & en frappant en cadence sur un petit bouclier échancré. Par respect pour la Divinité, ces Prêtres étoient choisis dans l'ordre de la Noblesse ; aussi vit-on parmi eux, Appius Claudius, Scipion l'Africain, &c.

Ils étoient au nombre de douze, & chacun étoit armé d'un bouclier sacré, qui appartenoit à l'Etat, & que Numa avoit fait

PRÉLIMINAIRE.

faire comme le garant de la durée perpétuelle de l'Empire : la légende fabuleuse contoit qu'un de ces douze étoit tombé du Ciel pour être la sauvegarde du Peuple Romain, & que Numa en avoit fait faire onze autres parfaitement semblables à celui-là, afin que dans le désespoir de ne pouvoir découvrir le vrai, personne ne songeât à l'enlever.

Mais chaque Peuple avoit dans ce tems là, un objet consacré qu'il regardoit comme le gage assuré de sa durée : & quel symbole plus sensible pour désigner la stabilité d'un Etat & son triomphe dans toutes les adversités que celui d'un bouclier, & sur-tout d'un bouclier dû à la protection des Dieux ! Quant au nombre de XII, il fut relatif aux mois de l'année, représentés par les XII Saliens & par leurs danses, imitatives de la danse céleste.

Ce qui le prouve, c'est qu'au mois de Mars, pendant les cinq jours appellés Epagomènes chez les Grecs, & Quinquatres chez les Romains, & qui terminoient l'année, les Prêtres Saliens portoient leurs boucliers en triomphe dans toute la ville, en dansant, en sautant, & en chantant des hymnes relatives à ces grands objets, aux révolutions constantes des années.

Il n'est donc pas étonnant qu'on célébrât dans ces Vers, LUCETIUS, MANIA, mere des Lares, LUCIA VOLUMNIA, MAMURIUS VETURIUS, tout autant de Personnages qu'on a pris très-mal-à propos pour des hommes réels, pour des Romains, & dans le dernier desquels on a cru voir l'Ouvrier dont Numa s'étoit servi pour la fabrication des XII Boucliers sacrés. Ce sont autant de Personnages allégoriques relatifs aux Astres qui président à l'année & à ses révolutions.

LUCETIUS, formé de LUCE, lumiere, en désigne le Pere, c'est le Dieu suprême : nous en aurions un bon garant s'il étoit nécessaire. Macrobe convient que ce *Lucetius* est Jupiter, Pere de la lumiere, Iou Lucetius (1).

On ne peut méconnoître la Lune dans MANIA, même nom que MANA & MÉNÉ, la Lune.

LUCIA VOLUMNIA, est la lumiere elle-même, qui fait ses VOLUtions ou RÉVOLUtions chaque année, dans l'espace de XII mois.

MAMURIUS VETURIUS, qu'on a regardé comme l'Ouvrier qui fabriqua les XII boucliers sacrés, & que d'autres ont mieux rendu par les mots d'ANCIENNE MÉMOIRE, est incontestablement le Soleil, le Pere des jours & des tems, des XII mois, ou des XII boucliers, digne d'être célébré dans les mêmes hymnes, avec le Pere de la lumiere, avec la lumiere elle-même, avec la Lune & ses révolutions.

Quant à son nom, on voit qu'il faisoit allusion à l'année qui venoit d'expirer, *VETURius* formé de VETUS, signifiant l'ancien: & MAMURIUS étant composé de UR, OR, Soleil, & de MA, grand.

Il est fâcheux que nous n'ayons pas ces hymnes en entier, parce que nous y trouverions certainement nombre de preuves & de développemens relatifs à ce que nous disons.

Ces hymnes, consacrées par le tems, furent constamment chantées sans aucune altération, lors même que par une suite des révolutions du langage des Romains, on eut oublié à la longue ce qu'elles signifioient. Aussi ELIUS, le Maître de Varron, fit son possible pour en connoître le sens: & cependant, il n'y put parvenir entièrement: c'est qu'il ignoroit la vraie métaphysique des Langues, & qu'il n'avoit aucune base pour les comparer & pour

---

(1) Saturn. Liv. I. ch. XV.

en diſſiper les ténébres; il n'en eſt pas moins fâcheux que ſon Commentaire & les Vers qui lui ſervoient de texte, n'exiſtent plus; nous ne pouvons juger de la Latinité de ces Vers & de leurs allégories, que par quelques mots épars dans les Ouvrages des Anciens.

Ajoutons que très-certainement Numa ne fût pas l'inventeur des Vers Saliens; il ne fit tout au plus qu'en tranſporter l'uſage à Rome ; ces Hymnes étoient plus antiques que lui : auſſi deux Auteurs cité par Feſtus, POLEMON & CRITOLAUS prétendoient; le premier, que la danſe des Saliens étoit due à l'Arcadien SALIUS, qu'Enée avoit amené avec lui de Mantinée en Italie, & le dernier, qu'elle étoit due à SAON de Samotrhace, que le même Enée avoit amené avec lui lorſqu'il tranſporta ſes Dieux Penates à Lavinium.

Polemon & Critolaüs avoient raiſon de reconnoître cette haute antiquité à l'égard de Vers Saliens; ils ne ſe ſont trompés que dans l'idée qu'ils ſe formoient de *Salius* & de *Saon*, compagnons d'Enée, & qu'ils prenoient pour des perſonnages humains : ce ne ſont que des épithétes du Soleil : il fut regardé avec raiſon ſous le nom de SALIUS, comme l'inventeur de la danſe des Saliens, puiſque ceux-ci ne faiſoient qu'imiter ſa danſe, & il ne fût pas appellé avec moins de raiſon en Grec, SAON, ou *Sauveur*.

A l'occaſion de l'uſage qu'avoient les anciens Latins de préférer dans divers mots la lettre S à la lettre R, Varron rapporte pluſieurs mots employés dans les Vers Saliens (1).

Coſauli, Doloſi, eſo, ruſe, melios, fœdeſum, pluſima, aſena, Janitos, caſmena ; au lieu de
Corauli, dolori, ero, rure, melior, fœderum, plurima, arena, janitor, carmena.

---

(1) De Ling. Lat. Lib. VI. ad *initium*.

Il ajoute qu'on y voyoit *cante* pour *canite*.

CANTE DIVUM EXTA, CANTE DIVUM, DEO SUPPLICE CANTE.

« Chantez les chansons sublimes des Dieux, chantez les chansons des
» Dieux, chantez en invoquant la Divinité ».

C'étoit sans doute un refrein. *Cante* se changea ensuite en *Canite*.

On voyoit dans ces Vers Saliens des mots qui n'étoient plus en usage dans les beaux tems de la République, & qui venoient de la Langue primitive des Latins. Les Anciens nous en ont conservé quelques-uns que nos Lecteurs ne seront pas fâchés de voir.

CERUS MANUS, le bon Créateur. *Cerus* formé du primitif CER, faire.

MANUS, mot conservé dans ces dérivés; MANE, le matin, mot elliptique, qui signifie exactement, BON SOIT *ce jour pour vous*. IM-MANis, mauvais, cruel.

ANTIGERIO, beaucoup; mot formé d'*Antè*, davantage, plus: & de GER, abondance, racine de notre mot GUERES.

MOLUCRUS, ce qu'on met sous la meule; qu'on fait moudre; formé du radical MOL, masse, meule, &c.

SESOPIA, ou ESOPIA, siége: mot formé de HES, HED, s'asseoir.

PESCIA, peau d'agneau, toison; en Grec, *Peské*, toison.

TOPPER, vîte, promptement: mot formé du primitif TAP, prompt. En Irlandois, TAPA, vif, actif, prompt; TAPAS, vîtesse.

En Orient. צפר, TSAPAR, aller vîte, se hâter, être léger.

TSIPOR, oiseau.

ה-צף, HE-TSAP, aller très-vîte, se hâter.

Les Grecs changeant P en Q à la maniere des Latins, en formerent ces mots.

TAKHUS, vîte, prompt, qui va très-vîte.

TOKSON, arc, flèche qui vole.

AMP-TRUARE, se porter en avant, RED-AMP-TRUARE, revenir sur ses pas; mot qui peignoit les danses sacrées des Saliens & des Druides, où après s'être mis en avant, on revenoit sur ses pas, pour recommencer de même. Ces mots sont formés du Celte TRO, pas, pied.

PRO-MINERVARE, avertir, guider par sa lumiere, éclairer en marchant

PRÉLIMINAIRE.

à la tête : mot formé de *Pro*, avant, & de MENERVA, la Lu.. flambeau, d'où MENERV*are*, éclairer.

PILUMNOE POPLOE, *mot-à-mot*, les Peuples Pilumni, épithète des Romains.

On a cru que ce nom venoit ou du mot *Pilus*, un javelot, une pique, arme des Romains, ou du mot *pellere*, chasser, parce qu'aucun ennemi ne pouvoit résister aux Romains : mais comment n'a-t-on pas vu qu'au tems de Numa, ou des Vers Saliens, les Romains n'avoient point d'armes qui leur fussent propres, & qu'ils n'avoient encore rien fait qui leur méritât le titre pompeux de Vainqueurs des Nations. Cette épithète ne peut donc signifier qu'une de ces choses, Peuple guerrier, ou Peuple qui habite sur les bords des eaux, suivant qu'on dérive ce mot de PIL, arme, ou de PIL, PUL, eau, lac, étang, de même qu'on a appelé dans ce sens, une riviere, PILUMNUS.

Les Vers Saliens ne différerent pas seulement par les mots, de la langue Latine, lorsqu'elle eut acquis tout son éclat, toute sa beauté ; mais même par l'orthographe, on y voit :

CUME au lieu de *CUM* : TAME pour *TAM*.
DUON*us* pour *Bonus* ; PRÆCEPTAT pour *Præcipit*.

On peut consulter sur ces fragmens, FUNCCIUS, dans son Traité sur l'Enfance de la langue Latine ; TOBIE GUTTBERLETH Jurisconsulte Allemand, Auteur d'une Dissertation sur les Prêtres Saliens, qui a été réimprimée dans le Ve. Vol. du Suplément aux Antiquités Grecques & Romaine ; WALKIUS, Auteur d'un Ouvrage sur les divers âges de la langue Latine, que nous n'avons pu nous procurer, &c.

Ajoutons qu'Isidore de Séville dit que ces vers étoient écrits dans l'ancienne langue d'Italie : & que le P. PEZRON, Abbé de la Charmoye, persuadé que ces vers étoient empruntés des Sabins & des Ombriens, en concluoit qu'ils étoient remplis de mots Celtiques.

Les Prêtres Saliens avoient été eux-mêmes établis d'après des institutions Celtiques. Denys d'Halicarnasse avoit fort bien vu qu'ils répondoient aux Curétes des Grecs; mais ils existoient également chez les Gaulois ou les Druides: puisqu'on en voit encore des vestiges dans la Suisse, sans qu'on ait jamais soupçonné qu'ils eussent le moindre rapport aux Saliens Romanis.

Rappellons-nous que ces Prêtres étoient toujours de jeunes gens, qu'ils portoient des tuniques de diverses couleurs, des chapeaux pointus, un sabre à la ceinture, une lance à la main, & que leurs danses se faisoient au Printems.

Mais précisément dans cette saison, de jeunes gens réïterent toutes les années en Suisse les danses Saliennes, & précisément dans le même costume. Ils ont une tunique de toutes couleurs, comme l'habit d'Arlequin, le bonnet pointu orné de rubans, l'épée en main, une lance qu'ornent également des rubans en forme de banderolles: dans cet équipage, ils courent dans toutes les rues, dansant, sautant, & faisant grand bruit avec leurs épées qu'ils frappent l'une contre l'autre, ou dont ils font retentir le pavé, au son de petites sonnettes pendues à leur tunique & qu'ils agitent par leurs sauts.

Ces jeunes gens n'ont d'autre but actuellement que de se réjouir & de gagner quelques sous, en se conformant à un usage antique dont on ne connoît plus l'origine & le but; mais qui fut très-certainement dans les tems les plus reculés un établissement national & la source des Prêtres & des vers Saliens dont nous parlons.

On voit ces danses des Saliens dans l'Etrurie Royale, Planche LXXVII, & le nom de ces Prêtres dans la premiere des Tables Eugubines, ligne 14.

Servius sur l'En. VIII. 285, dit qu'on attribuoit leur origine à Morrius Roi de Veies, qui les avoit institués à l'honneur d'Ale-

PRÉLIMINAIRE.

fus fils de Neptune : d'autres à Dardanus, en faveur des Dieux de Samothrace.

Les habitans de Tibur & ceux de Tusculum avoient également leurs Prêtres Saliens.

Ainsi Numa n'a pas même la gloire d'avoir inventé & ces Prêtres & leurs danses & leurs boucliers descendus du Ciel.

N'omettons pas une chose très-remarquable & très propre à répandre un grand jour sur cet objet, que la fête d'Anna Perenna se célébroit le lendemain de celle des Saliens.

On peut voir d'ailleurs ce que nous avons déjà dit au sujet de cet Ordre de Prêtres dans l'Histoire du Calendrier, pag 374.

II.

Loix du tems des Rois.

Les Grammairiens & les Jurisconsultes Romains nous ont transmis quelques unes de leurs loix royales d'après le Code qu'en avoit formé PAPYRIUS sous le régne de Tarquin l'ancien : le peu qui s'en est conservé a été réuni en un Corps par plusieurs Savans, & entr'autres par le Jurisconsulte ANTOINE TERRASSON (1). Tout en paroît barbare ; les mots, l'orthographe, la construction.

En voici une du Roi Numa, avec l'orthographe de Terrasson.

SEI. QUOI. HEMONE. LOEBESO. SCIENS. DOLOD. MALOD. MORTEI. DUEIT. PASEICID. ESTOD. SEI. IM. INPRODENS. SE DOLOD. MALOD. OCEISI. PRO. KAPITED. OCEISI. ET. CNATEIS EJOUS. ENDO. CONCIONED. ASIETE. SOBEICITOD.

« Si quelqu'un a donné volontairement la mort à un homme libre, qu'il

---

(1) Dans son Histoire de la Jurisprudence Romaine, Paris, 1753. in-fol.

» soit traité comme un parricide. (1) S'il l'a tué imprudemment, qu'il immole
» un bélier dans l'assemblée, pour la tête du mort & pour ses enfans. «

Celle-ci a été attribuée pa Festus à Romulus, à Tatius, à Servius Tullius.

SEI. PARENTES. PUER. VERBERIT. AST OLOE. PLORASSINT. PUER.
DEIVEIS. PARENTOM. SACER. ESTOD. SEI. NUROS. SACRA.
DIYEIS. PARENTOM. ESTOD.

« Si un enfant frappe ses pere ou mere, & que ceux-ci s'en plaignent, que
» cet enfant soit dévoué aux Dieux de ses parens : qu'il en soit de même si
» c'est une belle-fille ».

L'ortographe de cette Loi est de Joseph Scaliger.

Rapportons encore cette Loi de Numa :

CUEI TERMINUM ECSARASIT, IPSE ET BOVEIS SACREI SUNTOD.

« Si quelqu'un a transporté une borne, qu'il soit voué aux Dieux, lui &
» ses bœufs.

III.

Loix des XII Tables.

Environ un demi siécle après l'expulsion des Rois, on voulut avoir des Loix écrites : on envoya des Députés chez les Grecs pour rassembler les Loix de ces Peuples éclairés & polis ; & en les combinant avec les anciennes, on en fit un recueil d'abord de X Tables, & puis de XII, en ajoutant deux Tables aux dix premieres.

Ces Tables, qui après avoir été long-tems exposées dans la place publique, furent ensuite déposées au Capitole, n'existent malheureusement plus ; mais de savans Jurisconsultes ont rassemblé en Corps les fragmens qu'ils en ont trouvé épars cà & là dans les Ouvrages des Romains, & ils les ont distribués sous douze titres

---

(1) Terrasson traduit *homicide* au lieu de *parricide*. Je suppose que *parricida* signifie mot-à-mot le meurtrier de son semblable.

PRÉLIMINAIRE. cclxiij

relatifs à ceux des XII Tables. Tel TERRASSON dans l'Ouvrage que nous avons déjà cité, où il les a rassemblées au nombre de 105 Loix, en les accompagnant d'une Traduction & de Notes précieuses. Voici les quatre premieres.

SEI ENDO VOCET ATQUE EAT.
NEI EAT ANTESTATOR EICITOR EM CAPITOD.
SEI CALVITOR PEDEMVE STRUIT, MANOM ENDO IACITOD.
SEI MORBOS AIVITASVE VITIOM ESCIT QUEI ENDO IOUS VOCASIT
  IOUMENIOM DATOD. SEI NOLET ARCERAM NEI STERNITOD.

» Si quelqu'un est appellé en Justice, qu'il s'y rende aussi-tôt ».
» S'il ne s'y rend pas, qu'on en prenne acte, & qu'on le saisisse ».
» S'il veut éluder & gagner au pied, qu'on lui mette la main dessus ».
» Si quelque maladie ou l'âge l'empêche d'obéir, qu'on lui donne une
» voiture ouverte : s'il ne la veut pas, qu'on lui donne une voiture
» couverte, dans laquelle il puisse se coucher ».

C'est ainsi que je traduis ces quatre Loix : Terrasson s'accorde avec moi quant au sens, à l'exception de la derniere phrase, qu'il traduit d'après la lettre d'une maniere opposée à la mienne : mais je crois que l'avant dernier mot Latin *NEI*, est une faute, parce que cette négation anéantit la beauté & la clarté de la phrase.

En effet, dès qu'on est obligé de donner à un infirme une voiture pour le conduire devant le Juge, quoi de plus naturel que de lui en donner une dans laquelle il puisse reposer ? & pourquoi la Loi auroit-elle défendu d'en fournir une pareille, si elle étoit nécessaire pour que l'Ajourné pût se rendre devant le Juge ? Plus je considére cette Loi, plus la négation paroît absurde : & je suis étonné que Terrasson n'ait pas senti le mauvais effet qu'elle produit.

Voici une autre Loi qui n'a pas été mieux entendue. C'est la LXXXVI dans Terrasson.

MOLIERES. GENAS. NE. RADUNIO. NEIVE. LESOM. FUNERIS.
ERCOD. HABENTO.

« Que les femmes ne déchirent pas leurs joues : & qu'elles ne conduisent » pas les lamentations des funérailles, » ou, qu'elles ne paroissent pas dans les convois funébres.

Terrasson a manqué le sens de cette derniere phrase, & il a mal paraphrasé le commencement de cette Loi : voici comment il la rend.

« Que les femmes ne se défigurent pas le visage par des marques d'une » douleur affectée, & qu'elles ne poussent pas des cris affreux ».

Pourquoi ajouter à la Loi ce persiflage *par des marques d'une douleur affectée* : une Loi ne persifle point, & ne dût jamais être une Satyre. Jamais Législateur dût-il, pût-il descendre dans ces minuties.

Mais il put empêcher que les femmes se déchirassent le visage comme des Energumènes, & qu'elles parussent dans des convois publics : il le put d'autant plus que chez tous les Celtes les femmes paroissoient dans des convois, & que cet usage subsiste encore dans quelques contrées Celtiques.

Il ne seroit pas surprenant que Terrasson eut manqué le sens de cette Loi ; elle n'étoit plus entendue du tems de Cicéron : cet Orateur Romain nous apprend (1) que Sextus Ælius & Lucius Acilius, Interprètes des Loix des XII Tables, avoient avoué n'entendre point celle-ci, & qu'ils pensoient que le mot *lessus* désignoit quelque espéce d'habit de deuil dont les Décemvirs avoient défendu l'usage. Il ajoutoit qu'un autre Interprète de ces Loix nommé LÆLIUS, étoit persuadé que *lessus* étoit le nom des cris démesurés dont les femmes en deuil faisoient retentir le voisinage.

Lelius avoit raison, *lessus* est le Celte *lais*, lamentation, mais ni lui, ni Terrasson, n'ont pas vu qu'étant accompagné du Verbe *habere*, il ne pouvoit désigner simplement des lamentations :

---

(1) Des Loix, Liv. II.

qu'*habere*

PRÉLIMINAIRE. cclxv

qu'*habere* doit signifier *mener*, *conduire*, & que le *lessus* que les femmes ne doivent pas conduire, c'est le convoi funèbre, le deuil public.

Les Loix des XII Tables contiennent ainsi nombre de mots dont le sens n'étoit plus entendu dans les beaux tems de la République, parce qu'on ne savoit pas à quoi ils faisoient allusion, & qu'on n'en connoissoit pas l'origine qui seule peut diriger dans le vrai sens des mots.

AULUGELLE raconte à ce sujet (1) comment un Jurisconsulte pressé sur le sens du mot PROLETARIUS qui se trouve dans la XIIe. Table, se tira d'embarras en répondant avec dédain; me suis-je chargé d'expliquer les Loix des Faunes & des Aborigènes?

Nous aurons occasion de développer plus bas le sens d'une autre de ces Loix qu'on n'a pas mieux entendu.

IV.

COLONNE ROSTRALE.

Près de deux siécles après la publication des Loix des XII Tables, l'an de Rome 493, les Romains commandés par le Consul Duilius remporterent sur les Carthaginois une victoire navale, d'autant plus flatteuse pour eux que c'étoit la premiere fois qu'ils se battoient sur mer. Ils éleverent donc pour en éterniser la gloire, une Colonne à l'honneur de Duilius avec une inscription qui contenoit le détail de cette journée mémorable; ils y ajouterent en ornemens les ROSTRES ou éperons des Navires, dont ils s'étoient rendus maîtres, & de-là son nom *Colonne Rostrale*.

Quelque tems après, tout le haut en fut détruit par la foudre, & on ne savoit plus ce qu'elle étoit devenue, lorsqu'au mois de

---

(1) Nuits Attiq. Liv. XVI. ch. X.

Orig. Lat. ll

Juillet 1565, on la retira de terre du milieu des ruines qui sont au-dessous du Capitole près de l'Arc de Sévere. Comme une partie de l'Inscription étoit effacée, & le reste en un langage barbare, divers Savans s'exercerent à la déchiffrer. Pierre CIACCONIUS en remplit les lacunes avec beaucoup d'habileté.

La langue Latine y paroît avec toute son âpreté primitive : on seroit même tenté de croire que bien loin de se perfectionner pendant les deux siécles écoulés presqu'en entier depuis les XII Tables, elle avoit peut-être perdu : c'est du moins la même Orthographe, la même incorrection, la même dureté.

On y voit C répondant constamment au G.

LECIONES, MACISTRATOS, CARTACINIENSIS pour *Legiones, Magistratus, Cartaginienses.*

EXFOCIONT, *pour* effugerunt.	CLASEIS *pour* classes.
NAVEBOS *pour* navibus.	POENICAS *pour* punicas.
MARID *pour* mari.	POPLON *pour* populum.

V.

TOMBEAU *de Scipion Barbatus.*

Le dernier Monument à citer de ces siécles barbares est l'Inscription gravée sur le Tombeau de Scipion Barbatus qui mourut en 494, l'année après celle où Duilius remporta la victoire dont nous venons de parler ; mais nous avons déjà fait usage de ce monument dans nos Origines du Langage & de l'Ecriture ; nous terminerons donc ici ce qui regarde cette longue époque de la langue Latine, pendant laquelle elle conserva toute l'âpreté des anciennes Langues d'Italie, & qui est commune à toute Langue qui n'a pas été polie par des Ecrivains de génie & de goût, éclairés eux-mêmes par le feu & par la beauté des modèles qu'ils puisent dans la Nature & dans des Langues déjà perfectionnées par d'autres Ecrivains.

Mais avant de passer à cette époque où la langue Latine commença à sortir de ses langes, à secouer sa barbarie, à rechercher les moyens de s'épurer, jettons un coup d'œil sur son Orthographe pendant ces cinq premiers siécles, telle par sa forme que presque tous les mots en sont dénaturés & méconnoissables.

La langue Latine, à cette premiere époque, différa prodigieusement de ce qu'elle fut dans ses beaux tems, soit à l'égard des mots communs à ces diverses époques, soit à l'égard des mots particuliers à chacune.

A l'égard des mots communs à toutes, ils différerent en Orthographe, en genres, en cas, en conjugaisons, précisément dans tout ce en quoi peut varier une Langue qui fait usage des cas.

V I.

Orthographe.

Dans ces premiers tems, on employa une Orthographe fort différente de celle qui eut cours dans la suite.

1°. Les voyelles d'un même mot étoient souvent très-différentes; ainsi, on écrivoit :

Sei, *diveis*, ce qu'on écrivit ensuite *si*, *divis*; *ei* pour *i*, *leiber*.
Ole pour *ille*.
E pour O : *helus*, *helera*, *benus*, *hemo*, *Apello*, changés ensuite en *olus*, *olera*, *bonus*, *homo*, *Apollo*, changement qui les éloigna beaucoup de leur primitif.
I pour *e*, *fulmin*, ensuite *fulmen*.
O pour *e*, *vorsus*, *amplocti*, *votita*.
O pour *u*, *notrix*, *dederont*, *servom*, *consol*, *quatenos*, *poblicus*, *colpa*, *filios*, *molier*.

E pour *I*, Menerva, Magefter, Navebos, Sicelia, Ameci, vea, vella.

Œ pour *u*, Mœri, Mœnitus, Pœnicus, pœnio, mœnia, cœrare, œfus.

Oi pour *u*, oinus, & pour *æ*, coilum, poinicus.

Ai pour *æ*, Mufai, aulai, aiger.

Ou pour *u*, Ious, fouriofos, couftos.

O pour *auc*, otoritas.

2º. Ils n'employoient point de lettres doubles ; *ole* & non *olle* ; *cefet* pour *geffit*.

Ils écrivoient C au lieu de G. Maciftratos, coenatos, cerens, Cartacinienfeis, acetare, Rocom, Acnos, Eicitur.

Ils difoient Ipfus, Ips, Cuips, Em & Im, Hibus, Ibus, me, mis, tis, fos, fas, fis, fam, eum, eiius, nis, fodes, fis, *au lieu de*,

Ipfe, Is, qui, eum, his, iis, mihi, meis, tuis, fuos, fuas, fuis, fuam, eorum, ejus, nobis, fi audes, fi vis.

Se & fed *pour* fine ; *fe dolo*, fans fraude.

Ils terminoient les ablatifs par un *d*, dolod, altod, marid.

3º. Ils fubftituoient des confonnes à d'autres.

S pour R, Afa, lafes, majofes.

S devant M, cofmittere, cafmenæ pour committere, camenæ.

B fe changeoit fouvent en DU au commencement des mots, DUELOM pour Bellum.

D & R fe fubftituoient l'un à l'autre, medidies, apor, arvena, arvolare, changés enfuite en meridies, apud, advena, advolare.

Endo *pour* in : calim *pour* clam.

Tel fut le premier âge de la langue Latine, âge qui dura cinq fiécles entiers, & pendant lequel fa barbarie fut fi grande, que des Savans l'ont confondue avec la Langue des Ofques, entr'autres, Terraffon qui l'appelle conftamment Langue Ofque.

ARTICLE III.
SECOND AGE DE LA LANGUE LATINE.
§. I.
Vues générales sur la nature des connoissances humaines de cet Age.

Rome ayant enfin étendu son Empire de l'une à l'autre mer, Maitresse de la plus grande partie de l'Italie, & venant de forcer Carthage à une paix honteuse, à lui céder les Isles de la Méditerranée, à lui payer tribut, sentit qu'il ne lui suffisoit pas d'avoir de grands Etats ; qu'il lui restoit un autre genre de conquêtes à faire, plus noble, plus digne des hommes, & sans lequel on ne pourroit jamais les regarder malgré leur puissance & leurs richesses, que comme un essain de barbares, d'autant plus dangereux qu'ils étoient plus redoutables : ces conquêtes, on le sent, étoient celles de l'esprit, du goût & du génie sur l'ignorance & sur la grossièreté. Ils n'avoient que deux moyens pour y parvenir : créer ou imiter.

Par le premier, ils seroient parvenus à des connoissances plus dignes d'eux, plus conformes à leur maniere d'être ; plus relatives à un grand Etat ; plus propres à en étendre la durée au-delà des siécles, à mettre à leurs pieds tous les Peuples, à leur acquérir l'empire de l'Univers entier par l'excellence de leurs principes, par la nature de leurs lumieres bienfaisantes, par l'attrait irrésistible de leurs vertus, par la supériorité d'un Gouvernement non destructeur, mais vivifiant : ainsi ils auroient expié leurs crimes passés, ainsi ils seroient devenus la Nation par excellence,

& loin d'avoir été anéantis, ils subsisteroient encore aujourd'hui avec le plus grand éclat, parce que les Hordes sauvages qui leur arracherent ces Etats qu'ils n'avoient cessé d'ajouter à leur premier territoire par une suite de guerres & de perfidies atroces, auroient admiré & respecté un Peuple avec lequel ils avoient tout à gagner & rien à perdre.

Malheureusement pour eux & pour l'humanité entiere, ils n'apperçurent pas cette route unique d'être grands à jamais : & jaloux de la gloire qu'avoient acquise les Grecs par leur éloquence, par leurs vers, par leurs beaux Arts, au lieu d'être créateurs, ils se bornerent au rôle servile d'imitateurs ; ils se mirent à disputer d'Eloquence, de Vers, de Comédies, de Danses, de Musique avec les Grecs qui toujours enfans, ne cesserent de se traîner à l'entrée des Sciences, qui en eurent le vernis & tout ce qui étoit nécessaire pour rendre la sagesse aimable, mais chez qui on la cherche en vain : & comment auroit-on pû trouver de grands principes chez les Grecs, formés en petites Républiques, déchirés par de basses jalousies, par de petites passions, par de cruelles guerres ?

D'ailleurs, tout Peuple imitateur se condamne à ne jouer que le second rôle ; en vain il fera les plus grands efforts, il ne pourra sortir de la ligne qu'il s'est prescrite, il ne se distinguera point par le fonds : les formes seules pourront varier, être plus ou moins élégantes, mais ce n'est pas en cela que consiste la vraie Science.

Le croira-t-on ? Ces Romains dont nous vantons nous-mêmes les connoissances, à l'étude de la Langue desquels nous consacrons le plus beau tems de notre vie, le tems le plus propre à acquérir la vraie science, étoient, à l'époque dont nous parlons, plongés dans une si grande barbarie, qu'ils n'étoient pas même en état d'être imitateurs des Grecs: ceux qui au commencement & pendant la durée la plus confidérable de ce fecond âge écrivirent en Latin, & qui travaillerent à retirer cette Langue de fon état barbare, étoient tous Etrangers à la Ville de Rome, Grecs ou Elèves des Grecs, plufieurs même Efclaves ou Affranchis. Quelles idées, quel reffort, quels principes pouvoient donner à un Peuple neuf, des perfonnes de cet ordre ? Ils ne purent que traduire tant bien que mal les Comédies & les Tragédies des Grecs ; ils fe traînerent fur les traces de ces Républicains, ils en emprunterent les expreffions, les tournures, jufqu'aux mots même : ils penfoient à la Grecque, il n'y avoit d'eux qu'un Latin élégant qui leur attiroit l'attention des Romains.

Ceux-ci frappés d'une éloquence à laquelle ils n'étoient pas accoutumés, charmés de pouvoir paffer déformais pour des Peuples qui n'étoient plus barbares, mais qui étoient fenfibles aux beaux Arts & aux Sciences des Peuples polis, crurent que c'étoit en cela que confiftoit la gloire de la fcience, & ils n'en chercherent pas d'autre.

Mais s'ils s'égarerent à cet égard, s'ils ont égaré la plûpart des Peuples actuels qui, à leur imitation, ont pris les fciences dont ils s'occupoient pour les vraies connoiffances, ils eurent du moins le bon efprit d'attirer & de favorifer tous ceux qui leur parurent propres à les policer ; le favoir ne fut jamais chez eux l'objet de priviléges exclufifs.

Ainfi Rome en favorifant les Lettres fit oublier en quelque forte fes anciens brigandages, fes noirceurs, fes perfidies, fon fyftême deftructeur de toute fociété : en fe nourriffant de fes grands Ecrivains, de fes charmans Poëtes, on s'enthoufiafme pour leur Nation, on oublie qu'ils n'ont rien fait pour rendre les hommes plus heureux, & les Gouvernemens plus expérimentés, pour élever celui de Rome sur une base inaltérable.

Auguste connoissoit bien ce prestige des Lettres, & à quel point elles pouvoient fixer l'attention des Peuples à leur propre détriment, lorsqu'il ouvrit son Palais aux Auteurs distingués qui faisoient l'ornement de son siècle. Ce sont eux encore qui font que le siècle de Louis XIV est en quelque sorte vivant pour nous. En conversant avec ces hommes illustres, qui ont porté sous son régne la gloire de notre Langue au plus haut période, on pense avec plaisir au Prince qui les encouragea : tout ce qui, sous son régne put affliger les hommes, disparoît ; on ne voit que les bons effets de ces Ouvrages immortels.

On a demandé en quoi les connoissances avoient rendu les hommes meilleurs ? & on en a calomnié la science : mais on s'égaroit, en confondant avec elle, ces connoissances agréables des Grecs & des Romains, qui ne sont que des moyens de faire aimer la science, & de la mettre à la portée de tous les hommes : de ce que les hommes n'ont pas su en général faire de leur esprit, de leur génie, de leurs talens, l'usage le plus essentiel, il ne s'ensuit pas qu'il ne puisse exister rien de mieux : & si les Romains manquerent ce mieux, ce ne devroit pas être pour nous une raison de le négliger : tout comme ce seroit un blasphême contre la nature & contre l'humanité, de dire que les Etats ne peuvent subsister à toujours par aucun moyen possible, qu'il faut qu'ils ayent leurs momens de dégradation & d'anéantissement, sans que rien puisse y remédier. Disons plutôt que les Etats qui se sont anéantis, ont toujours dû leur ruine à la mauvaise base sur laquelle ils étoient élevés : & que tout Etat qui voudra affermir sa base & s'avancer avec fermeté & avec générosité vers les moyens qui peuvent seuls faire prospérer les Nations, triomphera des siècles, & sera invulnérable.

§. II.

PRÉLIMINAIRE.

§. II.

Notice des principaux Poëtes de cet âge, dont il ne reste que des fragmens.

ANDRONICUS.

ANDRONICUS est le premier des Auteurs qui forment le second âge de la Langue Latine : Grec de nation, comme l'indique son nom, il fut esclave de Livius Salinator, dont il instruisit les enfans, & qui, par reconnoissance, lui donna la liberté ; ce qui valut à Andronicus le surnom de Livius. Comme il étoit versé dans la Littérature Grecque, il essaya d'imiter en Latin ce que les Grecs exécutoient si heureusement en leur langue depuis deux siècles : il fut ainsi le plus ancien des Poëtes Latins.

Ce n'est pas que les Latins eussent été jusqu'alors dénués de toute Poésie : mais elle ne consistoit que dans des Pièces cadencées, informes & agrestes ; ce n'étoit pas des Comédies, des Tragédies ; ces Pièces supposent trop de connoissances pour exister dans une Bourgade, dans une République resserrée : ce n'est que dans de grands Etats, au milieu d'une grande Puissance, avec un grand loisir, qu'on peut étendre jusques-là l'empire des Muses, des Arts, du Goût ; ce n'étoit pas même des Pièces comme celles qu'on jouoit sur des tréteaux il y a quatre ou cinq siècles ; c'étoient des Chansons, des Epigrammes, des Pots-pourris remplis de bons mots, de plaisanteries, de carricatures, de traits lancés avec feu contre les ridicules des Concitoyens qui y donnoient lieu.

Ces Pièces pouvoient être fort mal versifiées, & cependant très-plaisantes.

On en appelloit les Vers, *Saturniens*, ou de Laboureurs, parce que c'étoient les Habitans de la campagne qui les composoient pour égayer leurs pénibles travaux : & *Fescennins*, mot

Orig. Lat.

dont la vraie origine étoit absolument inconnue ; mais dont on peut voir la signification dans nos Origines Latines, col.

On sent aisément que ces Piéces mordantes purent devenir insensiblement dangereuses par une critique trop amère, par des portraits trop ressemblans, par des personnalités piquantes. Aussi a-t-on cru que les Loix des XII Tables en contenoient une dont le but étoit de réprimer cette licence ; c'est celle-ci ; *si quis occentassit malum carmen sive condidisit quod infamiam faxit flagitium ve alteri, capital esto* ; & que M. Dacier a rendu par ces mots (1). « Si quelqu'un a dit ou composé lui-même des Vers contre la » réputation ou contre l'honneur d'un autre, qu'il soit puni de » mort ».

Il est bien étonnant que ni lui ni aucun autre Savant n'ayent apperçu, pas même soupçonné, qu'on ne pouvoit pas avoir fait de Loi pareille, & que les mots de *malum carmen*, d'*occentassit*, de *condidisit*, ne peuvent jamais avoir eu le sens qu'on leur attribue. L'Académicien en appelle, il est vrai, au témoignage de Cicéron, qui, au commencement du IVe Livre des Tusculanes, se sert de ce passage pour faire voir que dans ce tems-là les Romains connoissoient les Vers : mais lors même qu'il seroit vrai que Cicéron n'auroit rien vû dans cette Loi de plus que ce qu'y a vu ce Savant Académicien, il n'en résulteroit autre chose, sinon que c'est ici une autre de ces Loix dont le vrai sens n'étoit plus entendu du tems de l'Orateur Romain.

On s'en seroit apperçu, si l'on avoit examiné cette Loi avec plus de soin, si l'on s'étoit astreint à rendre avec plus d'exactitude la valeur des expressions qui la composent : car, d'un côté, on n'a point cherché à rendre le mot *malum* qui accompagne *carmen*,

---

(1) Mém. de l'Acad. des Insc. & B. L. T. II. in-4.

PRÉLIMINAIRE.

Malum carmen; on l'a pris sans doute pour une simple épithète qui ne disoit rien de plus que ce qui est exprimé dans la suite : & d'un autre côté, on a cru que ces mots *infamiam* & *flagitium* désignoient des idées semblables, qu'ils étoient tous deux relatifs à l'honneur ou à la réputation; qu'ils n'exprimoient que des idées morales. Quand on pèse si peu les termes d'une Loi, comment peut-on se flatter de l'entendre ?

Si le mot *infamia*, désigne en effet une idée morale qui embrasse l'opposé de la réputation & de l'honneur, le mot *flagitium* désigne une idée physique différente de celle-là, & qui emporte l'idée très-positive de *dommage*, de *perte*, de *mal physique*.

Il s'agit donc ici de Vers qui attaquent une personne dans son honneur & dans ses biens, & appellés par cela même *malum-carmen*. On ne peut donc entendre par ces derniers mots, que des *charmes*, des sortiléges, des paroles magiques composées & prononcées pour détruire la réputation d'une personne, & pour faire périr ses récoltes, ses troupeaux, ses enfans, ses gens, ou pour lui nuire en son propre corps : *charmes* appellés en effet *carmen*, & dont le nom lui-même n'est qu'une altération de ce mot carmen. Ces charmes n'étoient que trop en réputation chez les Romains, Peuple dans son origine aussi superstitieux qu'un autre, & qui même en faisoit gloire. N'est-ce pas ce Peuple qui cita un des siens à comparoître devant lui pour qu'il eût à rendre raison du *charme*, du *carmen*, par lequel il faisoit prospérer ses champs fort au delà de tous ses voisins ?

Ce sont ces charmes magiques & funestes, qui devoient paroître véritablement dignes de mort, & ce sont ces Enchanteurs, ces Magiciens, que la Loi de Moyse condamnoit également à la mort.

Il existe encore des Peuples en Europe qui s'imaginent qu'on peut jetter un fort par des paroles magiques, par un *malum carmen*, un funeste charme, sur la santé, sur les troupeaux, ou sur les champs d'un voisin. Qui croiroit que ce préjugé existe aux portes de Paris, & qu'il y a peu de tems qu'à deux journées de cette Ville immense, un malheureux fut assommé, brûlé, martyrisé par tous ceux de son Village sous ce prétexte ?

Dans de telles Peuplades, on ne peut trop sévir en effet contre des personnes qui paroissent aussi dangereuses : c'est à la philosophie, à la saine raison, à éclairer ces infortunés, dont les idées mélancoliques n'accordent si gratuitement à l'homme un si grand pouvoir, que pour accroître le nombre des maux dont ils sont la proie ; & pour leur faire voir dans ces voisins, dont la société devroit faire leur bonheur, non des amis, des concitoyens, des freres, mais des monstres nés pour leur malheur.

Cette Loi des XII Tables, qui étoit absurde de la maniere dont on l'entendoit, devenoit nécessaire dans cet esprit : c'est tout ce que l'ignorance & l'erreur pouvoient opposer à de pareils maux, en attendant que des lumieres supérieures vinssent détruire des préjugés aussi ridicules que funestes : mais comment ont-ils pû se propager jusqu'à présent en tant de contrées & de Royaumes de l'Europe ?

Environ un siècle après cette Loi, en 390, un fléau terrible occasionna l'établissement d'un Théâtre à Rome. Une peste affreuse faisoit les plus grands ravages dans cette Ville, & jettoit ses Habitans dans la plus profonde consternation, dans une noire tristesse. On consulta l'Oracle. Persuadé qu'il n'y avoit qu'une diversion gaie & agréable qui pût dissiper ces terreurs, cet abattement, il ordonna pour remède le *carmen*, la Poésie la plus gaie, la plus amusante, la plus propre à adoucir l'esprit : on fit donc venir de la Toscane des Joueurs, qui, au son de leur flûte, exécutoient des danses, dignes, à ce qu'on croyoit, d'appaiser la colere des Dieux, & qui remirent parfaitement les esprits.

La jeunesse Romaine se hâta de joindre ces danses à ses Vers Fescennins, & bientôt il en résulta ces Farces appellées Satyres, berceau de l'Opéra, puisqu'on y réunissoit la Poésie, la Musique & la Danse même, celle des Balets.

Le mot *Satyre* désignoit ainsi dans l'origine un mêlange de tout ce qui pouvoit composer une Piéce de Théâtre, & c'est ce que signifie en effet ce mot: mais parce qu'elles ne cesserent pas d'être remplies de traits mordans contre ceux qui prêtoient au ridicule de toute espéce, leur nom se prit insensiblement en mauvaise part, & se revêtit du sens qu'on y attacha ensuite chez les Romains, le seul qu'il ait encore actuellement.

Ces Satyres ou Farces ne discontinuerent pas lorsque Rome fut riche en Piéces dramatiques : on les jouoit à la fin des grandes Piéces, comme nos petites Piéces ou Farces, dont le nom a précisément la même signification, & dont le but est le même, de faire rire aux dépens des ridicules ; mais dès-lors, le nom de ces Satyres fut changé en celui d'*Exodium*, ou sortie, issue, fin. Les Acteurs les jouoient avec les mêmes habits, le même masque qu'ils avoient porté dans la grande Piéce.

La premiere Piéce d'Andronicus fut représentée l'an 514, l'année d'après la premiere guerre Punique, 160 ans ou environ depuis la mort de Sophocle & d'Euripide, 221 ans avant celle de Virgile.

Il est fâcheux qu'on ne nous ait conservé de ce Poëte que quelques Vers sans suite, suffisans cependant pour nous donner une grande idée de sa douceur ; voici le fragment le plus long qui en existe :

> *Et jam purpureo suras include cothurno,*
> *Baltheus & revocet volucres in pectore sinus.*

Preſſaque jam gravida crepitent tibi terga pharetra,
Dirige odoriſequos ad certa cubilia canes.

Vers qu'on peut rendre à-peu-près de cette maniere :

« Muniſſez vos jambes d'un cothurne couleur de pourpre :
» Qu'un baudrier forme ſur votre poitrine des plis ondoyans ;
» Qu'un peſant carquois réſonne ſur vos épaules qu'il preſſe :
» Et conduiſez à des gîtes ſûrs vos chiens habiles à ſuivre l'odeur ».

Quæ hac daps eſt ? Quis feſtus dies ?
» Qu'annonce ce feſtin ? Quel eſt ce jour de fête ?

Mea puera, mea puera, quid verbi ex tuo ore profugit ?
« Ma fille, ma fille, quel mot a proféré votre bouche ?

NÆVIUS.

CNEIUS NÆVIUS avoit porté les armes, il les quitta pour devenir Poëte. Vers l'an 520, on repréſenta, pour la premiere fois, une de ſes Comédies : il fit un Poëme en ſept chants ſur la guerre Punique, cette guerre terrible, dans laquelle il avoit ſervi, qui mit Rome à deux doigts de ſa perte, où cette fiere République combattoit avec Carthage pour l'Empire de l'Univers, & où elle auroit ſuccombé ſous le génie d'Annibal, ſi les Carthaginois ne s'étoient pas manqué à eux-mêmes : mais déjà alors ſe déployoit cette ſupériorité des Européens ſur le reſte du monde, qui leur ſoumettroit l'Univers, s'ils mettoient autant de ſuite & de ſageſſe dans leurs projets & dans leur conduite, qu'ils y développent de génie & d'eſprit : ainſi ſe vérifioit cette ancienne prophétie d'un Sage, que les Africains ſeroient à jamais les eſclaves de leurs freres. Cependant les Carthaginois poſſédoient déjà la moitié de l'Afrique, les Eſpagnes, la Sardaigne, la Sicile ; ils avoient tout l'or du monde, des flottes nombreuſes, une marine expérimentée, des

PRÉLIMINAIRE. ccxxlix

Généraux aguerris ; l'Europe sembloit ne pouvoir leur échapper : mais ils trouverent sur leurs pas une Ville de fer ; ce fer dévora leur or, leur argent, leurs pierreries, leur pourpre, leurs flottes, leurs Princes-Marchands, leurs armées de mer & de terre, leurs Généraux ; ils disparurent de dessus la terre.

On a souvent dit, pourquoi ne se contentoient-ils pas de l'Empire de l'Afrique ? Pourquoi ne faisoient-ils pas de cette vaste Contrée, un Etat aussi peuplé qu'étendu, aussi fortuné que riche ? Pourquoi, au lieu de s'aggrandir du côté de l'Europe qui leur opposoit une résistance invincible, ne se tournoient-ils pas vers ces contrées du Midi, qui ne demandoient que des mains ? On voudroit donc en faire des Sages, & on oublie que Carthage n'étoit qu'une association de Commerçans. Le Commerçant fuit les déserts, & les Peuples Sauvages, auxquels suffisent des fruits & de l'eau : il ne cherche pas à créer, mais à jouir : il lui faut des Nations déjà formées, déjà riches, déjà puissantes, qui ayent de grands besoins & de grands moyens pour les satisfaire. Les riches Peuplades qui cultivoient les Côtes méridionales de l'Europe, purent donc seules fixer l'attention du Carthaginois avide de gain : leur possession lui parut le suprême bonheur : il fallut donc mettre tout en œuvre pour y parvenir : il fallut devenir Conquérant, & perdre à soudoyer des armées, des richesses acquises par le commerce, & dont le commerce auroit tiré les fruits les plus précieux & les plus durables, en les employant à créer de nouvelles richesses.

C'est l'or, c'est la soif aveugle de l'or, c'est le désir inextinguible de jouir, qui séduisit Carthage, qui la fit courir à sa perte ; qui l'empêcha de voir qu'elle ne devoit être que l'Alliée des Européens, & que par une profonde politique de bienfaisance envers l'humanité, de même que pour rendre son nom respectable à jamais, son unique objet devoit être d'élever dans l'Afrique un empire immense qui auroit triomphé du tems, qui leur auroit attiré la considération du reste du Monde, qui en auroit fait, non les Peres conscripts d'une foible enceinte, mais les Peres des hommes, les bienfaiteurs du Genre-humain: l'Afrique défrichée, couverte d'une population riche & immense, ne gémiroit pas sous la rouille infecte de la barbarie; ses enfans n'iroient pas en Amérique expier les fautes de Carthage: cette ville superbe existeroit encore; de ses côtes sortiroient encore, au lieu de quelques chétifs pirates, honte de nos mers, des Flottes marchandes qui se répandant dans tous nos Ports, doubleroient notre Commerce, & rapporteroient dans l'Afrique une masse de lumieres trop concentrées dans quelques Etats de l'Europe.

Ces considérations n'avoient pas échappé à quelques Sages: de vains préjugés, des passions aveugles empêcherent les Carthaginois d'être sensibles à leur voix: ils en furent la victime; du moins si cet exemple terrible servoit à rendre les Nations plus raisonnables; si elles savoient que ce n'est pas le Commerce qui est la base la plus sûre des Etats; que c'est un des objets dont ils doivent se mettre moins en peine; qu'ils peuvent s'en rapporter à la diligence active du Négociant: que leur grand but doit être de devenir créateurs de ces denrées sur lesquelles s'éleve le Commerce, & sans lesquelles il n'est rien: plus ces vérités étoient simples, moins on a entendu les Sages qui ont voulu dans ces derniers tems y ramener les hommes : devoient-ils s'attendre à être plus heureux que ceux qui reprochoient à Carthage ses fautes, ses préjugés, ses illusions?

Quant à Nævius, il voulut sans doute relever des fautes commises par les Metellus; cette Famille toute-puissante s'en vengea en le faisant chasser de Rome; & le Chantre d'Europe alla mourir sur le rivage Africain, dans l'enceinte d'Utique.

PRÉLIMINAIRE.

On ne nous a transmis de ce Poëte que des fragmens très-courts, presque tous d'un seul vers, & qui n'ont la plûpart d'autre mérite que de renfermer des mots ou des façons de parler qui n'étoient plus en usage : nous pouvons cependant citer ceux-ci où l'on voit de la facilité.

Multum ames, paulum des crebrò, venias rarenter.

« Montre beaucoup d'amour, donne peu à la fois, parois rarement.

Nihil est periculi : dabo tibi virum validum, virum animosum.

« Qu'as-tu à craindre ? je te donnerai un époux vaillant, un mari plein de cœur.

Nunquam hodie effugies quin mea manu moriare.

« Ce jour ne se passera pas que tu ne meures de ma main !

Voici un fragment de sa guerre Punique.

Quod bruti nec satis sardare queunt.

« Ce que les sots ne peuvent concevoir ».

Il s'étoit fait à lui-même, selon Aulu-Gelle, cette Epitaphe :

Immortales, mortales si foret fas flere,
Flerent divæ Camænæ Nævium Poetam.
Itaque postquam orcio traditus est thesauro,
Obliti sunt Romæ Lingua Latina loquier.

« S'il étoit permis aux immortels de pleurer les mortels, les Muses pleure-
» roient Nævius le Poëte ! aussi lorsqu'il sera dans le sein du tombeau, elles
» ne pourront plus parler à Rome la langue des Latins ».

Nævius avoit dépeint ainsi une Coquette :

Alii adnutat, alii adniclat, alium amat, alium tenet.

Mais sous le pinceau d'Ennius cette idée est devenue ce tableau brillant :

Quasi in choro pila ludens
Datatim, dat sese & communem facit,

Orig. Lat.

Alium tenet, alii nutat, alibi manus
Est occupata: alii pervellit pedem,
Alii dat annulum exspectandum à labris.
Alium invocat, eum alio cantat, at tamen,
Aliis dat digito literas.

« Pareille à la paulme qui amuse tous les Joueurs, qui se donne à l'un, & est le partage de tous: elle embrasse l'un, elle fait signe à l'autre; ses pieds distribuent ses faveurs entre un plus grand nombre, & ne paroissant occupée qu'à présenter son diamant à son voisin, elle invite celui-ci, elle chante avec celui-là, & elle remet un billet à un autre ».

ENNIUS.

Livius Andronicus charmoit depuis un an les oreilles Romaines, lorsqu'Ennius naquit d'une famille illustre qui descendoit, disoit-on, de ce Roi Messapus que Virgile chanta long-tems après, (En. VII). C'est la ville de *Rôdes* dans la Calabre qui lui donna le jour: ainsi sa langue maternelle fut le Grec: il y joignit la connoissance de la Langue Osque & de la Latine. Je ne sais quelles aventures le conduisirent dans l'Isle de Sardaigne; mais elle devint la source de sa gloire. M. Porcius Caton nommé Préteur de cette Isle y rencontra Ennius âgé de 40 ans; il fit connoissance avec lui, apprit le Grec à son école & fut si charmé de son savoir & de son mérite, qu'il l'amena avec lui à Rome, regardant cet avantage comme le triomphe le plus illustre. Livré ensuite à lui-même, Ennius se retira sur le Mont Aventin dans le Bocage de la Déesse Tuteline, content de peu avec un seul domestique, enseignant, & chez lui & au dehors, les Langues Grecque & Latine; il faisoit connoître les beautés des Auteurs de l'une, & il lisoit ses ouvrages dans l'autre; il le fit avec un tel succès que la jeune Noblesse Romaine sut le Grec comme sa propre Langue.

PRÉLIMINAIRE. clxxxiij

Comme cette jeunesse, il porta également les armes ; il servit en Sardaigne avec P. Cornelius Scipion, & en Etolie en qualité de Centurion sous M. Fulvius Nobilior en 564, qui voulut l'avoir avec lui. Il chanta les exploits de son illustre ami, les lauriers dont il s'étoit couvert dans cette glorieuse campagne : celui-ci par reconnoissance & par amour pour les Lettres, éleva un Temple à l'honneur d'Hercule chef des Muses, & il l'enrichit des dépouilles de Mars. Quelques années après, Quintus, fils de M. Fulvius, ayant été nommé un des Triumvirs pour les Colonies qu'on envoyoit à Pollentia & à Pisaure, il y donna donna droit de Bourgeoisie Romaine à Ennius ; ce qui fit dire à ce Poëte dans ses Annales :

Nos sumu' Romanei, qui fuvimus ante Rudaiei.

Ces Annales formoient un Poëme en XVIII Chants, où il avoit renfermé toute l'Histoire Romaine : ce fut le plus considérable de ses Ouvrages, celui qui lui valut le titre de Poëte Epique par excellence, & que les Romains, Cicéron lui-même, ne pouvoient assez louer : on en faisoit un si grand cas qu'on le chantoit en plein Théâtre comme les Poësies d'Homere : & c'étoit pour un Acteur un grand sujet d'éloges que d'être en état de déclamer ces Annales. Aulugelle parle d'un grand Acteur qui en étoit si glorieux, qu'il en prenoit le titre d'*Ennianiste*.

Ennius composa aussi des Fables & quatre Livres de Satyres : il chanta également le premier Scipion Africain.

Il ne se borna pas à être Auteur : il fut aussi Traducteur ; il traduisit les Livres d'Evhemere sur les Dieux & diverses Tragédies & Comédies Grecques, avec un si grand succès, que Cicéron dit (1) qu'on aimoit mieux les lire dans la traduction, que dans l'Original.

---

(1) De optimo genere Orat.

Mais autant avoit-il été loué de son tems & pendant que la République continua de subsister, autant déchut-il lorsqu'Auguste fut sur le thrône ; les Poëtes courtisans ne virent plus en lui qu'un Auteur dur, & sans art ; & par grace on voulut bien le laisser dans le dernier rang des Poëtes qui s'étoient distingués pendant ce second âge.

C'est ainsi que toujours extrêmes dans leur louange & dans leur blâme, les hommes renversent aujourd'hui la statue qu'ils avoient mise hier sur le piédestal : & qu'ils font un crime à celui qui a ouvert & frayé le chemin, de n'être pas aussi achevé, aussi poli que celui qui n'a que la peine de le semer de roses ; mais où auriez-vous semé ces roses, Poëtes dédaigneux, si on n'avoit déjà préparé à votre art un vaste & magnifique parterre ?

Ennius fut emporté par la goutte à l'âge de plus de 70 ans : les Scipions, & en particulier Scipion Africain le jeune, voulurent qu'il fût enterré dans le Tombeau de leur famille : & ils y firent élever sa statue en marbre au milieu de celles de P. & de L. Scipion : ils crurent s'illustrer en rendant à ce grand Poëte de tels honneurs.

Il étoit d'un caractère ouvert, franc, enjoué, excellent pour le conseil, d'un commerce doux & aisé ; parlant peu, mais aussi instruit qu'on pouvoit l'être alors. Il n'est donc pas étonnant qu'il fît les délices de Rome où l'on n'avoit vu nul Auteur qu'on pût lui comparer : on doit même lui savoir bon gré de ses talens, & de ne s'être servi de sa gloire que pour y ajouter chaque année quelque gloire nouvelle. Tout ce qu'on pouvoit lui reprocher ce seroit l'Epitaphe qu'il se fit à lui-même, & que Cicéron nous a conservée :

 Aspicite, ô Civeis, senis Enni imaginis formam,
  Hic vostrum panxit maxuma facta patrum :
 Nemo me lacrumeis decoret, nec funera fletum
  Faxit ; quom volito doctu' per ora virum.

Mais il faut la regarder comme l'expression d'un vieillard qui est au bord de sa fosse, & qui se console par le sentiment de ses propres travaux, & par la vue de l'empressement universel avec lequel ils avoient été reçus & applaudis. C'est l'effet du noble orgueil qu'imprime le génie lorsqu'il porte ses regards sur ce qu'il a fait, & qu'il ne peut plus lutter avec lui même.

Ennius est un des Auteurs de ce second âge dont il nous reste les monumens les plus considérables; on ne peut avoir lû Cicéron sans connoître ce Poëte que ce grand Orateur aimoit à citer. Macrobe en a cité aussi plusieurs morceaux qui étoient imités d'Homere, & que Virgile imita encore plus heureusement : il en a cité d'autres où Ennius étoit créateur, & que Virgile se plut également à imiter, tels que ceux-ci :

Enn. *Explorant Numidæ, totam quatit ungula terram.*
Virg. *Quadrupedante putrem sonitu quatit ungula campum*
Enn. *Balatum pecudes quatit, omnes arma requirunt.*
Virg. *Pulverentus eques furit, omnes arma requirunt.*
Enn. *Quis potis ingentis oras evolvere belli ?*
Virg. *Et mecum ingentis oras evolvite belli.*

Dans le VIe. Livre de ses Annales, il fit ce Tableau d'une forêt qu'on abat, Tableau que nombre de Poëtes ont pris plaisir à imiter, & à surpasser.

Incedunt arbusta per alta, securibus cædunt,
Percellunt magnas quercus; exciditur ilex,
Fraxinus frangitur, atque abies consternitur alta.
Pinus proceras pervertunt : omne sonabat
Arbustum fremitu sylvai frondosai.

« Ils attaquent les arbres les plus élevés : ils les font tomber sous leurs coups : » ils renversent les hauts chênes, l'yeuse est abattue, le frêne est brisé, on » n'épargne ni l'altier sapin, ni le pin majestueux, & chacun des arbres qu'on » abat, fait retentir la forêt de longs mugissemens ».

Cicéron nous a conservé un fragment d'Ennius fort connu, contre les Diseurs de bonne aventure, & contre ceux qui pareils à ceux-là, pour une piéce d'argent promettent des trésors : ce fragment finit par ce vers plein de sens :

De divitiis deducant drachmam, reddant cœtera.

» Que sur ces richesses ils prélévent cette drachme, & qu'ils
» rendent le reste ».

PACUVIUS.

Marcus PACUVIUS de Brindes & neveu d'Ennius, fut un des plus grands Poëtes Tragiques de Rome : il aimoit les beaux Arts, surtout la peinture qu'il cultivoit avec d'autant plus de plaisir qu'il étoit assez bon dessinateur. Il mourut à Tarente âgé d'environ 90 ans, après avoir composé un grand nombre de Tragédies, & plusieurs de ces piéces qu'on appelloit Satyres.

On nous a conservé de très-beaux fragmens de ses Ouvrages remplis de raison, & d'une belle poësie ; aussi plusieurs de ces fragmens sont dus à Cicéron, en particulier cette description d'une tempête :

Interea propè jam occidente sole inhorrescit mare,
Tenebræ conduplicantur, noctisque & nimbûm occæcat nigror.
Flamma inter nubes coruscat, cælum tonitru contremit.
Grando mista imbri largifluo subita turbine præcipitans cadit.
Undique omnes venti erumpunt, sævi existunt turbines,
Fervet æstu pelagus.

« Cependant, vers le coucher du Soleil, la mer se souléve, les ténébres
» redoublent ; la noirceur de la nuit, le sombre des nuées, répandent la
» terreur : la flamme brille du sein des nuages, le tonnerre fait retentir au loin
» la voûte des Cieux : la grêle mêlée de flots de pluie, se précipite en orages
» brusques & rapides : de tous côtés les vents se déchaînent, d'affreux tour-
» billons se font entendre, la mer entiere est en feu ».

Cicéron nous a également conservé trois Vers d'une des Tragédies de ce Poëte, contre ceux qui se piquoient d'expliquer l'avenir par le chant des oiseaux & par la palpitation du cœur des victimes.

Nous devons au même Philosophe la conservation de ces beaux Vers sur l'Ame du Monde universel.

Quidquid est hoc, omnia animat, format, alit, auget, creat,
Sepelit, recipit que in sese omnia: omniumque idem est pater:
Indidem que eadem quæ oriuntur, deintegro atque eodem occidunt.

« Quel que soit cet Être, il anime, il forme, il nourrit, il augmente, il crée toutes choses : il détruit & reçoit en lui tout ce qui a existé ; il est pere de tout : & tout ce qui naît, meurt également en lui ».

ACCIUS.

Lucius ACCIUS naquit en 583, peu de tems après la mort d'Ennius & il vécut près de 80 ans, car Cicéron conversa avec lui dans sa jeunesse.

Emule de Pacuve, qui depuis un demi siécle au moins étoit en possession de la Scène Romaine, il fit représenter comme on le voit dans le Brutus de Cicéron une piéce, & apparemment la premiere de sa façon, la même année que Pacuvius qui avoit alors 80 ans.

Depuis ce moment, il ne discontinua pas de mettre au Théâtre les sujets les plus grands sur lesquels se fussent exercés les Grecs; *Andromaque, Andromède, Atrée, Clytemnestre, Médée, Méléagre, Philoctete, la Thebaïde,* &c. Il avoit aussi composé une Tragédie sur un sujet purement Romain, *l'Abdication de Tarquin*; il l'appella Brutus, peut-être pour plaire à Décimus Brutus à qui on accorda en 623 le triomphe pour avoir soumis divers Peuples d'Espagne. Ce Général fut si charmé des Vers qu'Accius composa pour lui, qu'il les fit graver à l'entrée des Temples & des Monumens construits avec les richesses enlevées aux ennemis. Accius s'étoit aussi exercé à composer des Annales, à l'imitation des Poëtes qui l'avoient précédé.

Les Romains étoient embarrassés à qui donner la palme entre Pacuve & Accius : celui-là étoit plus savant, celui-ci plus élevé : c'est Horace qui nous l'apprend :

Ambigitur quoties uter utro sit prior, aufert
Pacuvius docti famam senis, Accius alti.

Quintilien en jugeoit à peu près de même.

Aulugelle raconte que Pacuvius s'étant retiré sur la fin de ses jours à Tarente, pays de ses peres, il eut la visite d'Accius qui alloit en Asie, & que celui-ci lui lut sa Tragédie d'Atrée : Pacuve y trouva de la noblesse & de l'harmonie ; mais des vers durs & mal digérés : » cela est vrai, dit Accius, mais il en est des es- » prits comme des pommes, qui ne peuvent meurir si elles ne com- » mencent par être vertes & dures ». Le jugement que Corneille porta du jeune Racine fut plus sévere encore, & peut-être moins juste.

On raconte un autre bon mot d'Accius : quelqu'un lui ayant demandé pourquoi il ne plaidoit pas, quoi qu'il eut tant de succès sur le théâtre, il répondit : » dans mes Tragédies je dis ce qui » me plaît ; mais au Barreau, je serois obligé d'entendre des cho- » ses qui ne me plairoient guères ».

Cicéron nous a conservé dans le second Livre des Tusculanes un Fragment d'Accius en 28 Vers sur Promethée au Caucase, que ce Poëte avoit traduit d'Eschyle : ce morceau nous dispense d'en citer d'autres, puisque celui-là est suffisant pour donner une idée de la versification de ce Poëte : ainsi nous nous contenterons

PRÉLIMINAIRE.

rons de ce morceau tiré de sa Tragédie des Myrmidons, & dont on pourroit se faire honneur comme Epigramme :

> *Tu pertinaciam esse Archiloche hanc prædicas,*
> *Ego pervicaciam aio & me uti volo,*
> *Nam pervicacem dicis me esse & vincere*
> *Perfacile patior, pertinaciam nihil moror.*
> *Hæc fortes sequitur, illam indocti possident,*
> *Tu addis quod vitio est, demis quod laudi datur.*

« Archiloque, tu dis que c'est opiniâtreté : je soutiens que c'est fermeté, & je ne rougis pas d'y avoir recours : je souffrirai patiemment que tu m'appelles ferme, je n'en rougirai pas. C'est la qualité des Grands Hommes, les sots seuls sont opiniâtres. Tu me prêtes un défaut, tu m'ôtes une vertu ».

AFRANIUS.

AFRANIUS étoit un Poëte Comique qui vivoit en 654. Cicéron loue la subtilité de son génie & son éloquence : mais Quintilien qui ne loue pas moins son esprit, le blâme de l'indécence de ses sujets. Suétone dit que sous le régne de Néron, on joua une de ses Piéces dont le sujet étoit Romain, intitulée l'EMBRASEMENT, & qu'on abandonna aux Comédiens les débris de la maison qui brûloit : c'étoit un prélude digne de l'embrâsement de Rome que ce même Prince ordonna, à ce qu'on assure, & pendant lequel il chantoit sur la lyre l'embrâsement de Troie.

Cicéron nous a conservé un fragment de ce Poëte au sujet des remords de la conscience (1) ; il venoit de dire qu'on doit désespérer de ces pécheurs qui ne ressentent aucune douleur de l'ignominie & de l'infamie à laquelle ils sont voués : qu'il vaut infiniment mieux être déchiré par la conscience : c'est, ajoute-t-il, ce qu'a fort bien mis en œuvre Afranius ; car au moment où un fils dé-

---
(1) Tuscul. Liv. IV.

Orig. Lat.

bauché s'écrie, *heu me miserum! que je suis malheureux!* son pere répond avec sévérité ;

Dummodo doleat aliquid, doleat quod lubet.

« Puisqu'il faut qu'il éprouve de la douleur, qu'il en éprouve de ce qui lui
» plaisoit ».

« Paroles, ajoute plus bas ce Philosophe, qu'Afranius a appli-
» quées avec raison aux jeunes gens que le plaisir perd, mais qui ne
» peuvent convenir à l'homme ferme dans ses principes, au sage ».

Lucilius.

Terminons cette notice, qui pourroit être beaucoup plus longue, par quelques observations sur Lucilius.

Caius Lucilius naquit environ l'an 605 de Rome : c'étoit un Chevalier Romain de Suessa, au pays des Auronces : sa famille y tenoit un rang distingué, puisque sa niéce Lucilia fut femme d'un Consul Romain, & mere du grand Pompée. Il se rendit célébre lui-même par ses Poésies morales ou Satyres qui lui firent une grande réputation : on peut donc le mettre à la tête des Romains qui cultiverent les Lettres avec succès, & il est une preuve des progrès que les Sciences avoient faits dans Rome.

Il laissa Ennius & Pacuvius bien en arriere, ayant donné à ce genre de Satyres un tour nouveau, & beaucoup plus rapproché de l'ancienne Comédie Grecque ; mais comme le goût n'étoit pas encore formé, qu'il étoit lui-même d'un caractere austere, & qu'il avoit une trop grande facilité à faire des Vers, ses Ouvrages s'en ressentirent : sa Poésie étoit un fleuve, mais un fleuve impétueux, plein de boue & de limon : il étoit plein de sel, mais d'un sel caustique & mordant, sans graces, sans agrément ; il écrivoit vîte, & ne se donnoit pas le tems de corriger, de polir : cependant, comme il étoit plein de force, qu'il avoit de l'érudition, & que ses Vers

PRÉLIMINAIRE.

étoient remplis de mots & de tournures Grecques, il s'étoit fait des admirateurs si zélés, qu'ils le préféroient à tous les Poëtes qui l'avoient précédé, & qu'il y en avoit qui portoient, à ce qu'on prétend, le fanatisme & l'enthousiasme à un point si excessif, que de se battre à coups de fouet contre ceux qui osoient n'être pas de leur avis : genre de guerre qu'on ne s'attend pas de trouver entre Littérateurs ; qui ne paroît digne que de quelques Maîtres d'Ecole accoutumés à gouverner avec leurs férules ; & qui n'étoit guère propre à honorer le Poëte dont on prétendoit maintenir la gloire.

On nous a conservé divers fragmens des trente Livres de Satyres écrites par cet estimable Auteur. Dans les principaux de ces fragmens, il s'éléve contre les mœurs de son tems, contre la superstition, contre le culte insensé des Dieux du Paganisme.

Voici comment il décrivoit la vertu :

Virtus, Albine, est pretium persolvere verum,
Queis inversamur, queis vivimu' rebu' potesse ;
Virtus est homini, scire id quod quæque habeat res :
Virtus scire homini rectum, utile, quid sit honestum :
Quæ bona, quæ mala item, quid inutile, turpe, inhonestum.
Virtus, quærendæ rei finem scire, modumque :
Virtus, divitiis pretium persolvere posse :
Virtus, id dare quod reipsâ debetur honori ;
Hostem esse atque inimicum hominum morumque maiorum,
Contrà defensorem hominum morumque bonorum ;
Magnificare hos, his benè velle, his vivere amicum ;
Commoda præterea patriæ sibi prima putare,
Deinde parentum, tertia jam postremaque nostra.

« La vertu, cher Albin, consiste à donner leur juste valeur aux objets qui
» nous environnent, aux Etres avec lesquels nous vivons : la vertu est pour
» l'homme, de savoir ce qu'est chaque chose ; de connoître le juste, l'utile,
» l'honnête ; ce qui est bien, ce qui est mal, l'inutile, le honteux, le mal-

» honnête ; de mettre de justes bornes à ses recherches, de n'estimer les
» richesses que ce qu'elles valent, de n'accorder des hommages qu'à ce qui en
» est digne : d'être l'ennemi, l'adversaire des méchans & de leurs mœurs, &
» le défenseur des gens de bien & de leurs mœurs : de louer ceux-ci, de leur
» vouloir du bien, de vivre leur ami : c'est de placer à la tête l'intérêt de la
» patrie, de faire suivre celui des Auteurs de notre existence, de mettre le
» sien propre au dernier rang ».

On auroit pû traduire ces Vers d'une maniere plus élégante ; mais nous avons préféré une version littérale, calquée exactement sur le texte, afin qu'on apperçût mieux le génie de l'Auteur, & sa maniere de présenter ses idées.

Nous aurions encore à parler de CECILIUS, de LABERIUS, de POMPONIUS, de TITINNIUS, de TURPILIUS, des deux VARRON, &c; mais nous craindrions d'ennuyer nos Lecteurs.

Cependant, pour faciliter la lecture des fragmens qu'on nous a conservés de ces anciens Poëtes, & afin qu'on ait une idée plus exacte de l'état de la Langue Latine dans ce second âge, nous allons exposer les variétés qu'offre cet âge, relativement aux déclinaisons & aux genres, aux adverbes, aux pronoms & aux verbes ; ainsi qu'à la Syntaxe. Nous les ferons suivre d'un Vocabulaire qui renfermera les principaux mots employés par ces Auteurs, & omis dans les Dictionnaires Latins.

ARTICLE IV.
TABLEAUX
DES DIFFÉRENCES DE LA LANGUE LATINE
Pour le second Age.

Noms de la premiere Déclinaison.

Æruna, æ,		chagrin.
Capida, æ,		vase pour les sacrifices.
Diadema, æ,		diadême.
Esca, as,		nourriture.
Latona, as,		Latone.
Moneta, as,		monnoie.
Via, as,		chemin.
Effigia, æ,		effigie.
Faventia, æ,		faveur.
Ferocia, æ,		férocité.
Filiis	pour	filiabus.
Fulmenta, æ,		apui.
Labia, æ,		lévre.
Lanitia, æ,		vêtement de laine.
Nervia, æ,		nerf, corde.
Obsequela, æ,		complaisance.
Pantica, æ,		pance, bedaine.
Pistrina, æ,		moulin.
Poema, æ,		poëme.
Puera, æ,		fille.
Schema, æ,		plan.
Scuta, æ,		bouclier.
Superficia, æ,		superficie.
Temperatura, a,		température.
Torquea, æ,		collier.
Tristitias, æ,		tristesse, chagrin.
Vulga, a,		valise.

Noms de la seconde Déclinaison.

Æthiopus, i,		Ethiopien.
Algus, i,		froid, frisson.
Augurum, i,		augure.
Cestus, i,		ceste.
Chartus, i,		papier.
Famius, ii,		faim.
Fratrius, ii,		frere.
Glutinum, i,		colle.
Margaritum, i,		perle.
Mendicimonium, ii,		mendicité.
Miserimonium, ii,		misere.
Nundinus, i,		foires, vacances.
Ossum, i,		os.
Ostreum, ei,		huitre.
Puere, au vocatif		enfant.
Sola, lorum, pour	Solia,	trône.
Supplicia, iorum,		suplications.
Specis, pour Specubus,		cavernes.
Terricula, orum,		épouvantails.
Titani, norum,		titans.
Tonitrua, orum,		tonnerres.
Versi, orum,		vers.

Les Génitifs pluriers se formoient souvent en uûm.

Consilûm,	pour	Consiliorum.
Prodigiûm,		prodigiorum.
Duûm,		duorum.

Noſtrûm, pour noſtrorum.
Meûm, meorum.
Factûm, factorum.
Regnûm, regnorum.

Terminaiſons en us, i.

Æſtus, i, pour Æſtus, ûs.
Caſtus, ûs, caſtitas.
Inceſti compertus.
Cubitus, i, cubitus, ûs.
Domuis, domûs.
Exercitus, i, tus, ûs.
Ficus, l, cus, ûs.
Fluctus, i, tus, ûs.
Fœtus, i, tus, ûs.
Fructus, i, tus, ûs.
Fructus, fructûs.
Humus, humo, humi.
Itus, ûs,
Luctus, i, tus, tûs.
Occaſus, ûs, occaſio.
Partuis & partl, partûs.
Portus, i, tus, ûs.
Piſcatus, i, tus, ûs,
Quæſtus, i, tus, ûs.
Saltus, i, tus, ûs.
Socri, ſocrui.
Sonitus, i, tus, ûs,
Strepitus, i, tus, ûs.
Sumptus, i, tus, ûs.
Tumultus, i, tus, ûs.
Tonſus, ûs, ſura, æ.

Noms de la troiſiéme Déclinaiſon.

Canes, is, chien.
Conſortio, onis, aſſociation.
Daps, pis, mets.
Epulatio, onis, banquet.
Eſurigo, inis, faim.
Famul, is, domeſtique.
Gener, ris, gendre.
Hæres, ris, héritier.
Homo, onis, homme.
Holus, eris, légume.
Ignes, is, feu.

Impuno, onis, impudent.
Iter, iteris, } voyage.
Itiner, itineris, }
Lactes. is, lait.
Lapis, is, pierre.
Manſues, is, doux.
Mentis, is, eſprit.
Mœne, is, rempart, murs.
Nepos, otis, petite-fille.
Oſtius, ii, ennemi.
Nectu, pour nocte.
Panis, is, étoffe.
Pecuda, } troupeau.
Pecua, }
Plebes, is, peuple.
Præceps, ipis, en précipice.
Propages, is, race, lignée.
Rapinator, is, } raviſſeur.
Rapiſter, ſtri, }
Satias, atis, raſſaſiement, ſatiété.
Scapres, is, dureté, piquant, rigueur.
Speres, is, eſpérance.
Squales, is, ſaleté.
Tardor, oris, lenteur.
Termo, onis, terme, borne.
Vagor, oris, cris, gémiſſemens.
Veter, eris, ancien.
Viſcus, eris, entrailles.
Vulturis, is, vautour.
Uſio, onis, uſage.

Terminaiſons en Itas.

Anguſtitas, pour Auguſtia.
Concorditas, concordia.
Diſcorditas, diſcordia.
Deliritas, deliratio.
Lubidinitas, lubido.
Luculentitas, luculentia.
Opulentitas, opulentia.
Peſtilitas, peſtilentia.
Prodigitas, prodigalitas.
Puditas, pudor.
Pulchritas, pulchritudo.

PRÉLIMINAIRE.

Squalitas,	squalor.	Crux, cis,	croix.
Similitas,	similitudo.	Forus, i,	marché.
Vastitas,	vastatio,	Fretus, i,	mer.
Volup, volop,	voluptas.	Frons, is,	front.
		Gelus, i,	gelée.

Terminaisons en ITUDO.

Acritudo,	} pour acrimonia.	Genus, eris,	genre.
Ægritudo,		Grando, inis,	grêle.
Anxitudo,	anxietas.	Guttur, uris,	gosier.
Ariturlo,	ariditas.	Intestini, orum,	entrailles.
Castitudo,	castitas.	Intybus, i,	chicorée.
Frigedo,	frigus.	Loci, orum,	lieux.
Gracilitudo,	gracilitas.	Lux, cis,	lumiere.
Honestitudo,	honestas.	Macellus, i,	marché, boucherie.
Ineptitudo,	ineptia.	Melus, i,	poëme, mélodie.
Lætitudo,	lætitia.	Messis, is,	moisson.
Lenitudo,	lænitas.	Ossus, us,	os.
Miseritudo,	miseria.	Pilus, i,	paulme.
Mollitudo,	mollities.	Res, rei,	chose.
Noxitudo,	noxia.	Sagus, i,	habit de guerre.
Orbitudo,	orbitas.	Salus, i,	mer.
Partitudo, partio,	partus.	Scutus, i,	bouclier.
P itudo,	pænitentia.	Stirps, pis,	race, souche.
Prolixitudo,	proxilitas.	Vectis, is,	levier.
Sanctitudo,	sanctitas.	Vulgus, i,	public, vulgaire.
Squalido,	squalor.		
Suavitudo,	suavitas.		

Noms du Genre FÉMININ.

Tarditudo,	Tarditas.	Amnis, is,	Riviere.
Temeritudo,	temeritas.	Canes, is,	chien.
Vastitudo,	vastitas.	Dogma, æ,	dogme.
		Finis, is,	fin.

Noms de la cinquième DÉCLINAISON.

Acies, acii,	armée.	Grex, gis,	troupeau.
Progenies, ii,	race, lignée.	Grus, is,	grue.
Species, ii,	espece.	Labea, æ,	lévre.
Dies, dies,	jour.	Lactes, ium,	boyaux, entrailles.
Maceries, ei,	chagrin qui consume.	Metus, us,	crainte.
		Nemo, inis,	personne.

Noms du Genre MASCULIN.

Noms du Genre NEUTRE.

Absynthius, ii,	Absynthe.	Algum, i,	froid.
Candelaber, bri,	chandelier.	Caseum, i,	fromage.
Cælus, i,	ciel.	Clypeum, i,	bouclier.
Collus, i,	cou.	Cubitum, i,	coude, coudée.
Compitus, i,	carrefour.	Gladium, i,	épée.
Corius, ii,	cuir.	Lacertum, i,	bras.

Murmurum, i ;	murmure.		Flacitus, a, um,	pour *flacidus*.
Nasum, i,	nez.		Fluvius, a, um,	fluent.
Nundinum, i,	foire, congé.		Gracilens, tis, }	pour *gracilis*, e.
Ostreum, i,	huitre.		Gratilus, a, um,	
Pannum, i,	drap.		Hilarus, a, um,	joyeux.
Spicum, i,	épi.		Horrificalis, e,	horrible.
Tapete, is,	tapis.		Immemoris, e,	qui oublie.
Uterum, i,	ventre.		Impuratus, a, um,	vicieux.
Utria, ium,	outres.		Itatus, a, um,	Iteratus.
Vultum, i,	visage.		Labosur, pour	laboriosus.

Pronoms.

			Lamentus,	lamentabilis.
Mis,	de moi.		Leena,	lenis.
Mi,	à moi.		Molluscus,	Mollicellus.
Sum,	lui.		Nullæ,	Nulli, au dat.
Sos,	eux.		Peregris, e,	pereger.
Sa,	elle.		Perpes, etis,	perpetuus.
Sas,	elles.		Pignis, e,	piger.
Ibus,	à eux.		Plera,	pleraque.
Sas,	ses.		Plure,	plures.
Sis,	à ses.		Præcipem,	præcipitem.
Eccos, pour	ecce eos.		Rediviosus,	redivius.
Ipsus,	lui-même.		Sardinianibus,	sardinianis.
Ipsi,	de lui-même.		Scelerosus,	sceleratus.
Sapsa,	elle-même.		Scenaticus,	scenicus.
Re-apse,	réellement.		Scrupulosus,	caillouteux.
Quis, masc. & fem.			Soniculosus,	somniculosus.
Ques, qui ? au plur.			Venerius,	venereus.
Cuja opera,	par le secours duquel.		Vulgarius,	vulgaris.

Adjectifs.

E pour IS.

Æternabilis,	éternel.		Pingue pour	pinguis.
Acris, pour	acer.		Simile,	similis.
Celer, masc. & fem.			Simillime,	simillimis.
Celeris, e,			Tale,	talis.
Celerissimus, pour celerrimus.				
Concordis, e,				

Adverbes en TER.

Decor, is,	bienséant.		Æquiter,	Equitablement.
Indecoris, e,			Amiciter,	amicalement.
Dextrabus pour	dextris.		Ampliter,	amplement.
Discordis, e,			Asperiter,	âprement, durement.
Diutinus, a, um,			Benigniter,	avec bonté,
Duo pour	duos.		Blanditer,	d'une manière caressante.
Festinis, e,	empressé.		Caduciter,	en tombant.

Celeranter,

PRELIMINAIRE. ccxcvij

Celeranter,	avec vîteffe.
Cupienter,	paffionnément.
Duriter,	durement.
Faftiditer,	dédaigneufement.
Feftiviter,	joyeufement.
Firmiter,	fermement.
Ignaviter,	lâchement.
Indecorabiliter,	d'une maniere déshonorante.
Inimiciter,	en ennemi.
Infaniter,	follement.
Longiter,	extrémement, beaucoup.
Minitabiliter,	d'un air menaçant.
Miferiter,	miférablement.
Mutuiter,	réciproquement.
Primiter,	premierement d'abord.
Properiter,	promptement, vite.
Rarenter,	rarement.
Sæviter,	avec cruauté.
Severiter,	avec févérité.
Superbiter,	orgueilleufement.
Torviter,	d'un air menaçant.
Verecunditer,	avec pudeur & bienféance.

En Tus.

Humanitùs,	avec bonté.
Immortalitùs,	à jamais.
Largitùs,	largement.
Primitùs,	premierement.
Publicitùs,	publiquement.
Seorsùs,	féparément.
Solennitùs,	folemnellement.

ADVERBES en IM.

Cautim,	avec prudence.
Fartim,	furtivement.
Feftinatim,	à la hâte.
Juxtim,	tout auprès.
Minutim,	en détail.
Properatim,	à la hâte.
Rufticatim,	groffierement.
Urbanatim,	poliment.
Viciffatim,	par reprife.

Orig. Lat.

ADVERBES en E.

Celeré,	promptement, vite.
Injurié,	à tort.
Magè,	beaucoup.
Maxumè,	très-fort.
Mediocrumè,	médiocrement.
Perfpicacè,	d'une maniere très-perçante.

Autres.

Præmodum,	exceffivement.
Protinùm,	fur le champ.
Qu'anam,	comment.
Repentinò,	foudainement.
Sævùm,	cruellement.
Sicui,	comme.
Simitu,	à la fois, enfemble.
Tam,	cependant.
Facùl,	facilement.
Difficùl,	difficilement.

VERBES.

PREMIERE CLASSE.

VERBES ACTIFS, devenus DEPONENS dans la bonne Latinité.

Adorio, is	ire,	attaquer.	Nav.
Arbitro, as	are,	penfer.	Cic.
Affecto, as	are,	fuivre de près.	Enn.
Affentio, is	ire,	confentir.	Pomp.
Aucupo, as	are,	guetter.	Enn.
Auguro, as	are,	prédire.	Enn.
Aufpico, as	are,	commencer.	Nav.
Comito, as	are,	accompagner.	Acc.
Complecto, is	ere,	embraffer.	Pomp.
Confecto, as	are,	pourfuivre.	Lab.
Confolo, as	are,	confoler.	Var.
Confpico, as	are,	voir.	Var.
Contemplo, as	are,	regarder.	Nav.
Convivo, as	are,	faire un feftin.	Pomp.
Crimino, as	are,	accufer.	Enn.
Cuncto, as	are,	temporifer.	Acc.
Depopulo, as	are,	ravager.	Cæcil.
Digno, as	are,	juger digne.	Pac.
Eloquo, is	ere,	raconter.	Enn.
Fruftro, as	are,	tromper.	Pomp.
Imito, as	are,	imiter.	And.

DISCOURS

Impertio, is	ire,	communiquer.	Lucil.
Irasco, is	ere,	se fâcher.	Pomp.
Largio, is	ire,	donner.	Lab.
Lurco, as	are,	manger avidement.	
Medeo, as,	are,	guérir,	Luc.
Mereo, es	ere,	mériter.	Luc.
Miro, as,	are,	admirer.	Var.
Misereo, es	ere,	} avoir pitié.	Enn.
Misero, as	are,		
Modero, as	are,	retenir.	Pac.
Moro, as	are,	retarder.	Enn.
Munero, as	are,	récompenser.	Turp.
Omino, as	are,	présager.	Pomp.
Opero, as	are,	travailler.	Luc.
Opino, as	are,	penser.	Pac.
Opitulo, as	are,	secourir.	And.
Osculo, as	are,	baiser.	Ticin.
Pacisco, is	ere,	faire un traité.	Nav.
Partio, is	ire,	partager.	Lucil.
Patio, is	ire,	souffrir.	Nav.
Percanto, as	ari,	s'informer.	Nav.
Polliceo, es	ere,	promettre.	Var.
Prælio, as	are,	combattre.	Enn.
Præstolo, as	are,	attendre.	And.
Proco, as	are,	demander.	And.
Proficisco, is	ere,	partir.	Turp.
Revorto, is	ere,	retourner.	Pomp.
Rimo, as	are,	chercher.	Lab.
Rixo, as	are,	se quereller.	Var.
Sortio, is	ire,	avoir en partage.	Enn.
Tuto, as	are,	protéger.	Nav.
Vago, as	are,	aller çà & là.	Pac.
Veno, as	are,	chasser.	Enn.

SECONDE CLASSE.

VERBES DEPONENS,

Devenus Actifs ou Neutres dans la bonne Latinité.

Adjutor, aris-ari,	aider.		Afr.
Commanducor, aris-ari,	manger.		Luc.
Exalceor, aris-ari,	déchausser.		Varr.
Fatiscor, eris-i,	s'entr'ouvrir.		Pac.
Lustror, aris-ari,	parcourir.		Næv.
Manducor, aris-ari,	manger.		Luc.
Mæreor, eris-eri,	être fâché, s'attrister.		L.
Murmuror, aris-ari,	gronder.		Varr.
Nutricor, aris-ari,	nourrir.		Afr.
Palpor, aris-ari,	manier.		Lucil.
Pervenior, iris, iri	arriver.		Varr.
Potestur,	on peut, ancien passif du verbe possum.		Enn.
Queor, je peux; quitus sum, j'ai pu.			Acc.
Satisfio, je satisfais; pour satisfacio.			Lucil.

TROISIÉME CLASSE.

VERBES IRRÉGULIERS OU VIEILLIS.

Accingo, is-ere, se préparer, pour *accingor*. Pomp.

Augisco, as-are, augmenter, pour *augeo*. Enn.

Frigo, is-ere, se réfroidir, pour *frigeo*. Var.

Fruiscor, eris, -i } jouir, pour *fruor*. Lucil.
Frunicor, eris-i,

Gavisi, je me suis réjoui; de *gaudeo*, pour *gavisus sum*. And.

Latibulor, aris-ari, être caché, pour *lateo*. Acc.

Mereri hyberna, être en quartier d'hiver. On sous-entend *stipendia*. Lucil.

Moleo, es-ere, moudre, pour *molo*, is. Pomp.

Nefant, indicible, pour *nefandus*. Var.

Rabo, is-ere, être enragé, vieux verbe perdu. Var.

Esse tax pax, être fustigé. Tac, comme le remarquent des Commentateurs Latins, désignoit le bruit ou claquement des coups de fouet; *pax* en exprimoit la force & la violence, & étoit la racine primordiale de *impactum*, appliqué, frappé, heurté avec force. Næv.

Vegeo, es-ere, être vigoureux, verbe perdu. Var.

PRELIMINAIRE.

Variétés des Tems.

1.
Futur de la premiere & de la seconde conjugaison, mis pour le futur de la troisieme & de la quatrieme.

Aperibo,	Fidebo,
Audibo,	Operibo.
Obedibo,	Paribo.
Dicebo,	Reperibor.
Esuribo,	Venibo.
Exorbebo,	Invenibo.
Expedibo,	Pervenibo.

2.
Un Tems en *Assim*, au lieu du présent du subjonctif.

Dii averruncassint.
Deos precor ut te fortunassint.
Te mactassint.
Perpetuassint.

Le même pour le prétérit du Subjonctif.

Ne turpassis,	pour	ne turpaveris.
Accepso,		acceperim.

Formations du Verbe Sum.

Es,	pour	esto.	Faxim,	fecerim.
Siet,		sit.	Facitur,	sit.
Fuas,		sis.		

Du Verbe Facio. | Du Verbe Do.

Face,		fac.	Dais,	des.
Facesses,		facessas.	Datat,	dat.
			Danunt,	dant.

Du Verbe Possum.

Potessem,	
Potissem,	} possem.
Potesse,	posse.

Du Verbe Volo.

Volam,	pour	velim.
Sultis,		si vultis.
Mavolunt,		mallunt.
Nevult,		non vult.
Nolitis,		nolitis.
Si voles,		si vis.

Conjugaisons changées.

Abnueo,	pour	abnuo.
Albicassit,		albescit.
Aptus est,		adeptus est.
Despico, -are,		despicio, -ere.
Expergiscere,		expergisceretur.
Facturum,		facturam, au futur infin.
Fitum est,		factum est.
Fervo,		ferveo.
Fragesco,		frangor.
Fulgo,		fulgeo.
Labascor,		labor.
Lavere,		lavare.
Nequitum esse,]		nequire.
Perdolescere,		perdolere.
Receptare,		recipere.
Senere,		senescere.

Irrégularités.

Adussit,	pour	Adurat.
Capsit,		ceperit.
Coercuero,		coerceam.
Descendiderant,		descenderant.
Duce me,		duc me.
Edim,		edam.
Evenat,		eveniat.
Expergitus,		expergefactus.
Fastidiat,		fastidit.
Flaccent,		flacceant,
Largi,		largire, imperat.
Levasso,		levavero.
Linassim,		linam.
Moneris,		monueris.
Nexit,		nexuit.
Nequinunt,		nequeunt.
Noxit,		noceat.
Pellicuit,		pellexit.
Quibo, futur de		queo.
Sapivi,		sapii.
Sustentatur,		sustinetur.
Veges,		vegetas.
Exvilrisses,		exilires.
Ullo,		ultus ero.

Réduplications à la grecque.

Dedicere,	pour	dicere.
Memordit,		momordit.
Memorderit,		momorderit.
Memordisse,		momordisse.
Peposci,		poposci.
Sciscidimus,		scidimus.
Sciscidistis,		scidistis.
Seciderat,		sciderat.
Tetinerim,		tenuerim.
Tetinisse,		tenuisse.
Tetulisti,		tulisti.
De-totonderat,		detonderat.
Parcuit,		pepercit.

Orthographe diverse & syncopes.

Aibant,	pour	aiebant.
Amplat,		amplificat.
Aiutamini,		adjutamini.
Biber,		bibere.
Cette,		cedete.
Cernundi,		cernendi.
Circumspicimus,		circumspicimus.
Circumspexe,		circumspexisse.
Claudeat,		claudicet.
Claudebat,		claudicabat.
Commeas,		commeas.
Commetant,		commeant.
Dolitus,		dolatus.
Elise,		elixisse.
Lubeat,		lubeat.
Mansus,		mandendus.
Meat,		meet.
Miro,		mergo.
Moriri,		mori.
Nexebant, Nexabant,	}	nectebant.
Ignoscite,		noscite.
Oleat,		oleat.
Perolesse,		perolevisse.
Prodinunt,		prodeunt.
Quæso,		quæro.
Remant,		remeant.
Sonit,		sonat.
Resonit,		resonat.
Satullare,		saturare.

d'où le sadoul des Languedociens.

Surpe,	surripe.
Tago,	d'où tango.

SYNTAXE.

Plusieurs Verbes qui se construisent avec l'Ablatif ou avec le Génitif, se faisoient alors accompagner de l'Accusatif.

1°. Les Verbes de jouissance.

Fungi officium, munus, remplir un office, une charge.

Potiri aliquid, regnum, sceptrum, avoir en sa puissance quelque chose, l'empire, le sceptre.

Uti amicos, libertatem, aliquid, posséder des amis, la liberté, quelque chose.

Vesci suum vestimentum, user ses habits.

Oculi vescuntur fascinis tui, tes yeux se repaissent du crime.

2°. Les Verbes de mémoire.

Illos reminiscor dies, je me rapelle ces jours.

An oblita es sumpti ejus largitatem? as-tu oublié l'énormité de sa dépense?

3°. Plusieurs autres.

Careo meos parentes, je regrette mes pere & mere.

Gratulatur res suas Divis, il remercie les dieux de sa prospérité.

Res me impendet, la chose me menace.

Iram indulgere, ne pas tempérer sa colere.

Qui nos indulgent, qui nous traitent avec douceur.

Dum ejus mortem inhio, tandis que je desire sa mort.

Instant mercaturam, ils s'appliquent sans relâche au commerce.

PRÉLIMINAIRE.

Nulli me invidêre,	aucuns ne m'envierent
Me misereur,	il a pitié de moi.
Num illam illæc pudet?	a-t-il honte de cela ?

II. Plusieurs Verbes qui se construisent avec l'Accusatif ou avec l'Ablatif, prenoient alors le Génitif à leur suite.

1°. Les Verbes d'abondance.

Abundare rerum,	abonder de biens, en regorger.
Indigere liberûm,	être privé d'enfans.
Opus est nummi,	on a besoin d'argent.
Potiri frugum,	jouir des fruits.
Plenus veneris,	plein d'amour.
Milli passûm,	mille pas.
Mille plagarum,	mille coups.
2°. *Fastidimus bonorum illius*,	nous sommes dégoûtés de biens ; de lui.
Honoratus frugum & floris,	paré de fruits & de fleurs.
Hortare illorum,	exhortez-les.
Ignotus alicujus rei,	qui ignore une chose.
Metuens sui,	qui craint pour soi.
Miserabar mei,	j'avois pitié de moi.
Vereri alicujus,	craindre quelqu'un.
3. *Jam desine meminisse formam illius*,	cesse de te rappeller sa figure, sa beauté.

VOCABULAIRE.

A.

*Æ*Gis,	écueil : mot grec.
Æquimentum, i,	compensation, retour en troc.
In-iquo-are,	indisposer, fâcher.
Ætas mala,	vieillesse.
Ai,	dis oui ; impératif de *Aio*.
Co-Amatores,	rivaux.
Amincta, æ,	marguerite, camomille.
Ampelina, orum,	vigne.
Ancillans invita,	servante malgré elle.
Anima liquida,	respiration aisée, claire.
—*fœtida*,	odeur fétide, puante.
—*mae ventorum*,	le souffle des vents.
Ex-anima-biliter,	à la mort.
Apluda, æ,	menue paille de bled. 2°. piquette, vin foible.
Aquilex,	porteur d'eau.
Ardus,	sec, pour *aridus*.
De-Argentasso, are,	dévaliser l'argent de quelqu'un.
Artio-ire,	arranger.
Assulatim,	en détail.
Austellus, i,	vent foible du midi.
Auxilior-ari,	être aidé, être secouru. *Lucil.*
sub-Axo,	soumettre.

B.

*B*ɛro-ere,	aller.
Bellus,	beau, grand.
Bellior,	plus aimable, plus beau.
Bibosus,	yvrogne.
Bilbit amphora,	la bouteille fait glou-glou.
Bipensilis, e,	à deux tranchans.
Boa, æ,	vache.
Colles bount,	les collines mugissent.
Ec-bolæ, arum,	égouts, conduits.
Bruttre dotem,	escamoter une dot. *Afran.*
In-bubinare,	souiller de sang.
Im-balbitare,	gâter, salir.
Buttubata,	bagatelles, choses de peu de valeur.

C.

*C*ata, caiva, cata,	maîtresse ; la dame de la terre.
Calvor-ari,	ravager les champs, la terre, la dépouiller.
Cala, æ,	bois.
Caleo, ere,	se chauffer.
De-calanico, are,	découvrir.
Ex-canto, are,	exclure. *Lucil.*
Ob-, ..., a, um,	consumé par le feu.
Capsitium,	tout ce qui est propre à renfermer, à contenir.
Ac-capsus est,	il s'est trompé.
Oc-capso,	empêcher.
Carisa, æ, oni,	rusé.
Carnaria, ...,	...
Castus, a, um,	...

Cafabundus, a, um,	chancelant.
Cafo is-menfor,	arpenteur des camps.
Cata-porates, is,	fonde.
Catax, même que	*Caxo.*
Cenni, orum,	meubles qu'on plaçoit devant les pieds des lits, foubaffemens.
Suc-Centurio-are,	enrôler.
Ceres, cris,	le pain. *Nœv.*
Cernere vitam,	perdre la vie.
Certiffo-are,	démontrer, certifier.
Cibarius, ii,	vivandier, aprêteur de vivres.
Cica, arum,	houpes, franges.
In-Cicor, oris,	farouche, non-aprivoifé.
Cinœdus, i,	baladin, hiftrion.
In-Cita, arum,	extrême befoin, angoiffe.
Clareo-ere,	rendre célebre.
Cluco & cluo,	s'apeller, fe nommer; 2°. être précieux.
Coleata cufpis,	pointe dont la ligne eft arrondie.
De-collo, are,	1. ôter de fon cou. *Enn.* 2. tromper, attraper. *Lu.*
Colluftra, orum,	lait nouveau.
Colomenula, æ,	petite colonne.
Columbatus, a, um,	à la la maniere des colombes.
Conjicere,	voler, efcroquer.
Contere, pour	*contemnere.* Luci'.
A-Contizomenus,	ayant été bleffé d'un trait.
Copia, æ,	jouiffance.
Copis, e,	abondant. *Pac.*
Corporo, are,	tuer, faire qu'un homme n'ait plus que le corps.
Coffi-gero, are,	porter en croupe, enfemble.
Coffim pour *coxim,*	en s'accroupiffant.
Cotemnificus, pour *cotemnificus,*	dédaigneux, méprifant. *Lucil.*
Crevi, j'ai vu: *ubi pueras fufpirare crevi. Tit.*
Crucius, a, um,	mauvais, âpre, déteftable: *vinum crucium. Lucil.*
Suc-Crotilla vocabula,	paroles déliées, à voix baffe.
Suc-cuboneus,	Sigisbée.
Cuccuru: id me celabat cuccuru. Afran. Les anciens n'entendoient plus ce mot: Sofipater demande fi c'eft un nom. C'eft pour *cum cura,* „il me cachoit „cela avec foin„.
Cuculator, oris,	baladin, hiftrion. *Titin.*
Pro-cudere vitam,	prolonger fa vie. *Varr.*
Cupiditas,	le defir.
Cupido, la paffion.	*Cupiditas eft temperatior cupidine. Lucil.*
In-Cupidus,	avide, plein d'un vif defir.
In-Curvi-cervicum,	au cou courbé, qui penche la tête.

D.

Damno-are,	deshériter.
Con-Demnata voti,	délivrée de fon vœu. *Turpil.*
In-Decorans fermone,	qui déshonore par fes difcours.
Decumanum, i,	mauvaife huile, *m. à m.* huile des dîmes.
Delico-are,	montrer, manifefter. (Du grec Déloein.)
Delicere,	gagner par des careffes.
Delitor, oris,	qui efface.
Dent-arpaga, æ,	arrache dents.
Devorabo animam hoftibus,	je l'arracherai aux ennemis.
Dia,	la fouveraine, la déeffe par excellence.
Dius, a, um,	divin.
Dico-are,	annoncer.
Ab-Dico, are,	nier. *Pacuv.*
In-Dignus, a, um,	grand, élevé. *Indignas turres. Enn.*
Divito-are,	enrichir.
Dolo-are,	1. polir; 2°. perfectionner; 3. battre, roffer.
Domutio, onis,	action de vaincre, de dompter.
De-ducere vocem,	baiffer la voix.
Ductabilitas, atis,	foupleffe.
In-dulcitas,	rudeffe, dureté.
Se-dulo, pour *fine dolo,*	fans tromperie.
Re-durare aures,	rebattre les oreilles.

E.

Ebriulo-are,	envyrer.
Egrefia, æ,	maladie contagieufe.

PRELIMINAIRE.

Elephanto-camelus,	gros dromadaire.
Empleuros,	Pâtissier, Boulanger de Syrie qui faisoit des gâteaux cuits sous la cendre.
Equila, æ,	jument.
Ergastulus,	geolier.
d'Ergon,	ouvrage.
Ethesis, is,	morale.
Eugium, ii,	le sexe.
Exequiari,	ensevelir.
Exodium, ii,	la fin.
Extra consilium meum,	sans ma participation.
Extrarius,	étranger.
Extro-are,	sortir.

F.

Factio, onis,	abondance, opulence, noblesse. *Titin.*
Con-Fictor, oris,	qui arrache, qui brise.
Suf-Fero,	infliger.
Fibriatus, a, um,	qui a des raies, des rides.
Inter-Ficere,	couper, diviser, tailler.
Fligere se,	s'élancer : en Anglois, *Fling*, lancer.
Flacitus, a, um,	languissant.
Fluctuatim,	avec fierté, liberté, franchise.
Folliculus, i : lum, i,	espèce de redingotte, que le vent fait enfler comme un soufflet.
Con-Forire,	selir.
Adia-Phoria, æ,	indifférence.
Adia-Phoron,	indifférent.
Fors, tis,	le sort: *forte* en est l'ablatif.
Fossare,	percer, cribler.
Fremere nomen,	prononcer un nom à grands cris.
Frendo-ere,	écraser, casser, concasser; 2°. grincer des dents.
De-Fricatè,	avec goût, avec sel, avec esprit. *Nav.*
Frigere,	caresser.
Fritinniensis,	qui crie comme l'hirondelle.
Frustro, are,	tromper.
Frustrari,	être trompé.
Frux, gis,	homme de bien.
Fulgorire,	foudroyer, lancer la foudre.
Con-Futare,	mêler, jetter ensemble.

G.

Galeo, are,	armer d'un casque.
Gallo, are,	se réjouir, être en gala, banqueter, être en bacchanales.
Geminitudo, inis,	la qualité d'être gemeaux.
In-Geniò,	de soi-même, naturellement.
Gersua, æ,	gourmand, goinfre.
Gibberus,	éminent, élevé.
Gliscere gaudio,	se pâmer de joie.
Grandior, iri,	grandir; 2°. agrandir.
Granius, ii,	grec.
Graviter,	extrêmement, beaucoup.
E-Gregiissimus, a, um,	exquis, très-excellent.
De-Grumari,	régler, niveler.
De-Gulare animam,	rendre l'ame. *Afran.*
Gumna, æ,	gourmand.

H.

Ubi Habet,	où demeure-t-il? *Accuis.*
Herba,	au sens fig. palme, victoire.
Hicto-are,	bâiller, souvent.
Hilla, æ; -læ, arum,	entrailles, intestins.
Hilus, a, um,	aucun : d'où *ni-hil*.
Hinnito-are,	hennir souvent.
Hippos, potis,	cheval marin, hippopotame.
Homulus, i,	petit homme.
Hera, æ,	Déesse de la jeunesse. *Enn.*
Hortor - ari,	être exhorté. *Var. & Tac.*
Hostio-ire,	combattre, contrarier, attaquer.
Hostiter,	hostilement.
Red hostio,- ire, & Redostio,	retourner.

DISCOURS

I.

Idiota, æ,	homme sans lettres, simple, l'éleve de la nature.
Ignescitur,	il prend feu, il s'enflamme.
Inædia, æ,	faim
Interim,	pendant.
Interim merendam,	pendant le goûter. Afran.
Ob-itus, ûs,	arrivée
Ob-itus, a, um,	mort, défunté
Di-jugare,	défunir, rompre

L.

Labandria, orum,	linge qu'on a donné à laver.
Col-Labello, are,	joindre ses lévres à celles d'un autre.
Sub-Labro, are,	faire passer entre les lévres.
Lacto-are,	séduire, tromper.
Lætaster, tri,	qui aime à se réjouir.
Lautitiè,	somptueusement.
Lautus sanguine,	souillé de sang.
Lenæ, arum,	vases, ustensiles.
Lento-are, Lenteo-ere,	} languir, se ralentir.
Levare se vita,	se délivrer de la vie.
E-lectus, ûs,	purification.
E luire,	souiller, tacher.
Limo-are,	joindre, unir.
E-limino, are,	passer hors du seuil, sortir; 2°. chasser, mettre hors.
D-Linitus, a, um,	rendu fou.
Lingula, æ,	épée longue & étroite.
E Lucico, are,	illuminer, éclairer.
In Lustris, e,	qui n'éclaire pas
Lupor, ari,	voir des femmes de mauvaise vie.
E-Lutriare,	laver, lessiver.
Lymphatus, a, um,	qui a le cerveau troublé, dérangé.

M.

Macellus, a, um,	maigre, décharné.
Castra-Mactabo in mare,	je jetterai leur camp dans la mer.
Mæandratus, a, um,	peint en contours.
De-Magis,	extrêmement, beaucoup.
Malathia, orum,	habits fins, délicats.
Com-Malaxare,	exercer, professer de bonne-heure.
Mamphula, æ,	pain cuit sous la cendre.
Manticulor-ari,	couper la bourse, user de tromperie.
Manto-are,	demeurer, rester.
Mansues, is,	aprivoisé.
Marcesco, ere,	consumer, dévorer.
Marulus, i,	maillet, petit marteau.
Mastrigiæ, arum,	étrivieres.
Matexa lini,	aiguillée de fil; 2°. écheveau.
Medicamentum, i,	poison
Merto, are,	rendre digne, mériter.
Merùm,	sérieusement, sincérement.
Metellus, i,	soldat soudoyé.
Pro-Mico, are,	porter au loin l'éclat d'une chose, l'étendre.
Com-Mictilis, e,	composé, étudié.
Præ-Mino, are,	menacer d'avance.
Mirio, onis,	marmouset, mirmidon.
Mirior, ius,	plus surprenant, plus étonnant.
Mirari de aliquo,	être étonné de quelqu'un.
Mitra ricina, æ,	bonnet orné de franges, de rubans.
Mæstus venter,	ventre affamé, flétri par la faim.
A-Moliri,	éloigner.
Mollicina, æ,	robe d'une étoffe douce & fine.
Monogrammus homo;	homme réduit au simple trait, à la simple esquisse, pour dire homme réduit à la plus extrême maigreur.
Monstrificabilis, e,	merveilleux, surprenant.
Morabilis, e,	qui differe, qui tarde.
Com-Morare,	retenir.
Mu facere,	se taire, ne dire mot.
Mu,	silence.
Mulgarium lactis,	une traite de lait.
In Mundo esse,	être sous la main, être prêt.

Musta

PRÉLIMINAIRE.

Musta virgo,	une jeune fille.
Mustus, a, um,	en moût, nouveau.
Mustricola, æ,	forme de soulier.

N.

Ig-Navo, ere,	rendre lâche.
Nenum,	non, nullement.
Neptunus, i,	poisson.
Ningulus, a, um,	aucun.
Nitidabilis, e,	qu'on peut nettoyer, rendre brillant.
Nivit,	il neige.
Nobilis, e, G-Nobilis, e,	fameux, bien connu.
Noegeus, a, um,	brodé de pourpre.
Ag-Notus, a, um,	reconnu.
Nupsit frater vetulæ,	mon frere a épousé une vieille. Pomp.
In-Nubere,	traverser une maison.
Numerò,	en nombre, beaucoup, extrêmement.
Nuper die quarto,	il y a quatre jours.
Nutrico, are,	} nourrir.
Nutrior, iri,	

O.

Obba, æ : Ubba, æ,	bouteille à vin; à gros ventre.
Obrescere,	se glisser.
Ob-unculus, a, um,	crochu, recoubé.
Odibilis, e,	haïssable.
Operor, -ari,	offrir un sacrifice.
Orbitus, a, um,	orbiculaire, en rond.
Ora, æ,	le commencement d'une chose. Cæc.
Oraria mitræ,	la partie de la mitre qui entouroit la bouche.
Orcius, a, um,	des enfers.
Osce & Volsce fabulantur,	ils parlent Osque & Volsque.

P.

Pædagogare,	élever un enfant.
Pallis, is,	grande mante.
Panus, i,	drap.
Panurgus, i,	habile, qui fait tout.
Im-Pancrare,	entrer de force, s'empresser.
Parectatus, i,	qui entre dans l'âge de puberté.
Partire,	acquérir.
Passus, a, um,	épuisé, passé.
Patibulum, i,	bâton, pieu.
Pavus, pour pavidus	tremblant, peureux.
Pauxillò prius,	peu auparavant.
Ex-Pectorare,	jetter hors de la poitrine.
De-Peculassere,	dépouiller quelqu'un de son argent.
Pedarius, ii,	} qui opine du bonnet, qui se range au banc d'un autre.
Agi-Pes, edis,	
Pediolus, i,	petit pied.
Compedus, a, um,	qui sert à enlacer, à enchaîner les pieds.
As-Pellere,	chasser.
Peniculamentum,	espece de sur-tout.
Penula, æ,	sur-tout, habit qui se mettoit par-dessus la tunique.
Com-Perce verbisvelitare,	celle de te battre avec des mots.
Pernæ, arum,	les cuisses; 2°. jambons.
Pernitere,	mourir, périr.
Per-perus, a, um,	ignorant, grossier.
Persicus, a, um,	aigu.
Dis-Pertia, æ,	l'imparité. (de Par)
Pertisus, a, um,	enjoué, jovial, badin.
Petaurus, i,	machine pour faire voler un acteur.
Petaurista, æ,	celui qui fait ces machines 2. voltigeur.
Petilis, e,	mince, grêle.
Petimen, inis,	partie qui est entre les épaules & la poitrine du cochon.
Ap-peto; onis,	qui desire avec empressement.
Philosophus, a, um,	philosophique.
Piatus, a, um,	expié.
Pictacium, ii,	piece de camisole, de tunique.
Ex-pilatrix,	voleuse.
Sup-pilatores, um,	escrocs, voleurs.
Pisatilis, is,	natif de Pise.
Piscinesis, is,	réservoir à poissons.
Pistillus, i, Pestina, æ,	pilon.
Plaustrix, cis,	conductrice d'un char.
Am-plecti,	être embrassé.
Dis-pletus, a, um,	satisfait, rempli.

Orig. Lat.

DISCOURS

Diplois, dis;	sorte de robe double.
Eu-plocamus, a, um,	bien peigné, bien frisé.
De-politio, onis,	labourage.
Politus, a, um,	orné, agréable.
Popinio, onis,	pilier de cabaret.
Populo, -are,	rendre le Peuple favorable.
Porceo, ere,	empêcher.
Ex-porgere,	étendre.
Com-pos malis,	accablé de maux.
Appotalis Liber,	Bacchus le buveur.
Potile, is,	breuvage.
Præmiator, oris,	voleur de nuit.
Præsenti,	en présence.
Præter ædem,	devant le Temple. *Varr.*
Privus, a, um,	caché, intérieur.
Im-probo, are,	accuser de méchanceté.
Pro-cieo, ivi, itum, ire,	demander en mariage.
Prodo, ere,	perdre.
Im-profundies, ei,	sans profondeur.
Propedon,	cordage qui attachoit la voile au pied du mât.
Propter porticum,	auprès du portique.
De-pudico, -are,	déshonorer, violer.
Pulse,	toute espece de légume farineux propre à faire des purées.
Punicor, -ari,	être vêtu de pourpre.

Q

Quadrigas effundis irarum,	il lache la bride à sa colere.
Quam de,	que.
Quartarius, ii,	chartier, muletier, qui reçoit le quart du profit.
Queis,	tu peux.
Querquera febris,	fiévre quartaine. Dans le nord, *Quer*, tremblement.

R.

Rapo, onis,	voleur.
Raptura, æ,	rupture.
Ratitus, a, um,	passé en bac.
Raudus, i, Rodus, i,	bronze qui n'est pas pur; 2°. Tronçon d'arbre rude & noueux.
Raufurus, a, um,	qui va déclamer d'un ton enroué, sépulchral.
Religiosus dies,	jour noir, fâcheux.
Remivagus, a, um,	qui va à rames.
Rediviæ flagri,	les déchirures que fait le fouet.
Rhetoricôteros,	un pédant de Rhétorique.
Ricini aurati,	boucles ou rubans dorés.
Ricula, æ,	écharpe, voile.
In-Rimare,	fouiller, fureter.
Romex, Rumex,	dard.
Roborascere,	acquérir des forces, se renforcer.
Rostrum, i,	visage, *au figuré;* nous employons le mot *bec* au même sens.

S.

Sador, Subellor,	dans *Lucil.* : lisez *Rador*; *subelor*, je suis rasé, je suis frotté avec du liége.
Sagus, a, um,	sage, prudent, prévoyant.
Saga, æ,	femme qui connoît l'avenir, devineresse, sorciere.
Sagmina, um,	verveine.
Salacia, æ,	lasciveté, impudicité.
Salbeolus, i,	malade.
Sallo-ere,	sauter.
Samius, a, um,	aigu.
Sardo-are,	comprendre, être intelligent.
Re-Sarrire,	ouvrir une serrure.
Scabrere, scaprere,	être rude, raboteux.
Sciadion, ii,	ombrage.
Scirpeus, a, um,	de jonc.
Scrantia, æ,	exécration, horreur.
Scribitor-ari,	faire des tartelettes.
Scripturarius, ii,	Ecrivain public, Secrétaire.
Seminatim fugere,	fuir promptement, ou au loin.
Senica, æ,	méchant vieillard.
Sentensia, æ,	sensibilité, sentiment.
Seplasia, æ,	petite maîtresse, femme parfumée & fardée.
Con-sequutus, a, um,	obtenu.

PRELIMINAIRE.

Simo-are ;	abattre, enfoncer.
Signata, æ,	vierge sans tache.
Singularius, a, um,	singulier.
Sinum, i,	pot à liqueur.
Solitas, atis,	solitude, état de vivre seul.
In-solum,	rarement.
Sospito-are,	souhaiter une bonne santé.
Ob-sops, is,	aide, secours, action de contenter ses besoins.
Ob-sordere,	effacer de la mémoire.
Species vitæ,	modele de vie.
Spectus protervus,	regard farouche.
Pro-spico, -are,	regarder en avant 2°. prévoir, pourvoir.
Spernere,	séparer, distinguer.
Spira, æ,	multitude d'hommes entassés.
Con-spiritus, uum,	accord des soupirs de deux personnes. Acc
Spissè ; spissò,	tard, 2°. lentement.
Spissum,	souvent, plusieurs fois.
Squales, ium,	ordures.
Squalere auro,	être chamarré d'or.
Stare sentibus,	être couvert de ronces.
Stata forma,	beauté modeste & sans tache.
Con-sternere,	élever, dresser.
Re-stibilare,	chuchoter, dire à l'oreille.
In-stipo, -ere,	couper du bois en buches, le fendre.
De-stituere,	faire tenir debout.
Stritabillæ, arum,	querelles bruyantes : en Allem. streit, dispute.
Sudam flamen,	un souffle humide.
Suggillare oculos,	fermer les yeux.
Suilla, æ,	étable.
Sumen, inis,	mamelle d'une femme.
Superstito-are,	rétablir.
Suræ apertæ,	les jambes découvertes.
Surpiculus, i,	surgeon, rejeton.
Surus, i,	souche, tige.
Sutrina, æ,	couture.
Syrus, i,	branche rompue : du grec syrein, arracher.

T.

Tania,	travail, labeur.
Tardi-genulus,	qui a les genoux roides, lent à la marche.
Taxim,	en cachette.
Taxo,	même que Tago, toucher.
Tegillum, i,	petit toit, chaumiere.
Pro-Telum, i,	attelage, équipage.
Pro-Telo, -are,	1°. atteler ; 2°. bannir, éloigner. (Gr. Téle, loin.)
Tentus, a, um,	tendu.
Ne At-Tenderis petere,	ne vous obstinez pas à demander.
Tenebrio, onis,	homme de nuit, mauvais garnement.
Tensipellium, ii,	remede pour dérider ; 2°. au figuré envie de battre, de rosser.
Ex-Termino, -are,	au sens propre, bannir du territoire, envoyer hors des limites, exiler. Lucil.
Tertus, a, um,	poli, brillant.
Testatim,	en pieces.
Tetritudo, inis,	horreur, noirceur.
Tibiatus, a, um,	qui couvre la jambe.
Tibiatus, i,	son d'une flûte.
Titinnio, -ire ; -no, -are,	sonner, résonner, comme une clochette, faire sonner une clochette.
Tolutim,	avec vitesse, avec rapidité
Tonescit cælum,	le ciel tonne.
Ab-Torqueo, -ere,	détourner.
Torridare,	consumer, brûler. Acc.
Tortor, pour Torqueor,	je suis tourmenté.
Tortum, i,	torture.
Trichinus, a, um,	de peu de valeur.
Trifax, cis,	triple : Enn. en All. Drey fach.
Trio, onis,	bœuf, de terio.
Trit,	cri des souris.
Obs-Trudulens,	qui rend des sons aigres.
Trugeo, -ere,	savoir, connoître.
Trugitio, onis,	savoir, connoissance. En. Expression de la ville de Præneste, dit Festus.
Amp-truo, Redandruo,	aller & revenir en rond, dans une danse.
Te-Dundere gubirna,	relâcher le gouvernail.

Ob-Turgeo, ere,	enfler, gonfler.	De-Verrere,	frapper.
Tutanus Deus,	le Dieu protecteur.	Di-Verticulo, -are,	loger, avoir retraite chez.
Tutilina Dea,	la Déesse protectrice.		
Tympanus, i, Tympanite, enflure du ventre.		Vertilabundus,	qui tournoie, qui chancelle.

V.

		Vescus, a, um,	obscur, désagréable, sombre.
In-Vado, ere,	se jetter dans un gué.		
Vagari insaniá,	être égaré, avoir perdu la tête.	Vigilium, ii,	veille.
		Vindiciæ, arum,	choses contestées, en litige.
Vecordivaga insaniá,	folie contagieuse.		
Evallo, -are,	emporter.	Viracius, a, um, Viracius uxor, qui a les goûts d'un homme ; 2. plein de force.
Valva, æ,	porte ; *in prima valva est.* Pomp.	
In-Valnities, ei, privation de bains. *Au fig.* extrême pauvreté : on se baignoit pour un sou dans les bains publics.		Virosa mulier,	femme à tempérament.
		Virgo, inis,	nom des deux sexes avant l'âge de puberté.
		De-Virginare,	déshonorer.
Vano-are,	tromper.	Evitare vitam,	arracher la vie.
Vastus, a, um,	ravagé, désolé.	Vitulans,	qui saute de joie, qui bondit.
Vastitudines,	solitudes, lieux déserts.		
Veg.o-ere,	animer, ranimer.	Vix,	sur le champ. *Varr.*
Veneno-are,	teindre.	Unosè,	ensemble ; en même tems.
Venenum, i,	teinture.		
Venas, eris,	légumes, herbages. *Nœv.*	Vomica, æ,	chemin creux, rongé par la vétusté ; 2°. abscès vomique.
Coquus edit Neptunum, venerem, cererem.			
Vero-are,	se montrer fidele.		
O sancte verans,	ô Dieu fidele. *Acc.*	Usura solis,	l'usage du soleil.
Vermiculor-ari,	être marqueté, tacheté.	Via, æ,	chemin. *Lucil.*
Verminor-ari,	être rongé de vers, avoir la colique.	Vulga, æ,	sac, mallette, valise.
		Vultus, ûs,	la volonté.

ARTICLE V.
CHAPITRE PREMIER.
Forme de nos Origines Latines : maniere de s'en servir.

Dans les Origines Latines que nous donnons ici au Public, les mots Latins offrent un ordre abſolument différent de celui qu'ils ont dans les Dictionnaires ordinaires : dans ceux-ci, on trouve à l'inſtant un mot, en le cherchant par la premiere lettre dont il eſt compoſé ; il ne faut, pour cet effet, qu'avoir des yeux : il n'en eſt pas de même ici : on y doit chercher les mots, non par leur premiere lettre ; mais par le noyau qui l'a formé, par le mot radical dont il eſt compoſé.

Mais ceci ſuppoſe, 1°. l'idée de mots radicaux & de mots dérivés ; de mots premiers, donnés par la nature & en petit nombre : de mots ſeconds formés ſur ceux-là par le génie, d'après certaines régles : en d'autres termes, la connoiſſance de l'Art étymologique. La forme de ce Dictionnaire repoſe donc en entier ſur la maſſe de nos principes : il en eſt la vérification par l'enſemble des mots Latins.

2°. Cet arrangement nouveau ſuppoſe encore qu'il en réſulte une plus grande facilité, une toute autre aiſance, pour apprendre les mots Latins.

3°. Il ſuppoſe de plus une certaine maniere de s'en ſervir, ſans laquelle on n'en retireroit pas l'utilité à laquelle il eſt deſtiné.

Ce Chapitre ſera donc deſtiné à la diſcuſſion de ces objets.

DISCOURS

§. I.

Des mots radicaux, dérivés, &c.

L'inſtrument vocal fournit un certain nombre de ſons ſimples & primitifs qui compoſent ſon étendue entiere, & au-delà de laquelle l'homme ne peut aller. Cet enſemble forme néceſſairement les élémens de toute Langue : chacun de ces ſons devient un mot qui a une valeur premiere & déterminée, dont on n'a jamais pû s'écarter. C'eſt ainſi que,

A, peint toute idée de poſſeſſion.

E, toute idée d'exiſtence.

M, toute idée de grandeur, ſoit qu'on en faſſe *ma*, *me*, *mi*, &c. ou *am*, *em*, *im*.

AL, toute idée d'élévation, ſoit qu'on le prononce en AL, ou qu'on l'adouciſſe & qu'on le diverſifie en AIL, EL, IL, OL, ou qu'on le modifie en HAL, *Bal*, *Cal*, *Fal*, *Mal*.

Ac, toute idée de pointe, de piquant, &c.

Ce ſont ces mots ſimples, monoſyllabiques, peu nombreux, qu'on appelle PRIMITIFS ou RADICAUX, & qui ſont les élémens du langage.

Ces mots, ſuffiſans pour peindre une foule d'objets phyſiques & naturels, ne l'étoient pas pour peindre une multitude d'idées abſtraites ou acceſſoires relatives à ces objets, pour peindre leurs rapports, les Etres compoſés, les Etres immatériels, métaphyſiques, &c. Il fallut alors revenir ſur ces mots primitifs, les combiner entr'eux, en former de nouvelles maſſes. De-là réſulterent pluſieurs autres eſpéces de mots.

1°. Des mots BINOMES, ou mots compoſés de deux autres.

2°. Des mots DÉRIVÉS, ou mots radicaux auxquels on a ajouté une terminaiſon.

3°. Des mots COMPOSÉS, ou mots radicaux à la tête desquels on a joint une syllabe prépositive.

Ainsi du radical TEN, action de tenir; on forma les binomes *Lieu-tenant*, *main-tenant*, les dérivés TENant, TENace, TENeur, TENailles, &c.

Les composés Re-TENir, dé-TENir, sou-TENir, continent, &c.

C'est ainsi que se sont formées toutes les Langues: aucune dont les mots ne rentrent dans l'une ou l'autre de ces quatre classes.

Les dérivés & les composés d'une Langue ont encore cet avantage, que les terminales qui constituent dans une Langue les dérivés d'un mot radical, & les initiales qui constituent les composés de ce même mot radical, servent également à former les dérivés & les composés de tous les autres mots radicaux employés dans cette même Langue.

On sent dès-lors que la vraie connoissance d'une Langue dépend de celle de ses radicaux: & telle est la base sur laquelle roulent nos Origines Latines.

Nous commençons toujours par le mot radical: nous en constatons la valeur primitive dans les Langues antérieures à la Langue Latine: nous rapportons la forme qu'il prit chez les Latins, & la valeur qu'ils lui attacherent: nous mettons à sa suite les mots qui en sont provenus, divisés par classes; & dans chaque classe les binomes, les dérivés & les composés qui lui sont propres.

§. II.

Avantages de cette Méthode.

Il n'est aucun de nos Lecteurs qui ne sente déjà les avantages inestimables d'une pareille méthode. Jusqu'ici, l'étude des Langues consistoit à apprendre une foule immense de mots entassés au hasard les uns sur les autres, sans aucun rapport entr'eux, & sans qu'on pût jamais se rendre compte de leur masse. Mais peut-on dire connoître comme il faut ce dont on ne peut jamais se rendre compte, ce qu'on ne sauroit caser?

Il n'en est point de même ici ; au lieu de cette masse indigeste de mots Latins mis bout-à-bout dans les Dictionnaires, & où chacun d'eux est toujours isolé sans aucun rapport avec ceux qui le précédent & qui le suivent, nos Origines Latines offrent un nombre déterminé & peu étendu de petits Dictionnaires, de Cases, de Familles entre lesquelles est distribuée la masse entiere des mots Latins.

Cette distribution est prise dans la nature des mots même ; elle n'est ni arbitraire, ni difficile à saisir : les mots viennent s'y arranger d'eux-mêmes suivant la racine à laquelle ils appartiennent : tous ceux qui se rapportent au même chef, ne sont plus comptés que pour un ; il suffit de savoir le radical de chacun de ces touts, pour avoir l'idée la plus complette de l'ensemble ; ainsi qu'un Général d'armée qui ne pourroit concevoir l'ensemble d'une armée, dont tous les Soldats seroient isolés, le conçoit très-bien au moyen des grandes divisions dont les Chefs lui sont connus : il en est de même des Langues : avec cet ordre, on parvient sans peine à connoître l'ensemble de leurs mots.

En rangeant ainsi sous un petit nombre de classes tous les mots latins, en n'ayant plus besoin pour les saisir tous que d'en posséder quelques centaines de très-simples, on a deux ou trois cent fois moins de peine, il faut deux ou trois cent fois moins de tems : on a deux ou trois cent fois plus de jouissance : l'on peut apprendre les mots Latins en un espace de tems infiniment plus court ; & apprendre par-là même plusieurs Langues dans ce seul espace de tems qu'exigeoit auparavant la seule étude des mots Latins.

A cela

PRELIMINAIRE.

A cela se joint un autre avantage précieux : c'est que tous ces mots étant ainsi classés suivant leur origine, on voit aussi-tôt briller de nouveaux rapports infiniment flatteurs, & qui empêchent qu'on puisse jamais les oublier : chacun d'eux porte avec soi la raison de son existence, chacun d'eux devient un tableau complet qui s'explique parfaitement, dont toutes les parties sont connues, dont on voit la liaison avec la Nature ; avec nos besoins, avec l'instrument vocal, avec les objets qu'on avoit à peindre. Tout y devient d'une vérité sensible & intéressante : les mots en acquierent une force, une chaleur, une énergie, une vie dont ils étoient privés, & qui les grave pour jamais dans l'esprit, en faisant admirer leur heureux choix.

Dès-lors, la raison & l'intelligence s'unissent à la mémoire pour l'étude des mots : & cette étude change par-là totalement de forme.

L'excellence de cette méthode est si sensible, ses effets si frappans, qu'il n'est personne qui ne soit porté en peu de tems à désirer de la mettre en pratique : c'est cette espérance qui nous a soutenu dans la recherche pénible des radicaux de la Langue Latine, dans le travail fastidieux de l'arrangement de tous ses mots sous ces radicaux, & dans les dépenses qu'a entraîné ce travail, & l'impression de ce Dictionnaire Latin, unique jusqu'à présent dans son espéce, & pour lequel notre Imprimeur a été obligé de faire faire des fontes considérables, inutiles pour tout autre ouvrage, & qui n'ont pu que retarder l'impression de ce Volume.

Orig. Lat.

DISCOURS

§. III.

Manieres de se servir de ces Origines.

On peut se servir de ce Dictionnaire radical de la Langue Latine de plusieurs manieres.

1°. On peut à son choix, jetter les yeux sur un mot radical, & en examiner la famille entiere.

2°. On peut en étudier simplement les radicaux.

3°. On peut y chercher un dérivé ou un composé quelconque, soit en remontant de soi-même à sa racine; soit en le cherchant dans la Table des Matieres.

Car nos Origines sont disposées pour toutes ces Méthodes.

1°. Les Binomes, les Dérivés, les Composés de chaque radical, y sont imprimés d'un caractère différent, en sorte que d'un simple coup d'œil on apperçoit sans peine ce qui est radical, ce qui ne l'est point.

2°. Ces Origines seront accompagnées de deux Tables comme nos Origines Latines, l'une par ordre alphabetique pour pouvoir trouver les mots dont on auroit peine sans cela à découvrir la racine à laquelle nous les avons rapportés : l'autre par ordre de touches vocales, où tous les radicaux sont classés eux-mêmes suivant leurs rapports avec l'instrument vocal.

En accoutumant les jeunes gens à s'en servir sans le secours de la Table alphabétique, on leur rendra un excellent office ; ils en saisiront infiniment mieux le génie de la Langue Latine ; ils en classeront les mots dans leur tête avec la plus grande aisance : ils devineront d'eux-mêmes le sens de la plûpart des dérivés & des composés ; ils se feront une avance immense pour l'étude de quelqu'autre Langue que ce soit.

PRÉLIMINAIRE.

Peut-être craindra-t-on de mettre entre leurs mains un Ouvrage volumineux : ce qui pourra nous déterminer à faire pour les Commençans un Recueil de nos mots radicaux & de leurs principaux dérivés : nous ne saurions cependant trop les exhorter de se familiariser de bonne-heure avec les familles entieres ; ils en auront plus de satisfaction que de la seule étude des radicaux : & leurs progrès en seront plus rapides.

CHAPITRE II.
DES TERMINAISONS DE LA LANGUE LATINE.

Nous venons de voir que la Langue Latine, ainsi que toute autre, est composée de mots *radicaux* ; de mots *dérivés*, formés sur les radicaux par des syllabes ajoutées à la fin ; de mots *composés*, formés sur ces mêmes radicaux par des syllabes ajoutées à la tête de ces mots : les premieres de ces syllabes forment la masse de ce qu'on appelle TERMINAISONS ; & les secondes, ce qu'on appelle *syllabes prépositives* ou PRÉPOSITIONS INSÉPARABLES.

Ces Terminaisons & ces Prépositions deviennent par conséquent une des grandes clefs de la science étymologique, puisqu'il est impossible sans elles de se former une juste idée de ces diverses Familles dont l'ensemble compose une Langue quelconque. Nous ne pouvons donc nous dispenser dans un Ouvrage comme celui-ci, de traiter expressément de ces deux objets.

Cependant nous ne dirons rien ici des Prépositions initiales ou inséparables, parce que nous entrons à leur égard dans un grand détail dans le corps de nos Origines Latines, & que dans la Table des Matieres on en trouvera le Catalogue avec le renvoi

DISCOURS

au lieu où il est question de chacune d'elles. Nous nous bornerons donc ici à ce qui regarde les Terminaisons; nous ferons voir :

1°. En quoi elles consistent, & quels motifs engagerent les hommes à y avoir recours.

2°. Leurs diverses espéces ou classes.

3°. La valeur propre de chacune de ces classes.

4°. Leur origine étymologique.

§. I.

Des Terminaisons en général.

Les TERMINAISONS des mots sont les syllabes que chaque Langue ajoute à la fin des mots radicaux pour en former des dérivés de toute espéce, des Noms, des Adjectifs, des Verbes, des Participes. C'est ainsi que du radical AM qui peint l'idée d'aimer, se formérent :

AM-*o*,	j'aime.
AM-*or*,	amour.
AM-*icus*,	ami.
AM-*icitia*,	amitié.
AM-*iculus*,	petit ami.
AM-*icula*,	petite amie.
AM-*ans*,	qui aime.
AM-*ator*,	aimable.
AM-*atorius*,	qui concerne l'amour.
AM-*atorié*,	en amant.
AM-*atus*,	aimé.
AM-*abilis*,	amateur.
AM-*abilitas*,	charmes, qualités aimables.
AM-*abiliter*,	tendrement.
AM-*atorculus*,	qui aime foiblement.
AM-*atrix*,	amante.
AM-*asius*,	galant.
AM-*asia*,	femme galante.
AM-*atio*,	inclination.
AM *abo*,	de grace, je vous prie, *mot-à-mot.* je vous aimerai bien *si vous m'accordez cette faveur.*

PRELIMINAIRE.

C'est le besoin, la nécessité qui obligea les hommes à recourir aux terminaisons : cette nécessité qui devient pour eux une loi suprême, à laquelle ils sont forcés d'obéir, & qui les conduit dans toutes leurs inventions avec une justesse & une célérité dont ils ne se doutent point.

Les hommes n'avoient pas seulement à nommer les objets ; ils avoient sur-tout à les considérer sous tous les rapports possibles. Ces rapports ne sont pas de nouveaux êtres, de nouveaux objets : ce ne sont que des manieres d'être. On ne pouvoit donc pas former pour eux des mots différens de ceux qui énonçoient ces objets : il suffisoit d'ajouter au nom de ces objets, des syllabes, des signes qui exprimassent ces rapports ; qui modifiassent les noms de ces objets, de la même maniere que ces objets étoient modifiés par leurs qualités, par leurs rapports. De-là cette partie essentielle & nombreuse du Langage que nous appellons *Terminaisons*, qui exista & qui existe nécessairement dans toutes les Langues.

En effet, quoiqu'elle se déploie dans la langue Latine avec un éclat, un apparat tout particulier, elle n'en existe pas moins dans les autres Langues : dans la langue Françoise elle-même, de même que dans la langue Celtique dès le commencement, d'où l'usage en passa aux Grecs & aux Latins : car à l'exception des Terminaisons déclinatives propres à ces deux derniers Peuples, ils n'en ont peut-être aucune qui n'ait lieu dans les Dialectes Celtiques existans encore de nos jours & qui certainement ne les empruntèrent pas de la langue Latine, de ces Romains qui étoient leurs plus cruels ennemis, & qui n'existoient pas encore lorsque ces Peuples Celtiques avoient déjà une foule de terminaisons auxquelles ils n'ont pu renoncer en aucun tems.

DISCOURS

§. II.
Diversité des Terminaisons.

Les Terminaisons varierent nécessairement suivant les divers emplois qu'on en devoit faire.

I°. Il fallut des Terminaisons pour distinguer les *Genres* : un Fils, fut Fili-*us*; une Fille, Filia; un jeune garçon, puer; une jeune fille, puer*a*.

Quelques objets furent de tout genre, : *amans*, qui aime.

Ces mots du genre masculin, du genre féminin, de tout genre, formerent autant de classes différentes : c'est ce qu'on appella DÉCLINAISONS.

Les mots du genre féminin formerent la premiere déclinaison, terminée en *a* au nominatif : en *æ* au génitif.

Les mots du genre masculin formerent la seconde, terminée en *i* au génitif, en *o* à l'ablatif.

Les mots de tout genre formerent la troisiéme, terminée en *is* au génitif; en *e* ou *i* à l'ablatif.

Comme ceux-ci étoient de tout genre, cette troisiéme déclinaison se trouva chargée également de mots, les uns masculins, comme *panis*; les autres féminins, comme *arboris*; les autres de tout genre, comme *sapientis*.

Ce sont-là les trois grandes Déclinaisons Latines qui formerent la masse des noms & des adjectifs Latins : il en existe à la vérité deux autres dont les génitifs sont en *us* & en *ei*; mais elles sont presque nulles, étant bornées à un très-petit nombre de mots.

II. Il fallut des terminaisons pour distinguer les diverses espéces de *Noms*, suivant qu'ils désignoient,

1°. Un Etre, comme existant, comme agissant, comme patient, comme capable d'action.

2°. Une action faite ou à faire.

3°. La place, le lieu, le tems des Etres, des Actions.

III. Il en fallut pour former des *Adjectifs* de toute espèce : des Actifs, des Passifs, des Enonciatifs, des Possessifs, des Nationaux, &c. : & pour désigner leurs divers degrés, Positifs, Comparatifs, Superlatifs.

IV. Il en fallut pour former des *Adverbes*.

V. Il en fallut enfin pour former des *Verbes*, pour en distinguer les Personnes, les Tems, les Modes, les Formes. Pour désigner les Verbes actifs, passifs, fréquentatifs, diminutifs, ou les Verbes terminés en *o*, *or*, *ito*, *esco*, *ico*.

Tous les caracteres terminatifs nécessaires pour remplir ces divers objets, furent puisés dans les voyelles seules ou modifiées par un très-petit nombre d'Elémens ou de consonnes, tels que S, T, L, R, N, M, C.

Terminaisons divisées en deux Classes.

Malgré la multitude de terminaisons qui résultent de ces divers objets, on s'apperçoit sans peine qu'on peut diviser les terminaisons Latines en deux classes générales.

Terminaisons déclinatives & conjugatives : 2°. Terminaisons spécificatives.

Les unes qui ne servent absolument qu'à désigner les cas d'un nom, ou la personne & le tems d'un Verbe.

Les autres qui servent à en désigner les diverses idées accessoires.

Il arrive souvent que les Noms ne présentent qu'une terminaison : c'est la déclinative : alors, elle remplit ce double usage ; elle est tout-à-la fois déclinative & spécificative : dans ces mots, par exemple,

Bon-*us*, bon-*a*, bon-*um* : vas-*e*, Ablatif de vas; sol-*e*, Ablatif de sol.

Mann-*a*, manne, formé de *man*, bon. Am-*a*, aime.

Mais toutes les fois qu'il a fallu modifier le radical par quelqu'idée accessoire, le classer suivant ses diverses espéces, cette terminaison déclinative n'a pû suffire. Elle dut être précédée d'une addition, d'une syllabe propre à désigner cette idée accessoire ; & à augmenter par-là même les dérivés d'un même radical autant que le besoin le requéroit. C'est ce qu'on appelle Terminaisons spécificatives : telles que am-*ant*-is, am-*ic*-us, amat-*or*-e, amic-*iti* a, fluvi-*al*-is, sylv-*estr*-is.

Des Terminaisons Spécificatives.

Tout Nom radical peut peindre son objet comme actif ou comme passif, comme physique ou comme moral, comme grand ou petit ; il faudra par conséquent qu'il s'unisse à autant de terminaisons différentes, afin qu'il puisse peindre ces divers rapports.

Ainsi, pour revenir aux dérivés de la racine AM, on peint par la terminaison *ant*-es, ceux qui aiment actuellement, par la terminaison *at*-i, ceux qui ont été aimés ci-devant, par la terminaison *abun*-di, ceux qui doivent être aimés.

Par les terminaisons, *icus*, *iculus*, *ator*, *ator-culus*, diverses nuances dans ceux qui aiment.

Ce même mot forme des Adverbes en s'unissant aux terminaisons *anter*, *atorié*, *icè*.

Il devint Adjectif Possessif par celle d'*abilis* ; am-*abilis*, qui posséde la vertu de se faire aimer.

Verbes actif, passif, augmentatif, &c. par d'autres terminaisons :

AM-*o*, j'aime.	AM-*ico*, je rends favorable, ami.
AM-*or*, je suis aimé.	AM-*asco*, j'ai du penchant à aimer.

On voit par-là qu'on forme des dérivés sur d'autres dérivés.

Ainsi

PRÉLIMINAIRE.

Ainfi d'AM*icus*, viennent A*micitia*, amitié; A*micè* amicalement, en ami, *amiculus*, petit ami, &c.

D'A*mabilis*, amabilitas, au gén. : amabilitatis; l'adverbe amabiliter.

Ce qui donne une fuite de terminaifons entaffées les unes fur les autres, puifque dans *amabilitatis*, compofé de fix fyllabes, il n'y a que la premiere, AM, qui foit radicale.

Cependant cette multitude de términatives fe réduifent toujours à deux, parce qu'on ne doit jamais confidérer que les deux dernieres. En effet, lorfque d'AM vous faites AM-abilis, vous n'avez que deux terminaifons à confidérer, la fpécificative, *abil*, & la déclinative *is*; & lorfque d'AM-abilis, vous formez AMabili-tat is, vous n'avez également que deux terminaifons à confidérer, la fpécificative *itat* ou *itas*, & la déclinative *is* : car *amabil* eft déjà connu.

§. III.

Lettres qui forment ces Terminaifons, & leur valeur.

Ces Terminaifons ne font empruntées ordinairement que de cinq ou fix Confonnes.

De la Lettre S. Di-efi*s*, Call-ofu*s*, Sapient-iffi*mus*.
De la Lettre T. Bon-ita*s*, Ac-tio, Ac-tor, hab-itu*s*.
De la réunion de S & T. Mag-ifter, Min-ifter, terr-eftri*s*.
De la Lettre L. Fac-ili*s*, Pen-ulus, Ag-ellus, Tribun-*al*.
De la Lettre R. Anf-er, Od-or, Alt-are.
De la Lettre C ou G. Mord-ace, Il ice, Ful-ica, Ful-igo.
Des nafales AN, IN, ON, &c. Sapi-ens, opini-one, temporaneus.
Les Lettres S, T, ST, *is*, *it*, *ift*, défignent l'exiftence.
Is, & *ift*, l'exiftence phyfique en particulier : *is*, celui qui eft;

Orig. Lat. ſſ

It, l'existence morale & celle qui résulte des actions, bon-*itas*, fac-ult*as*, aprob-at*io*.

La Lettre L, désigne sur-tout, les qualités ; aussi est-elle employée à la formation des Adjectifs.

Uti-*lis*, doué de la qualité d'être bon à l'usage.

Fac-il*is*, doué de la qualité d'être aisé à faire.

La Lettre R est sur-tout relative à l'action, au mouvement, au changement :

 Act-or, celui qui agit, l'homme agissant.

 Pict-or, l'homme qui peint.

 Pict-ura, le résultat de l'action de peindre ; l'art de celui qui peint,

 Fact-ur*us*, qui agira, qui va agir.

La Lettre C ou G, marque la fixité d'un objet, sa tenacité, sa constance.

Elle est relative sur-tout aux augmentatifs & aux diminutifs.

 Aud-ace, plein de hardiesse, persévérant dans la hardiesse.

 Am-icus, plein d'amitié, constant & ferme dans cette vertu.

Dans les Adjectifs, elle désigne l'origine, la place.

 Asiat-icus, Asiatique : Liburn-icus, de la Liburnie.

Les nasales peignent l'existence de lieu, de tems, des modifications.

 Am-ans, qui aime : leg-end*us*, qu'on doit lire.

 Africa-*nus*, d'Afrique : moment-ane*us*, momentané.

La Terminaison *Men*, *Mon*, *Mentum*, désigne la cause, ce qui fait qu'une chose est ce qu'elle est.

 Aug-mentum, *quod auget*, ce qui aug-mente.

 Flu-men, *quod fluit*, ce qui coule.

 Monumentum, *quod monet*, ce qui avertit, qui sert de signe.

 Orna-mentum, *quod ornat*, ce qui orne.

PRÉLIMINAIRE.

§. IV.

Origine étymologique de ces Terminaisons.

Toutes ces Terminaisons sont autant de mots primitifs que leur valeur rendoit propres à remplir l'usage qu'en firent les Latins en les ajoutant à la suite des mots radicaux : & cette valeur, ils la tenoient eux-mêmes des élémens dont ils étoient composés, puisque nous prouvons sans cesse que chaque Consonne a une valeur propre & constante.

Es, Is, Os, désignent par eux-mêmes ce qui est, l'être : *Dulc-is*, l'être doux, *Mel-is*, l'être bon, excellent, *Fel-is*, Génitif de *Fel*, l'être jaune. Ils sont formés du Verbe E.

AL, EL, est l'article *le*; il marque le rapport, l'origine, la qualité.

ER, OR, signifie le Fort, le Vaillant, le Grand, celui qui est capable d'opérer.

AC, IC, désigne tout être pointu, tout ce qui est capable d'être rendu fixe, stable.

MEN, est la nasale du Grec & de l'Oriental MA, qui signifie chose, ce qui, d'où la Terminaison Grecque MA ; Pléro-*ma*, la chose qui remplit, la plénitude, & que les Latins nasalerent en *Men*.

Ces mêmes Terminaisons servent également pour les Adjectifs; mais les Latins en ont de particulieres pour les Comparatifs & pour les Superlatifs.

OR, est la Terminaison du Comparatif, parce que ce mot est le nom des Montagnes, des Collines, de l'élévation : par conséquent très-propre à désigner un degré supérieur, une prééminence.

IMUS, est la Terminaison du Superlatif, parce que IM désigne l'immensité, tout ce qu'il y a de plus vaste, de plus profond; aucun mot par conséquent n'étoit plus propre à désigner le degré le plus élevé, ce au-delà de quoi on ne peut aller.

D'ailleurs, on trouvera dans nos Origines Latines des détails intéressans sur chacune des radicales primitives, qui ont concouru à former toutes ces Terminaisons.

De quelques autres Terminaisons faussement ainsi nommées.

Les Savans qui ont dressé des Listes des Terminaisons Latines, les ont infiniment plus étendues; ils y ont fait entrer les mots terminés en *cep, cip, cidus, cinus, cox : dicus, bundus, fex, ficus, fer, fluus ; ger: etum*, dans le sens de forèt ; *pos, pes, sagus, sul, sta : tinus, vocus, volus, vorus*, &c.

Mais toutes ces prétendues Terminaisons sont autant de mots Latins qu'on a unis à d'autres pour en former de nouveaux, & dont la réunion constitue autant de mots, qui ne peuvent entrer dans la classe de ceux que nous appellons dérivés, formés d'un nom & d'un terminatif, mais qui entrent nécessairement dans la classe des mots que nous appellons BI-NOMES, c'est-à-dire, composés de deux Noms.

Aussi, on les trouvera constamment sous cette dénomination dans nos Origines Latines.

C'est ainsi que *cep, cip*, dans *princeps, principium*, dérivent du mot *cap*, tête.

Cidus, du Verbe *cædo*, couper, tailler : *fer*, de *fero*, porter : *sagus* est un primitif qui appartient à la famille *sagax, præ-sagium*, &c. *tinus* à *teneo*; *vocus* à *vox*; *vorus* à *voro*, &c.

Il n'est pas étonnant qu'on ait confondu toutes ces choses dans un tems où l'on n'étoit conduit dans les étymologies par aucun principe certain & où l'on alloit à l'aventure ; mais il en

PRÉLIMINAIRE.

réfultoit une obfcurité, un défordre qui ne pouvoit qu'arrêter les progrès de l'efprit humain.

Si nos Origines Latines deftinées à produire un effet contraire, font reçues du Public avec la même indulgence & le même empreffement que les Volumes dont elles ont été précédées, nous ferons prefque fûrs d'avoir rempli nos vues : & ce fera un dédommagement bien flatteur des travaux immenfes dont ces Origines font le réfultat, & dont elles faifoient un des principaux objets. Leur feul fuccès nous auroit prefque confolé d'avoir moins réuffi dans les autres, puifqu'il n'eft aucun homme de Lettres ou d'Etat qui ne foit appellé à avoir quelque connoiffance de la Langue Latine, & qu'on ne fauroit trop en applanir l'étude.

C'eft fur-tout pour vous, jeunes gens, que je travaille : je gémis quand je vous vois obligés de paffer à travers ce cahos des Etudes Latines, qui m'ont fi fouvent affligé moi-même : ne foyez pas effrayés de la longueur de ces origines : vous les aimerez, j'en fuis fûr, dès que vous y aurez jetté les yeux : & vous aurez quelque reconnoiffance fans doute, pour celui qui fe livra à tant de peines pour adoucir & diminuer les vôtres.

Fin du Difcours Préliminaire.

TABLE DES MATIERES
DU DISCOURS PRELIMINAIRE
SUR LES ORIGINES LATINES.

PARTIE PREMIERE.

Origine des Langues & des Peuples de l'Italie, Page j.
ARTICLE I.
§. I. *Avantages de la Langue Latine,* ibid.
§. II. *Necessité d'abréger l'etude de ses mots,* iij.
§. III. *Les Origines Latines, partie essentielle du Monde Primitif,* iv.
§. IV. *Pourquoi ces Origines sont mieux connues aujourd'hui,* vj.
§. V. *Ignorance & méprises des Romains sur les Origines de leur Langue,* vij.
Art. II. *Romains qui se sont occupés des Etymologies de leur Langue,* x.
Art. III. *Etymologistes modernes sur la Langue Latine,* xxiv.
La plûpart la dérivent de l'Hébreu, ibid.
Objections contre ce Système, xxvij.
Etymologistes qui ont cherché l'Origine du Latin dans d'autres sources, xxxj.
Art. IV. *De l'Origine des Peuples de l'Italie,* xxxv.
Noms de ses premieres Peuplades, xxxix.
Ordre de leur entrée en Italie, xl.
Récits des Anciens à ce sujet, xlj.
Art. V. *Des Romains,* xlix.
Tradition des Romains sur leur Origine, ibid.
Précis des Ouvrages relatifs à la certitude de l'Histoire des premiers siecles de Rome, lj.
Les Origines Romaines remplies d'Etres allégoriques, lvij.

TABLE DES MATIERES DU DISC. PRÉLIM. cccxxvij

I. Enée,	ibid.
II. Romulus,	lxvj.
Histoire de Romulus calquée sur d'autres,	lxxix.
Histoire de Romulus tirée des Tables Sacrées, & par-là même allégorique,	lxxxiv.
III. Histoire de Tarpeia,	lxxxviij.
Année de la fondation de Rome; les Chronologistes ne sont point d'accord sur son époque,	lxxxix.
De Numa,	xciij.
1. L'Epoque de son Regne incertaine,	ibid.
2. Appellé Chevelu, & pourquoi,	xciv.
Vues sur les commencemens de Rome,	xcvij.
Art. VI. Causes de la grandeur du Peuple Romain,	cj.
1°. Son Génie & son habileté,	ibid.
2°. Division politique des Peuples de l'Italie ancienne,	cv.
Cette Division, effet de la Nature,	ibid.
Tableau & situation respective des peuples de l'Italie au tems de la Fondation de Rome,	cvj.
Leur prospérité & ses causes,	cvij.
Moyens par lesquels les Romains détruisirent cette balance, cette division politique,	cviij.
Art. VII. (& non VIII.) Du Culte des anciens Peuples de l'Italie,	cxvij.
§. I. Origine de ce Culte,	ibid.
§. II. Culte des Lacs & des Fontaines,	cxxj.
§. III. Culte des Hauts-Lieux & des Forêts,	cxxv.
§. IV. Culte de Diane,	cxxviij.
§. V. Culte de Mars,	cxxxj.
§. VI. Symboles de Mars & de Diane, & à cette occasion de la pierre que dévora Saturne,	cxxxij.
Art. VIII. (& non IX.) Des noms de Lieux en Italie,	cxxxiv.
§. I. Carte de l'Italie ancienne,	ibid.
§. II. Les noms des lieux de l'Italie, presque tous d'Origine celtique,	cxxxvij.
§. III. Etymologie des noms les plus remarquables de l'Italie,	cxxxix.
§. IV. Noms de divers Peuples de l'Italie par ordre alphabétique,	cliij.
§. V. Divers Noms de l'Italie relatifs aux eaux,	clxiij.
§. VI. Noms de divers lieux de l'Italie, dus à divers rapports, &c.	cxcvij.

PARTIE II.

Des Langues de l'Italie, & en particulier de la Langue Latine & de ses Révolutions, ccxiv.

ART. I. *Des Langues Osque, Sabine, &c.* ibid.
§. I. *Causes par lesquelles la Langue primitive se modifia en plusieurs dans l'Italie,* ibid.
§. II. *De la Langue & d'une Inscription Osque,* ccxvj.
§. III. *De la Langue des Sabins & des Tables Eugubines,* ccxxix.
§. IV. *De la Langue & des Médailles Samnites,* ccxlij.
§. V. *De la Langue Etrusque,* ccxlv.
Alphabets italiques, cclj.

Art. II *De la Langue Latine,* cclij.
Monumens de son premier âge; Vers Saliens, ccliv.
Loix du tems des Rois, cclxj.
Loix des XII Tables, cclxij.

ART. III. *Second Age de la Langue Latine,* cclxix.
Notice des principaux Poëtes de cet âge, ibid.
Andronicus, cclxxiij.
Nævius, cclxxviij.
Ennius, ccclxxxij.
Pacuvius, ccclxxxvj.
Accius, ccclxxxvij.
Afranius, ccclxxxix.
Lucilius, ccclxc.

ART. IV. *Tableaux des différences de la Langue Latine pour cet âge,* ccclxcij.
Vocabulaire des mots de cet âge, cccj.

ART. V. CHAP. I. *Forme de ces Origines Latines: manieres de s'en servir,* cccix.
Des Mots radicaux, dérivés, composés. cccx.

CHAP. II. *Des Terminaisons de la Langue Latine, & leur Origine,* cccxv.

Fin de la Table des Matieres du Disc. Préliminaire.

DICTIONNAIRE

Orig. Lat. Desc. Prelun. Pl. I.

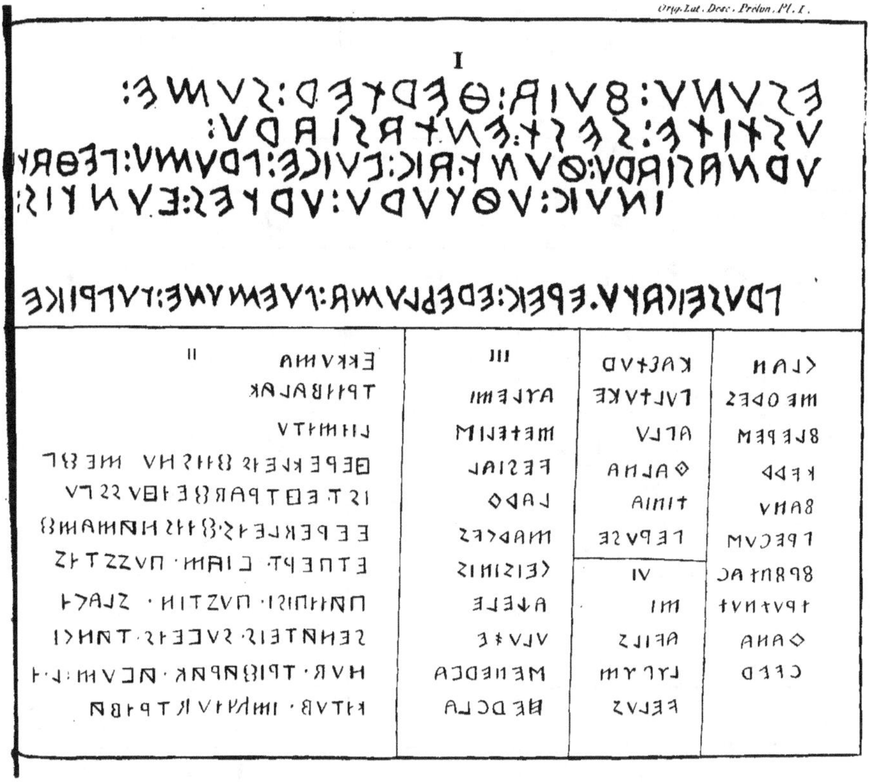

ALPHABETS ITALIQUES
Comparés avec le Grec Ancien et avec l'Oriental

Lettres Franç.	HEBREU des medailles	GREC antique	ETRUSQUE de divers ages	EUGUBIEN ou ombre	OSQUE de nola	SAMNITE du bricole de rome
A	F	A	A	Я	A Π	Π A ⊤
B	9	8	⊐ .·	b ᗡ	B	8
C	⌐	⌐	> ᑕ		>	> ᑕ ↑
D	ᑫ	Δ				
E	ᴲ	ᴲ	ᴲ ⋲	ᴲ	ᴲ	ᴲ
F, v	ᴚ 8	F, γ	ᴚ 8	8	{}	8 ⅋ ᴚ
H	⊟	⊞	⊟	⊖	⊟	⊟ H
Th	ʋ		O ◇ ◇			O
I	↓	l	l	l	l ↑	l ↑
K	ᑐ ᒪ	ᴧ	ᴋ, K	) K	ᴋ	ᴋ ᴋ
L	∠	∟	⋁	⋁	⋁	⋁ ⋎
M	Ꮞ	ᴍ	ᴍ ᴍ	Ш	Ш	Ш Ш
N	ᴨ Ꮞ	ᴎ	ᴍ ᴎ	ᴎ	H	H H
O	o, υ	◁	8		v	
P	⌐	⌐	⌐	⊤	Π Π	Π Π Π
R	ꟼ	ᴀ	ᑫ ᗡ ꟼ	ᑫ ᗡ	ꓤ ꟼ	ꓤ ᑫ ᗡ ꓤ ᴙ
S	w	ᒪ	3 ⋞	⋞	2 ⋜	⋜
T	+, x	T	+	Y	T	T
U		Y, ∪, ⋲	Υ, V	V	V	V ⋲ ᖴ
Kh		X	↓			
X		⅄	ⴲ, ⋋⋌			

DICTIONNAIRE
ÉTYMOLOGIQUE
DE LA LANGUE LATINE.

A. (*Col. I. des Orig. Franç.*)

« A., premier son vocal, premiere lettre de l'Alphabet & qui vaut un dans les Alphabets numériques Il désigne par conséquent, 1°. celui qui est le premier, le Maître, le Propriétaire; & par-là même, 2°. la propriété, la possession, la qualité d'*Avoir* ».

Associé avec le Verbe *E* qui marque l'existence, & se liant avec lui par la consonne labiale *B*, il devint un Verbe qui désigna la qualité d'avoir: c'est ainsi que les Pamphyliens dirent *Ab-Eis*, tu as, *mot-à-mot*, tu es ayant, *tu existes avec la qualité d'avoir, de posséder.*

ABEI, il a; ABO, j'ai.

Les Latins aspirant cette voyelle A, en firent un Verbe semblable, HA-BEO, j'ai, HA-BES, tu as, HABET, il a.

Orig. Lat.

DÉRIVÉS.

HAB-*eor*, *itus sum*, *eri*, être tenu pour tel, passer pour; être estimé, être cru, &c.

HABentia, *æ*, l'avoir, les biens, l'opulence.

HABitio, *onis*, l'action d'avoir, l'état de possession.

HABitus, *a*, *um*, eu, tenu, possédé : 2°. estimé, traité.

COMPOSÉS.

Ce Verbe s'associa ensuite avec diverses Prépositions pour présenter des idées relatives à celle-là; mais ici il éprouva un changement ordinaire aux mots latins en pareil cas : la voyelle A s'adoucit en la voyelle I, de-là :

AD-HIBeo, *ui*, *itum*, *ere*, m.-à-m. être ayant pour ; être tenant pour ; c'est-à-dire, faire usage de ce qu'on A, l'appliquer à un objet. Ce verbe signifia donc :

A

DICTIONNAIRE ÉTYMOLOGIQUE

1°. Employer, se servir de ce qu'on A, 2°. l'Apliquer à un usage ; d'où, apliquer une chose à une autre ; 3°. Raprocher une chose d'une autre ; admettre, introduire.

ANTE-HABeo, mot-à-mot, tenir avant, mettre avant ; c'est-à-dire, préférer.

CO-HIBeo, ui, itum, ere, mot-à-mot, tenir avec ; c'est-à-dire, posséder une chose, en conserver la possession *avec le recours d'une autre chose*, qui sert comme de digue, d'obstacle contre sa perte : ce Verbe signifia donc :

1°. Contenir, retenir : 2°. Modérer, réprimer. 3°. Défendre.

Co-HIBilis Oratio, Discours lié, suivi, contenu dans ses justes bornes.

Co-HIBitio, Défenses, opposition.

EX-HIBeo, ui, itum, ere ; mot à mot, Avoir hors, tenir hors ; d'où, faire aparoitre, produire, montrer, exhiber.

Ex-HIB-itio, Représentation, Exhibition.

IN-HIB-eo, m-à-m. Avoir dans, tenir en dedans : d'où 1°. Retenir, arrêter, 2°. empêcher, 3°. défendre avec menaces.

IN-HIBitor, qui arrête, qui retient, qui défend avec menaces.

PER-HIBeo, tenir en travers, en face, d'où, 1°. présenter, fournir, donner : Mettre en avant, affirmer, dire.

PRO-HIBeo, tenir en avant, au loin ; d'où oposer une barriere, empêcher, défendre, prohiber.

Pro-HIBere vim hostium ab oppido, m-à-m. tenir la force des ennemis en avant, loin de la ville : c'est-à dire, empêcher leur aproche.

Pro-HIBitio, défense.

Pro-HIB-torius, qui fait défense.

RED-HIBeo, reprendre une chose qu'on avoit vendue, & en rendre la valeur.

RED-HIBitio, restitution du prix.

RED-HIBitor, qui reprend une chose vendue & en rend le prix.

AB. AD.

Du mot A, marquant la possession, se formerent les deux Prépositions AB & AD, qui se rapportent l'une au Tems futur, l'autre au Tems passé.

AD, se rapporta à la personne qui devoit avoir ; & AB, à celle qui avoit eu.

Urbe capta AB *Alexandro*, la ville ayant été prise PAR Alexandre ; comme si on disoit, la ville étant tombée par sa prise *en la possession* d'Alexandre.

Hic liber AD *Ciceronem*, ce livre POUR Ciceron ; comme si on disoit, ce livre doit être la possession de Ciceron.

Car toute phrase à Préposition est une phrase elliptique, dans laquelle on suprime une foule de mots suffisamment désignés par le prépositif.

Valeur de ces Prépositions dans les mots composés.

Ces Prépositions servirent à former des composés : & elles y porterent l'idée générale qu'elles renfermoient. AB s'appliquant au passé, désigna ce qui n'étoit plus. AD, s'appliquant au futur, désigna ce qui continueroit d'être, l'existence la plus positive, la plus inaltérable. L'une emporta l'idée négative ; l'autre l'idée positive.

AB-ire, s'en aller loin, s'éloigner.

AD-ire, venir auprès, se rapprocher.
AB-jicere, jetter loin, se défaire d'une chose.
AD-jicere, ajouter à ce qu'on possède, augmenter la masse de ce qu'on A.
AB-jurare, détruire l'effet d'un serment.
AD-jurare, ajouter au serment, lui donner toute sa force, l'exiger, le prêter.

AB, AV.

1°. Bien précieux.
2°. Désir extrême, (65).

Cette Famille vient de l'Orient; אבב, ABB, y désigne les fruits en général.

אב, AB, pere.

אבה, ABHÉ, desir, 2°. desirer : de-là,

1. Av-eo, avere, desirer avec ardeur, avoir une extreme envie.

Av-ens, qui desire, qui a envie.

Av-e, soyez bien : *au fig.* je vous salue ; bon-soir, bon jour, portez-vous bien ; *mot-à-mot, je desire que vous soyez bien.*

2. Av-idus, desireux, passionné, empressé, avide, qui engloutit, gourmand.

Av-iditas, desir extrême, passion, avidité.

Av-idè, avec passion, avidement.

3. Av-arus, de AV, desir, & AR, métal ; Avare, qui veut tout pour lui, excessivement attaché à l'argent, ladre, vilain, mesquin, avaricieux.

Av-arities, & Av-aritia, avarice ; *mot-à-mot desir excessif d'argent, amour immodéré de l'or.*

Av-aré, vilainement, avec une économie sordide, avaricieusement.

4. Av-ena, nom générique des biens de la terre, conservé & restreint chez nous à l'AVOINE.

2°. Chalumeau fait avec un tuyau de paille d'avoine.

Av-enarius, qui se plait dans les avoines.

5. Av-us, i, *mot-à-mot*, le bon papa, le cheri : le grand-pere.

Av-unculus, *mot-à-mot*, le petit papa ; oncle.

Avi, orum, les Ancêtres, les Ayeux.

Avitus, qui concerne les Ayeux : vieux, ancien.

Avia, la bonne maman, la grand-mere.

PRO-Avus, i, & Pro-Avitor, oris, Bisayeul.
PRO-Avia, Bisayeule.
PRO-Avitus, de Bisayeul.
PRO-Avunculus, Grand-Oncle.
AB-Avus, & AD-Avus, i, Trisayeul, Pere du Bisayeul.
AB-Avia, & AD-Avia, æ, Trisayeule.
AB-PATRUUS, Frere du Trisayeul.
AT-Avus, Quadri ayeul.
AT-Avia, Quadrisayeule.

6. Abbas, Pere, Abbé, Supérieur d'un Monastere.

Abbatissa, Abbesse.

ABe-Cedarium, l'Abecé, l'Alphabet.

ABe-Cedarius, qui est à l'Abecé : 2°. Aprentif. 3°. qui range par ordre Alphabétique.

A C.

Pointe, Piquant (4).

» AC, Famille primitive qui designa
» tout ce qui est aigu, pointu,
» piquant : elle a formé une multitude de mots Celtes, &c. &
Latins. Ceux-ci se divisent en trois grandes Familles, qui renferment :

1°. Les mots relatifs à l'idée de pointe, d'AIGUILLON.

2°. Ceux relatifs à l'idée d'Acidité.

3°. Ceux relatifs à l'idée de faire avancer en piquant, en poignant, en Aiguillonnant.

I.

AC, *Aigu, pointu.*

1. AC*us*, *ûs*, *f.* Aiguille, Poinçon.
Acus, i, m. Aiguille, poisson de mer.
Acus, eris, n. Épi, paille, grain, sa barbe.
Acerosus, mêlé de paille ; fait de divers grains.
Acuo, aiguiser, rendre pointu, aigu.
2°. Affiler, donner le fil, rendre tranchant.
3°. *Au figuré*, piquer, aiguillonner, exciter, émouvoir.
Acutor, qui aiguise.
Acutus, aigu, pointu.
2°. Aiguisé, affilé, tranchant.
3°. Subtil, fin, pénétrant, vif.
Acutulus, un peu aigu.
Acuté, habilement, ingénieusement, avec esprit.
ACutatus, aiguisé, pointu, aigu.
Aculeus, aiguillon ; piquant, pointe.
2°. Dard, épine.
3°. Raillerie, brocard, reproche piquant. 4°. Chagrin, inquiétude, pensée qui pique.
Aculeolus, petit Aiguillon, petite pointe.
Aculeatus, qui a une pointe, un aiguillon : qui pique.
Acumen, inis, pointe d'un objet quelconque.
2°. Subtilité, finesse, pénétration.
3°. Adresse, artifice.
Acuminatus, aigu, pointu, affilé.
2°. Subtil, vif, pénétrant, ingénieux.
Acu-Ped-ius, qui marche sur la pointe du pied. 2°. Agile, leger à la course.
Acu-Pict-or, *mot-à-mot*, qui peint à l'aiguille, Brodeur.
Acu-pictile, broderie.
Acu-pictus, brodé.
Acu-pingo, xi, pictum, ere, broder.

2. AC*ies*, *ei*, pointe d'instrument ; le tranchant, le taillant.
2°. Pointe d'esprit, pénétration.
3°. Force, vigueur.
4°. Troupe armée d'instrumens pointus & tranchans ; un Corps de troupes, une Armée.
5°. Bataille, combat, choc de deux troupes armées d'instrumens pointus & déchirans.
Acia, fil à coudre, aiguillée de fil.
Aciarium, étui à aiguille, 2°. Scie.
Acicula, Epingle, 2°. Ardillon de boucle.
Acicularius, Faiseur d'épingles, qui les vend ; Epinglier.

II.

AC, *Acide, âcre.*

1. AC*idus*, acide, sur, aigre : qui a un goût piquant.
Acidulus, aigret, suret, un peu acide.
Acidula, oseille, 2°. fruit sauvage ; à cause de leur goût piquant.
Acida, l'eau des fontaines minérales ; à cause de leur goût. 2°. Espéce de fard.

2. AC*er*, *acris*, *acre*, piquant au goût, aigre, âpre, rude.
2°. Cuisant, pénétrant, violent, rude. 3°. Vif, bouillant, pressant.
4° Eveillé, prompt, soigneux.
Acerbus, rude, âpre, verd, qui agace les dents.
2°. Dur, fâcheux, rigoureux, cruel.
3°. Sensible, chagrinant, incommode.
4°. Mal poli, rude, brut.
Acerbitudo, aigreur, âpreté.

Acerbitas, atis, acreté, apreté, verdeur des fruits.
2°. Aigreur, rigueur, sévérité, cruauté.
3°. Affliction, amertume, chagrin extrême.

Acerbo, avi, atum, are, agacer.
2°. Aigrir, donner de l'aigreur.
3°. Irriter, empirer, agraver.

Acerbum, i, ennui, chagrins, tristesse, ce qui agace le cœur.

Acerbé, durement, avec apreté, rigoureusement.

Acerosus, mêlé de paille, (Voyez Acus, aceris) 2°. pain bis & rude.

Acerrimé, très-aigrement, très-fortement.

Acor, oris, aigreur, acidité, verdeur.

3. ACesco, acui, devenir aigre, acide : aigrir : *vieux Lat.* Aceo, acui.

Acescens, qui devient aigre.

Acetum, vinaigre.

Acetaria, salade, sausse au vinaigre, vinaigre, &c.

Acetabulum, caraffe au vinaigre, vinaigriere, sauffiere.
2°. Gobelet en général.

Acetabularius, Joueur de gobelets.

4. ACritas, atis, aigreur, âcreté.

Acrimonia, âcreté, âpreté, acrimonie.
2°. Pointe, vivacité, pénétration.

Acrementum, verjus.

Acriculus, un peu aigre, qui a un peu de piquant, d'ardeur.

Acriter, aigrement, rudement.
2°. Fièrement, hardiment.
3°. Ardemment, avec véhémence.
4°. Avec pénétration.

Acredula, æ, Chouette, Foulque, selon les uns, Rossignol selon d'autres, d'acris, aigu, & du Grec aidô, chanter.

5. ACina, æ : Acinus ; Acinum, verjus, grains de fruits à grappe, marc de raisin.

Acinosus, qui a beaucoup de grains, de pepins : 2°. plein de jus.

Acinaceus, fait de marc de grapes.

Acinosa, une des tuniques de l'œil, l'uvée, parce qu'elle ressemble à un grain de raisin.

De Acino, ex-Acino, ôter les grains de raisin.

6. Acri-Folium, Alisier.

Acer, ceris, Erable.
Acernus, d'Erable.

Acacia, arbre épineux, l'*Acacia*.

ACanthus, branche ursine.

AQUI-FOlium, le Houx, arbre aux feuilles pointues.

Aquifolius, a, um, de Houx.

Axitia, æ, Brosse à peigne.

7. ACCIPiter, itris, *mot-à-mot*, qui a une tête, un bec pointu ; Epervier, Faucon.

Accipitrarius, Fauconier, qui a soin des oiseaux de proie.

Ac-cipitrina, laitue sauvage.

Ac-ipenser, Esturgeon, poisson qui a la tête pointue, & avec des barbillons. Ce mot est donc composé de ces trois, AC, pointe ; CAP, tête, changé en CIP, dans les composés ; & PEN, aîle, nageoire.

8. Aquila, æ ; de AC, pointu, & AL, oiseau : *mot à mot*, oiseau *pointu*, au bec crochu : figure de l'Aigle si remarquable, qu'on a nommé aquilin tout ce qui est long, pointu & recourbé.

Aquilinus, d'Aigle, 2. aquilin.
Aquilus, a, um, noirâtre, couleur d'Aigle.
Sub-Aquilus, a, um, un peu noirâtre.

AQuilifer, eri, Enseigne, celui qui portoit l'aigle au bout d'un bâton, étendart des Romains.

9. AQUILO, onis, Aquilon, bise, vent du Nord Est; *mot à mot*, le Vent-Aigle, le vent qui souffle avec la même rapidité que vole l'Aigle.

Aquilonaris, e, Septentrional.
Aquilonius, a, um, de bize.
Aquilones, um, ouragans rapides & noirs comme l'aigle.

Dans les Langues du Nord, HAK, HAWK désigne l'Epervier, emblême en Egypte des vents du Nord, de l'Aquilon.

10. ACTa, æ; en Grec Ακτη, *Acte*, Rivage, côte, bord; parce qu'il est rompu, escarpé; que la terre y est brisée.

Acte, es, & en gr. Ακτη, sureau, bois dont le goût est acide, suret.

COMPOSÉS.

1. EX-ACuo, rendre pointu, aiguiser, Affiler.
   2°. Aiguillonner, exciter, émouvoir.
PER-ACUO, aiguiser extrêmement, affiler, rendre fort menu par le bout.
PER-Acutus, pénétrant, fort subtil, très-ingénieux, plein d'esprit & de pénétration.
PER-Acuté, ingénieusement, subtilement, avec pénétration.
PRÆ-ACuo, aiguiser, rendre fort aigu.
PRÆ-Acutus, fort aigu, fort pointu.
2. CO-ACesco, s'aigrir, devenir aigre.
Ex-Acesco, s'aigrir.
PER-ACesco, s'aigrir fort, devenir extrêmement aigre.
3. EX-ACerbesco, s'aigrir, s'irriter.
Ex-Acerbator, qui irrite, qui aigrit.

Ex-Acerbatio, aigreur, action d'irriter.
PER-ACER, cre, } fort âcre, très-
PER-ACerbus, a, um, } aigre, 2°. très-perçant, très-subtil.
SUB-ACerbus, un peu âcre, rude, verd, revêche.
4. SUB-ACidus, un peu aigrelet.
Sub-Acidé, aigrement, avec un peu d'aigreur.
Sub-Acidulus, tant soit peu aigre.
5. EX-ACero, ôter la bale, vanner.
2°. Jetter les ordures.

III.
AC, AG,

Aiguillonner. 2°. Conduire, (25).

De cette Famille AC, pointe, aiguillon, vint une branche qui paroît n'avoir aucun rapport avec celle-là. Celle d'Agir, AGere. Elle en vient cependant, & voici comment.

AG-ere signifia au sens propre & physique:

1°. Pousser un animal avec un aiguillon, le chasser devant soi: ainsi on dit, AGere equum, pousser son cheval.

2°. Faire avancer: AGere Turres, pousser des Tours devant soi, les faire avancer.

3°. Exciter, animer, inciter.

4°. Poursuivre.

5°. Mener, conduire, au physique & au sens moral: on mene un cheval, on conduit un char. On mene une bonne ou une mauvaise vie: on conduit un Empire: on se conduit bien ou mal.

6°. Mais conduire une affaire, une entreprise, c'est faire, agir : de-là cette derniere signification qui ayant en quelque sorte survécu à toutes les autres, paroît être la propre, la primitive.

AC-*tus*, poussé, agité, contraint.

2°. Fait, Passé.

AC*tutum*, à l'instant, c'est fait.

Ac*tus*, sentier, chemin étroit qui conduit d'un lieu à un autre.

A*ctio*, 1°. mouvement, geste.

2°. Action : 3°. Acte ; Fait.

4°. Fonction, agitation.

5°. Discours, Harangue.

Ac*tus*, action, acte, opération.

2°. Mouvement, geste, fait.

Ac-*tor*, qui fait, qui agit, Acteur, &c.

Ac*tuosus*, actif, agissant : 2°. Pénible, affligeant.

Ac*tuosé*, avec feu, avec action, avec peine.

Ac*ta*, *orum*, mot-à-mot, choses faites ; Faits, Actes, Ordonnances, Registres.

Ac*tito*, faire souvent ; plaider beaucoup de causes.

Ac*tivus*, actif, agile.

Ac*tuarius*, Greffier, Notaire, Secrétaire.

Ac*tuarium*, vaisseau léger, qui va vite ; Brigantin.

Ac*tuariolum*, petit vaisseau ; Félouque, Esquif.

Ac*tuarius*, *a*, *um*, leger, vite.

II. AG*ito*, anciennement Ac*eto*, 1. Pousser, chasser devant soi avec force, *Agitare equum*.

2. Poursuivre, tourmenter, *agitare terris & undis*.

3. Exciter, *agitare lætitiam*.

4. Mener, conduire, *agitare choros, moras*.

5. Traiter, *agitari sermonibus*.

6. Agiter, secouer.

7. Tâcher, essayer, *agitavit effugere*.

AG*itator*, qui pousse devant soi, Meneur ; Conducteur de chevaux, Chartier, Muletier, Cocher.

A*gitatio*, *onis*, émotion, mouvement, agitation, action.

A*gitatorius*, qui agite, qui emeut, qui a besoin d'être émû, d'être secoué.

A*gitabilis*, aisé à émouvoir, à remuer, à agiter.

III. AG*e*, Aille en avant avec courage, poursuis. Mets la main à l'œuvre ; courage.

AP-AG*e*, aille en arriere ; retire-toi ; va-t en.

AP-AG*e-sis*, sois loin d'ici ; va-t-en ; n'en parlons plus.

Apage-me istam salutem (*me*, pour *à me*,) emportez loin de moi ce salut, ce compliment.

IV. AG*ilis*, qui se remue aisément ; facile à manier ; souple, dispos, alerte, actif, agissant.

A*gilitas*, souplesse, vitesse, agilité.

A*giliter*, agilement, promptement, légerement.

V. AG*men*, *inis*, Troupeau qu'on chasse devant soi.

2°. Troupe, multitude, assemblée, nombreuse compagnie.

3°. Armée en marche ; corps de troupes.

4°. Marche, route.

5°. Maniere de se mouvoir, cours d'une chose.

A*gminatim*, en troupes, par pelotons ; par bandes.

AGminalis, ce qui concerne une troupe, une armée.

AGolum, i, ce qui sert à pousser les troupeaux devant soi ; houlette.

VI. AD-AGium, ii.
AD-AGio, ionis.
AB-AGio, ionis.
} Proverbe, Adage, bon mot, mot-à-mot, Sentence vive & piquante, pleine de sel.

De l'ancien Prétérit AXIM, pour Egerim, vint,

AXI-iosus, a, um, qui se concerte avec d'autres ; factieux. 2°. Superstitieux.

COMPOSÉS.

Dans les Composés, AGo se change en IGO & EGO, même en GO.

AB-IGo, ab-egi, ab-actum, abigere, chasser devant soi : mener battant.

2°. Faire aller, mettre en fuite.

3°. Repousser, envoyer, forcer à s'en aller.

AB-iga, æ, herbe qui fait avorter.

AB-igeus, ravisseur de bétail.

AB-Actus, enlevement, action de chasser, adj. emmené, enlevé, échappé, dépouillé, &c.

AB-Actor, qui enléve du bétail à force ouverte.

AD-IGo, chasser, conduire devant soi, faire aller.

2°. Pousser, enfoncer, cogner, faire entrer de force.

3°. Contraindre, assujettir, forcer.

4°. Lancer, jetter, envoyer.

AD-ACio, contrainte, engagement forcé.

AD-Actus, us, atteinte ; coup.

AD-Actus, a, um, poussé, enfoncé, cogné, contraint, forcé, obligé.

ANTE-Actus, fait avant.

AMB-IGo, gere, d'AGo & de Ambo, deux ; mot à mot, agir, faire une opération en même tems sur deux objets ; & au figuré, se porter tour à tour sur deux idées, douter, être en doute, être en suspens.

AMB-IGuus, a, um, qui se porte sur deux objets, qui est en suspens, entre deux, douteux, équivoque.

AMB-Iguum, i,
AMB-Iguitas, atis,
} incertitude, doute.

AMB-AGes, um, circuit, détour ; double sens, équivoque. C'est un mot binome, formé de Amb, autour, & de Ago, mot à mot, l'action d'aller autour.

AMB-AGiosus, a, um, plein d'ambiguités, de détours.

CIRCUM-AGo, tourner, faire tourner autour. Au fig. être mis en liberté, parce que le Préteur Romain faisoit faire un tour à l'esclave qu'on affranchissoit pour marquer qu'il étoit libre d'aller où il voudroit.

CIRCUM-Actus, us, tournoyement, mouvement circulaire.

CO-ACtio, Impôt, tribut qu'on est obligé de payer.

CO-Actus, us, contrainte, violence, mouvement, impulsion.

CO-Actus, a, um, contraint, forcé, violenté ; mis en monceau, accumulé, conduit au même lieu ; caillé, pris, épaissi par la présure.

Co-Actor, oris, 1°. qui assemble les animaux pour les faire paitre, qui les conduit au labourage ; Patre, Bouvier, Berger.

2°. Sergent de compagnie, qui fait l'arriere garde.

3°. Collecteur, Exacteur, qui force à payer.

Co-Acto-are, contraindre, obliger, forcer.

Co-Actius, plus exactement, plus vite.

Co-Actura, amas, ramas.

Co-Actilia, lium, ce qui sert pour les voyages, sacs, valises, porte-manteaux.

Co-Actiliarius, qui presse ou foule les étoffes,

étoffes; Foulon.

Co-agitatio, mouvement réciproque de deux choses qui pressent l'une contre l'autre.

Co-agulum, ce qui sert à lier, à unir; colle, ciment, présure.

Co-agulo, cailler, coaguler.

Co-agulatio, coagulation, condensation.

CO-AGmentum, assemblage, jointures, liaison.

Co-agmentatio, assemblage, liaison, jonction.

Co-agmentare, assembler, unir, joindre ensemble.

CO-ACtum, cogo, co-egi, cogere.
1°. Pousser, presser, contraindre.
2°. Forcer, violenter.
3°. Amasser, assembler.
4°. Recueillir.
5°. Epaissir, coaguler, faire prendre.
6°. Induire, conclure, tirer une conséquence.

Coagito-are, remuer ensemble, rassembler & faire mouvoir : de-là est venu le verbe Cogito formé par contraction de Coagito.

Cogito-are, ce verbe est le diminutif de Cogo, qui fait au diminutif Cogito, comme Ago fait au diminutif Agito; il signifie rouler, remuer ensemble dans son esprit ; & désigne ainsi au figuré & au moral ce que Coagito désigne au physique; agiter dans son imagination, songer, rêver, penser, projetter, délibérer.

Cogitatum, i, } réflexion, pensée,
Cogitatio, onis, } projet, dessein.

Cogitato, } après y avoir pensé ; à
Cogitate, } dessein, de propos dé-
Cogitatim, } libéré.

Cogitabilis, e, qui peut être agité dans l'imagination, qui peut tomber dans l'esprit.

Orig. Lat.

Composés de Cogito.

Ex-cogito, are, trouver dans son esprit à force de chercher, inventer, imaginer. 2°. songer profondément.

Ex-cogitatio, onis, l'action d'inventer à force d'y penser.

Ex-cogitator, is, qui trouve à force de réflexion.

In-cogito, -are, rouler, méditer, agiter dans sa tête.

In-cogitans, imprudent, qui ne pense pas.

In-cogitandus, à quoi il ne faut pas songer.

In-cogitatus, imprévu, à quoi l'on n'a point pensé, indiscret, qui ne réfléchit pas.

In-cogitantia, inconsidération, manque de réflexion.

In-cogitabilis, étourdi, imprudent.

In-excogitatus, a, um, inventeur, non-inventé ; dont on ne s'avisa jamais.

Præ-cogito, -are, penser auparavant, prévoir.

Re-cogito-are, penser & repenser, considérer mûrement.

DE go, de-gi, degere, Mener.
2°. Oter, arracher de, emmener.
3°. Diminuer, retrancher.
4°. Passer sa vie, demeurer, habiter.

EX-igo, egi, actum, ere, Pousser dehors, renvoyer, chasser, bannir.
2°. Pousser, produire, porter, poindre.
3°. Souffrir, endurer, supporter.
4°. Forcer à payer, exiger, redemander.
5°. Finir, terminer, forcer la fin d'une chose.
6°. Traiter, examiner, discuter.
7°. Disserter, discourir, parler.

EX-actio, action de chasser, bannissement.
2°. Exaction, contrainte à payer, impôt.

B

3°. Terminaison, derniere main, perfection. 4°. Justesse, régularité.
Ex-Actor, qui chasse, qui bannit.
2°. Exacteur, qui force à payer.
Ex-Actum, découverte.
Ex-Actus, ûs, débit, vente. Ce qu'on a vendu, on ne l'a plus, on l'a mis hors, il va au loin.
Ex-Actus, a, um, exact, diligent, mot-à-mot, qui a tout mis hors, à qui il ne reste plus rien à conduire, à faire.
Ex-Acté, exactement.
EX-Agito, pousser, presser, poursuivre.
2°. Tourmenter, inquieter, harceler, ne point laisser de repos.
3°. Blâmer, censurer, critiquer.
4°. Traiter, exposer, agiter.
Ex-Agitator, 1°. qui tourmente, qui donne de l'exercice.
2°. Fléau. Persécuteur.
IN-Agitabilis, qu'on ne peut mouvoir, immobile.
IN-Agitatus, qu'on n'a pas agité, remué.
IN-IGO, egi, actum, agere, faire entrer, pousser dedans.
PER-AGO, mener, conduire jusqu'à la fin.
2°. Achever, finir, accomplir.
Per-Actio, accomplissement.
Per-Actor, qui acheve, qui finit.
Per-Agito, agiter violemment.
2°. Poursuivre vivement.
RE-AGO, réagir, pousser réciproquement.
Re-Actûs, ûs, revenu, profit.
RED-IGO, ramener.
2°. Amener, conduire.
3°. Réduire, remettre.
4°. Amasser, ramasser.
Retro-AGO, repousser, rejetter en arriere.
SUB-Agito, ébranler sous soi, émouvoir, mettre en mouvement.
Sub-Actus, 1°. Exercé.
2°. Battu, pétri, ramolli.
3°. Subjugué, vaincu.

Sub-Actio, exercice.
2°. Soin de cultiver.
Sub-IGO, egi, actum, ere, contraindre, forcer.
2°. Remuer fortement, pétrir, frotter.
3°. Assujettir, dompter, vaincre.
Sub-Igito, mot-à-mot, piquer sous soi, remuer fortement.
Sub-Exicis, estrade, tapis; ce qui s'étend dessous.
Sub-Iculum, marchepied.
Super-ante-Actus, qui s'est fait auparavant, passé.
TRANS-Actio, mot-à-mot, chose passée, faite, conclue. Transaction, Convention.
Trans-IGO, percer de part en part, transpercer.
2°. Finir, conclure.
3°. Transiger, contracter, traiter.
Trans-Actor, qui transige.
Trans-AD-IGO, percer de part en part.

IV.
AC, AIC, ÆQ, IC.
Même, Semblable.

De AC, pointu, piquer, vint une nombreuse famille en AIC, ÆQ, désignant, 1°. la Peinture; 2°. la ressemblance, l'égalité; 3°. l'Equité, la Justice. De-là ces mots Hébreux, חק, *Heq*, peinture, image, statue; en Arabe, حق, *Heq*, vérité, justice; en Grec, ΕΙΚΩΝ; en Latin, Icon, image. De-là:

1. AC, *Conjonction qui signifie comme*, de la même maniere que.
2. Icon, formé du Grec Εικών, image, peinture, figure, représentation.

Iconicus, peint d'après nature, très-ressemblant.

Ic*nismus*, peinture, portrait, représentation au naturel.

3. Sic, de même, de la même maniere que, ainsi, de cette sorte. Ici le ΕΙΚ des Grecs changé en *sic* à la maniere des Latins.

Sicut, Sicuti, de même que, de la même maniere que, si comme.

4. ÆQUus, *a*, *um*, 1°. le même, semblable; 2°. juste, équitable, convenable; 3°. décent, honnête; 4°. applani, uni.

Æquum, *i*, 1°. plaine; 2°. justice; 3°. bienséance.

Æquo-are, faire semblable, égaler; 2°. faire aussi bien.

Æquatus, *a*, *um*, égal, rendu égal, semblable, pareil.

Æquabilis, *e*, égal, pareil; 2°. raisonnable, juste.

Æquabilitas, *atis*, juste proportion, uniformité; 2°. droiture, constance.

Æquabiliter, également, de niveau; 2°. avec justice; 3°. avec fermeté.

Æqualis, *e*, égal, semblable, pareil; 2°. de même âge.

Æqualitas, *atis*, uniformité, niveau; 2°. équité.

Æqualiter, également.

Æquatio, *onis*, égalisation.

Æquator, l'équateur, cercle qui coupe la sphere en deux parties égales, & sur lequel les jours & les nuits sont égaux.

Æquè, de la même maniere, avec justice.

Æquitas, *atis*, juste proportion, équité.

Æquiter, justement, également.

3. Æquor, *is*, plaine; 2°. plaine de l'air; 3°. plaine de l'eau, la mer, les cieux.

Æquoreus, marin, de la mer.

BINOMES.

Æqu-ævus, *a*, *um*, de même âge, contemporain : de Ævum, âge, siécle.

Æquament*um*, *i*, justesse de poids, équilibre. Mot à mot quantité de choses égales. De men, quantité.

Æqu-animis, *e*, } qui est d'un
Æqu-animus, *a*, *um*, } esprit toujours égal; de animus, esprit.

Æqu-animitas, *is*, modération d'esprit.

Æqu-animiter, avec contentement d'esprit.

Æqui dicus, qui contient autant de mots : de dico, dire.

Æqui-dium, *ii*, } équinoxe, jours égaux
 ies, *iei*. } aux nuits. De dies.

Æqui-dialis, *e*, équinoxial.

Æqui-latium, *ii*, } déchet de la moi-
 lotium, } tié; se dit de la lai-
 lavium, } ne qu'on lave. De
 lavo.

Æqui-lanium : ce mot a le même sens que les trois précédens; il vient de lana, laine.

Æqui-latatio, *is*, largeur égale entre les mêmes parallèles : de latus.

Æqui-librium, *ii*, état juste des balances; 2. la pareille; talion : de libra.

Æqui-libritas, *atis*, égalité en pesanteur & en hauteur.

Æquilibris, *e*, de niveau, en équilibre.

Æqui-manus, ambidextre, qui se sert également bien des deux mains : de Manus.

Æqui-noctium, *ii*, égalité des nuits & des jours : de nox.

Æqui-noctialis, *e*, équinoxial.

Æqui-par, *is*, semblable : de par.

Æqui-paro,-are, conformer, rendre pareil. Voyez paro.

Æqui-polleo, *ere*, égaler en pouvoir : de polleo.

Æqui-pondium, poids égal : de pondus.

Æqui-valeo, *ere*; valoir autant que : de valeo.

B ij

Æqui-vocus, a, um, qui a double sens, des expressions semblables: de vox, vocis.
Æqui-vocatio, is, } double entente;
Æqui-vocum, i, } équivoque.
Æqui-voco, are, parler d'une façon qui a deux sens.

COMPOSÉS.

2°. AD-Æquo, are, rendre pareil.
Ad-Æqualis, égal.
Ad-Æquatio, division égale.
Ad-Æquè, & ad-Æquatè, avec proportion, autant.
CO-Æquo, -are, appareiller ; 2°. applanir ; 3°. assortir.
Co-Æqualis, e, } égal, semblable ;
Co-Æquus, a, um, } camarade, qui est de même âge.
Ex-Æquo, -are, égaliser, mettre en parallele, de niveau.
EX-Æquabilis, e, qu'on peut applanir.
Ex-Æquatio, is, égalisation, comparaison.
In-Æquo, are, égaliser, applanir, rendre pareil.
IN-Æquabilis, qu'on ne sauroit apareiller.
In-Æquabiliter, de maniére à ne pouvoir être égalisé.
In-Æqualis, e, disproportionné, inégal.
In-Æqualitas, disproportion.
In-Æqualiter, inégalement.
PER-Æquo, are, égaler, remplir entiérement.
Per-Æquus, fort égal, très-juste.
Per-Æquè, fort également.
Per-Æquatio, égalisation.
Per-Æquator, Collecteur des tailles.
2°. IN-IQuus, inégal, raboteux, qui n'est pas uni ; 2°. injuste, déraisonnable ; 3°. funeste.
In-Iquitas, is, injustice, malice ; 2°. désordre.
In-Iquo-are, rendre injuste.
In-Iquè, injustement, à tort, sans raison.
PER-in-iquus, a, um, très-injuste.

AH, ACH, AIG, douleur.

De AI, ah, cri de la douleur, se formerent ces mots,
Ah! ah! hélas!
Ahu! ah! hai! cri de douleur.
ACH, AIG, désignant les causes & les effets de la douleur : d'où nombre de mots Hébreux, Grecs, & Celtes ; le mot Anglois, ache, douleur; le verbe Allemand ÆCHtsen, exprimer sa douleur, gémir : & ces mots Latins :

ÆGer, gra, grum, 1°. malade, infirme ; 2°. languissant, chagrin ; 3°. triste, ennuyé, faché.
Æcret, imp. } être malade ; 2°.
Æcresco, scis, cere, } empirer; 3°. s'affliger, se tourmenter.
Ægrum, i, maladie, tristesse.
Ægrè, Ægerrimè, impatiemment, à contre-cœur, fort à regret.
Ægrimonia, } douleur, maladie ; 2°.
Ægritudo, } langueur ; 3°. tristesse, ennui : ce mot se dit surtout des affections de l'esprit.
Ægroto, -are, être malade ; 2°. tomber en langueur.
Ægrotatio, maladie, foiblesse ; au sens physique.
Ægrotus, a, um, malade, indispolé.

COMPOSÉS.

SUB-Æger, ra, um, un peu malade.
Sub-Ægrè, avec un peu de peine, avec chagrin.

AD, AID, AED, demeure.

1. ÆDes, ium, maison; 2°. apartement; 3°. tabernacle ; 4°. châsse.
Ædes, is, Temple, Eglise.
Ædicula, 1°. petite maison ; 2°. petit

temple, chapelle; 3°. tout ce qui renferme; coffre, cassette, étui, chambre.

ÆDILIS, is, Edile, Magistrat Romain qui avoit l'inspection des bâtimens, & qui étoit chargé de la police.

ÆDILitas, édilité, charge d'Edile.

ÆDILitius, qui regarde l'Edile.

ÆDITIMUS, ÆDITUUS, qui a soin du temple, Marguillier, Sacristain.

2. ÆDI-FICO, faire une maison, un temple, bâtir, construire un édifice.

ÆDI-FICIUM, édifice, bâtiment.

ÆDI-FICatiuncula, maisonnette, petit bâtiment.

ÆDI-FICator, qui bâtit, Architecte, Entrepreneur.

ÆDI-FICatio, action de bâtir : édification; bâtiment.

ÆDEPOL, par le temple de Pollux.

ÆCASTOR, par le temple de Castor.

ÆCERE, par le temple de Cerès.

COMPOSÉS.

Co-ÆDifico, are, bâtir tout autour.

Ex-ÆDifico, are, construire, bâtir.

Ex-ÆDificatio, is, bâtiment, structure.

Ex-ÆDificator, is, constructeur.

In-ÆDifico, are, bâtir dans, ou sur; 2°. démolir, renverser.

In-ÆDificatio, onis, action de bâtir dedans, ou sur.

Per-ÆDifico, are, achever de bâtir.

Præ-ÆDificatus, a, um, bâti devant.

Re-ÆDifico, are, rebâtir, réparer.

Super-ÆDifico, are, rebâtir dessus.

Les Grecs ont eu le même mot.

Ηθεα, *Héthea*, domicile, lieu où l'on fait son séjour ordinaire.

Αιος, Temple, maison, domicile.

Ενδ-αιτημα, *Endi-aitéma*, demeure, hospice; d'où

Αιτεω, *Aiteo*, *petere*, demander, *mot à mot*, aller à la maison, aller en un lieu.

En Irl. AIT, maison, édifice.
En Celt. ADD, habitation.
En Egypt. ATH, AΘ, habitation.

Ces mots tiennent à l'Hébreu אתה, *athe*, venir, arriver; & עטה, *otté*, couvrir, renfermer; même famille que *hutte*.

A I.

AIO, je dis, j'affirme, je certifie; 2°. dire qu'oui; 3°. parler.

De EI, il est, *mot à mot*, je dis que cela est ainsi.

A L.

Toute idée relative à l'aîle & à l'élévation.

Le mot A L est composé du caractère L, dont le son est extrêmement liquide & coulant, & dont la figure primitive étoit celle d'une aîle comme nous l'avons fait voir dans l'*Origine du Langage & de l'Ecriture*. Ce mot désigna donc dès l'origine toute idée relative à celle d'*aîle* & de *liquide*. De-là une Famille immense en AL qui se subdivisa dans la Langue Latine en trois branches très-étendues, relatives aux objets & aux idées suivantes.

1. A L, désignant l'aîle, & par-là même les côtés, les flancs, ainsi que la vîtesse & l'action de s'élever.

2°. AL, désignant les êtres placés à côté.

3°. A L, désignant les liquides, mais sur-tout l'immense plaine liquide apellée Mer.

I.
Branche relative à l'aîle & à l'élévation.

I. Ala, aîle.

1. Ala, æ, f. Aîle : 2°. Nageoire ; les Nageoires sont pour les poissons ce que les aîles sont pour les oiseaux. 3°. Aisselle, le dessous du bras ; les bras correspondent également aux aîles.

Ces trois significations sont employées dans un sens physique. Les suivantes sont métaphoriques & figurées.

1°. Le voile d'un vaisseau : 2°. la rame d'une Galere : 3°. l'empenne d'une flèche.

4°. L'aîle d'un bâtiment : 5°. l'aîle d'une Armée, un Corps de Cavalerie, parce que la Cavalerie se place sur les flancs ou sur les aîles d'une Armée.

ALaris, re, d'aîle, qui concerne les aîles.
ALarius, a, um, même qu'ALaris.
ALatus, aîlé.
2. ALes, litis, Oiseau : 2°. tout ce qui a un mouvement léger & vite.
ALI-FER, a, um,
ALI-GER, a, um, } qui a des aîles, aîlé.
ALI-PES, pedis, qui a des aîles aux pieds : léger à la course.
SUB-ALaris, e, caché sous l'aisselle.
2. ALA-CER, eris, } d'ALA, aîle, & CER,
ALA-CRIS, e, } qui porte ; 1°. prompt, vite : 2°. léger, dispos ; 3°. gai, délibéré.
ALA-CRÈ, -iter, avec vitesse, gaillardement, d'une maniere gaie, légere, active, délibérée.

ALA-CRitas, atis, légereté, vitesse, activité ; 2°. vivacité, air délibéré, leste ; 3°. gaieté, joie.

2°. Bras, Flancs *comparés à des Aîles.*

ALica, ALicula, robe à manches, en Grec ΑΛΛΙΧ.
AXILLA, aisselle : *diminutif* d'ALA ; dans les langues du Nord, AHSAL, ACHSEL, épaule.
ILIA, ium, les flancs, les intestins.
ILE, is, le menu boyau des animaux.
ILeos, colique iliaque.
ILeosus, sujet à la colique iliaque.

3°. Celui qui est à côté.

OLLus, a, um, lui, IL, elle.
ILLe, a, ud, IL, lui, elle.
ILLic, œc, oc, lui, elle : celui-là, celle-là ; cela. *Adv.* en cet endroit ; là.
ILLico, dans ce moment, sur le champ, aussi-tôt.
ILLo, ILLuc, ILLa, en cet endroit, en ce lieu-là.

4. Le coude, le bras.

ULna ; Gr. OLené, le coude, l'os du bras ; 2°. le bras lui-même ; 3°. une coudée, une brasse ; 4°. une AUNE.
ULnæ, arum, les bras.

II. Elever, nourrir.

1. ALo, alui, alitum, & altum, alere, élever, nourrir ; 2°. entretenir, faire durer & subsister, fomenter.
ALetudo, inis, Embonpoint.
ALilis, e, qui nourrit, qui est nourrissant.
ALimentum, i, ALiment, mot à mot, la chose qui nourrit : nourriture, subsistance, entretien.
ALimonia, æ ; ALimonium, ii ; ALitura, æ, aliment.

Alimentarius, a, um, alimentaire, ce qui concerne le vivre, la nourriture, la subsistance.

Alimentarius, ii, celui à qui on fait une pension pour vivre, ou à qui on fournit les aliments nécessaires.

2. ALTor, oris, qui nourrit, Nourricier.
Altrix, icis, Nourrice.
Altus, a, tum, élevé, , nourri, entretenu.
Altus, ûs, soin de nourrir, nourriture.
Altilia, engrais.
Altilis, e, qu'on nourrit, qu'on éléve ; 2°. nourrissant.

3. ALumna, æ, Nourrice, celle qui nourrit, qui éléve. 2°. Nourrissone.
Alumnus, i, celui qui est élevé, nourri ; Nourricier, qui éléve, qui cultive. 2°. Nourrisson, éleve, qui est cultivé. 3°. Instruit, élevé.
Alumno, are, } nourrir, élever: 2°. instruire.
Alumnor, ari, }

4. ALmus, a, um, 1°. qui nourrit ; 2°. fertile, abondant ; 3°. agréable, heureux, favorable ; 4°. bienfaisant ; 5°. pur, net, sain.

5. ALica, æ, Froment, épautre.
2°. Potage fait avec ce froment.
3°. Bière faite avec ce froment.
Alicaria, Filles qui se louoient pour moudre l'alica : barbotteuses.
Alicarius, qui moud le froment ; qui le vend.
Alicastrum, grain préparé pour en faire du potage.

6. ALesco, scere, croître, prendre croissance, se nourrir.

In-Alesco, ere, croître ensemble.

Coalesco, ere, } croître avec, prendre
Coaleo, ere, } nourriture, s'unir : se réunir.
Coalitus, crû, nourri, augmenté avec.

III. Haut, Elevé. (34.)

ALTus, a, um, 1°. haut, élevé ; 2°. profond, creux ; 3°. sublime, noble, excellent ; 4°. fier, orgueilleux, hautain.

Altum, i, le haut.
Altitudo, inis, hauteur, élévation.
2°. Profondeur ; 3°. grandeur, sublimité.
Alté, ius, issimé, haut, de haut.
2°. Profondément, bien avant.
3°. Hautement ; 4°. d'une maniere sublime.
Altiusculus, un peu plus élevé, un peu plus haut.

COMPOSÉS.

ALT-ARE, is ; Alt-arium, ii, d'Ara ; Autel, & altus, élevé : Autel à l'honneur des Dieux élevés, des Dieux du Ciel.
Alti-cinctus, a, um, qui est haut, retroussé.
2°. actif, vigoureux ; 3°. toujours prêt.
Alti-loquus, qui a la voix haute.
2°. Qui parle de choses relevées.
Alti-sonans, qui a un son haut, clair.
Alti-tonans, qui tonne d'en haut.
Alti-volans, qui vole haut, qui s'éléve fort haut.
EX-ALTo, are, exalter, élever, hausser.
Ex-altatio, onis, exaltation.
PRÆ-ALTus, fort haut, très-profond, fort creux.
Præ-alté, profondément : fort haut.

IV. Croître, s'élever.

1. AD-OLEO, ui, ultum, ere, faire monter la vapeur des sacrifices, offrir de l'encens, brûler. C'est l'Oriental הל, HOL, qui a les mêmes significations.

AD-OL*efco*, *fcere*, croître, grandir, se fortifier.
2°. Brûler en sacrifice.
AD-OL*efcens*, *tis*, jeune homme, jeune fille qui a fait son cru.
AD-OL*efcentulus*, adolescent.
AD-OL*efcentia*, *æ*, adolescence.
AD-OL*efcentior*, nouveau.
AD-OL*efcenturio*, *ii*, *ire*, } faire le jeune homme.
AD-OL*efcentior*, *atus sum*, *ari*, }
PER-AD-OL*efcens*, *tis*, qui est encore bien jeune.
PER-AD-OL*efcentulus*, *a*, *um*, tout-à-fait jeune.
AD-ULT*us*, *a*, *um*, adulte : parvenu au point de sa croissance, de sa force, de sa vigueur.
2. SOB-OL*es*, *is*, rejetton ; 2°. lignée, race ; 3°. enfans : petits.
SOB.OL*efcens*, qui se multiplie.
3. AB-OL*efco*, *fcere*, se flétrir, se faner ; se passer, s'anéantir ; 2°. tomber en ruine ; 3°. n'être plus en usage.
AB-OL*eo*, *evi*, *ere*, suprimer, anéantir, effacer.
2°. Ruiner ; 3°. annuller, abolir.
AB-OL*itio*, *onis*, extinction, abolition.
2°. Pardon, grace ; 3°. anéantissement.
AB-OL*itus*, *a*, *um*, aboli, anéanti, détruit.
4. EX-OL*eo*, EX-OL*efco*, *vi*, *ere*, se passer, perdre sa force, vieillir, s'abolir ; n'être plus de saison.
EX-OL*etus*, *a*, *um*, vieux, suranné, aboli, hors d'usage.

V. S'élever en vapeurs, s'exhaler
10. Haleine.

HAL*itus*, *ûs*, exhalaison, vapeur ; 2°. soufle, haleine.

HAL*ito*, *avi*, *atum*, *are*, exhaler ; jetter par la bouche.

AD-H*alo*, *avi*, *atum*, *are*, pousser son haleine contre, soufler contre.
IN-H*alo*, *are*, pousser son haleine, soufler.
IN-H*alatio*, , IN-H*alatus*, *ûs*, soufle.
RE-H*alo*, *are*, exhaler de nouveau.
1. De AN, soufle, & de *Halo*, tirer, jetter une odeur.
AN-HEL*o*, *are*, soufler, respirer avec peine, être hors d'haleine : 2°. ne respirer que, aspirer à.
AN-HEL*ans*, qui est hors d'haleine : 2°. qui pousse des vapeurs étouffantes.
AN-HEL*anter*, avec une respiration pénible : 2°. difficilement.
AN-HEL*us*, *a*, *um*, essoufflé ; 2°. asthmatique.
AN-HEL*ator*, qui respire à peine, poussif.
AN-HEL*atus*, *a*, *um*, poussé, exhalé avec une pénible respiration.
AN-HEL*atio*, essoufflement, asthme.

AN-HEL*atus*, *ûs*, } Haleine, bouffée ; 2°. soupir, sanglot ; 3°. Asthme.
AN-MEL*itus*, *ûs*, }

2°. Odeur.

1. HA*lo*, *are*, rendre une odeur, exhaler.
EX-H*alo*, *are*, rendre une odeur, exhaler.
EX-H*alatio*, *nis*, exhalaison, vapeur, odeur qui s'élève.

2. OL*eo*, *ui*, *itum*, *ere*, exhaler, s'élever en haut. 2°. Jetter de l'odeur, avoir de l'odeur, sentir.

OL*idus*, *a*, *um*, 1°. qui a une odeur forte : 2°. puant.
OL*eto*, *are*, empoisonner, sentir mauvais.
RED-OL*eo*, *ere*, sentir, avoir de l'odeur.

BINOMES.

OL-FAC*io*, *feci*, *factum*, *facere*, 1°. sentir, flairer ; 2°. pressentir, prévoir.

OL-FACIO)

OL-FActo, are, sentir aisément ; flairer de loin.
OL-FACtorium, ii, cassolette aux parfums.
OL-FACtoriolum, i, flacon à odeurs.
OL-FACtrix, icis, flaireuse.
OL-FACtus, ûs, odorat, action de sentir.

VI. Objets élevés & sur-tout arbres & plantes.

1. OLus, eris, n. Herbes potageres, légumes.

OLuscula, orum, petites herbes.
OLitor, oris, Jardinier, Marechais.
OLitorius, a, um, qui concerne les légumes.
OLeraceus, a, um, qui a du rapport aux légumes.

2. ALNus, i, Aûne, arbre ; 2°. navire ou barque de bois d'aûne.

ALNeus, a. um, d'aune.
ALNetum, i, Aunaie, un bois d'aunes.

3. ULMus, i, Orme, ormeau.

ULMeus, a, um, d'Orme.
ULMarium, lieu planté d'Ormes, Ormaye.
ULMi-TRIBa, æ, (d'ULMus, Orme, & de Tero, Trivi, moudre) pendard, homme à pendre, Esclave à rouer à coups de branches d'ormes.

4. ULex, icis, arbrisseau qui ressemble au romarin.

5. ILex, icis, yeuse, chêne verd.

ILicetum, Forêt de chênes verds, chenaye.
ILiceus, a, um, de bois d'yeuse.
ILigneus, a, um ; ILLignus, a, um ; de bois d'yeuse.

6. OLea, æ, 1°. Olivier ; 2°. olive ; 3°. huile d'olive.

OLeaster, tri, Olivier sauvage.
OLeastellus, i, petit Olivier sauvage.

OLiva, æ, Olive.
OLivum, i, huile d'Olive.
OLeaceus, a, um, d'Olivier, huileux.
OLeaginus, a, um, d'Olivier, Oleagineux.
OLearis, e ; OLearius, a, um, } d'Olivier,
OLivarius, a, um, } d'huile.
OLetum, i ; OLivetum, i, une Olivette, lieu planté d'Oliviers.

OLeum, ei, huile.

OLeitas, atis ; OLivitas, atis, saison de cueillir les Olives : 2°. récolte d'Olives.
OLivans, tis, qui cueille les Olives.
OLearium, ii, Cellier où on met les huiles d'Olive.
OLearius, ii, qui fait l'huile d'Olive ; 2°. qui la vend.
OLivifer, fertile en Olives.
OLivina, æ, abondance d'huiles, 2°. grand revenu en huile : 3°. Cellier à huile.
OLeosus, a, um, huilé, tourné en huile.
OLeatus, a, um, huilé.

OLeamen, inis, } Onguent liquide.
OLeamentum, i, } Onguent avec de l'huile.

7. ELate, es, sapin : 2°. Palmier fort élevé : 3°. Rejetton de palmier.

ELaté, adv. hautement, à haute voix.
2°. d'un style sublime.
3°. avec hauteur, avec fierté.
ELatio, onis, élévation.
ELatus, a, um, élevé, grand : 2°. Ampoulé.

VII. Le plus avancé, le dernier ; au-delà.

ULtimus, a, um. le plus reculé, l'extrême, le dernier.

ULtimum, pour la derniere fois.
ULtimò, en dernier lieu, enfin.
ULterior, plus avant, qui vient après, ultérieur.

Orig. Lat.

ULTerius, au-delà, plus avant, davantage.

ULS, Ultra, au-delà, outre, (autrefois oultre).

ULtratus, a, um, qui est au-delà, de l'autre côté.

VIII. Pouce, le gros doigt.

1. ALLex, icis,
Allux, cis,
Allus, i,
Hallux, cis,
Hallus, i,
} le gros doigt, le pouce du pied : 2°. en général, les doigts du pied.

2. Allucinor, ari,
Hallucinor, ari,
} heurter, choquer du pied contre quelque chose, comme quelqu'un qui se méprend & qui n'y voit pas : 2°. s'égarer, se tromper.

Allucinatio, is,
Hallucinatio, is,
} l'action de heurter du pied contre quelque chose quand on s'égare & qu'on n'y voit pas : 2°. méprise.

3. POLLex, icis, même que Hallex, l'aspiration s'étant adoucie en P; & A changé en O : 1°. pouce : 2°. Sarment taillé en forme de pouce.

Pollicaris, e, qui a un pouce.

4. POLLiceor, eri,
Polliceo, ere,
Pollicitor, ari,
} appuyer le pouce sur l'index en signe de promesse, comme faisoient les Romains, & par conséquent promettre.

Pollicitum, i,
Pollicitatio, is,
} l'action de faire signe avec le pouce, qu'on promet : 2°. promesse.

IX. Profond, creux.

1. OLLa, æ, pot, marmite.

OLLula, æ; Aulula, æ, petit pot, petite marmite.

Ollaris, e, de pot, de marmite.

Ollaria, æ, mélange d'airain avec du plomb qui se fait dans un pot de terre.

Aular, ris,
Ollar, ris,
} couvercle d'un pot, d'une marmite.

AUXilla, æ, petite marmite.

Olvatium, ii, ce qui a été cuit dans une marmite.

2. ALVus, i ; 1°. ventre, intestins : 2°. ruche d'abeilles.

ALVinus, a, um, de ventre : 2°. qui a le cours de ventre.

Alveus, ei, tout instrument creux : cuve, saloir, auge, baquet, baignoire, ruche, niche : 2°. esquif, chaloupe : 3°. fond de cale : 4°. lit de riviere, canal, tuyau.

Alvearium, ii, ruche d'Abeilles.

Alveolatus, a, um, creusé, cânelé.

Alveolus, i, petit canal, petite auge.

Alveum, ei, capacité d'un vase : 2°. vaisselle creuse.

La terminaison, vus, ablat. vo, paroit être le Celte BO, BW, ventre, courbure, & qui tient à B, boëte, contenance.

X. Tente, sale, &c.

AL, HAL, d'où HALE en François, signifie en Celte, une tente, une sale : c'est l'Hébreu אהל, AELa, dresser un pavillon, & OEL, tente : & le Grec AULÉ, tente. De-là le Latin

AULa, æ, tente, sale ; palais, cour.

Aulicus, a, um, de la cour : 2°. royal, magnifique.

Aulicus, ci, Courtisan, homme de Cour.

Aula, æ,
Aulæum, æi,
} dais : 2°. tapis, tapisserie.

I I.

AL, EL, IL, Autre,

Celui qui est à côté (31).

AL, signifie en Celtique autre, second : celui qui n'est pas soi, mais à côté. Il est commun aux Arméniens, Ethiopiens, Arabes, Grecs, Peuples du Nord, &c. De-là, ces mots Latins :

1°. ALIUS.

1. AL*ius*, *a*, *ud*, autre, différent, d'autre sorte.

AL*ia*, (Ellipse pour *in alia parte*) par un autre endroit.
AL*io* (Ellipse pour *in alio loco*) ailleurs.
AL*iàs* (Ellipse pour *in alias vices*) une autrefois ; tantôt : d'ailleurs.
AL*ius vis*, (Ellipse pour *alius talis quem vis*) quelqu'autre que vous voudrez ; quel que ce soit.
AL*ius modi*, d'une autre maniere.
AL*ibi*, ailleurs, dans un autre endroit.
AL*iunde*, d'un autre lieu, d'autre part.
AL*iter*, d'une autre maniere, autrement.

2. AL*ienus*, *a*, *um*, 1°. d'autrui, à autrui : 2°. étranger : 3°. étrange, éloigné : 4°. oposé, contraire, nuisible : 5°. peu convenable, indigne.

AL*ieno*, *are*, faire passer ailleurs, transporter, aliéner : 2°. céder, se défaire d'une chose : 3°. chasser : 4°. aliéner les esprits, désunir, mettre mal ensemble, causer de la mésintelligence : 5°. priver, faire perdre : 6°. se gâter, se corrompre.
AL*ienum*, *ni*, le bien d'autrui.
AL*ieni-Gena*, étranger, né dans un autre lieu.
AL*ienatus*, *a*, *um*, aliéné, divisé, ôté.
AL*ienatio*, *onis*, aliénation, cession, transport.
2°. Division, désunion, rupture.
3°. Aversion, dégoût.
4°. Trouble, égarement.
AB-AL*ieno*, *are*, aliéner, vendre, transporter, se défaire d'une chose : 2°. détacher, désunir, dégouter : 3°. priver, enlever, ôter, arracher.
AB-AL*ienatio*, vente, cession, transport : 2°. division : 3°. dégoût, aversion.
IN-AL*ienatus*, *a*, *um*, qui n'est pas mélangé, altéré.

2°. ALTER.

ALT*er* signifie également autre : mais distingué d'Alius, tout comme nous disons l'*un* & l'*autre*. *Alius* est un, un autre qui n'est pas nous : *Alter* est autre, un qui n'est pas cet autre dons nous venons de parler.

1. ALT*er*, *era*, *erum*, autre, autrui, second : 2°. opposé, contraire.
2. ALT*ernus*, *a*, *um*, placé l'un après l'autre, qui est tour à tour, entremêlé.
ALT*erno*, *are*, faire tantôt une chose, tantôt une autre : alterner, entremêler.
ALT*ernans*, *antis*, alternatif ; qui va & vient l'un après l'autre : 2°. irresolu, indécis.
ALT*ernatim*, alternativement, l'un après l'autre.
ALT*ernatio*, *onis*, alternative.
3. ALT*er-orsum* (pour *vorsum*) d'un autre côté.
AL*ter - plex*, *plicis*, double, trompeur, artificieux.
AL*ter - uter*, l'un des deux, l'un ou l'autre.
4. ALT*ero*, *are*, altérer, changer, déguiser.
ALT*eratio*, *onis*, altération, déguisement.
5. ALT*ercor*, *ari*, disputer, contester, se quereller.
ALT*ercatio*, *onis*, dispute, débat, querelle.

C ij

ALTERCator, oris, querelleur, chicaneur.
6. AD-ULTERO, are, m. à m. aller vers un autre, vers la femme ou le mari d'une autre, commettre adultere : 2°. altérer, falfifier, gâter, corrompre.
AD-ULTER, eri, homme adultere.
AD-ULTERa, eræ, femme adultere.
AD-ULTER, a, um, faux, falfifié.
AD-ULTERinus, a, um, adulterin, falfifié, faux.
AD-ULTERario, onis, déguifement, altération, falfification.
AD-ULTERium, ii, crime d'adultere : 2°. falfification.

I I I.
AL, HAL, SAL.

Liquide : Mer : Sel : Acre.

De AL, élevé & liquide, vint le Grec *HALS* ; 1°. le liquide falé, la vaste mer ; 2°. le fel, parce que la mer est falée : de-là.

1. ALumen, inis, Alun, espece de fel.
ALuminatus, a, um, } fait avec de
ALuminofus, a, um, } l'Alun, mêlé d'Alun.
Ex-ALuminatus, a, um, refplendiffant ou clair comme de l'alun.

2. ALLium, i, AIL; plante ainfi appellée à caufe du fel âcre & abondant qu'elle contient : en Grec, Alides & Aglithes, fignifie la tête des aulx & des oignons.
ALLiatum, i, fauce à l'ail, à l'échalotte.
ALLiatus, a, um, affaifonné avec de l'ail; mêlé d'ail, d'échalotte.
ALLiarium, ii, } ail, rocambole, écha-
ALLiaria, æ, } lotte ; 2°. Alliaire, forte d'herbe.

3. ALoa, æ, Algue. herbe qui croit dans la mer, mouffe de mer.
ALgenfis, e, qui vit ou qui fe tient dans l'algue.
ALgofus, a, um, plein d'algue.

ALB, blanc.

ALB, blanc, eft un mot Celte formé de LU, LB, lumière. Les Latins en firent ALBo, les Grecs ALPHo, les Ofques ALP, les Orientaux LBOUN ; chez tous, *blanc*. Les Chaldéens & Syriaques, ALBan, être blanc; en Theuton ALPiz, & en Allemand ELBfch, un cygne, *mot-à-mot*, l'oifeau blanc. De-là ces mots Latins :

1. ALBus, a, um, blanc; 2°. clair ; 3°. pâle, blême, affligé; 4°. louable; 5°. profpère, heureux, fortuné, parce que le blanc ou le jour, est l'image du bonheur, comme le noir ou la nuit eft celle du malheur. De-là Olbos en Grec, blanc, brillant, heureux, propice.
ALBum, i, blancheur; 2°. tableau, livre enduit de blanc pour des regiftres ou des liftes de noms.
ALBulus, i, un peu blanc.
ALBula, æ, le Tibre, à caufe de la blancheur de fes eaux.
ALBor, is, } blancheur; 2°. blanc,
ALBedo, inis, } d'œuf.
ALBido, inis, } Couleur blanche.
ALBitudo, inis, }
ALBeo, ere, être blanc.
ALBefco, ere, blanchir.
ALBico, are, devenir blanc ; 2°. être blanchâtre.
ALBicor, ari, blanchir.
ALBidus, a, um, blanchâtre, tirant fur le blanc.

Dérivés.
ALBatus, a, um, blanchi, vêtu de blanc.
ALBarium, ii, crépi, chaux, plâtre.
ALBarius, ii, crépiffeur, qui travaille en ftuc.
ALBarius, a, um, qui eft crépi, qui eft de ftuc.

ALBens, *tis*, blanc.
ALBeus, *i*, tablier blanc pour jouer aux dames, au trictrac ; 2°. échiquier, damier.
ALBucum, *i*, asphodile, herbe blanche.
ALBuelis, espèce de raisin blanc.
ALBugo, *inis*, blanc d'œuf, taie blanche dans l'œil ; 2°. blanc de l'œil.
ALBumen, *inis*, glaire ou blanc de l'œuf.
ALBurnum, *i*, aubier, partie tendre & blanche, qui est entre l'écorce & le cœur de l'arbre.

COMPOSÉS.

DE-ALBO, *-are*, blanchir.
Ex-ALBesco, *-ere*, blêmir, pâlir.
Ex-ALBidus, blanchâtre ; 2°. pâle.
Ex-ALBurno, *-are*, ôter l'aubier.
Ex-ALBurnatus, dont on a ôté l'aubier.
IN-ALBesco, *-ere*, blanchir, devenir blanc.
INTER-ALBico, *-are*, tirer sur le blanc, être blanchâtre.
PER-ALBus, *a*, *um*, très-blanc.
SUB-ALBico, *-are*, tirer sur le blanc.
SUB-ALBicans, blanchâtre.
SUB-ALBidus, un peu blanc.

2. ALPes, les Alpes, hautes montagnes, toujours blanchies de neige ; les peuples qui les habitent, se nomment ALPici, & ce qui concerne les Alpes s'appelle ALPinus, *a*, *um*, & SubALPinus.

ALG, ALS.
Froid, Frisson.

Le mot ALG, ALS, fut une onomatopée qui peignit la sensation désagréable du froid ; cette impression douloureuse qui fait trembler & frissonner, qui transit.

ALGeo, *es*, *si*, *sum*, *ere*, } avoir froid :
ALGesco, *ere*, } 2°. souffrir.
ALGidus, *a*, *um*, qui est froid, qui glace, qui gèle.
ALGificus, *a*, *um*, qui cause un grand froid.
ALGor, *is*, } grand froid, forte gelée.
ALGus, *i*, ou *ûs*, }
ALGens, *tis*, qui est frais, qui glace.
ALSius, *a*, *um*, froid, frilleux.
ALSiosus, *a*, *um*, froid : 2°. rafraichissant, frais.
Ex-ALGeo, *si*, *ere*, avoir froid.
IN-ALGesco, *-ere*, devenir froid, se refroidir.
ALSus, *a*, *um*, frais, propre à prendre le frais.
En grec ; ALGOS, douleur.

I. AM, Eau.

Du primitif M, désignant les Eaux, se forma le Celte AM, Eau, mot commun à plusieurs Peuples d'Asie & d'Amérique & de-là plusieurs mots Latins :

1. AMNis, *is*, fleuve, torrent. Ici AM est uni à EN, qui désigne également l'eau courante. *AMNis* pour *AM-EN-is*.

AMNicus, *a*, *um*, de fleuve.
AMNiculus, *i*, petit ruisseau.
AMNi-COLA, *æ*, qui habite sur les bords d'une riviere.
INTER-AMNanus, *a*, *um*, qui est entre deux fleuves.

2. AMa, *æ*, instrument à porter de l'eau, seau.
AMula, *æ*, vase à eau lustrale, bénitier.
HAMula, *æ*, bassin, vase à eau.
HAMus, *i*, HAMa, *æ*, seau pour les incendies.

3. AMuletum, *i*, chose trempée dans l'eau lustrale ou bénite pour préserver des maux : amulette, charme.

4. AMphora, *voy.* FERO.
AMpulla, *voy.* PAL. POL.

5. AM*bar*, *is*, } ambre-gris: de A m, eau;
AM*barum*, *i*, } & B ar, porter, produire : *mot-à-mot*, production des eaux.

II. AM, autour.

AM, mot Latin qui signifie cercle, tour, autour. Ils en firent une préposition. *AM Terminum*, autour du terme, expression de Caton dans ses Origines, citée & expliquée de cette manière par Macrobe dans ses Saturnales, liv. I. ch. XIV.

Elle est entrée dans la composition d'un grand nombre de mots, tels qu'Amb-*edo*, Amb-*igo*, Ami-*cio* : voy. *Edo*, *Ago*, *Jacio*, &c. De-là ces mots :

1. Rondeur.

1. AM*bo*, *onis*, éminence ronde sur un plan uni : 2°. vase qui a un ventre : 3°. chaire, tribune en rond.

Um*bo*, *onis*, éminence d'un bouclier, la bosse, le milieu élevé d'un bouclier : 2°. un bouclier : 3°. la partie la plus éminente d'un diamant ou de quelqu'autre objet.

2. Red-Im*io*, *ivi*, *itum*, *ire*, ceindre, environner, couronner : 2°. orner tout autour.

Red-Im*itus*, *ûs*, ruban ; ornement qui sert à lier une coëffure.

Red-Im*itus*, *a*, *um*, ceint, environné, 2°. couronné, orné tout autour.

III. AM, ensemble, amas ; 2°. lien, ceindre, unir.

De la lettre M, désignant toute idée de masse, de choses réunies en masse, se forma le primitif AM, qui désigna toute idée d'amas, d'ensemble, d'union : 2°. celle d'unir, de ceindre, de lier, au physique & au moral.

1°. Au Physique.

AM*entum*, *i*, bande, courroie, lien, sangle : 2°. javelot attaché à une courroie avec laquelle on le retiroit quand on l'avoit lancé.

AM*erina*, *æ*, saule, osier, parce que leurs branches servent à faire des liens ; du Celte A*mar*, lien.

AM*erina*, *orum*, liens d'osier.

2°. Au Moral.

1. AM*o*,-*are*, *mot à mot*, lier, mettre ensemble, unir, aimer, chérir, s'attacher : 2°. être bien-aise, être charmé d'une chose : 3°. la désirer vivement : 4°. avoir coutume, prendre plaisir à faire une chose.

Am*or*, *oris*, amour, tendresse, désir ardent : 2°. le Dieu de l'amour : 3°. délices, passion.

Am*ores*, *um*, amours, inclinations.

Am*abilis*, *e*, aimable.

Am*abilitas*, charmes, agrément, qualités qui font aimer.

Am*abiliter*, tendrement.

Am*abo*, de grace, je vous prie : *m. à m.* je vous aimerai. C'est une ellipse.

Am*ans*, qui aime.

Am*anter*, avec affection, en ami.

Am*asco*,-*ere*, avoir envie d'aimer.

Am*asius*, *sia*, qui a de l'amour.

Am*ator*, *atrix*, qui aime, qui a de l'amour.

Am*atio*, *onis*, amourette, inclination.

Am*atorius*, d'amour.

Am*atorium*, qui porte à aimer.

Am*atorculus*, qui aime foiblement.

Am*atoriè*, passionnément.

Am*ator*, amateur : 2°. amoureux.

2. AM*icus*, *i*, ami, compagnon, confrere, favori.

AMica, æ, amie, maîtresse.
AMicus, a, um, ami, confident : 2°. protecteur : 3°. allié, parent : 4°. agréable, favorable, officieux.
AMicé, amicalement, en ami, affectueusement.
AMicitia, amitié, amour, tendresse, liaison.
AMico, -are, rendre favorable, ami, propice.
AMiculus, i, petit ami, tendre, chéri.
AMicula, æ, petite maîtresse, amie.
AMicabilis, e, d'ami.

COMPOSÉS.

1. AD-AMo, chérir tendrement, aimer beaucoup : 2°. trouver à son gré, à son goût.
Co-AMicus, ami commun.
DE-AMo, aimer, chérir tendrement.
Ex-AMo, -are, aimer fort.
IN-AMabilis, qui n'est point aimable, qu'on ne peut aimer.
IN-AMatus, qui n'a point été aimé.
PER-AMo, aimer extrêmement.
PER-AMicé, très-affectueusement, amicalement.
PER-AManter, fort affectueusement.
RED-AMo, rendre amour pour amour, aimer à son tour.

2. IN-IMicus, a, um, non-ami, ennemi, nuisible, qui fait du tort.
IN-IMicitia, æ, inimitié, haine, dissension, brouillerie.
IN-IMico, -are, rendre ennemi, brouiller, mettre en dissension.
IN-IMicé, en ennemi, avec animosité, avec haine.

3. EX-AMen, inis, troupe, compagnie, multitude, grand nombre : 2°. essaim, rejetton d'abeilles : 3°. aiguille de balance qui en unit les deux bassins : 4°. action de peser à la balance, examen, discussion, recherche.
Ex-AMino, are, faire des essaims : 2°. peser, mettre dans la balance : 3°. examiner, considérer, discuter.
Ex-AMinatio, onis, action d'égaliser les poids, de se mettre en équilibre : 2°. examen.

IV. AM, instrumens en cercle.

1. AMa, æ, faucille, serpe.
2. HAMa, æ, croc pour les incendies.
HAMus, i, croc, crochet : 2°. harpon pour prendre les gros poissons : 3°. hameçon : 4°. maille : 5°. feran, peigne.
HAMo, are, prendre à l'hameçon : 2°. harponer : 3°. attraper finement.
HAMatus, a, um, armé d'un croc, d'un hameçon : 2°. garni d'un crochet : 3°. crochu, recourbé.
HAMatilis, e, d'hameçon.
AD-HAMo, are, prendre à l'hameçon : 2°. tenir quelqu'un dans ses filets : 3°. aspirer à quelque chose.
HAMO-TRAHines, } Pêcheurs à la ligne.
HAMiota, æ,

3. AMes, itis, perche, bâton, pieu.

AN, cercle.

ON, OEN, AIN, fut un mot primitif dont la figure peignoit un cercle de même que sa prononciation, & qui devint le nom de l'œil, du soleil & du cercle. Les Grecs en firent ENNos, l'année ; & les Latins, ANNus, qui désigna 1°. toute idée de cercle ; 2°. celle d'année qui est un cercle, une suite d'un certain nombre de jours révolus ; 3°. les êtres d'un âge encore tendre, nés dans l'année.

1°. Cercle.

ANNulus, i, petit cercle : 2°. anneau, bague, boucle : 3°. menottes.

Annellus, i ; Anellus, i, anneau.
Annularis, e, } annulaire, de ba-
Annularius, a, um, } gue.
Annularius, ii, faiseur de bagues.
Annulatus, a, um, qui porte des anneaux.
Trans-Enna, æ, treillis à petits cercles ronds, jalousie : 2°. filet, lacet à mailles rondes, à boucles.

2°. Année.

ANNus, i, dans l'origine, cercle, disque, le disque du soleil : mais en Latin le cercle des tems, l'année.

Annulus, i, petite année.
Annuum, i, pension, loyer, salaire d'un an.
Annuus, a, um, annuel, d'une année, qui dure un an, qui revient tous les ans.
Annua, orum, rentes, annuités.
Annuatim, par an.
Annotinus, a, um, qui a un an, qui est de l'année.
Annosus, a, um, vieux, ancien.
Anno,-are, passer l'année : 2°. faire tous les ans.
Anna Per-Enna, æ, la Déesse des années.
Annales, ium, annales, histoire chronologique écrite d'année en année.
Annalis, e, } annuel, d'an.
Annarius, }
Anniculus, a, um, d'un an.
Annifer, a, um, qui porte du fruit toute l'année.
Anniversarium, ii, anniversaire, qui se fait tous les ans en mémoire de quelqu'un ou de quelque chose.
Anniversarius, a, um, qui revient tous les ans, anniversel.

Composés.

1. Ab-Annatio, exil d'un an.
Per-Anno,-are, durer un an.
Per-Ennis, e, continuel, qui dure toujours.
Per-Ennia, um, cérémonies annuelles.
Per-Ennitas, atis, durée non interrompue.
Per-Enno,-are, durer long-tems.
Per-Enné, perpétuellement.
Per-Enni-servus, esclave sans espoir de liberté.
2. Bi-Ennis, e, de deux ans.
Bi-Ennium, ii, l'espace de deux ans.
Tri-Ennis, e, qui a trois ans.
Tri-Ennium, l'espace de trois ans.
Quadri-Ennis, e, de quatre ans.
Quadri-Ennium, l'espace de quatre ans.
Quinqu-Ennis, e, de cinq ans.
Quinqu-Ennium, l'espace de cinq ans.
Sex-Ennis, e, de six ans.
Sex-Ennium, l'espace de six ans.
Sept-Ennis, e, qui a sept ans.
Sept-Ennium, l'espace de sept ans.
Septu-Ennis, e, de sept ans.
Dec-Ennis, e, de dix ans.
Dec-Ennium, ii, l'espace de dix ans.
Vic-Enium, ii, espace de vingt ans.
Cent-Enarius, a, um, de cent ans.
Quot-Annis, tous les ans.
3. ANus, i, un rond, un cercle : 2°. le fondement, l'anus.
Anas, tis, fistule qui vient à l'anus.
4. ANus, ûs, une vieille ; elle se courbe en cercle.
Anicula, æ, } une petite vieille.
Anucula, æ, }
Anicularis, e,
Aniculosus, a, um, } de vieille femme.
Anilis, e,
Anilitas, atis, vieillesse de femme.
Aniliter, en vieille.
Aff-Aniæ, arum, contes de vieille femme, sornettes.

Binomes.

1. ANn-ona, æ, les vivres, la provision pour une année. Du primitif On, Hon, biens, honneurs, & de Annus, année :
ainsi

ainsi ANNONA signifie les productions de l'année.

ANNonarius, ii,
ANNotarius, ii, } vivandier, pourvoyeur.

ANNonarius, a, um,
ANNotatinus, a, um,
ANNotinus, a, um, } qui concerne les provisions.

ANNono,-are, faire des provisions.

ANNonor,-ari, distribuer des provisions.

ANNosa, æ, la vengeance tardive des Dieux.

6. AGN.

AN se mouillant devint AGN, qui désigna, 1°. un Etre né dans l'année, d'un âge encore tendre; un agneau & au figuré, un être doué d'innocence.

AGNus, i, abl. AGNo, un agneau.

AGNellus, i, petit agneau, agnelet.

AGNinus, a, um, d'agneau.

AGNina, æ,
AGNinum, i, } chair d'agneau.

AGNalia, orum, fêtes de la tondaison. Réjouissances qui se font lorsqu'on tond les bêtes à laine.

AGNa, æ, agneau femelle, jeune brebis : 2°. piece de monnoie marquée d'un agneau : 3°. épi : dans ce dernier sens, il doit tenir à AC pointu.

De-là le Grec AGNOS, pur, innocent ; & le nom d'AGNÈS, une sainte, une fille sage.

AGNo, se prononça en Grec AMNOS ; il devint LAM dans tous les dialectes Theutons.

AN devenu ANT.

Du Primitif ON, AN, dont nous venons de parler & qui signifie œil, se forma ANT, devant, en face, en avant, ce qui est sous les yeux : de-là :

1. ANTE, préposition, qui signifie devant, en présence, avant : 2°. plus, davantage ; 3°. auparavant.

Adv. avant, auparavant.

ANTEA, avant, auparavant.

ANTEQUAM, avant que.

ANTIDEA, ANTIDHAC, pour Antea, Antehac.

ANTErior, ius, qui est devant, qui est le premier, antérieur.

ANTRorsum, pardevant.

ANTE-HAC, ci-devant.

IN-ANTE, devant.

ANTI-Cipo,-are, de Capere, prendre; prendre d'avance : 2°. s'avancer, prévenir.

ANTI-Cipatio, action de prendre d'avance ; pressentiment, anticipation.

ANTI-Cipator, oris, qui prend d'avance ; qui anticipe.

ANTI-Herio, sur le champ.

ANTE-Vorta, æ, réponse : 2°. avenir, Déesse de l'avenir : mot-à-mot ce qui s'avance. De l ERTO. Dans le premier sens, il tient à l'Allem. ANT-WORT, réponse.

ANTIADes, les cheveux du devant de la tête des femmes.

2. ANTæ, arum, jambages, piliers aux côtés des portes ; pilastres qui ne montrent que la partie de devant ; colonnes qui font les coins d'un édifice.

ANTes, ium, jambages, pilastres : 2°. premiers rangs des ceps.

ANTarius, a, um, qui concerne ces colonnes, ces pilastres : 2° qui regarde les murs de la ville.

ANTeli, orum, Idoles appliquées au-devant des portes.

ANTEris, idis, arc-boutant, jambe de force, éperon, appui.

3. ANThia, arum,
ANTIedes, edum, } touffe de cheveux sur le front, sur le devant de la tête.

ANTE-Ventuli, orum, cheveux qui pendent sur le front.

ANT-Œci, de oic, habitation, maison, habitants d'un même méridien, mais dans des lieux opposés l'un à l'autre.

Orig. Lat.   D

Antenna, æ, vergue, antenne de vaisseau, *mot-à-mot* ce qui est en avant.
Antilena, æ, ce qui est sur le devant du cheval, le poitrail.
4. ANtium, i, l'entrée de la maison.
Anticus, a, um, antérieur, de devant.
Antica, æ, la porte de devant : 2°. la partie méridionale du ciel.
5. ANtiquus, a, um, ce qui est auparavant, ancien, antique : 2°. meilleur, plus cher, plus précieux, du vieux tems.
Antiquitas, atis, le tems passé, ancienneté, antiquité.
Antiqué, anciennement, à l'antique, à l'ancienne mode.
Antiquitùs, anciennement, au tems passé, jadis, autrefois.
Antiquarius, ii, antiquaire, savant qui aime les antiquités & qui les connoit : 2°. celui qui a soin des livres d'une Bibliothéque & qui répare ceux que le tems gâte ; 3°. celui qui transcrivoit les vieux livres pour les perpétuer ou les réparer.
Antiquaria, æ, femme savante, bel esprit : 2°. qui affecte d'employer des mots anciens.
Per-Antiquus, a, um, fort ancien, extrêmement vieux.
6. ANtiquo, -are, rejetter une loi, l'empêcher de passer, la regarder comme vieille.
Antiquatio, onis, refus de recevoir une loi.
Antiquatus, a, um, qui a été rejetté, qu'on n'a pas voulu recevoir.
Antiquus, paroît tenir à l'Hébreu ANTIC, vieux, usé, ancien ; mais ce dernier vient de עת, AT, le tems, qui nasalé devint ANT.

AN, HAN.

Souffle, (7 & 36.)

HAN, AN, son produit par une respiration pénible ; c'est une onomatopée devenue la racine de plusieurs mots, qui peignent la respiration, la vie, les êtres vivans : de-là :

1°. AN-imus, i, souffle, vent ; en Grec ANemos, vent ; 2°. respiration, vie ; 3°. l'esprit ; 4°. courage, 5°. volonté, désir, amour ; 6°. avis, dessein, mémoire ; 7°. orgueil, fierté ; 8°. fantaisie, humeur, le naturel, la tournure d'esprit.

Animulus, i, petit souffle : 2°. petit cœur, petit amour.
Animula, æ, petite ame, petit cœur.
Animosus, a, um, véhément, impétueux : 2°. animé, qui prend feu ; 3°. courageux, hardi.
Animositas, atis, colère impétueuse, animosité, chaleur dans la dispute.
Animosè, avec ardeur, avec feu, courageusement.
Animitùs courageusement.

2. ANima, æ, le souffle, l'air, le vent : 2°. l'haleine, l'odeur ; 3°. l'ame, la vie, ce qui anime le corps.
Animo, -are, souffler : 2°. inspirer le mouvement, vivifier, animer.
Animatus, a, um, à qui on a donné de l'air : 2°. animé, vivant ; 3°. affectionné, intentionné.
Animatus, ûs, la respiration.
Animans, antis, qui souffle : 2°. qui anime ; 3°. ce qui respire, ce qui vit, animal.
Animatio, onis, action de souffler, infusion d'ame, animation.
Animator, is, qui donne la vie.
Animatorius, a, um, qui a de quoi respirer.

Animabilis, e, qu'on respire : 2°. qui donne la vie, qui fait vivre.

3. ANimal, is, ce qui respire, animal ; 2°. bête, brute.

Animalis, e, qu'on peut respirer : 2°. animé, qui respire ; 3°. d'animal, qui concerne l'ame.

Binomes.

Anim-Adverto, ti, sum, ers, verbe composé d'*anima* & de *verto* ; tourner son esprit à quelque chose, s'appliquer à : 2°. réfléchir, être attentif ; 3°. regarder, considérer ; 4°. découvrir, appercevoir ; 5°. réprimander, blâmer, 6°. punir.

Anim Adversus, a, um, à quoi l'on a pris garde, observé : 2°. châtié, corrigé.

Anim-Adversor, is, qui tourne son attention sur quelque chose ; 2°. qui remarque ; 3°. qui châtie.

Anim-Adversus, ûs, } attention, ré-
Anim-Adversio, onis, } flexion : 2°. remarque, 3°. correction, châtiment.

Composés.

1. Ex-Animo, -are, ôter le souffle, la vie, faire rendre l'ame, tuer : 2°. consterner, effrayer, 3°. décourager, jetter dans l'abattement.

Ex-Animatio, onis, cessation de souffle : 2°. frayeur mortelle.

Ex-Animatus, a, um, } privé du souffle,
Ex-Animus, a, um, } de la vie, mort :
Ex-Animis, e, } 2°. découragé ; 3°. épouvanté.

Ex-Animalis, e, capable d'ôter la vie, mortel : 2°. qui est sans ame.

In-Animatus, a, um, } qui est sans res-
In-Animus, a, um, } piration, sans
In-Animalis, e, } ame ; mort.

Long-Animis, e, courageux, patient dans l'adversité.

Long-Animitas, atis, grande patience.

Long-Animiter, avec beaucoup de patience, constamment.

Pusill-Animis, e, petit esprit, lâche.

Magn-Animis, e, } qui a du coura-
Magn-Animus, a, um, } ge, de la grandeur d'ame.

Magn-Animitas, atis, grandeur d'ame, excès de courage.

Semi-Animis, e, à demi-mort.

Trans-Animatio, onis, métempsycose.

Un-Animis, e, } qui n'a qu'une mê-
Un-Animus, a, um, } me ame, un même esprit, unanime.

Un-Animitas, union d'esprit, de cœur, conformité de sentiment.

Un-Animiter, avec une intime union, de concert.

2. AHano, -are, labourer, travailler avec peine, avec grand han ; cultiver la terre : 2°. tirer une respiration pénible en travaillant.

3. An-helo, voy. Halo, dans Al.

4. Aff-ano, -are, manœuvrer, faire un travail pénible. Ici la rude aspiration H s'est radoucie en F comme dans nombre de mots.

Aff-anator, un manœuvre, un homme de grand travail.

ANC, ANG.
Courbé, Serré.

Ces mots désignent tout ce qui est courbé, tout ce qui fait coude, qui est serré, étranglé ; de-là diverses familles qui ont été écrites en Grec par deux G G prononcés NG, & qui naissent de la lettre C, qui signifie tout ce qui est creux & courbé. De-là le mot Hébreu חנק *Hang*, même que *Anc*, & qui signifie étrangler. De-là nombre de familles en diverses langues.

ANGen, Engen, en Allemand, presser, vexer.

ANGuish, en anglois, Angoisse. *Eng*, étroit, en Allemand; & *Angst*, nécessité, anxiété. ANCos en Grec, vallon étroit, gorge de montagnes; une foule de mots Italiens & Espagnols. Et ceux-ci en Latin:

1. Recourbé.

1. ANChora, æ, ANCre de navire, ainsi nommée de ce qu'elle est recourbée.

ANchoræ, arum, cables des ancres.
ANchorale, is, cable d'ancre.
ANchoralis, e,
ANchorarius, a, um, } d'ancre.
ANchorarius, ii, qui a soin de jetter, de lever, de garder les ancres.
ANcora, æ, ancre.
ANcorarius, a, um, ancré, terme de Blason. Observons qu'ANCHORA est le mot grec binome, αγκυρα, formé de ANC, αγκ, courbé, serré; & de oura, queue, tige. Ancora veut donc dire *mot-à-mot*, à queue recourbée. De-là le nom suivant.

ANchorugo, inis, esturgeon, saumon; il doit ce nom à la forme de sa queue.

2. ANcile, is, } boucliers échancrés des
ANcilia, orum, } deux côtés. Ce mot est binome & de la formation la plus simple.

ANC signifiant échancré, qui fait coude, creux, & ILE, au pluriel ILIA, signifiant côtés; la réunion de ces deux mots signifie *chose dont les deux côtés sont échancrés*.

ANC-ILIS, e, sabre courbé : 2°. ce qui concerne les boucliers échancrés.

3. ANC-LABRA, orum, mot-à-mot, lévres étroites, bords serrés, étroits ; de ANC & de LABRUM, bord, bassin, lévre. Ce mot binome désigne des vases sacerdotaux dont le bassin ou les bords étoient fort étroits.

ANC-LABris, is, table à côté de l'autel pour poser lesdits vases.

4. ANcon, is, pli du coude : 2°. coin, encoignure, tout ce qui est en forme de coude ; 3°. console, en architecture ; 4°. promontoire ; 5°. cachot ; 6°. centre d'une voûte ; 7°. vase coudé ; 8°. hache ; 9°. équerre ; 10°. bras d'une catapulte, machine de guerre ; 11°. enchanteur.

ANconistis, orum, ce qui nous fait courber ; instrument de torture ; ce qui sert à lever des fardeaux, & qui par conséquent fait baisser.

ANcus, a, um, qui ne peut étendre son bras : qui l'a en angle.

5. ANcyloglossum, i, mot grec binome, qui signifie *mot-à-mot* langue courbée , de GLOSSA, langue, & de ANculos, courbe ; il désigne le bégayement, le filet qui lie la langue des bégues.

2. Forcé, envoyé.

1. ANgaria, æ, corvée, charge publique onéreuse, qui nous courbe sous le labeur ; car tous ces mots qui désignent la courbure, expriment également l'angoisse & l'anxiété ; 2°. obligation de fournir des bêtes de somme pour la poste.

ANgara, æ, maison de poste.
ANgarus, i, } Maître de poste ; 2°.
ANgarius, ii, } courrier ; 3°. qui est obligé à quelque corvée, homme de peine, crocheteur ; 4°. commis à la douane.

ANgario, -are, obliger à quelque corvée, contraindre à de pénibles travaux.

ANgariarius, ii, celui qui est chargé d'exiger les corvées.

PAR-ANgaria, æ, poste ; 2°. corvée ; 3°. sentier étroit, chemin de traverse.

2. ANgelus, i, messager, courrier ; & dans un sens divin, messager céleste obligé

d'exécuter les ordres de Dieu, Ange.

ANGelicus, a, um, qui concerne les Anges.

ANGelica, æ, nom de plante; 2°. nom de femme.

3°. Etroit, serré.

1. ANGo, is, xi, gere, étrangler, serrer, étouffer; 2°. serrer le cœur, attrister, vexer. Ce mot est Grec, αγχω, étrangler.

ANGor, is, esquinancie, suffocation de gorge; 2°. chagrin, peine, tourment d'esprit.

ANGina, æ, } inflammation du gosier,
ANQuina, æ, } esquinancie, qui étrangle; 2°. cable d'une ancre.

2. ANGenora, æ, Déesse qu'on invoquoit contre l'esquinancie.

ANGenoralis, e, ce qui concerne la Déesse ou la fête d'Angenora.

ANGerona, æ, Déesse du silence, parce que celui qui est dans l'angoisse ou avec une esquinancie au col ne peut pas parler, garde le silence.

ANGeronalia, ium, sacrifices & fêtes de cette Déesse.

3. ANGiportum, i, } mot binome formé de
ANGiportus, ûs, } Portus; 1°. rue étroite, ruelle; 2°. coin d'une rue, cul-de-sac.

ANGones, um, dards, lances des Francs. Ce mot tient plutôt à ANCones, machine de guerre recourbée, qui forme l'article ou le numéro 4. ci-dessus.

4. ANGuis, e, serpent, couleuvre, animal qui se recourbe, & qui de plus serre & étouffe ce qu'il enveloppe dans ses contours.

ANGuinum, i, amas de serpens entortillés.

ANGuinus, a, um, } de serpent, qui con-
ANGuineus, a, um, } cerne le serpent.

ANGuiculus, i, petit serpent.

ANGuilla, æ, anguille, poisson qui ressemble au serpent; 2°. fouet de courroies.

BINOMES.

ANGui-fer, a, um, qui produit des serpens; 2°. le serpentaire, constellation.

ANGui-comus, a, um, qui a des serpens pour cheveux; surnom de Méduse.

ANGui-gena, æ, } qui est engendré
ANGui-genus, a, um, } d'un serpent.

ANGui-manus, i, qui a une main qui se tourne avec souplesse; ce qui se dit de la trompe d'un Eléphant.

ANGui-tenens, is, Hercule étouffant un serpent dans ses mains.

ANGui-pes, edis, qui a les pieds tortus, comme on le disoit des Géans.

5. ANGusto, -are, resserrer, étrécir, tenir à l'étroit.

ANGustus, a, um, étroit, retréci, petit.

ANGustia, æ, petite étendue, lieu étroit, défilé: 2°. petit espace de lieu ou de tems; 3°. fâcheuses extrémités, détresse.

ANGusté, étroitement, d'une maniere serrée.

BINOMES.

ANGusti-clavus, i, } la bande & la digni-
ANGusticlavum, i, } té de Chevalier Romain.

ANGusti-clavia, æ, } Chevalier Romain,
— clavium, ii, } qui pour marque de
— clavius, ii, } sa dignité, portoit une bande étroite, semée de nœuds, ou de boutons, en forme de têtes de clous d'or ou de pourpre. Les Sénateurs avoient des boutons plus larges; ce qui les faisoit appeller *Laticlavii*.

Co-ANGusto, -are, rétrécir, joindre plus étroitement.

PER-ANGusté, d'une maniere fort serrée, très-étroite.

PER-ANGustus, a, um, fort étroit, très-pressé, succinct.

6. Anxius, a, um, qui a le cœur serré, inquiet, chagrin.

Anxio, are, tourmenter, serrer le cœur, inquiéter.

Anxietudo, inis, } inquiétude, serrement
Anxietas, tis, } de cœur; 2°. humeur chagrine.

Anxié, avec inquiétude, peine, chagrin.

Anxifer, a, um, mot binome, de Fero : chagrinant, qui cause du chagrin.

7. Angellus, i, un petit angle, un petit coin.

Angulus, i, lieu serré, angle, coin.

Angulosus, a, um, } qui a plusieurs
Angulatus, a, um, } coins & recoins.

Angularis, e, } qui se met dans
Angularius, a, um, } les encoignures,
Angulatilis, e, } angulaire.

Ex-Angulus, a, um, qui n'a point d'angles.

Tri-Angulum, i, figure à trois angles, triangle.

Tri-Angulus, a, um; Tri-Angularius, a, um, qui a trois angles, triangulaire.

Quadr-Angulus, a, um; Quadr-Angulatus, a, um, qui a quatre angles.

Sex-Angulus, a, um; Sex-Angulatus, a, um, qui a six angles, figure hexagone.

Sept-Angulus, a, um, qui a sept angles.

Oct-Angulus, a, um, qui a huit angles.

HAP, AP,

Saisir, Happer, (41 & 541.)

HAP, AP, est une onomatopée, qui désigne, 1°. l'action de saisir, de prendre, de happer; & par dérivation, 2°. les idées de comprendre, de saisir une idée, une pensée, & 3°. celles de lier, de serrer ce qu'on a pris afin qu'il ne s'échappe pas : de-là diverses familles Grecques, Latines, &c. De même que HAPPer en François, sn-AP en Anglois, & schn-APsen en Allemand, tâcher de saisir.

APtus, a, um, capable de saisir, de comprendre : 2°. qui a pris, qui a acquis : 3°. convenable, propre : 4°. qui a été saisi, compris : 5°. attaché, lié, ajusté. Ce mot dans le premier sens est adjectif & signifie capable de saisir. Dans le second, c'est un participe passé actif, formé du vieux verbe Latin APo, APor, qui vient de l'ancien verbe Grec Aphó, αφω, duquel aptó αππω, & aptomai απτομαι, tirent leurs tems, & qui tous signifient tâcher d'avoir, de saisir, prendre.

APtus dans le troisième sens est adjectif & signifie convenable, propre, parce que l'homme qui a acquis, est plus capable, plus propre à une chose, a plus d'avantages qu'un autre.

Dans le quatrième sens, APtus est participe prétérit passif du vieux verbe APo, & signifie saisi, compris; d'où vient le cinquième sens où APtus est aussi participe passif & où il signifie attaché, lié, ajusté, uni, parce que l'on serre, on lie, on s'empresse de réunir les choses, les connoissances qu'on a acquises. De-là ces mots.

1. AP-to, -are, prendre, rendre propre ; 2°. ajuster, arranger, disposer.

Aptus, a, um, pris, rendu propre : 2°. accommodé, attaché ; 3°. conforme.

Aptitudo, inis, capacité de prendre, de comprendre ; facilité, disposition à quelque chose.

Apté, proprement : 1°. convenablement ; 3°. justement, bien.

COMPOSÉS.

Ad-Eptus, a, um, qui a pris, qui a acquis ; 2°. obtenu, saisi, gagné.

Ad-Eptio, prise, conquête : 2°. avantage, jouissance.

Ind-Eptus, acquis.

Ind-Epto, acquérir, obtenir.

In-Eptus, a, um, qui ne peut saisir, comprendre : 2°. peu convenable, peu propre ; 3°. impertinent, sot.

In-Eptitudo, inis, } incapacité de saisir,
In-Eptiæ, arum, } de comprendre : 2°. défaut de convenance ; 3°. sottises.

In-Eptio, -ire, devenir incapable de saisir, de comprendre ; 2°. devenir inepte, sot, ridicule ; 3°. faire le fou, dire des sottises.

In-Epté, mal-à-propos, sottement.

Ad-Apto, -are, approprier, ajuster, adapter.

Ad-Aptatus, a, um, approprié, ajusté.

Ex-Apto, -are, prendre, attacher.

Ex-Aptus, a, um, bien lié, bien ajusté.

2. APiscor, eris, aptus sum, sci, happer, tâcher de saisir, d'attraper : prendre, acquérir.

COMPOSÉS.

Ad-Ipiscor, eris, eptus sum, sci, attraper, prendre : 2°. gagner, acquérir, se rendre maître.

Ind-Ipisco, is, ere, obtenir.

Ind-Ipiscor, eris, eptus sum, isci, acquérir, gagner.

Red-Ipiscor, eris, deptus sum, sci, recouvrer.

AQUA,
AGOUA, AWA, AV, EVA, Eau, (30, 417.)

Ces mots sont de toutes langues. On dit WAter, WAsser en Allemand ; AGUA en Espagnol ; AUen en Celte ; AUOU en langue de Madagascar ; AO en Tonquinois. Tous ces mots sont l'U fort, prononcé O, AU, consacré à désigner l'eau ; ils tiennent de plus à AVA ou bien AUA, le désir, en Hébreu comme en Latin, parce que dans les pays chauds on ne désire rien tant que l'eau, & que les pays arrosés de fleuves ont toujours servi à désigner le séjour fortuné.

1. AQua, æ, eau. AQuæ, arum, Eaux minérales.

AQula, æ, filet d'eau.

AQuor, -ari, aller à l'eau, faire aiguade : 2°. abreuver, mener boire.

AQuosus, a, um, où il y a abondance d'eau, fort humide, pluvieux.

AQuatus, a, um, mélangé d'eau : 2°. qui coule, qui n'est point épais ; 3°. aqueux.

AQuatio, onis, provision d'eau, aiguade : 2°. lieu où l'on va puiser de l'eau ; 3°. arrosement ; 4°. abondance de pluie.

AQuarium, ii, réservoir d'eau, abreuvoir, évier.

AQuariolum, ii, petit égout, petit évier.

AQuarius, ii, le Verseau, un des XII Signes de l'année : 2°. Intendant des eaux & aqueducs ; 3°. ouvrier qui fait les aqueducs, fontainier ; 4°. porteur d'eau.

AQUATICUS, *a*, *um*, qui croît, qui vit, qui se plaît dans l'eau ; 2°. hydropique.
AQUARIUS, *a*, *um*, ce qui concerne les eaux.
AQUATILIS, *e*, aquatique.
AQUATOR, *is*, qui va faire provision d'eau.
2. AQUALIS, *is*, aiguière, pot à l'eau.
AQUALICUS, *i*, AUGE : 2°. ventre ; 3°. boyau, dont on fait des andouilles.
AQUALICULUS, *i*, auge, pour donner à boire aux pourceaux : 2°. ventre.
AQUAGIUM, *ii*, droit de faire un aqueduc dans les terres des autres.
AQUANS, *antis*, qui va puiser de l'eau.

BINOMES.

AQUÆ-DUCTIO, *is*, conduite des eaux : de *duco*, conduire, amener.
AQUÆDUCTUS, *ûs*, canal pour conduire les eaux, aqueduc : 2°. droit de conduire les eaux par les terres des autres.
AQUÆ-HAUSTUS, *ûs*, droit d'aller puiser de l'eau chez quelqu'un, ou d'en amener chez soi par quelque machine : de *Haurio*, puiser.

AQUÆMANALIS, *is*, } aiguière.
AQUÆMANILE, *is*, } Pot à l'eau.
AQUIMANARIUM, *ii*, } Bassin à laver les mains.
AQUIMANALE, *is*, }
AQUIMANILE, *is*, }
AQUIMINALE, *is*, } Tous ces mots
AQUIMINARIUM, *ii*, } sont formés d'*a-*
AQUIMINARIUS, *ii*, } *qua*, eau, & de
AQUIMINILE, *is*, } *manus*, mains.

AQUI-LEGIA, *æ*, ancolie, plante qui amasse beaucoup d'eau : de *Lego*, cueillir.
AQUILEGIUM, *ii*, réservoir, amas d'eau, citerne : 2°. maniere de faire amas d'eau.
AQUILEX, *egis*, qui ramasse les eaux de sources, qui les découvre, fontainier.
AQUILICIA, *orum*, } fêtes en l'honneur
AQUILICIUM, *ii*, } de Jupiter pour obtenir de la pluie.

COMPOSÉS.

AD-AQUATUS, *ûs*, abreuvoir, lieu où l'on se fournit d'eau.
AD-AQUO, -*are*, abreuver, arroser : 2°. faire provision d'eau.
IN-AQUO, -*are*, changer en eau, faire fondre en eau.
IN-AQUOSUS, *a*, *um*, où il n'y a point d'eau, aride.
SUB-AQUEUS, *a*, *um*, qui est sous l'eau.

A R.

La lettre R, qui désigne les objets roulans & élevés, étant précédée de la voyelle A, devint la racine distinctive des noms par lesquels on désigne les élémens, les métaux & les choses élevées, escarpées, pointues. De-là une multitude de familles essentielles.

1. AR, désignant la terre & tout ce qui y est relatif.
2. AR, désignant l'eau.
3. AR, puis AER, l'air.
4. AR, le feu & les objets ardens.
5. AR, puis ÆR, l'airain.
6. AR, HAR, HER, puis FER, le fer.
7. AR, joint à CAN, blanc, l'argent.
8. Suivi des consonnes C, D, M, AR forme diverses familles relatives aux idées d'élévation.

I.

AR, ER, les ÉLÉMENS.

1°. LA TERRE

AR, ART, ARZ signifie la terre dans

le

les Langues Orientales, ainsi que dans celle des Basques. En Allemand ERD, en Anglois EARTH; en Grec ERA. De-là le Latin *ARea*, l'Espagn. *ERa*, le Turc *ER*, qui tous signifient *sol*.

Les Latins en firent le mot ERRa, qu'ils réunirent en un seul avec l'article primitif T existant encore aujourd'hui dans les Langues du Nord, d'où vint le mot TERRA, terre, qui parut dès ce moment un mot isolé, & sans aucun rapport a aucune Langue quelconque, pas même avec cette multitude de mots Latins en AR, provenus de AR, terre, & dont par conséquent l'étymologie étoit plus difficile à trouver. De-là :

1. T-ERRa, æ, terre : 2°. pays, contrée.

TERRaceus, a, um,
TERReus, a, um,   } fait de terre, qui
TERRenus, a, um, } concerne la terre.
TERREStris, e, terrestre, de terre.
TERRenum, i, terrein, terroir.
TERRosus, TERRulentus, terreux, mêlé de terre.
TERRi-gena, æ, né de la terre, enfant du pays.
SUB-TERRaneus, a, um, souterrein.
SUB-TERRatorium, ii, houe, hoyau.
EXT-ORRis, e, banni des terres.

2. ARea, æ, plaine, campagne; 2°. place publique; 3°. place d'une maison; 4°. cour, basse-cour; 5°. planche de jardin; 6°. AIRe d'une grange; 7°. cercle autour de la lune; 8°. un pied en quarré; 9°. vestibule; 10°. alopécie, maladie qui fait tomber les cheveux, ainsi nommée parce qu'elle fait de la tête une place rase. Ce mot a pour diminutif,

ARe*ola*, æ, petite aire.
ARe*alis*, e, qui sert à la grange.
ARe*ator*, is, Batteur en grange.

3. ARo, -are, labourer la terre, la cultiver; en Breton ARa, en Basque ARat, en Grec ARoó; ARia en Islandois, ERen en Theuton, & EARe en Anglois. ARoy en vieux François, charrue.

ARabilis, e, labourable.
ARatura, æ,   }
ARatio, onis,   } labourage.
ARationes, champs cultivés.
ARatiuncula, æ, petit morceau de terre labourable.
ARator, is, laboureur.
ARatorius, a, um, qui concerne le labourage.
ARatro, -are, & ARTRO, labourer pour la seconde fois.
ARatrum, i, charrue.
ARuo, -are, cacher le blé en terre avec la charrue.
ARotiæ, arum, Syracusains réduits à être gens de labour, ou de glebe.

COMPOSÉS.

CIRCUM-ARo, -are, labourer autour.
EX-ARo, -are, bêcher, remuer la terre : 2°. écrire, tracer.
EX-ARator, laboureur.
IN-ARo, -are, couvrir la terre labourée, labourer.
IN-ARatus, a, um, qui n'a pas été labouré.
OB-ARo, -are, labourer autour.
OB-ARator, oris, qui laboure autour.

Per-aro, -are, labourer parfaitement : 2°. rayer, tracer des lignes.

Sub-aro, -are, fouir sous la terre, creuser par-dessous.

Sub-aratio, onis, action de fouir la terre par-dessous.

Sub-arator, oris, qui fouit la terre par-dessous.

4. Arvum, i, campagne, terroir, champ : 2°. terre en jachere ; 3°. terre labourée & non encore ensemencée.

Arvalis, e, qui concerne la campagne, les champs labourés, les biens de la terre.

Arvalia, ium, sacrifices, fêtes pour les biens de la terre.

Arvo, -are, couvrir le bled avec la charrue.

Ame-arvalia, um, fêtes où l'on promenoit, à l'entour des champs, l'animal qu'on devoit sacrifier pour les biens de la terre : de AM, autour, particule Latine, la même que UM en Allemand.

5. Arda, æ, } la terre ; ce mot est Armé-
Arida, æ, } nien, Arabe, Gothique, Runique, sans le moindre changement.

De-là viennent ces trois mots d'une origine inconnue jusqu'ici :

Ardalia, ium, vases de terre, pots de cuisine faits de terre.

Ardalio, onis, } goulu, glouton, qui
Ardelio, onis, } vuide les pots & les plats : 2°. empressé, intriguant; 3°. qui fait l'empressé, le bon valet.

6. Arpentum, i, } mot Celte usurpé par
Arpennis, is, } les Latins, & que Columelle nous apprend lui-même venir de la Gaule. En effet c'est un mot formé de AR, la terre, & de PEN, pour BEN, bande, portion.

2°. ART, Travail, Art.

D'Ars, tis, labour, premier des arts, on forma.

1°. ARS, ARTIS, qui signifie 1°. ART, profession, occupation quelconque ; 2°. les métiers distingués, les beaux Arts ; 3°. savoir-faire, adresse, finesse ; 4°. tromperie.

Artatus, a, um, } qui a la connoissan-
Artitus, a, um, } ce des beaux Arts.
En Allemand, artig, manière.

Du reste, l'ablatif de Ars est Arte, qui paroit le même que arete en Grec.

2. Arti-fex, ficis, Artisan, ouvrier, faiseur ; 2°. comme adjectif il signifie artificiel, fait avec art. Il est formé de facio, faire.

Artificina, æ, boutique, attelier.

Artificium, ii, emploi, profession, science : 2°. finesse, délicatesse de l'art ; 3°. ruse, fourberie.

Artificialis, e, artificiel, fait par le moyen de l'art, ou selon les regles de l'art.

Artificialiter, avec art.

Artificiosus, a, um, artiste, industrieux, méthodique, ingénieux : 2°. travaillé avec méthode, artistement, régulier.

Artificiosé, par art, artificiellement : 2°. artistement, dans les régles de l'art. 3°. avec industrie, ingénieusement.

In-artificialis, e, qui est sans art.

In-artificialiter, sans artifice.

COMPOSÉS.

Dis-ertus, a, um, qui sait bien les beaux arts, éloquent, qui parle bien.

Dis-ertitudo, éloquence, faculté de s'énoncer avec art.

Diserté, } éloquemment, claire-
Disertim, } ment, nettement.

In-disertus, a, um, peu éloquent, qui s'exprime sans élégance.

IN-DIS-ERTé, sans art, sans élégance.
PER-DIS-ERTé, fort éloquemment, avec art, en beaux termes.
EX-ERO, -are, } 1o. cultiver,
EX-ERO, ui, um, ere, } creuser la terre, la tirer en dehors : 2o. cultiver les arts, les faire paroitre, les découvrir ; 3o. tirer en dehors, faire voir, montrer.
EXERTim, } ouvertement, d'une manière forte & développée.
Exerté, }
IN-ERS, ERTis, qui est sans métier, sans art : 2o. fainéant, paresseux ; 3o. ignorant, mal habile.
IN-ERTia, æ, état d'un homme qui n'a point de métier, d'ART ; inaction, paresse : 2o. ignorance, défaut de savoir.
IN-ERTicula, æ : ce diminutif joint dans Pline au mot vitis, désigne une vigne qui produit un vin foible ; sans force, sans énergie.
SOL-ERS, ERTis, c'est un terme binome formé de ARS & de SOLEO, savoir, avoir pratiqué, avoir coutume ; aussi solers signifie-t-il savant dans les arts, industrieux, ingénieux, adroit.
SOL-ERTia, pratique des arts, souplesse, finesse.
SOL-ERTer, avec industrie, ingénieusement.

3°. AR, Sec ; Brûlé.

1. AReo, -ere, être brûlé par le soleil ou de sécheresse : 2o. être sec, aride.
ARens, brûlant, ardent : 2o. sec, aride.
ARefco, ere, se dessécher par l'extrême chaleur, se durcir, se pétrifier.
ARidus, a, um, brûlé du soleil, desséché, décharné : 2o. avare, mesquin : 3o. maigre, infertile.
ARidum, i, la terre brûlée, desséchée, réduite en sable : 2o. le rivage, le bord de l'eau, la grève.
ARiditas, is, sécheresse, aridité.
ARitudo, inis, sécheresse, aridité, maigreur : 2o. épargne, ménage, lézine.
ARribilis, e, combustible.
AD-AReo, es, ui, ere, } sécher, devenir sec.
AD-ARefco, ere, }
EX-ARDeo, ere, } s'embraser,
EX-ARDefco, ere, } s'enflammer :
2°. s'emporter.
EX-ARe-Fio, is, factus sum, } se dessécher
EX-ARefco, is, rui, ere, } de chaleur, se tarir : 2o. être flétri, fanné par l'ardeur du soleil.
IN-ARefco, -ere, se sécher : 2o. se tarir.
IN-ARefactus, a, um, séché, tari.
INTER-ARefco, ere, devenir sec.
OB-ARefco, se sécher tout autour.
PER ARefco, -ere, sécher entièrement.
SUB-AReo, -ere, } devenir un peu sec.
SUB-ARefco, ere, }
SUB-ARidè, adv. avec quelque aridité, un peu aridement.
PER-ARidus, a, um, tout-à-fait aride, très-sec.

1. ARdeo, es, arsi, arsum, dere, brûler, être en feu · 2o. briller, étinceler, être resplendissant ; 3o. être vif, ardent, passionné ; 4o. avoir un desir brûlant, souhaiter, aimer avec ardeur. Le soleil, en Arménien se dit ARSI, & l'on sait que le feu étoit toujours désigné par le mot qui exprime le soleil.
ARDens, entis, brûlant, allumé, embrasé : 2o. luisant, étincelant ; 3o. animé, vif ; 4o. indigné, rouge de colère ; 5o. passionné, amoureux.
ARDor, is, chaleur, ardeur : 2o. le rouge, le brillant ; 3o. passion, desir.
ARDenter, avec feu, chaleur ; vivement, passionnément.
OB-ARDeo, bruler tout autour.
ARDefco, cere, s'embraser : 2o. s'agiter vivement, s'emporter.
IN-ARDefco, -ere, s'enflammer.
RED-ARDefco, se renflammer

E ij

4°. AR, Pierre, Rocher.

1. AR*a*, *æ*, roc, pierre, parce que les rochers forment des hauteurs, des pointes. Rocher se dit en Hébreu AR, en Basque AR*i*, en Irlandois AR*t*, en Breton AR*n*, en Celte AR, & une foule d'autres: & comme les rochers cachés sous l'eau forment des pointes, AR*a*, *æ* signifie dans son second sens, 2°. écueils, rocs cachés à fleur d'eau; 3°. digues, quais, moles de pierres entassées, pour retenir les fleuves ou la mer; 4°. Autels, parce que les hommes n'avoient d'abord qu'un roc, une pierre pour Autel; 5°. l'autel, constellation, pris du signe du Scorpion; 6°. asyle, refuge, lieu de sureté, parce que l'autel fut toujours un asyle; il y avoit pour cet effet quatre cornes, une à chaque coin, que le suppliant empoignoit; ce qui fit croire aux Etymologistes Latins, qu'il venoit d'*ansa*, une anse, prononcé *Asa* & puis *Ara*.

AR*ula*, *æ*, petit rocher; 2°. petit autel; 3°. petit foyer, parce qu'il étoit fait d'une pierre, ou comme un autel; 4°. réchaud, gril, vase; 5°. petit mur fait de pierres.

2. AR*ena*, *æ*. petite pierre, sable, gravier : mot formé du diminutif Celte EN; 2°. grève, rivage; 3°. terre sablonneuse; 4°. ARÈNE, cirque, lieu sablé pour les spectacles. En Celte, AREN, petit rocher.

DÉRIVÉS.

AR*enula*, *æ*, sable fin.
AR*enosus*, *a*, *um*, } sablonneux, plein
AR*enaceus*, *a*, *um*, } de gravier : 2°. aride.
AR*enaria*, *orum*, } sablonnieres, carriere de sable.
AR*enariæ*, *arum*, }
AR*eno*, -*are*, crépir de mortier.
AR*enatum*, *i*, mortier fait de chaux & de sable.
AR*enatio*, *onis*, crépissement.
AR*enarius*, *ii*, gladiateur, homme qui se bat sur l'AR*ène*.
AR*eni-Vagus*, *a*, *um*, errant parmi les sables; de V*agor*.
Ex-AR*eno*, -*are*, dessabler, ôter le gravier.

3. AR*gilla*, *æ*, argille, terre grasse, terre à potier.
AR*gillaceus*, *a*, *um*, } argilleux, d'ar-
AR*gillosus*, *a*, *um*, } gille.

4. ALT-A*ris*, ALTAR*e*, ALTAR*ium*, mot binomes composés de AL ou ALT élevé, & de AR, pierre; mot à mot pierre élevée, rocher élevé, servant d'autel pour les sacrifices des Dieux supérieurs ou les Dieux du Ciel; AR*a* étoit l'autel des Dieux de la terre.

2°.
AR, ER, Eau.

AR, signifia *Eau* dans la langue primitive : en Egyptien IAR, en Hébreu IOR, fleuve; en Irlandois BIR, eau. De-là le Latin

Imb ER, *bris*, grande eau, pluie considérable; & au figuré, des larmes. Ce mot est composé de IM, grand, & de ER, eau courante; le B sert à unir ces deux monosyllabes.

IM-BRIdus, a, um,
IM-BRIcus, a, um, } pluvieux.
IM-BRIfer, a, um,

IM-BRIcitor, is, celui qui cause la pluie; de *Imber* & de *Cio, civi, citum*, mouvoir, *mot à mot*, la cause, le moteur de la pluie.

AM BRIx, icis, } tuile creuse pour faire couler l'eau; gou-
IM-BREx, eis, } tiere; 2°. battement
IM-BRIcium, ii, } subit de mains pour applaudir, avec un bruit semblable à celui d'une ondée.

IM-BRIcatus, a, um, fait en forme de goutiere.

IM-BRIcatim, en maniere de goutiere.

3°.

AR, AER, Air.

1. AER, 1°. Air; 2°. vent; 3°. haleine, souffle.

En Hébreu אור, *Aur*; en Celte, en Grec, &c. AER; en Syr. AIR; en Italien ARia, &c.

AEReus, a, um, Aërien, qui vit dans l'air, &c.

AERius, a, um, haut, élevé, qui vole dans l'air.

AERosis, is, la partie aërienne du sang.

2. AERoides, béril, pierre précieuse.

AERizusa, espece de jaspe; du verbe Grec, Ἀερίζων, imiter la couleur de l'air.

3. AURa, æ, vent, souffle, air; 2°. lumiere, éclat; 3°. odeur, senteur; 4°. faveur, réputation.

II.

AR désignant les MÉTAUX; & 1°. ÆRe, ÆNeus, ÆS, Airain.

1°. ÆS, *abl.* ÆRe, AIRain, bronze, cuivre, fer, acier : 2°. tout ce qui est fait de ces métaux : 3°. instrumens d'airain, trompette, &c. &c. casque; monnoie; argent.

ÆRo, -are, couvrir de cuivre; 2°. bronzer.

ÆRatus, a, um, garni d'airain; 2°. bronzé : 3°. qui a beaucoup d'airain, *c'est-à-dire*, de monnoie, d'argent; riche, opulent; 4°. qui doit de l'airain ou de la monnoie, endetté, OB-ERé.

ÆRator, is, endetté.

ÆRtus, i, bouclier, parce qu'il est fait d'airain.

ÆReus, a, um, d'airain, de cuivre.

ÆRosus, a, um, plein de cuivre, mêlé d'airain.

ÆRaria, æ, mine d'airain, boutique d'un Chaudronnier.

ÆRarium, le trésor public.

ÆRarius, a, um, d'airain, de cuivre; 2°. qui concerne les dettes; 3°. qui concerne les finances; 4°. qui concerne les salaires ou gages.

ÆRarius, ii, ouvrier en airain, Chaudronnier; 2°. déchu du droit de bourgeoisie, mis à la taille, parce que les bourgeois ne payoient point de taille.

ÆReolus, i, petite monnoie de cuivre.

ÆReolum, poids de deux grains, sixieme partie de l'obole.

ÆRumen, inis, } tout ce qui est fait
ÆRamen, inis, } d'airain; 2°. batte-
ÆRamentum, i, } rie de cuisine.

ÆRamentarius, ii, Chaudronnier.

ÆRamentarius, a, um, qui concerne le Chaudronnier.

2. ÆRuca, æ, rouille de cuivre, verd-de-gris; 2°. calendre, insecte qui ronge le bled, ainsi appellé à cause de sa couleur cuivreuse, ou parce qu'il ronge le

bled, comme la rouille dévore le métal.

Ærugo, inis, rouille d'airain, verd-de-gris; 2°. calendre; 3°. nielle, brouillard qui brûle les bleds; ainsi appellé ou parce qu'il noircit les bleds, ou parce qu'il les dévore & consume; 4°. médisance, calomnie, parce que l'imposture noircit la réputation; qu'elle mine, détruit l'objet auquel elle s'attache.

Æruginosus, a, um, rouillé, couvert de verd-de-gris.

Æruginator; 1°. qui dérouille; 2°. armurier, fourbisseur; 3°. faiseur, marchand de verd de gris.

3. Ærica, æ, hareng soret, à cause de sa couleur de cuivre.

4. Æra, æ, époque, ere, moment duquel on commence à compter les années; ainsi nommé, parce que ces époques se gravoient sur des tables de cuivre; 2°. nombre mis sur la monnoie pour en indiquer la valeur; ce nombre étoit ainsi appellé de la piece de cuivre sur laquelle il étoit gravé; 3°. les chiffres particuliers de chaque article d'un compte; ce qui a trait à l'ère, à l'époque ou aux tables de cuivre sur lesquelles on avoit chiffré.

5. Æra, æ, signifie encore l'yvraie, parce qu'elle a une couleur cuivreuse, ou parce qu'elle dévore le froment.

Ærinus, a, um, d'yvraie.

Ærodes, plein d'yvraie.

BINOMES.

Ære-diratus, a, um, privé de paye, de salaire; de ÆS, salaire, & de diruo, je renverse.

Æricolum; de colo & de ÆS; ouvrage de cuivre.

Ærificium, de facio & de ÆS; ouvrage de cuivre.

Ærifer, ra, rum, de fero; qui produit le cuivre.

Æri-fodina, æ, mine d'airain; de fodire, creuser, fouir.

Æri-pes, dis, aux pieds de bronze; 2°. marcheur infatigable.

Æri-sonus, a, um, sonnant comme l'airain.

5. Ærusco, -are; de ÆR & du primitif CAP, prendre, contenir, comme qui diroit attrapper de l'argent; 2°. gagner de l'argent, le recevoir à la porte de la Comédie; 3°. escroquer, escamoter, friponner.

Æruscator, comme qui diroit Æriscaptor: la prononciation radoucie a fait disparoitre le P du primitif CAP. Ce mot signifie celui qui reçoit, qui gagne de l'argent; 2°. le receveur de l'argent à la porte de la Comédie; 3°. tout homme qui attire l'argent du peuple par des spectacles, un charlatan; un escamoteur: un fripon.

Æruscatio, filouterie, supercherie.

Æsculator, oris, la même chose qu'Æruscator.

COMPOSÉS.

Ad-Æro, -are, mettre le prix courant, dire combien d'airain ou de monnoie une chose vaut; 2°. estimer, apprécier.

Ad-Æratio, évaluation, appréciation.

Ob-Æratus, a, um, qui doit beaucoup d'airain, de monnoie, endetté, ob-Fré; 2°. un homme surchargé de dettes ou d'impôts, qui servoit un Grand pour obtenir sa protection; 3°. gagé, servile.

Sub-Æratus, a, um, piece d'argent fourrée de cuivre.

DÉRIVÉS.

1. Æneus, a, um; Æniolus, a, um, d'airain, de bronze.

2. Ænulum, i,
Ænulus, i, } petit chaudron d'airain.
Æneolum, i,

Æneator, oris, joueur de trompette, parce que les trompettes étoient d'airain.

Æneus, d'airain. En y ajoutant une aspiration, on a fait :

3. Ahenus, a, um, d'airain.

Ahenum, vase d'airain ; chaudron.

Ahenia, æ, petite chambre obscure, ou parce que la couleur enfumée lui donne la couleur du bronze, ou parce que les ouvriers en cuivre comme les chaudronniers faisoient leur attelier de réduits étroits & obscurs.

BINOMES.

Aheni-pes, Æni-pes, dis, aux pieds d'airain.

Aheno-Barbus, Æno-Barbus, i, qui a la barbe rousse, couleur de cuivre.

2.
AR, HER, FER, M-ARS.
Le fer, la guerre, &c.

1. De AR, métal, les Grecs firent ARès, fer ; & les Latins,

Ferrum, i : on disoit anciennement Herrum ; les Espagnols disent Hierro; les Anglo-Saxons Aiern; les Anglois Iron ; en Hébreu Barzel.

Ferreus, a, um, de fer ; 2°. dur ; 3°. impitoyable, cruel, rude ; 4°. infatigable.

Ferraria, æ, mine de fer.

Ferrarius, i, forgeron, ouvrier en fer.

Ferrarius, a, um, qui concerne le fer.

Ferratus, a, um, ferré ; 2°. armé ; 3°. enchaîné.

Ferratilis, e, garni de fer.

Ferramentum, instrument de fer.

Ferrumen, is, soudure ; 2°. colle ; 3°. ornement du discours.

Ferrumino, -are, souder, cimenter.

Ferruminatio, soudure.

Ferruminator, soudeur ; ciment, mortier.

Ferrugo, inis, rouille de fer ; 2°. couleur de cette rouille ; 3°. violet, rougeâtre.

Ferruginus ; Ferrugineus, de couleur, ou de goût de fer, ou de sa rouille ; 2°. triste, sombre, noir.

Ferri-Teri, orum, esclaves enchaînés ; de Tero, user.

2. M-ARS, 1°. fer ; 2°. guerre ; 3°. Dieu de la guerre : même mot que Arès des Grecs, qui signifie la même chose.

Mars-Piter, Dieu de la Guerre, le Pere Mars.

Martialis, e ; Martius, a, um, de guerre, qui aime la guerre, courageux ; 2°. du mois de Mars.

Martius, ii, le mois de Mars.

BINOMES.

Marti-cola, æ, qui aime, qui cultive la guerre.

Marti-gena, æ, né du Dieu Mars.

Martio-Barbulus, Soldat qui lançoit avec une arbalètre des balles de plomb.

3.
AR, Argent.

AR-Gentum, i, de AR, métal, & de CAN ou GEN, blanc, d'où Canus des Latins : ce mot signifie donc 1°. argent, métal blanc ; 2°. monnoye ; 3°. vaisselle d'argent ; 4°. les richesses.

Argenteus, a, um, d'argent ; 2°. clair, brillant, de couleur d'argent.

Argenteolus, d'argent.
Argentatus, garni d'argent.
Argentarius, a, um, qui concerne l'argent.
Argentarius, ii, trésorier, banquier.
Argentarium, ii, coffre-fort.
Argentaria, æ, négoce d'argent, banque ; 2°. boutique d'Orfévre ; 3°. mine d'argent.
Argentosus, a, um, mêlé d'argent.

BINOMES.

Argentifer, , a, um; Argentifex, icis, qui porte de l'argent.
Argenti-exterebronides, pince-maille.
Argenti-fodina, æ, mine d'argent.

COMPOSÉS.

De-Argento, are, argenter.
De-Argenteus, a, um; De-Argentatus, a, um, argenté.
In-Argentatus, a, um, enchassé dans l'argent.

III.

AR, ÆR. HER, grandeur.

1°. Haut : Maître.

1. HERus, i, maître, le même que HERR en Allemand, Seigneur, & HAR en Runique, Roi, homme puissant. En vieux françois HERE, Seigneur. Les Hongrois, qui comme les Grecs, ont sacrifié l'étymologie à l'harmonie des mots, ont retranché le H aspiré, & ont adouci l'A en U ; ils disent UR, homme grand, Seigneur, pere.

Hera, æ, la Maîtresse d'un logis, Dame ; 2°. la Déesse Fortune ; 3°. la Déesse Junon.
Herilis, e, du Maître.
Herifuga, æ, esclave fugitif.

2. HERos, oïs, homme élevé, un grand homme.
Heroïna, æ; Heroïs, idis, femme élevée : Héroïne.
Heroüs, a, um ; Heroïcus, a, um, héroïque, de Héros.
Heroüm, i, mausolée à la gloire d'un Héros.

3. ERODius, ii ; Herodius, ii, Héron, oiseau aux jambes élevées & au grand cou.
Ar-Amus, i, (de AM, eau) Héron, oiseau de riviere.

2°. Charge.

1. ÆRo, onis ; Hero, nis, panier, chose propre à élever & à porter : de APω, ARO, en Grec, élever.
2. ÆRumna, æ, crochet de portefaix, bourdon au bout duquel les voyageurs portent leurs paquets ; 2°. charge, fardeau ; 3°. peine, travail ; 4°. chagrin, misere. Ce mot vient du Grec ARO, je léve, ponconé AIRO.
Ærumnula, æ, petite fourche pour lever un fardeau ; 2°. légere affliction.
Ærumnabilis, e ; Ærumnalis, e ; 1°. qui regarde le métier de crocheteur ; 2°. qui est plein de chagrin ; 3°. qui afflige ; triste.
Ærumnosus, a, um ; Ærumnatus, a, um, fatigué de porter ; 2°. accablé de maux.

3°. Odeur qui s'éléve.

AR-OMa, tis, odeur forte, parfum, ce qui porte ou fait élever de l'odeur ; épicerie. Ce mot binome est composé de deux mots Grecs, de ARo, je porte, & de OMa pour OSMa, odeur, c'est-à-dire, chose qui porte du parfum.
Aromatarius, Parfumeur, Epicier.
Aromaticus,

Aromaticus, a, um, de parfums ; 2°. odoriférant.

Aromatites, æ, hypocras, vin parfumé ; 2°. pierre précieuse qui sent bon.

Aromatizo, -are, porter une bonne odeur.

4°. Bras, ce qui porte.

ARMus, i, les bras ; comme dans plus de vingt langues du nord ; 2°. l'épaule ; 3°. le haut de l'épaule ; 4°. ce qui porte.

Armillum, i, vase porté sur les épaules dans les sacrifices.

Armilla, æ, ornement du bras, bracelet ; 2°. collier, bague ; 3°. anneau de fer ; 4°. anneau astronomique.

Armillatus, a, um, qui porte un collier, une bague, un bracelet.

Armillaris, e, qui porte au bras une médaille comme les postillons, marque de leur état ; 2°. Composé des cercles astronomiques.

Armille, is, intrigue, ruses, détours, magasin de fourberies.

5°. Jointures, Artères, &c.

ARTus, uum, ubus, } élévations sur le
ARTua, uum, . } corps humain ; 2°. les jointures des membres qui forment des bosses ou de petites hauteurs, 3°. les membres. On dit en Grec ARThron, pour la même chose.

Artuo, -are, tailler en piéces, couper menu.

Artuatim, membre à membre, par morceaux.

Artuosus, a, um, membru : fort, vigoureux.

2. ARTiculus, i, jointure des membres ; 2°. nœud dans les plantes, protubérence sur les arbres ; 3°. hauteur, élévation en général ; 4°. point ; 5°. section, chapitre ; 6°. conjecture ; 7°. article.

Articulamentum, i, jointure des os.

Articulosus, a, um, noueux, plein de protubérences, de nœuds.

Articularis, e ; Articularius, qui concerne les jointures.

Articularius, ii, goutteux.

Articularis, is, primevere.

Articulo, -are, prononcer distinctement.

Articulatus, a, um, clair, net, mis par Articles.

Articulatio, is, nœuds des plantes : 2°. maladies qui surviennent à ces nœuds : 3°. articulation.

Articulatè, distinctement, clairement.

Articulatim, par pièces, membre à membre : 2°. avec méthode, nettement.

De-Artuo, -are, disloquer, démembrer.

3°. Arterium, ii ; Arteria, æ, vaisseaux du corps qui battent ou s'élèvent fortement, dont le poulx forme une ondulation, une hauteur : ce mot est pur Grec.

Arterialis ; Arteriacus, qui concerne les artères.

Artericus ; Arthriticus, goutteux.

Arthritis, idis, la goute, parce que nouant les jointures, elle forme des élévations.

Artheriace, es, reméde pour guérir la goute.

6°. Troupeau, Animaux en troupe.

HARa ; æ, troupe d'animaux, HAras, 2°. étable en général ; étable à cochon, à oyes.

2°. Armenta, æ ; Armentum, gros troupeau : de AR, bétail, & de ment, quantité, grandeur, montagne.

Harde signifie en François troupe de bêtes sauvages ; herd, en Allemand & en Anglois, troupeau.

ARmentalis, e,
ARmentinus, a, um,
ARmentitius, a, um, } de haras, de gros bétail, qui va en troupe, qui fait partie d'un troupeau.

ARmentosus, a, um, riche en troupeaux, abondant en gros bétail.

ARmentarius, ii, Berger, Pâtre; 2°. marchand de bétail.

AB-ARmentatus, a, um, écarté du troupeau.

7°. Bélier.

1. ARies, tis, mâle de la brebis, bélier; 2°. machine de guerre dont l'extrémité en cuivre avoit la forme d'une tête de bélier; 3°. Bélier, constellation; 4°. espèce de poisson.

ARietarius, a um, ce qui concerne la machine de guerre appellée Bélier.

ARietinus, a, um, de bélier, qui concerne le bélier.

ARieto, -are, heurter, choquer comme font ensemble les béliers; béliner : 2°. renverser en heurtant : 3°. s'entrechoquer, tomber.

ARe, en Languedocien, signifie un bélier; ARi en Hébreu, un lion.

2. ARvix, gis, victime à cornes.

ARviga, æ, bélier, mouton qui a des cornes.

ARvignus, a, um, ce qui concerne les bêtes à cornes.

3. ARna, æ, , brebis, nom d'un agneau, de AR, troupeau : en Grec, ARS, ARNOS; agneau.

ARnacis, idis, fourure de peau d'agneau.

ARnaris, idis, habillement des jeunes filles avec une peau d'agneau.

AR, suivi de C: ou ARC.

Tout ce qui est haut, élevé, voûté, courbé, bossué, formant un arc, une hauteur.

AR, élevé, se joignant à la lettre C, qui désigne toute courbure, servit à exprimer les idées d'élévation en arc, d'arc, de voute, &c. De-là ces familles latines.

1. ARca, æ, une voûte, chose faite en arc, bosse : 1°. coffre, caisse : 3°. biere, tombeau : 4°. batardeau, mortaise. Ce mot est le même dans la plûpart des Langues Orientales & Celtiques.

ARcula, æ, petite cassette, coffret.

ARcularius, ii, Layetier, Bahutier, Ebeniste.

ARcarius, ii, Caissier : 2°. Bahutier, 3°. Trésorier.

ARcella, æ, petit coffre dont le couvercle est en dos d'âne : 2°. berceau de treille.

ARcellatus, a, um, fait en maniere de berceau.

ARcera, æ, chariot ou brancard fermé comme un caisson : 2°. un surtout, parce qu'il serre le corps.

ARcima, æ, litiere, brancard.

2. ARCanus, a, um, caché, secret; ce mot tient à ARCA, coffre qui sert à serrer, à cacher.

ARcanum, ni, secret, mystère.

ARcané, ARcanò, secrettement, en particulier.

3. ARCus, ûs, arche, arcade, voûte : 2°. arc à tirer des flèches : 3°. arc de triomphe : 4°. arc-en ciel.

ARculus, i, le Dieu des voûtes : 2°. bourlet qu'on met sur la tête pour porter plus aisément : 3°. Arçon de la selle.

ARculum, i, couronne, cercle d'une branche de grenadier à l'usage des sacrifices.

IN-ARculum, i, bâton courbe de grenadier.

ARcatus, um, courbé en arc, arqué.

4. ARCula, æ, oiseau de mauvais augure dans un sacrifice : du reste, ce mot est mal écrit; il faut lire ARciva; il tient

à Arceo, j'éloigne ; & ſignifie l'oiſeau qui repouſſe, l'oiſeau funeſte.

Arcuo,-are, voûter, courber en arc.

Arcuarius, a, um, qui concerne les arcs.

Arcuarius, ii, faiſeur d'arcs.

Arcuatim, en arc.

Arcuatio, is, arcade, ſtructure en arc.

Arcuatus, courbé, vouté. Ce mot uni à *morbus*, exprime la jauniſſe, les pâles couleurs.

Arcubaliſta, æ, Arbalète : 2o. eſpéce de ſerpent ; de arc & de bal, lancer, jetter.

Arcubaliſtarius, ii, faiſeur d'arbalétes : 2o. Arbalétrier, qui tire de l'arbalète.

Arcitenens, is, archer, qui tient l'arc.

5. Arquus, i, arc-en-ciel.

Arquites, um, Archers.

Arqui-tenens, le Sagitaire, un des XII ſignes céleſtes ; il eſt armé d'un arc.

Arquatus, a, um, arqué, courbé en arc : 2o. qui a la jauniſſe, jaune comme l'arc-en-ciel.

II L ARC.

Renfermer dans une Arche, dans un lieu vouté, &c. Serrer, lier.

1. ARCe à l'ablat. au nom. ARX, cis, lieu élevé, montagne, ſommet.

 2°. Citadelle, lieu de force où l'on renferme ; Fort où l'on ſe renferme.

 3°. Temple, lieu ſacré, Haut-lieu : les Temples étoient toujours ſur de hauts lieux & ſervoient de Forteresſe.

Arcubiæ, arum, ſentinelles qui ſont dans les guérites d'une forteresſe.

2. ARCeo,-ere, lier, garotter, mettre en priſon, retenir dans un fort, dans une citadelle ; 2o. empêcher de paſſer outre, repouſſer, chaſſer.

Arcivus, a, um, qui lie, qui réprime : 2o. qui repouſſe.

Arceſſo,-ere, tirer de force, amener pieds & poings liés, faire amener : 2o. faire venir, mander, appeller au figuré.

Arciſinius, a, um, champ qui n'a pour bornes qu'une montagne, une riviere, ou un chemin.

Arceſſitus, a, um, tiré, amené de force : 2o. mandé, appellé, qu'on fait venir : 3o. forcé, recherché, tiré de loin.

Arceſſitor, is, qui va tirer, qui amene.

Arceſſitus, ûs, mandement, ordre de venir.

COMPOSÉS.

Ab-ARCeo, ere ; ab-Erceo,-ere, écarter, empêcher d'entrer.

Co-Erceo,-ere, forcer, contenir, renfermer : 2o. arrêter, réprimer : 3o. contraindre, tirer de force.

co-Ercitio, is, } contrainte, retenue :
co-Erctio, is, } 2o. violence : 3o. châ-
co-Ertio, is, } timent, amende : 4o. modération.

Ex-Erceo, ui, citum, ere ; ex-Ercito, as, avi, atum, are, fatiguer, tourmenter 2o. travailler, faire exercer ; 3o. entretenir, nourrir.

Ex-Ercitium, ii ; ex-Ercitatio, is, fatigue, contrainte, travail ; 2o. habitude, pratique.

Ex-Ercitator ; ex-Ercitatrix, Maître d'exercice, qui exerce.

Ex-Ercitio, onis, exercice : 2o. louage d'un vaiſſeau.

Ex-Ercitor, is, Maître d'exercices : 2o. Patron d'un Navire ; celui qui tire ou voiture par eau.

Ex-Ercitus, ûs, gens de force, armée, ſoldats.

Co-ex-Ercitatus, mis en uſage.

In-ex-Ercitus, a, um ; in-ex-Ercitatus, qui ne fut jamais forcé, contraint : 2o. ſans pratique, peu exercé.

3. ARC*to,-are*, ſerrer, preſſer, étrécir, pour ARC*ito*.
ARC*tatio, onis*, reſſerrement, abréviation.
ARC*tus, a, um*; & ART*us*, étroit, ſerré, où il y a peu d'eſpace.
ARC*tè*, étroitement.
Co-ARC*to, are*, rétrécir, étreindre, preſſer.
Co-ARC*tatio, is*, étréciſſement, reſſerrement.
PER-CO-ARC*to,-are*, ſerrer fort.
PORCEO*,-ere*, éloigner : de Per & Arceo.

AR, ER, ARM,

pointu, piquant, qui perce.

I. Objets pointus.

1. AR*iſta, æ*, les pointes de l'épi, la barbe du bled, l'épi même, les moiſſons : 2°. poil, ſoie de cochon : 3°. une barbe rude : 4°. arrête de poiſſon : 5°. qui ſe hériſſe de peur ou de froid.
2. AR*inca, æ*, eſpece de bled piquant ou pointu.
3. ER*es, is*,
   ER*inaceus, ei*,
   HER*es, is, i*,
   HER*inaceus, i*,
   ER*icius, ii*, } Hériſſon, ainſi dénommé à cauſe de ſes piquans qui le HERiſſent. 2°. cheval de friſe, machine de guerre à trois pointes.
4. ER*icè, es*, bruyere, arbriſſeau plein de piquants.
ER*iceus, a, um*, de bruyere.
ER*iceum, i*, miel ſauvage, amaſſé ſur les bruyeres.
ER*inus, i*, plante aigue ; 2°. figuier ſauvage plein de pointes.

II. Armes.

ARM*a, orum*, dans les langues Celtiques ARM & ARF ; ARM en Anglois, trait acéré, flèche, armes.

Le primitif AR, pointu, a été employé pour déſigner les armes, parce que les premiers inſtrumens de guerre étoient des flèches & des dards ; d'ailleurs les armes piquent & bleſſent. ARM*a* ſignifie de plus, 2°. la guerre : 3°. combat, mêlée : 4°. faits d'armes, actions guerrières.

ARM*o,-are*, donner les armes, équiper un Soldat ; 2°. munir, fortifier, garnir d'armes.
ARM*atus, ûs* ; ARM*atura, æ*, armure, maniere d'être armé.

2. ARM*arium, ii*, tout ce qui eſt fait pour ſerrer des outils, & ſur-tout les armes, inſtrumens par excellence ; armoire.
ARM*ariolum, i*, petit cabinet, armoire.

BINOMES

ARM*amenta, orum*, équipages guerriers, outils de guerre, d'agriculture, de navire. Ce mot eſt compoſé de MENT, quantité, & de ARM.
ARM*amentarium, ii*, ARſenal.
ARM*amentarius, ii*, Armurier ; 2°. Commiſſaire d'ART*illerie* ; 3°. Garde de magaſin.
ARM*idoctor, is* ; ARM*iductor, is*, qui guide, qui inſtruit les Soldats.
ARM*ifer, fera, um* ; ARM*iger, a, um*, armé, portant armes, guerrier.
ARM*iger, i*, qui porte les armes de ſon Maître, Ecuyer ; 2°. Soldat armé peſamment.
ARM*ipotens*, vaillant, belliqueux.
ARM*iſonus, a, um*, 1°. qui fait du bruit avec des armes ; 2°. armes dont on entend le cliquetis.

COMPOSÉS.

DE-ARM*o,-are* ; EX-ARM*o,-are*, déſarmer.

Ex Armatio, is, l'action de désarmer.
In-Ermo, -are, ôter les armes.
In-Ermus, a, um; In-Ermis, e, qui est sans armes; 2°. désarmé; 3°. foible, sans défense.
Ob-Armo, -are, couvrir d'armes, armer de pied en cap.
Ob-Armator, is, qui arme de pied en cap.
Ob-Armatio, is, l'action d'équiper d'armes.
Per-Armo, -are, armé de pied en cap.
Per-Armatio, onis, action d'armer de pied en cap.
Sob-Armalis, is, cotte d'armes.

BINOMES.

Armilustrum, ii, ⎫ Revue des Soldats;
— milustrium, ii, ⎬ de *lustrum*, revue, &c.
— miludium, ii,   ⎭
Sem-Ermus, a, um; Semi-Ermis, e, à demi armé; de *semi*, demi.

AR, ARD, ART, ORD, URT, HIRT.

Haut, escarpé, pointu, piquant, roide, difficile.

1. ARDuus, a, um, haut, roide, de difficile accès : 2°. difficile, fâcheux. ARD en Persan & en Ecossois signifie haut; ARDén, en Grec, hautement. Les Anglois disent hARD, roide, difficile; & les Allemands hART, difficile, mal aisé.

Arduitas, is; Arduum, i, une hauteur, un lieu escarpé; 2°. difficulté.
Per-Arduus, a, um, très-escarpé, très-roide; 2°. fort élevé; 3°. difficile, mal aisé.

2. ARDea, æ, héron, ainsi dénommé de ses jambes hautes & de son long col.

Ardeola, æ, petit héron; 2°. aigrette.

3. Arduenna, les Ardennes : ARD & H-ART-s signifient bois, forêt; parce qu'elles sont d'un difficile accès.

4. ARDesco, -ere, faire une pointe, aiguiser; en Grec, Ardis, pointe de javelot; en François, ARDillon, la pointe d'une boucle; en Esclavon, ART, un trait acéré.

5. ARTytica, æ, ARtichaud; plante ainsi nommée à cause de ses feuilles pointues & piquantes.

6. HOrtor, -ari, piquer, stimuler, pousser, faire aller, inciter, exhorter.
Hortatus, ûs, aiguillon, qui fait aller.
Hortatio, is, motif qui encourage.
Hortamen, is; Hortamentum, is, exhortation.
Hortatius, a, um, qui exhorte, qui encourage.
Hortator, is; Hortatrix, is, celui, celle qui excite.
Ad-Hortor, -ari, animer, persuader.
Ad-Hortamen, is,   ⎫
  atus, ûs,   ⎬ remontrance, encouragement.
  atio, is,   ⎭
Cohortor, -ari, presser, porter à quelque chose.
Cohortatio, onis, instance, exhortation.
Exhortor, -ari, solliciter, animer.
Exhortatio, onis, encouragement, incitation.
Exhortativus, a, um, qui sert à exhorter.
Inhortor, -ari, exciter, animer.

7. HORDeum, i, orge, plante ainsi appellée à cause de sa tige haute & de son épi pointu.
Hordearius, a, um; Hordeaceus, a, um, qui vit d'orge, qui concerne l'orge; d'orge.

8. HIRtus, a, um; Hirtuosus, a, um, pointu, piquant, hérissé; 2°. garni de poils rudes, renversés, droits & pi-

quants ; 3°. âpre, auftere, bourru, groffier.

Hirsutus, a, um, hériffé ; ici le T s'eft radouci en S ; le fens eft le même que celui de Hirtus.

Hirsutia, æ, hériffement du poil.

9. Ursus, Ours, à caufe de fon poil hériffé.

Ursinus, a, um, d'Ours.

10. Irtiola, æ, efpece de vigne, qui rampe très-haut, & dont les feuilles font très-pointues.

AR, ARG, pointu.

ARgutus, a, um, aigu, pointu, délié : 2°. perçant, éclatant en parlant des fons : 3°. fubtil, fin, en parlant de l'efprit.

1. Arguo, -ere ; 1°. reprendre, piquer, blâmer ; 2°. accufer, manifefter, découvrir ; 3°. être un témoignage, une preuve.

Argutia, æ, pointillerie, pointe d'efprit ; plaifanteries, penfée fine & fubtile ; 2°. mauvaife pointe, chicanerie.

Argutiola, æ, petite pointe.

Arguté, avec une bonne pointe, adroitement, ingénieufement.

Arguto, -are, faire des reproches continuels, parler inceffamment d'une chofe.

Argutor, -ari, faire des pointes, faire le bel efprit, le plaifant.

Argutor, is, un difeur de pointes ; 2°. un fophifte ; 3°. mauvais plaifant.

Argutatio, onis, le craquement, le cliquetis perçant d'un lit ou d'une chaife trop fortement remués ou mal joints.

2. Eris, idis, Déeffe des querelles.

Erifma, tis, éperon, pied, foutien.

BINOMES.

Argumentum, i : ce mot eft formé de arg & de ment, quantité, plufieurs, mot-à-mot maintes raifons, qui unies enfemble, forment un raifonnement, un argument.

Argumentor, -ari, raifonner, comparer & tirer des conféquences, difcourir, conjecturer.

Argumentofus, a, um, qui a quantité de raifons, qui eft d'une longue difcuffion.

Argumentatio, onis, raifon rapportée & conclufion ; preuve & fon explication.

Argumentalis, e, qui concerne le fujet, lo difcours.

COMPOSÉS.

Co-Arguo, -ere, cenfurer, reprendre, publier, faire voir.

In-Argutus, a, um, peu fin, fans efprit.

In-Arguté, fans efprit, fans adreffe, groffierement.

Per-Argutus, a, um, très-ingénieux, fubtil.

Per-Arguté, très-ingénieufement, avec efprit.

Red-Arguo, -ere, accufer, blâmer, reprocher.

Red-Argutio, onis, reproche, blâme.

Sub-Argutus, a, um ; Sub-Argutulus, a, um, un peu fubtil, finet, rufé.

A S.
Unité, Tige.

AS eft un mot primitif qui défigna l'unité, l'être exiftant comme feul, un individu, le premier, fource des fuivans : de-là un grand nombre de mots.

AS, en Bafque, un point.

AS, en Celte, pere, tige, fource.

AS, en François, la carte marquée d'un point. Et en Latin,

1. Asso, -are, chanter à voix feule.

Assus, a, um, feul, fans mélange.

2. As, Assis, une livre romaine pefant douze onces ; 2°. & enfuite un fol feulement.

Assis, *is*; Assarius, *ii*, un sol.
Assi-Pondium, poids d'une livre de douze onces.
Assarium, *ii*, lieu où l'on fabrique la monnoie.
Assares, *a*, *um*, les Changeurs. Cette Famille tient à celle d'*Eis* Grecque, &c. signifiant un: seul.
3. Tr-Essis, *is*, piéce de trois sols.
Trem-Issis, *is*, troisième partie de l'as.
Quinqu-Essis, *is*, piéce de cinq sols.
Non-Ussis, *is*, neuf sols.
Dec-Ussis, *is*, dix sols: 2°. dixaine: 3°. Sautoir.
Tric-Essis, *is*, piéce de trente sols.
Cent-Ussis, *is*, cent sols.

Dans ces derniers mots, l'A du mot AS se change en U en se confondant avec la terminaison du mot auquel il est uni.

AS, ES, Feu.

De l'Oriental אש, ASh, ES, Feu, sont venues ces Familles Latines.

1.

1. Asso, -*are*, rôtir.
Assus, *a*, *um*; In-Assatus, *a*, *um*, rôti.
Asseum, *ei*, poêle, étuve, lieu où on fait suer.
Assa, *orum*, chaise, lieu où on faisoit suer ; 2°. Archet de Chirurgien.
Assa, *æ*, sevreuse, nourrice sans lait : du Grec AZô, tarir, être à sec.
Assius lapis, cercueil de pierre qui consumoit les morts.

2. Asia, *æ*, l'Asie, pays du Soleil levant.
Asius, *ii*,
Asiacus,
Asiaticus,
Asianus,
} d'Asie.

3. Astrum, *i*, Astre, constellation, étoile ; voyez sa famille dans les mots venus du Grec.

4. Le Grec Aitho, brûler ; & ces mots Latins.

Æther, *eris* ; 1°. l'Elément du Feu ; 2°. le haut de l'air où est le feu le plus pur ; 3°. l'air, le ciel.
Æthereus, Ætherius, *a*, *um*, céleste ; de l'air.
Æthra, *æ*, tems clair & serein ; beau tems.
Æthnici, *orum*, feux qui paroissent dans l'air, air enflammé.

2.

Æstas, *atis*, l'été, la saison du feu, de la chaleur.
Æstates, *um*, les grandes chaleurs ; 2°. les taches de rousseur.
Æstate, durant l'été, en été.
Æstifer, *a*, *um*, qui amene de grandes chaleurs ; 2°. exposé à la grande chaleur.
Æstiva, *orum*, lieux frais & à l'ombre pour se garantir de la chaleur ; 2°. campagne de gens de guerre.
Æstivum, *i* ; Æstivatio, *onis*, séjour qu'on fait en un lieu pendant l'été.
Æstivo, -*are*, passer l'été en un lieu.
Æstivus, *a*, *um* ; Æstivalis, *e*, d'été.
Æstivè, chaudement, à la légere.

2. Æstus, *ûs*, chaleur, ardeur, bouillonnement ; 2°. agitation, émotion, inquiétude, trouble.
Æstuosus, *a*, *um*, ardent, bouillant, brûlant, chaud ; 2°. agité, ému, inquiet.
Æstuo, -*are*, être échauffé, bouillonner ; 2°. être ému, inquiet ; 3°. être irrésolu, indécis.
Æstuatio, *onis*, grande chaleur, bouillonnement, agitation, effervescence ; 2°. émotion, violence, transports de colere ; 3°. inquiétude, irrésolution, incertitude.
Æstuosè, avec chaleur, avec émotion, avec inquiétude.
Æstuarium, *ii*, soupirail, évent pour donner de la fraîcheur ; 2°. Isle formée par le flux de la mer ; 3°. barre, banc qui ferme l'embouchure d'une riviere &

où on ne peut passer qu'avec le flux de la mer.

COMPOSÉS.

AD-Æstuo, -are, avoir grand chaud ; 2°. s'échauffer, s'émouvoir, se mettre en colere ; 3°. s'enfler beaucoup, se déborder.

Ex-Æstuo, -are, bouillonner, bouillir ; 2°. s'agiter, s'élever, s'émouvoir ; 3°. s'échauffer, s'emporter.

Ex-Æstuatio, onis, chaleur, bouillonnement ; 2°. agitation, émotion ; 3°. emportement.

In-Æstuo, -are, s'échauffer, être fort ému, fort animé.

ASC, AX, ASS,
Hache, &c.

De Q, qui signifie couper, devenu SQ, & joint à A, se forma la famille ASQ, ASC, AX, qui désigna les gros instrumens propres à couper : en Grec AXinê, en Syriaque צינא HaTSiNA, en Celte AX, Hach: chez les Hébreux qui y ajouterent un D, עצד hATsaDa, couper avec la hache, hacher, &c. De-là ces mots Latins :

1. ASCia, æ, hache, coignée, doloire, aiscette ; 2°. espece de bandage de Chirurgien.

Ascio, -are, hacher, couper avec la coignée ; 2°. doler.

De-Ascio, -are, équarrir avec la doloire, doler ; 2°. se moquer de ; duper.

Ex-Asciatus, a, um, raboté, ébauché.

2. AXis, is, tout ce qui est coupé : Ais, planche ; 2°. essieu, axe ; 3°. ce qui tourne sur un axe, un essieu, le ciel, un char, &c. 4°. animal dont le poil est tranché de diverses couleurs.

Axiculus ; Assiculus, un petit ais, une latte, un petit essieu : la cheville d'une poulie.

Asser, eris, ais, planche, latte, bardeau ; 2°. soliveau, chevron ; 3°. piéce de bois de sciage

Asserculum, i ; Assercultus, i, petit soliveau ; 2°. bâton.

Assula, æ, coupeau, recoupe ; 2°. planches pour les portes.

Assulatim ; Assulosè, par éclats, par coupeaux.

Asso, -are, planchcier, faire un plancher.

Co-Asso, faire un plancher, une cloison, un parquet, un entablement.

Co-Assatio, onis, plancher, parquet cloison, entablement.

Axon, onis, essieu, axe ; 2°. troisieme vertèbre du cou.

3. AXones, onum, tables sur lesquelles étoient gravées les Loix.

Assamenta, orum ; Axamenta, orum, tables sur lesquelles étoient gravés les vers Saliens ; 2°. ces vers mêmes.

4. AXungia, vieux-oing, graisse qui n'est bonne que pour les essieux : d'ungo, oindre.

Axungiarius, qui vend du vieux-oing, &c.

AS, HAS, HAST.

Ce son est une onomatopée, qui peint une respiration gênée, la difficulté d'haleine qu'on éprouve après une pénible marche, telle que celle d'un homme qui court, qui se *HASTE*.

1. ASThma, tis, difficulté de respirer ; état d'un homme hors d'haleine. Ce mot est commun aux Grecs avec les Latins, de même que l'adjectif.

Asthmaticus, hors d'haleine.

2. FEstino, -are, se hâter, perdre la respiration à force de courir ; 2°. s'empresser

presser, se dépêcher : c'est le même que l'Anglois HASTen, se hâter, qui se prononce HESTen ; en Grec, ESTho ; en François HASTer.

FESTinabundus ; FESTinans, is, qui se hâte, qui s'empresse.

FESTinanter,
FESTinató,   } à la hâte, en diligence.
FESTinatim,

FESTinus, a, um, qui se hâte, prompt ; 2°. hâtif, précoce.

FESTiné, de bonne-heure, à la hâte.

FESTinatio, onis, hâte, empressement.

FESTim ; CON-FESTim, aussi-tôt, incontinent, sur le champ.

COMPOSÉS.

PRÆ-FESTino,-are, se hâter trop, précipiter.

PRÆ-FESTinatim ; PRÆ-FESTiné, très-précipitamment.

AT, mauvais.

AT signifie mauvais dans les langues du Nord & Celtiques, de même que dans celles de l'Orient.

En Suédois, AT, laid, mauvais.

En Theut. & en Island. AT, tache souillure.

En Grec, ATé, faute, péché ; 2°. ATÉ, la Déesse du mal.

En Orient. & Ethiop. אטח, Hata, pécher, errer, commettre le mal.

En Theut. ATa, souiller, tacher : De-là :

1. ATer, tra, trum, noir, ténébreux, obscur, sombre ; 2°. funeste, malheureux, triste.

ATratus, a, um, noirci, couvert de noir ; 2°. en deuil.

ATrebaticæ vestes, habits couleur de feuille morte.

ATricolor, is, qui est de couleur noire.

ATritas, atis ; ATror, oris, noirceur, couleur noire.

ATriplex, icis, arroche.

OB-ATer, tra, trum ; SUB-ATer, tra, trum, noirâtre, qui tire sur le noir.

2. ATRAmentum, i, encre ; 2°. teinture noire ; 3°. liqueur noire que la sèche jette pour troubler l'eau & se dérober aux yeux du Pêcheur.

ATRamentarium, ii, écritoire, encrier, cornet d'écritoire.

ATRamentarius, a, um, d'encre, qui concerne l'encre.

3. ATA-BULus, vent du Nord-Ouest qui causoit de grands ravages dans l'Italie Orientale : mot purement Grec, d'Até, mal, perte, ruine ; & de Ballo, répandre, lancer, &c.

ATT

ATTA, æ, mot Celte, Grec, &c. qui signifie Pere : en Latin, titre d'honneur donné aux Vieillards, comme nous disons Pere un tel : mot à mot, Grand.

A U.

AU, ho ! c'est une Onomatopée, une Interjection.

AUL, Flute.

Du Celte HOWL, pousser des sons aigus, hurler, existant encore en Anglois avec la même signification & qui est une onomatopée, sont venus divers mots, en Oul & en Aul. Nous n'indiquerons ici que la famille suivante, commune aux Latins & aux Grecs.

AULa, æ, flûte, clairon, en Grec, ΑΥΛΗ.

Orig. Lat.

AULÆ, *arum*, tuyaux d'orgues.
AULETES, *æ*, AULŒDUS, Joueur d'instrumens à vent, de flûte, &c.
AULETRIS, *idis*, Joueuse de flûte.
AULETICUS, *a*, *um*, qui concerne les instrumens à vent.

AU, AUIS, Oiseau.

C'est encore une onomatopée, qui peint l'idée de chant & de chantre; en Grec *AUô*, crier, chanter.

AUIS, *is*, oiseau : 2°. présage, augure tiré des oiseaux. *AVe* en Italien & en Espagnol.

AVICULA, *æ*, oisillon, petit oiseau.
AVICULARIA, *æ*, plante des oiseaux.
AVIARIUS, *ii*, celui qui prend soin des oiseaux ou de la volaille.
AVIARIUS, *a*, *um*, qui concerne les oiseaux.
AVIARIUM, *ii*, volière.
AVIARIA, *orum*, bosquets.
AUCILLA, *æ*, oiseau.

BINOMES.

1. AU-CEPS, *cupis*, oiseleur, celui qui prend les oiseaux ; de AU, oiseau ; & de CAP, prendre.
AU-CIPULA, *æ*, trébuchet, pour prendre les oiseaux.
AU-CUPOR, -*ari*, chasser aux oiseaux, les prendre ; 2°. enjôler, attraper, tromper ; 3°. être aux aguets, épier, tâcher d'avoir ; 4°. sonder, pénétrer, affecter.
AU-CUPO, -*are*, duper, fourber, leurrer, guêter.
AU-CUPIUM, *ii*, chasse aux oiseaux ; 2°. ce qu'on prend à cette chasse ; 3°. fourberie, invention pour duper.
AUCUPATIO, *onis*, chasse aux oiseaux, pipée.
AUCUPATORIUS, *a*, *um*, qui concerne la chasse aux oiseaux.

3. AUCUPACULATUS, *us*, trinome composé de AU, oiseau ; CAP, prendre ; ACUL, pointe, piquant : & par lequel on exprime l'action de planter des piquets sur lesquels on pose des filets & des traînasses pour prendre des oiseaux ; 2°. cette chasse même & les filets qu'on y emploie.

4. AUGuror-*ari*,
AUGuro-*are*, } conjecturer, pronostiquer par le vol ou le chant des oiseaux ; deviner, augurer. Ce mot est composé de AU oiseau, & de CURo, observer, examiner, avoir soin.

AUGUR, *uris*, l'Augure, celui qui prédisoit en observant les oiseaux.
AUGURIUM, *ii*, présage, prédiction de l'avenir d'après les oiseaux.
AUGURATIO, *onis*, divination d'après les oiseaux.
AUGURATUS, *us*, dignité ou science d'augure.
AUGURALIS, *e*,
AUGURIALIS, *e*, } qui a été augure ;
AUGURIUS, *a*, *um*, } 2°. d'augure.
AUGURACULUM, *i*, endroit où les Augures observoient.
AUGURALE, *is*, marque des Augures, ce qui servoit à les distinguer.
AUGURATÒ, après avoir consulté les oiseaux, les avoir observés ; & au figuré, dans toutes les régles, ayant pris toutes les mesures nécessaires.
AUGURATRIX, celle qui a fait la profession d'Augure.
AUGURATUS, *a*, *um*, choisi, élu, bâti après avoir observé les oiseaux, pris les augures.

COMPOSÉS.

Ex-AUGURO, -*are*, quitter la profession de devin, le sacerdoce ; 2°. profaner une chose par de certaines cérémonies, la déconsacrer.

Ex-Augur*atio*, *is*, profanation, l'action de rendre profane par de certaines cérémonies.

Ex-Augur*ator*, *is*, profanateur.

In-Auguro,-*are*, consulter les oiseaux pour juger de l'avenir, deviner ; 2°. consacrer, dédier, initier.

In-Augur*ato*, après avoir pris les augures.

5. AUSPEX, *icis*, mot formé de Spec, voir, observer, & de Au, oiseau : il signifie 1°. un Augure, un devin par les oiseaux ; 2°. conducteur, protecteur.

Auspico,-*are* ; Auspicor,-*ari*, observer les oiseaux pour en présager l'avenir ; 2°. commencer, entreprendre, parce que l'on commençoit par les augures.

Auspic*atus*, *a*, *um*, sacré, fait selon les Augures, après les avoir consultés ; 2°. de bon augure, d'un présage fortuné, heureux, favorable.

Auspic*ato* ; Auspic*aliter*, ayant consulté les Augures ; 2°. à la bonne heure, heureusement.

Auspic*alis*, *e* ; Auspic*ialis*, *e*, qui présage, qui sert à deviner ; 2°. ce qui regarde les Augures

Auspic*ium*, *ii*, présage, prédiction ; 2°. auspice, conduite ; 3°. puissance, autorité, pouvoir.

Composés.

Ex-Auspico,-*are*, trouver des Augures peu favorables.

Ex-Auspic*atio*, *onis*, rencontre d'Augures peu favorables.

In-Auspic*atus*, *a*, *um*, de mauvais augure.

In-Auspic*ato*, sans avoir pris les Augures.

Red-Auspico,-*are* ; Red-Auspicor,-*ari*, prendre de nouveau les Auspices.

6. Oscen, *inis* ; Oscinis, *is*, autrefois.

Aus-cen, oiseau chantant ; de Avis, devenu cs, oiseau, & de Cano, chanter devenu cin.

Oscin*um*, *i*, présages qu'on tiroit par le chant des oiseaux.

AUST.

AUSTER, *stri*, le vent du Midi ; 2°. le Midi, le Sud.

Austr*alis*, *e* ; Austr*inus*, *a*, *um*, Méridional, du Midi, austral.

Austro,-*are*, mouiller.

Le propre du vent du Midi est d'amener les grandes pluies, de répandre l'eau : il n'est donc pas étonnant qu'on en ait fait le verbe *Austro*, pour dire mouiller, arroser.

Il ne seroit pas plus étonnant qu'il dût son nom à cette même cause. STER en Celte signifie eau, riviere ; 2°. sourdre, jaillir : & Au, signifie eau ; AUSTER seroit donc mot-à-mot, *celui qui fait jaillir les eaux*. Peut-être vient-il plutôt du Grec *Auô*, souffler ; ce seroit alors une vraie onomatopée. *Ter* n'est qu'une terminaison commune à une multitude de mots Grecs, Latins &c. De la même racine vint,

Aplustra, *orum*, girouette, flamme qu'on met au haut des mâts : *U* se met pour *O*, & *O* pour *AU* : c'est donc pour apel-austra, *mot à mot*, ce qui est élevé au vent : de *Pel*, *Bel*, haut ; & *auster*, vent. On ne pouvoit mieux désigner les girouettes. On a dit aussi aplustre, *ris*, aplustria, *iorum*.

AUC, AUG, OG, AUX.

Tout ce qui est grand : fort : élevé : 2°. Tout ce qui s'accroît, qui s'éleve.

AUG, OC, est un mot Celte & primitif qui désigne la grandeur, l'élévation & toute idée relative à la propriété de s'agrandir, d'accroître, d'AUGmenter. HOCH en Allemand signifie grand ; AUKan en Gothique, augmenter ; & en Grec , AUXein. En Finlandois, Oczu, grand. De-là le nom du bœuf en Allemand OCHS, en Hébreu OGL, en Anglois Ox. De-là encore le mot Anglois Oak, prononcé Auk, un chêne, le plus grand des arbres. De-là ces mots Latins :

1. AUceus , a , um ; AUcetus , a , um , rendu grand, accru, augmenté.

AUctum, i, espace du cirque, au-delà des bornes, de la course, auquel la victoire étoit attachée.

2. AUctus, a, um, aggrandi, accru.

AUctus, ûs, accroissement, croissance.

AUcto ,-are, augmenter, accroître.

AUctito ,-are, accroître souvent.

AUctarium, ii, la bonne mesure, ce qu'on donne par-dessus.

AUctor, is ; Autor, is, le dernier enchérisseur, celui à qui on livre : 2°. celui qui sert de garant au dernier enchérisseur & qui ne paye pas dans l'instant ; 3°. celui qui négocie, qui facilite une affaire ; 4°. un inventeur, celui qui découvre les moyens de réussir ; 5°. un fondateur & puis un Auteur, un homme qui assure la vérité & la garantit, qui conseille, qui devient le moteur de nos actions.

PRO-AUCTOR , oris , le premier d'une race.

3. AUcta, orum, accroissemens.

Auctifer, a, um ; Auctificus, a, um, qui augmente, qui fait croître.

Auctifico ,-are, procurer l'accroissement.

4. AUctio, is, augmentation, accroissement ; 2°. enchere, encan ; 3°. inventaire de ce qu'on doit vendre à l'encan.

Auctionalis ; Auctionarius, qui concerne les encans, les ventes publiques.

Auctionor ,-ari, vendre ses effets à l'encan , les faire publier au plus offrant.

Auctionarius, ii, Juré-Priseur, vendeur de meubles.

Auctoro ,-are, obliger ; 2°. engager moyennant un salaire ; 3°. être cause, procurer.

Auctoramentum, i, obligation, engagement ; 2°. récompense, salaire.

Auctoritas, is, caution, garantie ; 2°. forces, pouvoir, autorité ; 3°. preuves, passages qui servent d'autorités ; 4°. prix, valeur d'une chose, estime, réputation ; 5°. agrément, commodité ; 6°. liberté ; 7°. dégagemens d'un lien.

AUgmento ,-are,
AUgifico ,-are,
AUgeo, es, xi, ctum, ere, } augmenter, accroître, multiplier.

AUgesco ,-ere, croître, grandir, grossir.

AUgmen, inis ; AUgmentatio, is, accroissement.

AUgmentum, i ; Augmentum, i, pièce de la bête immolée qu'on ajoutoit au foie dans les sacrifices, pour faire un surplus ; 2°. terme de Grammaire ; 3°. farce de viandes hachées, cervelas, saucisson.

AUximalis ager, (du verbe Auxi, j'ai augmenté,) portion de terre assignée par centuries, & qui en accroiſſoit les poſſeſſions.

COMPOSES.

AD-Aucto, -are ; Ad-Augeo, xi, ctum, ere, augmenter, accroître.

Ad-Augesco, -ere, s'aggrandir.
Ad-Auctus, ûs, accroiſſement.
Ex-Auctus, a, um, qui a ceſſé de croître.
Ex-Auceo, -ere, aggrandir, accroître, augmenter.
Ex-Auctoro, -are ; Ex-Authoro, -are, licencier, dégrader ; 2°. caſſer un militaire, un homme engagé.

5. AUGuſtus, a, um ; Auguſtus, i, grand, majeſtueux ; 2°. vénérable, ſacré, ſaint ; 3°. Auguſte, Empereur ; 4°. le mois d'Août. Ce mot eſt commun aux Latins avec les Arabes, chez qui Ogouz ſignifie grand, puiſſant ; 2°. avancé, ancien.

Augusta, Impératrice.
Augustale, is, tente, pavillon d'un Général ou d'un Souverain ; 2°. poëme funèbre.
Augustalis, e, d'Auguſte ; Impérial.
Augustè, avec magnificence avec pompe ; 2°. pieuſement, avec reſpect.
Augustalia, ium, fêtes en l'honneur d'Auguſte.
Augustales, ium, Capitaines inſtitués par Auguſte.
Augustani & Augustiani, Chevaliers Romains du Corps des Sénateurs.

6. AUxilior, -ari ; Auxilio, -are, prêter de la grandeur, de la force ; aider, aſſiſter.

Auxilium, ii, ⎱ aide, ſecours, aſſiſtance, main-
Auxiliatus, ûs, ⎰ forte.
Auxiliatio, is,

Auxiliator, trix, is, qui aide, qui ſecourt.
Auxiliaris, e ; Auxiliarius, a, um, qui aide, qui ſecourt ; 2°. favorable, ſecourable, qui aime à ſecourir.
In-Auxiliatus, a, um, qui n'eſt point ſecouru ; 2°. qui n'aide point.

AUS, AUZ, AUR.
Oreille.

AUS, AUZ, oreille, ouie, eſt une Onomatopée qui peint l'effet de l'air ou du ſon ſur l'oreille. Ce mot eſt commun aux Langues de l'Orient & à celles du Nord ainſi qu'à la Latine, mais avec quelques variétés qui ont ſouvent empêché d'apercevoir le raport des diverſes branches qui en ſont provenues. Ainſi d'*Aus* les anciens Latins firent Ausis, oreille, & Audio, j'ouis, j'entens : tandis que les Latins poſtérieurs changèrent Ausis, en *Auris*, dont nous avons fait *Oreille* qui n'a preſque plus de raport au primitif Auz. Les Allemans diſent également *Ohr*, l'oreille. Quant aux Hébreux, ils ajoutèrent à Auz la détermination *en*, ce qui fit *Ozen*, ou *aseN*, l'oreille. Les Latins en tirèrent les mots ſuivans.

1. AURis, is, anciennement *Ausis*, Oreille.
Auricula, æ, le bout de l'oreille, oreillette.
Auritus, a, um, qui a de grandes oreilles ; 2°. qui prête l'oreille, attentif.
Auritulus, i, animal à longues oreilles.
Auricularis & Auricularius, a, um, de l'oreille, auriculaire.
Auricularius, ii, Conſeiller ſecret, qui a l'oreille de quelqu'un.

ORicilla, æ, petite oreille, le bout de l'oreille.

ORicularius, a, um, qui concerne l'oreille, de l'oreille.

IN-AURis, is, pendant d'oreille.

IN-AURitus, a, um, essorillé, qui n'a point d'oreilles.

2. AUDio, -ire, anciennement Ausio, entendre, ouir ; 2°. obéir ; 3°. exaucer ; 4°. comprendre. Ce mot vient de AUZ, l'oreille ; le D & le Z se substituant sans cesse l'un à l'autre, comme nous l'avons fait voir dans *l'Orig. du Lang. & de l'Ecrit.*

AUDitus, ûs, le sens de l'ouïe : l'ouïe.

AUDitum, ouï-dire, nouvelle.

AUDitio, is, l'action de ouir ; 2°. leçon qu'un Maître enseigne à ses Ecoliers.

AUDitiuncula, æ, léger ouï-dire, bruit sourd.

AUDitor, is, écoutant, écolier ; 3°. lecteur.

AUDitorium, salle d'audience ; 2°. tribunal de Juge ; 3°. lieu où l'on enseigne ; 4°. assemblée de gens qui écoutent.

AUDientia, æ, attention, silence pour écouter.

COMPOSES.

EX-AUDio, -ire, écouter favorablement, jouir, exaucer.

EX-AUDitio, is, l'action d'écouter, d'exaucer.

EX-AUDitor, is, qui entend ; 2°. qui exauce.

IN-AUDio, -ire, entendre dire ; être bien informé.

IN-AUDibilis, e, qu'on ne peut, qu'on ne doit entendre.

IN-AUDitiuncula, æ, petite leçon qu'on explique.

IN-AUDitus, a, um, inouï, dont on n'a pas ouï parler ; 2°. qui n'a pas été entendu.

OB-AUDio, -ire, n'entendre pas ; 2°. faire semblant de ne pas entendre ; 3°. obéir, écouter.

OB-AUDitio, is, mauvaise entente ; 2°. erreur de l'ouie.

PER-AUDiendus, qu'il faut écouter entiérement.

PRÆ-AUDitus, ouï auparavant.

SUB-AUDio, -ire, sous-entendre.

BINOMES.

3. AUsculto, -are, mot binome, composé de Aus, oreille ; & de COL, servir, obéir ; mot-à-mot, prêter les oreilles, baisser des oreilles respectueuses & soumises.

AUscultatio, is ; AUscultatus, ûs, obéissance, soumission ; 2°. curiosité d'apprendre des secrets.

AUscultator, is, auditeur.

AURiscalpium, ii ; AURisclarium, ii, cure-oreille ; binomes formés l'un de SCALPO, grater & l'autre de CLARUS, net.

SUB-AUsculto, -are, tâcher d'ouir, écouter sans faire semblant de rien.

SUB-AUscultator, is, qui prête l'oreille, qui écoute en passant.

4. AURea, æ, têtière d'un cheval ; ce qui lui couvre les oreilles.

AURiga, æ, cocher, conducteur de voiture ; 2°. pilote : de *Ago*, conduire, & *Auris*, oreille ; ou d'*Aurea*, têtière d'un cheval, rêne ; mot-à-mot, celui qui conduit par l'oreille.

AURigo, -are ; AURigor, -ari, mener un carrosse ; 2°. régir, gouverner.

AURigarius, ii ; AURigator, is, celui qui avoit soin des carrosses.

AURigatio, onis, conduite d'une voiture, d'un char.

5. ASinus, Asne ou âne ; 2°. au *fig*. bête, sot, ignorant, stupide. Cet animal se nomme en Hébreu ATHON, mot qu'on prononce à peu près comme AZON. Il s'appelle en Danois & en Celte ASEN, en Anglois ASS, en Allemand ESEL,

&c. Tous ces mots sont formés du mot Hébreu OZEN, oreille, à cause de la longueur de celles de cet animal.

ASINA, æ, ânesse.

Asininus, a, um,
Asinalis, e,
Asinarius, a, um, } d'âne, qui concerne l'âne.

Asinarius, ii, conducteur d'ânes.

Asellus, i ; 1°. petit âne ; c'est le même que le Esel des Allemans : 2°. merlus, poisson ; 3°. vindas, cabestan.

Asella, petite ânesse.

6. ASIO, nis, le grand Duc, ainsi appellé à cause de ses plumes droites aux deux côtés de la tête, qui lui sont comme des oreilles d'âne.

7. ANSa, æ ; c'est le mot ASA nazalé.

Ce mot signifia d'abord les oreilles des animaux, les seules parties par lesquelles on peut les saisir ; & comme on donna aux poignées des vases & des instrumens cette même figure d'oreille, ce mot exprima ces divers sens ; ensorte qu'il désigne ; 1°. l'Oreille de soullier ; 2°. la poignée, le manche d'un vase ou d'un instrument ; 3°. un crampon ; 4°. une courroie, un lien ; enfin au *figuré*, une occasion qu'on saisit, un moyen.

Ansula, æ, petite anse.

Ansata, æ, javelot qui a une anse pour le retirer.

Ansatus, a, um, qui a une poignée, un manche ; 2°. qui est à anses ; 3°. qui se quarre en marchant & fait ainsi le pot à deux anses.

MOTS LATINS VENUS DU GREC.

A

AB

ABRA, Gr. Ἄβρα, Demoiselle suivante, femme ou fille de chambre.

ABRANIS, Gr. Ἄβρανις, habit de femme de couleur jaune en usage à Sparte.

ABROTONUM, Gr. Ἀβρότονον, Aurone.

ABROTONIDES, vin fait avec l'Aurone.

ABSINTHIUM, Gr. Ἀψίνθιον, absinthe.

ABSINTHIDES, vin d'absinthe.

Absis, idis, f. toute figure courbe, une voute, un lieu vouté : 2°. jante de roue : 3°. un arc élevé : 4°. le bas d'un cercle excentrique : 5°. vaisselle ronde, plat, assiette :

AB

6°. enceinte du chœur d'une Eglise, tribune d'Eglise, siége élevé d'un Evêque.

Gr. Ἁψίς, ιδος, Hapsis, idos, tortue, jante de roue. HESYCH, Αψιδες.

AC, Pointu : 2°. Aiguillon : 3°. Conduire.

De la Racine AC, piquant, & conduire avec un aiguillon, les Grecs formerent les mots suivans en usage chez les Latins.

1. AGema, Gr. Ἄγημα, escadron, bataillon.

AGOGA, *Gr.* Ἀγωγή, tranchée, conduit.

AN-AGOGE, *Gr.* Ἀναγωγή, sens mystique de l'Ecriture Sainte.

AN-TAN-AGOGE, Figure de Rhétorique.

2. AGON, *Gr.* Ἀγών, jeux publics, combats.

AGONalis, e, qui concerne les jeux publics.

AGÔNIA, *Gr.* Ἀγωνία, Agonie, derniere frayeur.

AGONIA, *orum*, les combats, les jeux publics.

ACÔNO-THETA, *Gr.* Ἀγωνοθέτης, Juge des combats, qui préside aux jeux d'exercice.

ANT-AGONIsta, æ, *Gr.* Ἀνταγωνιστής, Antagoniste, adversaire, *mot-à-mot*, qui combat contre nous.

3. ACORNA, *Gr.* Ἄκορνα, espéce de chardon.

4. AXioma, atis, *Gr.* Ἀξίωμα, d'*ago*, Axiome, *mot-à-mot* vérité claire & évidente, qui frape, pique, se fait sentir d'elle-même, qui entraîne irrésistiblement.

ACHARNE, mesure de choses séches. Ce mot est cité comme étant d'Aulugelle ; mais il n'existe pas dans les Dictionnaires Grecs. C'est sans doute une faute des Copistes, au lieu d'ACHANÉ Ἀχάνη, qui est en effet un mot grec désignant une mesure de choses séches, & qui doit avoir été emprunté du Persan.

ACHETA, *Gr.* Ἀχέτας, au plur. & du masc. Cigale, grosse sauterelle qui chante.

ACHILLEUM, *Gr.* Ἀχίλλειοι σπογγοί, *Achilleæ spongiæ*, éponges d'Achille ; espéce d'éponge fort serrée dont les anciens faisoient des pinceaux.

ACHOTES, (d'Ἄχω, *Acho*, faire mal,) ulcères de la tête, qui fluent par les pores de la peau ; teigne.

ACHRAS, *Gr.* Ἀχράς, αδος, poirier sauvage.

ACINACES, *Gr.* Ἀκινάκης, sabre, cimeterre. C'est un mot Persan.

ACLIS, *idis*, espéce de dard ou javelot attaché à une corde comme un hameçon, pour le retirer après l'avoir lancé.

Les Dictionnaires Latins mettent ce mot au rang de ceux que les Latins ont empruntés des Grecs ; mais c'est un mot des peuples de la Campanie, qu'ils tinrent peut-être des Pélasges, & qui tel qu'il est n'est point Grec ; mais une altération au plus du Grec Ἀγκύλη, qu'on aura prononcé *Accilé* & dont on aura pu faire *Acclis*, ces mots ayant la même signification.

ACRIS, *idis*, *Gr.* Ἀκρίς, ιδος, sauterelle.

ACRIDO-PHAGI, Acridophages, peuples d'Ethiopie qui vivent de sauterelles.

ACROAMA, *Gr.* Ἀκρόαμα, ατος, questions subtiles, en terme de Philosophie.

ACROAMATICUS,

ACROAMATICUS, *Gr.* Ἀκροαματικος, ce qui concerne l'ouïe, ce qu'on entend.

ACROASIS, *Gr.* Ἀκροασις, auditoire, audience.

AC, image.

Du mot AC, image, les Grecs firent le mot AKKÔ, dissimulée, fille qui feint de ne vouloir pas ce dont elle a le plus d'envie. Et le verbe AKKIZ*ein*, dissimuler, d'où vinrent ces mots Latins.

Acciſſo,-are, faire semblant de ne pas vouloir ce qu'on souhaite le plus. 2°. Faire des simagrées. 3°. Avoir pour soi-même une sorte de complaisance.

Accismus, i. Gr. Akkismos, refus simulé de ce qu'on désire.

Les Lexicographes Grecs ayant perdu de vue l'origine de ces mots, s'imaginèrent qu'ils étoient dérivés du nom d'une folle appellée AKKO. Sera-t-il sage qui s'en contentera?

ADARCA, Adarce, *Gr.* Ἀδάρκης, υ, écume salée, ou crystallisation salée qui se forme sur les plantes à travers lesquelles coule une eau salée.

ADENES, *Gr.* Ἀδένες, écrouelles.

ADIANT*um*, *Gr.* Ἀδίαντον, υ, plante appellée cheveu de Vénus: elle dut son nom à la propriété qu'on lui attribuoit d'être toujours verte, & de ne donner aucune prise à l'eau; d'être toujours sèche.

ADONIS, *Gr.* Ἀδώνις, sorte de poisson de mer.

ADRACHNE, *Gr.* Ἀδράχνη, petit arbre sauvage, semblable à l'arboisier.

AEDON, *G.* Ἀηδών, un rossignol.

AEDONIUS, de rossignol.

Du mot AIG, *Aigos*, chévre, vinrent les mots suivans Grecs & Latins.

AEGILIPS, *Gr.* Ἀιγίλιψ, ιπος, lieu escarpé.

ÆGILOPS, au lieu de Angilops, *gr.* Ἀγγίλωψ, fistule lacrymale.

ÆGIS, *Gr.* Ἀιγίς, Ἀιγίδος, l'Egide, Bouclier fait d'une peau de chévre.

ÆGOCEROS, *Gr.* Ἀιγόκερως, Capricorne, un des douze Signes du Zodiaque.

AELURUS, *i*, *Gr.* Ἀίλουρος, υ, un chat.

AENIGMA, *atis*, *Gr.* Ἀίνιγμα, ατος, énigme, parabole, question.

ÆNIGMAticus, *a, um*, énigmatique, obscur.

ÆNIGMAtistes, *Gr.* Ἀινιγματιστης, qui invente, qui propose des paraboles, des énigmes.

AESALON, *Gr.* Ἀισάλων, émerillon, oiseau de proie.

AETIOLOGIA, *Gr.* Ἀιτιολογία, étiologie, figure de rhétorique, mot-à-mot, raison de la cause.

AETITES, *Gr.* Ἀετίτης, la pierre d'Aigle.

A G.

AGAPE, *Gr.* Ἀγάπη, amitié, charité.

AGAPÆ, *arum*, festin d'amitié.

AGARICUM, *Gr.* Ἀγαρικὸν, agaric, sorte de champignon qui croît sur les arbres.

ALASTOR, *oris*, *G.* Ἀλάςωρ, un des chevaux de Pluton: le mauvais Génie.

ALCE ou ALCIS, Elan ou Ane sauvage : du Gr. 'Αλκή, force.

ALCEA, Gr. 'Αλκέα, mauve, guimauve, herbe.

ALECTORIA, Gr. 'Αλεκτορια, ας, pierre précieuse, transparente & luisante comme le cristal.

ALEA, æ, f, hazard, sort, fortune aveugle; 2°. Jeu de hazard; 3°. périls qu'on court.

ALEARium, ii, cornet à mettre les dez.

ALEATor, oris ; ALEO, onis, qui joue aux dez : joueur.

ALEATorium, ii, lieu où on joue aux dez.

ALEATorius, a, um, qui concerne le jeu de dez.

Ce mot paroît pur Grec. ALAOS, signifie en Grec, aveugle : ALAO, marcher au hazard, errer : ALÊ, pas incertains, erreurs.

ALLEGoria, æ, Gr. 'Αλληγορία, Allégorie.

ALOE, Gr. 'Αλόη, Aloës, plante Orientale ; 2°. suc qu'elle donne.

ALOPECias, Gr. 'Αλωπέκιας, Renard marin.

ALOPEC-URUS, Gr. 'Αλωπέκ-ουρος, plante appellée queue de Renard; du mot ουρα, oura, queue.

ALPHA, de l'Oriental ALPH, ou Aleph, premiere lettre de l'alphabet Grec.

ALPHA-BETarius, qui est encore à l'ABC.

ALPHA-BETum, i, l'ordre des lettres; livret pour apprendre à lire.

ALTER, Gr. 'Αλτήρ, masse de plomb dont on se servoit dans les exercices du corps.

ALTHAEA, Gr. 'Αλθαία, mauve, guimauve.

AMAXICUS, Gr. 'Αμαξικος, cocher, voiturier.

ANCHUSA, Gr. 'Αγχούσα, Orcanette, plante qui entroit dans le fard des Dames Grecques ; d'αγκου, frais, récent.

ANCON, Gr. 'Αγκών, ονος, le pli du coude ; le coude.

ANEMONA, Gr. 'Ανεμώνη, Anemone, fleur ; espéce de pavot.

Du Grec ANTHOS, fleur, vinrent :

ANTHUS, oiseau qui vit de fleurs.

ANTHYPOPHORA, Gr. 'Ανθυποφορα, figure de Rhétorique.

ANTHEDON, un neflier, arbre.

ANTHEMIS, la camomille, plante.

ANTHERA, le jaune ou la semence qui est dans la rose.

ANTHINUS, Gr. άνθινός, fait de fleurs.

APARCHÆ, offrandes faites avec les entrailles des victimes ; du Gr. 'Απαρχή, initiation.

APARINA, Gr. 'Απαρίνη, Aparine, Glateron.

APHÆResis, Gr. Αφαιρεσις, (d'Αιρεύ, ôter) retranchement de la lettre initiale d'un mot.

ARRAX, acis ;-ACUS, i ; ACHUS, i, Gr. "Αρακος, espéce de pois, vesce.

Du Grec ARKHÈ, chef, principe, vinrent :

ARCHAICUS, Gr. 'Αρχαϊκος, fait à l'antique : de-là :

ARCHAÏSMUS, i, expression antique, ou imitée des Anciens.

ARCHIUM, ou ARCHIVUM, Archives.

ARCHON, Gr. Ἄρχων, οντος, Archonte.

ARCHONTOPOLUS, i, celui qui portoit l'épée devant l'Empereur; le Connétable ou le Grand-Ecuyer.

ARCHOS ou ARCHUS, Gr. Ἀρχός, le Prince; le plus puissant.

ARCH-ANGELICA, la grande espéce d'Angélique.

ARCH-ANGELUS, i, Archange.

AN-ARCHIA, æ, Anarchie.

Du Grec ARCTOS, Ourse, vinrent:

ARCTICUS, Gr. Ἀρκτικός, Arctique.

ARCTOPHYLAX, (de φυλαξ, gardien) Bootès, le Gardien de l'Ourse. Constellation.

ARCTOUS, Gr. Ἀρκτοῦς, arctique.

ARCTURUS, (du grec ορῶ, observer), ARCTURUS, qui observe l'Ourse, qui la garde, Constellation.

ANT-ARCTICUS, i, Antarctique; mot à mot, opposé à l'Ours.

ARGEMA OU ARGEMON, Gr. Ἄργεμα, taie, tache dans l'œil.

ARGEMONIA, Gr. Ἀργεμώνη, plante qui ressemble au pavot sauvage, & qui est propre à guérir les taies.

ARISTO-PHORUM, i, du Grec Ἄριστον, Ariston, le diner; & de φέρω, phero, porter; un porte-diner.

ARMus, i, épaule, haut de l'épaule; 2°. portion du corps qui porte: du Grec Armos, lien, articulation.

ARMilla, æ, bracelet: collier: bague.

ARMillatus, a, um, qui porte un bracelet, un collier.

ARMillum, i, vase qu'on portoit sur les épaules.

ARNA, æ, brebis; du Gr. Ars,

Arnos, agneau.

ARNacis, Grec & Latin, fourrure de peau d'agneau.

ARtemon, Gr. Ἀρτέμων, moufle; 2°. voile & mât d'artimon.

Du Grec ARTHRON, articulation, jointure, vinrent:

ARTHRitis, Grec & Latin, la goutte.

ARTHRITICA, ARTICULARIS, Primevere, plante.

ARTHRITICUS, ARTericus, a, um, goutteux, qui a la goutte.

Du Grec ARTos, pain, vinrent:

ARTO-COPUS, Gr. Ἀρτοκόπος, Boulanger.

ARTO-CREAS, Gr. Ἀρτοκρέας, pâté de viande.

ARTO-LAGANUS, Gr. Ἀρτολάγανος, gauffre, beignet.

ARTOPTA, espèce de tourtiere; du Grec Ἀρτόπτην.

ARTOPTITIUS, cuit dans la tourtiere.

ARUNGUS, i, m, barbe de chevre, Gr. ÈRUGGOS, prononcé ÈRUNGOS.

ARUSPEX, picis, celui qui consideroit les entrailles des victimes pour en prévoir l'avenir. Il est étonnant que personne n'ait connu l'étymologie de ce nom, & qu'Isidore ait été réduit à le dériver du mot horæ, les heures. C'est un mot certainement Etrusque, formé de deux mots Grecs; 1°. de ARaia, as, entrailles, intestins, ventre & Skepto-mai, considérer, que les Latins prononcerent specto.

ASCALABOTES, Gr. Ἀσκαλαβώτης, Tarentule; 2°. Lézard venimeux.

Aspis, *Gr.* Ἀσπίς, Aspic.

Astacus, *Gr.* Ἀστακός, sorte d'écrevisse.

Asthma, *Gr.* Ἄσθμα, Asthme.

Asthmaticus, asthmatique.

AT, mais, toutefois &c. *Gr.* Ἀταρ.

Attamen, Atqui, Atque, mais, cependant.

Atticismus, *G.* Ἀττικισμός, atticisme, langage pur & élégant des Athéniens.

Atticisso, parler comme les Athéniens, ou les Peuples de l'Attique.

Austerus, *a*, *um*, *Gr.* Αὐστηρός, 1°. sévere ; 2°. grave, sérieux ; 3°. rude, dur, austere.

Austeritas, *atis*, austérité, sévérité : 2°. gravité, air sérieux : 3°. dureté ; rudesse.

Austerè, avec austérité, gravement, durement.

Du mot Αὐτός, *Autos*, lui-même, soi-même, vinrent :

Authenticus, *a*, *um*, authentique, original d'une autorité incontestable, &c.

Automata, *orum* ; Automaria, *orum*, Automates : machines à ressorts.

Automatarius, *ii*, faiseur d'Automates.

Automatarius, *a*, *um*, qui concerne les Automates.

Automatia, coup de fortune, hasard.

Automatum, *i*, instrument qui agit de soi-même ; ressort ; horloge.

MOTS LATINS VENUS DE L'ORIENT.

A

Academia, Académie, lieu d'exercice pour les Arts & pour les Sciences.

Academici, les Académiciens, secte de Philosophes Payens.

Academicus, Académique, Académicien ; de l'Académie.

Ces mots formés de Cadmus, viennent de l'Oriental קדם *Cadm*, Orient, lumiere.

Voy. Plan Gener. & Rais.

Acna, *æ* ; Acnua, *æ*, mesure de terrain qui étoit la moitié du *Jugerum* ou de l'arpent Romain, & qui contenoit cent vingt pieds de long sur cent vingt pieds de large, ou cent vingt pieds quarrés.

Ce mot étoit commun aux Latins avec les Grecs : on trouve dans Apollodore le mot Ἄκενα, employé dans le même sens. Ils viennent tous les deux du mot Oriental קנה, *Qné*, mesure apellée canne : 2°. Possessions, terres.

Adæsia, *æ*, vieille brebis. Ce mot

doit être Oriental, venant de עד *Ad*, vieux, & de שׂה *ſé*, brebis.

ADEPS, *ipis*, graiſſe, ſaindoux; 2°. embonpoint.

ADIPATUS, garni de graiſſe; gras, replet.

ADIPALIS, gras, potelé; 2°. abondant, rempli, bien fourni.

ADIPATUM, viande graſſe, garnie de lard; gras à lard.

ADIPOSUS, gros, gras; 2°. opulent.

Ces mots viennent de l'Oriental טפש *Taps*, graiſſe: 2°. être gras, rond de graiſſe. En Chaldéen, *Ataps*, engraiſſer.

ÆT, tems, âge.

De l'Oriental עת, עד, HED, HOTH, tems; en Celt: OED, &c. vinrent.

1°. ÆTas, *atis*; 1°. tems; 2°. ſaiſon, ſiécle; âge, durée de la vie.

Ætatula, *æ*, bas âge.

Co-Ætaneus, *a*, *um*, qui eſt du même âge, contemporain.

2°. Æternalis, *e*; Æternus, *a*, *um*, qui dure toujours, qui n'a ni commencement, ni fin.

Æterno, -*are*, perpétuer à jamais, immortaliſer.

Æternò; Æternum, à jamais, toujours.

Æternitas, *is*, durée de tems ſans fin.

Co-Æternus, *a*, *um*, co-éternel, qui dure à jamais avec un autre.

ALA-BASTRUM, *i*, Albâtre: c'eſt un binome formé des deux mots Orientaux *Hala*, pierre, *byſs*, devenu *baſs*, blanc.

ALABASTRites, *æ*, marbre blanc, eſ-

pèce d'albâtre: 2°. pierre nommée Onyx.

AMBUBaiæ, Joueuſes de flûte & d'autres inſtrumens: de l'Oriental אבוב *Abub*, flûte, naſalé en *Ambub*.

ANDABATa, *æ*, Gladiateur qui combattoit les yeux fermés; 2°. le Jeu de Colin-Maillard.

Ce ſont deux mots Hébreux; ענן, *Ann*, *Anna*, changé en *Anda*, être obſcurci, être dans les ténèbres; 2°. ténèbres: & *ba* בא, aller.

APIUM, *ii*; Ache, Perſil. Ce mot vient de l'Oriental אבן *ABeN*, pierre. Cette plante doit en effet à cette cauſe le nom qu'elle porte en diverſes Langues. En Grec *Selinon*, de l'Oriental סלע *Selo*, pierre, le *Silex* des Latins. Le Perſil s'apelle en Latin *Petro-Selinum*, réuniſſant ainſi le nom Grec & le nom Latin de la Pierre.

ARANea, *æ*, Araignée; en Grec ARACHNÉ. Ces mots viennent de l'Hébreu ארג *ARG*, prononcé *ARaG*, & qui ſignifie, 1°. tiſſu; 2°. faire un tiſſu, une toile: on ne pouvoit mieux peindre l'Araignée.

ARANeola, *æ*; ARANeolus, *i*, petite Araignée.

ARANeus, *ei*, Araignée de terre & de mer.

ARANeum, *ei*, Araignée; 2°. toile d'Araignée.

ARANeoſus, *a*, *um*, d'Araignée: plein d'Araignée ou de leurs toiles, &c.

AR-BITER, *tri*, celui qu'on choisit pour Juge d'un différend, un Arbitre. Ce mot paroît purement Oriental. On ne choisit pour Arbitre qu'une personne en qui on a une entière confiance ; mais בטח BeTah désigne la confiance, & *AR*, la terre ; *Arbiter* seroit donc *mot-à-mot* celui qui a la confiance du Canton, de la Contrée.

AR-Bitra, *æ, f.* une Arbitre.

AR-Bitrium, *ii* ; 1°. arbitrage, décision d'un arbitre ; 2°. pouvoir, puissance ; 3°. avis, volonté ; 4°. fantaisie, caprice.

AR-Bitratus, *ûs*, arbitrage ; 2°. volonté, fantaisie ; 3°. discrétion.

AR-Bitrariò, arbitrairement, à volonté.

AR Bitrarius, *a, um*, arbitraire.

AR-Bitratus, *a, um*, jugé par arbitre.

AR Bitro, *are* ; Arbitror, *ari*, être arbitre, juger par arbitrage ; 2°. juger, penser, croire ; 3°. remarquer, observer.

Le mot Hébreu ARG, racine d'Araignée, signifiant travail, ouvrage, doit avoir produit également les mots suivans :

1°. ARgiletum, *i*, lieu à Rome rempli de boutiques d'Artisans.

2°. ARgila, *æ*, terre de Potier, terre à ouvrage.

ARrhabo, *onis* ; Arrha, *æ*, arrhes, denier à Dieu ; 2°. gage, sureté, nantissement ; 3°. ôtage.

C'est l'Oriental ערב *Orab*, gage, caution, ôtage, donner caution, &c.

Du même mot & de LAT, porté, procuré, vint :

ARI-LATor, *oris*, qui donne des arrhes : des suretés de sa parole.

ARsenicum, *i*, c'est une altération de l'Oriental *AL-ZERNIG*, formé de *Zer*, brûler, ronger, & de *Neg*, se hâter. Voy. *Orig. Franç.* p. 74.

AsCALonia, échalotte : espèce d'oignon qui dut sa dénomination à la ville d'Ascalon en Palestine, où on en faisoit un grand commerce.

Assa Fœtida, mot-à-mot le bois puant, suc du laser, dont l'odeur est très-puante.

Ce nom est composé de l'adjectif *fœtidus*, fétide, puant ; & du mot Oriental Ass ; *Hess*, עץ, arbre. Il paroît que le nom même du LAser, gen. *eris* dont on tire ce suc, vient de la même origine. On dit aussi LAserpitium, *ii*, pour désigner cet arbre.

ATÉ, Gr. ATH, Até, Déesse du mal ; toujours occupée à nuire. En Or. חטא, *Hata*, tomber en faute, faire le mal ; חטאת, *Ataé*, crime, faute.

De la même racine :

ATAbulus, *i*, vent du Nord-Ouest qui causoit de grands ravages dans l'Italie Orientale.

A U

Aut, ou, *Conjonction*. C'eſt l'Oriental א, Au, qui a la même valeur.

Autem, or, mais, auſſi; Conjonction qui tient à la même famille.

Autumnus, *i*; Autumnum, *i*, l'Automne.

Autumnitas, *atis*, ſaiſon de l'automne.

Autumnal, *is*;-*alis*, *e*;-*nus*, *a*, *um*, d'automne.

Autumno, - *are*, faire un tems d'automne.

Les Etymologiſtes paroiſſent s'accorder à dériver le nom de cette ſaiſon du Latin *Auctus*, accru, & *tempus*, tems. Cependant cette étymologie paroît trop éloignée, & de la forme de ce nom & de ſa ſignification. Il nous ſemble plus naturel d'y voir un binome Oriental formé d'*Au*, fruit, & de *Tum*, parfait, mûr. L'Automne n'eſt-elle pas en effet la ſaiſon des fruits parvenus à leur état parfait, à une pleine maturité? La terminaiſon *nus* pour *enus*, correſpondante à la terminaiſon paſſive *menos*, des Grecs, ne déſigne que la propriété,

MOTS LATINS-CELTES,
OU DÉRIVÉS DE LA LANGUE CELTIQUE.

B

La lettre B est une lettre labiale ; c'est-à-dire qui se prononce des lèvres : à cet égard, elle correspond aux consonnes P, F, M, V, qui sont des intonations de la même touche : il n'est donc pas étonnant qu'elles concourent toutes à former entr'elles les diverses branches d'une même famille de mots, lorsqu'elle est trop nombreuse pour être épuisée par une seule intonation.

Il n'est pas plus étonnant que ces diverses intonations labiales se soient sans cesse substituées les unes aux autres, & que nous trouvions sans cesse le même mot écrit & prononcé suivant les Peuples par les lettres B, P, F, M, ou V. C'est une suite nécessaire de la nature de l'instrument vocal.

Dans presque tous les Alphabets elle est la seconde : aussi vaut-elle deux dans l'Arithmétique à lettres ; & par la même raison, elle est la racine des mots relatifs à l'idée de deux.

Se prononçant des lèvres qui ferment la bouche, & qui en font un des principaux ornemens, elle devint le nom de la bouche même ; & elle en prit la forme, la forme d'une boëte : elle devint dès-lors par analogie, le nom de toute idée relative à boëte, à habitation, à maison, &c.

La facilité avec laquelle les enfans la prononcent, sa douceur, sa mobilité, la rendirent propre à devenir le nom d'une multitude d'objets intéressans pour eux ; elle fait ainsi une portion considérable du Dictionnaire de l'enfance ; & ceci est vrai du Latin tout comme pour le François.

Si on ajoute à cela diverses onomatopées que l'on exprime par cette lettre, on embrassera d'un coup d'œil l'origine presqu'entiere des divers mots qu'elle renferme.

B. Racine

B,
Racine du nombre deux.

1. BIS, deux fois, doublement.

Bino, -are, joindre ensemble.
Binus, a, um, double.
Bini, æ, a, paire, couple.
Com-Bino, combiner, unir.
Com-Binatio, combinaison, union.

2. BIMus, a, um; Bimulus, a, um, âgé de deux ans, qui a deux ans.
Bimatus, ûs, l'âge de deux ans.
Bignus, a, um, jumeau, jumelle.

3. BESsis, is, quatre, deux tiers de six.
Bessalis, e, qui a huit pouces.
Bes, ssis, les deux tiers de quoi que ce soit qui se divise en douze, les deux tiers de la livre romaine.

BINOMES.

Biga, æ, carrosse attelé de deux chevaux de front; attelage de deux chevaux de front : formé de Bis, deux, & d'Ago, conduire.

Bigatus, a, um, attelé de deux chevaux de front.

B,
Exprimant diverses idées relatives à l'ENFANCE.

I. Les idées relatives à la boisson & à la nourriture.

1°. BUA, æ; BUAS, æ, la boisson des petits enfans.

Bu-Beum, i,
Bu-Bleum, i, } sorte de vin.
Bu-Blinum, i,

Im-Buo, -ere, abreuver, tremper, mouiller, instruire, inspirer.
De-li-Buttus, a, um, oint frotté, parfumé.

Orig. Lat.

2. BIBO, bibi, bibitum, ere, boire.

Bibax, cis, & Bibaculus, } qui boit bien,
Biberius, Bibosus } buveur 2°. qui
Bibulus, a, um, } attire l'eau, qui prend l'eau.

Bibesia, æ, extrême envie de boire.
Bibacitas, is, disposition à bien boire.

COMPOSÉS.

Ad-Bibo, -ere, boire avec quelqu'un, bien boire; se remplir, s'imbiber.
Com-Bibo, ere, boire ensemble.
Com-Bibo, is, compagnon de bouteille.
De-Bibo, -ere, boire tout.
E Bibo, -ere, avaler tout, tarir.
Im-Bibo, -ere, boire, tirer, imbiber; 2°. concevoir, faire dessein.
Inter-Bibo, -ere, boire tout, ne rien laisser.
Ob-Bibo, -ere, boire avec avidité.
Per-Bibo, -ere, boire tout.
Per-Bibesia, æ, grande avidité de boire.
Præ-Bito, boire le premier.
Sub-Bibo, boire un peu plus qu'il ne faut.
Super-Bibo, boire par-dessus, reboire.

3. B est également la source d'une famille Grecque où Bosco signifie donner à manger, nourrir, repaître : de-là :

Boschis, idis; Boscis, Boscas, adis, oiseaux renfermés & qu'on nourrit.
Pro-Boscis, idis, trompe de l'Eléphant & qui lui sert de main pour se nourrir.

II. Les idées relatives aux caresses enfantines.

BAsium, ii, baiser; en Anglois BUSS.

Basiolum, i, petit baiser.
Basio, -are, donner un baiser.
Basiatio, onis, l'action de baiser, une embrassade.
Basiator, is, baiseur, qui aime à baiser.

III. Les idées relatives à la bouche ;

I

la BOUCHE même; un trou, une ouverture.

Buc, signifia en Celte, trou; en Italien, BUCO, un trou. De-là vinrent ces mots:

1. Bouche.

Bucca, æ, bouche, joue; 2. creux des joues.

Buccea, æ, bouchée; 2°. fouet de cuir; mais dans ce dernier sens il vient de Bu, bœuf.

Buccella, æ, petite bouchée, petite bouche; 2°. biscuit.

Buccellaris, e, is, qu'on apprête par bouchée.

Buccula, æ, petite bouche; 2°. petite joue; 3°. visiere, grille d'un casque; 4°. tringle attachée à droite & à gauche dans une catapulte; 5°. qui porte abbaissée la visiere de son casque.

Bucculatus, a, um; Bucculentus, a, um, qui a une grosse bouche, de grosses joues pendantes.

Bucco, onis, babillard, sot, impertinent.

Buccones, um, gens grossiers, étourdis.

Bucconiatis, idis, raisin qu'on ne vendange qu'après qu'il a gelé.

Bucar, aris, vase à bec.

2°. Trompette.

De Buc, bouche, on dériva les noms de la trompette, instrument à vent. De-là;

Bucané, & Bucés, en Grec, corner à bouquin; & ces mots Latins:

Buccina, æ, (de CAN, CIN, roseau, canne; & de Buc, trou, ouverture, mot-à-mot, CANNE à bouquin, trompette, cor, clairon, cornet de Bouvier.

Buccinum, i, trompette, sacquebutte, clairon; 2°. sorte de grande coquille de mer qui servoit de trompette; pourpre, poisson à coquilles.

Buccino, -are, corner, trompetter.

Buccinator, is, trompette, celui qui sonne du cor.

DE-Buccino, -are, emboucher la trompette.

IV. B,

Exprimant les idées relatives au bégaiement.

Avant de sçavoir parler, les enfans s'exercent par de longs essais; il a fallu donner des noms à ces essais: on dit qu'ils bégaient, qu'ils balbutient: c'étoit imiter leurs efforts: de-là les mots Latins qui suivent; car les Latins, tout comme nous, chercherent à imiter la Nature.

BALButies, ei, bégayement.

BALbus a, um, bégue, qui ne prononce pas distinctement: 2°. prononcé en bégayant.

BALbé, en bégayant.

BALbutio, ire, bégayer; parler en bégayant.

BAM-BAlio, onis, qui bégaye.

SUB-BALbé, en bégayant un peu.

De ce mot prononcé Bel, joint à la terminaison os, es, dut venir le mot suivant, relatif aux mêmes idées.

Blæsus, Bégue. Celt. Bloesg, Bégue, qui a la langue grasse; blos, gras, bles, blous, &c.

On peut raporter à la même classe les onomatopées suivantes.

1. BALo,-are, bêler, crier comme les brebis.

BALito,-are, bêler souvent.
BALatus, ûs, bêlement.
2. BALatro, onis, Bélitre, grand causeur.
3. BLATero,-are, ⎫ 1°. bêler comme les
   BLACtero,-are, ⎬ brebis : 2°. causer,
   BLAtio, ire, ⎭ jaser, babiller, brailler, criailler, dire quantité de sottises.

BLATerea, æ, croassement de grenouilles, cri confus.
BLATeratus, ûs, babil, caquet, sots discours, braillerie.
BLATeratus, a, um, qui a étourdi les oreilles, braillé inutilement.
BLATero, onis, babillard, grand diseur de riens, braillard.
AD-BLATero,-are, bêler : 2°. criailler.
DE-BLATero,-are, causer, jaser, parler toujours.

4. BAUBor-ari, abboyer.

BAUtius, ii, BAUD, espèce de chien courant.
5. BAT, paix-là.
6. BATuo-ere, BATTRE, frapper, combattre.

V. Les idées relatives au bourdonnement.

1. BOMBus, bourdonnement, bruit que font les abeilles ; 2°. brouissement que font les vers à soye quand ils mangent ou qu'ils filent ; 3°. bruit sourd de trompette, d'instrument en général, du tonnerre ; 4°. tintement des oreilles; 5°. bruit sourd que fait le Peuple pour applaudir.

BOMBilo,-are, bourdonner comme les abeilles.

BOMBilatio, onis, bourdonnement des abeilles ; 2°. glouglou d'une bouteille ; 3°. brouissement ou bruit que font les vers à soie quand ils mangent ou filent sur un arbre comme dans les Indes Orientales, ou sur des logettes où on les nourrit de feuilles de mûrier. En se repaissant de ces feuilles, ces insectes font un bruit très-fort & semblable à un bourdonnement confus ; aussi ce brouissement qui leur est propre les a-t-il fait appeler,

2. BOMBYX, cis, ver à soie ; 2°. la soie.
BOMBylis, is, ver à soie ; 2°. ver dont provient le ver à soie.
BOMBycinus, a, um, de soie.
BOMBycina, orum, habit de soie.
3. BAMBacium, ii ; BOMBax, cis ; coton, cotonnier, parce qu'il ressemble à la soie ; 2°. bazin.
BAMBacinus, a, um, de coton.

VI. B, exprimant les idées relatives à la parole.

BOMBax; BABæ! ha ha! mon Dieu, exclamation servant à témoigner la surprise.

Ce mot & le suivant sont des onomatopées.

BABæ-calus, a, um, babillard, causeur.

BAC,

Enfantin, petit, 2°. grand.

BAC, BACH est un mot Celte qui signifie petit, enfantin ; & par oposition grand : de-là, au sens de petit, les mots suivans.

I.

BAC, petit.

1. BACca, æ, Baie, menu fruit rond,

grains ronds, comme ceux des raisins, du laurier, du genievre. 2°. Perle.

BACcula, æ, petit grain, petit fruit rond.
BACcatus, a, um, orné de perles, ou de baies d'arbres.
BAccans, tis, rond, rebondi.
BAccalia, æ, arbrisseau, qui porte du fruit en grappes, ou en grains.
BACCI-FER, a, um, qui porte de petits fruits.
Bacchar, is, n; BACcharis, f, la gantelée, nom de plante. Ce mot est également Grec & Basque.
TRI-BACCA, æ, pendant d'oreilles de trois perles.

2. BAC, jeune.

BAccalaureus, i, Bachelier; de BAcca & de Laureus; parce qu'on couronnoit de laurier ceux qu'on nommoit Bacheliers: on sait que le laurier a de petits fruits ronds. Peut-être aussi ce mot est-il formé directement de BAch, petit; alors il signifieroit un jeune homme: on a dit Bachelier ou Bachelet, pour un jeune homme; Bacheliere, ou Bachelette, pour une jeune fille.
BAccalaureatus, ûs, la qualité, le titre, l'état de Bachelier.
AM-BACTUS, i, valet; page: domestiques qui environnent leur maître.

3°. Raisins, Vin: BACCHUS.

1. BACChus, i, le vin, liqueur exprimée des grains de raisin, d'où elle tire son nom; 2°. Dieu du vin.
BAcar, is, broc, bouteille, flacon à mettre du vin.
BAccheis, idis; BAcchëum, ii; vase ou bocal à mettre du vin.
BAccheius, a, um, } vineux, qui concerne le vin, ou le Dieu du vin.
BAccheus, a, um,
BAcchicus, a, um,

2. BACChis, idis, Prêtresse du Dieu du vin, Bacchante; 2°. yvrognesse, femme yvre, femme de mauvaise vie.
BAccha, æ, nom de la Prêtresse de Bacchus; 2°. emportée, furieuse.
BAcchanal, ale, is, débauche, yvrognerie; 2°. lieu de débauche.
BAcchanalia, ium, orum, fête du Dieu du vin, carnaval; 2°. partie de débauche, ribotte.
BAcchabundus, a, um, yvrogne, qui ne fait que boire.
BAcchor, -ari, faire la débauche, s'enyvrer, ribotter: 2°. être dans la fureur poëtique: 3°. tempêter, faire l'enragé.
BAcchatio, onis, débauche, yvrognerie.
BAcchatim, en yvrogne; à la maniere des Bacchantes.
DE-BAcchor, -ari, tempêter, pester, se mettre en furie, faire le diable à quatre.
PER-BAcchor, -ari, boire du vin à l'excès.

3. BACChius, ii, pied de vers composé d'une syllabe brève & de deux syllabes longues: on s'en servoit pour les chansons à boire.
ANTI-BACChius, pied de vers composé de deux longues & d'une breve.

II.
BAC, Grand.

BAC ne désigna pas seulement les objets petits & enfantins; mais aussi les objets élevés, tels que le dos, & ceux propres à porter: en ce sens, il devint Chef de famille en diverses Langues.

De-là, l'Anglois BACK, dos, parce que cette portion du corps est relevée en bosse; & le verbe To BACK, soutenir, appuyer.

De-là, le Theuton BACKe qui signifia également dos & montagne bossue.

Le Suédois Bac, colline; 2°. élévation applatie; 3°. tout ce qui soutient.

C'est également le mot Grec moderne BAGKos, prononcé Bankos, qui réunit toutes ces significations.

De-là encore l'Hébreu אבק, 'A-bak, être élevé.

De-là se forma dans nos Langues modernes le mot BANC, plutôt que de BAN, comme nous l'avons dit dans nos Origines Françoises, & la Famille Grecque & Latine Abac, dont nous allons parler.

ABAX, cis; ABACUS, i; en Grec, ABAX, kos, 1°. un siége, un banc, un canapé, tout objet élevé & qui sert à s'asseoir, à se reposer: 2°. toute table longue & étroite, en forme de banc, & propre à contenir tout ce qu'on auroit à y déposer.

Table de cuisine.
Table de Marchand, BANQUE, Comptoir.
Table à jouer, Trictrac, Damier.
Table de marbre.
Table d'ardoise pour les figures de Géométrie.
Table de service; Buffet.
Table pour les comptes, ABAQUE.
Tailloir, partie supérieure d'un chapiteau en forme de Table; 2°. tout objet plat en forme de table.

Abacus solis, le disque du soleil.
Abacus cantorum, un Lutrin.
ABAculus, i, jetton dont on se sert pour calculer.
ABAcium, ii; petite table.

BAD,
Eau.

BAD, BATH, Eau, est un mot primitif qui a formé des familles nombreuses dans les Dialectes Celtiques, Theutons, Phrygiens, &c.

CLÉMENT d'Alexandrie, (Strom. l. V.) nous a conservé deux passages, un d'Orphée & un de Didyme le Grammairien, où le mot BEDY est employé comme un mot Phrygien qui désigne l'eau.

BAD, dans les dialectes Anglo-Saxons, Theutons, signifie Eau; & BADEN laver: tant de Villes ne sont nommées BADE, BADEN, BATH, que parce qu'on les a bâties sur les bords de Fontaines ou sources d'eaux minérales.

Ce mot fut également Grec & Latin, Langues Celtiques, & si on ne l'y reconnoîtroit pas, c'est qu'il éprouva dans ces Langues des changemens qui leur sont ordinaires.

Th se change en Grec en PH; ainsi Bath put devenir & y devint en effet BAPH; & puis BAP-Tx d'où résulterent des familles différentes. Les Grecs en firent également une troisieme famille en Bad dans laquelle le D se changeant suivant l'usage de ces Peuples en L, forma des mots en *Bal*, dont les rapports avec leur primitif furent absolument méconnus.

1°. BAD, devenu BAPH.

De BAD changé en BAPH, vinrent les mots suivans Grecs & Latins.

BAPHIA, gr. βαφία, Teinturerie.
BAPHICA & BAPHICE. Gr. βαφική, L'Art de teindre.
BAPHICUS & BAPHIUS. Gr. βαφικός, Teinturier.
DI-BAPHUS, *a*, *um*, teint deux fois.
DI-BAPHUS, *i*; -PHA, *æ*, Pourpre: 2°. étoffe teinte de deux couleurs.
A-BAPHUS, *a*, *um*, qui n'est pas teint.

2°. BAD, devenu BAP, & suivi de T.

BAPTIZO, -*are*, Gr. βαπτίζω, Baptiser.
BAPTISMA, ou BAPTISMUM, & BAPTISMUS. Gr. βαπτισμός, Baptême.
BAPTISTERIUM, vaisseau ou lieu propre à se baigner, ou à laver.

COMPOSÉS.

A-BAPTISTUM, Trépan de Chirurgien.
A-BAPTISTUS, qu'on ne peut faire enfoncer dans l'eau.
ANA-BAPTISTA, Gr. Ἀναβαπτιστής, Anabaptiste, sorte d'Hérétiques.

3°. BÆT, nom de Riviere.

BÆTIS, *is*, le Guadalquivir, fleuve d'Espagne; en Celte BED, riviere.
BÆTICA, *æ*, la BETIQUE, Province d'Espagne, *mot-à-mot*, le Pays qu'arrose le BET; c'est aujourd'hui l'Andalousie.
BÆTICUS, *a*, *um*; BÆTICOLA, *æ*, un Andalous.
BÆTICATUS, *a*, *um*, de couleur d'un brun roux comme les laines d'Andalousie.

4°. BAD, devenu BAL.

De BAD, eau, joint à NEON, vase, prononcé BAL-NEON, se forma en Grec la famille BALAneion, bain, & en Latin la famille suivante :

BAL-NEUM, *i*, bain domestique.
BAL-NEA, *arum*; BAL-NEAria, *orum*, bains publics, étuves.
BAL-NEdum, *i*,
BAL-NEOlum, *i*, } petit bain.
BAL-NEOlæ, *arum*,
BAL-NEArium, *ii*, bain de particulier.
BAL-NEArius, *ii*; BAL-NEAtor, *is*, Baigneur.
BAL-NEAtrix, *is*, Baigneuse.
BAL-INEUM, *i*; BAL-INEæ, *arum*, bains publics & domestiques; étuves.
BAL-NEAris, *e*; BAL-NEArius, *a*, *um*, qui concerne les bains, les étuves.

BAD,
VAD, BED, BIT,
Aller. (1124.)

Du primitif BA, VA, aller, les Latins firent la famille VAD, BET, BIT, &c. qui offrit la même signification, & qui s'enta sur l'Hébreu בא, *bo*; le Grec BAO, aller &c.

1. VADO, *is*, *si*, *sum*, *ere*, aller, marcher.
VADO, -*are*, passer à gué, traverser.
VADUM, *i*; VADUS, *i*, gué, passage d'une riviere; bas-fond où on peut aller à pied.

Vadosus, a, um, qu'on peut passer à gué.
2. Badizo, -are, aller, marcher ; mot commun aux Grecs & aux Latins.
Beto, is, ere ; Peto, -ere, aller, marcher, se rendre en un lieu.
Bito, -ere,
Bitio, -ire, } aller, marcher.
Bito, -are,
Bitiensis, e, coureur, vagabond ; qui est toujours par voies & par chemins.

COMPOSÉS.

Ad-Bito, are, approcher, aller en avant.
Im-Bito, -are, aller dedans, entrer.
Inter-Bito, -are, intervenir, aller entre deux.
Per-Bito, -are, aller à travers, c'est-à-dire, périr, se détruire, s'en aller. Cette expression se trouve aussi dans l'Allemand où l'on dit, *durchgehen*, aller à travers, pour dire se ruiner : il en est de même de Perire.
Præ-Bito, -ere, tuer, ruiner, détruire ; *mot-à-mot*, aller au-devant, marcher devant.
Præter-Bito, -are, aller au-delà, pécher, transgresser.
Re-Bito, -are, revenir, retourner souvent.

COMPOSÉS GRECS.

De Bat, aller, les Grecs formerent les mots suivants usités en Latin.

1. Abaton, Gr. ΑΒΑΤΟΝ, où on ne peut aller, inaccessible.

Acro-Baticum, échelle de Peintre.
Ana Bathnus, i, dégrés par où les Furies montoient sur le Théâtre ; 2°. dégrés des Gémonies destinés à précipiter les Criminels.
Ana-Bathrum, escalier, échelle, dégré.
Dia-Bathra, orum, souliers, pantoufles de femme.
Dia-Bathrarius, ii, Cordonnier de femmes.
Em-Bater, eris, trou d'une baliste.
Em-Bates, is, module en architecture.
Epi-Bates, um, bâtimens de transport, navires.
Epi-Batæ, arum, passagers, soldats d'une flotte.
Hyper-Baton, i, transposition des mots.
Hyper-Bi-Basmus, figure de Rhétorique qui consiste à transposer une lettre.
2. Em-Bamma, atis, sauce.
3. Em-Baratica, æ, métier de matelot, piraterie.

BAL,

BEL, BOL, BUL &c. (92.)

Nous avons vû dans les Origines Françoises que BAL fut un mot primitif qui s'appliquant au Soleil devint le nom de tout ce qui est beau & brillant comme le Soleil ; élevé & rond comme lui : il en fut de même en Latin ; ce mot y devint la source d'une multitude de familles relatives à ces idées, & prononcées BAL, BEL, BOL, BUL, &c. pour en distinguer les diverses espèces.

I. BAL,

Couleur du Soleil ; brillant, doré.

1. Balaris, is, Tréfle d'or ; noble Hépathique.

Balausus, i, plante semblable au narcisse.

2. BAlaustrum, i, calice de la fleur de grenadier.

BAlaustium, ii, fleur de grenadier sauvage.

BAlaustinus, a, um, de fleur de grenadier sauvage.

3. BALis, idis, herbe qui guérit de la morsure des serpens.

4. BAL-samum, i, baume; 2°. arbrisseau d'où on tire le baume par incision.

BAlsamus, a, um,
BAlsamicus, a, um, } embaumé.
BAlsaminus, a, um,

C'est l'Hébreu BAL-shamim, le Roi des Cieux.

BAlsamita, æ, la Menthe.

BEli-oculus, i, œil de chat, pierre précieuse consacrée au soleil appellé BEL.

5. BAléoca, æ; BAleuca, æ, or qui n'est pas net.

BAluca, æ; BAlux, cis, miettes d'or; grains d'or, poudre d'or que roulent les rivieres.

BAleatus, a, um; BAlius, BAliosus, moucheté, tigré.

6. BAL devenu BLA, produisit les mots suivans; en Celte, BLET, rouge; en Grec BLATTion, le murex: delà:

BLATtea, æ, pourpre, poisson; ver à soie; ver qui ronge la laine & le papier.

BLATtaria, æ, herbe aux mites.

BLATtarius, a, um, où il y a des mites, des cloportes.

BLATteus, a, um, de couleur de pourpre.

BLATtifer, a, um, qui porte la pourpre.

BLAThea, æ, éclaboussures, taches, crottes.

DÉRIVÉS GRECS.

De BEL, BLE, œil, les Grecs firent Blepo, regarder; d'où,

1. BLEpharo, onis, qui a de grands sourcils: 2°. Sourcilleux, hautain.

Et en y joignant l'A négatif:

2. A-BLEpsia, æ, aveuglement; & au fig. inconsidération, témérité.

3. CAto-BLEpas, æ, bête dont le regard, dit-on, tue.

4. EM-BLEma, tis, ornement, embélissement mis sur les vases.
 2°. Peinture sur les murailles.
 3°. Figures qui représentent un sens moral.

5. PRo-BLEma, tis, question à résoudre, problême.

PRo-BLEmaticus, a, um, douteux, problématique.

O-BELus, i, marque en forme d'étoile, de soleil, pour noter quelque chose.

O-BELiscus, i, obélisque, monument en forme de rayon solaire.

O-BELisco-Luchnium, ii, obélisque surmonté d'une lanterne.

II. BAL,
Beau, flatteur.

BAL, adouci en BEL, désigna la beauté, ce qui flatte les yeux; & changé en BLandus, ce qui flatte l'esprit, l'oreille.

1. BELlus, a, um, beau, joli, gentil; 2°. agréable, poli.

BELlulus, a, um; BEllatulus, a, um, joli, agréable, gracieux.

BELlé, agréablement, gentiment; 2°. bien, assez bien; 3°. heureusement; 4°. poliment, gracieusement.

BELlitudo, vieux Lat., beauté, belle taille, grandeur.

BELlulé, joliment, poliment.

BELlaria, orum, le dessert, confitures; bonbons.

BLANDUS,

2. BLANDus, a, um, careſſant, flatteur, inſinuant, obligeant; 2°. doux, tendre, agréable, complaiſant.

BLANDulus, a, um, mignard, patelin.

BLANDior, -iri, careſſer, cajoler, dire des douceurs.

BLANDiter,
BLANDé,
BLANDitim, } doucement, agréablement, tendrement; d'un air flatteur, avec des paroles inſinuantes.

BLANDitus, ûs,
BLANDitia, æ,
BLANDities, ei, } diſcours obligeant, paroles tendres; careſſes, flatteries.

BLANDimentum, i, douceurs, cajolerie, foin.

BLANDicellus, a, um, doux, inſinuant, flatteur.

BLANDi-Dicus, a, um,
BLANDi-Loquus, a, um,
BLANDiloquens, tis,
BLANDiloquentulus, a, um, } flatteur, careſſant; qui parle doucement.

AD-BLANDior, -iri; E-BLANDior, iri, flatter, careſſer.

PER-BLANDus, a, um, fort careſſant.

PER-BLANDé, avec beaucoup de careſſes.

SUB-BLANDior, -iri, flatter un peu, dire quelques douceurs.

III. BAL,

1°. Rondeur; objets ronds, ou en rond.

BALanus, i, gland gros & odoriférant : 2. châtaigne, marron.

BALaninus, a, um, de maron, de gland, de châtaigne.

BALanatus, a, um, frotté avec de l'huile de gland.

BALanites, æ, pierre précieuſe verte & couleur de feu.

BALanitis, idis, châtaigne d'une eſpece particuliere.

BALanitæ, arum, grappes compoſées de beaucoup de grains ronds; 2°. fruits ronds; d'où APPEL, pomme, en Celte : ABELLA, en vieux Latin.

AVELLana, æ, noiſette, aveline.

Delà ces

DÉRIVÉS GRECS.

BOLus, i, morceau. 2°. Proie. 3°. Butin. 4°. Coup de dés. 5°. Appât, amorce. 6°. Coup de filet. 7°. Motte de terre. 8°. Bols médecinaux.

BOLetus, i; BOLentia, æ, champignon, mouſſeron.

BOLetarium, ii,
BOLetar, is,
BOLetare, is,
BOLetaria, æ, } plat dans lequel on ſervoit les champignons.

BOLis, idis, dard, javelot, plomb, ſonde, qu'on jette en mer, lame à feu, météore.

BOLenia, æ, pierre précieuſe, ſemblable à une motte de terre.

2°. Ceinture & habillemens qui enveloppent le corps.

BALteus, i,
BALteum, i,
BALteolus, i, } 1°. Baudrier, ceinturon, écharpe. 2°. Liſteau au haut & au bas d'une colonne. 3°. Ceinture d'une voûte : chaîne de pierres de taille. 4°. Bord, ceinture, ourlet. 5°. Le dégré le plus haut & le plus large d'un amphithéâtre.

Ce mot s'eſt conſervé dans l'Anglois; BELT, ceinture, baudrier.

Dérivés Grecs & Latins.

A-BOLLa, æ, manteau de Philoſophe &

de Sénateur : capote de soldats.

Am-Bolagium, ii, ce qu'on jette autour de soi, ce dont on s'enveloppe : Amict, linge que les Prêtres mettent sur leurs épaules pour dire la Messe.

3°. Bourse, Bulle, &c.

1. BULGA, æ, enveloppe, bourse, bougette de cuir, havresac ; ventre ; matrice.

C'est un mot pur Allemand & Celte : en Celte le ventre, & au figuré une enveloppe se disent BALG, de même qu'en Gothique & en Allemand. Les Italiens disent BOLGIA, d'où les François ont fait BOLGETTE, BOLGÉ, qu'ils ont adouci en Bouge, Bougette. En Grec vulgaire BOLGION, & en Grec ancien MOLGOS, un sac. En Theuton, en Saxon & en Suédois, BELG veut dire le ventre, une enveloppe de peau, de cuir : les Anglois en ont fait BELLY, le ventre.

2. BULla, æ : 1°. Boule, corps rond : 2°. Bouteille qui s'élève sur l'eau, lorsqu'on la remue, qu'elle bout, ou qu'il pleut : 3°. tête de clou : 4°. petite bulle d'or ou d'argent.

5. Anneau en forme de cœur que les Nobles Romains pendoient au col de leurs enfans jusqu'à l'âge de quatorze ans.

6°. Enseignes que portoient devant eux les Triomphateurs, & dans lesquelles étoient renfermées des amulètes ou talismans, pour les préserver de l'envie.

7°. Boule d'airain creuse en dedans, qui nageoit sur l'eau & servoit à connoître les heures.

8°. Houpes qui pendent aux trousses & harnois des chevaux.

9°. Bulle du Pape.

BULLatus, a, um, scellé ; bullé ; orné de houpes ; couvert de bouteilles.

3. BULLo, -are, bouillonner, former des bouteilles, mousser ; sceller, buller.

BULLula, æ, petite bouteille.

BULLIO, -ire, bouillir.

BULLitus, ûs, bouillon, bouillonnement.

E-BULLIO, -ire, bouillir, bouillonner.

E-BULLitio, onis, bouillonnement, ébullition.

RE-BULLIO, -ire, bouillir de nouveau, rebouillir.

4. BULbus, i ; BULbulus, i, Caïeu, tête, oignon, gousse.

BULbosus, a, um ; BULbaceus, a, um, qui a des cayeux, des gousses.

BULbine, es, ciboule.

IV. BAL,

Aller & venir en rond : se promener.

BAL, signifia en Celte se promener : promenade ; voiture avec laquelle on se transporte d'un lieu à un autre.

Bas-Bret. BALE, marcher, se promener.

2°. Promenade, sortie.

BALI, Allée de grands arbres.

BALEICG, petite promenade, &c. De-là :

BALea, æ, barque, chaloupe.

Les Latins l'associèrent avec Am qui signifie autour, & l'A du mot Bal, se changeant alors en U, il en résulta la famille suivante, dont l'origine avoit toujours été inconnue.

AM-BULO, are, marcher, se promener : voyager.

AM-Bulans, qui se promène.
AM-Bulatilis, qui va & qui vient, s'ôte & se remet.
AM-Bulatio, promenade, lieu où on se promene : 2°. action de se promener.
AM-Bulatiuncula, petite promenade.
AM-Bulator, atrix, qui aime à courir.
AM-Bulatorius, qui peut se transporter : 2°. mouvant, portatif, &c.
AM-Bulacrum, i, galerie, allée d'arbres : promenade à couvert.

COMPOSÉS.

AB AMBULO, se retirer, s'éloigner.
AB-Ambulatio, éloignement, absence, course, promenade.
AD-Ambulo, are, se promener proche, vers.
ANTE-AMBULO, -are, marcher devant pour faire écarter le monde.
ANTE-AMBULO, onis, Huissier, Bédeau, Portemasse, qui marche devant pour écarter la foule.
CIRCUM-AMBULO, se promener autour.
CO-AMBULO, -are, se promener ensemble.
DE-AMBULO, -are, se promener.
DE-Ambulacrum, lieu où l'on se promene.
DE-Ambulatio, action de se promener.
DE-Ambulatorium, allée, galerie, &c.
DE-Ambulatorius, qu'on peut transporter d'un lieu à un autre.
IN-AMBULO, se promener.
IN-Ambulatio, lieu de promenade, action de se promener.
OB-Ambulatio, promenade devant, autour.
OB-Ambulator, qui se promene.
PER-AMBULO, courir le pays.
PER-Ambulatio, action de se promener çà & là, d'être toujours en course.
PER-Ambulatorium, ii, promenade autour.
RED-AMBULO, -are, retourner d'un voyage, revenir.
PRO-DE-AMBULO, -are, se promener çà & là.

V. BAL,
Main, force, puissance.

1. BALio, onis, main, paume de la main. Ce mot remarquable & qui est l'origine du mot *Bailler*, donner, tendre, se trouve dans les gloses d'*ISIDORE*; il fut donc introduit dans le Latin vers le temps de la chûte de l'Empire d'Occident: prononcé *Valio*, il tient au bon Latin,

Vola, æ, la paume de la main ; seul de sa famille & dont nous avons fait *voler* dans le sens de prendre ; voy. Or.g. Franç.

BALivus, i, Bailli.
BALium, ii ; BALivatus, ûs, Bailliage : 2°. soin, tutele.
Ce mot tient incontestablement au vieux mot François, BALie. Dans une ancienne Ballade le fameux Chevalier de Coucy assure que son cœur est en la *Balie* de sa maîtresse.
Le mot Italien BALia signifie pouvoir, soin, puissance.

2. De-là vinrent par une légère altération :
BAJULUS, i, Crocheteur, Porte-faix.
BAJULO, -are, porter un fardeau.

BAL,
Négatif.

De BAL, signifiant puissance, valeur, bonté, se forma le négatif *Bel, Bli, Ble*, désignant le néant, la méchanceté, le mal.

Les Hébreux en formerent le mot בלי-על, *Beli-hal*, le Démon,

K ij

mot-à-mot, le Dieu du mal.

De-là, l'Anglois *EVIL*, mal, & *Devil*, le Génie du mal, le Démon.

De-là vint certainement le mot suivant:

DI-ABOLUS, *i*, Gr. DI-ABOLOS, le Diable, le mauvais Génie.

DI-BOLICUS, *a*, *um*, Démoniaque, du Démon.

On dérive ordinairement ce mot du Grec, comme s'il signifioit *qui je lance à travers*, *l'adversaire*, *le calomniateur*.

Peut-être trouvera-t-on plus vraie, plus profonde l'étymologie que nous en donnons; sur-tout si l'on considere que c'est de l'Orient que vinrent les idées des deux Principes, des Anges & des Démons. On y appelle encore aujourd'hui le Démon, *DEW*, ou *DI-ABLIS*, le Dieu Ablis, ou Eblis, suivant les Dialectes دو ابلیس, *mot à mot*, Génie en qui il n'y a rien de bon; Génie désespérément malin, dont on ne peut attendre nul bien, nulle vertu.

Le mot *Di-ablis*, transporté chez les Grecs & les Latins, se fera insensiblement changé en *Diabolus*.

Une chose bien surprenante, si quelque chose pouvoit surprendre en fait d'étymologie, c'est que tous nos savans Arabes se soient mis dans l'esprit que le mot Oriental *Eblis* étoit une altération du mot Grec *Diabolos*, comme si on s'imaginoit que les mots Latins vinrent du François: comme si la doctrine des deux principes n'étoit pas venue avec ses noms de l'Orient: comme si le nom d'Eblis ne suivoit pas immédiatement dans les Dictionnaires celui de *bl, bli, blis*, désignant le souverain mal, la perversité, le comble de la scélératesse, & n'en étoit pas un dérivé manifeste.

Cette absurdité est cependant dans Golius, dans Herbelot, &c. & on vient de la répéter dans le nouveau d'Herbelot, quoique cet Ouvrage soit consacré aux Sciences Orientales.

Qu'on y lise l'Article EBLIS; on y trouvera des choses très-intéressantes, & une tradition admirable, mais dénaturée également par un nom mal entendu.

VI. *BAL*.

1. Objets qu'on lance & pointus comme un rayon.

1. BALI*sta*, *æ*, Baliste, machine à lancer des pierres: Arbalête.

BALI*starium*, *ii*, batterie.

BAL*starius*, *ii*, Arbalétrier; qui dirige une baliste.

Ex-BALI*sto*, *-are*, renverser avec la baliste.

2. BO*lis*, *idis*, dard, javelot.

A-BOLUS, *i*, Gr. Αβολος, *v*, *Abolos*, Poulain qui n'a pas encore jetté toutes ses dents.

BELONÉ, Gr. Βελονη, aiguille; poisson de mer qui doit son nom à sa figure.

2°. Objets grands, élevés.

1. BALæna, æ, Baleine.

BALænarius, a, um; BALænatus, a, um, fait de barbe ou de nâgeoires de baleine: 2°. accommodé avec de la baleine.
2. AR-BILLA, æ. graisse; embonpoint.
3. EBuLus, i; Hieble, plante qui s'éleve.

VII. COMPOSÉS DE BAL.
1°. HA-BILIS.

1°. De BAL, joint au verbe A avoir & prononcé BIL, Ha-bil, se forma la famille suivante:

HA-BILis, e, gen. is, comp. ior, issimus, mot à mot, qui a la capacité, la disposition convenable pour exécuter.

HA-BILitas, atis, capacité, adresse, habileté.
HA-BILiter, facilement, commodément.
IN-HABILis, e, inhabile, incapable.

Cet adjectif Ha-bilis est devenu une terminaison qui exprime la capacité qu'a un objet pour opérer quelque chose. Ainsi on dit :
HA-BITabilis locus, un lieu qui a la propriété de pouvoir être habité.

2°. BULum.

Du même mot BAL, BOL, BUL, puissance, se forma la terminaison BULum, qui désigne l'état d'un lieu qu'on a rendu propre à une chose: de-là, par exemple,

VESTI-BULum, i, mot à mot, l'endroit de la maison qu'on a rendu propre à contenir le feu sacré.

3°. DE-BILIS, e.

De la préposition négative DE & de BAL, puissant, mot à mot, non-puissant, se formerent ces mots:

DE-BILis, e, foible, infirme, cassé.
DE-BILiter, foiblement, d'une maniere languissante.
DE-BILito, -are, affoiblir, énerver, décourager.
DE-BILitas, tis, foiblesse, abattement.
DE-BILitatio, onis, affoiblissement.
SUB-DE-BILis, e, un peu foible.
SUB-DE-BILitatus, a, um, tant soit peu affoibli.

4°. IM-BECILLIS.

IM-BECILLis, le;-cillus, a, qui a peu de force, foible, imbécille, : mot formé de in, non, & de bell, force, dont le diminutif est becill, comme d'ala, axilla, de mala, maxilla. On auroit dû dire imbexilis..

IM-BECILLitas. atis, foiblesse, imbécillité.
IM-BECILLiter, par foiblesse, imbécillement.

VIII. BAL.
Guerre.

De BAL, main, & de BAL, lancer, 2°. mettre main contre main, attaquer, vint la famille BELL, relative à la guerre.

1. BELLum, i, combat, bataille; 2°. guerre; 3°. inimitié, antipathie. haîne.

BELLator, oris, ⎫ Guerrier, Guerriere;
BELLatrix, is   ⎬ Soldat.
DUELLator, oris, ⎬ Qui aime, qui est
DUELLatrix, is, ⎭ propre à la guerre.

2. BELLatorius, a, um, Guerrier, propre au combat.
2°. Qui concerne la guerre, la dispute, le combat.

BELLicus, a, um; DUELLicus, a, um, Guerrier, Belliqueux ; Militaire: 2°. qui concérne la guerre.

BELLicoſus, a, um; DUELLarius, a, um ; vaillant, martial, courageux.

BELLoſus, a, um, courageux ; vaillant ; guerrier.

BELLi-Fer, a, um,
BELLi-Ger, a, um,
BELLigerator, is, } qui porte la guerre, qui aime les combats. Homme de guerre.

BELLi-Potens, tis, Puiſſant en guerre, qui préſide à la guerre.

Dérivés.

1. BELLica, æ, colonne conſacrée à Bellone. Lorſqu'on vouloit déclarer la guerre, on lançoit contre cette colonne des javelots & des flèches.

2. BELLicum, i, tout ſignal que donne la trompette à la guerre : ſignaux du tambour, la charge, la retraite, la chamade ; la générale ; le tocſin : l'allarme.

3. BELLi-Crepa, æ, danſe armée ; eſpèce de pyrrhique, inſtituée par Romulus : de Crepare, faire du bruit, à cauſe des cymbales, tambours, ou autres inſtrumens guerriers & bruyans qu'on employoit dans ces danſes.

4. BELone, es, aiguille, poiſſon de mer.

5. BELulum, i, inſtrument propre à tirer le fer des plaies.

6. BELlua, æ, bête féroce : 2°. Guerrier farouche : 3°. Homme cruel.

BELlualis, e,
BELluinus, a, um,
BELlutus, a, um, } de bête.

BELluatus, a, um, qui repréſente une bête.

BELluoſus, a, um, rempli de quantité de bêtes féroces.

Verbes.

BELLo, -are ; or, -ari, faire la guerre, guerroyer, combattre.

BELLi-Gero, -are, porter la guerre, faire la guerre.

Composés.

AD-BELLO, -are, faire la guerre.

DE-BELLO, -are, vaincre, dompter, défaire : mettre fin à la guerre ; faire mettre bas les armes.

DI-BELLator, is, qui remporte la victoire les armes à la main.

IM-BELLia, æ, poltronerie, lâcheté, peu de diſpoſition au métier de la guerre.

IM-BELLis, e, peu propre à la guerre, lâche, foible, poltron.

PER-DUELLis, is, crime de léze-Majeſté ; crime d'Etat.

PER-DUELLis, e, criminel d'Etat ; ennemi contre qui l'on eſt en guerre. On ſait que DUELLum eſt le même que BELL. m.

RE-BELLo, -are, recommencer la guerre : 2°. ſe révolter.

RE-BELLator, is ; RE-BELLatrix, is ; rebelle ; celui ou celle qui ſe ſoulève.

RE-BELLio, is,
RE-BELLatio, is,
RE-BELLium, ii, } révolte, ſoulèvement, rébellion.

IX.
BAL, Bas.

BAL ſignifia auſſi les lieux bas, par oppoſition aux lieux élevés, ſuivant l'uſage des mots primitifs de déſigner des extrêmes : de-là :

DI-BALo, -are, engloutir, avaler ; conſumer. Et cette Famille en VAL.

VALlis, is ; VALles, is, vallée.

VALlicula, æ ; VALlecula, æ, vallon, petite vallée.

X.
Composés Grecs & Latins.

Des Familles IV. V. & VI. de BAL,

désignant l'action de parcourir un grand espace, soit en se promenant, soit en étant lancé avec force, se formerent les mots Grecs suivans en usage chez les Romains, & où BAL est prononcé BOL, comme il le fut en BUL dans *Ambulo*.

EM-Bolus, *i*, piston ; 2°. coin, clavette.
EM-Bola, *orum*, farces, plaisanteries.
EM-Bolium, *ii*, prologue : 2°. intermède d'une Comédie, épisode.
EM-Bolarius, *a*, *um*, farceur, plaisant.
Hecate-Bolus, *a*, *um* ; Hecate-Beletes, *æ*, qui tire de loin.
Hyper-Bola, *æ*, section conique, hyperbole : 2°. haut d'une colline.
Hyper-Bole, *es*, exagération, hyperbole.
Hypo-Bole, *es*, figure de Rhétorique, question de Dialectique.
Para-Bola, *æ*, comparaison, allégorie.
Para-Bolus, *a*, *um*, téméraire, désespéré.
Para-Bolicus, *a*, *um*, parabolique.
Para-Bolani, *orum*, Paysans obligés aux corvées.
2°. Freres servans hospitaliers.
3°. Freres convers de Monastere.
Peri-Bolum, *i*, promenade.
Peri-Bolus, *i*, parc, cordon de muraille.
Peri-Bolus, *a*, *um*, périodique, qui revient.
Pro-Boli, *orum*, pieux, palissades.
Pro-Bolus, *i*, rocher, brisant, batture.
Psepho-Bolia, *æ*, jeu de dés.
Psepho-Bolum, *i*, cornet à jouer aux dez.
Pyro-Bolum, *i*, machine d'artillerie ; de *Pyr*, feu.
Pyro-Bolus, *a*, *um*, qui lance le feu.

BAN, BEN, BOUN.

BAN, BEN qui signifie hauteur, profondeur, contenance, dans toutes les Langues Celtes, fournit divers mots à la Langue Latine.

1. BENNA, *æ*, 1°. vase, panier ; 2°. tombereau, fourgon ; 3°. surtout de campagne.

Nous avons vû (Orig. Fr. 690) que *Benna* étoit en ce sens un mot Celtique. Cette racine fournit également des mots Grecs & Hébreux

2. APÉNÉ, signifie en Grec un Char, un Carrosse, une Calêche : il tient à l'Hébreu אפן, aphen.

3. EBENUS, *i* ; *-num*, *i*, Ebene. Ce mot est Grec & Hébreu. Il vint de l'Orient avec le bois même qu'il désigne. Cet arbre devient très-gros & très-grand ; il n'est donc pas étonnant qu'il ait pris son nom de BEN.

4. Nous avons en Europe un arbre qui doit son nom, & par la même raison, à la même racine ; c'est le Sapin.

ABIN est dans Hesychius un mot Grec qui signifie Sapin. Les Latins en firent :

ABIES, *etis*, qui signifie également, 1°. Sapin : mais de plus & par analogie, 2°. Vaisseau, Navire, parce qu'on les fait de sapin ; & 3°. par la même raison, Tablettes de bois, qu'on enduisoit de cire & sur lesquelles on écrivoit avec un stile ou poinçon.

ABIETarius, ii, qui travaille en sapin: qui trafique en ce genre d'arbres.

ABIETarius, a, um; ABIEGNus, a, um, de sapin.

ABicula, æ, petit sapin.

5. De BAN, bande, lien, (118) se formerent ces mots :

HA-BENa, æ, bande, ligature ; 2°. courroie ; 3°. étriviere ; 4°. bride, rênes, guides; 5°. gouvernement, conduite, autorité, pouvoir.

HA-BENula, æ, bandelette, petite bande.

6. AR-VINa, æ, le gras du lard.

7. Les Grecs changerent BAN en BOUN, pour désigner élévation, grosseur ; de-la :

BOUNIAS, BOUNION, en Lat. BUNias, BUNium, Navet, remarquable par sa grosseur & par sa rondeur.

BAR,

BER, PER, FER, VER, &c.

Porter, Produire.

Le Primitif BAR qui occupe une très-grande place dans nos Origines Françoises, désigna, entr'autres, comme nous l'avons vu (col. 133) les idées de PORTER & de PRO-DUIRE (col. 136) & toutes celles qui ont quelque rapport à l'une ou l'autre de celles-là. Il fut ainsi le Chef en toute langue d'une multitude de Familles en BAR, BER, PER, FER, VER, &c. suivant les différens êtres productifs ou produits dont on avoit à parler, & relativement à leur plus ou moins de force. De-là ces Familles Latines :

1°. BAR désignant la PRODUCTION, la fertilité.

2°. BAR désignant la FORCE nécessaire pour porter ; les animaux grands & redoutables.

3°. BAR désignant le BRAS, source de la force.

4°. BAR désignant la PAROLE, le langage, qui fait éclore les pensées de l'homme, qui les produit au dehors, les manifeste.

5°. BAR désignant les productions qui passent rapidement; & par analogie, la briéveté.

Mais ces diverses Familles ont varié leurs dérivés sur toutes les intonations analogues, en BAR, BER, FAR, FER, PAR, POR, VAR, VER, &c.

On ne sauroit donc juger de la vraie étendue de la Famille BAR, qu'en réunissant toutes ces branches éparses, ou du moins en les comparant entr'elles, parce que leur réunion en un seul corps s'éloigneroit trop de la forme usitée d'un Dictionnaire.

I.

BAR,

Fertile, qui Porte.

BAR désignant la fertilité, la production,

tion, & s'unissant à l'article u, hu, forma en Latin la famille HUBER, UBER, relative à ces idées. De-là :

1. HU-BER, eris ; UBER, eris, 1°. abondance, fertilité, fécondité : 2°. mamelle, rayon.

UBER, eris, adj. ; UBERTUS, a, um, fécond, fertile, abondant.

HU-BERtas, is ; UBERtas, atis, fertilité, abondance.

U-BERo, -are, rendre fertile, faire porter ; 2°. être fertile, abonder.

U-BERtim, en abondance.

EX-UBER, eris, (qui ex ubere raptus est) sevré, mot-à-mot, ôté de la mamelle.

EX-UBERo, -are, rendre abondant ; 2°. abonder extrêmement.

EX-UBERatio ; EX-UBERantia, grande abondance.

2°. VER, eris, en Éolien BÉR, en Grec commun HÉR np, & εαρ, EAR, la saison qui porte ; le printems : 2°. la jeunesse, le printems des jours.

VERnus, a, um, du printems.

VERno, (avec ellipse du mot tempore tems,) au printems.

3°. VIR, Verd.

1. VIRidis, e, verd, verdoyant, la couleur du printems, 2°. qui a de la force, de la vigueur.

VIRiditas, atis, verdure, force, vigueur

VIRidè, en verd, d'une couleur verte.

VIRidicatus, a, um, verdoyant, devenu verd.

VIRidarium, ii, verger.

VIRidarius, ii, jardinier.

Orig. Lat.

2. VIReo, ui, ere, être verd, être verdoyant.

VIRefco, ere ; EVIRefco, ere, devenir verd, reverdir.

VIRetum, i, lieux remplis de verdure.

VIReo, onis, Loriot, ou Verdier ; oiseau qui doit son nom à sa couleur.

4. Noms de Plantes.

1. BRATus, i, Sabine.

2. BAR-Byla, orum, prunes de damas.

3. BRassica, æ, chou ; 2°. herbe potagere, légume ; en Gallois BRESYCK.

4. BRYa, æ, plantes en général, qui portent de petits fruits ; 2°. tamarin, arbrisseau qui porte un petit fruit noir.

5. BRYon, i, en Grec BRYON, plantes marécageuses, toute espéce de mousse ; 2°. mousse, qui vient sur les vieux arbres ; 3°. houblon ; 4°. les fruits ou les grappes du peuplier blanc.

BRYonia, æ, Grec BRYÓNIA, Coulevrée, Bryoine, plante ; 2°. courge sauvage qui porte la coloquinte.

II. (146.)

BAR, Barbe.

1. BARba, æ, barbe, marque caractéristique de l'homme, & signe de la virilité. Dans l'ancien Celte on dit BARF & BARV, de même que VARV : les Espagnols disent VARVa. Tous ces mots viennent de BAR, produire, germer.

BARbula, æ, petite barbe, moustache.

BARbitium, ii, la barbe.

BARbatus, a, um, barbu ; 2°. ancien, vieux.

BARbatulus, a, um, à qui la barbe commence à venir.

BARbiger, a. um, portant barbe.

L

2. BAR*bus*, *i*, mulet, poisson de mer ; 2°. barbeau, poisson de rivière ; ces deux poissons doivent leur nom à des piquans en forme de barbe qu'ils ont à l'extrémité de la tête.

3. BAR*bo*, *onis*, un vieux barbon ; 2°. un sot, une bête, un radoteur.

4. BAR*bista*, *æ*, Barbier.
BAR*batoria*, *æ*, métier & boutique de barbier.

5. BAR*bata*, *æ*, Aigle barbu, qu'on nomme *Ossifraga*.

COMPOSÉS.

IM-BER*bis*, *e*, qui est sans barbe ; 2°. jeune.

IM-BARBE*sco*, *ere*, commencer à avoir de la barbe

MULTI-BARBUS, *a*, *um*, qui a beaucoup de barbe.

ILLUTI-BARBUS, *a*, *um*, qui a la barbe sale.

III.

BAR,

Devenu FER, THER,

Animal.

DE BER, VER, animal, les Latins firent FERA ; tandis que les Allemans en firent THIER, & les Grecs THÉR, par le changement de F ou PH en TH. De-là, ces mots.

1°. Animal en général.

THERIO-*Trophium*, *ii*, ménagerie, lieu où l'on nourrit les bêtes ; de *Thérion*, animal, & de τρέφω, je nourris.

THERIO-*Brotus*, *a*, *um*, dévoré par les bêtes sauvages ; de *brot*, nourriture.

2. FERA, *æ*, bête en général ; 2. bête sauvage ; 3. le loup, *Constellation*.

FERINUS, *a*, *um*, de bête brute, de venaison.

FERINA, *æ*, de la venaison.

FERINÉ, brutalement, en bête brute.

FERITAS, *atis*, férocité, naturel farouche ; 2°. barbarie, inhumanité.

FERUS, *i*, une bête, un animal ; ce mot paroit avoir été employé pour tous les quadrupèdes ou animaux un peu considérables.

FERUS, *a*, *um*, féroce, farouche ; 2°. fauve ; sauvage ; 3°. cruel, barbare ; 4°. fier, brave, guerrier.

3. FEROX, *cis*, féroce, farouche ; 2°. cruel, barbare ; 3°. fier ; 4°. vaillant, courageux.

FEROCULUS, *a*, *um*, diminutif de FEROX.

FEROCIA, *æ* ; FEROCITAS, *is*, air farouche, fierté, orgueil : 2°. bravoure, valeur.

FEROCIO, *ire*, être féroce, cruel, fier, arrogant.

FEROCITER, fièrement, d'un air farouche, avec hauteur.

COMPOSÉS.

EF-FERO, -*are*, rendre brutal, farouche, sauvage, abrutir ; 2. rendre fier, dur, intraitable.

EF-FERUS, *a*, *um*, dur, brutal, cruel, farouche.

2°. Noms d'Animaux redoutables par leur force & leur grandeur.

1. BARRUS, *i*, en Latin & en Sabin, éléphant. Les Indiens avoient déjà dit BARRO, & les Chaldéens BEIRA, pour désigner le plus gros des animaux.

BARRIO, -*ire*, crier comme l'Eléphant.

BARR*itus*, *ûs* 1° cri de l'Eléphant ; 2. cri des soldats marchant au combat parce qu'ils imitoient le cri de l'Eléphant.

De BAR, BEIR, éléphant, les Hébreux firent בְּהִיר, Beir, blanc, éclatant comme l'yvoire, comme les dents d'éléphant, & sans doute l'yvoire même; d'où le Latin

E-BUR, oris, yvoire, matiere des dents d'éléphant. 2°. Ouvrage d'yvoire.

E-BURnatus, a, um, garni d'yvoire.
E-BURneus, a, um : - Nus, a, um ; E-BURneolus, a, um; d'yvoire, fait d'yvoire.

2. A-PER, APERi, & par Sync. APRi, Sanglier. Les Anglo-Saxons le nommoient BAR & FARR ; les Theutons BÆR, & les Allemans E-BER.

La famille du Nord BAR ; BÆR, en Allemand ; BEAR en Anglois, & BIORn en Danois, Suédois & Islandois, tous mots qui signifient Ours, dérive de la même racine, qui, appliquée aux bêtes, exprime les plus fortes, les plus grosses.

A-PRArius, a, um,
A-PRInus, a, um,   } de Sanglier.
A-PRugnus, a, um,
A-PRugna, æ, chair de sanglier, c'est une ellipse de Caro, chair.

3. A-PRiculus, i, ou anciennement A-PERiculus; A-PERculus, i, marsouin, pourceau de mer.

Les Grecs ont le même mot, mais avec une legere altération : au lieu d'A-PER, ils disent KA-PRos.

4. VERres, un porc entier; un VERrat. Ici le B, se changea en P, en PH & en V. Les Anglo-Saxons disent dans le même sens BER & les Westphaliens BÆR. On trouve même dans PLUTARQUE BERres (Βέρρες,) le même que VERres.

VERrinus, a, um, de porc entier, de VERrat.

IV.
BAR, Bras.

De BAR, force, puissance, élévation, prononcé BAR, se forma naturellement BRACH, désignant Bras, siege de la force, de la puissance exécutrice, organe d'ailleurs au moyen duquel l'homme porte, eleve, abaisse les objets extérieurs. De-là le Grec BRAKHion, bras, & cette famille Latine :

1. BRAchium, ii, bras.

BRAchiolum, i, petit bras.
BRAchiolaris, e; BRAchialis, e, du bras, qui concerne le bras.
BRAchiale, is, brasselet, brassard, brassée, jointure du bras & de la main.
BRAchiatus, a, um, branchu, qui a des branches.

2°. BRAc en se nasalant, devint,
BRANCHIÆ, arum, Gr. Braggia, gión, prononcé Brangia, nageoires des poissons : elles leur tiennent lieu de bras.

BAR,
Porter.

De BAR, porter, vinrent les mots suivans.

1°. Bourse.

BORSa, æ, Lat. barb. bourse à argent, &c.

BORSecla, æ, paupiere, mot-à-mot, petite bourse ; les yeux y sont renfermés.

2°. Bête de somme.

BURDus, i ;-Do, onis, Mulet, Bardaut; animal dont on se sert pour por-

L ij

ter des fardeaux : mot de la même famille que l'Anglois BURDEN, fardeau.

3°. Enfant.

De-là cette Famille Grecque & Latine :

BREPHOS, enfant ; on est obligé de le porter, de l'élever, de le nourrir.

BREPHO-TROPHium, hôpital pour les enfans trouvés, *mot-à-mot*, lieu où on nourrit les enfans.

V.

BAR,

Parole (123).

Nous avons vû dans les Orig. Franç. que cette famille *Bar*, désignant la parole, revêtit plusieurs formes différentes, suivant les diverses idées relatives à celles-là, & suivant les Peuples qui s'en servirent. De-là ces familles Latines où VAR s'est fait suivre d'un B ou d'un D.

VERB, désignant la parole.

BAR-BAR, désignant un langage étranger, non entendu.

BARD, la parole chantée, ou la Poësie des Peuples Celtes.

1. VERbum, *i* ; 1°. Parole ; 2°. Un mot, un terme, 3°. une Sentence, 4°. un verbe.

VERbosus, *a*, *um*, où il y a beaucoup de paroles, grand parleur.
VERboso, *are*, tenir de longs discours.
VERbositas, long discours.
VERbosé, avec beaucoup de paroles.
VERbi-VELItatio, *is*, dispute de paroles ; de *velis* léger.

VERbi-GERo,-*are*, se quereller, se battre avec des mots.

2. BAR-BITON, *i* ; BAR-BITus, *i* ;-Tos, *ti* . Lyre, Luth, Harpe instrument à corde ; *mot-à-mot*, maison qui parle, qui retentit ; de BAR, parole, chant, & BET, maison. C'est un mot Grec & Latin. Il vint de l'Orient avec les instrumens même qu'il désignoit.

3. BAR-BARus, *a*, *um* : cette réduplication du mot BAR, marque l'action de prononcer un langage, qu'on ne comprend pas :

Une langue étrangère paroît avoir des sons durs, on la déclare *Barbare*, comme si elle n'étoit qu'un vain assemblage de mots.

En Latin, ce mot signifie, 1°. un Etranger, celui qui n'entend pas la Langue du Pays, qui BARAgouine un autre jargon ; 2°. un Sauvage, un homme farouche, incivil, impoli, cruel, sans pitié.

BARbaricum, *i* ; 1°. cri, clameur, élan de voix des peuples étrangers allant à l'assaut : cri fort intéressant pour eux & très-désagréable aux Romains, qui n'en comprenoient pas le sens ; 2°. magasin où l'on gardoit les dépouilles, que les soldats Romains faisoient sur ces malheureux étrangers.

BARbaricus, *a*, *um* ; 1°. étranger, sauvage ; 2°. bariolé, de diverses couleurs à la mode des sauvages, qui se peignent le corps ou les habits de couleurs bigarrées.

BARbaré, à la manière des étrangers ; 2°. au figuré, à la manière des sauvages, cruellement, barbarement.

BARbaria, *æ* ; BARbaries, *iei*, pays étranger. Les Grecs appelloient ainsi l'Italie.

Les Romains donnerent le même nom à la côte d'Afrique, que nous appellons encore aujourd'hui la *Barbarie*. Ce mot signifie aussi 1°. l'usage des étrangers, c'est-à-dire, le défaut de manières, l'impolitesse; la cruauté.

BARharismus, *i*, mot étranger, tour de phrase étranger & impropre.

BAR-BARA-LEXis, *is*, choix d'un mot étranger pour l'unir à un mot de la langue qu'on parle : de *Lex*, choix.

4. Pour désigner le langage des Dieux, la Poésie, les Celtes Occidentaux, ajoûterent au mot BAR la lettre *D*, consonne qui exprime ce qu'il y a de plus excellent, de plus élevé ; ainsi le mot BARD, signifie Poëte, & particuliérement les Poëtes Gaulois.

BARDi, *orum*, les Bardes : Poëtes, Musiciens & Chanteurs Gaulois ; ils composoient des Poëmes & les chantoient de Ville en Ville, s'accompagnant de la lyre, ou de la Harpe. Homere fut un Barde sublime. En Anglois, BARD désigne un Poëte.

BARditus, *i*, ou *ûs*, poësies, chansons des anciens Poëtes Gaulois.

BARDiacus, *a*, *um* ; BARDaïcus, *a*, *um*, qui concerne les Poëtes ; 2°. Gaulois, à la Gauloise.

BARDiacus, *i* ; BARDiacum, *i*, habit de guerre des Gaulois.

BARDo-*Cucullus*, Cape des Gaulois ; 2°. capuchon des Béarnois.

V I.
BAR, bref.

BAR, prononcé BER, signifia en Celte bref, court, qui dure peu : il se changea chez les Grecs en *Bra*, chez les Latins en *Bre* ; de-là chez les premiers BRACHus, & chez les derniers BREvis, qui présentent les mêmes idées.

1. BREvis, *e*, bref, court, serré, succint, abrégé ; qui dure peu.

BREves, *ium*, tablettes de poche.

BREvi ; BREviter, dans peu, succinctement, en deux mots.

BREve, *is*, Mémoire, bordereau, liste ; 2°. abrégé, sommaire.

BREvia, *ium*, gués, lieux guéables ; 2°. bas-fonds, écueils.

BREvio, -*are*, abréger, resserrer, mettre en peu d'espace.

BREvitas, *is*, briéveté, petitesse.

BREvarium, *ii*, abrégé, sommaire, liste, registre.

2. BREvi-Loquens, *tis*, concis, serré ; qui s'exprime en peu de mots, court, pressé ; 2°. qui parle bref : de *Loquor*, parler.

BREviloquentia, *æ* ; BREviloquium, *ii*, parler concis, langage succinct.

3. AB-BREvio, -*are*, abréger, raccourcir.

AB-BREviator, *is*, qui abrége.

4. AMPHI-BRACHus, *i*, Amphibraque, pied de vers composé de deux breves & d'une longue.

BAT,
BOD, FAT, &c.
Profondeur, &c.

BAT, BOD, &c. désigna en toute langue, la profondeur haute & basse, la hauteur, la contenance, &c. C'est une extension naturelle de la valeur du *B*, qui désigna tout ce qui contient, qui a de la profondeur. De-là entr'autres ces familles Latines.

I. Vase.

BAtus, i, Pot, mesure ou vase de vin contenant 72 septiers, chez les Juifs; ce mot est le même que Bot & Pot. En Allemand Boden, signifie le profond, le fond & le même se dit en Anglois Bottom.

2. BAtilius, i; — Tillum, i, diminutif de Batus, cassolette, rechaud; 2°. pelle creuse; 3°. faucille.

BAtiocus, i, broc, vase à vin.

BAtiola, æ, tasse, coupe.

C'est à cette famille qu'appartiennent le François Botte, chaussure creuse & élevée: l'Italien Botta, tonneau, &c.

3. BOtulus, i, — Tellus, i; boudin, à cause de sa forme.

BOtularius, ii, faiseur de boudins, de saucisses.

4. A - Byssus, i, abîme. Gr. A-Bussos. De Bot, profond, prononcé But, Byt, Bys.

De-là l'Anglois Pit, & le Latin Puteus, puits.

BATEA-Ponti, endroits sans fond dans la mer du Pont.

DÉRIVÉS GRECS.

BAsis, is, la base, le bas, ce qui soutient.

ANTE-BAsis, is, piéce qui est au devant de la base.

ANA-BAsis, is, queue de cheval, espéce de plante.

ANTI-BAsis, is, colonne de derrière dans une catapulte.

BAsi-Glossis, muscle qui est à la racine de la langue; le basiglosse: de basis, & glossa, langue.

HYPER-BAsis, is, 1°. métaphore; 2°. manquement de foi.

PARA-BAsis, passage d'un côté à l'autre: 2°. digression: 3°. prévarication.

PAR-EK-BAsis, digression.

2°. Graisse, abondance.

BAT, devenu FAT, désigna la graisse, l'abondance, dans la plupart des Langues.

En Celte, BAT, BASS, &c. gras fertile, riche.

En All. FETY, graisse, abondance.

En Hébr. פדר, Phe-der, graisse.

En Grec, A-Phatos, abondamment.

PHEIDÔ, ménage, œconomie, action d'entasser.

Vieux Latin, FATim, dans Festus & son dérivé,

AF-FATim, abondamment, en quantité.

O-Besus, a, um, gros & gras, qui a bien de l'embonpoint.

O-Besitas, atis, le trop de graisse.

O-Beso, -are, engraisser, mettre à l'engrais.

O-Besatus, a, um, qui est devenu trop gras, chargé de trop d'embonpoint.

BAT, jaune.

BAT, BAtis, désigna en Celte la couleur jaune. On peut rapporter à cette racine ces dérivés Latins:

BAticula, nom d'une plante marine, à fleurs jaunes sans doute.

BAtinus, i; BUtitus, i, un bec jaune, un nigaud.

BET, maison.

De B, désignant la bouche, & tout ce qui est clos, toute idée relative à boete, se forma le mot primitif BET, désignant le lieu où l'on se renferme, maison, logement, demeure, séjour : de-là cette famille Latine :

1. HA-BITO, -are, être en un lieu ; HABITER un lieu, y faire sa demeure, y loger.

HABITatio, onis ; HABITaculum, i, habitation, demeure, logement, maison, séjour.

HA-BITator, oris, habitant, qui demeure en un lieu.

HA-BITatrix, icis habitante.

HA BITabilis, e, habitable, où l'on peut demeurer.

COMPOSÉS.

AD-HABITO, -are, demeurer proche, être voisin.

CO-HABITO, demeurer avec quelqu'un ; faire ménage ensemble.

IN-HABITO, faire sa demeure en un lieu, y faire son séjour.

IN-HABITatio, demeure, séjour en un lieu.

IN-HABITabilis, e, où on ne peut habiter, inhabitable.

2. De-là résulta une nouvelle famille désignant la situation, l'état, la contenance, l'habitude & toutes les idées morales qui tiennent à celles-là.

HA-BITus, ûs, 1°. situation, assiette.

2°. Etat, disposition, qualité.

3°. Contenance, attitude, façon, maniere.

4°. Taille, figure.

5°. Habitude, coutume.

6°. Maniere de se mettre, de s'habiller, habit, habillement.

HA BITudo, inis, état, constitution, air, mine ; 2°. habitude, coutume.

BE,

Bien (166).

BE, est un des premiers mots du Dictionnaire de l'Enfance. Prononcé de la touche la plus mobile, il devint par sa nature le nom des objets agréables, & dans lesquels se trouve notre bien, le bonheur. De-là ces familles Latines :

I. Heureux.

1. BEatus, a, um, heureux, riche, opulent.

BEatulus, a, um, qui a du bonheur ; à son aise.

BEaté, iùs, issimè, heureusement, avec succès, à souhait.

BEatitas, atis ; BEatitudo, inis, béatitude, félicité, contentement.

BEati-Fico, -are, rendre heureux.

PER BEatus, a, um, très-fortuné, fort heureux.

II. Bien.

1. BENé, bien, fort, grandement, beaucoup.

BENignus, a, um, benin, doux, obligeant, gracieux, bienfaisant.

BENigné, iùs, issimè ; BENigniter, humainement, doucement ; avec bonté, d'une maniere obligeante.

BENignitas, atis, bonté, inclination à faire du bien, douceur.

BINOMES,

1°. De FAC, fais.

BENE-FICUS, *a*, *um*, bienfaisant, obligeant, libéral.

BENE-FICIUM, *ii*, grace, faveur, plaisir, bon office, libéralité, largesse ; 2°. pension, fief, dignité ; 3°. bénéfice, privilége, exemption.

BENEneficiarius, *a*, *um*; 1°. vassal, feudataire ; 2°. soldat exempt de service ; 3°. soldat avancé par la faveur de ses officiers ; 4°. bénéficier, celui qui reçoit les émolumens d'une charge sans rien faire ; 5°. ce qu'on tient des bienfaits d'autrui ; 6°. obligé à quelqu'un à cause des bienfaits qu'on en a reçus.

BENE-FACIO, -*ere*, faire du bien, servir, rendre service.

BENE-*factum*, *i*, faveur, grace, bon office, service, bonne action.

BENE-*ficentia*, *æ*, inclination bienfaisante, libéralité; humeur obligeante.

2°. De DIC, dis.

BENE-DICO, -*ere*, dire du bien, louer, parler avantageusement, bénir.

BENEdicè, adverbe employé par PLAUTE ; & qui signifie, en disant du bien, civilement, avec des paroles engageantes, en louant.

BENEdictus, *a*, *um*; BENEdicus, *a*, *um*, bien dit, 2°. loué, louangé.

BENEdictus, *i*, St. Benoit.

BENEdicta, *æ*, Ste. Benoite.

BENEdictio, *onis*; BENEdictum, *i*, bénédiction ; 2°. parole dite à propos, belle sentence ; 3°. louange, honnêteté, mot obligeant.

5°. De VOLO, vouloir, &c.

1. BENE-VOLUS, *a*, *um*,
BENE-VOLens, *tis*,
BENE-VOLentus, *a*, *um*, } Bienveillant, affectionné,

obligeant, qui veut du bien, qui se plaît à rendre service.

BENE-VOLentia, *æ*, bonne volonté, affection, amitié, inclination à faire plaisir.

BENEvolè, de bon cœur, de bonne amitié.

2. BENE-PLACEO, -*ere*, être fort agréable.

BENE-*placitum*, *i*, bon plaisir, agrément.

3. BENE-MEREOR, -*eri*, bien mériter de quelqu'un, rendre service.

COMPOSÉS de PER.

PER-BENÉ, parfaitement bien, fort bien.

PER-BENIGné, avec beaucoup de douceur.

PER-BENEvolus, *a*, *um*, qui a beaucoup d'affection.

PER-BENEvolè, avec beaucoup de bonté.

III. Bon.

1. BONUS, *a*, *um*, qui a de la bonté, propice, favorable. 2°. Convenable, utile, avantageux.

BONUM, *i*, bien, avantage, utilité.

BONusculum, *i*, petit bien.

BONa, *orum*, richesses, moyens, facultés, fortune.

BONé, bien, le même que BENé.

BONitas, *tis*, bonté.

PER-BONUS, *a*, *um*, extrêmement bon.

2. BONifacia, *æ*, laurier alexandrin nommé boniface.

III.

BE, vivre.

BE, offrit dans les Langues Celtiques une autre signification, celle de vivre & de se nourrir, sans lesquels nul bien : de-là ces mots Latins :

1. AMPHI-BIUM, *ii*, } Du Lat. *ambo*,
AMPHI-BIUS, *a*, *um*, } Gr. *amphô*
deux, & de *Bia*, vie. AM-Phibie, animal qui a comme deux, vies,

vies; vivant également sur la terre & dans l'eau.

HEMERO-BIUS, *ii*, qui ne vit qu'un jour, éphémère.

2. Pres-BYT*er*, *eri*, vieillard; 2°. ancien; 3°. Prêtre: de *BU* prononcé BY, vie; & de *Pro*, en avant: *mot-à-mot*, avancé en âge, ancien.

Pres-BYT*era*, *æ*, prêtresse.
Pres-BYT*eratus*, *ûs*, prêtrise.
Pres-BYT*erium*, *ii*, lieu où logent les Prêtres; 2°. assemblée de Prêtres; 3°. chœur d'Eglise.

3. APES, *is*, *f.* ⎫ Abeille, parce qu'on
APIS, *is*, *f.* ⎭ vit de son miel.

API*arium*, *ii*, rucher.
API*arius*, *a*, *um*, qui élève des mouches à miel.
API*anus*, *a*, *um*, qui concerne les abeilles.
API*astrum*, *i*, mélisse, plante dont se nourrissent les abeilles.
API*cula*, *æ*, petite abeille.

BED,
Rouge.

Nous avons vû dans les Orig. Franç. (col. 161) que BED, BET signifioit rouge dans les Langues Celtes. Ce fut également une famille Latine composée des mots suivans.

1. BET*a*, *æ*, bette, poirée.

BET*aceus*, *a*, *um*, de bette, de poirée.
BET*a*, *æ*, une bête, un homme mou & efféminé.
BET*izo*, -*are*, languir en tout ce qu'on fait; être insipide.
2°. BET*ula*, *æ*, bouleau, arbre, qui donne une liqueur rougeâtre.
BET*ulaceus*, *a*, *um*, de bouleau.

Orig. Lat.

3. BET*onica*, *æ*, betoine, plante rougeâtre.

BO,
BU, Bœuf.
I.

Ce nom est une onomatopée, qui désigne le cri du bœuf, & par analogie, tout ce qui est gros; il est Grec de même que Latin: le nombre des mots qui en sont formés est très-considérable.

1. Bos, *bovis*, bœuf, vache. 2°. Monnoie sur laquelle étoit empreinte la figure d'un bœuf.

Bo*o*, -*are*, mugir, meugler.
RE-Bo*o*, -*are*, retentir, mugir fortement.
Bo*x*, *cis*, bœuf marin.
Bo*ile*, *is*, étable à bœufs, toit à vaches.
Bo*villus*, *a*, *um*, de bœufs, qui concerne les bœufs.
2. Bo*a*, *æ*, maladie des bœufs; 2°. serpent aquatique; 3°. rougeole; 4°. enflure de jambes; 5°. vase à mettre du vin.
Bo*alia*, *ium*, jeux consacrés aux dieux infernaux.
Bo*arius*, *a*, *um*, qui concerne les bœufs.
Bo*edromia*, *orum*, course de bœufs, mot grec: fêtes d'Apollon, où l'on faisoit courir des bœufs.
3. Bo*vinor*, *ari*, (Fest.) tergiverser.
Bo*vinator*, *is*, (Aulug.) qui tergiverse.

4. BUB*alus*, *i*, buffle, espece de bœuf. Binome formé de BU, bœuf & de BAL gros, immense; mot-à-mot, gros bœuf.

BUB*alinus*, *a*, *um*, de buffle.
BUB*etiæ*, *arum*, fêtes, ou combats, ou

M

courses de taureaux; binome formé du verbe BETO, aller, courir; ou de PETO, attaquer, combattre; & de BU, bœuf.

5. Bubulo, -are, } crier comme un hibou,
Bubilo, -are, } un butor.

Bubo, -are,
Bubo, -ere, } Meugler comme un bœuf.

Butino, -are, falir, gâter avec du sang corrompu.

6. Bubulcio, -ire, } garder, conduire les
Bubulcito, -are, } bœufs: de Bu & de
Bubulcitor, -ari, } Cio, cito, exciter, piquer, faire aller.

Bubulcus, i, bouvier, vacher.
Bubulus, a, um, de bœuf, de vache.
Bubilis, is; Bubile, is, étable à bœufs.

7. Bu-Bastis, idis; Bubona, æ, déesse des bœufs & des vaches, Diane ou Isis.

II. BINOMES.

1. Bu-cerius, a, um, } qui a des cor-
Bucerus, a, um, } nes de bœuf: de KER, corne.

Bu-Ceria, arum, Troupeau de bœufs.

Bucerium, i; Bucerum, i. troupeau de bœufs de vaches; 2°. le lieu où on les fait paître.

Bucolus, i; Buculus, i, garde bœufs, bouvier, celui qui nourrit des bœufs. De Colo, & de Bu.

Bucolicus, a, um, qui concerne les bœufs & leurs pâtres.

Bucolica, orum, chansons champêtres, pastorales.

Bu-coeda, æ, qui est fustigé avec des courroies de bœuf, avec un nerf de bœuf. De Bu & de Cædo.

2. Bu-Cinor, sonner de la trompe de vacher. De Cano, chanter, sonner, faire résonner; & Bu.

Bu-sequa, æ, bouvier, de sequor.

Bucentaurus, i, vaisseau de cérémonie de la République de Venise.

Bu-centes, is, taon, mouche; mot Grec, qui signifie, mot-à-mot, piquant ou aiguillon de bœuf. De centeo, en Grec piquer.

Bucentrum, i, aiguillon de bœufs.

Bu-cephala, æ, mot-à-mot, tête de bœuf, nom du cheval d'Alexandre, d'un promontoire de la Gréce & d'une ville de l'Inde.

3. Bu-Thysia, æ, grand sacrifice de bœufs: du verbe grec Thuo, égorger; d'où est venu le mot François Tuer.

Bothyta, æ, sacrificateur, prêtre qui tue les bœufs.

4. Bura; Buris, manche recourbé de la charrue; selon Isidore, de Bo-oura, & non Bosoir, comme il est imprimé; semblable à la queue d'un bœuf.

5. Poly-Bures, is, qui a quantité de bœufs, riche en bœufs.

6. Bu-Tyrum, i, beurre: de Bu, vache, & de Turos, fromage.

Butyrarius, ii, beurrier.
Butyraria, æ, beurriere.

7. Bu-zygia, æ, nom pur grec, celui d'une famille Athénienne à qui le sacerdoce ou l'immolation des bœufs sacrée et le affectée, parce qu'elle descendoit de Buzyges, ou Bouziges qui attela le premier les bœufs à la charrue. Ce mot est formé de Bu & de Zugos, joug.

III. NOMS DE PLANTES.

1. Bu-cranium, ii, œil de chat, plante, mot à mot, crâne de bœuf.

2. Bu-Glossum, i; Buglotis, idis, buglose, plante; 2°. espéce de poisson de mer; mot-à-mot, langue de bœufs; de Bu & de Glot, langue.

3. Bu-Melia, æ, espéce de frêne fort

grand : de Bu, considérable, & du Grec Melia, Frêne, qui tient à Mal, arbre en général.

Buphtalmus, i, œil de bœuf.

Bu-Selinum, i, espéce d'Ache : de Selinon, persil.

IV. Noms d'Animaux.

1. Bu-prestis, is, insecte venimeux, qui fait enfler & crever les bœufs ; du Grec *Prétho* ; enfler.

2. Bo-Taurus, i ; Butaurus, i, oiseau de proie, butor. Binome de Taurus & de Bu. Buteo, onis, buse, busard.

Butio, onis, butor : les noms de cet animal sont de vraies onomatopées, qui expriment le cri du butor.

Butio, ire, crier comme un butor, qui mettant son bec dans l'eau, fait autant de bruit qu'un bœuf qui meugle.

3. Bu-Bo, onis, Hibou, Chathuant ; 2°. butor ; 3°. inflammation sous les aisselles & dans les aines.

Bubonocele, es, espéce de hernie, de de cente.

4. Bufo, onis, crapaud ; nom formé par onomatopée, à cause de son cri.

V. Autres Dérivés.

1. Bufonites, æ ; — tis, idis, crapaudine, espéce de pierre.

2. Bu-Cardia, æ, pierre précieuse, espéce de turquoise : *mot-à-mot*, cœur de bœuf.

Dérivés en BO.

3. Bos-Phorus, i, le Bosphore, *mot-à-mot*, le passage du bœuf.

4. Bonasus, i, Taureau sauvage.

5. Bootes, is, le bouvier, constellation.

6. Bovea, æ, salamandre.

VI. BU,

Devenu le nom des Objets grands & gros.

Bu-Lapathum, i, grande oseille.

Bu-Limia, æ ; Bulimus, i, faim canine, de Bu & de Limos, faim.

Bum-amma, æ, } grosse grappe de rai-
Bumammia, æ, } sin, qui ressemble en
Bumastus, i, } grosseur au pis d'une vache.

BO

Bois (172).

BO, désignant l'élévation, devint en Celte le nom des arbres, plantes élevées : de-là notre mot *Bois* les Latins ajoutèrent à ce mot celui d'Ar, qui signifie également hauteur : de-là Arbos, à Pall. Arbore, devenu en François Arbre, qui signifie la même chose.

1. Arbos, } *Mot à-mot*, bois haut :
Arbor, ris, } arbre ; 2°. aviron, rame ; 3°. mât de navire.

Arborescens, a, um, cultivé pour devenir un arbre.

Arboreus, a, um, d'arbre.

Arborarius, a, um, qui se plait aux arbres, qui se perche sur les arbres.

Arborator, jardinier, qui a soin des arbres.

Arboretum, i, bosquet ; 2°. verger ; 3°. pépinière.

Arboresco, -ere, croitre en arbre.

2. Arbuscula, æ, un arbrisseau ; 2°. piéce de bois élevée.

Arbustus, a, um, planté d'arbres.

Arbusto, -are, planter des arbres.

3. Arbustum, i, verger, pépinière, bosquet.

4. Arbutus, i, arboisier.

Arbuteus, a, um, d'arboisier.

Arbutum, i, fruit d'arboisier.

BUX,

De BO, prononcé Bou & écrit Bu, vint :

1. Buxus, *i* ;-*xum* , *i* , ⎫ Buis, arbre
Puxus, *i* ,   ⎭ dont le bois
   est extrêmement serré & dense.
   2°. Tout instrument de buis.
   Les Grecs l'appelloient également *Puxos*, & ils en firent le mot *Puka*, relatif à dense, épais, serré.

2. Puxa, *orum*, flûtes de buis.
   Buxetum, *i*, bocage de buis.
   Buxeus, *a*, *um*, de buis.
   Buxifer, *a*, *um* ; Puxosus, *a*, *um*, qui porte du buis, qui ressemble au buis.
   Buxans, *tis*, de buis.
3. Pyx-canthum, arbrisseau épineux, dont les feuilles ressemblent au buis.
4. Pyx, *xidis* ; Pix, *xidis*, coffre, boëte : en Grec Pyxis.
   Pyxidicula, *æ*, petite boëte.
   Pyxidatus, *a*, *um*, en forme de boëte.

BOG, BOI,
Rond (87).

Bog, Boi, désigne en Celte les idées relatives à la rondeur ; delà ces mots Latins.

Boia, *æ*, caveau, collier : 2°. chaînes de criminel.

Boius, *a*, *um*, enchaîné : criminel qu'on a mis aux fers.

BOR,
Piquant (177).

Bor, est un mot primitif, qui désigna ce qui est piquant, dur, rude. Il devint ainsi très-naturellement le nom des vents du Nord froids & piquants : de-là en Grec & en Latin,

1. Boreas, *æ*, borée, vent du Nord : le Nord.

Boreus, *a*, *um* ; Borealis, boréal : du nord.
Hyper-Boreus, *a*, *um*, qui est tout à fait au nord.
Anti-Boreus, *i*, opposé au nord.
2. Burræ, *arum*, contes, fables, sornettes : de Bur piquant, (176—178.)
   De-là Burla, tromperie, agrafe, en basque : Bourlos, niche, tour, jeu ; d'où Bourde.
3. Borago, *inis*, Bourrache.
4. Burrio,-ire; Burrhio-ire, faire un murmure, bourdonner, faire le bruit sourd qu'on entend dans les fourmillières.
5. Bruscum, *i*, — Cus, *i*, 1°. le petit Houx, à feuilles pointues ; 2°. la loise d'érable ; 3°. espéce d'oiseau.

BRA,
BRE, BROC, BRIS,
Pointe : déchirure (189, 177).

Bra, Bri, onomatopée qui peint le bruit d'une chose qui se déchire, est devenu le nom des idées de poindre, déchirer, briser. De-là, l'Allemand Bruch, fracture, &c.

I.

Bractea, *æ*, métal battu & réduit en feuille, en lame.
Bracteola, *æ*, petite lame, feuille d'or.
Bracteatus, *a*, *um*, couvert de lames, bardé.
Bracteator, *is* ; Bractearius ; *ii*, batteur d'or & d'argent ; 2°. tablettier, ébéniste.
Bractealis, *e*, de feuilles, de lames.
Bracteamentum, *i*, liqueur, humidité coulante.

II.

1. BRACCA, æ, brayes, caleçons ; 2°. casaque ; le Grec βρακος.

BRACCATUS, a, um, qui porte des culottes, des brayes.

2. BRACHUS, i, chenille, ver qui ronge les plantes ; Gr. βρυχω, Bracho, mordre, ronger.

3. BRONCHUS, i, branche d'arbre coupée.
BRONCHIÆ, arum, Gr. βρογχια, bronches, concavités du poumon.
BRONCHO-CELE, mot grec, Goitre ; mot-à-mot, humeur de la gorge.

4. BRISA, æ, (Columelle) marc de raisin : raisin foulé & dont on a exprimé le jus.

III.

1. BROCCHUS, a, um, } celui dont les
BRONCUS, a, um, } dents percent hors de la bouche.

BROCCHITAS, atis, difformité causée par les dents qui avancent hors de la bouche.

2. BROCCHUM, i, arbre dont on tire le bdellium au moyen d'une incision.

BRO,
Manger, &c. (195).

BRO, dérivé de Bar, Ber, animal, désigna la propriété des animaux de se nourrir, de manger : de-là une multitude de mots Celtes, Grecs, &c. & ces familles Latines.

1. BRUTUS, a, um, animal, bête ; 2°. brute, stupide, pesant.

OBBRUTESCO, tui, scere, s'abrutir ; 2°. devenir stupide.

Cette famille a produit des dérivés en toute langue : BROUTER en François : BROD, du pain en Allemand, &c.

2. AM-BRO, onis, qui mange tout, dissipateur, prodigue ; 2°. vagabond, vaurien

3. AM-BROSIA, æ, ambroisie, nourriture des Dieux : 2°. immortalité : 3°. antidote, remède.

AM-BROSIACUS, a, um, d'ambroisie.
AM-BROSUS, a, um, exquis, divin.
Ces derniers mots sont communs aux Latins avec les Grecs.

BRU, BRY,
Eau, boisson (148).

BRU, désigna dans les Langues Celtiques l'eau, la boisson : de-là diverses familles Latines.

1. BRUMA, æ, l'hyver, le tems des eaux ; 2°. le solstice d'hyver ; 3°. une année.

BRUMALIS, e, qui concerne l'hyver.

Selon VARRON Liv. V. le nom de BRUMA avoit été donné à l'hyver, à cause de la brièveté de ses jours ; & selon SCALIGER, parce qu'on célébroit alors la fête de Bacchus Bromius.

2. E-BRIUS, a, um, qui a trop bu, yvre.

EBRIOSUS, a, um, yvrogne, qui aime à boire.
EBRIACUS, a, um, plein de vin.
EBRIOLUS, a, um, qui a un peu trop bu, à demi-yvre.
E-BRIOLATUS, a, um, enyvré.
E-BRIETAS, atis, yvresse.
E-BRIOSITAS, atis, yvrognerie, habitude à s'enyvrer.

3. SOBRIUS, a, um, tempérant dans le boire, le manger, &c.

Ce mot paroit venir de BRI, eau, boisson, & de la négation SE : mot-à-mot, qui n'est pas enclin à boire ; à moins qu'on ne le dérive du Grec Sôphrôn, tempérant.

MOTS LATINS VENUS DU GREC.

B

Du mot grec BASILEUS, Roi, vinrent ces mots.

BASILARE, os coronal.
BASILICA, Gr. Βασιλική, basilique, palais, temple : plante de l'espéce de l'orchis.
BASILICE, Gr. Βασιλικῶς, royalement.
BASILICUM; 1°. vêtement royal; 2°. plante appellée Basilic; 3°. espéce d'emplâtre & de vigne.
BASILICUS, Gr. Βασιλικὸς royal, somptueux.
SUB-BASILICANUS, i, homme oisif qui se promene au palais pour apprendre des nouvelles.

Du Grec-Celte BASTAZÓ, porter, vinrent les mots suivans :

BASTAGIA, entreprise pour fournir de vivres une armée.
BASTAGIUM, étui dans lequel les soldats portoient leurs armes.
BASTERNA, litiere, brancard.

BATRAKOS, Gr. Βάτραχος, grenouille : de-là

BATRACHION, renoncule, plante.
BATRACHITES, crapaudine, pierre précieuse.
BATRACHO-MYO-MACHIA, combat des grenouilles & des rats : mot formé de Batrachos, grenouille; Mus, rat ; & Makhia, combat.

BATTOLOGIA. Gr. Βατἴολογια, répétition ennuyante dans le discours.

BECHIUM, Gr. Βηχίον, pas-d'âne, plante bonne contre la toux & qui doit son nom à cette propriété.
BERILLUS Gr. Βηρυλλος, béril, pierre précieuse.
BETHYLUS, i, en Gr. Βηθυλος, & même Δητυλος, Détulus, nom d'oiseau.
BIBLUS, ou BYBLOS, Gr. Βιβλος, jonc d'Egypte, plante aquatique dont on se servoit pour faire du papier : de-là :

BIBLEUS, relieur.
BIBLIA, Gr. biblia, les livres, Bible.
BIBLIOPEGUS, relieur, qui relie des livres.
BIBLIOPOLA, Gr. Bibliopólés, libraire, marchand de livres.
BIBLIOTHECA, Bibliotheque. Gr. Βιβλιοθηκη ; de Theo, placer, mettre, loger.
BIBLIOTHECARIUS, bibliothécaire.

BOTRUOSUS, Gr. Botruódés, plein de grappes de raisin.
BOTRUS ET BOTRYON, Gr. Botrus, grappe de raisin.
BOTRYTES, æ, — TIS, is, espéce de pierre précieuse ; 2°. calamine artificielle.

BRABEIUM & BRABEUM, *Gr. Brabeion*, prix des jeux publics.

BRABEUTES. *Gr. Brabeutés*, Président des jeux publics.

BRONTES, *Gr.* Βροντης, un des Cyclopes de Vulcain.

BRONTEUM, *i*, formé du grec BRONTÉ tonnerre, vase d'airain dans lequel on jettoit & on remuoit des cailloux pour imiter sur le théâtre le bruit du tonnerre.

BRONTIA *as*, *Gr.* Βροντια, pierre de tonnerre, carreau de foudre.

MOTS LATINS VENUS DE L'ORIENT.

B

BABILUS, *i*, 1°. Chaldéen. 2°. Astrologue : *mot-à-mot*, natif de Babel ou Babylone.

BASALTES, le basalte, pierre d'Egypte, couleur du fer : c'est donc un mot de la même famille que l'Hébreu ברזל, *Barzel*, fer, mot formé de HARS, fer.

BASSAREUS, *i*, surnom de Bacchus ; de l'Oriental בצר *Batsar*, vendange, vendangeur.

BASSARIS, *idis*, Prêtresse de Bacchus : 2°. robe bachique : 3°. brebis grasse.

BAXEÆ, *arum*, espéce de pantoufle : de l'Oriental בש *Baschas*, marcher dessus, fouler.

BISSALUM, *i*, brique : on la cuit au feu. C'est donc un dérivé de l'Oriental בשל, *Baschal*, cuire.

BIZATIUM, *ii*, morceaux, éclats qu'abattent les Tailleurs de pierres en travaillant : de l'Oriental בצע, *Betzoh*, fragment, éclat, morceau.

BORAX, *acis*, borax ; sel ou substance fossile qui ressemble à l'alun, étant blanc, transparent, &c. Il vient avec son nom de l'Orient.

BORA, *æ*, crapaudine : pierre précieuse.

BOREA, *æ* ; BORIA, *æ*, jaspe brillant ; ces mots viennent de l'Or. ברר, *Bor*, briller.

BUBATIO, BUBBATIS, pierre qui émousse le fer, comme l'aimant. Ce mot doit être Oriental.

BYSSUS, *i*, lin très-fin, ou plutôt coton.

BYSSINUS, *a*, *um*, de fin lin, de coton : de l'Or. בץ, *Bytz*, 1°. blanc, 2°. étoffes blanches, &c.

MOTS LATINS-CELTES,
OU DÉRIVÉS DE LA LANGUE CELTIQUE.

C

La Lettre C, est la troisieme de l'Alphabet Latin ; mais elle n'a pas toujours occupé cette place. Elle est exactement la même que la onzieme de l'Alphabet Oriental, retournée de droite à gauche, que nous appellons K *ou* Ca, & qui a cette figure ⊃. C'est par cette raison que les Latins n'ont point de K, tout de même que les Grecs qui ont un K, n'ont point de C : ces deux caracteres peignant le même son, & ne différant que par la figure : le C Latin est le K Oriental, tourné dans un autre sens, & le K Grec, est l'altération du ⊃ Oriental & du C Latin, réunis comme dans la Lettre X, changée insensiblement en K.

Mais la troisieme Lettre chez les Orientaux & chez les Grecs, est la Lettre G, qui n'est autre chose que la foible du C ; aussi le C primitif des Latins tenoit lieu du K & du G, comme nous l'avons vu au sujet de la Colonne de Duilius dans *l'Orig. du Lang. & de l'Ecrit.* C'est ce qui fit que le C prit chez les Latins la place du G ; & que lorsqu'ils s'en apperçurent & qu'ils voulurent avoir un G, celui-ci fut obligé d'aller chercher une autre place & de se contenter de la sixieme, dont elle chassa le Z avec lequel elle avoit du rapport. La figure du G, qui n'est qu'une légere altération du C, nous apprend encore aujourd'hui quelle fut son origine.

La Lettre C renferme dans la langue Latine une prodigieuse masse de mots : on n'en doit pas être étonné.

D'un côté, elle a usurpé nombre de familles qui appartenoient au G & au Q, & un grand nombre de mots qui commençoient par une aspiration, & que les Latins adoucirent en C. D'un autre côté, elle avoit déjà par sa propre nature un district immense.

Se prononçant de la gorge, elle peignit sans peine ; 1°. tous les sons gutturaux ; toutes les idées relatives

relatives à celles de la gorge, de défilé, de canal, de cours, de conduits, de regle, de descente, de chûte rapide, au physique & au moral.

2°. A ces idées se joignirent celles de contenance, de capacité, de tout ce qui est capable de contenir.

3°. Par conséquent, celles de lieu & de place.

4°. Sur-tout, les idées de tout ce qui est creux & évasé pour saisir, en particulier la MAIN se fermant à moitié pour saisir, pour prendre, pour contenir. Aussi la figure du C est celle de la main à demi-fermée, & le nom en est le même dans les Langues Orientales, comme nous l'avons vû dans l'Orig. du Lang. & de l'Ecrit.

Ajoûtez à cela nombre de mots en C, formés par onomatopée, & on aura l'étymologie ou les causes générales de presque tous les mots Latins en C : presqu'aucun d'eux en effet, dont on ne puisse rendre raison, par l'une ou l'autre de ces causes.

Enfin, cette Lettre abonde en mots empruntés successivement du Grec & des Langues Orientales.

C.

Divers mots formés par Onomatopée.

Afin de ne pas trop interrompre les Familles que fournit le C, &

qu'on puisse mieux juger de la ressource dont l'Onomatopée fut pour les Langues, rassemblons ici divers mots Latins, formés de cette maniere.

CA.

1. CACA*bo*, *-are*, chanter comme la perdrix.

2. CACILLO, *-are*, glousser, caqueter comme une poule.

3. CACHINNUS, *i*, éclat de rire, ris immoderé.

CACHINNATIO, *onis*, risée.
CACHINNO, *-are*; CACHINNOR, *-ari*, en Grec Kakhazo, ricanner; 1°. rire à gorge déployée.
CACHINNO, *onis*, grand rieur.
CACHINNABILIS, *e*, qui rit de mauvaise grace.

4. CAVILLUM, *i*; *-illa*, *æ*; *illatio*, *onis*) CAVILLATUS, *ûs*; CAVILLULUS, *i*,
Gausserie, plaisanterie, raillerie.
2°. Chicane, finesse, surprise.

CAVILLOSUS, *a*, *um*, trompeur, plein de supercheries.
CAVILLOR, *-ari*, gausser, railler, plaisanter.
CAVILLATOR, *oris*, moqueur; 2°. bouffon.
IN-CAVILLATIO, *onis*, moquerie.

CAN, GAN.
Oie.

5. CAN est une onomatopée qui peint le cri de l'oie, & qui en est devenu le nom dans la plupart des langues. KHAN en Dorien, adouci par les Grecs en Khên; GANZ en Allemand; Hans, puis ANSER en Latin.

CHEN-ALOPEX, *ecis*, ⎫ Cravan, oiseau
CHEN-ELOPS, *is*, ⎭ sacré chez les Egyptiens; espece d'oie fort rusée; d'*Alopex*, nom du renard en Grec.

CHEN-EROS, *tis*, oie sauvage, de *Helos*, changé en *Eros*, marais.

CHEN-CBOSCIUM, *ii*, étable à oies; du grec *Bsko*, nourrir.

CHENO-MYCHON, *i*, plante, qui est l'aversion des oies; mot formé sans doute du grec MUKON, MYXON, mauvais, méchant.

CHENO-PUS, *dis*; pied d'oie, du Grec *Pous*, pied.

6. CAURUS, *i*, ⎫ Vent du Nord-Ouest.
CORUS, *i*, ⎭ C'est une onomatopée, qui exprime le bruissement du vent.

7. CAURIO-*ire*, crier comme une panthere en chaleur.

CE, CI.

1. CEVA, *æ*, vache abondante en lait, mais de la petite espece. Ce mot tient à l'Oriental GOW, mugir comme une vache, vraie onomatopée, d'où sont venus nombre de mots semblables, en Indien, en Theuton, &c. pour désigner la vache.

2. CEVeo,-*ere*, flatter, caresser comme les chiens.

3. CICADA, *æ*: CIXIUS, *ii*, cigale.

4. CICONIA, *æ*, cigogne; 2. machine à puiser de l'eau, grue; 3°. moquerie.

5. CICUMA, *a*, ⎫ Gr. KIKYMIS,
CECUA, *æ*, ⎭ Hibou.

6. CICURIO,-*ire*, coqueter comme un coq.

CICUR, *is*, aprivoisé, doux, traitable.
CICURO,-*are*, priver, rendre docile.

CO.

1. COAXO,-*are*, ⎫ coasser, crier com-
QUAXO,-*are*, ⎭ me les grenouilles, qui font COAX, COAX.

COAXatio, *onis*, croassement, cri des grenouilles.

2. KHOIROS, est une onomatopée qui désigne en Grec le cochon, & dont vinrent ces mots:

CHOERAS, *dis*, 1°. truie; 2°. écrouelles.

CHOERO-GRYLLus, *i*, hérisson terrestre.

2. CORAX, *acis*, famille Grecque, corbeau.

CORacinus, *a*, *um*, de corbeau.
CORacinus, *i*, poisson noirâtre comme le corbeau.
PYRRHO-CORAX, *acis*, corbeau au bec rouge.
CORVus, *i*, famille Latine, corbeau; 2°. croc, grapin, harpon.
CORVinus, *a*, *um*, de corbeau.
CORVito,-*are*, se gorger de viande à la manière des corbeaux.
CORVitor, *oris*, qui dévore beaucoup comme les corbeaux.

3. CORNIX, *icis*, corneille; 2°. marteau de porte en forme de corneille.

CORNicula, *æ*, petite corneille.

4. COTTabus, *i*, le bruit que fait un coup.

5. Coturnix, cis, caille, oiseau.

CR.

1. Craxo, is, -ere, faire du bruit, crier.

Pro-Graxo-are, indiquer.
Pro-Crago, xi, ere, proclamer.

2. Crocio,- ire, } croasser comme les
   Crocito,- are, } corbeaux.

Crocitus, itûs; Crocitatio, onis, croassement, cri du corbeau.

3. Cruma, tis, cliquetis, castagnette.
4. Crusma, tis, bruit d'instrument de musique.

CU.

1. Cucubo,-are, crier comme le chat-huant.
2. Cuculus, i, coucou; 2°. celui qui, comme le coucou, va pondre au nid d'un autre.
3. Cucurio,-ire, chanter comme le cocq.

Mots tirés de NOMS PROPRES.

1. Canusina, æ, habit de drap, couleur puce, qui se faisoit à Canuse.

Canusinatus, a, um, qui porte un de ces habits.

2. Carmenta, Déesse du Latium, venue d'Arcadie avec Evandre son fils, & qui rendoit des Oracles. Nous avons vu dans l'Hist. du Calendr. p. 410, les aventures de cette Déesse & leur explication allégorique, qui prouve que cette Déesse dont on célébroit la fête immédiatement après celle de Janus ou du Soleil, étoit la Lune, dont on consulte sans cesse les oracles & les prognostics ; & que son fils *Ev-Andre* est la nouvelle année, les nouvelles révolutions où l'on souhaite *Eu Andro*, bonheur à l'homme.

On dérive de *Carmen*, vers, le nom de cette Déesse, parce que les oracles se rendoient en vers. Il vient plutôt de *men*, mon, flambeau, & *Car*, Cornu, la Déesse au flambeau cornu.

Carmeniæ, arum, nom des Muses & des Parques.

Carmentalis, surnom de la porte nommée ensuite scélérate, par où les Fabiens sortirent de Rome pour combattre les Veiens.

Carmentalia, um, fêtes en l'honneur de la devineresse Carmente.

3. Anti-Catones, num, livres écrits par Jules-César, contre les deux Catons.

Pseudo-Cato, onis, hypocrite, faux Caton.

4. Cimolius, a, um, de bol, de craie, parce qu'on la tiroit de Cimolis, isle voisine de Crète.

C.

Suivi d'une labiale à laquelle il est uni par une voyelle, ou
CAB,
Cap, Caph, Cam, Cep, Cip, &c.
Capacité.

La Lettre C, nous l'avons vû, indique le lieu, la place ; la labiale B, P, indique la contenance, la capacité. En réunissant ces deux touches de l'instrument vocal, on formera donc un mot qui désignera tout ce qui est propre à contenir, tout ce qui contient, qui renferme, qui met à couvert, qui saisit : & de-là naîtront une multitude de familles communes à toutes les Langues.

1. CAB, CAP, la tête, siége de la capacité dans l'homme, capacité elle-même. 2°. Hauteur, élévation.

2. CAPH, la main se fermant à moitié & formant une capacité, un creux pour saisir, contenir, renfermer.

3. CAV, un creux, une cavité.

4. CUP, un vase profond, propre à contenir : 2°. le désir de saisir, de s'emparer, de contenir.

5. CUB, le lieu où l'on se renferme pour dormir ; une chambre à coucher, un lit : ce qui nous contient, nous met à couvert pendant le sommeil.

6. Plusieurs dérivés en CAM, CAMP.

7. Plusieurs autres en SCAB, SCAP, &c. relatifs à ces diverses idées.

I.
CAB, CAP,
Tête.

CAB, est une racine Celtique, prononcée également CAP, & qui désigna la tête, signification qu'elle conserve encore aujourd'hui dans les Dialectes Celtes, où elle a formé une famille immense. Ce mot fut conservé par les Latins, les Theutons, les Grecs, &c. : mais avec quelques légéres nuances.

Les Latins en firent CAP ; les Theutons y ajoutèrent l'aspiration finale & changèrent la voyelle A dans la diphtongue AU, ou en O, KOPF; les Grecs adoucirent & la voyelle & l'aspiration Theutons ; ce qui forma le mot KEPH ou KEF.

Ainsi CAB, CAP, KOPF, KEF, même HAUPT, signifiant *Tête*, ne sont que les modifications d'un seul & même mot primitif commun à la plupart des peuples anciens & modernes.

Observons que dans les mots composés, CAP se changea chez les Latins en CEP, CIP, suivant l'usage constant de ces Peuples, & nécessaire pour ne pas écorcher l'oreille par une continuité de sons trop durs, & pour la charmer au contraire par un juste mélange de sons doux & forts.

1. CAP, Tête.

1. CAP*ut*, *itis*, 1°. tête; 2°. vie; 3°. source, auteur; 4°. point, nœud, la chose essentielle. 5°. Chapitre, abrégé; 6°. maxime, conclusion; 7°. fin, capital; 8°. homme, personne; 9°. embouchure; 10°. bout, chef; 11°. commencement; 12°. conducteur; 13°. motif, sujet.

On voit sans peine que toutes ces

fignifications ne font que des modifications diverses de l'idée de tête, de chef, d'effentiel.

CApital, is, voile de tête, bourfe à cheveux : ruban de cheveux ; 2°. crime digne de mort.

CApitalis, e, is, où il va de la vie, digne de mort.

CApitaliter, mortellement, criminellement.

2. CApitatio, onis, impofition par tête ; 2°. paye des gens de guerre.

CApitatus, a, um, 1°. qui a une tête ; 2°. une pomme, une groffe fouche.

CApito, onis ; 1°. qui a une tête ; 2°. têtu, opiniâtre, attaché à fon fens ; 3°. muge, chabot, forte de poiffon à groffe tête.

CApitofus, a, um, qui a une tête, têtu, opiniâtre.

CApite-Cenfus, a, um, qui ne paye que peu de taxe.

2. CApitium, ii, capuchon, chaperon ; 2°. cape de femme ; 3°. gorgerette, écharpe.

CApitulum, i, 1°. petite tête ; 2°. chapiteau ; 3°. cape, écharpe de femme ; 4°. chapitre, fommaire d'un livre ; 5°. Chapitre de Chanoines.

CApitillum, i petite tête ; 2°. chapiteau de colonne ; 3°. couvercle ; 4°. touffe d'herbe ; 5° cornue, alambic.

CApitolatus, a, um, qui a une petite tête ; 2°. qui a un chapiteau, une houpe.

CApitulatim, par chapitres.

CApitularia, ium, recueil, collection de Loix, de Conftitutions, d'Ordonnances.

4. CApitolium, ii, le capitole, forterefle de Rome, ainfi appellée de CAput, parce, dit-on, qu'il fe trouva une tête dans le terrein qu'on creufoit pour bâtir le Capitole. Au vrai, parce qu'étant bâti fur une montagne, il dominoit la Ville entiere, fur laquelle il s'élevoit comme un grand chêne éleve fa tête au-deffus des autres arbres. Les Etymologiftes Latins, Grecs, &c. ne pouvant trouver le vrai en fait d'origines, endormoient leurs Auditeurs avec des contes d'enfans : amufons-nous-en, mais ne nous en contentons pas, & allons droit au vrai.

CApitelinus, a, um, Capitolin, du Capitole.

5. CIpi, orum, têtes du Méandre, fes embouchures.

CEpidines, um, Roches avancées en mer comme des caps, des pointes.

BINOMES.

I.

Ac-cipitro, are, être couché ; mot-à-mot, repofer fa tête : mot très-énergique que les Latins abandonnerent ou laifferent vieillir, avec auffi peu de raifon que nous à l'égard d'une multitude de mots de nos Peres.

An-Ceps, pitis, } ambigu, douteux,
An-Cipes, itis, } incertain, équivoque.

Bi-ceps, itis, qui a deux têtes, fourchu.

Terti-ceps, ipitis ; Tri-Ceps, itis, à trois têtes.

Quadri-Ceps ; Quarti-Ceps, qui a quatre têtes : quatre cimes.

Centi-Ceps, itis, à cent têtes.

Centum-Capita, itum, Chardon à cent têtes.

Oc-ciput, itis ; Oc-Cipitium, ii, derriere de la tête.

Semi-Caput, itis, moitié de la tête.
Sin-Ciput, itis, le devant de la tête : 2°. tête.

2.

Præ-Cipuus, a, um, qui est le premier, qui est à la tête. 2°. Particulier, singulier.

Ce mot est composé de Cap, tête, capital, & de Præ, par-dessus.

Præ-Cipuè, principalement, sur-tout.
Præ-Cipes, is : Præ-Ceps, Cipitis, qui panche la tête en avant : 2°. escarpé, taillé, coupé à plomb.
Præ-Cipito,-are, jetter la tête en bas ; 2°. hâter, presser ; 3°. être sur la fin, sur son déclin : 4°. agir avec précipitation.
Præ-Cipitium, ii, précipice.
Præ-Cipitantia, æ, chute impétueuse ; l'action de rouler : 2°. brusquerie, impétuosité.
Præ-Cipitatio, onis, empressement excessif, précipitation.
Præ-Cipitator, is, qui précipite.
Præ-Cipitanter, avec précipitation.

3.

Cap, s'unissant à Primus, premier, & se prononçant Cep, Cip, forma la famille suivante.
Prin-Ceps, ipis, capital, le premier, le principal, le chef, le Prince.

Prin-Cipor,-ari, régner.
Prin-Cipatus, ûs, Principauté, primauté.
Prin-Cipalis, e, de Prince : 1°. premier, primitif.
Prin-Cipalitas, atis, primauté.
Prin-Cipaliter, en Prince : 2°. particulierement.
Prin-Cipium, ii, Principauté ; 2°. commencement ; 3°. source, entrée.

Prin-Cipiò, au commencement : 2°. incontinent : 3°. premierement.
Prin-Cipialis, e, qui concerne le commencement.
Prin-Cipia, orum, régles, principes. 2°. Place d'armes d'un camp. 3°. Soldats d'élite.

4.

Vesti-Ceps, cipis, blanc-bec, jeune homme dont le menton commence à se garnir de poil follet.

Ce mot est formé de Cap & de Vestire, vêtir, garnir.

Famille Grecque.

CAP, prononcé Ceph.

Les Grecs ayant changé Cap, la tête, en Keph, il en résulta la famille suivante ; commune aux Grecs & aux Latins.

Cephalea, æ, migraine, mal de tête.
Cephalœus, a, um ; Cephalicus, a, um, de la tête.
Cephaletio, onis, capitation, taxe par tête.
Cephalus, i, meunier : 2°. poisson à grosse tête : 3°. têtu, opiniâtre, qui a une tête.
Cephaline, es, partie de la langue où réside le goût.
Cephal-Algia, æ, douleur de tête.
Cephal-Algicus, a, um, tourmenté de la migraine ; du Gr. Algos, douleur.

Composés.

A-Cephalus, i, sans tête.
Ana-Cephalus, i, sans tête, sans chef.
Ana-Cephaleosis, is, récapitulation : épilogue.
Bu-Cephalus, i, Bucephale, nom du cheval d'Alexandre, mot-à-mot, qui a une grosse tête.

Cyno-Cephalus, i; Cyno-Cephalis, idis: Anubis, Mercure, à tête de chien : 2°. espèce de Singe.

Hydro-Cephalus, i, ; Hydro-Cephalum, i, dépôt dans la tête, hydropisie de tête.

II. CAB.

Grand, haut, en forme de tête.

1. CABulus, i, bélier, machine de guerre des anciens, à cause de sa grosse tête en forme de bélier.
2. CABallus, i, rosse, cheval de peu de prix.

Caballio, onis, cheval marin.
Caballinus, a, um, de cheval.

3. CEphus, i, Orang outang, jocko, singe de la grandeur de l'homme.
4. CIppus, i ; 1°. bute de pierre, ou de terre ; 2°. colonne, monument ; 3°. pieux, piquets hauts & pointus ; 4°. ceps, entraves.
5. CEpa, æ, } Oignon, ainsi appellé, CEpe, } à cause de sa figure ronde en forme de tête.

Ceparius, ii, qui cultive les oignons.
Ceparius, a, um, d'oignon.
Cepetum,
Cepina, æ, } couche d'oignons.
Cepitium, ii,
Cepula, æ, ciboule, petit oignon.
Cepæa, æ, espèce d'oignon.

6. CEpinonides, æ,
Cepocames, æ, } sorte de pierre précieuse de forme ronde.
Cepocapites, æ,
Cepocatoprites, æ,

7. Cephen, enis, petite Abeille, non formée, & toute ronde.

III. CAP.

Haut, pointu, percé.

Comme les chèvres s'élèvent sans cesse & gravissent les lieux les plus escarpés, le mot primitif CAP est entré dans la composition des noms employés pour désigner cet animal : de-là cette famille.

1. CAper, ri, bouc ; 2°. odeur de bouc, gousset ; 3°. le capricorne.

Capero are, se hérisser comme le bouc, se refrogner, se rider.
Caperatus, hérissé, refrogné.
Capronæ, la partie des cheveux qui tombe sur le front ; un tour de cheveux.

2. CApra, æ, Chèvre ; 2°. Etoile fixe ainsi nommée ; 3°. mauvaise odeur des aisselles.

Capella, æ, petite chèvre.
Caprarius, ii, chévrier.
Caprarius, a, um, de chèvre.

3. CAprea, æ, chèvre sauvage, chevreuil : 1°. le tendron de la vigne parce que la vigne s'élève par ce moyen.
4. CApreolus, i, chevreuil, chevreau, jeune bouc ; 2°. tendron de vigne ; 3°. instrument pour tailler la vigne ; 4°. chevron, machine de guerre.

Capreolatim, d'une maniere embarrassée, entortillée.

5. CAprile, is, étable à chèvres.

Caprilis, e, de chèvre.
Caprinus, a, um, de Bouc.

BINOMES.

1. CAprimulgus, a, um, qui tette les chèvres ; 2°. Fresaye, sorte de chouette, qu'on dit tetter les chèvres ; 3°. un esprit lourd, stupide :

de CApra & de MuLgere, traire.

CApripes, dis, qui a des pieds de chévre, Satyre.

CAprigenus, a, um, engendré d'une chévre.

2. CAprifolium, le chévrefeuil.

3. CAprificus, figuier fauvage : 2°. qui fait oftentation d'un médiocre favoir.

CAprificor, -ari, rendre les figues fauvages comeftibles.

CAprificatio, la maniere de rendre les figues fauvages comeftibles.

4. CAprizans pulfus, pouls toujours ému comme celui d'une chévre.

5. CApri-Cornus, i, le Capricorne, dixiéme Signe du Zodiaque, & dans lequel le Soleil remonte vers le Nord.

6. Rupi-CApra, æ, chamois, chévre fauvage; de Rupis, rocher, parce qu'il grimpe fur les rochers les plus efcarpés.

7. Semi-CAper, ri, demi-bouc; furnom de Pan.

8. CAprotina, æ, furnom de Junon : on la peignoit couverte d'une peau de chévre.

CAprotinæ nonæ, fête en l'honneur de Junon.

DÉRIVÉS GRECS.

CAppar, is, caprier, arbriffeau.

CApparis, is, capre, fruit du caprier.

II.
CAP.

Main : 2°. prendre, contenir.

I. CAP, capable.

De CAP, fignifiant main, 2°. action de prendre, de contenir, fe formerent les dérivés fuivans.

Nom & Adjectifs.

CApax, acis, capable de contenir : fpacieux; 2°. qui renferme; 3°. propre, fuffifant, qui a de la capacité.

CApacitas, atis, étendue; capacité, au phyfique & au moral.

In-CApax, acis, incapable, non fujet à.

II. CAP.

Objets contenans, vafes, &c.

CApedo, inis, vafe propre à contenir, ayant deux anfes.

CApidula, æ, taffe, gobelet à anfes.

CApedunculaI, æ, petit vafe.

2. CApidulum, i, capuchon, bonnet.

3. CApitha, æ, mefure contenant douze fextiers.

CApis, idis, taffe à boire, en ufage dans les facrifices.

Pro-CApis, is, race, lignée.

4. CApiftrum, i, lien qui fert à contenir, mufeliere, licol.

CApiftro-are, enchevêtrer, emmufeler, lier, attacher.

In-CApiftro, enchevêtrer.

CApifterium, ii, crible, ce qui contient les criblures.

5. CApfa, æ, coffre, caiffe, ce qui fert à renfermer, à contenir.

CApfula, æ; CApfella, æ, caffette, boëte.

CApfus, i, coffre de carroffe; 2°. fiége du Cocher, 3°. voiture clofe & fermée.

CApfarius, ii, Caiffier; 2°. Bahutier, Layetier; 3°. ceux qui portoient les livres des Ecoliers; 4°. celui qui gardoit les habits de ceux qui fe baignoient.

6. CApella, æ, chapelle; petite Eglife.

CApellanus, i, Chapelain, qui deffert une chapelle : en Langued. un Capelan.

7. CApula, æ, taffe, vafe à boire.

CApulica, æ, vaiffeau, petit vafe : 2°. bâtiment de mer, vaiffeau : 3°. manche, poignée.

8. CApulus i; CApulum, i, ce qui fert à prendre,

prendre, à saisir la poignée, le manche : 2°. caisse où on met un cadavre, cercueil, bière.

Capularis, e, is, prêt à être mis au cercueil ; vieillard, moribond, sur le bord de la fosse.

De-Capulo, -are, vuider un vaisseau, une barrique, soutirer.

Capulator, oris, celui qui vuide un baril, ou un vaisseau quelconque.

COMPOSÉS.

De-Capulo, -are, survuider, tirer à clair, décanter.

De-Capulandus, a, um, qu'il faut verser doucement de peur de faire venir la lie.

Dis-Capulatus, a, um, qui laisse traîner sa robe : mot à mot, qui l'a détachée de l'agraphe, de la main qui la tenoit relevée.

Dis-Capedino, -are, ouvrir la main, l'étendre.

Inter-Capedo, inis, intervalle ; 2°. suspension.

9. Cophinus, i, corbeille, panier d'osier.

III.
CAP, CAPT.
Action de prendre.

1. Cap-tus, ûs, prise, pincée, 2°. capacité, portée d'esprit. 3. Condition, état ; 4°. lieu choisi pour le sacrifice.

Captio, nis, l'action de prendre, d'attraper ; 2°. adresse pour surprendre, fraude, ruse ; 3°. dommage, préjudice.

Captura, æ, prise, proie, chasse ; 2°. gain, salaire ; 3°. ce qu'un pauvre amasse.

Captiuncula, æ, petite finesse pour surprendre.

2. Captivus, a, um ; Captus, a, um, prisonnier ; 2°. pris sur l'ennemi.

Captivitas, is, esclavage, emprisonnement.

Captivo, -are, prendre prisonnier.

Con-Captivus, a, um, compagnon d'esclavage.

3. Captiosus, a, um, fourbe, artificieux, qui cherche à surprendre ; 2°. désavantageux, nuisible ; 3°. embarrassant ; 4°. Sophiste.

Captiosè, à dessein de surprendre ; 2°. avec intention de tromper.

4. Capto, -are, prendre avec désir, désirer de prendre, tâcher d'obtenir, faire sa cour, tâcher d'avoir la faveur.

Captator, is ; Captatrix, cis, qui cherche à saisir, intriguant, qui se fourre par-tout.

Captatio, onis, recherche, soin qu'on prend, empressement.

BINOME.

Pisci-Caps, cipis, preneur de poissons ; de Piscis, poisson, & de capere.

IV. VERBES.

De Cap, main, se sont formés deux verbes, l'un en Cap, l'autre en Cœp, également relatifs à l'idée de main, mais sous deux acceptions différentes : l'un désigne l'action de prendre, de saisir ; & l'autre celle d'entreprendre, de commencer, de mettre la main à une chose.

Capio, cepi, captum, capere, prendre, saisir, s'emparer ; 2°. comprendre, concevoir ; 3°. tenir ; 4°. tirer, retirer : d'où

Capesso, -ere, prendre, se saisir.

Cœpio, pi, ptum, pire, mettre la main, commencer, entreprendre.

Cœptum, i, Cœptus, ûs, entreprise, projet, commencement.

De ces deux verbes naissent une foule de composés.

Composés.

Ac-Cipio, *is*, *cepi*, *ceptum*, *ere*, prendre, recevoir, obtenir.

Ac-Ceptus, *a*, *um*, reçu, agréable, bien reçu.

Ac-Ceptum, *i*, recette, ce qu'on a reçu.

Ac-Ceptio, *onis*, l'action de recevoir, acception, égard.

Ac-Ceptor, *oris*, qui prend, qui reçoit, qui approuve ; 2°. qui traite, qui régale.

Ac-Ceptorius, *a*, *um*, qui sert à recevoir.

Ac-Cepto, -*are*, agréer, recevoir.

Ac-Ceptabilis, *e*, favorable, recevable.

Ac-Ceptilatio, *onis*, déclaration par laquelle un créancier remet une dette à son débiteur.

Ac-Cepta, *æ*, sorte de navire.

Ac-Ceptæ, *arum*, portions que l'on tire au sort.

Ac-Ceptrica, *æ* ; Ac-Ceptrix, *cis*, femme qui reçoit.

Præ-Ac-Cipio, *ere*, prendre d'avance.

Præ-Ac-Ceptatio, *onis*, présomption.

Satis-Ac-Cipio, *ere*, prendre un répondant ; 2°. recevoir une caution.

Satis-Ac-Ceptio, *onis*, réception de caution.

Satis-Ac-Ceptor, *is*, qui prend une caution.

Ante-Capio, *ere*, prendre auparavant, anticiper, se rendre maître d'abord ; 2°. prévoir.

Ante-Capio, *onis*, présomption, prévention d'esprit.

Ante-Captus, *a*, *um* ; Ante-Ceptus, *a*, *um*, prévenu, prévu.

Anti-Cipo, -*are*, prendre d'avance.

Anti-Cipator, *is*, qui anticipe.

Anti-Cipatio, *onis*, pressentiment.

Con-Cipio, -*ere*, engendrer, concevoir ; 2°. méditer, former en son esprit ; 3°. comprendre, entendre ; 4°. prendre, contenir.

Con-Ceptus, *us*, conception, génération dans le sein de la mere.

Con-Ceptivus, *a*, *um*, mobile.

Con-Ceptio, *onis*, génération au sein de la mere ; 2°. maniere formelle de s'exprimer dans des actes publics.

Con-Ceptaculum, *i*, le lieu où une chose prend naissance, où elle est formée.

Præ-Con-Ceptus, *a*, *um*, conçu auparavant.

De-Cipio, -*ere*, fourber, duper, décevoir, intercepter, surprendre.

De-Ceptor, *is*, trompeur, fourbe.

De-Cipulum, *i* ; De-Cipula, *æ*, trébuchet, piège où se prennent les oiseaux.

De Cap joint à Dis, à part, séparément, se formerent ces mots :

Dis-Cepto, -*are*, disputer, débattre ; 2°. être en différend ; 3°. décider, juger ; 4°. être arbitre, examiner.

Dis-Ceptator, *oris* ; Dis-Ceptatrix, *is*, qui juge, qui examine quelque chose.

Dis-Ceptatio, *onis*, débat, contestation.

Dis-Ceptatiuncula, *æ*, petit différend.

Ex-Cipio, -*ere*, prendre, se saisir, surprendre ; 2°. accueillir, retirer chez soi ; 3°. souffrir, soutenir, essuyer ; 4°. recevoir ; 5°. faire exception ; 6°. recueillir, ramasser ; 7°. extraire ; 8°. apprendre ; 9°. succéder, venir ensuite.

Ex-Cipium, *ii* ; Ex-Ceptio, *onis*, exception ; limitation ; 2°. restitution.

Ex-Ceptiuncula, *æ*, fin de non recevoir ; raison qu'allègue un défendeur pour sa décharge.

Ex-Cipula, æ,
Ex-Cipulum, i,
Ex-Cipulus, i, } tout inſtrument qui ſert à prendre des animaux ; 2°. épieu ; 3°. poilette de chirurgien, vaſe qui ſert à recevoir ; 4°. naſſe, enceinte qu'on fait dans l'eau avec des claies.

Ex-Cipuus, a, um, qui tombe dans quelque choſe.

Ex-Cnptor, is, qui reçoit la dépoſition, qui écrit ce qu'on lui dicte.

Ex-Ceptorius, a, um, qui ſert pour recevoir ; propre, deſtiné à recevoir.

Ex-Ceptitius, a, um, particulier, ſingulier ; 2°. différent.

Ex-Cepto,-are, prendre, recueillir ; 2°. recevoir.

Ex-Ceptatio, onis, priſe, capture ; 2° l'action de recevoir ſouvent.

In-Cipio,-ere : ce verbe a deux prétérits, Cœpi & Cepi ; auſſi tient-il de capio & de cœpio, & il ſignifie mot-à-mot, *prendre dans*, c'eſt-à-dire *commencer*, au figuré. C'eſt dans le même ſens qu'on dit en Allemand *AN-FANGen*, qui au propre veut dire prendre *ſur*, & au figuré *commencer*.

In Cepto, are,
In-Coepto, -are, } commencer, entreprendre.

In-Coeptum, i,
In-Coeptus, ûs,
In-Coeptio, onis, } commencement, projet, entrepriſe.

In-Cœptor, is, qui commence, entrepreneur.

Inter-Cipio,-ere, prendre par ſurpriſe.

Inter-Ceptio,-onis, ſurpriſe.

Inter-Ceptor, is, qui intercepte, qui ſurprend.

Oc-Cœpio,-ire,
Oc-Cipio,-ere, } commencer.

Oc-Cepto,-are, commencer.

Per-Cepio, cueillir, prendre, recevoir ; 2°. apprendre, concevoir, connoître.

Per-Ceptio, onis, récolte, action de cueillir ; 2°. intelligence, perception.

Præ-Cipio,-ere, prendre d'avance, recevoir par avance ; 2°. inſtruire, enſeigner ; 3°. ordonner, commander ; 4°. s'emparer le premier, 5°. prévenir.

Præ-Ceptum, i ; Præ-Ceptio, onis, enſeignement, régle ; 2. ordre.

Præ-Ceptor, is ; Præ-Ceptrix, cis, qui enſeigne, qui donne des régles.

Præ-Ceptorius, a, um, qui donne des inſtructions.

Præ-Ceptivus, a, um, qui conſiſte en préceptes ; 2°. qui aime à enſeigner.

Præ-Cepto,-are, commander ſouvent.

Re-Cipio,-ere, prendre, recevoir, admettre ; 2°. reprendre, recouvrer ; 3°. retenir, réſerver ; 4°. promettre, ſe charger.

Re-Ceptum, i, reçu, choſe dont on ſe charge.

Re-Ceptio, onis, l'action de recevoir, réception.

Re-Ceptibilis, e, recevable.

Re-Cepto,-are, reprendre ; 2°. retirer ; 3°. reculer.

Re-Ceptaculum, i, ce qui reçoit, réceptacle ; 2°. retraite, réfuge, lieu où l'on ſe retire.

Re-Ceptator, is, Re-Ceptor, is, receleur ; 2°. qui donne retraite.

Re-Ceptrix, is, receleuſe.

Re-Ceptorium, ii, retraite, réfuge.

Re Ceptorius, a, um, qui ſert d'aſyle.

Re-Ceptorius, a, um, qu'on eſt obligé de reprendre ; 2°. réſervé, retenu.

Re-Ceptus, ûs, retraite, aſyle, réfuge ; 2°. l'action de ſe retirer.

Sus-Cipio,-ere, suc-cipio,-ere, entreprendre ; prendre ſur ſoi ; recevoir, soutenir, prendre en sa protection; 2°. reprendre, dire ensuite.

Sus-Cepto,-are, entreprendre, se charger.
Sus-Ceptor, is, entrepreneur; 2°. protecteur.
Sus-Ceptum, i; Sus-Ceptio, onis, entreprise; 2°. secours, protection.
In-Sus-Ceptus, a, um, qui n'a pas été reçu.

V. CAB, CAP,

Tradition, &c.

1. De CAB, main, se forma l'Oriental CAPale, science qu'on se transmet de main en main par tradition; de-là ces mots.

CABala,   } la cabale, science
CABbala, æ,   } mystérieuse des Juifs.

CAbalista, æ, celui ou celle qui possède cette science.

CAbalisticus, a, um, qui appartient à la cabale.

2. De CAB, poignée, capacité, vint,

CAbus, i, mesure des Juifs, de trois pintes & demie, ou d'un demi-boisseau, 3°. quarteron d'œufs; 5°. cinq livres pesant.

CA-Cabus, i, marmite, chauderon.

VI. CAP, CUP,

tenir, prendre.

Cupa, æ, coupe, tasse, cuve, tonneau. De-là le *Cupo* des Italiens, *profond*, qui contient.

COMPOSÉS.

1. Oc-Cupo,-are, 1°. s'emparer, se saisir, envahir; 2°. prendre par surprise; surprendre; 3°. parvenir, aller au-devant.

Oc-Cupatio, onis, invasion. l'action de s'emparer; 2°. prévention; 3°. occupation.
Oc-Cupatitius, a, um, duquel on se saisit.
Oc-Cupo onis, celui qui se saisit, le Dieu des voleurs.
Ante-Oc-cupo,-are, prévenir; 2°. anticiper.
Ante Oc-cupatio, prévention.
Præ Oc-cupo,-are, rendre par avance; 2°. prévenir, préoccuper.
Præ-Oc-cupatio, onis, préoccupation, anticipation.

2. Re Cupero,-are, recouvrer.
Re-Cuperatio, is, recouvrement.
Re-Cuperatorius, a, um, qui concerne les Juges des recouvremens.
Re-Cuperator, celui qui reprend; 2°. juge délégué pour faire des recouvremens.

VII. CUP,

désirer.

2. Cupio,-ere, désirer souhaiter; 2°. être passionné pour, rechercher avec empressement.

Cupitor, is, passionné, désireux, amateur.
Cupienter, Cupide, passionnément, vivement.

2. Cupedo, inis,   } cupidité, convoitise,
Cupido, inis,   } desir, envie; 2°.
Cupiditas, is   } curiosité; 3°. Cupidon, Dieu d'amour.

Cupedia, æ,   } passion pour la
Cupediæ, arum,   } bonne chere; friandises
Cupedia, orum,   } dises, mets délicats.

Cupidus, a, um, passionné, désireux.

3. Cupediarius, ii; Cupedinarius, ii, pâtissier, traiteur; 2°. confiseur.

COMPOSÉS.

Con-Cupio-ere, } souhaiter
Con-Cupisco,-scere, } avec passion,
avoir un extrême desir de posséder.

Con-cupiscibilis, e, 1°. désirable ; 2°. où réside la concupiscence.
Con-Cupiscentia, æ, desir de posséder.
Dis-cupio,-ere, desirer ardemment.
In-con-cupisco,-ere, desirer fortement.
Per-Cupio-ere, desirer ardemment.
 Per-Cupidus, a, um, très-passionné.
 Per-Cupidò, avec beaucoup de desir.
Præ-Cupidus, a, um, qui a beaucoup de passion.
Re-Cupio,-ere, desirer de nouveau.

BINOME.

Lucri-Cupido, inis, desir, envie de gagner : de *Lucrum*. gain, profit.

Familles Grecques.

1.

De Cab, Cob, en Celte Gober, prendre à la fois, ne faire qu'un morceau, qu'une bouchée, vint,

Cobio, onis Gr. Κωβιος, goujon, petit poisson dont on ne fait qu'une bouchée.

Cobium, ii, espèce de Tithimale.

2. Copreas.

Coprea, æ, boufon, bateleur : mauvais plaisant qui s'exprime en termes obscènes. En *Gr.* Κοπρος, *Kopreus*. Ce mot tient au Valdois *Coffe*, sale, qu'on n'oseroit toucher, qu'il faut cacher. Ces mots sont les figurés de la Famille Celtique, Theutone, Orientale, Hébr. חפה, *Haph*, couvrir : Theut. Hof, maison, couvert; d'où le Celte Coeff. François Coffre, & le Latin Cufa, æ, bonnet, chapeau.

3.

De Cap, main. les Grecs formerent Κοπος travail, labeur : 2°. sueur, fatigue ; d'où avec la préposition négative A,

Acopis, Gr. Ακωπις, pierre précieuse tachée de marques d'or; elle dit son nom à la vertu qu'on lui attribuoit de délasser.

Acopus, Gr. Ακωπος, Herbe nommée bois puant. C'est aussi le nom d'un arbrisseau dont parle Dioscoride.

III.

CAV, CAU,

creux.

1. Cavus, a, um, creux, concave, enfoncé, profond.

Cavus, i ; Cavum, i, trou, creux, fosse, enfoncement, concavité.

Cavitas, is, creux, enfoncement.

2°. Caveus, i, pot, vase creux.

Caviæ, arum,
Cavares, ium, } l'intérieur d'une victime, le dedans.
Cavariæ, arum,

3. Cavamen, inis, creux, grand trou.

Cavatio, onis, cavité, creux.

Cavator, is, qui creuse, qui fait un trou.

Cavea, æ, trou dans lequel se nichent les oiseaux ; 2°. boulin de colombier.

Cavædium, ii, cour d'une maison, lieu découvert.

4. Cavaticus, a, um, qui naît ou qui vit dans des trous ; de là :

Cavatica, æ, limaçon, escargot qui vit dans des trous.

5. Cavea, æ, caverne, lieu souterrein, creux & obscur ; 2°. loge, tanière de bête sauvage ; 3°. cage,

creux, antre ; 4°. haie, trou, fossé ; 5°. ruche ; 6°. lieu clos & fermé de tous côtés ; 7°. parterre d'un théatre.

6. Caverna, æ, antre, grotte, creux, souterrein, taniere.

Cavernula, æ ; Cavernacula, æ, petite concavité.

Cavernosus, a, um, qui a des concavités, des conduits, qui est percé intérieurement.

De Cavus, prononcé Cavus, & écrit Cohus, se formerent :

Cohum, i, 1°. le Ciel, à cause de sa forme voutée ; 2°. ce qui attachoit le joug des bœufs au timon de la charrue, & qui étoit creux, comme nous l'apprend Varron lui-même, *Ling. Lat. lib. IV.*

Covinus, i, chariot de guerre armé de faulx.

Covinarius, ii, qui combat sur un chariot armé de faulx ; du Celt. Covin, voiture, voiturer. Cov, creux, qui contient.

Verbe.

Cavo,-are, caver, creuser, faire des creux.

Composés.

Con-Cavus, a, um, creux, qui fait un arc.

Con-Cava, orum, lieux creux, concavités, fosses profondes.

Con-Cavitas, is, vuide d'une chose creuse.

Con-Cavo,-are, creuser, courber en arc, voûter.

Ex-Cavo,-are, creuser, rendre concave.

Ex Cavatio, onis, l'action de creuser.

In-Cavo,-are, creuser, caver.

Sub-Cavo,-are, creuser un peu.

Sub-Cavus, a, um, un peu creux.

Subter-Cavo,-are, creuser par dessous, caver.

II. CAU, prudence, CAUtele.

Les endroits creux sont toujours dangereux, soit par eux-mêmes, soit par les embuscades qu'on y tend : on ne peut donc y marcher sans faire beaucoup d'attention à ses pas, sans être sur ses gardes ; de-là se forma une nouvelle Famille très-remarquable & dont l'origine paroissoit impossible à découvrir. C'est celle de Cautus, précautionné, prudent.

Cautus, a, um, } avisé, prévoyant,
Catus, a, um, } prudent, sage.

2. Adroit, habile, subtil ; 3°. assuré, certain. Aussi dit-on,

Catus, i, un chat, c'est-à-dire, le prudent.

Caté, adroitement, prudemment.

Cautor, is, qui use de prévoyance, qui prend garde.

Cautio, onis, prévoyance ; 2°. assurance, garantie ; 3°. cautionnement, obligation.

Cautela, æ, assurance, sûreté ; *en vieux Fr.* Cautele.

Cauté, Cautim, avec adresse, sagement.

In-Cautus, a, um, inconsidéré, qui ne prend pas garde.

In-Cauté, inconsidérément.

Per-Cautus, a, um, très-circonspect.

Per-Cauté, avec de grandes précautions.

Verbes.

Caveo, vi, Cautum, Cavere, prendre garde, être sur ses gardes ; 2°.

se défier, avoir pour suspect ; 3°. éviter, fuir ; 4°. pourvoir, prendre soin, soigner ; 5°. veiller à, garantir, préserver.

Dis-Caveo,-ere, prendre garde, se précautionner.

Præ-Caveo,-ere, se précautionner par avance, se tenir sur ses gardes.

Præ-Cautus, a, um, à quoi l'on a pourvu, prévu.

Præ-Cautor, is, qui prévoit & prévient les accidens.

Præ-Cautio, onis, précaution.

Re-Cauta, orum, mémoire arrêté.

IV.
CAP, COP,

Boutique, échope, baraque, &c.

De CAP, contenir, se forma la famille CAP, une baraque, une échope, boutique où on vend ; famille commune à nombre de Langues, mais avec des altérations assez considérables pour en avoir fait disparoître jusques ici les rapports.

En Grec KAPé, crèche, étable.

KAPéleion, baraque de vivandier ; 2°. taverne ; 3°. hôtellerie, Auberge, &c.

Les Latins changerent ici l'A en AU, de-là ;

1. Cauro, onis, marchand, fripier, revendeur.

Copa, æ, hôtesse ; 2°. hôtellerie : cabaret : cabaretiere.

Caupona, æ, cabaret, taverne, gargotte.

Cauponula, æ, petite auberge.

Cauponius, a, um, d'hôtellerie.

Cauponaria, æ, metier de cabaretier.

Cauponor,-ari, faire le négoce, trafiquer ; faire le métier d'Aubergiste.

De-là se forma également la Famille du Nord en KAUP, qui signifie trafiquer, commercer, vendre, acheter ; d'où l'All. KAUF, le Flam. KOOP, l'Island. KAUP, le Goth KAUPAN, l'Angl. Sax. CEAPAN, qui tous signifient commercer, trafiquer, vendre, acheter.

L'Anglois en a formé des mots en Chap, Chaff, Cheap.

V.
CAB, prononcé Cib,
nourriture.

De CAB, prendre, se forma la famille CIB, désignant la nourriture qu'on prend pour se soutenir : de-là ces mots :

1. Cibus, i, aliment, viande, mets ; 2°. repas, réfection.

Cibaria, orum, vivres, provisions de bouche, étape, mangeaille, pâture.

Cibarium, ii, aliment, nourriture ; 2°. recoupe de boulanger, ce qui sort du gros son en le repassant.

Cibarius a, um, nourrissant ; propre à la subsistance ; 2°. à bas prix, de peu de prix.

Cibatus, ûs, ce qu'on boit & ce qu'on mange.

Cibo,-are, nourrir, entretenir d'alimens.

2. Ciborium, ii, tasse, gobelet, coupe à boire ; 2°. vase fait de la feuille d'une fève Egyptienne.

Cibalis, e, qui concerne la nourriture.

CIRI-CIDI, æ, mot-à-mot, coupeur de vivres; ce qui signifie au figuré un homme âpre au gain, très-avide de lucre.

VI.

CUB, & avec la nazale CUMB, se coucher : 2°. couver.

De CAB, contenance, capacité, se forma la famille CUB, qui désigna, 1°. la propriété d'être contenu constamment dans un lieu, d'y reposer, d'y être couché ; 2°. tout corps quarré & solide propre à contenir. De-là ces mots :

1. CUBUS, i, cube quarré, qui repose d'une maniere stable & ferme : en *Gr. CUBOS.*

CUBicus, a, um, quarré en tout sens, cubique.

2. CUBO, -are, se coucher, être couché, être au lit; 2°. coucher, reposer ; 3°. se mettre à table ; 4°. être alité, garder le lit. En *Gr.* CUBto, & CUBazo, s'étendre, se coucher.

CUBitum, i, } couche, couchette ;
CUBitus, i, } lit ; 2°. l'action de se
CUBitus, ûs, } coucher ; 3°. la posture d'une personne couchée, & qui est appuyée sur le coude, parce que les anciens Romains mangeoient couchés sur des lits, & s'accoudant sur le chevet afin de se relever à peu-près à la hauteur de la table. 4°. Comme étant couché pour manger on s'accoudoit, on s'appuyoit sur le coude, ce mot a signifié Coude, coudée, l'os du coude.

CUBitalis, e, is, qui a une coudée, haut d'une coudée.

BI-CUBitalis, e, à deux coudées.
SEMI-CUBitus, ûs, demi-coudée.
SEMI-CUBitalis, e, de demi-coudée.

3. CUBital, is, oreiller, coussin, pour s'appuyer sur le coude, ou pour dormir, pour être couché.

CUBito, -are, se coucher souvent.

CUBatio, onis ; CUBatus, ûs, l'action de se coucher, d'être couché, de dormir.

4. CUBile, is, lit, nid, taniere, terrier, bauge.

CUBiculum, i, chambre du lit, chambre où l'on couche.

CUBiculatus, a, um, où il y a des chambres.

CUBicularis, e ; CUBicularius, a, um, de chambre.

CUBicularius, ii, Valet-de-chambre.

COMPOSÉS.

AD-CUBO, -are ; AC-CUBO, bui, bitum, are, être couché auprès, être situé ou placé contre, être joint. 2°. être posé, appuyé, accoudé sur ou contre ; 2°. être couché de son long, tout étendu.

AC-CUBuo, assiduement ; 2°. à la maniere de ceux qui sont couchés.

AC-CUBatio, onis ; AC-CUBitus, ûs, l'action d'être couché, ou assis auprès de quelqu'un, soit à table, ou en quel-qu'autre occasion d'assemblée ; 2°. assiette, position de celui qui est couché.

AC-CUBita, æ ; AC-CUBitum, i, lit de repos, canapé.

AC-CUBitalis, e, coussin, couverture.

AC-CUBitorius, a, um, ce qui concerne le lit de repos.

CON-CUBO, -are, CON-CUMBO, ere, coucher avec.

CON-CUBium,

CON-CUBium, ii, grand silence de la nuit, premier sommeil, tems le plus calme de la nuit, où tout le monde repose; heure ordinaire du coucher.

CON-CUBitor, oris, qui couche avec un autre.

CON-CUBiâ nocte, la nuit étant avancée.

CON-CUBina, æ, concubine.

CON-CUBinatus, ûs, concubinage.

CON-CUBinus, i, jeune débauché ; 2°. qui entretient une concubine.

DE-CUBO,-are, être couché.

DE-CUMBO,-ere, se coucher, être couché; 2°. être assis, couché; 3°. tomber par terre, mourir.

DIS-CUBO,-are, se coucher, se mettre au lit.

DIS-CUBitorius, a, um, sur quoi l'on se couche.

DIS-CUMBO,-ere, se coucher, se mettre au lit, s'aliter; 2°. se coucher sur un lit de table pour manger.

EX-CUBO,-are, coucher dehors, découcher ; 2°. veiller.

EX-CUBatio, onis, veille continuelle, l'action d'être au guet, en sentinelle.

EX-CUBitus, ûs, guet, garde, patrouille, faction.

EX-CUBiæ, arum, ronde, sentinelles qu'on pose, gardes; batteurs d'estrade, cavaliers du guet.

EX-CUBitor, oris, sentinelle, soldat en fonction ; 2°. cavalier qui fait le guet, qui monte la garde.

IN-CUBO,are, se coucher, se répandre sur, être couché sur, couver.

IN-CUBO, onis ; IN-CUBus, i, incube, cochemar.

IN-CUBitio, onis, accroupissement,

Orig. Lat.

IN-CUBitus, ûs,
IN-CUBatio, onis, } l'action de se coucher, l'action de
IN-CUBatus, ûs, couver.

IN-CUBito,-are, couver, être couché dessus.

IN-CUMBO,-ere, être couché sur, être appuyé contre, pencher, s'appliquer, s'attacher.

IN-CUMBA, æ, imposte, pierre du jambage sur laquelle on pose le ceintre de la voûte.

OC-CUMBO,-ere, tomber, cheoir, mourir.

OC-CUBO,-are ; OC-CUBito,-are, être mort, mourir.

OC-CUBitus, ûs, le coucher, la mort.

PRÆ-CUMBO,-ere, se coucher auparavant

PRO-CUMBO,-ere, se coucher, être couché ; 2°. tomber, se renverser ; 3°. être tué ; 4°. pencher.

PRO-CUBO,-are, se coucher, s'incliner, pencher, être courbé.

PRO-CUBitor, is, sentinelle, garde avancée.

RE-CUBO, are, être couché, être étendu tout de son long.

RE-CUBitus, ûs, l'action d'être couché.

RE-CUMBO,-ere, être couché, être étendu de son long; 2°. pencher ; 3°. s'affaisser, baisser ; 4°. être couché à table.

SE-CUBO,-are, coucher seul, ou, à part.

SE-CUBitus, ûs ; SE-CUBatio, onis, l'action de coucher seul, ou, à part.

SUC-CUBA, æ, concubine.

SUC-CUMBO,-ere, tomber dessous, succomber ; 2°. se laisser abattre, céder, manquer de courage.

P

SUPER-CUBO, -are, coucher dessus, être couché dessus.

SUPER-CUBAtio, onis, l'action de se coucher dessus, ou la maniere d'être couché dessus.

VII.
CAB, précédé de S.
SCAB, SCAP, &c.

CAB se fit précéder de la lettre S pour désigner divers objets relatifs aux mêmes idées de tête ou de main, de capacité, de rondeur, d'élévation ; mais dont le rapport étoit un peu plus éloigné : de-là ces mots.

I.

1. SCABinus, i ; SCABincus, i, nom de Magistrature, venu des Peuples du Nord : *mot-à-mot*, qui est à la tête. Nous en avons fait le mot ECHEVIN.

2. SCABillum, i, sonnette ; elle est de forme ronde & creuse comme un vase, &c.

II.

DE CAB, main, se formerent divers mots relatifs à l'action de *gratter*.

1.
SCAB, la galle.

SCAB, la galle ; cette maladie de la peau qui oblige à se gratter, fut désignée très-naturellement par le mot SCAB qui peignoit l'action de passer & de repasser la main. Aussi est-il d'une haute antiquité ; il existe encore en nature chez les Anglois qui appellent la galle SCAB & un galeux SCABBY.

SCABies, ei, galle, rogne, farcin, Déesse de la galle.

SCABiosus, galleux.

SCABO, -ere, gratter, galler.

SCABitudo, SCABredo, SCABres, ei, SCABritia, SCABrities, } galle, croûte qui se forme sur une plaie ; âpreté au toucher.

SCABro, onis, qui a les dents couvertes de carie.

SCABrum, i, âpreté au toucher.

SCABer, ra, rum, galleux, âpre au toucher.

SCABratus, rendu âpre au toucher.

SCABrosus, a, um, âpre, rude.

SCABré, rudement.

2.

De-là vint également le nom de SCOBS, instrument qui sert à gratter, à limer, &c. une lime.

1. SCOBS, bis, SCOBIS, is, SCOBina, æ, } lime : rape ; 2°. limaille, ce qu'on a limé, gratté.

DE-SCOBINO, -are, limer, gratter, érailler, écorcher.

2. SCOMMA, atis, mot commun aux Latins & aux Grecs ; *mot à mot*, qui emporte la piece, qui gratte jusqu'au sang. Raillerie piquante.

3.

De-là vint encore le nom d'un autre instrument à gratter, à frotter, à rendre propre, dont voici la famille encore existante en Languedocien, &c. & qui a fourni quelques mots à la Langue Françoise.

Scoræ, *arum*, balai, ce qui gratte, frotte.

Scoparius, *ii*, balayeur.

Scopo-*are*, Scopo-*ere*; balayer, fustiger, fouetter.

Scopula, *æ*; Scopulæ, *arum*, petit balai.

III.

Scap forma également divers mots relatifs à l'action de soutenir : à la rondeur, à l'idée de creux.

1. S-Capus, *i*, soutien : tel que, 1°. tige, montant ; 2°. fût d'une colonne ; 3°. fléau de balance ; 4°. main de papier ; 5°. verge de la chaîne d'un Tisserand.

2. S-Capulæ, *arum*, épaules, *mot à mot*, petites têtes : soutien de la tête.

S-Capulosus, *a*, *um*, qui a les épaules larges.

S-Capularis, *e*, qui concerne les épaules.

S-Capulo, -*are*, frotter sur les épaules.

S-Capulum, *i*, bâton qu'on porte sur l'épaule.

S-Capularium, *ii*, scapulaire.

S-Capulare, *is*, l'éphod du Grand-Prêtre des Juifs.

3. S-Caphus, *i*, concavité, creux de l'oreille.

S-Capha, *æ*, chaloupe, canot ; 2°. cuillier à pot ; 3°. niche ; 4°. berceau ; 5°. baquet, baignoire ; 6°. bassin quelconque ; 7°. hache ; 8°. supplice de la hache ; 9°. ligature faite à la tête.

S-Caphium, *ii*, gondole, tasse ; 2°. bassin de chaise percée ; 3°. bêche, hoyau ; 4°. crâne.

S-Caphé, *es*, globe horaire creusé.

VIII.

CAP, Fumée.

De CAP, tête, au sens d'élévation, se forma la Famille Grecque Kapnos fumée, *mot-à-mot*, nous, souffle, vapeur ; kap, qui s'élève : elle donna aux Latins les dérivés suivans :

Capnias, *Gr.* Καπνίας, espece de jaspe brun & comme en fumée.

Capnion, Capnos. *Gr.* Καπνός, Fume-terre, plante.

Capnistes, sorte de pierre précieuse.

Capnitis, tutie, fumée minérale qui s'attache à la voûte des fournaises où l'on fond le cuivre rouge avec la calamine pour faire le cuivre jaune ou le laiton.

Acapnus, *Gr.* Ἄκαπνος, qui ne fume point ; qui ne fait point de fumée.

IX.

CAP nazalé, ou
Camp, champ.

En Celte, Camp signifie un terrein cultivé par les mains de l'homme, un champ : il tient donc à l'Oriental כף, *CAPH*, main, monosyllabe qui se nazalant par les peuples d'Occident, suivant leur coutume, fit le mot Camp & produisit cette Famille Latine :

1. Campus, *i*, champ, campagne, plaine ; 2°. étendue quelconque ; 3°. matiere, sujet, occasion.

Campestris, *e*, *is*; Campester, *is*, de la campagne, des Champs, campagnard, qui vit aux champs.

Campanus, *i*,
Camparius, *ii*,
Campas, *æ*,
} Meffier, celui qui garde les fruits de la campagne.

2. Campicurſio, *onis*, exercice de la courſe.

Campeſtre, *is*, caleçon des Athletes, & de ceux qui s'exerçoient.

Cette Famille tient au Theuton KAMPF, combat; *Kœmpfen*, combattre; mots formés également de KAF, la main, qui en ſe naſalant devint CAMP. De-là également nos mots CHAMP, CHAMPION, CAMPAGNE, &c.

X.

CAP, CAF,

Prononcé CAM, COM.

CAP, main, ſe prononça chez les Peuples du Nord CAM, & alors il ſe chargea d'une nouvelle ſignification; il peignit l'action d'une perſonne qui arrange avec ſa main ſa chevelure, qui ſe peigne; & il devint chez ces Peuples le nom de l'inſtrument appellé *Peigne*, qui imite la forme de la main, & qu'on inventa pour ſuppléer à ſon uſage.

En Theuton, KAM, 1°. main; 2°. peigne.

En Grec, *KOMÉ*, *és*, chevelure; *KOMAÓ*, avoir ſoin de ſa chevelure.

De-là cette famille Latine, où CAM devenu COM, déſigna la chevelure & l'action de la peigner, de la parer.

I.

1. Coma, *æ*, chevelure; 2°. perruque; 3°. criniere, jube, tocque; 4°. branches & feuilles des arbres. Ce mot eſt pur Grec.

Como, *is*, *pſi*, *ptum*, *pſum*, *ere*, peigner, ajuſter.

Comoſus, *a*, *um*, chevelu.

Comoſis, *is*, commencement du miel dans le travail des abeilles; 2°. parure.

Comatriæ, *arum*, coëffeuſes.

Comatus, *a*, *um*; Comans, *tis*, chevelu, qui a des cheveux longs & épais.

Comptus, *us*, ajuſtement, parure.

Comatorius, *a*, *um*, qui ſert à coëffer.

COMPOSÉS.

Bi Comis, *e*, qui a des cheveux, du crin des deux côtés.

In-Comatus, *a*, *um*, qui ne porte point de cheveux.

In-Comtus, *a*, *um*, mal ajuſté, mal peigné, mal-propre; 2°. négligé, ſans art.

2. Cometa, *æ*; Cometes, *æ*, Comete.

Pro-coma, *æ*, longue chevelure qu'on laiſſe pendre.

Pro-Comium, *ii*, devant d'une perruque, toupet de cheveux; 2°. toupet de crins.

Proto-Comium, *ii*, auvent.

BINOMES.

Angui-Comus, *i*, qui a pour cheveux des ſerpens.

Acerse-Comes, ſurnom d'Apollon, qui a de grands cheveux: mot à mot, dont les cheveux n'ont pas été raſés: du Grec *Keiro*, tondre, couper.

Arch-ippo-Comus, *i*, Grand Ecuyer: mot à mot, Grand Panſeur des chevaux.

Macro-Comus, *i*, qui a de longs cheveux; du Grec *Makros*, long.

2.

De COMO, peigner, ajuster, approprier, parer, soigner, se forma une nouvelle famille, dont le sens propre s'étant perdu, on en avoit en même-tems perdu l'origine : c'est la suivante.

COMis, e ; il signifia au sens propre, qui est en état de paroître, décent, propre, honnête : & au fig. poli, civil, doux, indulgent, facile.

COMitas, atis, soin exquis, propreté, honnêteté; & au fig. affabilité, complaisance.

IN-COMis, e, rustique, grossier, impoli, mal-propre.

IN-COMitas, atis, négligence de sa personne : grossiéreté.

COMiter, civilement, poliment, honnêtement.

CA, CA,

Mauvais, puant.

CACA est une onomatopée qui peignit les efforts qu'on fait pour aller à la selle, & dont on se servit pour désigner ce qui sent mauvais, & au figuré, le puant, le mauvais, le mal-faisant.

C'est la répétition de la syllabe Ca : CA-CA.

En Grec KAKKA, excrément.
De-là ces mots Latins.

CACo,-are, se décharger le ventre.

CACaturio,-ire, avoir envie de rendre ses excrémens.

CON-CACo,-are, embrener, conchier.

PER-CACo,-are, embrener tout-à-fait.

CACa, æ, la Déesse Caca, sœur du Dieu Cacus.

CACus, personnage ennemi du bon, d'Hercule : le mauvais : l'hyver a t.fig.

CACu-Balum, i, herbe antiscrophuleuse; mot à mot, BAL, qui chasse, CAC, le mal.

2°.

Famille Grecque & Latine.

Les Grecs firent de ce mot, celui de KAKOS, a, on, mauvais, méchant : KAKON, mal. De-là :

CACH-EXia, æ, Grec κακεξια, mauvaise santé ; de εχω, se porter, Kak, mal.

CACH-Ectæ, Gr. κακεκται, ceux qui se portent mal, qui sont mal disposés, infirmes.

CACH-Ecticus, a, um ; CACH-Ectus, a, um, d'un mauvais tempérament.

CACOSITO-TECHNus, a, um, qui s'en impose à soi-même.

CACOETes, is, mauvaise constitution du corps ; 2°. ulcere malin ; 3°. démangeaison de faire quelque chose; du Grec KAKOηϑης, malin.

C,

Suivi de la dentale D, T, & lié avec elle par une voyelle.

La Lettre C désignant la place, la contenance, & se liant avec la touche dentale D, T, dont le son est ferme, sonore, retentissant, élevé, devint la source de diverses familles qui participerent à ces diverses significations.

1. CAD, CAT, COD, COT, désignant la multitude, la grandeur.

2. CAT, CANT, désignant le nombre cent, comme nombre immense.

3. CAD, CAUD, COD, forêt; *mot-à-mot*, multitude d'Arbres.

4. CAD, CAT, CED, CAST, CIST, &c. désignant tout ce qui renferme sûrement & solidement, tout vase, tout lien.

I.
CAT, CET,
Multitude.

CAT, est un mot primitif qui désigna la grandeur, la multitude, l'élévation, & qui a fourni des dérivés à un grand nombre de Langues.

En Celte, COD, montagne: en Grec, KOTTÉ, tête.

Dans l'Orient GAD, troupe; 2°. assez, suffisamment.

En Theuton, HAT, élevé, haut; le C dans cette Langue se changeant sans cesse en H, qui est un son plus doux que C, prononcé en gutturale forte.

En Celte, CAT, CAD, troupe, multitude, Armée; mot existant encore aujourd'hui dans le Gallois.

En Basq. CAUDala, richesses, *mot-à-mot*, amas de biens.

1.

1. CATERVA, æ, multitude, foule; 2°. bande de soldats: de CAT, troupe, & ERF pour ARF, ARM, armes.

CATERVatim, par bandes; 2°. pêle-mêle, en désordre, en foule.

CATERVarius, a, um, qui va par bandes.

2.

CETe, } Baleine; 2°. tout grand
CETus, i, } poisson de mer.

En Grec, KÉTOS.

CETosus, a, um, plein de grands poissons, 2°. de poisson cetacée.

CETarius, ii, marchand, vendeur de marée; 2°. pêcheur de poisson de mer.

CETaria, orum, CETariæ, arum, étangs, réservoirs où l'on nourrit de grands poissons.

CETaceus, a, um, de baleine.

Exo-CÆTus, i, Adonis, poisson de mer.

3.

COTH-URNus, i, cothurne, brodequin, chaussure des Acteurs Tragiques, qui les rehaussoit extrêmement, & leur donnoit une taille colossale, de Héros. 2°. *Au figuré*, style tragique, sublime, guindé. 3°. Esprit changeant.

COTHurnatus, a, um, qui porte le cothurne, chaussé en brodequins; 2°. Comédien.

En Grec Κοθυργος, KOTHurnos: c'est un composé de deux mots Grecs, de KOT, élevé, & de ORNumi, mouvoir.

II.
CAT, CANT.
Cent.

Celles d'entre les Nations Celtiques qui ayant, dans l'origine, assez d'esprit pour compter, voulurent exprimer le nombre qui est composé de dix dixaines, & qui leur paroissoit immense, se servirent pour le désigner du mot CAT, qui signifioit, comme nous venons de le voir, multitude, quantité. De-là le mot Grec,

ÉKATON, HE-KATON, cent ; *mot-à-mot*, il y a multitude. Les Persans le prononcent SAT : il paroît alors tenir au Latin SAT, SATIS, suffisamment, assez ; *mot-à-mot*, la quantité désirée.

Les Latins, toujours disposés au nazalement, comme les Nations Theutones & les Celtes Occidentaux, changèrent KAT en KANT, prononcé & écrit CENTUM. De-là cette famille :

1.

1. CENTUM, cent ou dix dixaines, dix fois un nombre égal aux deux mains ou vingt fois une main ; ce qui sembloit dans l'origine un nombre bien grand.

CENTIES, cent fois.
CENTENUS, a, um, de cent ; cent.
CENTESIMUS, a, um, centième.
CENTESIMO, are, prendre le centième.
CENTESIMA, æ, impôt du centième ; 2°. intérêt d'un pour cent par mois.
CENTENARIUS, a, um, de cent, centenaire.
CENTENARII, orum, caporaux, centurions ; 2°. juges subalternes ; 3°. officiers des juges.

2. CENTURIO, onis, } Capitaine de
CENTURIONUS, i, } cent hommes, Centenier.

CENTURIA, æ, centaine de personnes ; 2°. compagnie de cent hommes ; 3°. deux cent arpens de terre.
CENTURIO, -are, diviser par compagnies de cent hommes ; 2°. enrôler, lever des troupes.
CENTURIONATUS, ûs ; CENTURIATUS, ûs, charge de centenier, de capitaine.
CENTURIATOR, is, qui distribue par centaines.
CENTURIALIS, e, qui concerne une centurie.
CENTURIATIO, onis, distribution par centaines.
CENTURIATIM, par centaines.
3. SUB-CENTURIO, onis, lieutenant, capitaine en second.
SUC-CENTURIO, -are, faire des recrues ; 2°. remplacer, refournir.
SUC-CENTURIATUS, a, um, mis à la place.

2.

1. DU-CENI, æ, a, } Deux cens.
DU-CENTI, æ, a, }

DU-CENTIES, deux cens fois.
DU-CENTESIMUS, a, um, deux centièmes.
DU-CENARIUS, a, um, de deux cens.
DU-CENARIUS, ii, capitaine de deux cens hommes ; 2°. un des deux cens Juges à Rome.

2. TER-CENTUM,
TER-CENTI, æ, a, } Trois cens.
TER-CENTENI, æ, a, }

TER-CENTIES, trois cens fois.
TRI-CENTENI, æ, a,
TRE-CENI, æ, a, } trois cens.
TRE-CENTI, æ, a,
TRE-CENTIES; TRI-CENTIES, trois cens fois.

III.
CAD, CAUD,
Forêt.

CAT, CAD, signifiant multitude, devint naturellement le nom des forêts, des bois & bocages, qui consistent dans un amas immense d'arbres. De-là une famille immense elle-même dans les Langues Celtiques, & qui y a pris cent formes différentes. C'est-là que CAD, CAUD, COD, COED, COAD, COAT, COET, COIT, COIS, COT, CAU, COU, COUD, COUT, CUIT, &c. & autant de variétés, pour le moins, en G, GAD, GOED & en K, &c. & autant en CH, CHAD, CHOID, CHOAD, CHOT, &c. ne sont qu'un seul & même nom, qui signifie BOIS, FORÊT.

Un mot aussi commun chez les Celtes, ne fut pas inconnu dans l'Italie & chez les Latins. Il y exista, comme nous l'avons vû, (*Disc. Prélim.*) dans le nom de divers lieux, & il y forma cette famille :

1.

CAUDinæ *Fauces*, les Fourches ou les Gorges CAUDines ; *mot-à-mot*, couvertes de forêts.

2.

Ce mot pris dans un sens particulier pour bois, souche, tronc, eut ces dérivés :

1. CAUDex, *icis*, 1°. tronc d'arbres, tige, brin, souche ; 2°. assemblage d'ais attachés, tablettes ; 3°. *au figuré*, un homme stupide, lourd, une souche, une buche.

CAUDinus, *a*, *um*, fait d'un tronc d'arbre.

CAUDicalis, *e* ; CAUDeus, *a*, *um*, de tronc, de souche, de tige.

CAUDicarius, *a*, *um*, fait de grosses pièce de bois.

2. CAUDeæ, *arum*, petit panier de jonc ou de crin.

3. CAUDa, *æ*, tige de jonc, de roseau ; 2°. queue.

4. CODetum, *i*, champ en friche, parce qu'il est couvert de buissons, d'arbres, de souches, &c.

3.

CODex, *icis*, tronc d'arbre, tige ; 2°. tablettes à écrire, faites dans l'origine avec des feuilles de bois très-mince ; 3°. CODE, ou recueil de Loix écrites sur des feuilles de bois.

CODicilli, *orum*, mémoires, tablettes ; 2°. brevet, Lettres-Patentes ; 3°. Codicilles.

CODicarius, *a*, *um*, qui est fait de planches, de troncs d'arbres, barques, canots.

CODium, *ii*, tête, tige de pavot ; 2°. laitue, plante dont la tige est haute ; 3°. peau avec le poil.

CODo, *is*, la peau crue d'un animal ; ce qui sert à le contenir, à l'envelopper.

Ex-CODico, *-are*, couper la tige.

IV.

1. CAD, CAT,

Vase.

CAD, CAT, nuancé en CAS, CAST, CEST, CIST, COD, CUT, &c. fut un mot primitif qui désigna les objets propres à contenir, à envelopper,

lopper, à couvrir. De-là ces familles Latines.

1.

CADus, *i*, en Grec KADOS, en Hébr. כד, KAD, CAD, tonneau, pipe, baril : CAQue, qui en est une altération. 2°. Grand vase de terre ; en Hébreu, mesure contenant trois boisseaux.

CADiscus, *i*, petite boëte ; 2°. scrutin.

CADurcum, *i*, 1°. toile de lin, voile, couverture ; 2°. tente, dais ; 3. seau, tuyau d'une gouttiere ; 4°. auvent ; 5°. matelas, lit, lit conjugal ; 6°. la ville de Cahors.

CADurcus, *a, um*, ce qui regarde les couvertures ou les housses de lit.

2.

CATinus, *i*, plat, écuelle.

CATillus, *i*, petit plat, petit bassin.

CATilla, *æ*; CATillo, *onis*, homme ou femme friande, qui aiment à lécher les plats ; qui cherchent la bonne chere.

CATillo, *-are*, aimer la bonne chere ; mot-à-mot, lécher les plats.

3.

Famille Grecque, où CAT est précédé d'un A.

A-CATO-PHORum, *i*, en Gr. Ακατο-φορον, mot à mot, vase portatif, pot, cruche, broc.

A-CATium, *ii*, Gr. Ακατιον, petit navire ; 2°. fiole en forme de navire.

4.

1. CASsis, *idis*,⎫ casque, armure de
   CASsida, *æ*, ⎭ tête.
2. CASsita, *æ*, alouette hupée, qui a comme un casque.

Orig. Lat.

3. QUAsillus ; QUAsillum, panier, corbeille.

QUAsillaria, *æ*, servante à qui on donnoit de la laine dans une corbeille par mesure, pour le travail de la journée.

QUALLus, *i*, QUALum, *i*, panier ; diminutif de *Quasillus*.

4. CAssidilis, *is*, sac à poche, bourse.
5. CAssis, *is*, rets, filet, panneau.

CAssiculus, *i*, CAssiculum, *i*, petit filet, toile de chasseur.

3.

Famille Latine-Grecque.

Si jamais un mot a dû paroître propre aux Grecs, c'est celui de KAIÓ, brûler : en effet, il n'appartient sous cette forme à aucune Langue quelconque : mais c'est un mot dénaturé, & qui s'est isolé en s'altérant. Ici, la voyelle I a pris la place de U, prononcé Y ; aussi, tous les tems primitifs de ce verbe s'écrivent & se prononcent autrement.

Le Futur est KAUSÓ, le Prét. KE-KAUKA ; tous les noms sont en KAUS : *Kausis*, brûlure ; *Kaustis*, temps de la moisson, ou Eté, &c.

Dès lors, c'est une famille Celtique ; CAUD, CAWD, CODD EGOS, EGOTZI, dans les divers Dialectes Celtiques, signifiant feu au sens propre, & colere au sens figuré.

En Gallois, CAWDD, 1°. feu ; 2°. colere, indignation ; 3°. choc, combat.

GODDaith, brûlure, flamme, incendie.

GODDeithio, brûler, embraser.

En Basq. E-Gosia, cuisson.

Q

E-Gotzi, se livrer à son feu, s'emporter.

En Bas-Bret. Caudedd, désir ardent, brûlant : de-là l'Italien S-Cottare, brûler, échauder.

Scottatura, brûlure.

En Bas-Norm. Caudict, feu de joie.

De-là cette Famille :

1. Cauma, *tis*, grande chaleur.

2. Causia, *æ*, chapeau à grand bord contre l'ardeur du soleil; chapeau royal, chapeau de Cardinal.

Causiatus, *a, um*, couvert d'un chapeau.

3. Causon, *onis*, fièvre chaude.

Causticus, *a, um*, brûlant, caustique.

Cauter, *is*; Cauterium, *ii*, cautère, remède brûlant; 2°. fer brûlant pour imprimer quelque chose; 3°. pierre infernale; 4°. plaie faite par ce remède; 5°. instrument de Peintre-Emailleur.

Cauterizo, *-are*, imprimer avec un fer chaud; apliquer un cautère.

COMPOSÉS.

En-Caustus, *a, um*, } émaillé, vernissé.
En-Chaustus, *a, um*, }

En-Caustum, *i*, émail, vernis; 2°. encre couleur de pourpre.

En-Caustes, *æ*, Emailleur, Peintre en émail.

En-Causticus, *a, um*, d'émail.

En-Caustica, *æ*; En-Caustice, *es*, l'Art de peindre en émail ou d'émailler; 2°. l'Art de graver à l'eau forte.

Hypo Causis, *is*; Hypo-Caustum, *i*, poêle, étuve, fourneau.

Holo-Caustum, *i*; Holo-Cautomatum, *i*, holocauste, sacrifice de toute la victime.

II.

1. CAT,

Chaîne à anneaux.

De Cat, lien, filet, se forma le Celte Cat; le Theut. Kette; le Franc Ketin, chaîne, lien composé d'anneaux engagés les uns dans les autres : de-là cette famille Latine:

Catena, *æ*, chaîne, attache; 2°. tirant.

Catella, *æ*; Catenula, *æ*, chaînette, petite chaîne.

Catenæ, *arum*, ceps, fers, menottes.

Cateno, *-are*, enchaîner, attacher, garotter.

Catenatus, *a, um*, enchaîné, garotté, esclave.

Catenarius, *a, um*, de chaîne.

Catenatio, *onis*, assemblage, liaison.

Con-Catenatus, *a, um*, mis aux fers.

Con-Catenatio, *onis*, enchaînement.

In-Cateno, *-are*, enchaîner.

2. CAT, prononcé
CET, CID.

1. Cetra, *æ*, bouclier couvert de cuir.

Cetratus, *a, um*, qui porte un bouclier couvert de cuir.

2. Cidarum, *i*, bâtiment de mer.

Cidaris, *is*, Tiare, diadème : turban.

III.

De Cad, couvrir, envelopper, se formerent l'Hébreu בסה, *Kase*, couvrir : כסא, *Kasa*, siége, trône.

Le Celte Cas, demeure, étui, cage, caisse.

Le Theuton Kasa, case, cabane, &c. De-là ces mots Latins:

1. Casa, *æ*, cabane, maisonnette; *dans l'origine*, maison.

Casarius, *ii*, qui garde la maison.

Casina, *æ*, celle qui garde la maison,

qui en a foin : fille ou femme-de-chambre.

CAsula, æ, petite maifon, hute ; 2°. loge ; 3°. chafuble.

2 De CAS, 1°. loge, logement ; 2°. où on met en forme, vint CAseus, fromage ; en Allemand KÆss : en Anglois Cheese, parce que le fromage n'eft autre chofe que du lait épais mis dans des formes ou des cafes ; auffi eft-il appellé *Formaggio* en Italien, & *Fromage* en François.

CAséus, ei ; CAseum, ei, lait mis dans des cafes & devenu fromage.

CAsearius, a, um, de fromage ; 2°. qui fait ou qui vend du fromage.

CAsearia, æ, boutique où on vend les fromages ; lieu où l'on fait fécher ou affiner les fromages.

CAseale, is, Chaziere, Chazeret, forme à faire des fromages ; 2°. laiterie, lieu où on fait & où l'on ferre les fromages.

IV.

CAD devenu CAST.

De CAD, CAS, fe forma CAST, enceinte ; d'où ces familles Latines :

1. CAstanea, æ, châtaigne ; 2°. châtaignier : mot que mal à-propos on dérivoit de quelques Villes appellées CAstanea, qui durent plutôt elles-mêmes leur nom à ce fruit abondant dans leur territoire.

CAstaneum, i, une châtaigneraie, bois de châtaigniers.

CAstaneus, de châtaigne.

2. CAstellum, i, château, autre fois *Chaftel* & *Caftel*, forterefle, Citadelle ; 2°. Château d'eau, réfervoir.

CAstellanus, ni, qui demeure dans un château ; 2°. qui eft fous la protection d'un château ; 3°. châtelain : adj. de château, Gouverneur d'un château.

CAstellarius, chargé de conduire, de veiller ; Infpecteur, Garde.

CAstellatim, de château en château ; 2°. par morceaux, par tas ; 3°. par bandes, par pelotons.

CAstellamentum, i, fervice dans un repas en forme de pyramide.

CAsteria, æ, endroit d'une galere où on ferre les rames.

IN-CAstro, -are, emboîter, affembler.

IN-CAstratura, æ, affemblage, emboîtement.

3. CAstrum, i, Château, Fort ; 2°. Redoute, retranchement.

CAstra, trorum, tente ; 2°. campemens, pofte ; 3°. camp, fort, retranchement.

CAstra-METatio, action de tracer, de marquer un camp.

CAstra-METor, atus fum, ari, prendre les mefures, les dimenfions d'un camp, l'aligner : en diftribuer le terrain.

CAstra-METans, Ingénieur ; 2°. Maréchal de Camp : des Logis.

CAstrensis, du Camp, qui concerne le Camp.

PRo-CEstrium, ii, ouvrage avancé qui couvre la tête d'un camp ; 2°. antichambre, veftibule.

4. CAstor, *Grec*, Κάϛωρ, caftor, biévre, animal qui fe bâtit des cabanes dans l'eau.

C'eft donc à cette induftrie qu'il doit fon nom, dont l'origine étoit abfolument inconnue, & fur laquelle on ne contoit que des fables.

CASTOREUS, *a*, *um*, de castor.
CASTOREUM, *ei* ; -*rea*, *orum*, testicules de castor ; 2°. chant de guerre, à l'honneur sans doute de Castor & Pollux.

V.
CAST devenu CÆST.

CÆSTUS, gantelet garni de plomb, dont les Athlètes se servoient pour les combats ; 2°. ceinture de femme ; 3°. fouet de lanieres de cuir, garnies de plomb par le bout.

CESTILLUS, *i*, } bourrelet, mis sur la
CESTICULUS, *i*, } tête pour porter un
CESTICILLUS, *i*, } fardeau.

VI.
CAS, CAST, habit.

CAS, enveloppe, couverture, &c. servit en toute Langue à exprimer les habits.

En Egypt. & dans l'Orient, CAS désigna un habit ; CASé, se couvrir, s'habiller.

En Theuton, KASAK, un habit, une Casaque ; KASEL, un habit sacerdotal.

Les Grecs en firent KESTOS, *Cestus*, ceinture de Vénus, petit tablier qui enveloppoit le milieu du corps.

De-là ces mots Latins :

1. CASTULA, *æ*, habillement de jeune fille pour le milieu du corps, jupon, tablier.

2. CESTUS, *i*, ceinture en général ; 2°. ceinture que le mari donnoit à l'épouse le premier jour de ses nôces.

3. CASTUS, *a*, *um* : ce mot signifie en Latin CHASTE, pur, modeste, dévot : mais chaste, dévot, &c. sont des idées morales & figurées. Quel en est le sens propre ? Quoiqu'inconnu jusqu'ici, il est aisé de le retrouver, en voyant que CASTUS signifie *Modeste*, & qu'il tient à la famille CAST, habit, jupe.

C'est, *mot à mot*, la qualité d'une personne remplie de modestie & qui s'habille toujours décemment, couvrant ce qu'il seroit immodeste de laisser à découvert.

Cette pureté physique, symbole de la pureté morale, est devenue le nom même de celle-ci : de-là CASTUS, CHASTE, celui qui s'éloigne de toute action immodeste, & qui ne découvre pas ce qui ne doit pas l'être.

CASTITAS, *atis*,
CASTITUDO, *onis*, } chasteté, innocen-
CASTIMONIUM, *ii*, } ce, pureté.
CASTIMONIA, *æ*,

CASTÉ, purement, avec pudeur.
CASTIFICUS, *a*, *um*, qui rend chaste.
CASTA-MOLA, *æ*, sacrifice des Vestales.
CASTUS, *ûs*, cérémonie de Religieuse.
CASTUM, *i*, tems de mortification, de continence.

4. IN-CASTITAS, *is*, défaut de chasteté.
IN-CESTUS, *ûs* ; IN-CESTUM, *i*, inceste, crime contre l'ordre de la société.
IN-CESTUS, *a*, *um*, incestueux ; 2°. impur, souillé.
IN-CESTÉ, par un inceste ; 2o. impurement.
IN-CESTO,-*are*, commettre un inceste ; 2°. souiller.

In-Cesti-vicus, a, um, incestueux.

5. Castigo, -are, mot-à-mot, rendre chaste : de Ago, faire : & de Cast, ce verbe signifie châtier, reprendre, faire une mercuriale ; 2°. polir ; 3°. tempérer, modérer.

Castigator, is, qui punit, qui réprimande, qui modère, critique, censeur.

Castigatio, onis, punition, peine ; 2°. mercuriale, reproche.

Castigatè, correctement.

Castigabilis, e, punissable, qui mérite châtiment.

Castigatorius, a, um, qui sert à châtier, à punir.

Con-Castigo, -are, punir ensemble.

In Castigatus, a, um, qui n'est pas puni.

VII.

CAST devenu CIST.

Cast devint Cist, pour désigner un coffre, une corbeille.

En Theuton KIST, en Angl. CHEST. De-là cette famille Latine :

1. Cista, panier, manne, corbeille ; 2°. coffre pour le scrutin ; 3°. scrutin.

Cistella, æ, petit panier.

Cistellula, æ, coffre, cassette, boëte.

Cistellarius, a, um, qui porte un petit panier.

Cistellatrix, icis, mot à mot, celle qui a soin des boëtes à essences : Dame d'atours ; 2°. suivante, 3°. fille ou femme de chambre.

Cisti-Fer, a, um,
Cisti-Ger, a, um, } qui porte un panier.
Cisto-Phorus, i,

Ce dernier mot désignoit aussi une monnoye sur laquelle étoit représenté un homme portant un panier.

2. Cisterna, æ, citerne : réservoir d'eau de pluie.

Cisterninus, a, um, de citerne.

3. Cistis, i ; Cissarum, i, 1°. vessie ; 2°. noyau d'olive ; 3°. arbrisseau portant des fruits à cosse, ou à enveloppe creuse.

4. Cisium, ii, chaise de poste, chaise roulante : chariot : soufflet : coche.

Cisiarius, qui mène un coche, une voiture.

5. Costa, côte. Les côtes enveloppent le corps & l'encaissent.

Costatus, a, um, qui a des côtes.

Inter-Costacus, a, um, entre les côtes.

VIII.

CAT, devenu COT, CUT, HUT, Peau.

Cat, enveloppe, devint Cut dans les Langues Celtiques du Midi, & Hot, Haut, Hut, dans celles du Nord, pour désigner l'enveloppe du corps humain, la peau : de-là ces mots, qui tous signifient *peau*.

Allem. Haut : Franc Hut.

Dan. Suéd. Isl. Hud ; Flam. Huid ; Anglo-Sax. Hyd ; Angl. Hide ; Celt. Cot, Cut ; d'où ces mots Latins :

Cutis, is, (f.), écorce ; 2°. peau ; 3°. cuir : *mot-à-mot*, ce qui enveloppe.

Cut-icula, æ, petite peau.

Cut-icularis, e, de la peau.

Inter-Cos, tis, entre cuir & chair.

Re-Cutitus, a, um, circoncis ; 2°. écorché.

Sub-Cutaneus, a, um ; Subter-Cutaneus, a, um, qui est sous la peau, entre cuir & chair.

FAMILLE GRECQUE.

1. Cotyla, æ ; Cotula, æ, chopine, Hémine.
2. Cotyledon, onis, orifice des veines & des arteres.
3. Codones, num, Gr. Χωδων, sonnette, grelot.

Codon-phorus, qui porte des sonnettes, des grelots ; 2°. crieur d'enterremens.

Chytra, æ, pot, marmite ; 2°. baiser donné en tenant par les oreilles.

Chytrinda, æ, pot au noir ; Colin-Maillard.

Chytro-Pus, odis,
Chytro-Poda, æ, } pot à trois pieds ;
Chytro-Podium, ii, } 2°. trépié.

VIII.
CAT, CUT, devenu SCUT.

Cat, Cut, se faisant précéder de la sislante, forma deux autres familles Latines.

1. S-Cuta, æ, plat.

S-Cutella, æ ; S-Cutula, æ, écuelle, 2°. petit plat ; quarré long ; 3°. rouleau ; 4°. écusson ; piéce d'écorce qu'on leve pour enter un arbre en écusson.

Scutra, æ ; Scutrum, i, bassin creux.

Scutula operta, orum, les omoplates.

S-Cutulatus, a, um, tissu à mailles, à rezeau, à petits quarreaux.

Scutale, is, fond de la fronde, ouvrage à rezeau.

2. S-Cutus, i,   } bouclier long, écu ;
S-Cutum, i,   } parce qu'il étoit
S-Cutulum, i, } fait de cuir ; en Grec Skutos.

S-Cutarius, ii, qui fait des boucliers, des écus.

S-Cutarius, a, um, qui concerne les boucliers.

S-Cutatus, a, um, armé d'un bouclier, qui se couvre d'un écu.

S-Cuti-Gerulus, a, um, qui porte le bouclier de son maitre.

C,

Suivi de la Sislante avec laquelle elle est unie par une voyelle ;

ou

CAS, CES, CIS, &c.

Chûte.

La Lettre C, ou la syllabe Ca, désignant la place, comme nous l'avons déjà vû, & se faisant suivre de la touche sislante qui marque l'éloignement, la fuite, devint le nom, le signe, le caractere simple & naturel de tout objet qui change de place avec effort, qui tombe, qui s'abat, qu'on renverse, qu'on casse, qu'on brise, qu'on taille.

De-là, une multitude de Familles en toutes Langues, & sur tout en Latin : mais pour les reconnoître, observons que comme la lettre S se change naturellement dans la dentale D & T, les verbes Latins des familles dont il s'agit ici, & dont les prétérits & les participes passés sont composés de la lettre S, la changent en D dans les présens, tems fort postérieurs aux prétérits, comme nous l'avons fait voir dans la *Grammaire Universelle & Comparative*.

On peut donc ranger toutes ces Familles sous ces Classes générales :

1. Casus, chûte.
2. Cado, partic. Casus, tomber ; 2°. arriver.
3. Cedo, part. Cessus, tomber dessous ; 2°. céder, se retirer, faire place.
4. Cesso, discontinuer, se retirer de ce qu'on faisoit.
5. Cædo, part. Cæsus, faire tomber, abattre ; 2°. tailler, rogner.
6. Castro, couper, retrancher.
7. Cudo, part. Cusus, battre, frapper ; 2°. forger, faire tomber les parties étrangeres aux formes qu'on veut donner : leur faire changer de forme, de figure, &c.
8. Scindo, part. Scissus, couper, tailler, rompre, fendre.
9. Quasso, Quatio, part. Quassus, renverser, ébranler, secouer.

I.

CAS,
CAD, CAT,
Chûte.

1. Casus, ûs, chûte ; 2°. accident, disgrace ; 3°. danger, péril ; 4°. aventure, hazard, occasion ; 5°. faute, mauvais pas ; 6°. sort, risque, succès ; 7°. cas, variation d'un nom.

Cado, is, cecidi ; Casum, dere, tomber, cheoir ; 2°. mourir, tomber mort ; 3°. s'abattre, se décourager ; 4°. arriver, échoir ; 5°. être réduit ; 6°. finir, se terminer ; 7°. avoir du succès, réussir ; 8°. convenir, être bien séant ; 9°. s'appaiser.

Cadivus, a, um, qui tombe aisément, de soi-même.

Caducus, a, um, prêt à tomber, qui ne peut se soutenir ; 2°. périssable, de peu de durée, qui menace ruine ; 3°. vacant, tombant en aubaine ; 4°. épileptique, caduc.

Caducarius, a, um, qui tombe du haut mal ; 2°. de main-morte qui est sans héritier ; 3°. celui qui devient l'héritier d'une personne, qui n'en a point.

Caduciter, précipitamment, avec promptitude.

2. Cadaver, is, cadavre, m. im. corps qui tombe, qui ne peut plus se soutenir, qui tombe en ruine.

Cadaverosus, a, um, de cadavre, de mort.

3. Caso, -are, } chanceler, tomber.
   Casito, -are, }

Casabundus, a, um, qui chancele, qui bronche à chaque pas.

4. Cascus, a, um, vieux, ancien, qui tombe, qui va tomber, qui est usé.

Composés.

Ac-Cidens, tis, cas, forfait, chose imprévue ; 2°. infortune, malheur, circonstance.

Ac-Cidentia, æ, aventure, chance. Plinius.

Ac-Cidentalis, e, accidentel.

Ac-Cidentaliter, fortuitement, par hazard.

Ad-Cido, -ere, tomber.

Con-Cido, -ere, tomber, se détruire, s'abattre, périr ; 2°. tomber en défaillance ; 3°. mourir.

DE-CIDO,-ere, tomber, cheoir, déchoir.
DE CIDUUS, a, um, sur le point de tomber, d'être renversé.
EX-CIDO,-ere, tomber, échapper.
IN-CASURUS, a, um, qui arrivera.
IN CIDO, -ere, tomber dedans, dessus.

OC-CIDO, dis, cidi, casum, ere, tomber, cheoir ; 2°. tomber mort, être tué, se coucher.
OC-CASIO, onis, temps favorable, rencontre, moyen, prétexte, sujet ; 2°. occurrence.
OC-CASO, is-ere, tomber, périr.
OC-CASIuncula, æ, petite occasion.
OC-CASUS, ûs, coucher du soleil, occident, mort, chûte.
OC-CASIONalis, e, occasionel.

CID.

OC-CIDuus, a, um, caduc, prêt à tomber ; 2°. qui se couche ; 3°. occidental.
OC-CIDualis ; OC-CIDentalis, e, du couchant, de l'Ouest.
OC-CIDens,tis, couchant ; 2°. mourant, qui meurt, qui s'éteint ; 3°. ouest, couchant.
OC-CIDium, ii, ruine, renversement.
IN-OC-CIDuus, a, um, qui ne se couche point
PRÆ-OC-CIDO,-ere, se coucher auparavant.
PRÆ-CISUS, a, um, concis, abrégé, succint.
PRÆ-CISUM, i, fraise de veau.
PRÆ-CISIO, onis, coupure, rognure ; 2°. précision.
PRÆ-CISÉ, en retranchant ; 2°. positivement, nettement ; 3°. en peu de mots, séchement, à la rigueur.
COM PRÆ-CIDO,-ere, s'entrecouper.
PRO-CIDO, -ere, tomber en avant.
PRO-CIDuus, a, um, qui tombe, qui descend.

PRO-CIDentia, æ, chûte du fondement, descente des boyaux.
RE-CASUrus, a, um, qui retombera.
RE-CIDO, -ere, retomber, faire une chûte ; 2°. être réduit.
RE-CIDivus, a, um, qui renaît, qui se renouvelle ; 2°. qui se retire, qui se rétablit ; 2°. qui retombe.
SUC-CIDO,-ere, tomber, cheoir dessus.
SUC-CIDuus, a, um, qui tombe facilement.
SUPER-CADO,-ere ; SUPER-CIDO,-ere, tomber dessus. Bible.
SUPER-IN-CIDO,-ere, tomber par-dessus.

II.
CESS, CED,

Tomber dessous : se retirer.

De CASUS, chûte, se forma le verbe,

CEDO, CESSI, CESSUM, CEDERE, qui signifie ; 1°. tomber dessous ; succomber sous les efforts d'un autre.

A cette signification physique, s'en joignirent d'autres liées à celle-là par de légères nuances : ainsi ce verbe signifie encore ;

2°. S'enfuir, céder la place, se reculer ; 3°. quitter, céder, transporter une chose en général ; 4°. s'en aller ; 5°. ne disputer pas, céder dans la dispute ; 6°. réussir, arriver ; 7°. écheoir ; 8°. revenir.

CEDE, à l'Impérat. Dites, parlez, donnez.
CESSim, à reculons, à rebours, en arriere.
CESSio, onis, transport, abandonnement, aliénation.

CESPES,

CESPES, itis, gazon, herbe sur laquelle on marche, qu'on foule aux pieds, dont on fait pancher la tête avec les pieds en marchant.

CESPITIUS, a, um, de gazon.

CESPITO,-are, broncher, être sur le point de tomber; de CES ou CASUS, chûte, & de PES, le pied.

CES-PITUOR, is, qui bronche, qui chancele.

COMPOSÉS.

ABS-CEDO,-ere, se retirer, s'écarter, reculer; 2°. se changer en abscès, aposthumer.

ABS-CESSIO, onis; ABS-CESSUS, ûs, départ, sortie, retraite; 2°. aposthume.

ABS-CEDENTIA, ium, éloignement, lointain; 2°. ce qui se forme en abscès.

AC-CEDO,-ere, venir, arriver, approcher, aborder quelqu'un; 2°. s'adonner, entreprendre; 3°. s'accommoder, s'accorder, se rendre; 4. être semblable, être conforme.

AC-CESSA, æ, & RE-CESSA, æ, le flux & reflux, haute & basse marée.

AC-CESSIO, onis, arrivée, allée & venue, accès; 2°. surcroît, augmentation, accroissement, surplus, accessoire; 3°. ce qu'on donne au-delà du prix convenu, le vin, les épingles; 4°. garant, caution; 5°. gages, assurances.

AC-CESSOR, is, qui vient, qui approche; 2°. celui qui ne fait que partie.

AC-CESSUS, ûs, arrivée, venue, approche; 2°. accès, entrée.

IN-AC-CESSUS, a, um; IN-AC-CESSIBILIS, e; dont ne peut approcher.

CO-AC-CEDO,-ere, s'aprocher ensemble, ajouter.

ANTE-CEDO, -ere, précéder, marcher à la tête, prendre les devans; 2°. surpasser.

ANTE-CESSUS, ûs, anticipation, avance.

ANTE-CESSIO, onis, ce qui excede, ce qui surpasse; 2°. préface, prologue, préambule.

ANTE-CESSOR, is, prédécesseur; 2°. professeur, maître en Droit.

ANTE-CESSORES, um, avant-coureurs, batteurs d'estrade, fourriers, ingénieurs, espions.

CON-CEDO,-ere, s'en aller, se retirer, se réfugier; 2°. céder, donner, déférer, vouloir bien, permettre; 3°. quitter, relâcher, remettre de son droit; 4°. pardonner; 5°. mourir.

CON-CESSIO, onis, consentement, permission, congé, tolérance.

CON-CESSUS, ûs, permission, privilége, faveur, grace.

CON-CESSUM, i, chose permise, accordée, consentie.

IN-CON-CESSUS, a, um, qui n'a pas été accordé, qu'on ne possede pas.

DE-CEDO, -ere, sortir, se retirer, quitter la place, abandonner; 2°. diminuer, décroître; 3°. déférer; 4°. relâcher; 5°. fuir, éviter l'approche; 6°. mourir.

DE-CESSUS, ûs; DE-CESSIO, onis, départ, sortie; 2°. déchet, diminution.

DE-CESSOR, is, prédécesseur, qui cède sa place à un autre.

DIS-CEDO,-ere, partir, s'en aller, se retirer, s'éloigner, s'écarter, se fendre, s'entr'ouvrir.

DIS-CESSUS, ûs, départ, séparation, éloignement.

DIS-CESSIO, onis, divorce, division; 2°. discorde, dissension; 3°. l'action d'aller aux opinions.

Orig. Lat. R

Ex-Cedo, -ere, sortir, se retirer; 2°. passer, aller au-delà; 3°. mourir.

Ex-Cessus, ûs, départ, sortie; 2°. mort, décès; 3°. excès.

In-Cedo, -ere, marcher, aller, venir.

In-Cessus, ûs, démarche, allure, manière de marcher.

In-Cesso, is, ssivi, & ssi, itum, ere, survenir, être sur le point d'arriver; 2°. attaquer, poursuivre; 3°. se saisir, s'emparer.

In-Cessor, is, voleur, brigand.

In-Cessio, onis, poursuite.

Intro-Cedo, -ere, entrer, tomber au-dedans.

Oc-Cedo, -ere, aller au-devant.

Præ-Cedo, -ere, précéder, aller devant; 2°. surpasser, aller au-dessus.

Præ-Cessor, oris, qui commande aux autres.

Pro-Cedo, -ere, s'avancer, aller au-delà, passer outre, marcher plus avant; 2°. marcher, sortir; 3°. avancer, prospérer, réussir; 4°. procéder; 5°. paroître.

Pro-Cedentia, orum, apophises des os, excroissances.

Pro-Cessio, onis; Pro-Cessus, ûs, l'action de s'avancer, d'aller en avant; 2°. progrès, profit; 3°. avance, saillie.

Re-Cedo, -ere, reculer, s'éloigner, se retirer, retourner en arrière, s'en aller.

Re-Cessus, ûs, éloignement, retraite; 2°. l'action de se retirer, solitude, lieu retiré; 4°. enfoncement; 5°. détour.

Re-Cessio, onis, lointain; 2°. retraite dans les colonnes.

Re-Cessim, en se reculant, à reculons.

Retro-Cedo, -ere, reculer, se retirer.

Retro-Cessio, onis; Retro-Cessus, ûs, l'action de reculer.

Se-Cedo, -ere, se retirer, s'écarter, s'éloigner.

Se-Cessus, ûs, lieu écarté, retraite, lieu à l'écart.

Se-Cessio, onis, l'action de se retirer, de se séparer, retraite, séparation.

Suc-Cedo, -ere, entrer dedans; 2°. prendre la place; 3°. être substitué, subrogé; 4°. réussir, avoir du succès; 5°. écheoir, arriver.

Suc-Cedaneus, a, um; Suc-Cidaneus, a, um, qu'on met à la place, qu'on substitue.

Suc-Cessum, i, Suc Cessus, ûs, succès, événement, réussite, approche.

Suc-Cessor, is, qui succede.

Suc-Cessa, orum, bonne fortune.

Suc-Cessio, onis, l'action de succéder, succession.

Suc-Cessivus, a, um, successif.

Suc-Cessivè, successivement.

III.

CES.

Cesso, -are, discontinuer, se relâcher; 2°. être oisif, se reposer.

Cessator, is, paresseux, négligent.

Cessatio, onis, cesse, relâche, repos; 2°. oisiveté, paresse.

Cessata, orum, guérets, jacheres.

Con-Cesso, -are, discontinuer, interrompre.

Con-Cessatio, onis, interruption, pause; 2°. inaction, inertie.

In-Cessabilis, e, continuel, perpétuel.

IV.

Cæs-Aries, ei, chevelure, cheveux longs.

On croyoit que ce mot venoit

de Cæsus, coupé; mais c'étoit contredire la nature même de la chose dont on vouloit expliquer le mot. Ce mot est composé de Cæ-sus, tombant, abbattu, flottant, & de Ar, Har, cheveu, mot Theuton, Celte, &c. existant dans notre mot Haire.

Cæs-Ariatus, a, um, qui porte une longue chevelure.

2. Catadictum, i, dit avec esprit; bon mot qui pique; pointe.

3. Catax, cis, boiteux, qui tombe sur un côté.

Cateia, æ, javelot, qui perce, qui fait tomber.

4. Cicatrix, cis, cicatrice, marque d'une plaie après sa guérison.

Cicatricula, æ, petite cicatrice.

Cicatricosus, a, um, couvert de cicatrices.

Cicatrico, -are, fermer une plaie.

V.
CÆS,
Faire tomber, abattre.

1.

1. Cæd-o, is, cecidi, Cæsum, dere, abattre, faire tomber, mettre à bas, faire mourir; 2°. tailler, fendre, couper; 3°. battre, maltraiter; 4°. partager, diviser; 5°. graver, tailler; 6°. égorger, massacrer; 7°. vendre à l'encan; en Hébreu גזז, Gazz, couper, tondre, tailler.

Cædes, is, carnage, boucherie, tuerie, meurtre.

Cæduus, a, um, qu'on taille, qu'on fend.

2. Cæsa, æ, section d'un discours; 2°. taillade; 3°. gaze; 4°. arme taillante, ou sabre des Gaulois.

Cæsalis, e, de partage.

Cæsar, is; Cæso, onis; celui qui est venu au monde par une incision faite au ventre de sa mere. Ce fut le surnom de la famille des Jules à Rome.

Cæsareus, a, um; Cæsarianus, a, um, de César.

Cæsim, du tranchant, de taille.

Cæsio, onis, taille, coupe.

3. Cæsitius, a, um, découpé, effilé.

Cæsitium, ii, linge blanc de lessive.

Cæsus, a, um, taillé, incisé, égorgé.

Cæsura, æ, taillade, balaffre, estafilade; 2°. hoche, en taille; 3°. membre d'une période, d'un vers; 4°. hémistiche.

Cæsuratim, d'un style coupé.

COMPOSÉS.

Abs-Cido, -ere, trancher, tailler, éloigner.

Abs-Cisé, précisément.

Abs-Cisio, onis, retranchement.

Ac-Cido, -ere, faire abattre, faire tomber; 2°. couper, tondre, rogner; 3°. affoiblir, persécuter, détruire, perdre; 4°. renverser entièrement.

Præ-Ac-Cidens, tis, qui survient auparavant.

An-Cæsum, i, vase ciselé, taillé.

An-Cisus, a, um, taillé en rond, coupé tout autour.

An-Cisus, us, coupure, taillure en rond.

Circum-Cido, -ere, couper, rogner tout autour; 2°. ôter, retrancher; 3°. circoncire.

Circum-Cæsura, æ; Circum-Cisura, æ, retranchement, rognure.

CIRCUM-CISORIUS, a, um, propre à tailler tout autour.
CIRCUM-CISIO, onis, coupure, incision; 2°. circoncision.
CIRCUM-CISÉ, en retranchant; 2°. grossiérement; 3°. en termes concis.
CIRCUM-CISORIUM, ii, instrument pour coupures.
CIRCUM-CISITIUS, a, um, CIRCUM-CIDANEUS, a, um, coupé, rogné tout autour.

CON-CÆDES, ium, abattis d'arbres, copeaux.
CON-CIDO, -ere, couper, hacher, trancher, déchirer, mettre en piéces, tailler en morceaux, détruire.
CON-CISUS, a, um, coupé, taillé; 2°. concis, serré, pressé.
CON-CISIO, onis, coupure, resserrement.
CON-CISURA, æ, partage, division.
CON-CISORIUS, a, um, qui sert à couper.
CON-CISÉ, d'un style coupé, pressé.

DE-CIDO, -ere, couper, trancher; 2°. transiger; 3°. taxer; 4°. venir à composition; 5°. décider; 6°. exprimer.
DE-CIDUUS, a, um, coupé, abattu.
DE-CISIO, onis, accord, appointement, transaction.

EX-CIDO, -ere, couper, tailler, démolir, renverser; 2°. désoler, exterminer; 3°. retrancher, ôter.
EX-CIDIUM, ii; EX-CIDIO, onis, destruction, perte, renversement, saccagement.
EX-CISO, -are, couper, tailler, détruire.
EX-CISUS, a, um,
EX-CISATUS, a, um,   } coupé, démoli, retranché.
EX-CISSATUS, a, um,

EX-CISORIUS, a, um, qui sert à couper, à rogner; dont on coupe.
EX-CISIO, onis, entaille, démolition, renversement.

IN-CIDO, -ere, couper, trancher; 2°. graver, ciseler; 3°. déchirer, rompre; 4°. interrompre.
IN-CIDUUS, a, um; IN-CÆDUUS, a, um, qu'on ne coupe point, qu'on ne taille point.
IN-CISUS, ûs,
IN-CISIO, onis,   } coupure, taillade; 2°. membre coupé dans
IN-CISURA, æ,   un discours.
IN-CISUM, i, style coupé, maniere concise.
IN CISIM, IN-CISÉ, d'un style coupé, d'une maniere concise.
IN-CIRCUM-CISUS, a, um, qui n'est point circoncis.

INTER-CIDO, -ere, entrecouper, couper par le milieu.
INTER-CISUS, a, um, fendu par le milieu.
INTER-CISIO, onis, entrecoupure, tranchée.
INTER-CISÉ, par coupures, par morceaux.

OC-CIDO, -ere, tuer, massacrer, faire mourir.
OC-CISITO, -are, ne faire que tuer.
OC-CISIO, onis, OC-CIDIO onis, tuerie, massacre, meurtre, carnage; défaite entiere.

PER-CÆDO, -ere, tailler en piéces.
PER-CIDO, -ere, couper, balafrer, faire une estafilade.

PRÆ-CIDO, -ere, rogner, trancher, tailler; 2°. désigner, marquer précisément.
PRÆ-CIDARIUS, a, um; PRÆ-CIDANEUS, a, um, qui étoit immolé avant les autres.

Pro-Cido, -ere, couper en avant.

Pro-Cisus, a, um, coupé, retranché, déclaré nul, caffé.

Re-Cido, -ere, couper, retrancher.

Re-Cisamen, inis; Re-Cisamentum, i, rognure, retaille qu'on a coupée.

Re-Cisio, onis, l'action de couper, de rogner.

Sub-Cesivus, a, um, } qu'on a cou-
Sub-Cisivus, a, um, } pé, rogné;
ce qui reste.

Sub-Cisivum, i, ce qui reste, ce qu'on a de reste.

Suc-Cido, ere, couper, scier.

Suc-Cidia, æ, laine grasse qu'on a coupée, qui est humide & non encore déssechée & préparée.

Suc-Cidia, æ, morceau de cochon salé; de lard.

Suc-Cisio, onis, coupe, taille.

Suc-Cisivus, a, um, coupé, retranché.

Trans-Cido, -ere, battre à outrance.

BINOMES.

Homi-Cida, æ, tueur d'hommes, meurtrier.

Homi-Cidium, ii, meurtre.

Matri-Cida, æ, qui a tué sa mere.

Matri-Cidium, ii, meurtre de sa mere.

Parri-Cida, æ, qui tue son pere, parricide.

Tyranni-Cida, æ, meurtrier d'un Roi, d'un Tyran.

Tyranni-Cidium, ii, meurtre d'un Tyran.

Perenti-Cida, æ, coupeur de bourses.

De Cad, les Grecs firent Creino, tuer; d'où vint,

Tyranno-Ctonus, a, um, qui a tué un Tyran.

VI.

CAST, couper.

1. Castro, -are, châtrer; 2°. émonder, tailler, ôter, retrancher.

Castratio, onis, le retranchement des parties masculines.

Castratura, æ, le nettoyement du bled.

Castrata, æ, froment qui est rougeâtre.

2. Castrum, i; Cestrum, i, touret, outil de Tourneur : 2°. poinçon : dard.

VII.

CUS, CUD,

Frapper.

La racine Cas désignant la chûte, se changea en Cus, pour marquer 1°. l'action de frapper sur un objet, de le battre, pour lui donner une autre forme 2°. l'action de frapper une personne par des paroles, en lui faisant des reproches, en le censurant, en l'accusant.

I.

Cudo, is, cudi, sum, ere, battre, forger; 2°. planer.

Cusor, is; 1°. Forgeron; 2°. Monnoyeur, qui frappe la monnoie.

COMPOSÉS.

Ac-Cudo, -ere, unir en forgeant, ajouter avec le marteau.

Ex-Cusor, is, Forgeur, Fondeur.

Ex-Cusio, onis, l'action de forger.

Ex-Cusé, exactement.

Ex-Cudo, -ere, forger, faire, produire par son travail.

In-Cus, dis, enclume.

IN-CUDO, -ere, forger.
IN-CUSUS, a, um, forgé : piqué avec le marteau.
PER-CUDO, -ere, fraper.
PRO-CUDO, -ere, forger, battre au marteau.
RE-CUDO, -ere, reforger.
SUC-CUDO, -ere, forger.

2.

Frapper, au figuré.

AC-CUSO, -are, faire des reproches, reprendre, blâmer, censurer.

AC-CUSITO, -are, accuser souvent.
AC-CUSATIO, onis, reproche, blâme.
AC-CUSABILIS, e, répréhensible.
AC-CUSATOR, is ; AC-CUSATRIX, cis, celui ou celle qui accuse.
AC-CUSATORIUS, a, um, qui concerne l'accusation.
AC-CUSATORIÈ, en accusant.
AC-CUSATIVUS, i, qui sert à accuser ; 2°. accusatif.

EX-CUSO, -are, disculper, justifier.

EX-CUSABILIS, e, pardonnable.
EX-CUSATIO, onis, couleur, prétexte.
EX-CUSATORIUS, a, um, qui excuse, qui sert de prétexte.
EX-CUSATÈ, d'une maniere tolérable ; 2°. avec excuse ; 3°. sans blâme.
IN-EX-CUSABILIS, e, qui ne se peut excuser.

IN-CUSO, -are, blâmer, reprocher, demander justice.

IN-CUSATOR, is, accusateur.
IN-CUSATIO, onis reproche, blâme.
RE-CUSO, -are, refuser, ne vouloir point accepter, récuser, s'excuser de recevoir.
RE-CUSABILIS, e, refusable.
RE-CUSATIO, onis, excuse pour justifier un refus ; 2°. refus.

VIII.

CAD, précédé de la Siflante.

I. SCHAD.

Famille Latine-Grecque.

S-CHADON, onis, insecte, animal découpé.
S-CHASTERIUM, ii, scapel, bistouri, pour découper.
S-CHEDICUS, a, um, qui n'est pas coupé, qu'on n'a pas fendu, labouré ; ce qui est en friche.
S-CHEDA, æ, , feuille volante de papier, de parchemin, d'écorce d'arbre ; morceau d'écorce coupé de dessus un arbre, sur lequel on écrivoit ; 2°. tablettes de poche, petites feuilles taillées en quarrés.
S-CHEDULA, æ, petite tablette, petit billet.
S-CHEDIA, æ, radeau fait d'arbres taillés ; 2°. train de bois flottant sur l'eau, composé de diverses poutres coupées assez menu.
S-CHEDIUM, ii ; S-CHEDIASMA, tis, chose hachée, coupée à la hâte ; 2°. brouillon ; 3°. impromptu.
S-CHEDICUS, a, um, fait, taillé à la hâte ; ébauché ; impromptu.

2. SCID,

Famille Latine-Grecque.

S-CHIDIA, orum, } copeaux, éclats
S-CHIDIÆ, arum, } de bois.
S-CHISTUS, a, um, qui se fend, qui se brise en éclats.
S.CHISTUS, i, pierre jaune qui se fend & s'éléve par feuilles.
S-CHISTON, i ; S-CHISTUM, i, du lait

tranché, crême de lait.

S-Chisma, tis, division, séparation.

S-Chismaticus, a, um, Hérétique, qui tient à une secte séparée de la saine Religion.

3.

SCID, SCIND, SCISS.

Famille Latine.

1. SCindo, is, SCidi, SCissum, dere, fendre, trancher, couper, tailler; 2°. partager; 3°. rompre.

SCindula, æ, bardeau, late, ce qui se fend par éclat ou par feuilles.

SCindularis, e, couvert de bardeaux.

2. SCissus, a, um, déchiré, coupé.

SCissilis, e, qui se fend aisément.

SCissio, onis, fente, séparation.

SCissor, is, Ecuyer tranchant; Tailleur.

SCissura, æ; SCissus, us, division, crévasse.

COMPOSÉS.

Abs-Cindo, -ere, déchirer, tailler.

Abs-Cissio, onis, coupure, retranchement.

Abs-Cissè, déterminément, rigoureusement.

Abs-Cissus, i, Eunuque.

Circum-SCindo-ere, couper tout autour.

Con-SCindo, -ere, mettre en piéces; 2°. découper; 3°. noircir, détruire la réputation.

Con-SCissura, æ, entraille, fente.

Dis-Cindo, ere, mettre en pièce, fendre, entr'ouvrir.

Dis-Cidium, ii, désunion, division.

Exs-Cindo, -ere, couper, retrancher, 2°. détruire, renverser, désoler.

Ex-Cisio, onis, entaille, coche; 2°. ruine, destruction, renversement.

Exs-Cidio, onis; Exs-Cidium, ii, saccagement, désolation.

Inter-Scindo, ere, entrecouper, rompre en deux.

Per-SCindo, -ere, fendre, déchirer tout-à-fait.

Pro-SCindo, -ere, étendre, ouvrir; 2°. déchirer la réputation.

Pro-SCissio, onis, action de fendre, d'ouvrir.

Pro-SCissum, i, fente, crevasse.

Re-SCindo, -ere, rogner, tailler; 2°. abolir, casser, détruire.

Re-Scissio, onis, l'action de tailler, de casser.

Re-Scissorius, a, um, qui tranche, rescisoire.

Sub-Scindo, -ere, couper par-dessous; 2°. hacher, couper menu.

Tran-SCindo, -ere, couper, tailler à travers.

IX.

QUAT, QUAS, CUS.

Ebranler.

1. Quatio, is, quassi, quassum, tere,
Quasso, -are,
} ébranler, secouer; 2°. renverser, ruiner.

Quassus, us; Quassatio, onis, ébranlement, secousse.

Quassabilis, e, qu'on peut ébranler.

BINOMES.

Quate-Facio, -ere, faire trembler, tressaillir.

Quassigi-Pennus, a, um, qui secoue les plumes.

COMPOSÉS.

Con-Quasso, -are, ébranler, agiter; 2°. désoler, ruiner; 3°. fracasser, briser, concasser.

Con-Quassatio, onis, ébranlement, tremblement, ruine.

Con-Cutio, is, ssum, tere; Con-Cusso, -are, ébranler, agiter, donner des secousses.

Con-Cussus, ûs, ébranlement.

Con-Cussio, onis, secousse; 2°. exaction.

De-Cutio, -ere, ébranler fortement; 2°. abattre en secouant.

De-Cussus, ûs, secousse, ébranlement.

De-Cusso, -are, diviser en sautoir.

De-Cussatio, onis, division en sautoir.

De-Cussatim, en sautoir.

Dis-Cutio, -ere, détruire, abattre en secouant; 2°. dissiper, résoudre; 3°. examiner, débrouiller.

Dis-Cussio, onis, agitation, ébranlement.

Dis-Cussor, is, examinateur.

Dis-Cussorius, a, um, qui dissout, résolutif.

Ex-Cutio, -ere, secouer, faire sortir en secouant; 2°. ébranler, jetter à bas, renverser; 3°. fouiller, visiter; 4°. ôter; 5°. examiner, entrer dans le détail, approfondir, discuter.

Ex-Cussabilis, e, qu'on peut secouer, ébranler facilement.

Ex-Cussorius, a, um, qui sert à secouer.

Ex-Cussio, onis, ébranlement, secousse; 2°. sequestre de biens.

Ex-Cussè, à la rigueur, exactement.

Ex-Cutia, æ; Ex-Cutia, orum, vergettes, époussettes, décrotoir.

In-Con-Cussus, a, um, inébranlable, ferme.

In-Cutio, -ere, fraper, faire entrer à force, lancer violemment.

In-Cussio, onis; In-Cussus, ûs, choc, heurt.

Per-Cutio, -ere, fraper, donner des coups.

Per-Cussus, ûs, } frappement, batement, action de fraper, coup.
Per-Cussura, æ,
Per-Cussio, onis,

Per-Cussor, is, assassin, meurtrier.

Dis-per-Cutio, -ere, frapper.

Im-per-Cussus, a, um, qui ne s'est point heurté.

Re-per-Cutio, -ere, refrapper, repousser; 2°. réfléchir, faire une réverbération.

Re-per-Cussio, onis; Re-per-Cussus, ûs, réflexion, réverbération.

Re-Cussus, a, um, ébranlé plusieurs fois.

Re-Cussus, ûs, secousse réitérée.

Suc-Cutio, -ere, ébranler en secouant.

Suc-Cussus, ûs; Suc-Cussio, onis, secousse, tremblement.

Suc-Cussor, is; Suc-Cussator, is, qui secoue fort; 2°. qui a le trot rude; 3°. qui secoue & renverse la charge qui est sur son dos.

Suc-Cusso, -are, secouer; 2°. aller un trot rude; 3°. secouer la charge de dessus son dos.

C,
suivi de la liquide L.

Les mots dans lesquels C est suivi de la liquide L, médiatement; comme dans Cello, élever, ou immédiatement comme dans Cluo, être élevé en gloire, se divisent en trois grandes Classes.

1°. Ceux auxquels la lettre C est en quelque sorte étrangere, & qui

qui apartiennent à d'autres lettres.

2°. Ceux qui se sont formés par onomatopée.

3°. Ceux qui apartiennent en propre à la lettre C. Les uns & les autres forment une masse de plus de mille mots Latins distribués ici en cinq Classes générales.

I.

MOTS en CAL,

où C n'est pas lettre primitive.

Les mots en CaL, où C, n'est pas une lettre primitive, se subdivisent en trois Classes.

1°. Ceux où la lettre C a pris la place de l'aspiration H, tels que CaL, chaud, formé de HaL, Soleil ; nous les mettons à la tête des mots en CaL.

2°. Ceux où la lettre C a pris la place de la lettre Q, tels que CaLo, tailler, sculpter : nous les mettons à la fin des mots en CaL.

3°. Ceux où la lettre C s'est ajoutée à la tête de mots en L, comme dans CLIDes, massacre, formé de LaD, blesser, tuer, & que nous renvoyons à leurs Familles en L.

C,

Substitué à l'aspiration H.

CAL, pour HAL.

C, fut sans cesse substitué à l'aspiration chez les Peuples qui, tels que les Latins, aimoient les sons radoucis. Delà diverses Familles en C, qui chez les Orientaux, les Grecs, &c. commencent par HA : telles CAL, chaleur ; COL, couleur, &c. Toutes viennent de HAL, le Soleil, source de la chaleur & des couleurs, puisque, lorsque les objets cessent d'être éclairés, ils cessent de paroître colorés.

I.

CAL, Chaleur.

1. CALda, æ, eau chaude, nom abrégé pour *aqua calida*.

CALidus, a, um ; CALdus, a, um, chaud, ardent, brûlant.

CALor, oris ; CALdor, oris, chaleur, chaud 2°. empressement, hâte, diligence.

CALidè, chaudement ; 2°. d'une manière empressée.

CALeo, -ere, être chaud, brûler ;
  2°. avoir de la passion, désirer ardemment ;
  3°. s'échauffer, s'agiter, s'animer.

CALesco, -ere, s'échauffer, commencer à être chaud.

2. CALdaria, æ, chaudiere, mot à mot, airain chaud : de ÆS, ÆRIS, airain, & de CALd.

CALdarium, ii, étuve, chambre voutée où l'on sue ; bain chaud, grand chaudron.

CALdarius, a, um, de chaudiere, d'étuve.

CALdonia, æ, celle qui donnoit de la chaleur, la chauffeuse des bains.

3. CELia, æ, biere, boisson faite de grains : elle tire son nom de la racine CAL, chauffer : le physique du mot l'indique, & on en

trouve la preuve dans Isidore, Liv. XX. ch. 3. *sur la boisson.* (pag. 1317).

BINOMES de *FAcere*.

CAL-FAcio, -ere, } échauffer, chauf-
CALe-FAcio, -ere, } fer.

CALe-Facto, are, chauffer souvent, réchauffer.
CALe-Factorius, a, um, qui échauffe.
CALe-Factus, ûs, l'action de réchauffer.
CALe-Fio, -ieri, devenir chaud, se chauffer.
CALorificus, a, um, qui échauffe, qui cause de la chaleur.

COMPOSÉS.

CON-CALeo, -ere, } être échauf-
CON-CALesco, -ere, } fé, devenir
CON-CALfio, -ieri, } chaud.
CON-CALfacio, -ere, échauffer.
CON-CALefactorius, a, um, échauffant.
EX-CALfio, -ieri, s'échauffer, être échauffé.
EX-CALfacio, -ere; EX-CALefacio, -ere, chauffer, échauffer.
EX-CALfactio, onis, l'action d'échauffer.
EX-CALfactor, oris, qui échauffe.
EX-CALfactorius, a, um, qui a la force d'échauffer.
IN-CALeo, ere, } s'échauffer, de-
IN-CALesco, -ere, } venir chaud; 2°. s'animer, prendre feu.
IN-CALfacio, -ere, échauffer, rendre chaud.
OB-CALeo, -ere, être chaud tout autour.
PER-CALeo, -ere; PER-CALesco, -ere, s'échauffer entièrement.
PER-CALefactus, a, um, tout à fait échauffé.

PRÆ-CALidus, a, um, fort chaud.
PRÆ-CALefactus, a, um, chauffé auparavant; 2°. fort chauffé.
RE-CALeo, -ere; RE-CALesco-ere, être échauffé de nouveau, se rechauffer.
RE-CALfacio, -ere, réchauffer.

II.

GEL, pour CAL,

Froid.

GELu, n. indécl. }
GELus, i, } gelée, glace, froid
GELum, i, } glaçant.

GELo, -are, glacer, faire bien froid; 2°. se prendre; se cailler, se figer.
GELatio, onis, gelée, gel.
GELabilis, e, is, qui peut se glacer, gelable.
GELasco, -ere, se geler, se glacer.
GELidus, a, um, gelé, glacé; 2°. froid glaçant; 3°. fort frais.
GELidè, froidement.
GELida, æ, glace, eau extrêmement fraiche.
GELicodium, ii, gelée, verglas.

COMPOSÉS.

CIRCUM-GELor, -ari, être gelé tout autour.
CON-GELo, -are, geler, glacer; 2°. se glacer.
CON-GELidus, a, um, gelé, glacé.
CON-GELatio, onis, gelée, congélation.
CON-GELasco, -ere, se geler, se glacer.
IN-CON GELabilis, e, qui ne peut se geler.
E-GELidus, a, um, qui dégèle; 2°. tiede.
IN-GELabilis, e, non sujet à geler.
PRÆ-GELidus, a, um, glacé, entièrement glacé.

Ri-Gelo, -are, fondre, dégeler ; 2°. faire dégeler.

Mot Latin-Grec.

CALlicia, æ, herbe qui fait glacer l'eau ; Gr. Γαλιον, Γαλατιον, Γαλεριον.

III.

COL, couleur, éclat du jour.

Color, is, } couleur ; 2°. teint de
Colos, is, } visage ; 3°. aparence, prétexte.

Coloro, -are, donner de la couleur, teindre ; 2°. déguiser, prétexter.

Coloratus, a, um, teint, lustré ; 2°. orné, embelli ; 3°. teint ; 4°. hâlé, basanné.

Colorate, avec prétexte ; sous couleur.

COMPOSÉS.

1. Uni-Color, is, d'une seule couleur.

Bi-Color, is ; Bi-Coloreus, a, um :
Bi-Colorius, a, um, de deux couleurs
Con-Color, is, de même couleur.

2. Di-Color, is, déteint, qui a perdu sa couleur ; 2°. mal-propre, sale ; 3°. honteux, vilain.

De-Coloratio, onis, perte de couleur, saleté.

De-Coloro, -are, faire perdre la couleur, ternir ; 2°. deshonorer.

In-Coloraté, sans aucun prétexte.

3. Dis-Color, is ; Dis-Colorius, a, um, qui est de diverses couleurs : différent en couleur.

Versi-Color, de diverses couleurs.

IV.

CAL, CHOL, Jaune.

De Col, couleur, ou de Hel, Hol, Soleil, se forma le grec Kholê, bile ; en Dorien & Latin, Khola ; dans les Langues Theutones & Runiques, Gal, Galla ; en Espagnol, Hiel, &c. La bile dut ce nom à sa couleur jaune. De-là ces mots Latins :

CALAthiana, æ, violette jaune & sans odeur.

COLOSsinus color, couleur jaune.

Et cette Famille Latine-Grecque.

Chola, æ, bile verte ; 2°. émeraude.

Cholera, æ, bile, effusion de bile ; 2°. miserere ; 3°. gouttiere.

Cholericus, a, um, bilieux, sujet à la bile.

BINOMES.

Chol-Iambi, orum, vers iambes trainans.
Picro-Cholus, a, um, qui est bilieux, qui a une bile amère.
Melan-Cholia, æ, mélancholie, bile noire.
Melan-Cholicus, a, um, atteint d'une bile noire : mélancholique.

V.

CAL, blanc.

Cal, en Celte, blanc, d'où le Gr. Γαλα, Lait, & le Latin Calx, chaux.

Calx, cis, chaux ; 2°. pièce de jeu d'échecs, de dames.

Calcaria, æ, four à chaux.
Calcarius, ii, chaux-fournier.
Calcarius, a, um, qui concerne la chaux.
Calcatus, a, um, blanchi avec de la chaux, plâtré, crépi.

DÉRIVÉS GRECS.

Callarias, æ, espèce de morue ou merluche.

S ij

CALLICLA, Gr. Καλλι-ελαιος, olivier franc.
CALLIGONUM, fanguinaire, plante.

ACAL-ANTHIS, *idis*, nom d'un oiseau de la Grèce que quelques-uns croyent être le chardonneret; mais ils apelloient celui-ci *AKANTHUS*. Le nom de celui-là étoit composé de *CAL*, beau, & *ANTHOS*, couleur, fleur; *mot-à-mot*, l'oiseau aux belles couleurs.

VI.

CAL, dais, couvert, voile.

CŒLUM, *i*, ciel, cieux; 2°. climat; 3°. air qu'on respire.
CŒLESTIS, *e*, du ciel, céleste.
CŒLITUS, du ciel.
CŒLITES, *um*; CŒLESTES, *um*, les habitans du ciel.

BINOMES.

CŒLI-COLA, *æ*, habitans du Ciel; 2°. qui adore le Ciel.
CŒLI-FER, *a*, *um*, qui porte le ciel.
CŒLI-POTENS, *is*, qui jouit du ciel, qui a le ciel en son pouvoir.

VII.

CAL, obscurité.

De-CAL, brillant, se forma par opofition la Famille CALIGO, ténèbres; de-là ces mots:

CALIGO, *inis*, ténèbres, obscurité; 2°. obscurcissement, défaut de lumiere.
CALIGO, *-are*, être ébloui, avoir la vue obscurcie de brouillards, manquer de lumiere.
CALIGATIO, *onis*, obscurcissement, manque de lumiere.
CALIGINO, *-are*, obscurcir, couvrir de ténèbres.
CALIGINOSUS, *a*, *um*, ténébreux, sombre.

VIII.

CLA, lumineux, clair.

De CAL, joint à AR, vif, se forma CLAR, lumiere vive; d'où la Famille suivante:

CLARUS, *a*, *um*, clair, serein, luifant, transparent; 2°. manifeste, évident; 3°. fameux, célébre, estimé.

CLAROR, *is*, } clarté, brillant, lueur;
CLARITAS, *is*, } 2°. renommée, gloire,
CLARITUDO, *inis*, } grandeur.

CLARO, *-are*, éclaircir, faire voir; 2°. illuminer, éclaircir; 3°. rendre illustre, donner du renom.
CLARÈ, clairement, nettement; 2°. franchement, ouvertement.
CLAREO, *-ere*, être clair, distinct, intelligible; 2°. éclater, briller; 3°. avoir de la réputation, se distinguer.
CLARESCO, *-ere*, s'éclaircir, devenir plus clair.
CLARIUS, *ii*, fifre, clairon; Instrument dont le son est très-clair.

BINOMES.

1. CLARI-CITO, *-are*, citer à haute voix.
2. CLARI-SONUS, *a*, *um*, qui a un son clair, perçant.
3. CLARI-FICUS, *a*, *um*, qui donne la clarté.
   CLARI-FICO, *-are*, rendre clair, clarifier; 2°. glorifier, faire connoître.
4. CLAR-IGO, *-are*, déclarer la guerre par un Héraut; 2°. user de répréfailles; 3°. demander raison d'une injure.

Ce verbe est composé de CLAR &

de Ago, faire, mot-à-mot, faire clair, manifester, faire connoître. Il se peut aussi que le son aigu du clairon servit à annoncer la déclaration de guerre.

Clar-igatio, onis, déclaration de guerre ; 2°. demande en réparation d'injures ; 3°. représailles ; 4°. droit de prise de corps ; 5°. exaction des taxes.

COMPOSÉS.

De-Claro, -are, découvrir ; 2°. manifester ; 3°. expliquer, éclaircir ; 4°. désigner, exprimer.

De-Claratio, onis, aveu, remontrance, protestation.

Ex-Claro, -are, éclairer, donner du jour.

In-Clareo, ere ; In-Clar sio, scere, devenir fameux, se mettre en crédit, être célèbre, acquérir de la réputation.

Præ-Clarus, a, um, illustre, noble, fameux ; 2°. beau, bien fait.

Præ-Claré, fort bien, parfaitement.

Præ-Claritas, atis, grande réputation.

MOTS EN CaL,

Formés par onomatopée.

Ces mots se raportent tous au cri, à la voix, au son.

I.
CAL, apel.

Cal fut une onomatopée, peinture du cri que jette une personne qui crie, qui en apelle une autre. De-là une Famille nombreuse en diverses Langues, telles que le Grec & le Latin ; mais ce mot se varia en Cil, Cle, Cla, &c.

Calo, -are, apeller, convoquer.

Calabariunculi, orum ; Calaturriones, um, Crieurs publics.

Calabra-Curia, æ, lieu où le Pontife convoquoit le peuple pour lui annoncer les fêtes, & combien il y avoit de jours entre les calendes & les nones.

Calator, oris, Officier public, Crieur, Héraut.

2. Calendæ, arum, le premier jour de chaque mois, ainsi nommé de Cal, apeller, parce qu'alors on assembloit le peuple.

Calendaris, e, qui préside aux calendes ; des calendes.

Calendatim, à chaque premier jour du mois.

Calendarium, ii, journal, regitre, livre de compte.

Quot-Calendis, tous les premiers jours du mois.

Baræ-Calus, i, Babillard ; de Cal, apeller, crier.

Calamita, æ, grenouille de marais : elle doit son nom à son cri.

Calasastri, -orum, jeunes garçons qui ont belle voix.

COMPOSÉS.

In-Calo, -are, apeller, invoquer.

In-Calative, en invoquant.

Inter-Calo, -are, inférer, introduire, ajouter ; 2° différer, remettre ; mot-à-mot, nommer entre-deux.

Inter-Calatio, onis ; Inter-Calarium, ii, l'action de nommer, de publier entre-deux, d'introduire, d'inférer un jour, une semaine, une année.

Inter-Calaris, e ; Inter-Calarius, a, um, inféré, introduit entre-deux.

Inter-Calator, is, qui se met, qui se nomme entre-deux.

Pro-Calo, -are, proclamer, demander à haute voix.

II.

CLA, Trompette pour l'apel ; 2°. apel, réunion pour le service militaire.

1. CLAS*sis*, *is* ; 1°. assemblée par classe, rang, ordre ; 2°. corps de Cavalerie ; 3°. Flotte, Armée navale.

CLAS*sicula*, *æ*, petite flotte.
CLAS*sicus*, *a*, *um*, naval, de marine.
2. CLAS*sicus*, *i*, Trompette, celui qui sonne de la trompette ; 2°. Matelot, Rameur, Marinier, Homme de mer ; 3°. homme de la première classe parmi les Romains.
CLAS*sicen*, *inis* : CLAS*ficum*, *i*, trompette, son de la trompette, signal du combat.
CLAS*siarius*, *a*, *um*, qui concerne une armée navale ; 2°. qui est toujours prêt.
CLAS*siarii*, *orum*, Soldats d'une armée navale ; 2°. Mariniers, Matelots.

III.

NOMEN-CLA*tor*, *is*, lecteur de registres, celui qui énonce les noms d'un catalogue ; 2°. celui qui indiquoit aux Candidats les noms des Citoyens : de CALO, apeller à haute voix, & de *Nomen*, nom.

NOMEN-CLA*tura*, *æ*, rôle, registre des noms.
NOMEN-CLA*tio*, *onis*, nom, dénomination d'une chose ; 2°. l'action de nommer une suite de choses ou de personnes chacune par leur nom.

IV.

ECCLESIA, réunion pour le Service Divin.

Les Grecs dans les composés changerent CALO, en CLO. De-là une nouvelle famille qui leur fut commune avec les Latins.

EC-CLESIA, *æ*, assemblée, congrégation.

EC-CLESIA*stes*, *æ*, Prédicateur.
EC-CLESIA*sticus*, *a*, *um*, homme d'Eglise.
EC-CLESIA*sterium*, *ii*, lieu d'assemblée.
EC-CLESI-*Archa*, *æ*, Pasteur d'une Eglise.

PARA-CELEU*sticon*, *i*, trompette, cor.

PARA-CLESIS, *is*, consolation ; 2°. invitation.

PARA-CLETUS, *i*, consolateur, défenseur, qui est prié de favoriser.

V.

CLANG, CLAM, crier.

Le *M* s'est presque toujours mis à la place du *N*, & *vice versâ*. Tous les mots écrits par *N* en Latin, en François, en Espagnol, &c. prennent le *M* en Portugais ; ainsi, *NAM*, veut dire *NON* ; *postilham*, postillon ; *hum*, un ; *huma*, une, &c. Il en est de même pour le Chinois ; on écrit indifféremment en *NG*, ou en *M*, ses terminaisons nasales. C'est de cette manière qu'en Latin on a dit CLANG & CLAM, crier.

1. CLANGO, *is*, *nxi*, *ere*, crier d'un ton aigu, faire retentir.

CLANGOR, *is*, bruit ; son aigu, glapissant.

2. CLAMO, *-are*, crier, hausser la voix, se plaindre à haute voix ; 2°. appeller, nommer ; 3°. publier.

CLAMito,-are, crier beaucoup, criailler, clabauder, brailler, piailler.

CLAMor, is, cri, grand bruit, acclamation, huée, fifflement.

CLAMofus, a, um, clabaudeur, brailleur, qui parle haut, qui réfonne, où l'on fait beaucoup de bruit.

CLAMfé, en criant à haute voix.

CLAMitatio, is, crierie, clabauderie.

CLAMatorius, a, um, qui crie, criard.

CLAMator, is, qui parle fort haut; 2°. qui crie fans cesse, Officier qui appelle, qui va avertir.

COMPOSÉS.

Ac-CLAMO,-are, aplaudir, aprouver par des acclamations; 2°. faire des huées pour désaprouver.

Ac-CLAMito,-are, faire de fréquens cris.

Ac-CLAMatio, is, cri de joie & de félicitation; applaudissement.

Con-CLAMO,-are, crier plusieurs ensemble, publier.

Con-CLAMito,-are, s'écrier tous d'une voix.

Con-CLAMatio, is, voix de plusieurs personnes ensemble.

De-CLAMO,-are, discourir, perorer, s'exercer sur des sujets feints.

De-CLAMito,-are, déclamer souvent, discourir sans cesse.

De-CLAMatorius, a, um, de déclamateur, de harangueur.

De-CLAMator, is, discoureur, harangueur.

De-CLAMatio, is, l'action de haranguer, une harangue.

Ex-CLAMO,-are, s'écrier, crier à haute voix, crier de toute sa force.

Ex-CLAMatio, is, cri, élévation de la voix, glapissement.

Ex-CLAMator, is, qui fait des exclamations.

In-CLAMO,-are, crier, apeller à haute voix.

In-CLAMito,-are, appeller souvent à haute voix.

Oc-CLAMito,-are, crier après, clabauder autour.

Per-CLAMO,-are, crier à haute voix.

Præ-CLAMitatio, is, } cri public,
Præ-CLAMitatio, is, } l'action de proclamer à cri public.

Præ-CLAMitator, is, Crieur public.

Præ-CLAMitatores: Præ-CLAMitatores, ceux qui marchoient devant le Prêtre de Jupiter, criant qu'il falloit s'abstenir du travail.

On voit ici que le I, prenoit souvent la place du L, comme en Ital. où l'on dit CHIAMare pour CLAMare; PIOMBO pour *plomb*; PIANTA pour *plante*.

Pro-CLAMO,-are, s'écrier, crier fort haut; déclarer au Public, s'écrier à haute voix.

Pro-CLAMator, is, qui publie à haute voix.

Pro-CLAMatio, is, publication à haute voix.

Re-CLAMO,-are, se récrier contre, s'opofer en criant.

Re-CLAMito,-are, reclamer souvent contre, se récrier.

Re-CLAMatio, is, l'action de se récrier contre.

Re-CLAMator, trix, celui, celle qui se récrie contre.

Re-CLAMitatio, is, opposition réitérée contre.

Suc-CLAMO,-are, faire des cris d'applaudissement ou d'indignation.

Suc-Clamatio, is, applaudissement, cri d'indignation.

VI.

CAL, assemblée, convocation, uni à la préposition CUM, se changea en CIL, d'où se forma la famille suivante :

Con-Cilium, ii, convocation, assemblée, union, assemblage.

Con-Cilio,-are, unir, réunir, joindre ; 2°. allier, assortir; 3°. gagner, acquérir.

Con-Ciliatus, a, um, gagné, attiré ; 2°. devenu favorable ; 3°. assemblé, uni.

Con-Ciliatus, ûs, mélange, mixtion, assemblage.

Con-Ciliatura, æ, l'art de gagner les cœurs.

Con-Ciliator, is, qui engage, qui persuade, médiateur, entremetteur.

Con-Ciliatrix, cis, & Con-Ciliatricula, æ, entremetteuse.

Con-Ciliatio, onis, liaison, accord, union.

Con-Ciliabulum, i, petite assemblée ; 2°. salle, endroit où l'on s'assemble ; 3°. conventicule ; 4°. place du marché, de la foire.

COMPOSÉS.

In-Con-Cilio, are, choquer irréconciliablement, mettre en mauvaise intelligence.

In-Con-Cilité, de mauvaise grace.

Inter-Con-Cilio,-are, concilier, mettre d'accord.

Re-Con-Cilio,-are, } remettre bien
Re-Con-Ciliasso,-ere, } ensemble ; 2°. raccommoder, rétablir ; 3°. recouvrer.

Re-Con-Ciliatio, onis, réunion, raccommodement.

Re-Con-Ciliator, is, qui réunit, qui remet bien ensemble.

MOTS EN CaL,

Qui apartiennent en propre à la lettre C.

Les mots en CaL, qui apartiennent en propre à la lettre C, participent plus ou moins de la valeur de ces deux lettres, dont la seconde ou L désigne la vitesse & la propriété de s'élever : & dont la premiere désigne contenance, capacité. De-là deux grandes divisions de ces mots, suivant que leur signification est relative à L ou à C.

Familles en CaL, relatives à L.

1. CEL, célérité, vîtesse.
2. CEL, ex-celler, s'élever au-dessus.
3. CAL, exceller en capacité, en habileté.
4. Cluo, exceller en gloire.
5. Cliv, élevé ; en pente, colline.
6. Col, élévation en tige.
7. Col, élever, cultiver.

I.

CAL, CEL.

Vîtesse.

La lettre C, suivie de la liquide L, qui désigne l'Aîle, devint le nom
de

de la vîtesse, de la célérité; d'où résulterent nombre de mots Grecs, Hébreux, Celtes, Latins.

En Héb. קלל QaLL, être léger & vîte; 2°. avoir peu de poids.

En Gr. Kelès, cheval de main.

Keleos, espéce d'oiseau dont le vol est très-rapide.

Keleuô, presser, aiguillonner, exhorter, ordonner. De-là ces mots Latins :

CELer, eris, e ; léger, prompt, soudain, précipité ; 2°. remuant, alerte.

CELERitas, is ; CELERitudo, inis, vîtesse, rapidité, précipitation.

CELERiter,
CELERé,
CELERatim,
CELEBranter,
} vîtement, en hâte, bientôt.

CELERiusculé, un peu trop vîte.

CELEro,-are, se presser, faire diligence; 2°. avancer.

CELEREs, um, les trois cens Cavaliers de la garde de Romulus.

CELox, ocis ; CELotium, ii, Brigantin, Vaisseau léger, rapide.

COMPOSÉS.

Ac-CELero, -are, se hâter, presser, dépêcher, diligenter.

Ac-CELeratio, onis, hâte, promptitude.

Per CELer, is, e, fort promptement.

Per-CELeriter, très-vîtement.

Præ-CELer, ero, très-léger, qui va très-vîte.

Præ-CELero,-are, se hâter d'aller devant; 2°. devancer.

Orig. Lat.

2.

Celes, tis, chaise de poste; 2°. cheval de selle ; 3°. cavalier ; 4°. bateau où il y a un homme à chaque rame.

CELetizontes, um, 1°. jeunes gens qui montent à cheval ; 2°. voltigeurs, sauteurs.

CELeusma, tis ; CELeuma, tis, cri des Matelots qui rament ; 2°. signal de manœuvre donné aux Matelots.

CELeustes, æ, le Bosseman, celui qui fait manœuvrer les Mariniers.

Pro-CELeusmaticus, i, pied de vers très-rapide, étant composé de quatre syllabes bréves.

3.

Famille Grecque & Latine.

1. CHELidon, onis, hirondelle, parce qu'elle a un vol très-rapide. Gr. χελιδων.

CHELidones, um, Barbares dont on n'entend point la langue, qui semblent gazouiller comme l'hirondelle.

CHELidonius, a, um, qui concerne les hirondelles.

CHELidonia, æ, pierre précieuse trouvée dans le nid des hirondelles.

CHELidonias, æ, saison du retour des hirondelles ; 2°. aspic.

2. CHELYdrus, i, serpent d'eau ; de Hydor, eau, & Kel, vîtesse : parce qu'il se meut dans l'eau avec vîtesse.

4.

De Cel, vîte, léger, se forma la famille Cil, qui signifie se mouvoir avec vîtesse, & à laquelle on

T

doit raporter AGILIS, comme étant composé d'AG, *agir*, & GIL, ou CIL, *vitesse*. De-là ces mots Latins.

1. CILium, *ii*, poil des paupieres.
CILO, *onis*, qui a la tête pointue.

2. SUPER-CILium, *ii*, sourcil, clin d'œil, coup d'œil; 2°. arrogance, fierté; 3°. pointe, sommet, linteau.
SUPER-CILiosus, *a*, *um*, qui a de grands & gros sourcils; 2°. sourcilleux, dédaigneux, altier; 3°. haut, élevé.

3. CILLO, *onis*, joueur d'instrumens, danseurs, dont les mouvemens étoient indécens.

4. Oc CILLO, *-are*, brandiller, faire un mouvement d'allée & de venue.
Oc-CILLatio, *onis*, mouvement d'une chose qui va & vient.
Oc-CILLator, *is*, qui brandille, qui va & vient.
Os-CILLo, *-are*, se balancer sur l'escarpolette; 2°. se masquer.
Os-CILLatio, *onis*, le jeu de l'escarpolette, de la balançoire.
Os-CILLa, *orum*, brandilloires, balançoires; 2°. masques, marmousets; 3°. germes des semences.

5. VA-CILLo, *-are*, chanceler, branler, se tenir tantôt d'un côté, tantôt d'un autre.
VA-CILLatio, *onis*, chancellement, branlement du corps; 2°. l'action de ne pas tenir ferme.

5.
CEL, CIL, CUL,
Qui se meut en rond, roue,

CEL, CIL, COL, est un mot primitif qui a désigné les idées relatives à courbe, à cercle. De-là ces mots Latins-Grecs.

1. CILibanum, *-i*; *antum*, *i*, *-antus*, *um*, table ronde: 2°. table sur laquelle les soldats posoient leurs boucliers pour se délasser.

2. CYLindrus, *i*, Gr. Κυλινδρος, rouleau, cylindre.
CYLindraceus, *a*, *um*, en forme de rouleau, cylindrique.
CI-CILindrum, *i*, espece de ragoût: sans doute, gâteau, tourte au cylindre.

3. CYCLas, *dis*, robe traînante des Dames; robe en rond.
CYCLicus, *a*, *um*, de cercle, fait en rond: ici CYCLus est pour CYL-CELus.

4. CYCL-OPS, *opis*, Cyclope; habitans sauvages de la Sicile qui passoient pour n'avoir qu'un œil.
CYCLOPeus, *a*, *um*, de cyclope.

5. CYCLus, *i*, Gr. κυκλος, cycle, révolution d'années.

COMPOSÉS.

AN-ISO-CYCLa, *orum*, (mot composé d'*ana* non; *isos*, égal; & *hyclos*, cercle,) instrument composé de cercles inégaux dont les anciens se servoient pour tirer des flèches.
HEMI-CYCLus, *i*, chaise, table en demi-cercle.
HEMI-CYCLum, *i*, demi-cercle.
HEMI-CYCLius, *a*, *um*, en demi-cercle.
HEMI-CYLindrus, *i*, demi-cylindre.

II.
CEL, élevé.
I.

CELlo, *is*, *ceculi*, *culsum*, *ere*, avancer, excéder, être plus grand.

Celsus, a, um, grand, qui avance, élevé, haut, fier.

Celsitudo, inis; Celsitas, is, élévation, sublimité, grandeur.

COMPOSÉS.

Ante-Cello, -ere, passer, être au-dessus.

Circum-Cellio, onis, vagabond, coureur, qui s'avance tout autour; 2°. fureteur, qui se fourre par-tout.

Ex-Cello, -ere, être éminent, surpasser, l'emporter.

Ex-Cellens, tis, merveilleux, qui est au-dessus, qui excelle; 2°. haut, élevé.

Ex-Cellentia, æ, éminence, élévation, grandeur, excellence.

Ex-Cellenter, éminemment, d'une maniere excellente.

Ex-Celsus, a, um, haut, élevé; 2°. grand, illustre, sublime.

Ex-Celsitudo, inis; Ex-Celsitas, tis, hauteur, grandeur, sublimité.

Ex-Celsè, haut, en haut.

Per-Cello, -ere, abattre, renverser, jetter de haut en bas.

Per-Culsus, a, um, frappé.

Præ-Cello, -ere, surpasser, avoir le dessus, paroître au-dessus; 2°. dominer, être supérieur.

Præ-Celsus, a, um, fort haut, très-relevé.

Pro-Cello, -ere, frapper de haut en bas.

Pro-Cella, æ, orage, tempête, tourmente.

Ainsi appellée parce qu'elle se forme dans les lieux élevés, ou plutôt parce qu'elle s'avance avec impétuosité.

Pro-Cellosus, a, um, orageux, sujet aux tempêtes.

Re-Cello, -ere, baisser, abaisser; 2°. retirer en arriere.

2

Celeber, is, e, } illustre, fameux,
Celebris, e, } renommé; 2°. hanté, fréquenté; 3°. solemnel.

Celebro, -are, fêter, solemniser; 2°. fréquenter; 3°. louer, prôner, élever le mérite.

Celebrator, is, qui prône, qui vante; 2°. qui solemnise, qui décrit avec éloge.

Celebriter, avec éclat.

Celebritas, is, solemnité.

Celebresco, -ere, devenir célèbre.

Celebratio, onis, éloge, louange; 2°. fête, solemnité; 3°. réputation; 4°. concours de monde.

COMPOSÉS.

Con-Celebro, -are, fêter, honorer; 2°. fréquenter.

In-Celebratus, a, um, dont on n'a point parlé, qu'on n'a point vanté.

In-Celebris, e, qui n'est point fameux.

Per-Celebro, -are, vanter fort.

Per-Celebratus, a, um, très-connu.

Per-Celebror, ari, être publié par-tout.

III.

CAL, capacité.

CAL désignant l'élévation, s'applique naturellement à la puissance, élévation en courage; & à la science, élévation en connoissance: delà une nouvelle famille de mots commune aux Celtes, aux Orientaux, aux Latins, &c.

CALL en Celte signifie brave, vaillant, fort, puissant; 2°. fin, sage, prudent.

En Hébr. יכל‎, I-KaL, être brave, fort, puissant.

En Turc *Akilli*, sage, prudent : de-là cette famille Latine.

I.

CALO, onis, fin, rusé.

CAL*eo*, -*ere*, savoir, connoître, posséder parfaitement, entendre bien, être puissant en science & en sagesse.
CAL*lenter*, sagement, prudemment.
CAL*lidus*, a, um, adroit, fin, éclairé, entendu, expérimenté
CAL*liditas*, is, habileté, finesse, ruse, fourberie, tromperie.
CA L*lidè*, adroitement, finement.

COMPOSÉS.

IN-CAL*lidus*, a, um, qui est sans adresse, simple.
IN-CAL*lidè*, grossiérement, sans artifice.
PER-CAL*eo*, -*ere*, savoir parfaitement bien.

2.

Mais la finesse dégénere souvent en ruse & en fourberie; de-là une autre acception de CAL en mauvais sens, désignant l'astuce, la fourberie, la calomnie.

En Héb. N-KaL נבל‎, tendre des piéges, 2°. être fin & rusé : נוכל‎ *No-KeL*, fourbe, fin, rusé.

En Celt. CALL, rusé, fourbe, trompeur.

En Hongr. CHA*lard*, imposteur.

En Franç. CAL*in*, un homme souple, qui flatte & carresse pour venir à ses fins.

En Lat. Barb. CALL*ere*, machiner quelque fourberie, tendre des piéges, chercher à tromper.

En Héb.. כלם‎ CaLM, calomnier. De-là cette famille Latine dont l'origine n'étoit pas moins inconnue.

CALVO, ou CALU*o*, tromper, duper, fourber.
CAL*vitas*; CAL*uitas*, atis, manque de parole, fourberie, tromperie.
2. CAL*umnia*, æ, imposture, fausse accusation, calomnie; 2°. supercherie, surprise.
CAL*umniatio*, onis, tissu de mensonges, faux raports.
CAL*umnior*, -*ari*, accuser faussement, imposer des crimes.
CAL*umniator*, is; CAL*umniatrix*, cis, imposteur, faux accusateur, médisant, chicaneur.
CAL*umniosus*, a, um, faux, inventé,
CAL*umniosé*, faussement, calomnieusement.
3. KêL*éma*, atis, Gr. imposture, fourberie.
KêL*eftés*, trompeur, fourbe, imposteur.

IV.

1.

CL, exceller en gloire.

1°. CL*uo*, *ere*, } être élevé en gloi-
CL*ueo*, -*ere*, } re, en considération, briller, avoir de la réputation, être estimé; 2°. purger.

CL*iens*, tis, } vassal, client : mis sous
CL*ienta*, æ, } la protection d'un hom-
CL*ientula*, æ, } me illustre.

CL*ientela*, æ, protection, sauvegarde;

défense ; 2°. personnes qui sont sous la protection d'une autre.

2. In-Clitus, a, um ; In-Clytus, a, um, fameux, illustre, excellent.

3. Para-Clytus, a, um, infâme, deshonoré.

4. Cludidatus, a, um, doux, favorable.

5. Clupea, æ ; Clypea, æ, nom de l'Alose chez les Gaulois, & qui a été conservé par les Romains. Comme les écailles de ce poisson sont très-brillantes vers la tête, il y a apparence qu'il en fut nommé Clupea, le brillant : du verbe Cluo, briller.

2.

CEL,

nombre très-élevé ; ou Mille.

Si les Anciens se servirent de Cal, multitude, pour désigner dix dixaines, à plus forte raison durent-ils employer un mot qui exprimoit la grande élévation pour désigner un nombre encore dix fois plus grand, cent fois les deux mains, ou dix centaines ; aussi les Grecs se servirent pour cet effet du mot Kel, élévation, & ils en firent Khilias, pour désigner dix cens, ou mille : de-là ces mots Latins-Grecs.

Chilias, dis, Gr. χιλιας, mille, millier.

Chiliastæ, arum, hérétiques millenaires.

Chili-Archus, i, Colonel d'un régiment de mille hommes de cavalerie.

Chilio-Dyname, es, fraximelle, espèce de Narcisse, *mot à mot*, qui a mille vertus.

3

CAL, SCAL, Echelle.

De Cal, élever, se forma le mot Cal, Gal, sur, dessus, monter.

En Grec Kaliai, grenier ; Kalia', nid élevé ; Skaloma, échelle. De-là ces familles.

Verbe.

Calo, -are, monter & descendre.

Chalo, -are, hisser les voiles, les élever.

Chalitorius, a, um, qui sert à élever un fardeau.

Chel-onia, orum, amarres, anses, cables, tout ce qui sert à guinder, à faire monter.

C'est une Famille Grecque.

Nom.

Scala, æ, échelle, escalier, dégré.
Scalaris, d'échelle.
Scalaria, ium, & orum, escalier.

V.

CIL, mince.

Cyl, Cil, mot Celte qui désigne le décroissement, la diminution, la petitesse : de-là,

Exilis, e, mince, menu, délié ; 2°. maigre, sec, décharné ; 3° aride ; 4°. simple, bas, rampant, du commun.

Exilitas, petitesse, foiblesse ; 2°. maigreur, sécheresse, aridité.

Exiliter, petitement, d'une manière sèche, aride : bassement.

VI.
CLIV, Colline, pente.
I.

CLIVus, i, colline, tertre, pente,
CLIVum, i, descente d'une montagne.

CLIVulus, i, petite éminence.

CLIVosus, a, um, montagneux, haut & bas.

CLIVina, æ, oiseau des montagnes, dont les nids se trouvent dans les rochers.

COMPOSÉS.

Ac-CLIVis, e,
Ac-CLIVus, a, um, qui va en montant.

Ac-CLIVitas, is, le montant, le penchant d'une colline.

De-CLIVis, e, penchant, qui baisse.

De-CLIVitas, is, pente, déclin.

Pro-CLIVis, e, is,
Pro-CLIVus, a, um, penchant, qui va en pente; 2°. enclin, sujet, porté à quelque chose.

Pro-CLIVies, ei, Pro-CLIVitas, tis, pente, penchant; 2°. mauvaise inclination.

Pro-CLIVe, is, pente; 2°. tout ce qui est facile.

Pro-CLIVé; Pro-CLIVi, en pente, aisément.

Pro-CLIVius, plus aisément.

Re-CLIVis, e, is,
Re-CLIVus, a, um, penché, en pente.

2.
CLIN, incliner.
D'où se formerent ces mots.
I.

CLINo, -are, pencher, baisser, courber.

CLINamen, inis, penchant, inclination, inclinaison.

De-là les mots grecs suivans :

CLINicus, a, um, qui est alité : de cliné, lit ; il faut se pencher & se baisser entierement pour se coucher.

CLINicus, i, Médecin de malades alités ; 2°. fossoyeur, enterreur de morts.

CLINice, es, profession de visiter les malades.

2°. CLIMa, tis, Gr. κλίμαξ, situation, climat, inclinaison vers le Pôle.

CLIMacis, dis, petite échelle.

CLIMax, cis, escalier en limaçon; 2°. tortue ; 3°. canal de catapulte.

CLIMacter, is, tems climatérique ; 2°. cremailliere.

CLIMactericus, a, um, où l'on monte par degrés.

En-CLIMa, atis, inclinaison, pente ; 2°. climat.

BINOMES.

Bi-CLINium, ii, table à 2 lits,
Tri-CLINium, ii, table à 3 lits, salle à manger.

Tri-CLINiaris, e, qui concerne les salles à manger.

Tri-CLINaria, orum, tapis & matelats desdits lits.

Tri-CLINarches, æ, Maître d'Hôtel.

Archi-Tri-CLINus, i, Chef des Maîtres d'Hôtel.

Ana CLINterium, ii, lit de repos, bergere.

Hexa-CLINon, i, table à six lits.

COMPOSÉS.

Ac-CLINo, -are, pencher, se courber ; 2°. condescendre, favoriser.

Ac-CLINus, a, um; Ac-CLINe, is, penché, courbé.

De-CLINo, -are, se détourner ; 2°. s'écarter ; 3°. éluder, fuir, éviter ;

4°. déchoir, baisser, aller en décadence.

DE-CLINatio, onis, détour, l'action d'éviter, de gauchir; 2°. fuite, éloignement, digression; 3°. déclinaison, pente.

IN-CLINO, -are, baisser, courber; 2°. incliner, se laisser affoiblir; 3°. avoir du penchant, être enclin, 4°. porter à, tourner vers.

IN-CLINatus, ûs, déclinaison.

IN-CLINatio, onis, l'action de plier, de se courber; 2°. penchant, inclination.

IN-CLINans, tis, penchant, sur le point de tomber; 2°. qui plie; 3°. enclin, porté à.

IN-CLINamentum, i, déclinaison, conjugaison, terme de Grammaire.

IN-CLINabilis, e, qu'on peut faire pencher.

IN-DE-CLINatus, a, um, ferme, constant, qui ne penche ni d'un côté ni d'un autre.

IN-DE-CLINabilis, e, inévitable, qu'on ne peut fuir; 2°. inébranlable, immuable, constant; 3°. indéclinable.

PRO-CLINO, -are, faire pencher, incliner.

PRO-CLINor, -ari, être penché.

PRO-CLINatio, onis, pente.

RE-CLINO, -are, pencher, baisser.

RE-CLINis, e; RE-CLINus, a, um, couché, appuyé sur.

RE-CLINatorium, ii, coussin, oreiller; 2°. assiette, plat.

VII.

CAL, COL, élévation en tige.

I. Colonne.

COLumna, æ, colonne, pillier.

COLumella, æ; COLumnella, æ, petite colonne, poteau, soutien; 2°. le maitre-valet, le pilier de la maison.

COLumnaris, e, de colonnes.

COLumeliaris, e, de petits piliers, fait en forme de piliers.

COLumnarium, ii, soupirail; 2°. impôt mis sur les colonnes.

COLumnarius, ii, le Receveur de cet impôt.

COLumnatio, is, colonnade, rang de colonnes.

COLumnatus, a, um, soutenu de colonnes; fait en forme de colonnes.

INTER-COLumnium, ii, entrecolonnement; espace entre deux colonnes.

2.

COLumen, inis; le même que CULmen, is; il signifie poinçon, faîtage, c'est à dire, pièce de bois qui se met à plomb pour soutenir le comble de la maison; 2°. appui, soutien; 3°. au figuré, force, principal: de-là:

COLumis, e, robuste, fort, sain.

IN-COLumis, e, qui est sain & sauf, qui est en bon état.

IN-COLumitas, is, bon état, force, salut, sûreté.

3.

COLobium, ii, chemisette, voile, ce qui sert à couvrir, à contenir.

COLlyrium, ii, demi-colonne; 2°. aide à maçon.

4.

COLlis, is, côteau, terre, éminence.

COLliculus, i, monticule.

COLlianus, i, Fermier général.

COMPOSÉS.

COLO-CASIA, æ, } fève d'Egypte. Gr.
COLO-CASIum, ii, } Κολοκασία.

[COLO-CYNTHis, idis; COLO-CYNTHidæ, arum, coloquinte, courge sauvage. Gr. Κολοκυιδη.

COLOPHon, is, fin, perfection, faîte, sommet. Gr. Κολοφων.

COLOPHONIA, æ, colophane, résine pour les archets.

.5.

COLOSSus, i, Gr. Κολοσσος, statue d'une grandeur démesurée.

COLOSSeus, a, um; COLOSSicus, a, um; de colosse, d'une grandeur extraordinaire.

COLOSSicotera opera, ouvrages fort grands, colossaux.

II. COL, Cou.

COLLum, i, col, cou, qu'on peut comparer à une tige creuse, longue & qui soutient.

COLLare, is, collier d'attache.
COLLaris, e, de col, qu'on met au col.
COLLaria, æ, carcan.
COLumbar, is, carcan.

COMPOSÉS.

DE-COLLo, -are, décapiter, couper le col; 2°. tromper, abuser.

Suc-COLLo, -are, charger sur son col, sur ses épaules.

Suc-COLLatio, onis, l'action de porter sur son col.

BINOMES.

COLuber, ri, serpent, couleuvre: de Col, le col, la tête; & de UP, OP, UB, haut, élevé, en Allemand uber, élevé. La couleuvre marche la tête élevée.

COLubraria, æ, l'Isle aux serpens, nommée Dragonera, Isle de la Méditerranée.

COLubrinus, a, um, de serpent, de couleuvre.

COLubri-Fer, a, um, qui produit des couleuvres, des serpens.

Ex-COLubro, -are, s'insinuer, se glisser comme un serpent; 2°. faire une exacte recherche.

III. CAL, COL, jambe.

De CAL, élevé, se forma CAL, la jambe, en Grec SKELos, parce qu'elles sont comme des colonnes sur lesquelles est élevé le corps : de-là :

CALassis, is, habillement qui descendoit jusqu'aux talons.

Iso-Scolon, période dont les membres sont égaux, mot-à-mot, jambes égales.

IV. COL, tige, tuyau.

1. COLis, is, rejetton, surgeon, tige d'une plante ou d'un arbrisseau.

COLiculus, i, bourgeon d'une plante.

2. COLon, is, gros boyau ; ainsi nommé de ce qu'il est long & creux & qu'il contient.

COLicus, a, um, sujet à la colique, à la maladie des boyaux.

COLica, æ; COLice, es, colique.

3. CULmus, i, tuyau, tige de bled; chaume.

4. CULmen, inis, tige, faîtage, longue piece de bois qui se pose à niveau sur le faîte d'une maison ; & au figuré, sommet, cime, le plus haut point.

5. CULcita, æ, } matelas, coussin,
   CULcitra, æ, } oreiller; ainsi nommé parce que c'est une chose
   longue

longue & creuse qui sert à contenir.

2.

CAL, COL, tuyau, instrument ou canal long & creux, par où une liqueur coule.

COLum, i, tuyau par où l'eau coule, couloire, passoire.

COLO, -are, couler, passer par l'étamine.

COMPOSÉS.

Ex-COLO, -are, couler, faire écouler.
PER-COLO, -are, passer, couler, filtrer.
PER-COLatio, is, l'action de couler ou de filtrer.
RE-COLO, -are, couler une seconde fois.

3.

COLostra, æ,
COLustra, æ,
COLostrum, i,
COLustrum, i,
premier lait qui vient aux femmes après leurs couches, qui s'épaissit.

COLostratus a, um, celui qui a tetté ce premier lait, & qui en est devenu malade.

COLostratio, onis, maladie qui attaque les enfans qui ont succé ce lait.

2. COLLA, æ, colle, Gr. Κολλα, Κολλη.
COLLO, -are, coller, goudronner.
COLLeticus, a, um, qui colle, qui rejoint deux choses entr'elles.
PROTO-COLLum, i, brouillon; 2°. livre où sont les modèles des actes; *mot à mot* dont la première feuille est collée pour servir de modèle : Protocolle.

Ces mots viennent du Celte CAUL, bouillie; lait caillé.

4.

COLlia, ium, élévation formée par des aqueducs.

Orig. Lat.

IN-CILE, is; IN-CILIA, -orum, canal rigole, fossé.

IN-CILO, -are, faire des canaux, creuser des fossés; & au figuré dans un sens détourné, remuer quelqu'un, le gronder, le réprimander.

V. CAL.
Tuyau.

1. CALA, en Celt. tuyau de blé, paille,
CALamus, i, tuyau de blé, paille qui soutient l'épi; 2°. flèche, flûte, chalumeau fait avec des cannes ou des roseaux; 3°. style, manière d'écrire, plume à écrire; 4°. ligne à pêcher; 5°. gluau, branche pour prendre les oiseaux; 6°. greffe, ente pour greffer, roseau, canne.

CALamarius, a, um, propre à contenir des plumes à écrire, calemar.
CALametum, assemblage d'échalas, lieu qui en est garni.
2. CALamistrum, i, fer à friser, aiguille de tête, poinçon.
CALamistro, -are, friser ou boucler des cheveux.
CALamistri, orum, discours frisés, affectés, étudiés.
UNI-CALamus, a, um, qui n'a qu'un tuyau.

3. CAULA, æ, espace long & creux, où on loge le bétail, étable, bercail.

CAULis, is, tige, tuyau des plantes; chou, parce qu'il est monté sur une tige; fût d'un dard, d'une pique.
CAULiculus, i, petite tige.
CAULiculatus, a, um, qui a une tige, un tuyau.
CAULesco, -ere, monter en tige.

V

COMPOSÉS.

DE-CAULE*sco*,-*ere*, monter en tige.
UNI-CAULIS, *e*, qui n'a qu'une tige.
MULTI-CAULIS, *is*, qui a plusieurs tiges.

4. HEMEro-CALlis, fleur qui ne dure qu'un jour.

CALtha, *æ*, souci; Gr. Καλχη.

5. COLutea, *æ*, baguenaudier.
COLuteum, *i*, gousse du baguenaudier.

VI. CAL.

Bois.

CAL, est un mot Celtique qui signifie bois.

En Bas-Bret. CALa, bois.
En Grec, KALon, bois.
   Kélon, bois; 2°. flèche.
De-là ces mots Latins.

1. CALcata, *æ*, facine, fagot.
2. CALo, *onis*, sabot; 2°. goujat, esclave qui suivoit son maître à l'armée, & qui portoit une massue de bois.

CALæ, *arum*, bâtons, massues dont étoient armés les Goujats.
CALO-PODium, *ii*, (de *pous*, pied) sabot, soulier, forme à soulier : mesure de Cordonnier.

3. CLEma, *atis*, Gr. Klêma, bois de la vigne, sarment; 2°. ésule, plante; 3°. fusin; renouée.

4. S-CALmus, *i*, cheville où l'on passe l'anneau qui retient l'aviron, la rame.

5. CALvæ, *arum*, noisettes, avelines.

COLL, en Gallois & en Irl. Coudrier, *au plur.*

CYLL : Coudrier, au sing. COLLen; en Gall. De-là le Latin :

COLurnus, *a*, *um*, de coudrier.

6. CALLION, alkekenge, *plante ou arbrisseau de l'espece des Solanum.*

VII.

COL, CUL, élever, cultiver.

COLo, *is*, *ui*, *cultum*, *ere*, cultiver, labourer; 2°. soigner; 3°. demeurer, habiter; 4°. affectionner, honorer, adorer.

COLonus, *i*, Laboureur, celui qui ouvre le sein de la terre, Fermier.

COLonus, *a*, *um*, qui est propre à cultiver.

COLona, *æ*, Paysanne.

COLonia, *æ*, ferme, métairie, troupe de Cultivateurs, de Laboureurs; 2°. peuplade, pays peuplé par des étrangers.

COLonicus, *a*, *um*, de métairie, de colonie.

CULté, avec soin, poliment, élégamment.

1. CULtura, *æ*, } labour, l'action
 — tus, *ûs*, } de cultiver; 2°.
 — tio, *onis*, } soin; 3°. équipage, attelage, train; 4°. habillement, parure, élégance, finesse.

CULtor, *is*; CULtrix, *is*, celui, celle qui laboure, qui révère, qui adore.

CULté, avec soin, avec élégance, poliment.

BINOMES.

AGri-CULtor, *is*, } laboureur, celui
AGri-COLa, *æ*, } qui cultive les champs dits *Agri*.

AGri-COLatio, *is*, } art de labourer,
AGri-CULtura, *æ*, } de cultiver les
AGri-CULtio, *onis*, } champs, ménage de la campagne.

2. COL.

servir, suivre.

1. Colax, acis, flatteur, rampant; Gr. Κολαξ.
2. A-Koluthus, i, Acolythe, attaché au service des Prêtres; en Gr. Ακολυθος.
3. Ca-Cula, æ, goujat, valet d'armée.
   Ca-Culatus, ûs, condition de goujat.

5. Nourrir.

1. Culina, æ, cuisine.
2. Coliphium, ii, nourriture des Athletes; du Gr. Kolon, nourriture.
3. Chilus, i, chile; du Grec Kilos, nourriture.

COMPOSÉS.

1°. De COLO, habiter.

Ac-Cola, æ, qui demeure, qui habite près d'un lieu.
Ac-Colo, -ere, habiter, demeurer près d'un lieu.
Circum-Colo, habiter autour.
In-Cola, æ, habitant, qui demeure, qui fait son séjour.
In-Colatus, ûs, demeure, séjour.
In Colo, -is, ui, ultum, ere, habiter, faire son séjour.
In-Quilinus, i, locataire; habitant d'un pays, & qui n'en est pas citoyen.

2°. De COLO, servir.

An-Culo, -are,
An-Cillo, -are, } servir, être serf, attaché à la glèbe, au labourage. Ici les deux CC de ACC sont changés en NC ou ANC, à la maniere des Grecs & des peuples du Nord.

An-Cilla, æ, servante, domestique.
An-Culi, orum; An-Cula, arum, Divinités des valets & des servantes.
An-Cillaris, e, qui concerne une servante.
An-Cillula, æ, petite servante.
An-Cillarius, i; An-Cillariolus, i, qui caresse les servantes, qui en est amoureux; 2°. qui se laisse maîtriser par sa femme.

3°. De COLO, cultiver.

Ex-Colo, -ere, cultiver; 2°. orner, embellir; 3°. honorer.
Ex-Cultus, a, um, bien cultivé, orné, civilisé, instruit.
Per-Colo, -ere, honorer, respecter; 2°. achever de polir, de parer.
Per-Culté, avec la plus grande vénération; fort proprement.
Præ-Colo, is, ui, ultum, ere, apprêter, préparer; 2°. honorer beaucoup.
Præ Cultus, a, um, prémédité, étudié, préparé; 2°. cultiver par avance.
Re-Colo, -ere, cultiver une seconde fois; 2°. repasser dans son esprit, considérer.

4°. De IN, Non.

In-Cultus, a, um, In-ex-Cultus, a, um, qui n'est pas cultivé, inculte, désert; 2°. mal en ordre, négligé, dont on n'a pas soin; 3°. impoli, grossier, sans éducation.
In-Cultus, ûs, grossièreté, mal-propreté, négligence, manque de soin.
In-Culté, grossièrement, sans politesse, sans ornement.

Mots en CaL,
relatifs à C.

Les familles en C-L, dans lesquelles domine la valeur de C, peuvent être distribuées en trois classes.

1. La propriété de renfermer, de cacher : CEL, celer.

2. Les objets propres à renfermer, à serrer.
CAL, vase.
CHLam, habit.
CLavis, clé.

3. Les objets qui ont une capacité en rondeur accompagnée d'une grande dureté.
CAL, caillou.
CALva, crâne.
CALx, talon.

I.
CAL.
CEL, CLA,
renfermer, céler.

De CAL, désignant ce qui sert à renfermer, se forma la famille CEL, CLa, CLu, au lieu de CELa, CELu.

En Celt. CEL, CELL, cachette, grotte, cellule, maison; 2° protection, défense.

En Theut. KELe, cavité : KEL, creux, &c. le même que Hole, HoLen, &c.

En Gr. KLeis, clé, KLeió, fermer.

En Héb. כלא, KLA, fermer, clore, prison, enclos, &c.

Ce mot servit à exprimer, 1°. toute espèce de cellule; 2°. la clé avec laquelle on se renferme; 3°. l'action de céler, de cacher. De-là les familles suivantes, qui ont quelqu'analogie avec la famille HAL, halle, salle.

1°.

1. CELLa, æ, petite maison, cabane; 2°. lieu de débauche; 3°. chambre, loge, salle, office, cellier.
CELLula, æ, boulin de colombier.
CELLarium, ii, armoire.
CELLarius, ii, Maître-d'hôtel, Cellérier.
CELLaria, æ, Femme de charge, Cellériere.
CELLaris, e, qui concerne le cellier.

2. CELo, - are, cacher, couvrir, dérober.
CELamen, inis, l'action de cacher.
CELatim, en cachette.

3. CLAM, pour Kelam, autrefois CALim, dit Festus, à l'insçu, en se cachant; 2°. en cachette, secrettement.
CLAN-CULarius, a, um, caché, secret, anonyme.
CLAN-CULùm; CLAN-CULò, secrétement, en cachette.

Ici la terminaison CULum n'est que la répétition du mot même CELam.

4. CLANDE-stino, à l'insçu; de clam & de sto, se tenir.
CLANDE-stinus, a, um, secret, caché.

II. CAL, objets propres à renfermer.

1. CAL, vases.

1. CALena, æ, gobelet, tasse.

2. CALpar, *is*, broc, cruche ; 2°. prémices de vin consacré ; 3°. vaisseau qui contenoit le vin des libations & le vin lui-même.

3. CALa*thus*, *i*, gobelet, tasse, vase à mettre des fleurs, pot d'airain à mettre du lait, panier.

CALa*thiscus*, *i*, panier, corbeille ; 20. vase à mettre des fleurs ; 3°. gobelet, tasse ; 4°. pot d'airain à lait.

4. CALix, *icis*, calice, tasse, vase à boire, coquille de limaçon, coupe d'une fleur épanouie, pot à mettre au feu.

CALi*culus*, petite tasse.

CALyx, *icis*, bouton de fleur, bourse qui enveloppe les fruits.

CALy*culus*, *i*, petit bouton d'une plante avant la fleur.

5. CULeum, *i*, } outre, vase à contenir
CULeus, *i*, } du vin ; 2°. sac de cuir.

CULeolus, *i*, petit sac, sachet.

CULullus, *i*, grande coupe qui servoit aux sacrifices.

CULus, *i*, le cul, ou plutôt le boyau culier ; ainsi dit de sa forme longue & creuse.

6. COLon, *i*, gros boyau.

COEliacus, *a*, *um*, qui a le cours de ventre.

PRO-COELius, *ii*, vers qui a une syllabe de trop au milieu.

COLica, *æ* ; COLice, *es*, colique.

COLicus, *a*, *um*, sujet à la colique.

7. COLus, *i*, } quenouille de femme.
COLus, *ûs*, }

2. Coëffures.

1. CUCULLa, *æ*, } capuce, capu-
CUCULLus, *i*, } chon, 2°. cornet
CUCULLio, *nis*, } de papier.

CUCULLatus, *a*, *um*, couvert d'un coqueluchon.

2. CALiendrum, *i*, coëffe de femme, coëffure.

CALantica, *æ*, ce qui est propre à contenir les cheveux ; coëffe, couvre-chef.

CALyptra, *æ*, cape de femme.

3. CALthula, *æ*, habillement de femme long & propre à contenir comme un sac.

CALthularius, Tailleur d'habits pour femme.

BINOME.

CALa-BRICO, -*ate*, emmaillotter, entourer de bandes. : de CAL, envelopper, & BRACH, bras, prononcé *Bric* dans les composés.

3.

CAL, devenu GAL, armure de tête, coëffure.

GALea, *æ*, casque, armure de tête.

GALeola, *æ*, espece de vase.

GALeatus, armé d'un casque.

GALearii, ceux qui portoient des casques.

GALeor, *ari*, s'armer d'un casque.

2. GALerus, *i*, } bonnet, chapeau,
GALerum, *i*, } perruque.

GALeritus, qui porte un bonnet.

GALeritus, *i* ; —erita, *æ*, alouette hupée, qui porte comme un casque.

GALericulum, *i* ; —ericulus, *i*, perruque, bonnet, ce qui sert à couvrir la tête.

3. GALbeum, *i*, ornement, voile de

femme ; 2°. ce qu'on enveloppe autour du bras, braſſelet.

GALBEUS, *i*, GALBEæ, *arum*, des braſſelets ; ils enveloppent le bras.

GALBEUS, *ei*, ſorte de remede enveloppé dans de la laine, & qu'on portoit en braſſelet.

4.
CAL, habits.

1. CHLAMYS, *dis*, ſurtout, caſaque, capot : ils ſervent à couvrir, à cacher.

CHLAMY*dula*, *æ*, petit juſte-au-corps.

CHLAMY*datus*, *a*, *um*, vêtu d'une cape, d'un ſurtout.

PARA-CHLAMYS, *idis*, vêtement propre aux gens de guerre & aux enfans.

2. A-CLASS*is*, *is*, robe liée ſur les épaules.

5.

1. CLATH*rus*, *i*, } grille, jalouſie : Gr.
CLATH*rum*, *i*, } Kleithron, cloître, lien.

CLATH*ro*, -*are*, griller, treilliſſer.

2. CLIT*ellæ*, *arum*, diminutif de *Kleithron*, bât.

6.

1. CLEPO, - *ere*, voler, dérober.

CLEPO, *onis*, }
CLEPT*a*, *æ*, } larron, voleur.
CHLEP*tes*, *æ*, }

2. PSEPHO-CLEPT*es*, *æ*, joueur de gobelets, eſcamoteur : du Grec Ψηφος, *Pſephos*, caillou, jetton.

3. CLEPS*ydra*, *æ*, horloge d'eau ; 2°. inſtrument de Mathématiques, *mot à mot*, eau renfermée.

CLEPS-AM*midium*, *ii*, horloge à ſable, ſablier, *mot-à-mot*, ſable renfermé.

7.
CAL, ſac, poche.

De KAL, ſac, poche, les Grecs firent Kέλέ, hernie, tumeur renfermée dans un ſac : & de-là ces compoſés.

ENTERO-CEL*e*,*es*, deſcente de boyaux, hernie.

ENTERO-CEL*icus*, *a*, *um*, qui a une hernie.

HYDRO-CEL*e*, *es*, hernie aqueuſe.

HYDRO-CEL*icus*, *a*, *um*, qui a une hernie aqueuſe..

PORO-CEL*e*, *es*, hernie calleuſe, endurcie.

8.
CHEL, Tortue.

De CAL, CEL, couvrir, maiſon, ſe forma le nom Grec latiniſé de la tortue qui porte ſa maiſon avec elle.

1. CHEL*one*, *es*, tortue ; 2°. piéce de la baliſte.

CHELONIA, *æ*, œil de tortue, pierre précieuſe.

CHELYS, *yos*, tortue, luth.

CHELonium, *ii*, écaille de tortue ; 2°. oreiller au-deſſus de la plus petite colonne.

CHELONO-PHAGUS, *a*, *um*, mangeur de tortues.

2. CHELonia, *orum*, amarres, cables, ancres, anſes.

CHELonites, *æ* ; CHELonitis, *idis*, crapaudine.

9.
CHIL, lévre.

De CEL, cacher, ſe forma le mot Lé-

landois CEL, bouche, ouverture; l'Oriental חללים, *Challin*, concavités, ouvertures, telles que la bouche, &c. De-là le Grec XEI-LOS, Kheilos, lévre, bord : d'où le Latin-Grec,

CHILO, *onis*, qui a de grosses lévres.

TRI-CHILum, *i*, vaisseau d'où l'eau s'écoule par trois ouvertures.

TRI-CHILa, *æ*, berceau de treille, qui forme une ouverture à trois bords. On appelloit en Grec *Kheilos*, les bords d'un dais, d'un ciel de lit.

III. CAL, Clé.

1.

CLAVis, *is*, clef : ce mot tient à CLAUDo, fermer.

CLAVicula, *æ*, petite clef, clavicule.
CLAViger, *a, um*, qui porte une clef.
CLAVi-Cordium, *ii* ; CLAVE-Cymbalum, *i* ; épinette, clavessin.
CON-CLAVatus, *a, um*, renfermé sous la même clef.
CON-CLAVE, *is ;-vium, ii*, chambre ; 2°. cabinet séparé ; 3°. conclave, assemblée renfermée sous la même clef.

2. CLAVa, *æ*, massue, gros bâton, gourdin, grosse branche.

CLAVatus, *a, um*, fait en forme de massue.
CLAVator, *is*, Porte-masse, Bedeau, qui se sert d'une massue.

3.

CLAVa, massue, tient à l'Oriental כלף, *Klaph*, marteau, au Celte CLAP, & au Theut. KLAPF, coup,

KLAPFen, KLAPPen, frapper, rendre un son, d'où le nom Hollandois de *Claperman*. De-là se formerent, en prononçant COL au lieu de CLO,

1°. COLAPHus, *i*, coup donné sur la joue, soufflet.

COLAPHizo,-are, souffleter, gourmer.

2°. A-COLASTus, *i*, en Gr. A-Κόλαστος, mot-à-mot, qui n'a pas été corrigé dans sa jeunesse, prodigue, débauché.

4.

4. CLABula, *æ*, } mot à mot, petite
CLAVola, *æ*,   } branche, reje-
CLAVula, *æ*,   } ton d'arbre, surgeon ; 2°. greffe.

CLAViculatim, en forme de tendron de vigne.

5.

CLAVus, *i*, clou, cheville ; 2°. gouvernail, timon d'un vaisseau ; 3°. clou, durillon, cors ; 4°. nœud dans les arbres ; 5°. nœud, en forme de clou que les Romains portoient sur leurs robes, pour marque de leur dignité.

CLAVulus, *i*, petit clou.

COMPOSÉS.

LATUS-CLAVus, *i*, bande couverte de nœuds d'or ou de pourpre, servant à distinguer les Sénateurs.

ANGUSTUS-CLAVus, *i*, autre bande couverte de nœuds différens & plus étroits, servant à distinguer l'Ordre des Chevaliers.

PRÆ-CLAVium, *ii*, c'est la même chose que *Latus-Clavus*.

IV. CLau.

VERBE.

1. CLUDO, *si*, *sum*, *ere*, } fermer,
CLAUDO, *-ere*, } boucher, environner ; 2°. terminer, achever, finir.

CLUSUS, *a*, *um* ; CLAUSUS, *a*, *um*, fermé, bouché ; 2°. enfermé, enclos ; 3°. couvert, secret.

CLUInum pecus, troupeau parqué, enfermé en un parc.

CLAUSUM, *i*, enclos.

CLAUSula, *æ*, fin, conclusion, terme ; 2°. parenthese.

CLAUStrum, *i*, clôture, verrouil ; 2°. enclos ; 3°. cloître ; 4°. barricade, digue, obstacle.

CLAUStrium, *ii*, l'action d'enfermer ensemble quelque chose.

CLAUStrarius, *a*, *um*, qui appartient à l'enclos, à la clôture.

SEMI-CLAUSUS, *a*, *um*, à demi-fermé.

2. CLUSilis, *e*, aisé à fermer.

CLUSor, *is*, metteur en œuvre, orfévre.

COMPOSÉS.

CIRCÙM-CLAUDO,*-ere*, } enfermer, enclorre, entourer de toutes parts.
CIRCÙM-CLUDO,*-ere*, }

CIRCUM-CLUSUS, *a*, *um*, enfermé, clos.

CON-CLAUSUS, *a*, *um* ; CON-CLUSUS, *a*, *um*, enfermé, enclos ; 2°. fini, achevé ; 3°. dépêché, expédié ; 4°. bouché, fermé ; 5°. bloqué, assiégé.

CON-CLUDO, *-ere* ; CON-CLAUDO, *-ere*, enfermer avec ; 2°. conclure, terminer ; 3°. tirer une conséquence ; 4°. boucher, fermer.

CON-CLUSura, *æ*, clôture.

CON-CLUSio, *onis*, clôture, fin, terme ; 2°. siége, blocus ; 3°. conséquence.

CON-CLUSiuncula, *æ*, petite conclusion.

CON-CLUSè, en concluant ; 2°. sommairement.

DIS-CLUDO, *-ere*, serrer, enfermer ; 2°. diviser, séparer.

DIS-CLUSio, *onis*, division ; 2°. clôture ; 3°. l'action d'enfermer.

EX-CLUDO, *-ere*, mettre dehors, chasser, exclure ; 2°. faire éclore.

EX-CLUSio, *onis*, exception, l'action d'empêcher.

EX-CLUSorius, *a*, *um*, qui donne l'exclusion, exclusif.

EX-TRA-CLUSUS, *a*, *um*, fermé par dehors.

IN-CLUDO, *-ere*, enfermer, enclorre, détenir.

IN-CLUSor, *is*, Metteur en œuvre, Orfévre ; 2°. Portier.

IN-CLUSio, *onis*, l'action de renfermer ; 2°. emprisonnement.

INTER-CLUDO, *-ere*, fermer, boucher ; 2°. investir, barricader.

INTER-CLUSio, *onis*, l'action de fermer ; 2°. empêchement ; 3°. parenthese.

INTRO-CLUSUS, *a*, *um*, enfermé dedans.

OC-CLUDO, *-ere*, fermer, clorre.

PER-CLAUDO, *-ere* ; PER-CLUDO, *-ere*, fermer tout-à-fait, clorre.

PRÆ-CLUDO, *-ere*, boucher, fermer l'entrée.

PRÆ-CLUSio, *onis*, l'action de renfermer, de resserrer.

RE-CLUDO, *is*, *si*, *sum*, *ere*, ouvrir.

RE-CLUSio, *onis*, ouverture, action d'ouvrir.

SUPER-CLAUDO, *-ere*, enclorre, enfermer.

SE-CLUDO, *-ere*, mettre à part, enfermer séparément ; chasser, bannir.

SE-CLUSUS,

Se-Clusa, æ, Nonne, recluse.
Se-Clusa, orum, mystères, secrets.
Se-Clusorium, ii, lieu où l'on renferme, réduit.

4.

Oc-Culo, is, ui, ultum, ere, cacher; 2°. taire.

Oc-Cultus, a, um, caché, secret, dissimulé.

Oc-Culté,
Oc-Culto, } en cachette, secrettement.
Oc-Cultim,

Oc-Culto, -are, couvrir, tenir secret.
Oc-Cultator, is, qui cache.
Oc-Cultatio, onis, l'action de se cacher.
Oc-Cultaté, en secret.

5.

Clusinus, i, } nom de Janus dont
Clusius, ii, } le temple étoit fermé pendant la paix.

V. CLYP, Bouclier.

Cel, cacher, est le même que l'Allemand Helen, Hullen, cacher, couvrir, mettre à couvert, garantir, protéger. De-là naquirent deux ou trois familles Theutones, très-remarquables.

1°. Helmen, couvrir, protéger, garantir.

Helm, couvert, toit; 2°. casque, arme défensive pour la tête; 3°. protecteur.

2°. Help en Anglois, Helf en Allemand, aide, secours, suport.

3°. Helve, en Anglois, un manche, ce qui aide à porter.

Cette famille est également Orienta-Orig. Lat.

le; en Hébreu עלף, que les Massorethes écrivent avec un u voyelle Hulp, signifie également couvrir, garantir, défendre : עלם Hulm, Halm, cacher, couvrir.

C'est donc de cette famille Hulp, Hlup, prononcée Clup, comme dans Clovis pour Lovis, &c. & signifiant défendre, garantir, que se forma en Latin le nom de Clypeus, cette arme défensive que nous apellons bouclier; d'autant plus qu'en Arabe le même mot חלם Hulp signifie un Cuir préparé. Or les boucliers consistoient dans l'origine en des cuirs ou des peaux préparées. Celui d'Ajax étoit composé de sept cuirs de bœufs l'un sur l'autre.

Ce mot sera venu de l'Orient avec l'usage même de cette arme. De-là ces dérivés :

Clypeus, i; --- Peum, i, Bouclier, Ecu.

Clypeatus, a, um, armé d'un bouclier.

Clypeo, -are, armer d'un bouclier.

III.

I. CAL, corps ronds & durs.

Cal est un mot primitif qui désigna tout corps rond & dur comme une pierre. De-là les familles suivantes.

1. CAL, grêle.

Calamitas, is, grêle, orage qui brise les tuyaux de blé, dits Calami;

X

au figuré, désastre, misère, dommage.

CALAMITOSUS, *a, um*, exposé à la grêle, aux orages; 2°. funeste, ruineux, nuisible.

CALAMITOSÈ, malheureusement.

CALAZO-PHULAX, qui prédit la grêle en observant le Ciel.

2. CAL, Caillou.

CALCULUS, *i*, caillou, pierre; 2°. gravelle, calcul; 3°. jetton à compter; 4°. dames, échecs; 5°. difficulté, scrupule.

CALCULOSUS, *a, um*, pierreux, plein de gravier; qui a la gravelle.

CALCULO, *-are*, compter, supputer, ce qu'on faisoit d'abord à l'aide de petits cailloux.

CALCULATOR, *is*, qui compte, qui suppute.

CALCULARIUS, *a, um*, qui concerne un compte.

3. CAL, pierre:

Famille Grecque.

1. KHALIX, χαλιξ, signifie en Grec pierre; c'est un mot de la même famille que le Celte CAL, pierre: De-là:

CALAIS, Gr. Κάλαις, espéce de saphir: pierre précieuse.

CALLAIS, Gr. Κάλλαις, pierre précieuse d'un verd-pâle.

CALLIMUS, sorte de pierre d'aigle.

CALAZIA, sorte de pierre précieuse qui conserve sa froideur au feu.

CHALAZIAS, *æ*, Gr. χαλαζια, pierre précieuse de figure ronde.

2. CILICIA, *æ*, la Cilicie, contrée d'Asie couverte de roches & de montagnes auxquelles elle doit son nom.

CILICIUM, *ii*, cilice, étoffe rude; 2°. barracan, étoffe de prix.

CILICINUS, *a, um*, de barracan, étoffe faite en Cilicie.

3. CAU-CALIS, *idis*, Gr. Kaukalis, persil sauvage, plante qui dut toujours son nom à la pierre, parce qu'elle croît dans les rocailles; 2°. plante semblable au fenouil.

CAL, crâne; 2°. chauve.

1. CALVA, *æ*, } crâne; têt de la
   CALVARIA, *æ*, } tête.

2. CALVARIA, *æ*, casque; 2°. lieu public où l'on enterre les morts; 3°. lieu où l'on exécute les criminels; 4°. montagne nue, pelée, dont le sommet n'est que du roc.

3. CALVUS, *a, um*, dégarni de cheveux; *mot-à-mot*, qui a la tête comme un roc découvert.

CALVO, *-are*, rendre chauve.

CALVEO, *-ere*, être chauve.

CALVESCO, *-scere*; CALVESIO, *-ieri*, devenir chauve, perdre ses feuilles.

CALVASTER, *ri*, à demi-chauve.

CALVO *-ere*; CALUOR, *ui*, dépeupler, dégarnir.

CALVITAS, *is*, } chauveté; 2°. dégar-
CALVITIES, *ei*, } nissement, manque
CALVITIUM, *ii*, } de quelque chose.

COMPOSÉS.

DE-CALVO, *-are*, faire devenir chauve, faire peler la tête.

PRÆ-CALVUS, *a, um*, chauve pardevant.

PRÆ-CALVEO, *-ere*, devenir chauve pardevant.

Re-Calvus, *a*, *um*, chauve pardevant.

Re-Calvaster, *ri*, chauve pardevant.

Re-Calvatio, *onis*; Re-Calvaties, *ei*, manque de cheveux pardevant.

III. CALX, talon.

1.

Calx, *cis*, talon ; coup de pied ; pied, base ; fin, terme.

Calco, *-are*, fouler aux pieds, marcher dessus, tracer.

Calcaneus, *i* ; Calcaneum, talon.

Calcatio, *onis*, l'action de fouler aux pieds.

Calcator, *is*, Fouleur, foulon.

Calcabilis, *e*, sur quoi on peut marcher.

Calcatorium, *ii*, cuve où l'on foule la vendange ; 2°. foulerie ; 3°. chemin battu.

Calcar, *is*, ce qui est au talon, ou ce qui se met au talon ; savoir, l'éperon ; 2°. aiguillon ; 3°. ergot de coq.

Calcatura, *æ*, l'action de faire tourner une roue en marchant dedans.

Calci-Fraga, *æ*, saxifrage, plante, mot-à-mot, brise-talon.

Calcata, *æ*, fagot, fascine que le bucheron fait en apuyant le pied dessus.

2.

Calceus, *i*, chose longue & creuse, propre à contenir les pieds, soulier, chaussure.

Calceolus, *i*, petit soulier, escarpin.

Calcearius, *ii*, Cordonnier.

Calceatus, *ûs*, chaussure.

Calcearium, *ii*, cordonnerie.

Calceamen, *inis* ; Calceamentum, *i*, chaussure.

Calcearia, *æ*, boutique de Cordonnier.

2. Calceo, *-are*, chausser.

Calceolarius, *ii*, Cordonnier.

Composés.

Ex-Calceo, *-are*, déchausser.

Dis-Calceo, *-are* déchausser.

Dis Calceatio, *is*, l'action de déchausser.

3.

Caligæ, *arum*, bottines, choses creuses & longues qui contiennent les jambes.

Caligaris, *e* ; Caligarius, *a*, *um*, qui concerne les bottines.

Caligatus, *a*, *um*, qui porte des bottines.

Caligula, *æ*, petite bottine ; surnom de l'Empereur Caïus, parce qu'il aimoit à porter des bottines.

4. Verbes.

Cal-Citro, *-are*, Verbe binome, qui veut dire, *mot-à-mot*, remuer les talons : de Cito, Cio, mouvoir, & de Calx, talon.

Cal-Citratus, *ûs*, ruade, coup de pied.

Cal-Citratus, *a*, *um*, qui a reçu une ruade.

Cal-Citro, *onis*, qui regimbe, qui donne des coups de pied ; 2°. qui marche durement, pesamment, comme les Paysans.

Cal-Citrosus, *a*, *um*, qui est sujet à regimber ; 2°. mutin, qui résiste.

Re-Cal-Citro, *-are*, regimber, ruer.

Composés.

De Calco, devenu Culco.

Circum-Culco, *-are*, fouler tout autour.

Con-Culco, *-are*, fouler aux pieds ; 2°. mépriser.

Con-Culcatus, *ûs* ; Con-Culcatio, *onis*, l'action de fouler aux pieds.

DE-CULCO,-are, marcher dessus, mépriser.

EX-CULCO,-are, fouler aux pieds.
EX-CULCATUS, a, um, foulé, pressé en foulant ; 2°. mis hors d'usage.
EX-CULCATOR, is, frondeur.

IN-CULCO,-are, fourrer dedans, imprimer ; 2°. fouler, aplanir ; 3°. rebattre, répéter.

INTER-CULCO,-are, fouler, presser.

OC-CULCO,-are, marcher devant, écraser.

PRO-CULCO,-are, fouler aux pieds ; 2°. mépriser.

PRO-CULCATIO, onis, l'action de fouler aux pieds ; 2°. destruction, renversement ; 3°. mépris.

RE-CALCO,-are, refouler, fouler une seconde fois.

SUPER-CALCO,-are, fouler aux pieds, marcher dessus.

IV. CAL, dureté.

1. CALlus, i, } cal, durillon, peau
   CALlum, i, } endurcie par l'exercice.

CALLosus, a, um, racorni, plein de durillons.
CALLositas, is, callosité, durillon.

2. CALLis, is, chemin battu, durci : sentier.

3. CALLeo,-ere ; CALLesco,-ere, s'endurcir, devenir calleux.

COMPOSÉS.

CON-CALLeo,-ere, devenir calleux ; 2°. se durcir.

IN-CALLO,-are, s'endurcir, faire un calus.

OB-CALLesco,-ere, }
OB-CALLeo,-ere, } s'endurcir, devenir
OC-CALLeo,-ere, } dur, insensible.
OC-CALLesco,-ere, }

OC-CALLatus, a, um ; endurci : devenu dur, calleux.

OC-CALLatio, onis, endurcissement, formation d'un calus.

PER-CALLeo,-ere ; PER-CALLesco,-ere, s'endurcir.

MOTS EN C-L,
où C a pris la place de Q.

On doit raporter à cette classe tous les mots où C a la valeur de Q, qui est celle de couper, tailler, rogner, hacher, comme dans ces mots :

CÆLO, tailler, inciser.
SCALPO, tailler, ciseler.
SCULPO, ciseler, sculpter.

1.
CÆLO,-are, graver, buriner, ciseler.
CÆLUM, i ; CÆLTES, is, burin, ciseau.
CÆLAMEN, inis, gravure, ciselure.
CÆLATOR, is, Graveur, Ciseleur.
CÆLATUM, i, argenterie.
CÆLATURA, æ, ciselure, gravure.

2. CŒLUM, i, burin ; CŒLATOR, is, Graveur : ces mots tiennent à CELTES, burin, & à SCALPO.

3. CELTE, is, } burin, poinçon à graver
   CELTES, is, } ver : ils tiennent à
   CELLIS, is, } CAL, graver.

CELTIS, is, poisson armé de pointes ; 2°. Alisier, arbre.

4. IN-CLOCTOR, is, bourreau.

2. Famille Grecque, où CAL est devenu CHEL.

CHELÆ, arum, ciseau ; 2°. pinces

d'un scorpion, ferres d'une écrevisse ; 3°. moles, jettées ; 4°. pieds fourchus ; 5°. les deux extrémités des paupieres, qui se joignent l'une à l'autre.

3.

CAL, couper, se faisant précéder de S, a produit ces mots :

S-CALetrum, i, pincette.
S-CAListerium, ii, sarcloir.

II. COL, CUL, pointe.

De COL, pointe, vinrent :

1,

1. CULex, icis, moucheron, cousin ; nom qu'il dut à l'aiguillon avec lequel il pique.
2. A-CYLOS, Gr. AKULOS, gland de chêne verd, ou de houx à feuilles pointues.
3. Æs-CULus, i, houx, chêne aux feuilles pointues.

En Bas-Bret. AS-COL COAT, houx : mot-à-mot, arbre aux feuilles pointues.

Æs-CULetum, i, lieu planté de houx.
Æs-CULeus, a, um ; Æs-CULinus, a, um, de houx.
ÆSQUILINus, i, le Mont Esquilin, à Rome.

En Bas-Bret. AsCOL, chardon.
En Gr. SKOLYMOS, chardon.

2.

De-là au figuré, CULpa, faute, action dont l'idée pique, poigne, cause une douleur piquante.

CULpa, æ, faute, manquement, action blâmable.

CULpo, -are, blâmer, reprocher, reprendre.
CULpito, -are, blâmer souvent.
CULpatio, onis, blâme, reproche.

COMPOSÉS.

DE-CULpatum verbum, un mot qui n'est plus en usage.
IN-CULpatus, a, um, qui n'est point coupable.
IN-CULpabilis, e, irrépréhensible.

3.

1. CULter, ri, couteau, coûtre, serpe.
CULtellus, i, petit couteau, canif.
CULtellatus, a, um, fait comme un couteau ; 2°. tailladé, déchiqueté ; 3°. applani, uni au cordeau.
CULtello, -are, mettre à plomb, unir au cordeau.

2. CULtrarius, ii, celui qui égorgeoit la victime ; 2°. Coutelier.
CULtrarius, a, um, de couteau, fait comme un couteau.
CULtratus, a, um, fait en tranchant comme un couteau.

III. CAL, creuser, tailler, gratter.

CAL, signifiant creux, creuser, &c. se fit précéder de la sifflante, pour présenter de nouvelles idées relatives à celles-là : d'où les familles suivantes :

1. S-CALpo, is, psi, ptum, pere, } 1°. tailler,
S-CALpello, -ere. } ciseler, graver ; 2°. gratter.

S-Calprum, *i*,
S-Calpra, *æ*,
S-Calper, *i*,
S-Calptorium, } couteau, rasoir, lancette, bistouri, burin, tranchet de Cordonnier, grattoir, racloir, ciseau.

S-Calpellus, *i*,
S-Calpellum, *i*,
S-Calpulum *i*, } petit ciseau.

S-Calpurio, *-ire*, gratter.
S-Calpurigo, *inis*, démangeaison.

2. S-Calptor, *is*, graveur.

S-Calptura, *æ*, gravure,
S-Calpturatus, *a*, *um*, gravé, ciselé.

3. S-Calpratus, *a*, *um*, tranchant, affilé.

COMPOSÉS.

Circum-Scalpo, *-ere*, gratter, graver tout autour.
Ex-sCalpo, *-ere*, tailler, creuser.
In-sCalpo, *-ere*, tracer, tailler dedans.

IV. SCAL, prononcé SCUL.

1. S-Culpo, *-ere*, graver, tailler au ciseau, cizeler.
S-Cultor, *is*, sculpteur, ciseleur, graveur.
S-Culptura, *æ*, ciselure, sculpture.
S-Culptile, *is*, Statue.
S-Culptilis, *e*, taillé au ciseau.

2. S-Culponea, *æ*, Ceste ou gantelet garni de plomb.
S-Culponeæ, *arum*, sabots; souliers grossiers.
S-Culponeatus, *a*, *um*, qui porte des sabots ou de gros souliers.

COMPOSÉS.

Ex-Sculpo, *-ere*, graver, entailler; 2°. arracher de force; 3°. effacer, rayer.

In-Sculpo, *-ere*, graver dessus, imprimer dans.

V. COL, CLO.

De Col, Clo, signifiant taillé, fendu, racourci, se formerent deux autres familles Latines dont l'origine étoit entierement inconnue; celles de Claudus & de Clunis.

1.

De Col, les Grecs firent Kolos, tronqué, mutilé: Kolouó, racourcir, tronquer; mais les Latins élidant la premiere voyelle, en firent Clausus, & puis Claudus.

Claudus, *a*, *um*, boiteux, qui marche avec peine.

Clauditas, *is*,
Claudigo, *inis*,
Claudicatio, *onis*, } l'action de boiter, démarche des boiteux.

Claudico, *-are*, boiter, clocher; 2°. gauchir, n'aller pas droit; 3°. être défectueux.

2.

2. Clunis, *is*,
Clunes, *ium*, } fesse, cul.

Cluniculus, *i*, petit cul.

2. Clura, *æ*,
Cluna, *æ*, } singe sans queue.

3. Clunaculum, *i*, couteau de boucher.

CAM,
Courbure.

Cam, courbure au sens physique & moral; tortuosité, injustice. C'est un mot primitif commun dans l'uou l'autre de ces sens aux langues d'Europe & d'Asie.

En Bas-Br. CAM; en Irl. CAM; en Gall. GAMbe, courbe.

En Chald. KAMat; en Arab. CAM, sinuosité.

En Perf. KEMan, en Turc, Kieman, arc.

En Perf. KEMer; en Armén. KAMar, en Chald. KAMaron; en Grec KAMara, &c. voûte; de-là ces familles Latines.

1.

CAMus, i; CHAMus, i, Gr, KÊMOS; 1°. frein, licou, il dompte, il plie, il courbe à sa volonté: 2°. museliere; 3°. sac qu'on attache à la tête des animaux; 4°. loup, masque; 5°. vase à recevoir les suffrages; 6°. nasse à prendre le poisson; 7°. fusil à faire feu.

Gr. KHAMOS char.

2.

CAMELLA, æ; CAMelia, æ, vase de bois à forme recourbée dont on se servoit pour les sacrifices.

CIMILE, is, bassin à laver.

CAMura, æ, coffre, cassette de toilette, de forme arquée.

3.

3. CAMelus, i, chameau, animal dont le dos est bossué & s'éleve en arc. Ce mot est venu de l'Orient, des pays où cet animal est naturalisé.

CAMelinus, a, um, de chameau.

CAMelarius, ii, celui qui a soin des chameaux.

CAMelaria, æ; CAMelasia, æ, conduite des chameaux, soin de les panser.

CAMelasium, ii, tribut imposé sur les chameaux.

2. CAMelo-PARdalis, is, giraffe, animal; de CAMelus & de PARdus, un léopard.

4.

CAMinus, i, fourneau, four, forge: les fours, &c. furent toujours faits en voûte; 2°. âtre, cheminée, foyer; 3°. feu qu'on fait à la cheminée.

CAMino, -are, faire en forme de four, de fournaise, de cheminée; construire un fourneau, une cheminée.

5

CAMarus, i, Gr. KAMmaron, crabe, écrevisse, à cause de sa forme recourbée, voûtée.

2. CAMera, æ, voûte, arcade, berceau, toit fait en voûte.

CAMara, æ, voûte, arcade; 2°. creux ou courbure de l'oreille; 3°. vaisseau ponté.

CAMero, -are, voûter, faire en arc, cambrer, faire en arc, en dos-d'âne.

CAMerarius, a, um, de voûte, de berceau, qui concerne les treilles faites en arc.

CAMerarius, ii. Officier ou Gentilhomme de la Chambre.

CAMeraria, æ, fille de chambre.

CAMeratus, a, um, recourbé, tourné en-dedans; crochu.

Con-CAMero, -are, voûter, ceintrer en arc.

Con-CAMeratio, onis, voûte, arcade, ceintre d'une voûte.

6.

CAM devenu CAMP.

1. CAMPa, æ, } courbure; 2°. tout
   CAMPe, es, } insecte qui, pour avancer, éleve son dos en arc, chenille; 3°. poisson cétacée; 4°. fable; 5°. jambe, ainsi nommée, parce que la jambe a une courbure, plus ou moins forte.

En Grec, Καμπη, *Kampé*, chenille, &c. D'où.

PITYE-CAMPa, æ, chenille de pin.
HIPPO-CAMPa, æ, Gr. *Hippo-Campos*, espece de crabe; 2°. fouet d'un cocher.

2. CAMPagus, i, } chaussure propre
   CAMPacus, i, } aux Grands, &
   CAMPagium, ii,) aux Ecclésiastiques, ainsi dite de CAMBa, la jambe.

3. CAMPso, -are, courber, recourber; 2°. troquer.
   CAMPsor, is, celui qui recourbe, qui fait creux; 2°. Banquier.

4. CAMPT-Aules, æ, qui sonne du cor, ou *mot à mot*, de la flûte recourbée; d'*Aulé*, flûte, & CAMPto, recourber.

5. CAMPolus, i, rejetton qui se recourbe, qui s'entortille.

7.

CAM-PAna, æ, cloche.

C'est un binome formé de CAM, creux, recourbé, & de PAN, vaisseau, vase : ces deux mots sont de toutes les langues Celtiques, & se trouvent aussi en Anglois & en Allemand.

CAM-PANarius, ii, fondeur de cloches.
CAM-PANile, is, clocher.

8. VERBE.

CAMBio, -ire; 1°. changer, troquer; 2°. combattre; 3°. tourner vers, se mettre en chemin.

En Gr. KAMPTO, tourner, changer, contracter.

CAM-Bium, ii, troc, échange.

Ce Verbe tient à CAM, courbé, puisque, pour se tourner, pour fléchir, il faut décrire un tour, une courbe.

Il signifie également troquer & combattre, parce que, pour l'une & l'autre de ces opérations, il faut que leurs Agens se tournent l'un contre l'autre.

D'ailleurs, il peut dériver dans ces deux sens de CAM, main, dont nous avons parlé ci-dessus.

Dans le sens de marcher, il tient également au Celte CAM, marche; d'où notre mot CHEMin, & le Theuton COMM, aller.

A tous ces sens tient notre mot JAMbe, autrefois GAMBE, d'où GAMBade, GAMBader, &c. En Picard GAMBe.

9.

CAM, devenu SCAM.

1. S-CAMbus, a, um, qui a les jambes tortues.

S-CAMnum, i, élévation de terre entre deux raies; 2°. banc; 3°. marchepied, escabelle.

S-CAMna, orum, branches d'arbres étendues en maniere de bancs, où l'on attache la vigne.

S-CAMnatus,

S-Cæmnatus, a, um, sillonné, labouré par sillons.

S-Camnellum, i, } petit banc, petit escabeau ; 2°. piédestal qui ressemble à un escabeau ; 3°. tringles de la catapulte ; 4°. saillie en maniere d'escabeau.
S-Camellum, i,
S-Camillum, i,

&. S-Cabile, is ; S-Cabellum, i, escabeau, petit banc.

CÆM.

Cæmentum, i ; 1°. moilon, mortier ; 2°. blocaille, blocage ; 3°. mur fait de moilon.

Les murs tiroient leur nom du mot primitif חם, Ham, Cham, désignant le feu, parce qu'ils étoient faits de briques cuites au feu.

Les Hébreux disoient הומה, C'HOMÉ, un mur.

En Indien, Chom, une maison.

En Bas-Br. Chom, demeure, habitation.

En Chinois, Chom, Cum, un Palais.

Cæmentarius, ii, un maçon.
Cæmentitius, a, um, de moilon.

CIM.

Cimex, icis, punaise.

En Basq. Chimica, & Chincha.
En Espagn. Chinche.

Ce mot dont l'origine fut inconnue à Vossius lui-même, tient à la famille Celtique Cam, Cem, brûler, piquer, pincer ; d'où le Basq. Cimicoa, pincement.

La piquure de la punaise est brûlante, elle enflamme le sang de ceux qui n'y sont pas accoutumés : il faut absolument leur abandonner la place.

CUM,

Élévation, Tas, avec.

Cum, est un primitif nazalé, formé de Co, Cau, qui signifient tas, amas, élévation.

En Bas-Br. Co, élevé.
En vieux Suéd. Koo, } montagne.
En vieux Persan Coho,

En Celt. Cos, tête, vieux, &c.

De-là diverses familles Latines.

I.

CUM, union, Assemblage.
Préposition & Conjonction.

De Co, Com, élévation, amas, choses mises ensemble, se forma la Préposition Latine Cum, avec.

1.

Cum, signifiant amas, union, devint naturellement une Préposition ou un mot qui, placé entre deux Noms, indiquoit de la maniere la plus sensible que les deux Noms entre lesquels il se trouvoit, & qu'il unissoit, étoient placés ensemble, avoient concouru l'un & l'autre conjointement, l'un avec l'autre.

Les Latins ne nazaloient pas ce mot dans toutes les circonstances ; ils le prononçoient franchement en Co, lorsqu'il se lioit mieux de cette maniere avec les mots auxquels on l'unissoit pour n'en faire qu'un seul. Ainsi ils dirent Co-Go, au lieu de Cum-Ago; Colloco, au lieu de Cum-Loco, &c.

Préposition, il se mit quelquefois après les pronoms; ainsi on dit Me-*Cum*, avec moi; Te-*Cum*, avec toi; Se-*Cum*, avec lui; Quo-*Cum*, avec quoi; la prononciation en étoit plus agréable.

C'est de la même maniere qu'on en a fait le Trinome Vade-Me-Cum, un objet que je porte toujours avec moi, qui ne me quitte pas plus que mon ombre.

Le nom que cette Préposition lie avec celui qui la précede est toujours à l'ablatif, & cela ne se pouvoit pas autrement; car ce nom qu'elle lie avec le précédent est toujours un circonstanciel; mais l'ablatif est le cas du circonstanciel; il est donc nécessairement à l'ablatif par sa nature, & non parce que l'usage a voulu que *Cum* se fît suivre de l'ablatif. On n'auroit pu parler autrement en Latin sans renverser le génie de cette Langue.

2.

Ce mot donna lieu à diverses phrases elliptiques; ce qui n'est point étonnant, puisqu'il étoit lui-même un mot elliptique: c'est ainsi qu'on a dit,

Homo cum-primis locuples, *m. à m.* un homme riche autant que les premiers, ou avec les premiers: pour dire *un homme qui va de pair avec les* plus riches: dès-lors,

Cum-Primis devient un adverbe qui désigne le superlatif, très, principalement, sur-tout, extrêmement.

Ut-Cun-Que, *m. à m.* comme, autant que, c'est-à-dire, autant de fois *que vous viendrez, que vous voudrez*, &c., de quelque maniere que ce soit, &c. comme qu'il en soit, &c.

3.

Cum signifiant Amas, Elévation, Avec, est un mot également commun aux Orientaux, mais uni à cette aspiration qui se prononce également Ho, Wo, Go, Co.

En Héb. עם, Chum; en Arabe خُم, Chum, multitude, peuple, assemblage, Communes; & chez les Hébreux *Avec*. On y voit עמך, Cum-Ke, Avec toi: *Avec toi est le pardon*; Pseaume CXXX. 4.

Cette Préposition se trouve aussi chez les Nations du Nord: les Gallois l'écrivent ou le prononcent Cwm, Cym, Cyn.

Mais Cyn est exactement le Grec ΣΥΝ, prononcé Sun & Cyn, qui signifie également avec. Il n'y a donc de différence à cet égard entre les Grecs & les Latins que dans la prononciation: elle est forte chez les Latins: elle est radoucie chez les Grecs & chez les Gallois:

mais ils ont tous la même Préposition ; ce qui prouve sa haute antiquité.

4.
Cum, Conjonction.

Cum étant un mot unitif qui entre deux noms devenoit naturellement une Préposition, fut également & avec la même facilité une Conjonction, dès qu'il se trouva entre deux verbes, dont le dernier désignoit une circonstance d'union, en tems, en quantité, &c.

Ainsi lorsque les Latins voulurent exprimer une coïncidence d'événemens ou un rapport de circonstances ; qu'ils voulurent désigner, par exemple, la coïncidence de la retraite de Pompée en Egypte avec celle de sa défaite par Jules César, ils se servirent de *Cum*, qui répondit ainsi à notre Conjonction *lorsque* ; Cum *Pompeius victus fuisset, in Ægyptum evasit.*

Ils durent dire également dans le temps présent, Cum *res ita sint*, puisque les choses sont ainsi, *ou* les choses étant ainsi.

Telles sont donc les diverses significations de Cum en François, ou les conjonctions qui remplacent celle-là dans notre langue.
1°. Lorsque, quand.
2°. Puisque ; 3°. non-seulement.
4°. Tant, à un si haut prix.
5°. Que ; 6°. quoique.

On le joint avec d'autres conjonctions & par ellipse, comme dans cette phrase ;

Ut Cum *maxime*, comme autant que très-grandement, *ou* le plus qu'il soit possible.

Observons, 1°. que pour distinguer ce double emploi de *Cum*, on met un accent grave sur Cum conjonctif, qu'il devient Cùm.

Et 2°. que le verbe qu'il précède se met toujours & nécessairement au subjonctif, la fonction de ce mode étant de peindre les phrases subordonnées à une autre, telles que sont les phrases circonstancielles.

II.
CUM, Société ; d'où COMœdia.

Com·œdia, *æ*, Comédie : mot Latin-Grec aussi connu que son origine l'est peu. Il est composé du mot Odé, chant : mais que signifie sa première syllabe Com ? On a cru qu'elle désignoit le mot *Kômé*, village, parce que les premiers Auteurs comiques alloient jouer leurs farces de village en village.

Ne trouverions-nous pas une étymologie plus naturelle ?

Komos, signifie danse, festin, divertissemens, réjouissances.

Com-Edie est donc mot à mot, un chant de réjouissance ; un Poëme gai & enjoué.

Y ij

Ces mots tiennent, de même que Kômê, village, & que le Celte Com, ville, habitations réunies, au mot Com, ensemble, parce que les divertissemens, les réjouissances publiques se forment toujours par la réunion de tous ceux qui habitent le même lieu.

Nous verrons dans la suite que la Tragédie n'avoit pas mieux été traitée que sa sœur relativement à son étymologie.

De Comos, réjouissance, vint cette famille Latine-Grecque :

1. Comus, i, Comus, le Dieu des réjouissances publiques, des danses & des jeux.

2. Comicus, a, um, comique, de comédien.
Comici, orum, Comédiens.
Comicè, d'une manière plaisante, comiquement.
Comœdus, i, Comédien, Histrion.
Comœdicus, a, um, de Comédie.
Comœdicè, en Comédien, plaisamment.
Comœdio-graphus, i, Poëte comique.

3. Pro-Comium, ii, hymne à l'honneur de Comus.

4. Com-Archus, i, qui commande dans un village.

III.

CUM, Monceau.

1. Cumulus, i, monceau, tas, amas ; 2°. comble, excédent, surcroît, augmentation ; 3°. fin, conclusion.

Cumulo, -are, combler, remplir, charger, emplir, amasser, entasser ; accumuler ; 2°. augmenter, accroître, ajouter.

Cumulatio, onis, amas, assemblage, monceau, entassement.

Cumulatim, par monceaux, par tas, en manière de choses entassées les unes sur les autres.

Cumulatè, abondamment, magnifiquement, amplement, largement ; avec largesse ; outre mesure, de reste.

2. Cumera, æ, grand panier avec un comble ou couvercle, manne ou corbeille haute, pour serrer le bled.

Composés.

1.

Ac-Cumulo, -are, amasser, assembler, entasser ; 2°. combler, réchauffer les arbres & les plantes.

Ac-Cumulator, is, entasseur, qui amasse, qui accumule.

Ac-Cumumulatio, onis, entassement, multitude, tas ; 2°. rechauffement des arbres ou des vignes.

Ac-Cumulatè, ius, tissimè, amplement, largement, en abondance, à tas, avec profusion.

2.

Ca-Cumen, inis ; comble, cîme, sommet.

Ca-Cuminatus, a, um, qui finit en pointe.
Ca-Cumino, -are, terminer en pointe.
De-ca-Cumino, -are, abattre le sommet, le faîte.
De-ca-Cuminatio, onis, étêtement des arbres.

3.

Cima, æ, pointe, cîme des montagnes, des arbres.

IV.

CŒN, Commun; Repas.

De Con, même que Comunion,

les Grecs firent l'adjectif KOINOS, commun : & le substantif elliptique KOINÈ, le souper, *mot-à-mot*, repas commun, parce qu'alors tous ceux qui composoient la famille, se réunissoient pour manger ensemble & que tout y étoit commun à tous : en particulier le potage ou la soupe qu'on mangeoit dans le même plat. De-là cette famille Latine.

CŒNa, souper.

1. CENa, æ, } souper, repas du soir :
   COENa, æ, } salle à manger.
CŒnula, æ, petit souper, collation.
CŒnito,-are, souper souvent en un même lieu.
CŒnaturio,-ire, avoir envie de souper.
CŒnatus, a, um, qui a soupé, qui est après souper.
COENatio, nis, salle à festins : — salle à manger ; — lieu le plus élevé & le plus spacieux d'une maison ; — cabinet de jardin : — chambre d'audience, parloir.
CŒnatiuncula, æ, petite chambre à manger, petit parloir.
CŒnaticus, a, um, qui concerne le souper.
CŒnatorium, ii, robe de festin ; robe de chambre.
CŒnaculum, i, salle à manger : ce mot étoit usité pour les pauvres, tandis que les riches se servoient de *Cænatio*.
CŒnacularia, æ, loyer d'un étage loué.
CŒnacularius, ii, locataire, celui qui louoit le plus haut étage d'une maison.

COMPOSÉS.

ANTE-CŒNa, æ, } collation, goûter,
ANTE-CŒNium, ii, } repas fait entre le dîner & le souper.
CON-CŒNa, æ, qui soupe avec, qui soup ensemble.
CON-CŒNatio, -nis, souper fait avec une grande compagnie, l'action de souper ensemble.
DOMI-CŒNium, ii, repas qu'on fait chez soi, dans sa maison. De DOMus, maison.
IN-COENo,-are, souper quelque part, être à souper.
IN-CŒNatus, a, um ; IN-CŒNis, e, qui n'a pas soupé.
RE-CŒNo,-are, souper une seconde fois.
SUB-CENO,-are ; -CŒNo,-are, souper dessous ; ne souper qu'à demi, ne pas manger assez pour satisfaire son apétit.

FAMILLE GRECQUE.

COENO-Bium, ii, lieu où l'on vit en commun, couvent; de BI, *en Celt.* BE, vivre.
CŒNO-BItæ, arum, gens qui vivent en Communauté.
CŒNO-BI-ARCHa, æ, Supérieur, Gardien, Proviseur de la Communauté.

COMPOSÉ.

CUNCTUS, a, um, tout, général, entier.

FESTUS dit que ce mot désigne une réunion d'objets, la totalité des objets unis, rassemblés en un lieu.

Au lieu que *omnis* désignoit la totalité d'objets d'une même espece, quoique dispersés qu'ils fussent.

C'étoit une très-bonne distinction qui faisoit voir que ces mots n'étoient point synonymes.

Cunctus est donc la réunion de

deux mots de *Co*, avec, & de *junctus*, joint, uni.

CAN.

La lettre C, suivie de la nazale N, renferme deux sortes de familles de mots latins.

1°. Ceux qui se sont formés par onomatopée.

2°. Ceux qui sont dérivés de la valeur de la lettre C.

Mots
formés par onomatopée.

Le Latin offre deux familles en CAN, formées par onomatopée :

1°. CAN, chien.
2°. CAN, chanter.

I.
CAN, chien.

CANis, is, chien, chienne.

ANTE-CANis, Avant-chien ; en Grec PRO-CYON, nom d'une Constellation.

CANinus, a, um, de chien.

CANicula, æ, petite chienne ; 2°. la canicule ; 3°. homme ou femme d'un caractère mordant ; 4°. chien de mer ; 5°. coup de dés malheureux ; 6°. porte de Rome où l'on égorgeoit les chiens.

CANicularis, e, caniculaire.

CANarius, a, um, de chien.

CANatim, en chien.

CANarium, ii, sacrifice d'un chien rouge, que l'on faisoit au tems de la canicule, pour les fruits de la terre.

2. CANaria, æ, chiendent.

2.
CATELL, diminutif de CAN.

De CANis, se forma le diminutif CATellus ; de-là vint à Rome le nom de la porte CATULARia, parce qu'on y immoloit des chiens roux à la Canicule.

CATellus, i,
CATulus, i,
CATella, æ,
CATulla, æ,
petit chien, petite chienne ; 2°. collier mis au col d'un chien ; 3°. petit de quelque animal que ce soit.

CATulinus, a, um, de chien.

CATulio, ire, être en chaleur, desirer le mâle, parlant des chiennes chaudes.

CATulitio, onis, chaleur des animaux.

CATilo, onis, loup marin.

Famille Grecque.

1. CYNegesia, æ, vénérie.

CYN-ANCHé, és, inflammation de gorge.

CYNicus, a, um, de chien ; 2°. cinique.

CYNædus, a, um ; CYNædicus, a, um, vilain, efféminé

2. CYNæ-dias, æ, pierre qu'on trouve dans la tête d'un poisson.

Binomes.

1. CYNO-MYa, æ, mouche de chien : de *mya*, mouche.

2. CYNOS-BATos, i, églantier ; de *Batos*, buisson, arbrisseau, épineux.

3. CYNOS-URa, æ, la petite ourse, *mot à mot* queue du chien.

4. PRO-CYON, is, l'avant-chien, *Constellation.*

II.
CAN, Musique, mélodie.

1.

1. CANo, -ere, chanter, célébrer, louer, faire des vers ; 2°. prophétiser, prédire ; 3°. parler, dire ; 4°. faire de la musique, jouer des instrumens de musique.

CANor, oris, harmonie, mélodie, son harmonieux de la voix, ou des instrumens de musique.

CANorus, a, nm, résonnant, harmonieux, mélodieux, qui a un son agréable.

CANTo, -are, chanter, charmer, ensorceler.

CANTito, -are, chanter souvent.
CANTillo, -are, chanter à voix basse.
CANtio, onis, chanson; 2°. enchantement, charme.
CANticum, i, chanson, air, récit en musique.
CANtus, ûs, chant de la voix; 2°. son des instrumens de musique, air, chanson; 3°. ton, voix; 4°. enchantement, conjuration.
CANturio, ire, brûler d'envie de chanter.
CANtor, is, Chantre, Chanteur, Musicien qui déclame en chantant, Acteur d'Opéra, bouffon.
CANtrix, cis, Chanteuse, Musicienne, la Chantre d'un Couvent de Religieuses.

CAN

CANtiuncula, æ, petite chanson, chansonnette.
CANtilena, æ; CANtatio, onis, chanson, vaudeville; 2°. bruit qu'on fait courir; 3°. charme.
CANtamen, inis, enchantement.

2.

CINara, æ; CINyra, æ, instrument de musique, le son en est lugubre, en Hébr. כנור, KINOR; en Gr. Κινύρα, Kinyra.

3.

CAMENa, æ; CAMœna, æ, Chanson: Muse. Les Anciens crurent que CAMENA étoit de la même famille que CANo, chanter: qu'on avoit dit aussi CASMena, & puis CARMina, d'où étoit venu CARMen, vers: ils ne pouvoient mieux dire; mais nous avons vu sous la lettre A. des Orig. Franç. col. 73. que ce mot appartenoit à la famille HARM, harmonie, qui s'adoucit en CARM pour produire la famille CARMen.

COMPOSÉS.

Ac-CANTo, -are, chanter auprés, ou, avec.
Ac-CINo, is, nui, centum, ere, chanter auprès, chanter en partie.
Ac-CENTus, ûs, élévation & abaissement de la voix, accent.
Ac-CENtiunculi, æ, accent, marque rude sur les mots pour désigner leur quantité
CON-CENTo, -are, chanter d'accord, chacun sa partie.
CON-CENtio, onis, consentement, concert, union.
CON-CENtus, ûs, accord, concert, chant, harmonie; 2°. union, liaison, bonne intelligence.
CON-CINo, -ere, chanter en partie, s'accorder.
DE-CANto, -are, louer, vanter, divulguer, redire, répéter souvent.
DIS-CENto, -are, chanter le dessus, faire le dessus.
EX-CANto, -are, enchanter, ensorceler.
EX-CANtatio, onis, enchantement, sorcellerie.
IN-CANto, -are, enchanter, charmer.
IN-CANtator, is, enchanteur.
IN-CANtatio, onis; IN-CANtamentum, i, enchantement, charme,

IN-CENTor, is, chanteur ; qui excite.

IN-CENtio, onis, concert de voix & d'inſtrumens.

IN-CENtivus, a, um, qui prélude, qui anime.

IN-CENtivum, i, prélude, motif.

IN-CINo, -ere, chanter, faire un concert.

INTER-CINo, -ere, chanter entre deux, dans les intermèdes.

OB-CANtatus, a, um, enchanté.

OC-CANo, -ere, ſonner, faire réſonner, chanter.

OC-CINo, -ere, chanter de l'autre côté, à l'oppoſite, faire l'écho ; 2°. chanter malheur, comme un oiſeau de mauvais augure.

OC-CENto, -are, chanter devant, chanter la taille.

OC-CENtus, us, cri, chant, cris de certains animaux.

PER-CANtatio, onis, enchantement.

PER-CANtatrix, cis, magicienne.

PRÆ-CANto, -are, enchanter.

PRÆ-CANtatio, onis, enchantement.

PRÆ-CANtrix, cis ; PRÆ-CANtatrix, cis, enchantereſſe, magicienne.

PRÆ-CENtor, oris ; PRÆ-CENtrix, cis, celui ou celle qui entonne un chant, qui commence à chanter.

PRÆ-CENtio, onis, intonation, prélude, l'action de commencer à chanter.

PRÆ-CENtorius, a, um, qui donne le ton, qui ſert à entonner un chant.

PRÆ-CINo, -ere, entonner, ou commencer le chant, préluder.

PRÆ-CONis, génitif de PRÆ-CO, qui loue, louangeur, & on loue ordinairement par des chants ou des pièces de vers ; 2°. Panégyriſte, qui fait l'éloge ; 3°. Crieur public, parce qu'il faiſoit ſa criée en chantant, comme cela a encore lieu dans quelques pays.

PRÆ-CONium, ii, louange, éloge ; 2°. ſalaire du Crieur ; 3°. proclamation faite par un Crieur.

RE-CANo, -ere, rechanter, chanter une ſeconde fois.

RE-CANto, -are, répéter ce qu'on a chanté ; 2°. déſavouer, ſe rétracter, ſe dédire ; 3°. diſſiper par enchantement, déſenchanter.

RE-CINo, -ere, rechanter, chanter une autre fois ; 2°. redire.

SUC-CINo, -ere, parler après un autre ; 2°. chanter la baſſe ou la contre-partie.

SUC-CENtivus, a, um, qui chante, qui joue une contre-partie.

SUC-CENtor, is, qui chante, qui joue une contre-partie ; 2°. qui chante la baſſe.

CAN.

Les mots en CAN, dérivés de la valeur de la lettre C, ſe ſubdiviſent en trois claſſes.

1°. Ceux qui ſont dérivés de C déſignant la tête, l'élévation.

2°. Ceux où la lettre C indique la propriété de contenir, la capacité.

3°. Ceux où ayant un ſens oppoſé à ceux-là, elle déſigne les pointes, les angles, &c. De-là nombre de Familles.

CAN,
Tête.

CAN eſt un mot Celtique qui ſignifie TÊTE, ſommet, élévation, &c. De-là diverſes familles en toutes langues, ſoit en CAN, ſoit en CAND.

1°. CAND, SCANDO, Monter.

2°. CAN,

2°. CAN, CANT, branche, fonde.
3°. CEN, esprit, dénombrement.
4°. CAN, force, puissance, effort.
5°. CAN, le brillant du jour, du soleil parvenu sur l'horison, la blancheur.

I.
CAND, monter.

De CAND, tête, élévation, joint à la fiflante, fe forma cette famille Latine.

S-CANDO, -ere, monter, grimper.
  S-CANDula, æ, bardeau, douves propres à couvrir un toit.
  S-CANDularis, e, couvert de bardeaux.
  S-CANsio, onis, l'action de monter, montée.
  S-CANsuæ, arum, étriers.
  S-CANsorius, a, um, qui sert à monter; 2°. qui peut monter.
  S-CANsile, is, étrier; 2°. chapelet.
  S-CANs'lis, e, qui sert à monter.
  S-CANsilia, ium, siéges élevés.

COMPOSÉS.
1.

A-sCENDO, -ere, monter, escalader; 2°. s'élever, parvenir à.
  A-sCENDentes, um, ancêtres.
  A-sCENsio, onis, élévation, ascension.
  A-sCENsus, ûs, montée, accès en montant; 2°. degré; 3°. machine pour escalader.
  A-sCENsor, is, qui monte; cavalier.
CON-sCENDO, -ere, monter; 2°. monter un vaisseau.
  CON-sCENsio, onis, embarquement.
DE-sCENDO, -ere, descendre, venir à bas; 2°. condescendre, vouloir bien.
  DES-CENsio, onis; DES-CENsus, ûs, descente.
EX-sCENDO, -, ere, descendre de, mettre pied à terre, débarquer.
  EX-sCENsio, onis; EX-sCENsus, ûs, descente, débarquement.
IN-As CENsus, ûs, l'action de monter dessus.
IN-As-CENsus, a, um, où l'on n'a point encore monté.
IN-sCENDO, -ere, monter dessus.
IN-sCENsio, onis, emportement.
SUPER-SCANDO, -ere, monter par-dessus.
TRANS-CENDO, -ere, passer outre, aller au-delà; 2°. traverser en montant; 3°. violer.
TRANS-CENsus, ûs, passage.
TRANS-CENDens, tis, sublime, élevé, qui surpasse les autres.
TRANS-CENDentalis, e, transcendent, transcendental, terme de Géométrie & de Logique.

2.

De CEN, prononcé QUEN, vint,

OC-QUINisco, -ere, baisser la tête, s'incliner.
CON-QUINisco, -ere, s'accroupir, s'abaisser sur les jambes.

II.
CAN, CANT,
Branche, Rame.

CAN, CANT est un mot Celtique dérivé de CAN, tête, & qui désigne les branches d'un arbre, qui en forment la tête. De-là :

1.

CANT*abrum*, *i*, Drapeau, étendard; 2°. fon, pain de fon, de l'écorce du blé.

CANTerius, *ii*, échalas, pieu; 2°. appui, perche mife en travers; 3°. chevalet; 4°. chevron.

CANTheriolus, *i*, petit échalas.

CANTheriatus, *a*, *um*; CANTeriatus, *a*, *um*, foutenu avec des perches.

CANThus, Gr. Κανθός, bande de fer qu'on met autour d'une roue de carroffe.

2. FAMILLE GRECQUE.

CONum, *i*,
CONus, *i*, } cône, figure pyramidale; 2°. pomme de pin; elle eft en forme de pyramide; 3°. cimier où l'on met l'aigrette d'un cafque.

CONI-GER, *a*, *um*; CONI-FER, *a*, *um*; CONI-FERUS, *a*, *um*, qui porte des fruits coniques comme les pommes de pin.

CONIfco, -*are*; CONIffo, -*are*, heurter, choquer de la tête.

CONIfterium, *ii*, lieu où les lutteurs fe jettoient de la pouffière l'un fur l'autre, pour avoir plus de prife fur leurs corps huilés.

CONItum, *i*, libation de farine répandue.

3.

CONTus, *i*, Gr. Κοντός, perche, rame, aviron; 2°. fonde; 3°. javelot, dard.

CONTor, *ari*, fonder, jetter la fonde, tâcher de toucher le fond; 2°. fonder, s'informer, s'enquérir, queftionner.

Ce mot s'eft écrit & prononcé en Latin CONTor & CUNCTor, exemple remarquable d'un C gliffé entre deux confonnes, & qui peut fervir à faire découvrir ou reconnoître d'autres rapports. De-là deux familles Latines; l'une relative aux idées d'interroger, de s'informer; l'autre à celle de marcher la fonde à la main, avec la plus grande précaution, très-lentement, &c.

4.

PER-CONTor, -*ari*,
PER-CUNCTor, -*ari*, } interroger, s'enquérir,
PER-CONTo, -*are*, } s'informer.

PER-CONTatus, *a*, *um*, dont on s'eft informé.

PER-CONTatio, *onis*; PER-CUNCTatio, *onis*, demande, recherche, enquête.

PER-CONTator, *is*; PER-CONTatrix, *cis*, qui s'informe de tout, qui veut tout favoir.

5.

CUNCTo, -*are*,
CUNCTor, -*ari*, } temporifer, différer, héfiter, barguigner; *mot-à-mot*, marcher la fonde à la main.

CUNCTator, *is*; CUNCTabundus, *a*, *um*, lent, irréfolu; 2°. temporifeur; 3°. qui différe, qui remet de jour en jour.

CUNCTatio, *onis*, délai, lenteur, temporifement.

IN-CUNCTabilis, *e*, indubitable, qui ne fouffre aucun délai.

IN-CUNCTanter, promptement, fans délai.

6. FAMILLE GRECQUE.

A-CONTizo, -*are*, lancer, jaillir.

A-CONTias, *æ*, ferpent qui s'élance.

A-CONTiæ, Gr. Ακοντίαι, comètes, dont la queue s'élance & menace.

III.
CEN, GEN,
Esprit.

1. Censeo, es, sui, sum, ere, mot-à-mot, avoir de la tête, être pourvu de sens, penser, juger, opiner; 2°. faire un état, déclarer; 3°. faire le dénombrement; 4°. ordonner.

Census, ûs, dénombrement des hommes & de leurs biens; 2°. revenus, richesses de chaque particulier; 3°. prisée, estimation de biens; 4°. revue; 5°. Etats, tenues des Etats.

Census, a, um, qui a donné au Censeur le dénombrement de sa famille & de ses biens.

Census, i, celui dont les biens sont enregistrés.

Censuus, a, um, sujet au dénombrement, ou à cens & rentes.

Censa, orum, estimation, dénombrement de biens.

2. Censor, is, critique, censeur, qui trouve à redire, à gloser sur tout; 2°. Lieutenant de Police, Commissaire qui fait le dénombrement des personnes & des biens.

Censitor, is, Estimateur, Priseur, Arpenteur, Expert.

Censio, onis, estimation des biens, dénombrement; 2°. taxe, cens.

Censitio, onis, imposition de taxe, de taille.

Censura, æ, dignité de Censeur, de Lieutenant de Police; 2°. Ordonnance, Réglement de Police; 3°. critique, réprimande, correction; 4°. jugement, décision; 5°. essai, épreuve.

Censorius, a, um, de réformateur; 2°. de critique.

Censualis, e, de taxe, de tribut, de dénombrement.

COMPOSÉS.

Ad-Censeo, -ere, } joindre, ajouter,
Ac-Censeo, -ere, } mettre au nombre, s'unir à la volonté d'un autre, à son génie.

Ac-Censitus, a, um, mis au nombre.

Ac-Census, i, qui suit, attaché au service; 2°. qui est mis à la place d'un autre, qui supplée à son défaut; 3°. Lieutenant, Officier subalterne; 4°. Clerc, Huissier, Crieur, Bedeau, Sergent; 5°. Soldat surnuméraire, Volontaire.

Ac-Censiuncula, æ, épilepsie, mal caduc.

In-Census, a, um, dont on n'a point fait le dénombrement; 2°. qui n'a point fait au Censeur la déclaration de ses biens.

Per-Censeo, -ere, nombrer; 2°. parcourir; 3°. raconter.

Re-Censeo, ere, faire le dénombrement, compter; 2°. faire la revue; 3°. raconter, citer; 4°. revoir, repasser.

Re-Census, ûs, } Revue, l'action de
Re-Censio, onis, } revoir, dénom-
Re-Censitio, onis, } brement.

Re-Censitus, a, um; Re-Census, a, um, compté, nombré.

IV.
CAN, CON,
Force.

Can, Con, est un mot Celtique, Theuton, Grec, Anglois, &c.

qui signifie en Celte montagne, chef, élévation : & dans toutes ces langues, chef, force, puissance. De-là,

Le Grec I-Kanos, capable, suffisant; qui sait.

L'Anglois To Can, pouvoir.

L'Allem. Konnen, Kennen, pouvoir, sçavoir, &c.

De ce mot prononcé en O, se formerent :

1.

Le Grec Koneo, travailler, s'efforcer : & le Latin,

Conor, atus sum, -ari, faire ses efforts, mettre toutes ses forces, tout son pouvoir, toute son application.

Conabundus, a, um, qui fait ses efforts.

Conatus, ûs,
Conatio, onis, } 1°. effort; 2°. essai, tentative; 3°. dessein, entreprise.
Conatum, i,

Conamen, inis; Conamentum, i, inclination, instinct naturel; 2°. lévier qui sert à soulever.

2.

De-là dut se former le Grec Konos, serviteur, qui opere, qui exécute les ordres qu'on lui donne ; d'où cette famille Latine-Grecque :

Dia-Conus, i,
Dia-Cones, um, } Diacre.

Dia-Conatus, ûs, état de Diacre, Diaconat.

Archi-Dia-Conus, i, Archidiacre.

Sub-Dia-Conus, i, Sous-Diacre.

Sub-Dia-Conatus, ûs, l'ordre de Sous-Diacre.

V.

CAN, Blanc, Brillant.

1.

1. Caneo, -ere, être Chenu, blanchi ; 2°. avoir les cheveux blancs ; 3°. être couvert de gelée blanche.

Canus, a, um, blanc, blanchi, ancien, couvert de neige, simple, pur; Semi-Canus, à demi-blanc.

Canesco, -ere, devenir blanc.

Cani, orum, cheveux blancs.

Cania, æ, ortie mâle, qui paroit blanchie.

2. Candor, oris, blancheur éblouissante, couleur blanche ; 2°. sincérité, franchise.

Candido, -are, rendre blanc.

Candidé, blanchement ; 2°. de bonne foi, nettement.

Candidatus, a, um, vêtu de blanc ; 2°. postulant, qui brigue une charge, Prétendant, Candidat.

Candidatorius, a, um, qui concerne la poursuite de quelque chose.

Candico, -are, être blanchâtre, blanchir.

Candicantia, æ, blancheur brillante; 2°. couleur blanchâtre, qui tire sur le blanc.

Candentia, æ, clair de lune.

3. Candidus, a, um, blanc, de couleur blanche ; 2°. brillant, reluisant ; 3°. qui a de la candeur, de la bonne foi, ingénu, ouvert, franc ; 4°. favorable, heureux, serein.

Candidulus, a, um, tirant sur le blanc.

Candeo, -ere, être blanc, avoir une blancheur éblouissante ; 2°. briller, éclater, reluire ; 3°. être embrasé, paroître blanc à force de feu.

CANDesco,-ere, devenir d'un blanc éclatant ; 2°. devenir embrasé, tout en feu.

4. CANDela, æ, chandelle de suif ou de cire ; 2°. toile cirée Ce mot, signifiant *toile cirée*, est corrompu ; & devroit se nommer CANTELA, mot-à-mot, toile blanche.

CANDe-LABrum, i, chandelier, lustre ; mot-à-mot, réceptacle de chandelles, vaisseau propre à les contenir ; de LAB, prendre, recevoir, contenir ; & CAND, flambeau.

5. CANities, ei ; CANitudo, inis, chevelure blanche, état d'une personne chenue.

6. Cicindela, æ, ver-luisant.

BINOMES.

CANDi-Fico,-are, blanchir, rendre blanc.
CANDi-Ficus, a, um, qui blanchit, qui rend blanc.
CANDe-Facio,-ere, blanchir ; 2°. faire paroître blanc à force d'embraser.

COMPOSÉS.

Ex-CANDesco, -ere, s'échauffer au feu, être blanc de feu ; 2°. prendre feu, s'emporter.

Ex-CANDescentia, æ, emportement, promptitude, colere.

Ex-CANDefacio,-ere, échauffer ; mot-à-mot, prendre une couleur blanc de feu.

In-CANesco ; -ere, devenir blanc.

In-CANDeo,-ere ; In-CANDesco,-ere, devenir tout en feu, s'embraser.

In-Canus, a, um, blanc de vieillesse.

Præ-Canus, a, um, blanchi avant le temps.

Per-Candidus, a, um, fort blanc.
Per-Candefacio,-ere, rendre fort blanc.

Re-Candeo,-ere ; Re-Candesco,-ere, reblanchir, redevenir blanc ; 2°. rougir de nouveau, se rallumer.

Sub-Candidus, a, um, blanchâtre.

II.
CIN & CEND ;

D'où CINis & ACCENdo ; en Allemand ZUNder ; en Anglois TINder.

CINis, eris ; cendre ; 2°. tombeau, la mort.

CINisculus, i, petite cendre.

CINerarius, ii, Garçon de cuisine, Marmiton ; 2°. écornifleur ; 3°. qui agace ; 4°. qui souffle dans les cendres.

CINI-FLO, onis, Souffleur de cendres ; 2°. qui frise les cheveux ; de FLO, souffler.

CINeraceus, a, um, cendré, de couleur de cendres.

CINerarius, ii, Poudreur, qui poudre les cheveux, Baigneur, Friseur.

CINerarium, ii, sépulcre, tombeau, urne où l'on renfermoit les cendres d'un corps.

CINe-Facio,-ere, réduire en cendres.
CINe-Factio, onis, incinération, réduction en cendres.

CINereus, a, um ; CINericius, a, um, de cendre ; 2°. cendré.

CINerosus, a, um, ténébreux, plein de ténèbres.

Sub-CINeritius, a, um, cuit sous la cendre.

III.
COMPOSÉS de CAND, ardent.

Ac-Cendo, -ere, allumer, mettre le feu, embrâser ; 2°. animer, encourager, irriter, accroître.

Ac-Census, a, um, allumé, mis en feu ; 2°. ému ; 3°. brillant.

Ac-Censor, *is*, celui qui met, qui allume le feu.

Ac-Censio, *onis*, brûlement, sacrifice de quelque chose qu'on brûle.

In-Cendo, *-ere*, brûler, faire brûler ; enflammer ; 2°. échauffer, irriter.

In-Cendium, *ii*, embrâsement ; 2°. envie, ardeur.

In-Censor, *is* ; In-Cendiarius, *ii*, boutefeu, incendiaire.

In-Cendiosus, *a*, *um*, brûlant, plein de feu.

In-Cendiarius, *a*, *um*, qui porte le feu.

In-Cendiaria, *æ*, Oiseau qui présage les incendies.

In-Censio, *onis*, embrâsement.

In-Censum, *i*, encens, qu'on brûle sur l'autel des Dieux.

In-Censé, ardemment.

In-Cende-Facio, *-ere*, mettre le feu.

Suc-Cendo, *-ere*, allumer, embrâser ; 2°. animer.

Suc-Censio, *onis*, embrâsement.

Suc-Censeo, *-ere*, se mettre en colere.

Derivés

Latins-Grecs.

1. Cachrys, Grec, Καγχρυς, Kankrys, graine de romarin : de Can, blanc, parce qu'elle est de cette couleur.

2. Candaulus, *Gr.* Kandylos ; mets fait avec de la farine ou du pain, du fromage, du miel, &c. *mot-à-mot*, ragoût, ou mets blanc : de Kan, blanc & *Edulium*, ragoût.

3. Pro-Conia, *æ*, farine récente d'orge, de bled.

Pro-Conius, *a*, *um*, fait de farine récente ; de Can, blanc, prononcé en Grec Kon : d'où,

Koniaó, blanchir.

Konis, cendres.

Konia, poussiere.

4. Cnestrum, *i*, Gr. Knéstron, poivre de Montagne ; de Can, montagne blanche.

5. Cnecus, *i*, Gr. Knécos, saffran bâtard ; de Can, montagnes sur lesquelles il croît.

Cnecinum oleum, huile de Carthame.

6. Cycnus, *i*, Gr. Kyknos, cygne, oiseau blanc ; de Can, Ken, blanc, répété, Ku-KeN.

CAN.

Familles formées de CAN, & qui désignent la propriété de contenir.

Can désignant la propriété de contenir, forma les familles suivantes.

1°. Can, tuyau, canne, tout objet propre à contenir.

2°. Cin, boucle, enveloppe.

3°. Conc, les coquillages.

4°. Cun, Guen, canal.

5°. Cing, enveloppe, ceinture.

6°. Cun, berceau.

1.

CAN, Tuyau, Canne, &c.

1. Canna, *æ*, tuyau de la respiration ; 2°. canne, roseau percé & vuide en dedans ; 3°. flûte ; 4°. vaisseau

à boire en forme de tuyau, CANa en Grec.

CANneus, a, um; CANnitius, a, um, de tuyau, de canne, de roseau.

CANnetum, i, lieu planté de cannes.

2. CANnabis, i, } chanvre, parce
CANnabum, i, } qu'il est formé de tuyaux ou de branches creuses.

CANnabinus; CANnabaceus, de chanvre; on dit aussi CANabis.

3. CANistrum, i, chose qui renferme, panier, corbeille. Peut-être tient-il à Canne, parce que les premiers paniers étoient faits de jonc. Mais il tient aussi au Primitif CAN qui dans presque toutes les Langues désigne un vase, un panier, & vient du Grec CANistron, une corbeille.

CANe-PHorus, a, um; CANi-PHorus, a, um, porteur de corbeille. Ce mot binome est pur grec; il vient de CANa, panier, & de PHoros, qui porte.

4. CANalis, is, tuyau, conduit d'eau; 2°. canon d'une machine; 3°. conduit de la respiration; 4°. lit d'une riviere; 5°. sentier étroit en forme de canal.

CANalitus, a, um, en forme de canal.

CANalicula, æ; CANalicatus, i, petit tuyau; 2°. œsophage, conduit du manger; 3°. auge pour contenir le boire & le manger des oiseaux; 4°. CANon d'une machine; 5°. CANelure.

CANaliculatus, a, um, canelé, creusé en canal.

CANaliculatim, par des canaux.

CANalicolæ, mot binome formé de COL, habiter; il signifie les habitans des canaux & des égouts, les gueux, les charlatans, la CANaille.

5. CANtharus, i, bocal à mettre du vin, tasse de Bacchus; 2°. espéce de vaisseau, de navire.

CANtharites, æ, espéce de vin d'Outremer, qui vient en bouteilles.

FAMILLES GRECQUES.

1. CANon, onis, Gr. Κανὼν, mesure, régle, modéle; 2°. ordre; 3°. tout ce qui sert à tenir en régle, à conduire, &c. comme l'aiguille d'un trébuchet; le guidon d'une arme à feu; 4°. Table chronologique, rôle, registre, tarif; 5°. Almanach; 6°. gouttiere; 7°. Juge, Censeur, critique.

CANonicus, a, um, régulier, dans les regles, exact.

CANonicus, ci, Chanoine.

NOMO-CANon, onis, table des Loix; du Grec Nomos, Loix.

2. CHœmis, is, espace de quatre milles d'Italie.

3. CHœnix, icis, } moyeu de roue;
CHœnica, æ } 2°. entraves pour les pieds des esclaves; 3°. mesure; 4°. instrument de Chirurgien.

CHœnicium, ii, moyeu de roue; 2°. baliste.

I I.

CAN, CIN, Boucle, Enveloppe.

1.

CINnus, i, le fourreau, l'enveloppe des yeux, la paupiere; 2°. boucle

…de cheveux faite comme un tuyau.

Con-Cinno, are, boucler les cheveux; 2°. accommoder, parer.

Con-Cinnus, a, um; Con-Cinnatitius, a, um, qui a les cheveux bouclés; 2°. paré, ajusté; 3°. élégant, joli, régulier.

Con-Cinnator, is; Con-Cinnatrix, friseur; qui boucle les cheveux; 2°. qui accommode tout le monde, temporiseur.

Con-Cinnitas, is; Con-Cinnitudo, inis, élégance, frisure, parure; 2°. justesse, agrément.

Con-Cinniter; Con-Cinné, élégamment, d'une maniere juste & jolie.

2. Cincinnus, i, c'est la réduplication du primitif qui forme un diminutif: ainsi ce mot veut dire petite boucle de cheveux; 2°. petit ornement.

Cincinnulus, i, très-petite boucle de cheveux.

Cincinnatus, a, um, frisé, ajusté.

COMPOSÉS.

3. Præcon-Cinnatus, ajusté, paré d'avance.

Recon-Cinno, are, rajuster, repolir.

Incon-Cinnus, a, um, mal poli, sans grace.

Incon-Cinniter, sans agrément, impoliment.

Incon-Cinnitas, is, défaut de politesse, dérangement.

2

Cinnamum, i, } Canelier; 2°. écorce de canelier, canelle, ainsi nommée du primitif Can, fourreau; l'écorce est le fourreau de l'arbre. C'est un binome qui signifie mot à mot arbre dont l'écorce est parfumée, ou écorce odoriférante: de Cin, écorce, & du mot Arabe Amom, des parfums. Les Latins disent Amomum, arbre odoriférant, & Amomis, plante qui a une bonne odeur. Ils disent aussi Mumia, squelette, cadavre embaumé.

Cinnameus, a, um, Apul. qui sent la canelle.

III.

De Conc, coquillage, se sont formés plusieurs binomes.

1. Con-cha, æ, coquille, coquillage; 2°. trompe, voûte en trompe; 3°. gondole, vase fait en coquille.

Conchatus, fait en coquille.

Conchula, æ, petite coquille.

2. Con-Chylium; de Con, enveloppe, coquille; & de Cha, chyl, maison: il signifie, 1°. maison à coquille; 2°. le poisson qui y loge; 3°. l'huître qui donne la pourpre; 4°. la pourpre même, 5°. les étoffes d'écarlate.

Conchyle, is, a le même sens.

Con-chyliatus, teint en pourpre.

Con-chyta, pêcheur d'huitres, de coquillages; Gr. Κογχίτης.

3. Con-ger, i, } congre, poisson,
Congrus, i, } Gr. Γογγρος, Gongros; de ger, porter, qui porte sa maison.

2.

4. Congius, ii, } un vaisseau de trois
Congiarium, } pintes, conge; 2°. largesse

largesse faite au peuple contenue dans le vase appellé Conge ; 3°. ensuite, présens, salaires, gages journaliers.

CONGialis, e ; CONGiarius, a, um, qui tient un conge ou bien six chopines.

3

CHANus, i,
CHANna, æ, } poisson de mer.
CHANne, es,

IV.

CAN, CUN, GIN, GUN, vase, tuyau, robe, GAINE.

1.

CUNiculus, i, } conduit, canal, mi-
CUNiculum, i, } ne, trou, boyau, terrier, souterrain ; 2°. lapin, parce qu'il se creuse des trous, des terriers : les Italiens disent,

CONiglio, & les Anglois CONey, lapin.

CUNicularius, ii, Mineur, pionnier, qui fait le métier des lapins, de faire des chemins souterrains.

CUNiculosus, a, um, plein de creux, de terriers ; 2°. plein de lapins.

CUNiculatim, en canelure, en forme de tuyaux.

2.

IN-GUEN, inis, la partie entre les deux aînes ; 2°. l'aîne même.

IN-GUINalis, e, qui concerne l'aîne.

IN-GUINaria, æ, plante qui guérit les maux de l'aîne.

3.

GAUNace, es, } habillement ; enve-
GAUNacum, i, } loppe, robe : on dit

Orig. Lat.

en vieux François, Gousel, en Italien GONNA, en Anglois GOWN, en Langued. GANache.

4.

GANea, æ, } petit trou obscur, mé-
GANeum, i, } chante petite maison, cabaret, lieu de débauche.

GANeo, is, débauché, qui se fourre dans des tavernes, &c.

5.

1. GENa, æ, la paupiere, l'enveloppe, le fourreau des yeux ; 2°. la joue, l'enveloppe de la bouche : les Allemands disent WANG, & les Italiens GUANcia.

2. GINGiva, envelope des dents, gencive.

3. A-GYNI, æ ; A-GINI, æ, le trou, la châsse, le tuyau dans lequel joue le fléau d'une balance.

A-GINor, -ari, se remuer dans cette châsse ; 2°. s'agiter pour peu de chose ; 3°. faire marchandise de choses de peu de valeur.

A-GINator, is, celui que le moindre intérêt fait remuer comme une balance.

4. VAGINa, æ ; GAÎNE, fourreau, étui ; VAGINula, petite gaîne.

VaGINator, is, faiseur de gaines.

VaGINarius, ii, Gainier.

EvaGINo, -are, dégainer, ôter du fourreau.

INVaGINo, -are, rengainer, remettre dans le fourreau.

V.

CING, Ceindre.

CINGo, is, xi, ctum, ere, ceindre, mettre une ceinture, s'habiller ;

A a

2°. entourer, envelopper ; 3°. faire cortége.

Cingula, æ, fangle, furfaix.

Cinguli, orum, les Zônes célestes.

Cingulum, i, ceinture, ceinturon, écharpe de cavalier ; 2°. anneau qu'on met au doigt ; 3°. titre, dignité de Magistrat.

Cingulus, a, um, qui est menu par la ceinture.

Cinctus, a, um, ceint, environné, enveloppé ; 2°. Juge tenant le Siége ; 3°. foldat fous les armes.

Cinctutus, a, um, foldat qui ayant fa robe retrouffée & mife en écharpe, étoit prêt à combattre. Les troupes d'élite.

Cinctorium, ii, ceinture, baudrier, écharpe de cavalier.

Cinctura, æ, ceinture.

Cincticulus, i, forte de petit habillement léger, ceint autour du corps, comme un tablier.

COMPOSÉS.

Ac-Cingo, -ere, ceindre, trouffer, relever ; 2°. fe difpofer, s'apprêter, fe préparer, s'ajufter, fe tenir prêt.

Circum-Cingo, -ere, environner de toutes parts.

Dis-Cingo, -ere, ôter la ceinture, déceindre, deffangler, caffer un foldat.

Dis-Cinctus, a, um, qui eft fans ceinture, à qui l'on a ôté la ceinture ; 2°. lâche, poltron, timide ; 3°. négligent, oisif, libertin, diffolu.

Dis-Cincté, d'une maniere libertine.

Ex-Cingo, -ere, ôter la ceinture ; dépouiller.

In-Cingo, -ere, ceindre, entourer, couronner.

Inter-Cinctus, a, a, um, entrelacé, environné.

Per-Cingo, -ere, entourer, mettre autour.

Præ-Cingo, -ere, ceindre, entourer, environner, entortiller autour de foi.

Præ-Cinctus, a, um, qui a retrouffé fa robe avec fa ceinture pour être plus en liberté.

Præ-Cinctus, ûs ; Præ-Cinctura, æ, l'action de ceindre, ceinture, ceinturon.

Præ-Cinctio, onis, pallier de l'amphithéâtre, courbé felon la rondeur du théâtre.

Præ-Cinctorium, ii, demi-ceint.

Præ-Cinctorius, a, um, qui ceint, qui lie tout autour.

Pro-Cinctus, a, um, prêt, appareillé, équipé, ceint.

Pro-Cinctus, ûs, expédition militaire ; 2°. l'action de fe tenir prêt à combattre, apprêt, appareil.

Re-Cingor, i, défaire, détacher fa ceinture.

Re-Cinctus, a, um, déceint, dont on a ôté la ceinture.

Sub-Cingo, -ere, ceindre par-deffous, mettre un ceinturon, entourer.

Sub Cingulum, i, ceinturon, ceinture.

Suc-Cingo, -ere, ceindre, trouffer, retrouffer ; 2°. environner, entourer.

Suc-Cinctus, a, um ; Suc-Cinctulus, a, um, ceint, retrouffé, relevé.

Suc-Cingulum, i, ceinture, ceinturon.

VI.
CUN, COEN,
Berceau.

I.

Cunæ, arum ; Cunabula, orum, berceau, maillot, langes. Ce mot paroît le même que l'Oriental כן

KEN; logette, (*theca, loculamentum.*)

CUNINA, æ, Déesse des enfans au berceau.
CUNALIS, e, de berceau.
IN-CUNABULA, orum, le berceau; 2°. tendre enfance.
CUNIO, -ire, se salir, se gâter.

2.

De CUNEO, se salir, se gâter, comme font les enfans au berceau, pourroit être venu le Latin,

CŒNUM, i, boue, fange, ordure; 2°. un homme de boue, un vilain.

Cependant comme le C & le T se mettent sans cesse l'un pour l'autre, il ne seroit pas étonnant que ce mot fût le même que le TIN des Egyptiens qui signifioit également *boue*, & qui devint le nom de la Ville de TANIS, à cause de ses boues, & dont le nom fut traduit exactement en Grec par celui de PELUSE, sous lequel cette Ville nous est connue, & qu'elle porte encore.

D'ailleurs CŒNUM, boue, ne peut pas venir du Grec KOINON, profane, souillé, qui est le sens figuré de KOINON, commun. Un sens aussi figuré ne peut avoir été la racine d'un mot physique tel que CŒNUM.

CŒNOSUS, a, um, boueux, fangeux; 2°. crotté, sali.

COMPOSÉS.

IN-QUINO, -are, salir, gâter, tacher.

IN QUINATIO, onis; —Namentum, i, saleté; ordure.
IN-QUINATÉ, salement, grossiérement.
CO-IN-QUINO, -are; 1°. infecter, gâter, tacher; 2°. corrompre, deshonorer.
CO-IN-QUINATIO, onis, souillure, corruption.
IN-CO-IN-QUINATUS, a, um, intact, pur, qui n'a été ni souillé, ni sali.
A-CŒTUS, i, peut-être ACŒNUS, i, pur, sans lie, sans ordure.
CŒNO-MYA, æ, mouche qui vit d'ordure.

CAN,
Pointe, Angle.

Tout mot qui signifie tête, réunit également l'idée de pointe. De-là tous ces mots Latins-Grecs:

1.

CNASO, onis, pour CENASO, } aiguille
CINASONUS, i,   } de tête,
                               poinçon.

CINARA, æ, artichaud, espèce de cardon aux feuilles pointues.
A-CANTHINUS, i, épineux, armé de pointes.
A-CANTHIS, is, chardoneret, parce qu'il aime la graine de chardon.

2.

CEN-TAURUS, i, centaure, *mot-à-mot*, Pique-Taureau: un Laboureur monté sur un bœuf & le piquant pour le faire avancer, avoit l'air d'un être moitié homme, moitié taureau; de-là le nom de centaure dans le stile mythologique, plein d'enjouement & de graces. *Voyez* Allégor. Oriental.

HIPPO-CENTAURUS, i, Centaure; *mot-à-mot*, Centaure-cheval, ou Etre fabuleux, moitié homme, moitié cheval.

CENTAUREA, æ; -- auria, æ; -- aureum, i, Centaurée, fiel de la terre : *plante dont le goût est amer & piquant.*

3.

PARA-CENTESIS, is, ponction faite au ventre d'un hydropique.

PARA-CENTERIUM, ii, aiguille d'oculiste, pour abaisser la cataracte.

CANTHARIDA, æ; CANTHARIS, idis; Gr. καν*θ*αρις, mouche cantaride.

4.

CENTRUM, i, centre, point au milieu d'un cercle : 3° nœud des arbres.

CENTROSUS, a, um, plein de nœuds.
CENTRALIS, e, placé au centre.
CENTRINES, æ, sorte de mouche.
CNODAX, acis; Gr. Κνωδαξ, cheville de fer qui sert d'essieu, d'axe, qui est au *centre* du mouvement.

5.

CUNEUS, i, coin à fendre; 2°. encoignure, coin; 3°. grand clou, clavette; 4°. corps de troupes rangées en forme de coin; 5°. dégrés de l'amphithéâtre.

CUNEOLUS, i, petit coin, cheville.
CUNEO, -are, fendre avec un coin; 2°. mettre en un coin; 3°. faire en forme de coin; 4°. diviser, séparer.
CUNEATIM, en forme de coin; 2°. rangé en coin.
CUNIO, onis, Comédien, qui lit l'annonce, ou une requête.
DIS-CUNEO, -are, fendre, entrouvrir avec un coin.
SUB-CUNEATUS, a, um, arrêté par en bas avec un coin.

6.

CAN, CEN, signifie en Celte couper; 2°. lambeaux, déchirures; 3°. rapiécer ; de-là ces mots :

1.

CANTHERIUS, ii, cheval hongre.
CANTHERINUS, a, um, de cheval hongre.

2.

CENTO, onis, morceaux d'étoffes diverses rapportés ensemble; 2°. habit rapiéceté, d'Arlequin; 3°. toutes choses faites de pièces de rapport; 4°. contes, discours en l'air; 5°. centon, parodie.

CENTUNCULUS, i, guenille, lambeau.
CENTONARIUS, a, um, ravaudeur, chiffenier, petit fripier; 2°. faiseur de centons, de misérables pièces de poësies, dont tout l'ornement est tiré de vers pillés çà & là, & assez mutilés pour qu'on ait de la peine à les reconnoître.

CAR.

La lettre C, suivie de la linguale forte R, a produit une beaucoup plus grande masse de mots que par sa réunion avec les labiales & avec la linguale foible. Nouvelle preuve du grand usage qu'on a fait en tous tems de la lettre R, ou de la syllabe AR. Cette multitude de familles qu'offre C-R peut se diviser, de même que celles en C-L, en quatre classes.

1°. Les mots où C a pris la place de l'aspiration.

2°. Les mots formés par onomatopée.

3°. Les mots où domine la valeur de la lettre R.

4°. Les mots où domine la valeur de la lettre C.

FAMILLES
où C a pris la place de l'aspiration.

Hor est un mot primitif qui désigna la lumiere, & tout ce qui y est relatif: les Latins & les Grecs les prononçant Cor, en dériverent diverses familles de mots, qui désignerent, 1°. la lumiere; 2°. l'œil, la vue; 3°. sur-tout la vigilance, l'attention, les soins empressés.

I.
COR, Brillant.

1.

Coruscus, a, um, brillant, reluisant.

Corusco-, -are, reluire, éblouir; 2°. faire briller.

Coruscatio, onis; Coruscamen, inis, éclair, splendeur.

Cordyla, æ, jeune thon.

2.

1. Cærulus, a, um, ⎫ bleu, azuré,
Cæruleus, a, um, ⎬ de la couleur
Cæsius, a, um, ⎭ du Ciel.

Cæruleum, i; Cæsulum, i, le bleu, l'azur.

Cærula, orum, les mers.

Cæruleatus, a, um, teint en bleu, en verd de mer.

Sub-Cæruleus, a, um, bleuâtre.

2. Cæsius, ii, qui a les yeux bleus.

Cæsullæ, arum, ceux qui ont les yeux bleus.

3.
FAMILLES GRECQUES.

1.
COR, CRO, couleur, œil.

1. Hypo-Corismus, i, couleur, prétexte, palliation.

2. Chroma, tis, coloris; 2°. prétexte; 3°. brillant; 4°. chromatique.

Chromis, is; Chromlus, i, poisson.

3. Crystallum, i, ⎫ crystal.
Crystallus, i, ⎭

Crystallinus, a, um, de verre, de crystal; 2°. clair, transparent.

2.

Cora, æ, Gr. Kora, Kóré, Kouré, 1°. prunelle de l'œil; 2°. jeune fille, nom de caresse, de mignardise; 3°. poupée.

Corion, ii, 1°. petite fille; 2°. sacrifice pour les garçons; 3°. mille-pertuis.

Coro-Plathi, orum, faiseurs & marchands de poupées; du Gr. Plazo, faire.

Corycæus, i, curieux, espion.

II.
Coram, Préposition.

De Cora, œil, prunelle de l'œil, se forma l'accusatif Coran, en Latin Coram; on en fit une ellipse qui signifia sous les yeux, en présence, en face; 2°. publiquement; 3°. ouvertement, sans voile, sans déguisement.

Dans ces deux derniers sens, il se prit adverbialement.

Mais dans le premier ce fut une préposition, parce que placé entre deux noms, il désignoit que l'action de l'un se passoit en la présence de l'autre.

Cette Préposition se trouve toujours suivie d'un ablatif, parce que le nom qui la suit exprime nécessairement un circonstanciel, & que tout circonstanciel se met à l'ablatif.

On a même dit quelquefois sans ellipse IN-CORAM, en présence.

III.
COR, adverbe.

COR, vue, prononcé CUR, devint l'adverbe,

CUR, par quelle vue, par quel motif, pourquoi?

2°. Sans interrogation, dans telle vue, pour.

IV.
CUR, vigilance, soin.

COR, prononcé CUR, désigna la vigilance, les soins, l'action d'un œil attentif sur une personne pour son avantage, & qui ne la perd pas de vue:

De-là le Celte CUR, soin, existant en Gallois, en Irlandois, &c. le Goth. KAR, & l'Anglois CARE, soin, souci, &c. & cette famille Latine:

1.

CURA, æ, soin, application; 2°. peine: chagrin; charge.

CURATIO, is; CURANTIA, æ, soin, conduite, curatelle, commission, cure, guérison.

CURATURA, æ, soin, attention donnée aux choses.

CURATOR, is, qui a le soin, l'administration d'une chose, Intendant, Agent; Curateur.

CURATÉ, soigneusement, exactement.

CURO, -are, avoir soin, se soucier, regarder, pourvoir, veiller; apprivoiser.

2.

CURIA, æ, mot-à-mot, assemblée qui a soin, qui veille; 1°. Cour, Sénat, Barreau, lieu ou Assemblée où l'on traite des affaires publiques.

2°. Curie, une des trente divisions de Rome, instituées par Romulus, auxquelles on ajouta ensuite six autres Curies.

3°. Temple, chapelle où s'assembloit chaque Curie pour offrir ses sacrifices & pour traiter des affaires qui la concernoient.

CURIO, onis, 1°. Prêtre du temple de chaque Curie; 2°. Crieur; 3°. Député qui porte la parole; 4°. Comédien qui annonce au public la piéce qu'on jouera.

CURIATUS, a, um, de curie, fait par les curies.

CURIATIM, par curies, par corps de communautés.

CURIALIS, is, Décurion, Echevin.

CURALIS, e, qui est de la même curie, qui concerne une curie.

3.

CURIOSUS, a, um, mot-à-mot, député de sa Curie, de sa Cour, pour faire les recherches ou prendre les informations qui lui sont nécessaires : *au figuré*, soigneux, exact, qui fait attention ; 2°. trop empressé de savoir, qui prend un soin superflu ; 3°. maigre, affamé, décharné.

Curiosus, i, enquêteur, espion ; 2°. Maître des Postes.
Curiosulus, i, qui a un peu de curiosité.
Curiositas, is, empressement de savoir, de découvrir.
Curiosé, soigneusement, diligemment.

COMPOSÉS de CURia.

De-Curia, æ, dixaine, Décurie, nombre de dix, soit de soldats, soit d'Avocats.
De-Curio, is, Magistrat de province qui représentoit un Sénateur Romain.
De-Curiatus, a, um ; De-Curiatio, inis, division par dixaines, distribution par dix.
De-Curiatus, a, um, charge de Capitaine.
Ex-Curio, -are, bannir de la Cour ; chasser d'une curie.

COMPOSÉS DE CURa.

Ac-Curo, -are, apporter tous ses soins, s'acquitter avec exactitude, s'employer soigneusement ; 2°. penser mûrement, avoir grand soin.

Ac-Curatus, a, um, exact, qui est fait avec soin ; 2°. poli, limé, étudié, recherché, propre.
Ac-Curatio, onis, soin, exactitude, ponctualité, adresse.
Ac-Curaté, soigneusement, exactement, ponctuellement, avec adresse.

Con-Curo, -are, avoir grand soin, soigner avec un autre.
Con-Curator, is, qui a soin conjointement avec un autre ; 2°. qui a grand soin de.
Ex-Curo, -are, régaler, préparer, accommoder.
Ex-Curatus, a, um, aprêté avec soin, bien préparé ; 2°. régalé, traité splendidement.
Per-Curo, -are, guérir parfaitement.
Per-Curiosus, a, um, très-soigneux, fort exact.
Præ-Curatio, is, soin par avance.
Pro-Curo, -are, avoir le soin, l'intendance, le maniement, panser, prendre soin, expier, cultiver, tenir en bon état.
Pro-Curator, is ; celui qui a le soin, Intendant, Agent, Procureur.
Pro-Curatrix, cis, celle qui a le soin, Gouvernante.
Pro-Curatio, is, administration, soin, charge, intendance, commission ; expiation.
Pro-Curatiuncula, æ, petit soin, petite commission.
Pro-Curatorius, a, um, qui concerne les Procureurs.
Re-Curo, -are, guérir une seconde fois ; 2°. rajuster avec soin.
Re-Curator, is, qui guérit une seconde fois ; 2°. qui soigne une chose.
Sub-Curator, is, qui est chargé d'un soin sous un autre, tuteur subrogé.

4. NÉGATIFS.

I.

Se-Curus, a, um, de SE, pour SINe, sans, & de CUra ; 1°. sans souci ; 2°. exempt de soins, qui ne craint rien, rempli de confiance: tranquille, qui est en repos: négligent.

SE-CURIAS, *is*, tranquillité d'esprit, exemption de soin, de chagrin.

SE-CURÉ, surement, en sureté.

2.

IN-CURia, *æ*, négligence, défaut de soin.

IN-CURatus, *a, um*, qui n'a pas été pansé, 2°. qui n'a pas été guéri.

3.

IN-CURiosus, *a, um*, peu soigneux, non-chalant, négligé, qui n'est pas sur ses gardes.

IN-CURiosé, négligemment, sans aucun soin, sans prendre garde à rien.

FAMILLES en CAR,

formées par onomatopée.

I.

CAR, CRA,

appeller, mander.

CAR, KAR, est un mot primitif qui signifie cri, appel; 2°. cri contre quelqu'un, ou accusation, plainte, querelle; 3°. cri sur quelqu'un, pleurs, lamentations.

En Theuton, KAR, accusation, KIÆra, accuser.

2°. KAR, lamentations, deuil.

CHARa, jour de condamnation, de mort.

3°. KEREN; 1°. accuser; 2°. lamenter, se plaindre.

En Grec KARyx, KÈRyx, Hérault; 2°. crieur public.

D'où le Latin AC-CERSO, mander, faire venir.

2°. On a dit également CRA au lieu de CARa, d'où:

L'Oriental קרא, QRA, crier, & à la Massorétique QaRA.

Le Celte CRi, cri, crier.

Le Grec KRAZÔ, le Theuton, KRÆHen, crier.

Le Theuton CHRY, clameur, cri.

KReide, clameur, proclamation: 2°. pleurs, lamentations.

KREISSen, KREISchen, crier, lamenter, &c.

1°

ACC-CERSo,

AC-CERSO, -*ere*, } mander, faire
AC-CERSIO, -*ire*, } venir, attirer à soi : de *Ad*, à, & KAR, appeller.

AC-CERSitus, *a, um*, qu'on va quérir, mandé; 2°. pris d'ailleurs, emprunté.

AC-CERSitus, *ûs*, ordre, mandement de venir.

AC-CERSitor, *is*, qui va apeller, qui fait venir.

2.

CHRIa, *æ*, Oracle; 2°. Ordonnance; 3°. narration courte & vive, une Chrie.

3. FAMILLE GRECQUE.

CERyx, *is*, Héraut, Ambassadeur : de KAR, mander; 2°. publier.

CERyca, *æ*; CERycium, *ii*, caducée des Hérauts publics; 3°. salaire du crieur.

4. R changé en D.

CADuceus, *i*, } caducée, verge de
CADuceum, *i*, } Mercure, en qualité
de

de Héros ou d'Ambassadeur des Dieux. Ici R s'est changé en D; CaDuceus, pour CARuceus; de KARyx, Carux, Héros.

CADuceator, is, celui qui porte la baguette ou le caducée, Hérault-d'Armes, Envoyé, Député.

CADuci-fer, a, um; CaDuci-ger, a, um, celui qui porte le caducée ou la baguette, signe de la paix, & principalement Mercure.

CAR,
CRA, CRI, GRA, ACRA, SCRI, &c.
Incision.

Peu de racines ont éprouvé plus de variations que celle-ci, mais des variations d'autant plus sensibles & remarquables, qu'il n'en est aucune qui ne paroisse avoir été faite à dessein pour donner lieu à autant de familles, caractérisées chacune par quelque modification différente, relative aux diverses perfections apportées successivement dans l'art de tracer des caracteres. Nous en avons déjà tracé l'esquisse dans la Grammaire Universelle & Comp. mais nous l'allons entièrement développer ici, du moins pour la langue Latine.

CAR signifie dans son sens propre & primitif, incision, entaille; faire une incision. On s'en servit pour désigner les diverses incisions anxquelles on avoit recours dans les Arts pour les opérations de l'esprit humain ; c'est un mot formé par onomatopée, ainsi que le précédent: mais appliqué aux Arts, il est devenu chef d'un grand nombre de familles riches & intéressantes.

I.
CAR, déchirer, diviser,
1.

CARRio, -ire, dans Isidore signifie diviser.

KARÓ, est le futur second du verbe Grec KEIRÓ, tondre, couper la laine des brebis, les cheveux, &c.

Per-Cartapso, & non Per-Catapso, -ere, diviser autant qu'il est possible.

Crabro, onis, frêlon, à cause de son aiguillon qui le rend très-redoutable; & non, comme on le croyoit, du Grec Bora, nourriture, & Krea, chair; comme s'il se nourrissoit de chair.

Crena, æ, cran, entaille, crénelure, fente, incision; 2°. coche d'une flèche, son entaillure; 3°. fontaine.

Hippo-Crene, es, fontaine du cheval; Castalie: de Crene, source, ouverture de la terre par où jaillissent les eaux.

2.

CARies, ei, carie des os; pourriture du bois, vermoulure.

CARiosus, a, um, carié, pourri, vermoulu, moisi, rongé; qui se carie.

CARiseus, a, um, rance, moisi.

3.
CARK,
Ecrevisse, Cancre.

De Car, couper, déchirer, les Grecs firent:

CARKinos, i, crabe, cancre, à cause de ses serres ou pattes ; 2°. chancre, cancer, maladie rongeante ; 3°. un des douze signes du Zodiaque.

Les Latins transposant la lettre R, changerent ce mot en celui de CANCER, qui forma cette famille :

CANcer, cri, crabe, cancre ; 2°. chancre, cancer ; 3°. signe du Zodiaque.

CANcer, eris, gangrène.

CANcri, orum, balustrade, barreaux.

CANcero, -are, ronger, manger comme un cancer ; 2°. s'ulcérer.

CANchroma, tis, chair morte, chancreuse.

CANceraticus, a, um, de chancre.

4.

Objets piquans, tranchans, incisifs.

1. CArex, icis, glaïeul.

CAReƈtum, lieu plein de glaïeul.

2. CAreum, i, carui, plante.

CÆrefolium, cerfeuil.

2°. Chardon.

1. CArduus, i, chardon, épine, ainsi appellé à cause de ses piquans.

CArduƈtum, i, lieu plein de chardons ; 2°. planche d'artichauds.

CArduelis, is, chardonneret, oiseau qui se nourrit de chardons.

2. CArinor, atus sum, ari, invectiver, railler finement & malignement.

3. FAMILLE GRECQUE.

ACROTERIA, créneaux de murailles.

ACRO-zymus panis, pain qui est peu levé, peu fermenté, doux de levain.

II.

CAR, couper ; 2°. cueillir.

I.

1. CArpo, is, psi, ptum, ere, couper, partager, séparer ; 2°. prendre, cueillir ; 3°. blâmer, censurer, reprendre ; 4°. duper, attraper ; 5. diminuer, consumer.

CArpus, i, 1°. tranchant, celui qui coupe les viandes ; 2°. ce qui prend, ce qui coupe ; 3°. le poignet.

CArpisculus, i ; CArpisculum, i, soulier découpé, escarpin.

2. CArpentarius, ii, charpentier, qui coupe, qui taille le bois.

CArpinus, i, le bois qu'on a coupé ; le bois de charme, en particulier.

CArpineus, a, um, de bois ; 2°. de bois taillis ; 3°. de charme.

COMPOSÉS.

CON-CErpo, -ere, déchirer, mettre en piéces.

DE-CErpo, -ere, arracher, tirer, ôter, diminuer, prendre, retirer, remporter.

DIS-CErpo, -ere, déchirer, mettre en piéces ; 2°. diviser, séparer.

EX-CErpo, -ere, extraire, recueillir, choisir.

EX-CErpta, orum, collection, extraits, recueils.

EX-CErptio, onis, extrait : action de recueillir, d'extraire.

INTER-CArpens, tis, qui prend par le milieu.

PRÆ-CErpo, ere, brouter, couper avec les dents ; 2°. cueillir trop tôt, avant le tems ; 3°. arracher retrancher.

FAMILLES GRECQUES.

CArpeia, æ, Carpée, danse allégorique

en usage chez les Athéniens & les Peuples de Thessalie, & qui prit son nom de ce qu'on y avoit les armes à la main. Un des danseurs les mettoit bas, imitoit l'action d'une personne qui laboure & qui seme: regardoit souvent derriere lui comme un homme inquiet. Un second danseur s'aprochoit comme pour voler les armes du premier, qui les reprenoit aussitôt, & il y avoit entr'eux un combat en cadence, & au son de la flûte, autour de la charrue & des bœufs.

Pan-Carpum, i, spectacle en toutes sortes de bêtes.

Pan-Carpineus, a, um, fait de toutes sortes de choses.

Pan-Carpiæ Coronæ, arum, couronnes de toutes sortes de fleurs.

Peri-Carpium, ii, bale, brasselet.

Peri-Carpum, i, bulbe, oignon.

2.

S-Cari-Fico, -are, déchiqueter la peau, couper, entailler la chair.

S-Carificatio, onis, découpure, entaille profonde.

S-Carifio, ieri, être entaillé, scarifié.

Circum-Scarifico, -are, découper tout autour.

3.

Carmen, inis, carde, peigne de cardeur.

Carminatio, onis, cardement de la laine, &c.

Carminator, trix, cardeur, cardeuse.

Carmino, -are, carder, peigner la laine.

4.

Carina, æ, carene de vaisseau, qui fait la base d'un vaisseau, en forme longue & pointue.

Carinæ, arum, quartier de Rome dont les maisons avoient le toit fait en forme de carene.

Carino, -are, faire en forme de carene, carener un vaisseau, le radouber.

5.

CAR, court, tronqué, petit,

Car, Cor, signifie en Celte, court, tronqué, mutilé; en Gr. A-Kar, petit, mince, délié.

Acaron, i, Myrte sauvage, Grec & Latin.

A-Car, A-Carus, i, ciron, mitte, insectes qui doivent leur nom à leur petitesse.

Curtus, a, um, court, tronqué, mutilé; 2°. concis; 3°. cassé, rompu.

Curto, -are, accourcir, appetisser, mutiler.

De-Curto, -are, couper, retrancher.

III.

CAR, tracer des caracteres.

1.

Caraxo, -are; 1°. marquer de quelque trait, remarquer par quelque figure qu'on met à côté, faire une note: 2°. effacer, rayer, biffer; 3°. scarifier; 4°. labourer; 5°. graver, buriner.

Character, eris, 1°. marque, signe, caractère; 2°. maniere, naturel, génie, caractère d'une personne; 3°. façon d'écrire, caractère d'écriture; 4°. style.

Peri-Character, is, lancette, bistouri.

2. CAR, labour.

Lorsqu'on inventa le labourage, qui consiste à faire avec la charrue de profondes incisions à la terre, on appella naturellement cet Art A-CAR, ou l'action de fendre, de sillonner la terre : de-là cette famille :

CAR,
I-CAR, } en Oriental, labourer.

AGER, *gri*, champ, terre labourée ; 2°. pays, canton, territoire.

AGELLUS, *i*, petit champ.
AGRarius, *ii*, qui concerne les champs & le labourage.
AGRestis, *e*, champêtre : qui concerne les champs ; 2°. rustique, grossier, paysan : 3°. rude, désagréable au goût ; verd.

BINOMES.

AGRI-COLA, laboureur, qui cultive la terre.
AGRI-CULTURA, labourage, Agriculture.
AGRI-COLtor, agriculteur.
AGRI-Mensor, arpenteur.
AGRI-Peta, qui demande la portion de terre qui lui revient.
AGResus, riche en fonds de terre.

2. ACRa, *æ*, acre, mesure de terre qui est de quarante perches en longueur sur quatre de large.

2.

CAR, Labour ; devint le nom de la Déesse des Laboureurs, CAR-ES, qu'on adoucit en

CÉRÈS, la Déesse CER ; 2°. le blé : en Gr. A-KHERO :

De-là se formerent :

CARia, dans Papias, pain, blé ; en Basq. GARia, blé, froment.

CERealis, *e*, du bled, du grain, de Cérès.

CEReales, *ium*, Intendans des grains.
CERealia, *ium*, fêtes de Cérès.
CERia, *æ*, & CERevisia, *æ*, } biere, boisson
CELia, *æ*, & CERvisia, *æ*, } faite avec du grain.

CERvisiarius, *ii* ; CERevisiarius, *ii*, brasseur de biere.

3.

CAR-DOPUS, *Gr.* KARDOPOS, Maie à pétrir, huche : mot dont l'etymologie étoit inconnue, & qu'on regardoit comme radical. Il est formé de DEPÓ, amollir, cuire, & de CAR, blé, fruit du labourage, de Cérès.

CAR, ce nom qui désigne un Carien, doit avoir aussi désigné les paysans, les laboureurs.

IV.

CAR,

Graver ; 2°. écrire.

Bientôt, on chercha une méthode plus simple que la Gravure pour tracer ses idées, une matiere plus commode que le marbre, la pierre ou le bois, des outils plus maniables, plus coulans que les burins ; alors la plume, le papier, l'écriture succéderent à la gravure ; il exista un nouvel art de tracer des caracteres : on continua de l'appeller en Grec GRAB, GRAPH ; mais les Latins pour le distinguer l'appellerent SCRIBere, où vous voyez CRAB adouci en CRIB & precédé de la sifflante ; tandis que la matiere sur laquelle on écrivoit s'appella d'un nom moins changé CHARTA. De-là diverses familles en Grec, & en Latin.

Familles Latines-Grecques.

1.

CHAR*ta*, æ, papier, feuille, livre.
CHAR*tula*, æ, carte, carton, morceau de papier.
CHAR*teus*, a, um,
CHAR*taceus*, a, um, } de papier.
CHAR*tarius*, a, um,
CHAR*tarius*, ii, papetier, marchand de papier.
CHAR*tularius*, ii, teneur de livres, commis.
CHAR*to*-PHY*lacium*, ii, tablette à livres.

2.

CAR*abus*, i ; 1°. crabe, sorte d'écrevisse de mer, ainsi appellé à cause de ses pieds qui s'accrochent & s'enfoncent de maniere à faire des impressions sur les objets sur lesquels ils se posent.
2°. Canot de sauvages, lié avec de petites branches au lieu de cordes.
CAR*cinos*, i, cancre, grosse écrevisse ; 2°. quatriéme Signe du Zodiaque.
CAR*cinoma*, tis, cancer, chancre qui ronge la chair.
CAR*cinodes*, is, polype ; espéce de cancer qui vient au nez.
CAR*cinias*, æ, pierre précieuse de la couleur d'un crabe.

3.

PARA-CHAR*acta*, æ, faux-monnoyeur.
PARA-CHAR*agium* ii, faux coin.
PARA-CHAR*agma*, tis ; PARA-CHAR*agmum*, i, fausse monnoie.
PARA-CHAR*axema*, orum, flancs, piéces d'or & d'argent prêtes à être frappées.
PARA-CHAR*aximum*, i, fausse monnoie.

4.

GRAM*micus*, a, um, de ligne ; de lettre.

GRAM*matica*, æ ; GRAM*matice*, es, grammaire, l'art des lettres.
GRAM*maticus*, i, grammairien.
GRAM*matista*, æ ; GRAM*matistes*, æ, qui enseigne à lire, à écrire.
GRAM*maticus*, a, um, de grammaire.
GRAM*maticè*, en grammairien.
GRAM*mato*-*Phylacium*, ii, archives où l'on garde les papiers publics.

COMPOSÉS.

A-GRAM*matus*, a, um, ignorant, sans lettres.
ANA-GRAM*ma*, tis, anagramme, renversement des lettres d'un nom.
ANTI-GRAM*ma*, tis, contre-lettre.
ARCHI-GRAM*mateus*, i, Chancelier, Secrétaire des commandemens.
DIA-GRAM*ma*, tis, dessein, représentation.
EPI-GRAM*ma*, tis, inscription ; épigramme.
PARA-GRAM*ma*, tis, faute d'orthographe, d'écriture.
PRO-GRAM*ma*, tis, inscription, placard, programme.

5.

GRA*phis*, idis, dessein, esquisse, portrait ; 2°. maniere de dessiner.
GRA*phice*, es, l'art d'écrire, de peindre.
GRA*phicus*, a, um, achevé, fait à peindre.
GRA*phicè*, parfaitement, à peindre.
GRA*phium*, ii, poinçon, pinceau.
GRA*phiarius*, a, um, qui concerne l'écriture, la peinture ou le dessein.
GRA*phiarium*, ii, étui pour contenir les plumes, les stylets.
GRA*phi*-*Coterus*, a, um, fort agréable, achevé, parfait.

COMPOSÉS.

ANA-GRA*phe*, es, répertoire, registre.
ANTI-GRA*phus*, i ; ANTI-GRA*pharius*, ii,

Contrôleur, Chancelier, Secrétaire d'Etat.

Apo-Graphum, i, copie, extrait, exemplaire.

Auto-Graphus, a, um, écrit de sa propre main.

Calli-Graphia, æ, belle écriture, élégance de style ; de *kallos*, beau.

Cata-Graphus, a, um, figuré, peint de diverses couleurs.

Cata-Graphum, i, peinture de profil.

Dia-Graphice, es, l'art de peindre.

BINOMES.

Holo-Graphus, a, um, écrit en entier de sa propre main ; du Grec Holos, tout.

Hydro-Graphia, æ, traité des Eaux ; du Grec *Hydrós*, eau.

Nomo-Graphus, i, qui écrit sur les matières de droit ; du Grec *Nomos*, loi.

Nomo-Graphia, æ, traité des loix.

Para-Graphus, i, paragraphe, matière renfermée dans un article d'un texte ; 2°. ligne tirée en long, tirade dans un discours.

Para-Graphe, es, exception, transition, article à part.

Per-Graphicus, a, um, fait à peindre.

Psalmo-Graphus, i, le psalmiste ; du Grec *Psalló*, chanter.

Psalmo-Graphia, æ, composition des pseaumes.

Pseud-Epi-Graphus, a, um, faussement intitulé ; du Grec *Pseudos*, faux.

Pseudo-Graphus, a, um, faussaire, qui écrit des faussetés.

Pseudo-Graphum, i, fausseté en matière d'écriture.

Pseudo-Graphia, æ, contre-façon d'écriture, l'art des faussaires.

Pseudo-Graphema, æ, paralogisme.

Seleno-Graphia, æ, description de la Lune ; du Grec *Selené*, la lune.

FAMILLE LATINE.

S-Cribo, is, psi, ptum, ere, écrire ; 2°. composer, faire un ouvrage en prose ou en vers ; 3°. peindre.

S-Criba, æ, greffier, écrivain, secrétaire, copiste, praticien.

S-Cribæ, arum, les Docteurs de la loi.

S-Cribatus, ûs, secrétariat, charge de greffier.

S-Criptus, ûs ; S-Criptio, onis, écriture, l'action d'écrire ; 2°. composition, chose mémorable qu'on écrit ; 3°. levée de l'impôt sur les pâturages.

S-Criptum, i, écrit, requête.

S-Criptilis, e, is, qu'on peut écrire.

S-Criptorius, a, um, propre à écrire.

S-Criptor, is, auteur qui écrit, qui compose quelque ouvrage.

S-Criptulum, i, deux oboles, la vingt-quatrième partie d'une once.

S-Criptito, -are, écrire souvent, ne faire qu'écrire.

S-Criptura, æ, composition, ouvrage d'esprit, pièce d'un auteur ; 2°. impôt sur les pâturages ; 3°. ferme des pâturages publics ; 4°. style, manière d'écrire.

S-Cripturarius, ii, fermier de l'impôt sur les pâturages ; 2°. son commis, celui qui recevoit ce qu'on faisoit payer par tête du bétail qui alloit dans les pâturages publics.

S-Cripturarius, a, um, qui étoit sujet à un impôt.

COMPOSÉS.

Ads-Cribo, -ere, } ajouter à un
As-Cribo, -ere, } écrit, inscrire,

immatriculer, enregistrer, porter sur un livre, enrôler ; 2°. donner un nom, intituler, mettre une étiquette, marquer par une lettre ou caractere ; 3°. attribuer, imputer.

As-Criptio, onis, addition à un écrit, enrégistrement, association, aggrégation, réception.

As-Criptor, oris, teneur de livres, celui qui enregistre ; 2°. intervenant en cause, qui se joint à un autre, afin de poursuivre une action en Justice.

As-Criptitius, a, um, élu, choisi, admis, reçu, enrôlé, mis au rang, ajouté, de surcroit.

Circum-S-Cribo, -ere, tracer, décrire autour ; 2°. borner, limiter, terminer, déterminer, environner, restreindre en des bornes, fixer, régler, désigner ; 3°. tromper, duper, faire donner dans le piége, embarrasser, déconcerter ; 4°. abolir, annuler, casser, interdire ; 5°. rejetter.

Circum-S-Criptor, is, affronteur, fourbe, trompeur ; 2°. fripon de chicaneur.

Circum-S-Criptio, onis, bornes, limites, restriction, modification ; 2°. étendue, tour, circonférence ; 3°. suspension, interdiction ; 4°. tromperie, fourberie, surprise.

Circum-S-Cripté, en se donnant des bornes, briévement, en termes précis, exactement ; 2°. d'un style poli, juste, périodique, châtié.

Con-S-Cribo, -ere, écrire, inscrire, enrôler.

Con-S-Criptus, a, um, écrit, peint, enrôlé, enregistré.

Con-S-Criptum, i, écrit, traité, livre.

Con-S-Criptio, onis, traité, enregistrement, enrôlement, écriture.

Con-S-Cripti, orum, ceux des Chevaliers qu'on mettoit sur le rôle des Sénateurs, lorsqu'il ne se trouvoit pas rempli ; 2°. Sénateur.

Con-S-Cribillo, -are ; Con-S-Cribillo, are, écrire, faire quelque composition ; 2°. enrôler ; 3°. enregistrer.

De-S-Cribo, -ere, décrire, copier, transcrire ; 2°. tracer, crayonner, dessiner, tirer, faire un crayon, un dessein, lever un plan ; 3°. représenter, faire une description, caractériser, faire le caractere, dépeindre, définir, expliquer ; 4°. diviser, distribuer, départir, partager, assigner, imposer, marquer, prescrire, établir.

De-S-Criptio, onis, explication, peinture, portrait, caractère ; 2°. définition, ordre, arrangement, partage, distribution, division.

De-S-Criptiuncula, æ, petite description.

De-S-Cripté, distinctement, nettement, avec ordre, avec netteté, sans confusion.

Ex-S-Cribo, -ere, transcrire, copier, décrire, graver ; 2°. extraire ; 3°. esquisser, faire un croquis.

In-S-Cribo, -ere, écrire dans, sur, mettre une inscription ou le dessus d'une lettre, donner un titre, intituler, inscrire.

In-S-Criptio, onis, titre, légende, écriteau, devise, marque, caractère, affiche, placard.

IN-S-CRIPtum, i, passeport, passe-avant, acquit, patente, congé, inscription.

IN-S-CRIPtus, a, um, écrit, gravé dessus; 2°. qui n'est pas écrit; 3°. où l'on a mis une inscription; 4°. adressé, *parlant d'une lettre*; intitulé, *parlant d'un livre*.

INTER-S-CRIBO, -ere, écrire entre-deux.

MANU-S-CRIPtum, i, un manuscrit.

PER-S-CRIBO, -ere, achever d'écrire, écrire tout au long, entièrement; 2°. mander, faire savoir, enregistrer.

PER-S-CRIPtio, onis; PER-S-CRIPtum, i, enregistrement, ordonnance, ordre par écrit pour toucher de l'argent.

PER-S-CRIPtor, oris, Notaire, Greffier, celui qui tient un régistre, qui enrôle.

PRÆ-S-CRIBO, -ere, coter, mettre une inscription, écrire dessus, ou au-devant, intituler, étiqueter; 2°. prescrire, marquer, ordonner, donner un modele, un patron; 3°. écrire auparavant; 4°. prescrire, proposer, fin de non-recevoir.

PRÆ-S-CRIPtio, onis, ordre, régle, commandement, loi; 2°. prescription, fin de non-recevoir; 3°. prétexte.

PRÆ-S-CRIPtum, i, ordre, ordonnance, régle, loi; 2°. prescription, commandement, ce qui a été enjoint.

PRÆ-SCRIPtivé, avec ordre, suivant l'ordre, par commandement.

PRO-S-CRIBO, -ere, mettre une affiche, un écriteau: 2°. afficher pour faire savoir qu'une chose est à vendre; 3°. proscrire, bannir, confisquer les biens & la vie, mettre une tête à prix.

PRO-SCRIPtio, onis, apposition d'affiches, de placards, lorsqu'on fait des criées de biens en décret, ou pour marquer qu'une chose est à vendre: 2°. proscription, bannissement: 3°. confiscation de corps & de biens, mise de tête à prix.

PRO-SCRIPtor, oris, qui proscrit, qui bannit, qui confisque le corps & les biens, qui met une tête à prix.

PRO-SCRIPturio, -ire, méditer une proscription, avoir envie de proscrire.

RE-S-CRIBO, -ere, récrire, faire réponse, répondre à une lettre: 2°. donner une rescription pour recevoir de l'argent.

RE-SCRIPtum, i, rescription.

SUB-S-CRIBO, -ere, souscrire, signer ou écrire dessous; 2°. favoriser, être de même sentiment, approuver; 3°. faire un état; 4°. plaider, avoir un procès; 5°. intervenir dans un procès, se joindre à un accusateur; 6°. écrire secrettement.

SUB-SCRIPtio, onis, souscription; 2°. l'action de se joindre à un accusateur, intervention contre un accusé; 3°. jugement, ordonnance.

SUB-SCRIPtor, is, celui qui se joint à un accusateur, approbateur.

SUPER-SCRIBO, -ere, écrire dessus.

SUPER-SCRIPtio, onis, l'action d'écrire dessus; 2°. inscription.

SUPRA-SCRIPtus, a, um, écrit ci-dessus.

TRAN-SCRIBO, -ere, copier, transcrire; 2°. aliéner, transférer son droit; 3°. mettre au rang, mettre au nombre.

TRAN-SCRIPtio, onis, transport, cession; 2°. excuse, prétexte.

CRAB,

CRAB, CRAF, CRAV, GRAB, GRAF, GRAV.

Griffe, égratigner, creuser avec les griffes; fosse, creux. De-là:

GRABe, en Allemand, fosse, creux.

GRAVe en Anglois, creux, tombeau.

S-CROBs, is, ⎫ fosse, creux qu'on a
S-CROBis, is, ⎭ foui avec les ongles.
  Binome de Ex & de CRAB, creux, fosse.

SCROBiculus, i, petite fossette.

DE-SCROBO,-are, enchasser, creuser, fouir.

2. SCROFa, æ, truie, femelle du porc, ainsi nommée, parce qu'elle fouit ou creuse toujours en terre.

SCROF-Pascus, a, um, porcher, qui nourrit des truies.

SCROFULÆ, arum, écrouelles.

SCROFULaria, æ, Scrofulaire, plante.

FAMILLES en CAR, où domine la valeur de R.

I.

De R désignant le mouvement rapide & bruyant, se forma le primitif CARR qui désigne la course, les sauts, les voitures qui roulent avec bruit.

En Hébr. כרר, KaRR, sauter, courir en bondissant.

כרכר, KaRKaR, sauter, danser, bondir, se réjouir.

En Grec KARRon, char.

En Celte CARR, voiture, char: d'où

L'Allem. KARR, KARRn, char. KARRen, voiturer.

Le Suéd. Kôra, voiturer. De-là ces familles Latines.

1. CARR, chariot.

CARRus, i, m. ⎫ char, chariot, char-
CARRum, i,   ⎭ rette.

CARRuca, æ, carrosse, calèche, coche, vinaigrette.

CARRucarius, ii, Cocher, Carrossier, Charron.

CARRucarius, a, um, de carrosse, de chariot.

BINOMES.

1. CAR-pentum, i, carrosse, chaise de poste, berline; 2°. la plus grande élévation d'une planette.

CARpentarius, ii, Carrossier, Charron; 2°. Cocher. 3°. Charpentier; mot qui vient directement du Latin.

CARpentarius, a, um, qui concerne un carrosse, un chariot suspendu.

De Car, char, & de Pent, suspendu, étayé; mot-à-mot, voiture bien suspendue, bien fermée.

2. CARrago, inis, bagages, barricades, tout ce qui se porte dans des chariots; d'ago, conduire.

II. CUR, courir, suite.

CURRo, is, cucurri, cursum, ere, courir.

CURRus, ûs, char, chariot, carrosse, 2°. triomphe; 3°. chevaux qui tirent un char.

CURRiculum, i, course, cours, carrière où l'on court, char, chariot.

CURRiculô, en courant, tout d'une course, incessamment, promptement.

Orig. Lat.

Cursim, en courant, à la course, à la hâte, en diligence, précipitamment.

2. Curso, -are, courir çà & là.

Cursito, -are, aller & venir en hâte, courir çà & là.

Cursor, oris, Coureur, Courier, Avant-Coureur.

Cursorius, a, um, propre à courir, à faire diligence.

Cursura, æ; Cursus, us, course, carriere, voyage, chemin, route.

COMPOSÉS.

Ac-Curro, -ere, accourir, venir vîte, en diligence.

Ac-Cursus, us, course, l'action d'accourir, concours, affluence.

Ante-Curro, -ere; Ante-Curso, -are, courir devant, devancer, précéder.

Ante-Cursor, is, qui passe devant, qui précede.

Ante-Cursorius, a, um, qui va devant, qui devance.

Circum-Curro, -ere, } courir
Circum-Curso, -are, } autour.

Circum-Cursio, onis, course à l'entour.

Con-Curro, -ere, 1°. accourir, s'assembler en hâte, venir en foule de toutes parts; 2°. se choquer, en venir aux mains; 3°. concourir, se rapporter, s'accorder, tendre à la même chose.

Con-Curso, -are, courir çà & là, roder, parcourir.

Con-Cursio, onis; Con-Cursus, us, concours, rencontre, choc; 2°. abord, affluence, concurrence, prétention à une même chose.

Con-Cursator, is, Batteur d'estrade, qui bat la campagne, qui court çà & là.

Con-Cursatio, onis, course çà & là,

allée & venue; 1°. agitation, mouvement qu'on se donne pour quelque chose.

De-Curro, -ere, courir çà & là, de haut en bas; 2°. courir vîte; 3°. courir la bague, joûter; 4°. avoir recours, recourir; 5°. décrire; 6°. avoir son cours, couler de haut en bas.

De-Cursus, a, um, couru, 1°. parfait, terminé, fini.

De-Cursus, us, cours, écoulement.

De-Cursio, onis, course, irruption, descente qu'on fait dans un pays pour le ravager.

De-Cursorium, ii, lice, carriere, grande place à faire des joûtes.

Dis-Curro, -ere, aller & venir, courir çà & là, courir de côté & d'autre, de toutes parts.

Dis-Cursor, oris, qui court çà & là.

Dis Cursitor, oris, batteur d'estrade.

Dis-Cursus, us, l'action d'aller & de venir, 1°. cours.

Dis-Curso, -are, aller & venir, courir çà & là, voltiger.

Dis-Cursio, onis, } l'action d'aller &
Dis-Cursatio, onis, } de venir, de courir, de voltiger
Dis-Cursitatio, onis. } çà & là, de côté & d'autre.

Ex-Curro, -ere, courir, aller en diligence, faire des courses; 2°. s'étendre; 3°. faire des sorties, faire des irruptions.

Ex-Cursus, a, um, achevé, parcouru.

Ex-Cursus, us, } Course, irruption,
Ex-Cursio, onis, } incursion, sortie sur l'ennemi, di-
Ex-Cursatio, onis, } gression.

Ex-Cursor, oris, Coureur, qui fait des courses, qui va en parti, qui bat la campagne ; Emiſſaire, Batteur d'eſtrade, Corſaire.

IN-CURro,-ere, courir, ſe ruer, ſe jetter deſſus, fondre ſur, faire des courſes, des incurſions, aſſaillir, attaquer ; 2°. tomber, arriver, écheoir ; 3°. être enclavé, ſe trouver enfermé ; 4°. encourir.

IN-CURſus, ûs, incurſion, courſe, invaſion ; 2°. combat.

IN-CURſio, onis, incurſion, courſe ſur, invaſion.

IN-CURſim, en diligence, promptement.

IN-CURſo,-are, ſe jetter, ſe ruer, courir deſſus avec impétuoſité, attaquer avec ardeur, faire des courſes ; 2°. choquer, heurter contre.

IN-CURſito,-are, heurter ſouvent contre.

IN-CURſatus, a, um, attaqué, où l'on a fait des courſes, ſur lequel on a couru.

INTER-CURRo,-ere, ſurvenir, venir à la traverſe, courir au travers.

INTER-CURſo,-are, courir, couler, avoir ſon cours entre, au milieu.

INTER-CURſus, ûs, arrivée entre ; l'action de venir à la traverſe, de paſſer au travers, cours au milieu.

INTRO-CURRo,-ere, courir dedans.

Oc-CURRo,-ere, accourir, venir au-devant, rencontrer, s'offrir, venir de ſoi même, ſe préſenter, aller au-devant, prévenir, s'oppoſer, venir dans l'eſprit, remédier, quérir.

Oc-CURſio, onis ; Oc-CURſus, ûs, rencontre, l'action d'aller au-devant.

Oc-CURſorius, a, um, qui vient au-devant, qui ſe préſente à l'eſprit.

Oc-CURſo,-are, aller au-devant, prévenir, devancer ; 2°. ſe préſenter à l'eſ-

prit, venir enſemble, tout-à la-fois.

Oc-CURſito,-are, aller ſouvent au-devant.

Oc-CURſator, is, celui qui brigue.

Oc-CURſatio, onis, brigue, allée & venue, mouvement que ſe donne celui qui brigue.

Oc-CURſaculum, i, ſpectre, fantôme qui repréſente la nuit.

PER-CURRo,-ere, courir en hâte, courir promptement, parcourir, toucher légerement, toucher en paſſant.

PER-CURſus, ûs ; PER CURſio, onis, l'action de parcourir, courſe.

PER-CURſo,-are, courir, parcourir, faire des courſes.

PER-CURſatio, onis, l'action de parcourir, courſe.

PER-CURſator, is, qui parcourt, fureteur, ardent.

PRÆ-CURRo,-ere, s'avancer, devancer en courant, prévenir à la courſe, courir devant ; 2°. prévenir, devancer, prendre le deſſus.

PRÆ-CURſio, onis ; PRÆ-CURſus, ûs, l'action de devancer, d'arriver avant ; 2°. réflexion qui précede, connoiſſance précédente.

PRÆ-CURſor, is, Avant-Coureur, Poſtillon.

PRÆ-CURſorius, a, um, d'Avant-Coureur, qui va devant.

PRO-CURRo,-ere, courir devant, s'avancer en courant, s'avancer, s'étendre.

PRO-CURſo,-are, courir, faire des courſes ſur les ennemis, partiſan, qui va en parti, batteur d'eſtrade.

PRO-CURſio, onis ; PRO-CURſatio, onis, courſe, digreſſion.

C c ij

PRO-CURSOR, *oris*; PRO-CURSATOR, *is*, Coureur, qui fait des courses sur les ennemis, batteur d'estrade.

PRO-CURSUS, *ûs*, saillie, avance, progrès, avancement.

RE CURRO, *-ere*, courir une seconde fois; 2°. revenir en courant, recourir, revenir, recommencer, retourner.

RE-CURSUS, *ûs*, retour.

RE-CURSO, *-are*, revenir, retourner, recourir.

SUC-CURRO, *-ere*, secourir, donner secours, venir au secours; 2°. subvenir, remédier; 3°. se présenter à la pensée, s'offrir à l'idée; 4°. aller au devant, prévenir.

SUPER-CURRO, *-ere*, courir par-dessus, aller au delà, passer.

SUPER-EX-CURRO, *-ere*, s'étendre sur.

TRANS-CURRO, *-ere*, courir vîte d'un lieu à un autre; passer en diligence, passer vîte.

TRANS-CURSUM, *i*, l'action de courir vîte.

TRANS-CURSUS, *ûs*, course légère ou précipitée.

III. CHOR, bande de danseurs, &c.

De CAR, courir en sautant, en bondissant, les Grecs firent :

CHORUS, *i*, troupe de danseurs, chœur de Musiciens; 2°. assemblée, multitude de personnes; 3°. intermède, entr'acte.

CHOREA, *æ*, danse, ballet.

CHOREUS, *i*, pied de vers, composé d'une longue & d'une brève.

DI-CHOREUS, *i*, pied de vers, composé de deux trochées.

2. CHORIUM, *ii*, salle de bal; 2°. arriere-faix; 3°. dure-mere; 4°. rangée de pierres, de briques.

BINOMES GRECS.

1. CHOR-AGUS, *i*, Maître d'une Troupe de Comédiens; 2°. Roi du Bal; d'*ago*, conduire.

CHOR-AGIUM, *ii*, lieu où l'on resserre les décorations; 2°. équipage des Comédiens; 3°. appareil d'une fête; 4°. ressort de fer d'un clavier.

2. CHOR-AULI, *æ*; CHOR-AULES, *æ*, Joueur de flûte, de violon; d'*Aulé*, flûte.

CHOR-AULISTRIA, *æ*, fille qui danse & chante bien.

CORY-BANTES, *tum*, Prêtres de Cybele, qui, dans leur culte, dansoient & sautoient en frappant sur leurs cymbales. On a prétendu que leur nom venoit d'un certain Corybas, fils de Jason & de Cybele, & neveu de Dardanus, qui les institua. C'est un conte à la grecque: leur nom peint parfaitement la nature de leur culte. Il est composé de *ba*, qui va; & de *cor*, saut, mot-à-mot, qui va en sautant, en bondissant. Les étymologies les plus simples furent toujours celles qu'on oublia le plus vîte ; parce que ce furent toujours celles auxquelles on fit le moins d'attention : d'ailleurs, les Prêtres dont il s'agit, durent, comme l'on voit, leur nom au même motif que les Saliens durent le leur. Observons qu'ici *Kh* s'adoucit en *K* ou *c*.

CORY-BANTIUS, *a*, *um*, de Corybantes.

3. CHOR-BATES, *æ*, bâton de Jacob, instrument pour prendre la hauteur d'un lieu; 2°. niveau à prendre la situation d'un pays; 3°. piece de bois soutenue en équilibre, servant à la conduite des eaux.

Choro-States, æ, Chantre, celui qui entonne.

IV. CHOR, Pays, Contrée.

De Chor, parcourir, vint le Grec Khora, pays, région ; d'où ces composés :

Choro-Graphus, i, celui qui décrit un pays ; de *grapho*, j'écris, je peins.

Choro-Graphia, æ, description d'un pays.

Choro-Cytharista, æ ; Choro-Cytharistes, æ, Joueur d'instrumens de musique.

II.
HAR, CAR.

Har, Car est un mot primitif qui désigne la force, le courage, la valeur, & qui a formé une multitude de Familles dans toutes Langues.

En Theut. Hart; 1°. fort ; 2°. robuste ; 3°. hardi, courageux, audacieux ; 4°. ferme, stable, tenace, obstiné, sévere.

Herz, cœur.

En Persan, Card, viril, brave, belliqueux, plein de cœur & de courage.

En Grec Karteros, vaillant, fort.

Kartos, Kratos, force.

Kardia, courage.

Kar, Kear, Kèr, cœur, siége du courage, de la valeur, de la bravoure.

De-là les Familles Latines.

1. Cor, cœur.

2. Certo, combattre, attaquer avec courage, montrer du cœur.

3. Certus, assuré, stable, certain, inébranlable, à toute épreuve.

4°. Des Composés en Kratia, dérivés du Grec.

I. COR, Cœur.

Cor, dis, cœur, principe de la sensibilité ou de l'amour, ame, vie.

Corculum, i, petit cœur, terme de tendresse, sage, prudent.

Cordatus, a, um, homme de bon cœur, sensé, judicieux.

Cordaté, en homme de bon sens, de bon cœur.

Cordolium, ii, mal de cœur, chagrin ; de *doleo* & de *cor*.

COMPOSÉS.

Præ-Cordia, orum, diaphragme, membrane qui sépare le cœur & le poumon d'avec le foie & la rate, entrailles, mouvement de l'ame.

Miseri-Cordia, æ, compassion, pitié.

Miseri-Cors, ordis, pitoyable, compatissant.

Immiseri-Cors, ordis, impitoyable, dur, inhumain, sans compassion.

Immiseri-Cordia, æ, dureté de cœur, inhumanité.

Immiseri-Corditer, impitoyablement, sans miséricorde.

PRIVATIFS.

Ex-Cors, dis, sans cœur ; insensé, sot, imbécille.

Se-Cors, ordis (*se* pour *sine*) ; So-Cors, ordis, sans cœur, lâche, indolent, paresseux.

Se-Cordia, æ, lâcheté, paresse, nonchalance, imprudence.

Se-Corditer ; So-Cordius, négligemment, lâchement.

Væ-Cors, dis, } insensé, hors de
Ve-Cors, dis, } sens ; 2°. lâche, vil, bas ; 3°. furieux, fou, extravagant. Du privatif *oué*, non.

Ve-Cordia, æ, folie, sottise ; 2°. bassesse d'ame, lâcheté.

Ve-Corditer, follement, furieusement ; 2°. avec bassesse d'ame.

AUTRES COMPOSÉS.

In-Cordo, -are, insinuer, graver dans le cœur, persuader.

Re-Cordo, -are ; Re-Cordor, -ari, se remettre dans l'esprit, se ressouvenir.

Re-Cordatio, onis, souvenir.

Con-Cors, dis, qui vit en union, uni, paisible.

Con-Cordo, -are, s'accorder bien, être de concert, s'entendre, être réglé.

Con-Cordia, æ, accord, union, paix, harmonie, concert.

Con-Corditer, unanimement, en bonne intelligence, en paix.

Dis-Cors, dis, qui ne s'accorde pas, contraire, opposé.

Dis-Cordo, -are, être mal ensemble, brouillé, mal assorti, en discorde.

Dis-Cordia, æ, différend, mésintelligence, division.

Dis-Cordabilis, } qui ne s'accorde pas,
Dis-Cordiosus, } qui met la désu-
Dis-Cordialis, } nion, querelleur.

II. CER, combattre.

I.

Certo, -are, combattre, disputer, contester, être en différend ; 2°. faire à qui mieux mieux, tâcher, faire des efforts.

Certatus, us, } combat, querelle,
Certamen, inis, } contestation, dé-
Certatio, onis, } mêlé ; 2°. jeu, exercice où l'on dispute le prix ; 3°. effort, contention.

Certatus, a, um, qui a combattu.

Certator, is, qui combat.

Certatim, à qui mieux mieux, à l'envi.

COMPOSÉS.

Con-Certo, -are, se battre avec un autre ; 2°. être en dispute avec quelqu'un.

Con-Certator, is, concurrent, rival.

Con-Certatio, onis, combat, démêlé, dispute ; 2°. défi, émulation.

Con-Certatorius, a, um, qui regarde la dispute.

Con-Certativus, a, um, contentieux, sujet à la dispute.

De-Certo, -are, combattre ; 2°. disputer, être en débat.

De-Certatio, onis, débat, querelle, différend.

Dis-Certo, -are, discourir, s'entretenir.

Præ-Certatio, onis, escarmouche ; commencement, prélude d'un combat.

Super-Certor, -ari, combattre pour.

III. CERT, certain ; d'une vérité irrésistible.

Certus, a, um, assuré, infaillible, clair.

Certé ; Certò, assurément, sans doute ; 2°. au moins.

Certisso, -are, savoir, être certain.

Certioro, -are, faire savoir, donner avis.

Certitudo, inis, assurance.

PRIVATIFS.

IN-CERTUS, *a*, *um*, douteux, dont on n'est pas sûr ; 2°. inconstant, changeant; 3°. indéterminé, irrésolu.

IN-CERTum, *i*, incertitude.

IN-CERTŌ; IN-CERTé, dans l'incertitude.

IN-CERTO,-*are*, faire douter, rendre incertain.

PER-IN-CERTUS, *a*, *um*, fort incertain, incertain au-delà de tout.

IV. CAR, fort, qui a une odeur forte, un goût aromatique & fort.

1°. S-CORDalus, *a*, *um*, querelleur, insolent, féroce; 2°. qui a l'haleine forte.

S-CORDalia, *æ*, querelle honteuse.

2. CARDAMOMUM, Καρδαμωμον, plante odoriférante, graine de paradis, cardamome, malaguette : mot composé d'*amomum*, *moum*, aromate, & *card*, fort.

CARDAMUM, *i*, cresson, plante.

CARDI ACON ou CARDI-ACUS *morbus*, foiblesse, débilité ; *mot-à-mot*, mal qui fait manquer le cœur.

FAMILLE GRECQUE.

CART, force, se changea chez les Grecs en KRATia : de-là,

ARISTO-CRATia, *æ*, *mot-à-mot*, gouvernement des Grands, aristocratie.

DEMO-CRATia, *æ*, gouvernement populaire ; de *DÉM*, Peuple.

DEMO-CRATicus, *a*, *um*, Républicain.

PAN-CRATium, *ii*, combat dans les exercices réunis de la lutte, du saut, de la course, du pugilat & du palet; de *Pan*, tout.

PAN CRATorium, *ii*, lieu où se faisoit ce combat.

PAN-CRATicè, à la manière des Athletes.

PAN-CRATiaſtes, *i*, celui qui étoit vainqueur dans les cinq exercices.

CAR, CER, CRE,
Produire, créer.

CAR est un primitif qui signifia faire, produire.

Il existe dans le Persan KAR, KART, qui forme une famille très-étendue, avec ces significations. 1°. champ ; 2°. travail ; 3°. ouvrier ; 4°. créateur ; 5°. faire, produire.

Ainsi il tient d'un côté à KAR, force, & de l'autre à CAR, ACAR, AGER, un champ.

De-là le Latin des vers Saliens CERus, Créateur, celui qui crée.

Le Grec KAIR, KER ; 1°. tistre, faire un tissu; 2° le moment d'agir, de faire, l'occasion : mots dont l'origine étoit absolument inconnue.

De CEREO, prononcé CREO, vint le verbe Latin CREO, créer, *mot-à-mot*, faire, produire ; 2°. donner l'être ; 3°. élire, choisir, l'élection étant une espece de création.

Aussi KOREN signifie en Theuton, choisir, élire : KUR, élection, choix.

De-là cette famille Latine.

CREO,-*are*, 1°. faire, produire ; 2°. donner l'être, faire naître;3°. élire, choisir.

CREAtio, *onis*; 1°. génération, produc-

tion ; 2°. élection, choix, nomination à.
CREATOR, *is*, Fondateur, Auteur.
CREATRIX, *icis*, ouvriere, mere, cause, celle qui engendre.
CREATURA, *æ*, créature.

COMPOSÉS.

CON-CREOR, *-ari*, être créé, être produit en même tems.

IN-CREATUS, *a*, *um*, incréé, qui n'est pas créé.

PRO-CREO, *-are*, engendrer ; 2°. produire.
PRO-CREATIO, *onis*, l'action de produire, génération.
PRO-CREATOR, *is*, perc, qui engendre.
IM-PRO-CREABILIS, *e*, qui ne peut être produit.

RE-CREO, *-are*, créer de nouveau ; 2°. remettre en vigueur, rendre joyeux.
RE-CREATIO, *onis*, rétablissement, l'action de reprendre des forces.

III.

Nous avons vu que AR, HAR servit à désigner les élémens, les métaux, les objets distingués par leur élévation, leur prix, &c. Mais dès qu'il étoit consacré à ces idées, il dut naturellement désigner le corps, la chair, objets composés de tous les élémens & les plus intéressans sous l'une ou l'autre de ces significations.

De-là vinrent ces familles.

1°. CORPUS, corps.
2°. CARO, chair.
3°. CER, couleur de chair, rouge.
4°. CERA, cire, soit qu'elle doive son nom à sa couleur, soit qu'on l'ait regardée comme une création, une production précieuse, effet du *travail* de l'Abeille industrieuse.

I. COR, Corps.

CORPUS, *oris* ; 1°. corps ; 2°. substance, matiere ; 3°. volume, corps ; 4°. assemblée, compagnie.

CORPORALIS, *e*, *is*, qui concerne le corps.
CORPORALITER, d'une maniere sensible.
CORPOREUS, *a*, *um*, corporel, matériel.
CORPOROSUS, *a*, *um* ; CORPULENTUS, *a*, *um*, qui a un corps gros & gras, qui a de l'embonpoint.
CORPULENTIA, *æ*, embonpoint, obésité.
CORPULENTÉ, grassement.

CORPORO, *-are*, rassembler en un corps ; 2°. tuer, ôter l'ame & ne laisser que le corps.

CORPORATUS, *a*, *um*, qui a un corps.
CORPOROR, *-ari*, être réuni, réduit en un corps ; 2°. perdre la vie, devenir un cadavre.
CORPORATIO, *onis* ; CORPORATURA, *æ*, corpulence, corsage, constitution du corps.

COMPOSÉS.

AD-CORPORO, *-are*, } incorporer.
AC-CORPORO, *-are*, }

BI-CORPOR, *oris* ; BI-CORPOREUS, *a*, *um*, à deux corps.
CON-CORPORO, *-are*, incorporer, assembler en un corps, réunir en un.
CON-CORPORALIS, *e*, qui est d'un même corps, d'une même compagnie, sous le même Caporal.
IN-CORPOREUS, *a*, *um* ; IN-CORPORALIS, *e*, *is*, qui est sans corps.

IN-CORPORALITER

In-Corporalitas, atis, l'état d'être sans corps.
In-Corporor, -ari, faire partie d'un corps.
Tri-Corpor, oris, qui a trois corps.

II.
CAR, Chair.

1. Caro, rnis, chair, viande.
    Carneus, a, um, fait de chair, qui est de chair.
    Carnalis, e, is, charnel, qui concerne la chair.
    Carnaliter, charnellement.
    Carnarium, ii, garde-manger.
    Carnarius, ii, Boucher.
    Carnarius, a, um, qui concerne la viande, la chair.
    Carnosus, a, um; Carnulentus, a, um, charnu, plein de chair, épais, bien nourri.
2. Caruncula, æ, morceau de chair; 2°. filamens charnus, qui paroissent dans une urine épaisse.
3. Carnales, ium, Magistrats de police pour la viande.

BINOMES.

1. Carni-Fex, icis, m. & f. 1°. bourreau, exécuteur de la Justice; 2°. meurtrier, homicide, pendart, coquin; 3°. carnacier, qui dévore la chair, qui vit de carnage; 4°. qui se tue, qui se défait de soi-même; 5°. géolier, questionnaire.
    De Facio, qui, dans les Composés, signifie détruire, anéantir, par une suite du génie antique qui marquoit par des noms agréables, les objets les plus tristes, les plus fâcheux.
    Carni-Ficina, æ, cruauté, meurtre, barbarie, inhumanité; 2°. tourment, supplice; 3°. place patibulaire, le lieu du supplice; 4°. l'exercice, le métier de Bourreau.
    Carni-Ficius, a, um, de Bourreau.
    Carni-Fico, -are, faire le Bourreau, mettre en pièces.
    Carni-Ficor, -ari, être mis en pièces, déchiré de coups, exécuté par ordre de la Justice.

2. Carnis-Privium, ii, carême, privation de chair, jeûne; & par antithèse, jours gras; carnaval : de Privare, se priver.
    Carni-Vorus, a, um, carnacier, carnivore, qui consume la chair, qui s'en nourrit; de voro, je dévore.

COMPOSÉS.

Ex-Carnatus, a, um, décharné.
Ex-Carni-Fico, -are, déchirer à force de coups, maltraiter cruellement, mettre la chair en pieces.
In-Carnatus, a, um; 1°. incarné; 2°. qui a de la chair, de belles carnations, incarnat.
In-Carnatio, onis, l'action de prendre chair, incarnation; 2°. formation d'une mole.

2.

Cartilago, inis, cartilage, partie du corps d'un charnu osseux.
    Cartilagineus, a, um; Cartilaginosus, a, um, cartilagineux, plein de cartilages.

3. CRA, Famille Grecque.

De Kar, Ker, chair, les Grecs firent Kreas, chair; d'où :
Pan-Creas, le Pancréas, corps glanduleux du ventre, mot-à-mot, tout chair.

CREA-GRA, æ, fourchette ; de *Creas*, chair ; & *Agreuo*, saisir, prendre, chasser.

4. CAR, Sang.

1. CARyca, æ, Boudin fait de sang & de divers autres ingrédiens.

2. AS-SIR, le sang. C'est un Binome Celtique, composé de deux mots primitifs ; *As*, eau, liqueur, & *CIR*, rouge. As signifie eau, liqueur en Portugais : IAS en Turc & WAS-ser en Allemand signifient la même chose.

As-*stratum*, *i*, breuvage fait avec du sang & du vin.

III. CAR, COR, Rouge, couleur de chair, de sang.

1.

CORallium, *ii*,
CORallum, *i*, } Corail.

2.

CRuor, pour CERuor & CARuor.

CRuor, *is*, sang ; c'est le même que l'Anglois GoRe, qui a conservé la prononciation primitive.

CRuentus, *a*, *um*, sanglant, couvert de sang ; 2°. teint de sang ; 3°. cruel.

CRuento, -are, ensanglanter, souiller de sang.

IN-CRuens, *tis* ; IN-CRuentus, *a*, *um*, qui n'est point sanglant, où il n'y a point d'effusion de sang.

IN-CRuentatus *a*, *um*, qui n'est point ensanglanté.

3.

CRudus, *a*, *um*, saignant, encore plein de sang : *crudum vulnus*, une blessure d'où découle encore le sang : 2°. crud, qui n'est pas cuit ; 3°. qui a des crudités, des indigestions ; 4°. indigeste, mal digéré ; 5°. verd, qui n'est pas mûr ; 6°. dur, brusque, cruel, farouche, qui met tout en sang.

CRuditas, *tis*, la qualité d'être saignant, d'être en sang ; 2°. crudité, indigestion, 3°. la qualité d'être difficile à digérer, comme de la viande crue, des fruits qui ne sont pas mûrs ; 4°. cruauté, le plaisir de verser le sang.

CRudesco, *is*, *ui*, *scere*, devenir féroce de plus en plus ; s'accoutumer à verser le sang ; 2°. s'échauffer, s'irriter.

COMPOSÉS.

RE-CRudesco, -*ere*, se renouveller, reprendre des forces, devenir ardent, s'animer.

SUB-CRudus, *a*, *um*, demi-crud, moitié cuit.

SUB-CRudesco, -*ere*, mûrir, cuire à demi.

SUB-CRuentus, *a*, *um*, un peu sanglant.

4.

CRudelis, *e*, cruel, inhumain, rigoureux, féroce, *mot-à-mot*, qui aime le sang.

CRudelitas, *is*, cruauté, inhumanité.

CRudeliter, cruellement, d'une manière dure.

BINOMES GRECS.

MEL-ICERa, æ, Gr. μιλικηρας, pus blanchâtre.

MEL-ICERis, *idis*, plaie, tumeur ouverte. On a cru que ce mot étoit composé de *Meli*, miel, & de *Kera*, cire ; mais on se trompoit, entraîné par un rapport spécieux de mots : la vraie origine de celui-ci sont les mots Grecs, *Mel*, noir, & *Ikhôr*, pus.

IV. CAR-BO,
Charbon.

1. CAR-Bo, is, charbon, *mot à-mot*, Bo, bois; CAR, rouge, étincelant; bois allumé, qu'on éteint avant qu'il soit réduit en cendres.

CAR-Bonarius, a, um, de charbon.
CAR-Bonarius, ii, charbonnier.
CAR-Bonaria, æ, mine de charbon, lieu où se trouve le charbon.
CAR-Bonesco, -ere, devenir en charbon.

2. CAR-Bunculus, i; 1°. petit charbon; 2°. escarboucle, pierre précieuse; 3°. brouine des fruits de la terre; 4°. charbon de peste; 5°. ulcère enflammé; 6°. carboncle, sable desséché par les exhalaisons brûlantes qui en sortent.

CAR-Bunculosus, a, um, brûlé, embrasé, ardent.
CAR-Bunculo, -are, CAR-Bunculor, -ari, être brouiné, être brûlé.
CAR-Bunculatio, is, brouine, brûlure.

V. CER, Cire.

1. CERa, æ, cire; 2°. tablettes enduites de cire: 3°. image, portrait de cire.

CERula, æ, petit morceau de cire.
CERumen, inis, cire de l'oreille.
CERosus, a, um, de cire, plein de cire.
CEReus, i, cierge, chandelle de cire.
CEReolus, i, bougie, petite chandelle de cire.

2. CERo, -are, cirer, frotter, couvrir de cire, bougier.

CERinus, a, um, de couleur de cire.
CERinum, i, habit de femme de couleur de cire.
CERinarius, a, um; CERinarius, a, um, qui teint en couleur de cire, en jaune, d'un jaune éclatant.
CERatus, a, um, ciré, frotté, enduit de cire.
CERatura, æ, cirure, enduit de cire.
CERatorium, ii; CERotum, i, cerat, onguent où il entre de la cire.
In-CERo, -are, enduire de cire.

3. CERarius, ii, Cirier, marchand de cire.

CERarium, i, impôt sur la cire; 2°. droit de taxe qu'on paye pour le sceau.

4. CERintha, æ, } päquette, plante
   CERinthe, es, } très-agréable aux
   CERinthus, i, } abeilles; Gr. Kérinthon, i.

5. CERites, æ, } pierre précieuse, ain-
   CERamites, æ, } si appelée de sa cou-
   CERachates, æ, } leur de cire, ou d'un jaune doré.

CERamium, ii, endroit à Rome, ainsi appellé de ses ouvrages en cire: Cicéron y avoit sa maison.

6. CERi-Fico, -are, faire de la cire: de *facio*, faire.

7. CERoma, tis, mixtion de cire & d'huile, pour oindre les luteurs avant le combat; 2°. le lieu où se frottoient ces luteurs; 3°. tablette cirée, sur laquelle les anciens écrivoient.

CERomaticus, a, um, frotté d'une mixtion d'huile & de cire.

8. CERites tabulæ, tablettes enduites de cire où les Censeurs gravoient avec un poinçon le nom de ceux qu'ils dégradoient.

CERitus, a, um, qui a été marqué sur ces tablettes; insensé, furieux, hors de sens.

9. CERussa, æ, céruse, fard: on l'a

ainsi nommé, parce qu'on enduit avec de la céruse de même qu'avec de la cire.

CERussatus, a, um, fardé, blanchi, peint avec de la céruse.

10. ACORON, Grec 'Ακορον, herbe, nommée *calamus aromaticus*, ou poivre des Abeilles.

BINOME.

PISSO-CERON, i, composé de gomme & de cire : de PISS, gomme.

COMPOSÉS.

SIN-CERUS, a, um, pur, net, sain, sans mélange, qui n'est point gâté, entier ; 2°. sincere, franc, qui est de bonne foi, qui n'est point déguisé, point dissimulé. Cet adjectif signifie *mot-à-mot*, pur, sans cire, du miel pur, & dégagé de la cire. C'est un binome formé de SINE, sans, & de CERA, cire.

SIN-CERE ; SIN-CERiter, ingénuement, sans dissimulation, avec franchise, sans déguisement.

SIN-CERitas, is, pureté, netteté, qualité saine, sans mélange, sans altération.

EX-SIN-CERatus, a, um, altéré, falsifié, frelaté.

VI. CAR, fruits rouges, &c.

1. CERatitis, is, pavot : ainsi nommé, à cause de sa couleur.

2. CERasus, i, cerisier, arbre portant des fruits rouges. On crut mal-à-propos que ce fruit tiroit son nom de la Ville de CERASONTE : c'est qu'on ignoroit qu'il le devoit à sa couleur, & que cette Ville dut le sien tout au plus à ses excellentes cerises : car elle peut avoir eu une toute autre origine : KER désignant une Ville, en général.

CERasum, i, cerise, guine, griotte.

3. CARpio, onis, carpe. Ce poisson fut ainsi nommé à cause de sa chair rouge.

4. CICERculum, i, terre rouge qu'on tiroit de l'Afrique.

FAMILLES en CAR, relatives à la valeur de C.

C désignant la capacité, forma le mot CAR qui signifia :

I. La tête, *capacité élevée, au physique & au moral* ; & comme la tête est élevée, & que AR désigne également l'élévation, ce mot devint chef de familles qui désignent ; 2°. les sommets, l'élévation ; 3°. un amas, un monceau ; 4°. ce qui est cher, précieux.

II. Toute idée de capacité ronde ; 1°. cercle, rondeur, enceinte : 2°. enveloppe : 3°. l'action de cerner.

I.

CAR, capacité élevée.

1. CAR, Tête.

I.

CAR, CER, signifie tête, élévation, sommet dans presque toutes les langues.

CARa, la tête, en Espagnol, Bas-Breton, vieux François.

CAR, la tête en Celte & en Grec.

CARenon, en Grec, & CARé, la tête.

KÉR, le cerveau, dans la même langue ; de-là ces mots Latins.

CEREBRUM, i, tête, cerveau, cervelle.

CEREBELLUM, i, petit cerveau, cervelet.

CEREBROSUS, a, um, écervelé, éventé, fou, qui a la cervelle démontée ; 2°. emporté, violent, tête-chaude.

CEREBELLARE, is, armure de tête, casque, armet, morion, salade, coëffe de maille. (*l'egece.*)

COMPOSÉS.

1. EX-CEREBRO, -are, faire perdre la cervelle, le jugement.

2. PRO-CER, eris, un Grand, un homme haut, élevé, à la tête des affaires ; de CER, tête, & de PRO, en haut, en avant.

PRO-CERES, um, les Grands, les Premiers, les Principaux d'un Etat, les Gens de qualité.

PRO-CERÉ, haut, fort élevé.

PRO-CERIÙS, plus haut.

PRO-CERITAS, is ; PRO-CERITUDO, inis, hauteur, longueur.

PRO-CERUS, a, um, haut, ou long.

IM-PRO-CERUS, a, um, qui est petit de taille, de petite stature.

BINOMES.

1. CARA-CALLA ; 2°. vêtement Gaulois ; & 2°. nom d'un Empereur Romain auquel on donna ce nom à cause qu'il aimoit à porter ce vêtement, qui étoit une espèce de cape : de CAR, tête, & CAL, couvrir.

2. PRIMI-CERIUS, ii, Primicier, Dignité d'Eglise.

2.

CERNUO, -are, se courber, se baisser, s'incliner, tomber la tête première, mettre la tête entre les jambes.

CERNUATUS, a, um, qui tombe la tête première.

CERNUUS, a, um ; CERNULUS, a, um, courbé, panché, incliné en avant, celui qui panche la tête ; 2°. celui qui saute sur un pied.

CERNULO, -are, jetter la tête la première, faire faire la culbute, précipiter, faire tomber la tête la première ; 2°. s'humilier, s'incliner, se pancher en avant ; 3°. se renverser en arrière & toucher des mains à terre.

3.

CERVIX, icis, tête, col, chignon ; 2°. col d'un canal, canal qui s'allonge en s'étrécissant.

CERVICULA, æ, petite tête, col d'une machine qui va en s'étrécissant.

CERVICOSUS, a, um ; CERVICATUS, a, um, têtu, entêté, obstiné.

CERVICA, æ, soufflet, coup sur la joue.

CERVICAL, is ; CERVICALE, is, traversin pour reposer la tête, chevet, oreiller ; 2°. cravate, mouchoir de col.

II. CORN, Corne.

CORNU, u ; 1°. corne ; 2°. cornet, trompe ; 3°. aîle d'une armée.

CORNUTUS, a, um, qui a des cornes.

CORNEUS, a, um ; CORNEOLUS, a, um, de corne ; 2°. dur comme de la corne.

CORNESCO, -ere, se racornir, se changer en corne.

CORNICULUM, i, petite corne ; 2°. ornement de casque fait de corne, qu'on portoit comme le prix de la valeur ; 3°. cor, trompe, cornet.

BINOMES.

1. CORNI-GER, a, um, qui porte des cornes ; 2°. Bacchus ; de *gero*, porter.
2. CORNI-PES, dis, aux pieds de corne ; 2°. cheval ; de *pes*, pied.
3. CORNICEN, inis, qui sonne du cor ; de *CANO*, sonner.
4. CORNU-PETA, æ, qui donne de la corne.
5. CORNU-COPIA, æ, corne d'abondance.
6. CORONO-PUS, odis, corne de cerf, herbe ; 2°. chiendent.
7. UNI-CORNIS, e, qui n'a qu'une corne : d'où,

UNI-CORNIS, is, licorne ; on supposoit que cet animal avoit une corne sur le front.

BI-CORNIS, e, à deux cornes, à deux dents, fourchu.

TRI-CORNIS, e, is, à trois cornes.

III. CAR ou FAMILLES GRECQUES.

1°. de CAR, Tête.

1. CARYATIDES, um, Caryatides, statues de femmes qui soutiennent de leur tête l'entablement d'un édifice : de *Kar*, tête, & *Ruo*, soutenir.
2. CRANIUM, ii, le crâne.

CRANEUM, ei, Collège de Corinthe, parce qu'il étoit sur une hauteur.

HEMI-CRANIA, æ, migraine.

HEMI-CRANICA, orum, remède contre la migraine.

HEMI-CRANICUS, a, um, sujet à la migraine.

PERI-CRANIUM, ii ; PERI-CARDIUM, ii, membrane qui enveloppe le crâne ; de *peri*, autour.

3. CARYON, Grec KARUON, noix, à cause de sa rondeur ; 2°. noyer.

CARYINUM, i, huile de noix.

CARY-OPUS, i, suc de noix ; du Gr. *opos*, suc.

4. CARYITIS, idis, tithymalle, dont le fruit ressemble à la noix.
5. CARYOTA ; CARUOTA, Gr. καρυωτος, datte, fruit du Palmier.
6. CARYOPUM, i, arbrisseau de Syrie, qui a du rapport avec le canelier, ou arbre à canelle.
7. CARYO-PHYLLUM, i, giroflier, arbre qui porte le clou de girofle ; 2°. ce fruit lui-même : de *KAR*, tête, & *Phyllon*, plante & fleur aromatique.
8. CARYO-PHYLLUS, i, fleur appellée œillet.

2°. De CAR, Corne.

1. CEROSTROTUM, i, } ouvrage de CESTROTA, orum, } marqueterie fait avec de la corne.

CERO-STROTUS, a, um, orné de marqueteries.

2. AGO-CEROS, otis ; 1°. capricorne ; 2°. sainfoin.
3. CERASTES, æ ; } serpent qui a des CERASTA, æ, } cornes ; 2°. ver qui gâte les figues.

CERATIAS, æ, Comète cornue.

CERATINUS, a, um, cornu ; 2°. captieux.

CERATIA, æ, plante propre à la dyssenterie.

4. Cerat-Aulæ, arum, ⎫ Joueurs de
   Cer-Aula, æ,   ⎭ flûte.
5. Ceraunius, a, um, de foudre.
   Ceraunia, orum, Mont-Taurus; 2°. Mont de la Chimere.
6. Ceraunia, æ; 1°. carougier; 2°. pierre précieuse.
   Ceraunium, ii, trufle; 2°. note grammaticale.
7. Cervus, i, Cerf, animal qui doit son nom à ses grandes cornes; 2°. piéce de bois fourchue comme les cornes ou le bois d'un cerf; 3°. tronc d'arbre branchu; 4°. grande fourche; 5°. machine de fer ou de bois à plusieurs pointes.
   Cerva, æ, Biche; 2°. Palma christi, plante.
   Cervulus, i, faon de biche.

3°. De COR, Tête, Sommet.

1. Corymbus, i, Gr. κορυμβος, sommet; de cor, tête, & umbo, élévation; 1°. sommité des plantes; 2°. tige d'artichaud; 3°. grappes, en particulier celles du lierre; 4°. bout du teton.
   Corymbi-Fer, a, um, qui porte du lierre avec sa grappe; 2°. surnom de Bacchus.
2. Coryphaeus, i, le chef, le principal, le premier d'une compagnie; 2°. le Roi du bal: de cor, tête, & up, élevé.
   Mélan-Coryphus, mot à mot, tête noire, becque-figue, oiseau; de melan, noir.
3. Corsa, æ, la plate-bande d'un chambranle.
4. Corylus, i, noisetier, coudrier.
   Coryletum, i, coudraie, bois de noisetier.
5. Cornus, i, ⎫ cornouiller; 2°.
   Cornus, ús, ⎭ dard; 3°. flageolet.
   Cornum, i, cornouille.

4°. De CAR, prononcé CRe.

De Kar, Chef, Seigneur; 2°. faire, les Grecs dériverent Kreion, Roi: & Krainó, exécuter, faire, accomplir. Et sur ces deux mots, ils en formerent deux autres dont l'origine n'étoit pas moins inconnue que celle de Kreion & de Krainó: ce sont les verbes Khraó & Khrió.

Khrao, au futur 1. Khréso, signifie faire usage d'un instrument pour l'exécution de ses vues, se servir, employer: d'où Khréstos, utile, qui sert.

Khrio, élever quelqu'un à la dignité de Roi par l'onction, oindre.

De ces deux verbes vinrent ces mots Latins-Grecs:

1. Chresto-Logia, æ, affabilité.
   Chrestum, i, chicorée, plante.
   Pan-Chrestum, i, remède propre à tous maux.
2. Christus, i, oint, sacré, Christ.
   Christianus, a, um,   ⎫
   Christiada, æ,   ⎬ Chrétien.
   Christicola, æ,   ⎭
   Anti-Christus, i, Ante-Christ.
   Pseudo-Christus, i, faux Christ.
3. Kar, Kor, Seigneur, prononcé Kur, devint le Grec Kurios, Sei-

gneur, Curoó, être en vigueur : de-là le mot Latin-Grec :

A-Cyro-Logia, expression propre, mot qui a vieilli, qui n'est plus en vigueur.

IV.

CER, CRE, CRA, Élévation,

Amas, (338, 525.)

» Crah, Creh, est un primitif qui
» désigne tout ce qui est haut, éle-
» vé, tout ce qui croît, &c.

Ce mot s'est prononcé également Cer, Ger : de-là nombre de familles Latines.

1. A-Cervus, *i*, tas, monceau, amas, multitude, grande quantité.

A-Cervatim, par monceaux, en foule, pêle-mêle, confusément.
A-Cervalis, entassé, accumulé.
A-Cervatio, amas, entassement.
A-Cervo, *avi*, *atum*, *are*, amasser, entasser, accumuler.

Ces mots tiennent au Grec Αγειρω, & à l'Hébr. גור *Gur*, & אגר *Agar*, qui tous signifient amasser, assembler, 2°. se rendre à l'assemblée, à la place publique, au marché : d'où.

Agoræus, *a*, *um*, ce qui se porte au marché.
Agora-Nomus, Juge de Police : de *Nomos*, Loi.

COMPOSÉS.

Co-Acervo, *avi*, *atum*, *are*, entasser, accumuler, amonceler.
Co-Acervatio, *onis*, amas, monceau ; 2°. assemblage, entassement ; 3°. récapitulation.
Co-Acervatim, en assemblant, en accumulant, en récapitulant.
Ex-A-Cervo, *-are*, amonceler.
Ex-A-Cervatio, *onis*, amas, monceau.

2.

1. Ag-Ger, *eris*, amas, monceau, tas ; 2°. chaussée, digue ; 3°. retranchement, rempart ; 4°. élévation, éminence ; 5°. tranchée ; 6°. chaussée ou grand chemin, pavé.

Ag-Gero, *-are*, amasser, entasser ; 2°. faire une digue ; 3°. assembler en monceau, augmenter ; 4°. remplir, combler ; 5°. chausser, rechausser des plantes.
Ag-Geratus, *a*, *um*, entassé.
Ag-Geratio, entassement.
Ag-Geratim, par tas.

COMPOSÉS.

Circum-Ag-Gero, *-are*, amasser autour, amonceler en cercle.
Co-Ag-Gero, *-are*, mettre en un monceau.
Ex-Ag-Gero, *-are*, amasser l'un sur l'autre ; 2°. augmenter ; 3°. exagérer, faire plus grand.
Ex Ag-Geratio, *onis*, élévation ; 2°. exagération.
Super-Ag-Gero, *-are*, entasser par-dessus.

2. Ag-Gero, *ssi*, *stum*, *ere*, entasser.
Ag-Gestus, *us*, amas, tas.
Ad-Aggero, *-are*, accumuler.

CAR,

Pesant.

De Car, amas, monceau, se forma Car, pesant, chargé : d'où ces mots Latins-Grecs.

Caros,

CAROS, Gr. Κάρος, pésanteur de tête, assoupissement léthargique causé par l'yvresse.

CAROTIDES, Gr. Καρωτίδης, veines jugulaires, artères.

V. CAR, Cher.

1.

CAR est un mot primitif & Celtique qui signifie aimable, beau, agréable, ce qu'on aime; ami de cœur, mot-à-mot, ce qu'on met à la tête de tout, ce qu'on préfere à tout.

Ce mot est commun à diverses langues.

En Grec KHARIS, graces, attraits.

En Suéd. KÆR, cher.

En Allem. GER, désir extrême.

En Hébreu יקר, I-QAR, estimer infiniment; 2°. être d'un grand prix, en grand honneur; 3°. être rare. *Nom*, valeur, prix, attraits.

CARus, a, um, cher, précieux, qui coûte beaucoup; 2°. chéri, bien aimé, favori.

CARitas, is, cherté, prix, rareté, disette, amour.

CARé, cher, à haut prix.

2.

FAMILLE GRECQUE.

CHARitas, is, amour, amitié, zèle, bienveillance.

CHARites, um, les trois Graces.

CHARisma, is, grace, don.

CHARistia, orum; CHARistia, orum, fêtes en l'honneur des Graces; 2°. fêtes anniversaires de la mort des parens qui étoient festoyés par les vivans.

Eu-CHARis, e, gracieux; d'*eu*, bien, extrêmement.

Eu-CHARistia, æ, le festin de l'amour fraternel.

3.

1. CARenum, i, vin cuit; il tire son nom de *Car*, agréable, à cause de sa douceur.

CHARa, æ, lapsane, racine comestible.

CHARito-BLEPharon, i, espèce d'arbrisseau; mot à mot, le sourcil des Graces.

4.

CAReo, es, ui, cassus sum, caritum & cassum, ere, devenir rare; 2°. manquer, avoir besoin, être exempt; 3°. se passer de.

CAssus, a, um, vuide, creux, qui n'a rien dedans; 2°. vain, frivole, inutile.

IN-CAssüm, vainement, inutilement.

5.

CAR, se prononçant GAR & GRA, forma la famille suivante.

GRATus, a, um, savoureux, qui plaît au goût; 2°. agréé, bien venu; 3°. agréable, qui plaît; 4°. reconnoissant, qui a du ressentiment des bienfaits.

GRATum, i, chose dont on a obligation.

GRATes, um, graces, remerciemens.

GRATé; GRATó, avec reconnoissance, avec actions de graces; 2°. agréablement, avec plaisir.

GRATis; GRATuitó, sans intérêt, sans espoir de récompense.

GRATuitus, a, um, fait sans aucune vue d'intérêt.

GRAtor, -ari, féliciter, congratuler, faire compliment sur un avantage; 2°. rendre graces, remercier.

Orig. Lat.

GRAT*anter* ; GRAT*ulanter* , en fe félicitant.

GRAT*abundus* , *a* , *um* ; GRAT*ulabundus* , *a*, *um*, qui prend part à la joie de quelqu'un, qui félicite.

2. GRAT*ulor* , *ari* , complimenter fur, fe réjouir avec quelqu'un d'un heureux fuccès ; 2°. rendre graces, remercier.

GRAT*ulator* , *is* , qui félicite.

GRAT*ulatio*, *onis* , compliment fur quelque avantage, affurance de la part qu'on prend à la joie de quelqu'un.

GRAT*ulatorius* , *a* , *um* , de félicitation.

GRAT*ito*,-*are*, } favorifer , obliger ,
GRAT*i-Fico*,-*are*, } faire plaifir, rendre
GRAT*i-Ficor*,-*ari*, } fervice.

GRAT*ificatio* , *onis* , faveur, gratification.

3. GRAT*ia*, *æ*; bienfait, faveur, plaifir ; 2°. amitié, bonnes graces ; 3°. reconnoiffance, reffentiment ; 4°. pardon ; 5°. intérêt, avantage; 6°. agrément, délices ; 7°. crédit , autorité, pouvoir.

GRAT*iofus* , *a* , *um* , favorifé , animé , agréable ; 2°. accrédité ; 3°. qui favorife ; 4°. obtenu par faveur.

GRAT*iofè* , par faveur , par le crédit qu'on a.

COMPOSÉS.

CON-GRAT*ulor* , -*ari* , féliciter , témoigner à quelqu'un la joie qu'on a de fon bonheur.

CON-GRAT*ulatio*, *onis*, félicitation, conjouiffance.

IN-GRAT*us*, *a*, *um* ; 1°. défagréable , qui ne plaît pas ; 2°. ingrat, méconnoiffant ; 3°. qui agit malgré foi.

IN-GRAT*i-Ficus*, *a*, *um*, qui manque de reconnoiffance.

IN-GRAT*ia*, *æ*, indignation, difgrace.

IN-GRAT*itudo*, *inis*, manque de reconnoiffance.

IN-GRAT*è*, avec ingratitude ; 2°. peu volontiers, malgré foi.

IN-GRAT*is* ; IN-GRAT*iis*, à regret, contre fon gré.

PER-GRAT*us* , *a* , *um* , charmant, fort agréable.

VI, CER prononcé QUER.

De CAR , CER , 1°. cher , 2°. défir vif, recherche empreffée, fe formerent l'Hébreu קוּר , K*u*R, chercher avec foin ; fouiller dans le fein de la terre pour trouver de l'eau.

חָקַר , H*e* Q*a*R, chercher, fcruter, folliciter. Et le Latin QU*Æ*R*o* : d'où la famille fuivante.

1. QU*Æ*R*o*, *is*, *fivi*, *fitum*, *ere*, chercher, demander.

QU*Æ*R*ito*,-*are*, s'enquérir, faire des informations, s'informer, chercher à découvrir ; 2°. tâcher, faire fes efforts, 3°. acquérir, amaffer.

Dans cette famille, le R s'eft changé en S pour adoucir la prononciation.

QU*Æ*ST*io*, *onis* ; QU*Æ*S*itus*, *ûs*, recherche, enquête, information, l'action de chercher.

QU*Æ*S*itum*, *i*, demande, interrogation ; 2°. ce qu'on a acquis.

QU*Æ*ST*us*, *ûs* ; QU*Æ*ST*iculus*, *i*, ce qu'on a recherché, gain, profit, petit gain, l'action de trouver ce qu'on a cherché, l'action de gagner.

QU*Æ*ST*ura*, *æ*, Charge de Tréforier, la Tréforerie.

Quæstio, onis, recherche, l'action de chercher ; 2°. torture, question pour découvrir quelque chose qu'on cherche à sçavoir ; 3°. demande, enquête, information ; 4°. doute qu'on propose, question.

Quæstiuncula, æ, petite recherche, petite demande.

Quæsitor, oris, Juge au criminel, qui cherche, qui examine, Enquêteur, Examinateur.

2. Quæstor, is, Juge au criminel, celui qui fait les recherches ; 2°. Trésorier, chargé du Trésor public.

Quæstorium, ii, Trésor, caisse du Trésorier, bureau du Trésorier ; l'emploi de Trésorier.

Quæstorius, ii, qui a été Trésorier ou Quêteur.

Quæstorius, a, um, qui concerne le Trésor, le bureau ou la caisse du Trésorier.

Quæstuosus, a, um, qui recherche le gain, avide de gagner, intéressé, qui aime le profit ; 2°. lucratif, qui apporte du gain ; 3°. sur quoi l'on gagne.

Quæstuosissimè, d'une maniere qui rapporte un grand gain.

Quæstuarius, a, um, qui travaille pour le gain, qui cherche à gagner, que le profit fait agir.

Quæso ; je vous prie ; Quæsumus, nous vous prions.

COMPOSÉS.

Ac-Quiro, - ere, gagner, obtenir, conquérir, rechercher.

Ac-Quisitio, onis, acquisition, gain, profit.

Ac-Quisitus, ûs, le premier ou le plus bas ton de la Musique.

Con-Quiro, - ere, chercher, se donner des soins pour trouver, s'enquérir, s'informer.

Con-Quisitor, is, Enquêteur, Surveillant, qui a charge d'observer ; Commissaire, qui a commission de faire des recrues.

Con-Quisitio, onis, recherche, perquisition ; 2°. enquête, information.

Con-Quisitè, exactement, soigneusement.

Dis-Quiro, - ere, chercher exactement, s'appliquer à la recherche, peser avec attention, discuter.

Dis-Quisitio, onis, discussion, examen scrupuleux, enquête soigneuse, recherche exacte, critique.

Dis-Quisitor, is, Enquêteur, Examinateur.

Ex-Quæro, - ere, } faire une recherche exacte, examiner, s'informer exactement, demander avec empressement.
Ex-Quiro, - ere,

Ex-Quisitus, a, um, choisi, étudié ; 2°. recherché, demandé.

Ex-Quisitor, is, qui recherche.

Ex-Quisitio, onis, premier essai, tentative.

Ex-Quisititius, a, um, qui est recherché, d'une grande recherche, qui n'est pas naturel.

Ex-Quisitim ; Ex-Quisitè, soigneusement, exactement, avec choix, avec art, artistement.

Ex-Quæstor, is, qui a été Quêteur.

In-Quiro, ere, chercher, s'enquérir, s'informer, faire une information.

In-Quisitio, onis, recherche, enquête, information, examen.

In-Quisitus, a, um, recherché, dont on a fait la recherche, dont on s'est informé ou enquêté ; 2°. dont on ne s'est pas informé, qu'on n'a pas examiné, dont on n'a pas fait de recherche.

In-Quisitiùs, avec une recherche plus exacte.

In-Quisitor, oris, qui recherche, qui s'informe, qui examine; 2°. Enquêteur, Examinateur.

Per-Quiro, - ere, chercher exactement, voir ou fureter par-tout; 2°. interroger, s'enquérir, s'informer.

Per-Quisitor, oris, qui recherche avec soin; 2°. Espion, Surveillant.

Per-Quisité, avec exactitude, avec recherches.

Pro-Quæstor, is, Vice-Trésorier, celui qui remplissoit la place du Questeur, du Trésorier.

Re Quiro, - ere; 1°. chercher, rechercher, demander, s'enquérir; 2°. regretter, trouver de manque.

Re-Quisitio, onis, recherche, enquête.

Re Quirito, -are, rechercher souvent.

I I.

Familles en CAR désignant toute capacité ronde, cercle, enceinte, &c.

I. CAR, Pivot, &c.

1. Cardo, inis, gond, pivot sur lequel tourne une porte; 2°. les poles du monde, points sur lesquels il tourne, il roule, 3°. l'objet d'une affaire, sur lequel elle roule.

Cardinalis, e, qui concerne les gonds; 2°. principal, cardinal.

Cardinalis, is, Cardinal, Prince de l'Eglise.

Cardinatus, a, um, enclavé, emboëté.

Inter Cardinatus, a, um, enclavé l'un dans l'autre.

2. Cartallus, Gr. καρταλλις, d'osier, corbeille.

3. Carcer, is, anciennement Kerker, chambre close, prison, cachot, géole; 2°. coquin, scélérat.

Carceres, um, barrieres au-devant des loges des animaux farouches, pratiquées sous les degrés du cirque.

Carcerarius, ii, géolier, concierge de prison.

Carceralis, e, is; Carcerarius, a, um, de prison, qui concerne la prison.

In-Carcero, -are, emprisonner, mettre en prison.

In-Carceratio, onis, emprisonnement.

4. Cernus, i, vase rond, pot de terre.

Cernus, i, un sabot, une espéce de brodequins découpés en rond.

5. Cerrus, i, espéce de chêne, qui porte des glands petits & ronds.

Cerreus, a, um; Cerrinus, a, um, fait du bois de ce chêne.

I I. CER, CIR, Cercle.

Circus, i; 1°. tour, circuit, cercle, enceinte, grand cercle; 2°. lieu ovale & spacieux, enfermé de murailles, où se faisoient à Rome les représentations des jeux publics; 3°. oiseau de proie.

Circlus, i; Circulus, i, cerceau, petit cercle rond; 2°. assemblée, compagnie; 3°. colier, brasselet; 4°. gâteau, fromage.

Vieux Latin, Circo, Circito, -are, tourner autour.

Circulo, -are; 1°. entourer, environner, conduire autour; 2°. tourner la tête de côté & d'autre ; 3°. faire le bâteleur.

Circulor, -ari ; 1°. faire le charlatan, assembler du monde autour de soi par son caquet ; 2°. vanter sa personne, son esprit, son savoir, faire une vaine parade de ce qu'on sait.

Circulatio, onis, cours, circuit, course, tour ; 2°. circulation.

Circulator, is ; Circulatrix, cis, bâteleur, charlatan, vendeur d'orviétan, farceur en place publique ; 2°. sophiste.

Circulatorius, a, um, de bâteleur.

2. Circator, is,
Circitor, is, } 1°. mercier ambulant dans la campagne, dans les rues, porteballe, colporteur ; 2°. Officier, soldat qui fait la ronde ; 3°. Chevalier ou Archer du Guet.

Circitores, um, deux étoiles fixes, à l'extrémité de la petite ourse.

Circenses, ium, du cirque ; d'amphithéâtre.

CIR.

Circinus, i, compas : mot binome composé de Cir, tout autour, & de Cinus, ou Cinnus, boucle, cercle.

Circinatô, en cercle, en rond.

Circino, -are, arrondir, tracer en rond, compasser, faire un cercle ; 2°. tournoyer.

4. Circà, environ, auprès, joignant, aux environs ; 2°. à l'égard, sur, vers ; 3°. tout autour, à l'entour.

Quo Circà, c'est pourquoi.

Circiter, à peu près, environ ; 2°. vers, joignant.

Circu-eo, ire ; Circuo, -ire, faire un circuit, faire le tour, aller autour ; de eo & de circum.

Circùm, autour, aux environs, auprès 2°. çà & là, de tous côtés, tout autour.

5. Cirrus, i, boucle de cheveux ; 2°. frange.

Cirri, orum, hupe des oiseaux ; 2°. filets de certains poissons.

Cirri-ger, a, um, qui porte un toupet de cheveux.

Cirratus, a, um, qui a les cheveux bouclés, & frisés ; 2°. frangé, velouté, falbalaté, dentelé.

Cirnea, æ, pot, vase rond, flacon, bocal.

III. GIR, GUR, WIR, VIR, Tour, Cercle.

1. Gyrus, i, tour, rond, cercle, volte ; 2°. pli d'un serpent, parce qu'il se tortille en cercle, pour s'avancer.

Gyro, -ars, tourner, pirouetter, arrondir.

Gyratio, onis, tournoyement.

Gyraculum, i, sabot, toupie, machine tournante.

BINOMES.

1. Gyra-Tomus, a, um, taillé en rond ; mot binome composé de τέμνω, je coupe : au fut. 2 Tamo : au présent moyen τε-τομα.

2. Gyr, -Dromus, carriere pour courir, parce qu'elle est ronde, ou en cercle ; Binome composé de τρέχω, courir ; au Prétérit moyen, de-droma.

3. Gyro-Vagus, a, um, maraudeur, qui rode autour ; de Vagor, j'erre.

4. Gyr-Gillus, i, poulie ; mot formé par la répétition de Gyr, tour.

Gyr-Gillo, -are, guinder, faire Virer, tourner la poulie.

2.

1. VIRIA, æ, un colier, un bracelet, parce qu'il est rond & fait en cercle.

VIRIOLA, æ, petit colier.
2. VIRICA, æ, javelot, parce qu'on le tournoit à diverses fois avant de le lancer.
3. VIRICULUM, i, TOURET, instrument à percer en tournant.

IV. CURV, courbe.

CURVUS, a, um, courbe, courbé, voûté.

CURVO, -are, courber, plier.

CURVAMEN, inis,
CURVATIO, onis, } courbure, enfoncement; 2°. voûte;
CURVITAS, is, } 3°. l'action de courber.
CURVATURA, æ,

COMPOSÉS.

IN-CURVUS, a, um, courbé, arqué.
IN-CURVO, -are, courber, plier.
IN CURVESCO, -ere, se courber.
IN-CURVATIO, onis, courbure.
SUPER-IN-CURVATUS, a, um, courbé dessus.
PRÆ CURVUS, a, um; PRO-CURVUS, a, um, fort courbé.

RE-CURVO, -are, recourber, rebrousser.
RE-CURVUS, a, um, recourbé.
RE-CURVATIO, onis; RE-CURVITAS, is, courbure.

DÉRIVÉS

1. CURCULIO, nis; 1°. charenson; 2°. calendre; 3°. épiglotte.

CURCULIUNCULUS, i, petite calendre.

2. VA-CERRA, æ, pieu, poteau; 2°. manége, écurie, enceinte, claie de pieux pour serrer & parquer les troupeaux.

VA-CERROSUS, a, um, insensé, mot-à-mot,

qui est sans lien, sans enceinte; qui est échappé du parc.

OB-A-CERO, -are, fermer la bouche, mettre une barriere devant la bouche.

3. CIRCŒA, æ, amaranthe.

CIRCŒUM, i,
CIRCŒIUM, i, } mandragore.
CIRSŒA, æ,

4. CIRCOS, i, CERCERIS, oiseau de leurre, qui s'élève en tournant; 2°. pierre précieuse.

CIRCANEA, æ, Milan, oiseau de proie en général, qui s'élève en tournant, qui plane en cercle.

5. CIRIS, is, aigrette; 2°. alouette.

CIRSIUM, ii, buglose.

6. CUCURBITA, æ, courge, citrouille, ventouse.

CUCURBITULA, æ, petite ventouse, petite courge.

CUCURBITINUS, a, um, de citrouille.

V. CER, CRE, enfermer par une enceinte.

1.

S-CRINIUM, ii, écrin, cabinet, coffre de bijoux : en Or. כבר SKAR, fermer, boucher; nom, réservoir.

PRIMI-S-CRINIUS, a, um, Garde du Trésor, Démonstrateur d'un Cabinet.

2. CORS, tis,
CHORS, tis, } basse-cour, maison de campagne : Co-
COHORS, tis, } HORS, tis, signifie aussi une troupe de soldats, un régiment d'infanterie.

CHORTALIS, e; COHORTALIS, e, de basse-cour, de paillier. Cohortalis signifie aussi, qui concerne les soldats.

CHOR*eus*, *i*, gros habit de valet de campagne.
Cohorticula, æ, bataillon d'un régiment.

3. CHOR*dum*, *i* ; 1°. second foin, regain; 2°. froment tardif: du Grec χόρτος, *Khortos*, foin.
COR*dus*, *a*, *um* ; CHOR*dus*, *a*, *um*, qui vient tard, tardif.
CHORT*inum*, *i*, huile de foin.

4. COR*us*, *i*, mesure de 30 ou de 45 boisseaux : c'est l'Hébreu כור, *Kor*, mesure de choses seches.

5. CORB*is*, *is*, corbeille, panier.
CORB*ula*, æ, petite corbeille, ou panier.
CORB*ita*, æ, navire marchand tres-pesant.
CORB*ito*,-*are*, charger un navire marchand.

2.

COR*ium*, *ii*, } cuir, peau; 2°. assise.
COR*ius*, *ii*, }
CORIaceus, *a*, *um*, de cuir.
CORIarius, *a*, *um*, qui sert à préparer les cuirs.; 2°. Tanneur, Corroyeur; 3°. le sumak, arbrisseau.
DURI-CORIus, *a*, *um*, qui a l'écorce dure.
EX-CORIo,-*are*, écorcher.
EX-CORIatio, *onis*, écorchure.

2. FAMILLE GRECQUE.

COR*ycium*, *ii*, sac de cuir.
COR*yceum*, *i*, lieu où l'on joue au ballon.

3.

CORT*ex*, *icis*, écorce, coquille.
CORT*icula*, æ, petite écorce.
CORT*icosus*, *a*, *um*, qui a beaucoup d'écorce.
CORT*ico*,-*are*, écorcer, ôter l'écorce.
DE-CORT*ico*,-*are*, écorcer, enlever l'écorce, ou la peau.
DE-CORT*icatio*, *onis*, l'action d'écorcer, de peler.

4.

CORT*ina*, æ, grand vase, marmite, chaudiere ; 2°. rideau, tapis, courtine ; 3°. drap mortuaire ; 4°. capacité du théâtre, dont le fond est une tapisserie dite *cortina*.
CORT*inale*, *is*, endroit où sont les chaudieres.

5.

CHORD.

CHORD*a*, æ, Grec χορδή, corde ; 2°. cordeau ; 3°. cordon.
CHORD-APsum, *i*, passion iliaque.
BI-CHORD*ulus*, *a um*, à deux cordes.
HEXA-CHORD*on*, *i*, instrument à six cordes.
ACRO-CHORD*on*, *i*, verrue, poireau.

6.

CORON*a*, æ ; 1°. couronne, diadême, *parce qu'une couronne est ronde* ; 2°. cercle, rond, tout ce qui fait cercle ; 3°. assemblée, compagnie ; 4°. corniche ; 5°. blocus d'une Ville ; parapet ; 6°. nœud d'un bois de cerf ; 7°. tour de l'entrée d'un vase quelconque ; 8°. rond qui se remarque autour de la Lune & des étoiles ; 9°. guirlande, bouquet, couronne de fleurs.
CORON*ula*, æ ; COR*olla*, æ, petite couronne, guirlande.
COR*ollarium*, *ii* ; 1°. couronne ; 2°. corollaire ; 3°. petit présent ; 4°. le par-dessus, ce qu'on donne de plus.

CoRonis, *dis*, fin, perfection, achevement.

CoRonaria, *æ*, bouquetiere.

CoRonarius, *a*, *um*, de couronne.

CoRono, *-are* ; 1°. couronner ; 2°. ceindre, environner.

In-CoRonatus, *a*, *um*, qui n'est pas couronné.

7.

De Cor, Chor, révolution, se forma le mot Grec, Khronos, Chronus, le tems, les révolutions des jours : de-là cette famille.

1. ChRonicus, *a*, *um*, de tems, chronique.

ChRonica, *orum*, annales, histoire du tems.

ChRonisso, *-are*, faire des pauses, s'arrêter.

BINOMES.

1. ChRono-GRaphus, annaliste.

ChRono-GRaphia, *æ*, mémoires.

2. ChRono-Logus, *i*, Chronologiste.

ChRono-Logia, *æ*, science des tems.

3. ChRono-Stichum, *i*, vers où les lettres numérales marquent l'année.

4. Poly-ChRonium, *ii*, acclamation où l'on souhaite longue vie.

Poly-ChRonius, *a*, *um*, qui vit long-tems.

8.

CRater, *is* } Gr. Κρατης, coupe,
CRatera, *æ*, } tasse.

CRaterra, *æ*, bacquet à recevoir de l'eau.

9.

CerbeRus, *i*, Cerbere, chien à trois têtes qui gardoit les Enfers pour empêcher, non d'y entrer, mais d'en sortir ; c'étoit un symbole parlant des Enfers, ou de la mort qui engloutit ou dévore tout & ne rend rien. Ce nom fut formé de Kèr, la mort, le destin, & de Bor, qui dévore. Le nombre *trois*, marque du superlatif, indique très-bien que rien ne peut lui échapper, qu'elle dévore tout.

Mais Kèr, la mort, est formé du mot Keir, bande, en général, & par excellence les bandes dont on emmaillottoit les morts ou les momies, signification que ce mot a dans la langue Grecque.

CerbeReus, *a*, *um*, de Cerbere.

10.

Cerno, *is*, *crevi*, *cretum*, *ere*, mot-à-mot, couper une chose en rond, l'isoler, la séparer de toute autre chose, la mettre en vue pour qu'elle soit apperçue distinctement ; 2°. juger, voir, 3° cribler, 4°. combattre, disputer ; 5°. conférer, parler.

CRetus, *a*, *um*, vû, jugé ; 2°. criblé ; 3°. résolu, arrêté.

CRisis, *is*, changement subit & violent dans une maladie.

CRiticus, *i*, Censeur ; capable de juger.

COMPOSÉS de CRisis.

Ana-CRisis, *is*, examen des témoins.

Cata-CRisis, *is*, décret, jugement.

Hypo-CRisis, *is* ; 1°. déguisement, feinte ; 2°. le rôle d'un Comédien.

Hypo-CRita, *æ* ; Hypo-CRites, *æ*, Comédien, Acteur ; 2°. qui dissimule ses mœurs, hypocrite.

COMPOSÉS

Composés de CERNO.

Con-Cerno, -ere, voir clairement de tous côtés ; & en signification barbare, regarder, concerner.

De-Cerno, -ere, juger, régler, ordonner, statuer, décider ; 2°. commettre, donner charge ; 3°. conclure, résoudre ; 4°. combattre, vuider un différend ; 5°. déférer, assigner.

De Cretum, i, 1°. Ordonnance, Déclaration, Arrêt ; 2°. dessein, résolution, sentiment ; 3°. dogme, maxime, sentence.

De-Cretorius, a, um, décisif, qui termine.

De-Cretales, ium, les constitutions des Papes, les décrétales.

Dis-Cerno, -ere, distinguer, démêler, reconnoître ; 2°. diviser, séparer.

Dis-Cerniculum, i, aiguille de tête qui sépare les cheveux, poinçon de cheveux ; 2°. tamis, crible ; 3°. différence.

Dis-Creté ; **Dis-Critim**, distinctement, séparément, en particulier.

Dis-Cretio, onis, séparation, distinction.

Dis-Cretor, oris, qui distingue.

Dis-Cretorium, ii, chambre du Conseil.

In-Dis-Cretus, a, um, qui n'est point séparé, qui est confondu l'un avec l'autre, qu'on ne distingue pas.

In Dis-Creté ; **In Dis-Cretim**, conjointement ; 2°. sans choix ; 3°. indiscrétement.

Dis-Crimen, inis ; 1°. différence, distinction ; 2°. différend, dispute ; 3°. escarmouche ; 4°. division, partage ; 5°. péril, hasard ; 6°. séparation, intervalle.

Dis-Crimino, -are, diviser, distinguer, démê er, débrouiller.

Dis-Criminator, is, qui sépare, qui distingue.

Dis-Criminatim, séparément.

Dis-Criminale, is, qui sert à partager les cheveux.

In-Dis-Criminatus, a, um, qu'on n'a point distingué ; pris sans choix.

In-dis-Criminatim, indifféremment, sans distinction.

Ex-Cerno, -ere, nettoyer, purger ; 2°. cribler, vanner ; 3°. sasser, tamiser.

Ex-Cretus, a, um, rendu par le bas, évacué ; 2°. tamisé, criblé.

Ex-Cretio, onis, éjection des excrémens.

Ex Cretum, i, criblure, ce qui est séparé du bon grain par le crible ou le van.

In-Cerno, -ere, cribler, bluter, sasser, passer au tamis ; 2°. combattre.

In-Cerniculum, i, crible, sas, tamis.

Præ-Cernens, tis, qui voit par avance, qui prévoit.

Se-Cerno, -ere, séparer, mettre à part, distinguer ; 2°. choisir.

Se-Cretum, i, lieu retiré, isolé, écarté, solitaire ; 2°. secret, chose secrette.

Se-Creto, iùs, en secret, sous main, à part, à l'écart, à l'insçu, séparément.

Se-Cretarius, ii, Secrétaire, confident des secrets.

Se-Cretarium, ii ; 1°. la chambre du Conseil ; 2°. sanctuaire ; 3°. lieu secret, caché.

Se Cretio, onis, séparation, l'action de mettre à part.

Sub-Cerno, -ere, } 1°. bluter, sasser,
Suc-Cerno, -ere, } tamiser, passer au sas ; 2°. mettre à part, séparer.

C I, lieu.

De C, désignant la place, se forma la famille CI, désignant le lieu, la place, celui qui demeure en un lieu; de-là notre mot ICI; le Grec E-KEI, ici; le Latin CI-VIS, formé de CI, ici, & de VI, qui vit; celui qui VIT en ce lieu, qui en est le vrai habitant; de-là ces familles Latines.

I.

1. CIVis, is, Citoyen, Bourgeois.

CIVilis, is, Citoyen, Bourgeois.

CIVilis, e, civil, de Citoyen; 2°. honnête, qui sait son monde; 3°. commun, ordinaire, qui est d'usage dans les Villes; 4°. populaire, aimé du Peuple; 5°. politique.

CIVicus, a, um, de Citoyen, civil.

2. CIVitas, atis, 1°. Cité, Ville; 2°. Bourgeoisie, le Peuple d'une Ville; 3°. pays, contrée.

CIVitatula, æ, petite Ville, Bourgade.

3. CIVilitas, is, honnêteté, politesse.

CIViliter, selon le droit civil.

IN-CIVilis, e, 1°. mal-honnête, désobligeant; 2°. arrogant, orgueilleux.

IN-CIViliter, mal-honnêtement.

II.

CIO, is, ivi, itum, ire, ⎫ m. à m.
CIEO, es, evi, etum, ere, ⎬ faire venir en un lieu; 1°. invoquer, appeller; 2°. provoquer, exciter, animer; 3°. fâcher, irriter; 4°. chasser, repousser; 5°. diviser.

Les Grecs disent KIó, aller, venir.

CITus, a, um, excité, pressé; 2°. vîte, léger.

2. CIS, en-deçà, par-deçà.

CITrd, hors, hormis; 2°. en-deçà, 3°. sans.
CITrd, deçà.

CITerius, trop en-deçà, moins qu'il ne faut.

CITerior, oris, plus en-deçà.

CITimus, a, um, très-en-deçà, très-près de nous.

3. CITò,   ⎫ vîte, d'abord, dans peu,
CITatim, ⎬ avec empressement.

4. CITeria, æ, statue, marionnette, qu'on fait remuer çà & là, qu'on agite avec vîtesse, pour amuser le Peuple.

COMPOSÉS.

AC-CIO, -ire,   ⎫ appeller, envoyer
AC-CIEO, -ere, ⎬ quérir.

AC-CITO, -are, mander souvent.

AC-CITus, us, mandement, ordre pour venir.

CON-CIO, -ire, ⎫ exciter, pousser,
CON-CITO, are, ⎬ animer; 2°. provoquer, solliciter; 3°. troubler, mettre en mouvement.

CON-CITor, oris,   ⎫
CON-CITator, oris,   ⎬ qui souléve, qui émeut.
CON-CITatrix, icis, ⎭

CON-CITus, a, um; CON-CITatus, a, um, ému, agité, troublé.

CON-CITaté, avec impétuosité, avec émotion.

CON-CITamentum, i; CON-CITatio, onis, ce qui sert à émouvoir; 2°. agitation; 3°. trouble.

CON-CIO, onis, assemblée du Peuple convoqué; 2°. auditoire, lieu où se fait l'assemblée ; 3°. discours, harangue.

Con-Cionalis, e ; Con-Cionarius, a, um, qui sert à une assemblée, à une harangue.

Con-Cionator, oris, Harangueur, Orateur.

Con-Cionatorius, a, um, qui concerne les assemblées, les harangues.

Con-Cionor, -ari, haranguer, prêcher.

Ex-Cio, -ire, appeller, faire venir ; 2°. exciter.

Ex-Cito, -are ; 1°. émouvoir, animer, encourager, donner du cœur ; 2°. élever, faire lever ; 3°. hâter, presser de faire.

Ex-Citus, a, um ; Ex-Citatus, a, um ; 1°. attiré, mandé ; 2°. réveillé ; 3°. animé, incité.

Ex-Citatorius, a, um, qui sert à émouvoir ou à réveiller les esprits.

Ex-Citatiùs, plus vivement, avec plus de feu.

In-Cieo, -ere, mouvoir, remuer.

In-Ciens, entis, femme prête d'accoucher ; bête sur le point de mettre bas.

In-Citus, a, um ; In-Citatus, a, um, vif, prompt, ému, violent.

In Citus, ûs, agitation, mouvement.

In-Cita, æ, chaque rang des extrémités de l'échiquier ou du damier, au-delà duquel les pieces ou dames ne peuvent plus aller ; & au figuré, la derniere extrémité, la détresse.

In-Cito, -are, exciter, émouvoir, encourager.

In-Citatus, ûs ; In-Citatio, onis, encouragement, l'action d'animer ; 2°. véhémence, impétuosité.

In-Citamentum, i ; In-Citabulum, i, motif, aiguillon qui pousse au travail.

In-Citatè, avec véhémence, avec empressement.

In-Citega, æ, garde-nappe, panier ou seau à mettre les bouteilles sur la table.

In-Ex-Citus, a, um, qui n'a point été provoqué.

In-Ex-Citabilis, e, qu'on ne peut éveiller.

Per-Cieo, -ere, ou ire, émouvoir vivement, toucher.

Per-Citus, a, um, frappé, touché fortement, poussé.

Præ-Cius, a, um, hâtif, précoce.

Præ-Cio, -ire, faire un cri public, proclamer.

Præ-Ciæ, arum, Crieur Public.

Pro-Cieo, -ere, demander.

Pro-Citus, a, um, demandé.

Re-Cito, -are, 1°. dire par cœur ; 2°. lire à haute voix ; 3°. conter, raconter ; 4°. nommer.

In-Re-Citabiliter, d'une maniere qu'on ne peut exprimer.

Retro-Citus, a, um, qu'on fait aller & venir.

Sus-Cio, -ire, faire venir en haut, faire monter dessus, en haut.

Sus-Cito, -are ; 1°. éveiller, faire lever ; 2°. faire revivre, ressusciter ; 3°. exciter, pousser.

Sus-Citamen, inis ; Sus-Citabulum, i, motif, encouragement.

Con-Re-Sus-Cito, -are, ressusciter avec, ensemble.

Re-Sus-Cito, -are, faire lever de nouveau, exciter ; 2°. ressusciter, faire lever du tombeau.

O-Citer, vîte ; Gr. Ωκυς, Ωκα, όκυς, όκα.

O-Ciùs, plus vite.

O-Cis*simè*, très-vite.
O-Cior, *oris*, plus léger à la course.
O-Cis*simus*, *a*, *um*, qui va très-vite.

BINOME.

Os-Cito, -*are*, } 1°. ouvrir large-
Os-Citor, -*ari*, } ment la bouche ;
2°. bâailler ; 3°. s'épanouir, s'ouvrir.
Os-Citans, *antis*, qui bâaille ; 2°. fainéant, nonchalant.
Os-Citanter, négligemment.
Os-Citatio, *onis* ; 1°. bâaillement ;
2°. fainéantise.

C. I C, petit.

Cic, Chic, mot Celte qui signifie petit, de peu de valeur, avare ; d'où chiche, déchiqueter, &c. De-là ces mots Latins, où *Ch* s'est prononcé X en se faisant précéder d'un E.

1. Cicus, *i*, } zest, petite peau qui
Ciccum, *i*, } divise une grenade, une noix, une orange.

ANIMAUX.

1. Ciccus, *i*, petite sauterelle.
2. Cicerus, *i*, petit lézard.

PLANTES.

1. Cicer, *is*, pois chiche.
Cicera, *æ* ; Cicercula, *æ*, cicérolle, espéce de pois chiches, vesce.
2. Cichoreum, *ei*, } chicorée.
Cichorium, *ii*, }
3. Cici, le Ricinus ; le Kerva.
Cicinus, *a*, *um*, de l'arbrisseau Kerva.
Cicinum oleum, huile de Kerva, *Palma Christi.*
4. Cicuta, *æ*, ciguë.
Cicutaria, *æ*, cerfeuil musqué.

COMPOSÉS.

Exiguus, *a*, *um*, petit, modique ;
2°. peu étendu, borné, court, étroit ; 3°. médiocre, peu considérable ; 4°. en petite quantité ; 5°. simple, bas, rampant.
Exiguum, *ui*, le peu d'une chose.
Exiguùm, peu, un peu.
Exiguitas, *atis*, petite quantité, disette, peu.
Exiguè, très-peu ; 2°. avec économie, mesquinement.

Cosa, Causa.

Cause, la chose dont on parle.

Nous avons déjà dit dans nos Origines Françoises (351), que ce mot & toute sa famille paroissoit tenir au Theuton, *Kosen*, parler, & au Grec *Kósai*, qui signifie la même chose. Ils tiennent également au Grec *Kótilló*, parler beaucoup, & par-là même à l'Irlandois Gutt, adoucissement de *Cos*, & qui signifie voix ; Gutha, voyelle ; c'est donc ici une onomatopée dérivée de *Guttur*, la gorge.

Causa, *æ* ; 1°. Cause, principe ; 2°. chose, sujet, matiere, discours ;
3°. affaire, procès ; 4°. prétexte, excuse, apparence ; 5°. parti, faction ; 6°. condition, qualité ; 7°. charge.

Causula, *æ* ; 1°. petit discours ; 2°. léger prétexte.

Causor, -ari; 1°. plaider, accuser; 2°. alléguer une raison, prendre un prétexte; 3°. différer, temporiser.
Causarius, a, um; 1°. Plaideur, querelleur; 2°. celui dont on plaide la cause; 3°. qui est cause de quelque chose; 4°. qui est prétexté; 5°. causé par quelque chose; 6°. valétudinaire; 7°. qui a perdu son bien.
Causarié, pour raison, pour cause.
Causarius, plus spécieusement; 2°. avec plus de sujet.

BINOMES.

Causi-Ficcor, -ari, s'excuser, prendre prétexte.
Causi-Dicus, i, Avocat plaidant.
Causi-Dica, æ, Audience, Salle où l'on plaide.

CO, élevé.

Co, signifie en Celte, élevé.
Koo, montagne en ancien Suédois, & Ccho en ancien Persan.
Coh, en Celte, vieux, ancien; Cohni, vieillesse, caducité, ride.
En Chin. Ko, mûr; Ku, ancien.
De-là Cau, rocher, montagne, qui en se nasalant est devenu Caun, Con, & s'adaptant avec la sifflante Cos, & Cot: de-là ces diverses familles.

I.

1°. Grec & Latin.

A-Coné; 1°. rocher; 2°. pierre à aiguiser.
A-Conitum, i, Aconit, plante vénéneuse, qui croît dans les rochers.

2.

Cos, Cotis, Queux, pierre à aiguiser.

Coticula, æ, pierre à aiguiser, pierre de touche.
Cotaria, æ, carriere de pierres à aiguiser.
Cotes, is, rocher.
Cautes, is, roche, roc, caillou.

BINOME.

Cau-Case, fameuse montagne d'Asie, à l'extrémité de la portion de pays qu'on connoissoit en Asie; de Cau, montagne, & קץ, Cass, fin, extrémité.
Caucaseus, a, um; Caucasius, a, um, qui concerne le Caucase.

3°.

Coxa, æ, } cuisse, haut de la
Coxendix, cis, } cuisse, hanche.
Coxo, onis, boiteux.
In-Coxo, -are, s'appuyer sur ses cuisses.

4°.

Cossus, a, um, vieux Lat. ridé.
Du Celt. Coh, Cos, ancien, vieux; 2°. imparfait, mauvais, décrépit, usé.
Cossi, vers qui naissent dans le bois, & dont les Anciens ont cru que le nom étoit l'origine de l'adjectif Cossus, ridé, à cause des rides de cet animal; ce qui étoit mettre la charrue devant les bœufs, suivant la coutume presque constante des Etymologistes.

II.

Cohus, ou Cohum, i, le monde: ou pour mieux dire, substratum, la matiere.
In-Choo, -are; & dans l'origine, In-Coho, -are, commencer, entreprendre;

2°. s'en tenir à ce qu'on a commencé, ne faire qu'à demi.

IN-COHATIVUS, a, um, qui sert à commencer.

Ces mots tiennent manifestement à l'Hébreu קוה, COHE, cordeau dont on se servoit pour commencer les édifices, fondement, ligne, regle, élément.

III.

Le Grec-Latin COSMOS, le monde, qui signifie également l'ordre, ou ce qui est tiré au cordeau, & la beauté qui en est l'effet, n'est pas moins manifestement un dérivé du même mot : il se décompose ainsi, COH-SEM-OS.

COH, la base, la matiere, le *substratum*.

SEM, שם, poser, établir avec art, avec ordre ; *mot-à-mot*,

» La matiere arrangée avec art, &
» dans le plus bel ordre ».

Ce mot existe également en Hébreu dans le mot כסם, KASM, s'il signifie en effet *orner, avoir soin, arranger avec ordre & agrément*; mot qui ne se trouve qu'une seule fois dans les livres Hébreux, Ezech. XLIV. 20. & qui seroit lui-même ce mot composé de COH & de SM, sur lequel on forma celui de COSMUS.

COSMICUS, a, um, mondain, qui est du monde ; 2°. homme parfumé, petit-maitre.

COSMETA, æ ; COSMETES, æ, Baigneur, Coiffeur ; Fille de Chambre.

COSMIANUM, i, fard, pommade.

BINOMES.

COSMO-GRAPHIA, æ, description du monde.

COSMO-GRAPHUS, i, qui fait la description du monde.

COSMO-GRAPHICUS, a, um, qui concerne la Cosmographie.

COSMO-GRAPHO, -are, décrire le monde.

MACRO-COSMUS, i, le grand monde ; Dieu ; de *mag*, grand.

MICRO-COSMUS, i, le petit monde, l'homme ; de *mic*, petit.

COC, COQ, cuire.

HOUG, HOG, fut un mot primitif qui désigna le feu, en le peignant par le bruit de la flamme. Les Orientaux en firent HOUG אש, cuire sous la cendre. Les Celtes l'adoucirent en FOC, pour feu, & en COG, COQ, pour cuire. De-là cette famille Latine.

COQUO, *is, coxi, coctum, quere*, 1°. cuire ; 2°. digérer ; 3°. mûrir ; 4°. dessécher ; 5°. couver, machiner.

COCUS, i; COQUUS, i, Traiteur, Cuisinier, Boulanger.

COQUINA, æ, cuisine. De-là ces mots latins du quatrieme siecle : COQUINUS, i, coquin, cuistre ; COQUINA, æ, cuquine.

COQUINARIS, e, is,
COQUININUS, a, um,   } de cuisine, de
COQUINUS, a, um,   Cuisinier.
COQUINATORIUS, a, um,

COQUINARIA, æ, Cuisiniere.

COQUINO, -are ; COQUINOR, -ari, cuisiner, faire la cuisine.

Cœculum, i, uſtenſile de cuiſine propre à faire cuire.

2. Coctus, a, um, cuit; 2°. mûr, digéré.

Coctio, onis; Coctura, æ, cuiſſon, cuite, coction.

Coctilis, e, is, cuit.

Coctibilis, e, is; Coctivus, a, um, aiſé à cuire.

Coctilia, ium, tuile, brique, charbon noir.

Coctor, is, Cuiſinier, diſſipateur.

Coctito, -are, faire cuire.

Coctana, orum, petites figues qu'on fait ſécher.

3. Coco-lobis, is, raiſins cuits d'Eſpagne.

Coccetum, i, nourriture faite avec du miel & du pavot, cuits enſemble.

COMPOSÉS.

Con-Coquo, -ere, cuire, digérer; 2°. ruminer, repaſſer dans ſon eſprit; 3°. endurer.

Con-Coquens, entis, digeſtif.

Con-Coctio, onis, coction, digeſtion.

Con-Coctrix, icis, digeſtif.

De-Coquo, -ere; 1°. faire bouillir, faire cuire en bouillant; 2°. diſſiper ſon bien, le prodiguer; 3°. diminuer, décheoir, n'être d'aucun rapport; 4°. faire une décoction; 5°. retrancher, châtier.

De-Coctum, i,
De-Coctura, æ, } décoction.
De-Coctus, ûs,

De-Cocta, a, eau bouillie.

De-Coctor, oris, diſſipateur, mauvais ménager.

Dis-Coquo-, ere, faire cuire à propos.

Ex-Coquo, -ere, faire cuire; 2°. digérer; 3°. épurer, affiner; 4°. inventer, imaginer.

In-Coquo, -ere, faire cuire dans; 2°. dorer, argenter, étamer.

In-Coc-tus, a, um; 1°. qui n'eſt pas cuit; 2°. cuit avec; 3°. trop cuit, brûlé.

In-Coctile, is, vaſe de cuivre étamé.

In-Coctio, onis, défaut de cuiſſon, manque de coction.

Per-Coquo, -ere, faire cuire parfaitement; 2°. murir tout à fait.

Præ Coquo, -ere, cuire auparavant; 2°. faire mûrir avant le temps, hâter la maturité.

Præ-Coquus, a, um,
Præ-Coquis, e, is, } précoce, mûr avant la ſaiſon; 2°. prématuré, précipité.
Præ-Cox, ocis,

Re-Coquo, -ere, recuire, faire cuire une ſeconde fois; 2°. réformer.

Re-Coctus, a, um, ruſé, plein d'expérience, vieux routier.

Semi-Coctus, a, um, demi-cuit.

COC; 1°. Rouge.

Du Celte Coc, nom du coq à crête rouge, formé par onomatopée, vint la famille Coc, rouge; d'où ces mots.

Coccus, i, arbriſſeau qui porte des baies ou petites coques dont on ſe ſert pour la teinture rouge & d'écarlate; 2°. drap d'écarlate.

Coccum, i, la graine ou la coque qui ſert à faire l'écarlate; 2°. habit d'écarlate.

Cocceus, a, um,
Coccineus, a, um, } d'écarlate ; 2°. rouge comme écarlate.
Coccinus, a, um,
Coccinatus, a, um, vêtu d'écarlate.

2. Tri-Coccus, i, tournesol.

COC ; 2°. rond, coque.

La forme des baies, étant comme celle des œufs, le mot Coc a été également destiné à désigner les objets qui ont cette forme : de-là ces mots.

1. Cucumer, is ; } 1°. concombre ; 2°. poisson à coquille ; 3°. vase ; 4°. ornement mis aux harnois des chevaux.
Cucumis, eris ;

Cucumerarium, ii, couche de concombres.

2. Cucuma, æ, } coquemar, vase fait en forme de concombre ; 2°. chaumine, chaumiere.
Cucumella, æ,

COP,
Couper.

De la lettre Q signifiant tout instrument à couper, une hache, un couperet, un couteau, vint la famille Grecque Kop, Kom, trancher, tailler, la même que le François couper, couteau, &c. & cette famille Latine-Grecque.

1.

Comma, tis ; 1°. césure, section, 2°. bonde d'un étang ; 3°. marque d'une monnoie.

Commaticus, a, um, qui parle par sentences.

2. In-Comma, tis, pieu planté dans les camps Romains, à la hauteur duquel on mesuroit la taille des nouveaux Soldats.

2.

Capo, onis ; Capus, i, chapon ; 2°. eunuque.

1. Copis ; Gr. kopis, coutelas, serpe ; 2°. couteau de cuisine.

3. Copta, æ ; Gr. κοπτη, gâteau, biscuit, mot à mot, pâte découpée.

4. A-Copa, æ, médicamens, remèdes pour délasser.

5. Para-Cope, es ; Gr. parakopè, délire, perte d'esprit ; mot à mot, retranchement, scission.

CRA, CRU,
Pierre.

Du Celte Cra, Cru, pierre, roc, rocaille se forma la famille suivante.

1. S-Crupus, i, gravier, petit caillou qui entre dans les souliers ; 2°. dame à jouer, caillou plat & rond qui en tient lieu ; 3°. énigme.

S-Crupi, orum, dames à jouer ; 2°. petites pierres rondes & plates.

S-Crupeus, a, um, pierreux, raboteux, rude.

S-Cruposus, a, um, âpre, rude au toucher ; 2°. plein de difficultés.

2. S-Crupulus, i, } 1°. petite pierre entrée dans le soulier, & qui empêche de marcher ; 2°. peine d'esprit, scrupule ; 3°. poids de la vingt-quatrième partie d'une once ; 4°. espace de dix pieds en quarré ; 5°. espace de cent pieds en quarré.
S-Crupulum, i,

S-Crupulosus :

S-Crupulo*fus*, *a*, *um* ; 1°. pierreux, plein de cailloux, raboteux ; 2°. fcrupuleux, qui a une exactitude exceffive ; 3°. travaillé avec beaucoup de foin.

S-Crup*ularis*, *e*, qui pèfe un fcrupule ; c'eft-à-dire, la vingt-quatrième partie d'une once.

S-Crup*ulatim*, par fcrupules.

S-Crup*ulofitas*, *is*, trop d'exactitude, fcrupuleufe obfervance.

S-Crup*ulosé*, avec fcrupule, trop exactement.

S-Cru-Pedus, *a*, *um*, qui a peine à marcher, à caufe des petites pierres qui font dans fes fouliers.

CRAU, CRO, CRU,

I.

Caverne.

Crau, Cro, Cru eft un mot Celtique, qui fignifie creux, trou, caverne, & qui fe nazalant a fait Crom, Crum, bourfe, fac : de-là.

Crum*ena*, *æ*, bourfe ; 2°. fac, havrefac.

Ce mot s'eft auffi prononcé Crop par le changement de M en P ; de-là le Gallois & le Flamand,

Crop, Croppa, ventricule, poche ou eftomac des oifeaux.

De Crop prononcé Crup, vint le Grec Krubó, Krup, relatif à l'idée de cacher, de renfermer, de mettre dans un fac, dans une caverne : d'où ces mots Latins-Grecs :

Cryp*ta*, *æ*, Gr. Κρυπτη, caverne, grotte.

Cryp*ticus*, *a*, *um*, fouterrein.

Orig. Lat.

COMPOSÉS.

Crypto-Porticus, *us*, gallerie fous terre ; 2°. corridor enfermé de toutes parts.

Apo-Cryp*hi litri*, livres dont la vérité eft comme cachée, de la vérité defquels on n'eft pas affuré.

Apo-Cryp*hus*, apocryphe.

II.

De Crau, Cru, trou, caverne, fe formerent l'Oriental ברה, Krch, fouir, creufer, & le Latin S-Cruto, fouiller, chercher avec foin.

S-Cruto, -*are*, } rechercher, fouiller, fureter ; 2°. examiner, fonder.
S-Crutor, -*ari*, }

S-Crut*ator*, *is*, qui recherche, qui fouille.

S-Crut*atio*, *onis*, vifite, examen.

2. S-Crut*inium*, *ii*, l'action de recueillir les voix, les fuffrages.

3. S-Cruta, *orum*, vieux habits, vieux fouliers, vieille ferraille, vieilles chofes ramaffées, hardes à vendre.

S-Crut*arium*, *ii*, friperie, boutique & profeffion de Fripier.

S-Crut*arius*, *ii* ; S-Crut*aria*, *æ* ; 1°. Crieur & Crieufe de vieilles ferrailles, de vieux habits ; 2°. métier, profeffion de Fripier.

COMPOSÉS.

Con-Scrutor -*ari*, fouiller avec.

Di-Scrutor, -*ari*, funer, agréer des cordages.

In-Scrutor, -*ari*, rechercher curieufement.

Per-Scrutor, -*ari*, fouiller, chercher avec foin ; 2°. épier, obferver.

Gg

PER-SCRUTator, is, Enquêteur, Commissaire.
PER-SCRUTatio, onis, recherche exacte.

CRE,
Craie.

Ce mot vient du Celte & Oriental CRA, roc, pierre, craie; à moins qu'on n'aime mieux le dériver de l'Oriental כור, Cur, prononcé Cru, Cre, & qui signifie blanc, couleur de craie.

CRETA, æ, craie, crayon, terre blanche.

On aura dit CRESSA dans l'origine, puisque CRESSUS, a, um signifie fait avec de la craie : au figuré, jour heureux, marqué de craie ou en blanc.

CRETula, æ, petit morceau de craie.
CRETœus, a, um; CRETaceus, a, um, de craie.
CRETosus, a, um, abondant en craie ou en marne.
CRESsius, a, um; CRESsus, a, um, qui est fait ou marqué de craie.
CRETarius, ii, qui travaille en craie.
CRETatus, a, um, blanchi ou marqué avec de la craie.
IN-CRETo, -are, blanchir, mettre du blanc.

CRA,
CRE, CRI, CRO, COR, &c.
Bruit.

CRA est une onomatopée, une imitation du bruit que fait une chose qui craque, qui pétille : elle est devenue la racine d'un grand nombre de mots Celtes, Grecs, Latins, François, &c.

I.

1. CREPO, -are, craquer, craqueter, faire cric-crac; 2°. claquer, faire un bruit éclatant; 3°. crever, se rompre avec éclat; 4°. blâmer, accuser; 5°. répéter toujours la même chose.

CREPito, -are, craquer, claquer, pétiller.
CREPax, acis, qui fait du bruit, qui craque.
CREPitus, ûs, bruit éclatant, son impétueux, claquement de mains, craquement de dents, cliquetis d'épées, éclat de ce qui se fend, &c.
CREPitaculum, i, instrument bruyant : crescelle, cliquette, hochet, sistre, &c.
CREPundia, orum, jouets d'enfant, hochet, &c.

2. CRUMa, atis, cliquetis.
CRUMata, orum, des cliquetis.

COMPOSÉS.

CON-CREPO, -are, craquer, faire du bruit, faire résonner, retentir.
DE-CREPO, -are, jetter son dernier éclat; 2°. rendre le dernier soupir, CREVER.
DE-CREPitus, a, um, prêt à crever, fort vieux, décrépit.
DIS-CREPO, avi, ui, atum, itum, are;
DIS-CREPito, -are, faire du bruit en se querellant, n'être pas d'accord, être différent.
DIS-CREPantia, æ, disconvenance, contrariété.
IN-CREPO, -are, faire du bruit; 2°. blâmer, gronder, réprimander.
IN-CREPitus, ûs, censure, reproche, blâme, gronderies.
IN-CREPito, -are, gronder, réprimander, faire du bruit.

IN-CRE*pativé*, en grondant, en blâmant.
PER-CREPO, -*are*, résonner fort.
RE-CREPO, -*are*, résonner, retentir.

II.

CREMO, - *are*, brûler, faire entendre le bruit du feu, du bois qui pétille.

CRE*mium*, *ii*, menu bois : il pétille & fait des éclats ; 2°. *au fig.* sacrifice.

CRE*matio*, *onis*, brûlure, action de brûler, de faire brûler.

CON-CREMO, -*are*, brûler, faire brûler ensemble.

IN-CRE*matus*, *a*, *um*, consumé, brûlé.

III.

CRO*talum*, *i*, instrument de musique fort bruyant ; 2°. cymbale ; 3°. triangle de cuivre à anneaux qu'on fait résonner avec une baguette de cuivre.

CRO*talistria*, *æ*, Joueuse d'atabale : cigogne qui rend un son pareil en faisant claquer son bec.

CRO*talia*, *orum*, pendans d'oreilles composés de plusieurs perles, qui rendent un son en choquant les unes contre les autres.

IV. SCREO.

S-CREO, -*are*, cracher, *mot à-mot*, mettre, produire hors de.

S-CRE*atio*, *onis* ; S-CRE*atus*, *ûs*, crachement, l'action de cracher.

S-CRE*ator*, *is*, cracheur, qui ne fait que cracher.

S-CRE*abilis*, *e*, *is*, qu'on peut cracher.

S-CRE*atius*, *a*, *um*, méprisable à cracher dessus.

COMPOSÉS.

CON-S-CREOR, - *ari*, tousser comme pour cracher.

EX-SCREO, -*are*, } cracher.
EX-CREO, -*are*,

EX-CRE*ator*, *is* ; EX-S-CR*ator*, *is*, cracheur.

EX-SCRE*atio*, *onis* ; EX-CRE*atio*, *onis*, crachement.

EX-CRE*mentum*, *i*, excrément.

EX-CRE*tus*, *a*, *um*, évacué.

EX-CRE*tio*, *onis*, éjection des excrémens.

V. COR, SCOR,
Ordure.

S-COR*ia*, *æ*, crasse, écume de métal ; 2°. misere, calamité.

S COR*io*, *nis*, fou, stupide.

Ces mots viennent du Grec,
ΣΚΩΡία, SKória, scorie,
formé du Grec,
ΣΚΩΡ, SKor, ordure, excrémens : mot formé de l'Hébreu
כור, Kor, Kur, excrémens.

CRIM*en*,
Crime.

Le mot de CRIM*en*, crime, est un de ces mots qui ne réveille que des idées morales, mais des idées noires & atroces, la calomnie, la scélératesse, la violation de toute loi, tout ce que le principe malfaisant a de vicieux. Ce mot tient donc nécessairement à des mots primitifs, destinés à désigner le mal, le mauvais. On peut choisir entre ces deux.

Le mal, le péché, fut toujours peint comme une nudité ; mais en Oriental ערם, qu'on peut écrire C-RIM, HRIM, HARIM signifie nud

& devint l'épithète du Démon : d'où le Perſan AHRIMan, nom du mauvais Principe, du Tentateur.

D'un autre côté, HARM, dans les langues du Nord, en Hébreu חרם, HRM, CHREM, & en Egyptien ERMÉ, ſignifie déſolation, ruine, exécration ; 2°. dommage ; 3°. douleur.

CRIMen, inis, crime, eſt donc *mot à mot*, tout ce qui nuit, qui offenſe, tout ce qui eſt digne d'anathême, d'exécration, toute mauvaiſe action ; 2°. accuſation, invective, calomnie.

CRIMinoſus, a, um ; 1°. coupable, blâmable ; 2°. outrageux, injurieux ; 3°. qui accuſe, qui cenſure.

CRIMinoſé ; CRIMinaliter, d'une manière criminelle.

CRIMinalis, e, criminel, où il y a offenſe.

CRIMinor, -ari, accuſer, reprendre, blâmer.

CRIMinator, is, accuſateur, délateur.

CRIMinatorius, a, um, qui concerne le crime, l'accuſation.

CRIMinatio, onis ; 1°. crime, faute dont on accuſe ; 2°. accuſation, blâme ; 3°. l'action d'invectiver, faux rapport.

CON-CRIMinor, -ari, accuſer d'un crime.

CRA,

Elévation, Grandeur, Groſſeur.

De CAR tête, élévation, prononcé CRA, ſe formerent diverſes familles relatives aux idées de groſſeur, d'épaiſſeur, de croiſſance, &c.

I.

1. CRAMbe, es, chou.
2. CRASSus, a, um, épais, gros, groſſier ; 2°. gras, fécond, fertile ; 3°. peſant, lourd.

CRASſitudo, groſſeur, épaiſſeur ; 2°. groſſièreté, péſanteur.

CRASſamentum, i, épaiſſeur, groſſeur.

CRASſamen, inis, lie, dépôt de liqueur.

CRASſeſco, s'épaiſſir ; 2°. groſſir ; 3°. devenir gros & gras.

CRASſé, d'une manière épaiſſe, groſſière.

IN-CRASſatus, a, um, engraiſſé, devenu épais.

PRÆ-CRASSus, a, um, fort épais.

SUB-CRASſulus, a, um, un peu épais.

II.

CRESco, evi, tum, ſcere, croître, groſſir, s'élever ; 2°. s'enrichir, faire fortune.

CREtus, a, um, né : iſſu.

CREtio, ionis, acceptation d'un héritage, d'une ſucceſſion : ſolemnité qu'on y obſervoit.

COMPOSÉS.

AC-CRESCo, croître, accroître, monter à, s'élever à ; 2°. ſurvenir, être ajoûté.

AC-CREmentum, i ; AC-CREtio, onis, crûe, accroiſſement, augmentation.

CON-CRESCo, s'épaiſſir, s'écailler, ſe coaguler.

CON-CREtio, mélange, aſſemblage, mixtion, coagulation.

CON-CREmentum, i, amas.

CON-CREtus, ûs, épaiſſiſſement.

CON-CREtus, a, um, épaiſſi, coagulé, figé, caillé ; 2°. mélangé, compoſé.

DE-CRESCO, décroître, diminuer, appétisser.

DE-CREMENTUM, i, décroissement, déclin.

DE-CRESCENTIA, æ, décroissance, diminution, déclin.

EX-CRETUS, a, um, crû, devenu grand; 2°. sevré.

EX-CRESCO, -ere, croître hors.

IN-CRESCO, -ere, croître, s'accroître, augmenter.

IN-CREMENTUM, i, accroissement, augmentation.

AD-IN-CRESCO, -ere, s'accroître, s'augmenter.

SUPER IN-CRESCO, croître par-dessus.

PRO CRESCO, s'augmenter.

RE-CRESCO, croître de nouveau.

RE-CREMENTUM, i, raclures; 2°. criblures.

SUB CRESCO; SUC-CRESCO, croître par-dessous; 2°. croître peu à peu; 3°. croître après, succéder.

SUPER-CRESCO, croître par-dessus.

III.

CRE-DO, didi, ditum, dere, croire, mot à mot, » donner croyance à
» quelqu'un : *au sens physique*, lui
» prêter un terrein où il puisse
» faire germer, faire croître ; 2°.
» au sens figuré, abandonner son
» esprit aux vérités qu'on y fait
» croître.
» Il signifie donc dans un sens
» *prêter, confier*, en parlant d'objets physiques ; & dans un autre sens, *ajoûter foi, croire*,
» en parlant d'objets intellectuels,
» de vérités à adopter.

Dans l'un de ces sens on *confie* son champ, un bien physique; dans l'autre on *confie* son esprit, sa foi.

CREDIBILIS, e, croyable, vraisemblable.

CREDIBILITER, probablement, d'une manière croyable.

CREDITOR, oris, créancier, prêteur.

CREDITRIX, icis, prêteuse.

CREDITUM, i, prêt, créance, dette active.

CREDULUS, a, um, trop léger à croire, crédule, qui se confie trop légèrement.

CREDULITAS, atis, crédulité, facilité à croire.

COMPOSÉS.

AC-CREDO, -ere, } croire, ajoûter
AD-CREDO, -ere, } foi ; 2°. permettre, laisser croire.

CON-CREDO, -ere, donner en garde, confier, mettre en main.

CON-CREDUO, -ere, confier.

PRIVATIFS.

IN-CREDIBILIS, e, incroyable, qu'on ne peut croire, qui est au-dessus de toute créance.

IN-CREDIBILITER, incroyablement : au-delà de toute créance.

IN-CREDITUS, a, um, qu'on n'a pas cru.

IN-CREDULITAS, atis, incrédulité.

IN-CREDULUS, i, incrédule, qui ne croit pas.

IV.

CRE-BRESCO, ui, scere, croître de plus en plus, augmenter, se répandre, redoubler, répéter souvent.

CRE-BRITAS, atis, épaisseur, multitude, quantité.

CRE-BER, *bra*, *brum*, redoublé, réitéré, fréquent, qui arrive souvent; 2°. dru, pressé, serré; 3°. nombreux.

CRE-BRiter, plusieurs fois, souvent.

CRE-BRò, souvent, fréquemment, plusieurs fois.

CON-CRE-BResco, se fortifier par l'aide, par l'intervention d'un autre.

IN-CREBRO, *-are*; IN-CRE BResco, croître de plus en plus, s'accroître; 2°. devenir plus commun; 3°. devenir plus fréquent.

V.

CREPido, *dinis*, hauteur d'une roche escarpée : bord, élévation contre laquelle l'eau vient battre.

CREPIda, *æ*, chaussure grossiere, pantoufle; elle éleve.

CREPIdarius, *ii*, faiseur de pantoufles, Savetier.

CREPIdula, *æ*, petite pantoufle.

VI.

CREMaster, *tri*, croc, cremaillere, tout ce qui sert à suspendre.

CREMor, *oris*, crême, ce qui surnage, suc qu'on exprime.

VII.

CRAPula, *æ*, excès du manger & du boire, crapule, pesanteur de tête pour avoir trop bu.

CRAPulentus, *a*, *um*, yvre, crapuleux.

VIII.

CRISPus, *a*, *um*, crêpu, frisé, bouclé, *mot à mot*, qui se releve; 2°. ondé.

CRISPO, *-are*, friser, ondoyer.

CRISPI-Sulcans, *tis*, qui tombe en serpentant.

CON-CRISPO, *-are*, boucler, entortiller.

CON-CRISPans, *tis*, en ondoyant.

SUB-CRISPus, *a*, *um*, un peu frisé.

IX.

CRISTa, *æ*, crête; 2°. aigrette; 3°. hupe, panache.

CRISTatus, *a*, *um*, qui a une crête, une hupe.

X.

CRINis, *is*; 1°. crin, cheveu, poil; 2°. filets, fibres, filamens; 3°. nageoires.

CRINitus, *a*, *um*, chevelu, crêpu, touffu.

CRINalis, *e*, de cheveux.

CRINi-Ger, *a*, *um*, qui a de longs cheveux.

XI.

CRUSTa, *æ*, CROUTE; » 1°. partie
» solide qui est *au-dessus* du pain,
» qui en couvre la mie; 2°. cou-
» verture d'une plaie; 3°. tout
» ce qui s'endurcit sur la surface
» de quelque chose.
   » Ce mot a été très-bien choisi
» de CRE, dessus, & STA, être.

CRUSTatus, *a*, *um*, encroûté, incrusté, couvert, enduit, revêtu, garni, verni.

CRUSTO, *-are*, enduire, incruster, crêpir, encroûter, revêtir, garnir, &c.

CRUSTula, *æ*, petite croûte.

CRUSTulum, *i*, petit gâteau, échaudé.

CRUSTularius, *ii*, Pâtissier, qui vend des gâteaux.

CRUSTum, *i*, croûte de pain, de pâté.

IN-CRUSTO, *-are*, incruster, enduire.

IN-CRUSTatio, *onis*, incrustation.

XII.

Cratis, is, } claie, grille d'osier;
Crates, is, } 2°. treillis; 3°. ratelier, crêche.

Craticula, æ, petite claie; 2°. gril; 3°. grille.

Cratitius, a, um, fait de claies; 2°. treillissé; 3°. grille.

Cratio, -ire, herser, rompre les mottes de terre avec la herse.

Con-Cratitius, a, um, de cloison.

XIII.
CRUX.

De Cre, élevé, élevé en travers, traverse, se forma Crux, croix.

Crux, ucis, croix, gibet, poteau élevé avec un traversant; 2°. au *fig.* peine d'esprit, affliction, tourment, chagrin.

Crucio, -are, tourmenter, affliger, chagriner, faire souffrir, gêner.

Cruciatio, onis; Cruciatus, ûs, tourment, torture, douleur violente, *au physique & au figuré.*

Cruciator, oris, qui met à la question, Bourreau.

Cruciamentum, i, vexation, peine.

2. Cruciabilis, e, is, insupportable, chagrinant, désolant.

Cruciabilitas, atis, tourment, supplice, chagrin cuisant.

Cruciabiliter, cruellement.

Cruciarius, a, um, pendard, digne de la corde, pendu.

BINOMES.

Cruci, -Fer, a, um, porte-croix, qui porte une croix.

Cruci-Figo, -ere, mettre en croix, attacher à une croix.

COMPOSÉS.

Con-Crucior, -ari, être tourmenté, souffrir.

Dis-Crucior, -ari, être fort tourmenté.

Ex-Crucio, -are, tourmenter extrêmement, gêner cruellement; 2°. faire enrager, inquiéter mortellement, affliger au dernier point.

Ex-Cruciatus, ûs, tourment, martyre.

Ex-Cruciabilis, e, punissable.

Per-Ex-Crucio, -are, tourmenter cruellement, autant qu'il soit possible.

Per-Crucio, -are, tourmenter fort, avec excès.

CY, CWI,
Eau.

Cyanus, dans l'origine signifia bleu, couleur d'eau, en Grec Kuanos.

C'est le Celte Cw, Cwi, eau, puits, rivière, écrit également Gwi & Wi.

De-là le nom de la Nymphe Cyane, dont nous avons rappellé l'aventure dans l'Histoire du Calendrier, page 572, & que les Dieux changerent par compassion en une Fontaine sur les bords de laquelle les Siciliens offroient toutes les années des sacrifices en mémoire de ses malheurs & de l'enlévement de Proserpine qui en avoit été la premiere cause.

1. Cyma, tis, onde, flot, houle; 2°. coquemar.

Cymatium, ii, doucine en architecture.

Cumatilis, e, de flots; à ondes; couleur des flots.

Pro-Cymea, æ, digue avancée contre les flots, môle.

2. CYMBa, æ, gondole, barque; 2°. tasse, assiette.

CYMBula, æ, nacelle, esquif.
CYMBium, ii, gondole.
CYMBalum, i, clochette.

3. CYANus, i, bluet, fleur bleue qui croît dans les bleds.

CYANeus, a, um, bleu céleste, azuré.

CYANeæ, arum, rochers en mer, qui paroissent bleus.

4. CYAThus, i; 1°. tasse, gobelet; 2°. mesure; 3°. poids.

CYAThisso, -are, verser à boire.

5. CHUs, indécl. conge, mesure des Grecs.
EPI-CHYSIS, is, cruche à vin, pot à vin.
PRO-CHYTes, æ, libations des Sacrifices; 2°. vase pour les Sacrifices.

MOTS LATINS VENUS DU GREC.

C

1. CACHla, æ, & non CACHia, æ, Gr. KAKhlan, œil de bœuf, plante.

2. CACtos, Gr. κακτος, Artichaud, Plante.

3. EN-CÆNia, orum, dédicace, fête annuelle de la dédicace.

Cæterùm.

CÆTERà, mot Grec composé du pronom ETEROS, l'autre, & de KAI, & ; ensorte que cætera signifie & les autres.

Ainsi quand nous disons & cætera, nous tombons dans un pléonasme très-ordinaire dans les Langues où l'on fait sans cesse double emploi des mots : c'est comme si nous disions & & les autres.

CÆTERUS, a, um, le reste, ce qui reste, mot-à-mot, & l'autre.

CÆTERà,
CÆTERò,   } au reste, d'ailleurs;
CÆTERùm,   2°. le reste du tems.

CÆTERoqui; CÆTERoquin, sinon, autrement, tout autre.

CAL, &c.

1. CALtum, i, œil de bœuf, le même sans doute que le Grec KALKhé.

2. CANTherium, ii, charriot, plutôt coupe dédiée à Bacchus. Καvθηριcv, poculum Liberi Patris.

CANTharias, æ, sorte de pierre précieuse.

3. CARPheotum, i, encens blanc, pur, net.

4. CARPhos; CARPum, i, senegré, fenugrec, plante.

CARPo-PHYllon, laurier alexandrin, qui ne croît que dans les montagnes.

CAT.

1. CATHarma, tis, expiation, Gr. Καθαρμα ; d'aro, enlever, effacer.

CATHarticus, a, um, purgatif.

CACOCHITes,

CATOCHI*tes*, *æ*, pierre précieuse de l'Isle de Corse.

3. CATOCH*us*, *i*, léthargie, où les yeux sont fermés.

4. CAT*o*M*ium*, *ii*, ⎱1°. nuque du col;
  CAT*o*M*um*, *i*, ⎰2°. machine où l'on attachoit les criminels qu'on vouloit fouetter; du Grec *Katomé*, section, brisure.

5. CAT*o*N*ium*, *ii*, lieu souterrain; du Gr. Κατω, au-dessous.

C E.

1. CEDM*ata*, *um*, douleurs rhumatismales, fluxions; Gr. Κιδματα.

2. CENCHR*is*, *is*, ⎱serpent marqué de
  CENCHR*ias*, *æ*, ⎰taches; Gr. Κεγχρις.

CENC*H*R*itis*, *idis*; CENCHR*ites*, *is*, pierre précieuse tachetée.

CENCHR*is*, *idis*; 1°. épervier; 2°. cresserelle.

KER Kos.

De ce mot Grec qui signifie queue, vinrent les mots suivans.

1. CERC*eps*, *ipis*, espèce de singe à queue, tels que les makis & les sapajous.

CERC*opa*, *æ*; CERC*ops*, *is*, âpre au gain.

2. CERCO-L*ips*, *ipis*, singe qui n'a point de queue; de *leipo*, laisser, abandonner.

3. CERCO-P*ithecus*, *i*, singe qui a une queue; du Gr. *Pithecus*, singe.

P*a*R*a*-CE*r*C*ides*, petit os de la jambe; Gr. *Parakerkides*.

4. CERC*urus*, *i*, caraque, bâtiment de mer, à cause de sa figure en forme de queue de poisson.

Orig. Lat.

CERDO, *onis*; 1°. vil artisan; 2°. cureur de puits; 3°. savetier; 4°. gagne-petit: de KERD*ó*, gain.

EX-CET*ra*, *æ*, hydre.

C H.

CHAUS, *i*, chaos; 2°. loup-cervier, à cause de la diversité de ses couleurs.

CHE*r*A*mides*, *æ*, pierre précieuse.

CHE*r*N*ites*, *æ*, pierre qui ressemble à l'ivoire.

CHE*r*S*ina*, *æ*, limaçon, tortue.

ANA-CH*i*T*es*, *is*, diamant qui chasse le venin.

CH*o*NDR*os*, *i*, 1°. grain d'encens; 2°. cartilage, tendon; 3°. intestin qui forme l'estomac.

CH*o*NDR*ille*, *es*; CH*o*NDR*illum*, *i*, chicorée sauvage.

CH*o*NDR*is*, *itis*, faux dictame.

TRI-CHOR*um*, *i*, édifice composé de trois corps de logis, comble à trois faces.

ANA-CHOR*eta*, *æ*, Anachorete, solitaire.

P*a*R-EN-CHYM*a*, *æ*, substance charnue.

ANTI-CHTON*es*, *um*, les Antipodes.

AUTO-CHTON*es*, *um*, indigenes; *mot-à-mot*, du pays.

CHY*amus*, *i*, fève d'Egypte.

CHYDR*a*, *æ*, palmier, dattier.

CHYDR*æa*, *æ*, espece de palmier.

CHYDR*æus*, *a*, *um*, de palme, de palmier; 2°. vil, vulgaire.

C I.

CIS*er*, *eris*, riz.

CisiLilites, æ, sorte de vin doux.

Cissites, æ, pierre précieuse.

Cisi-Anthemus, i, Gr. Κισσανθεμος, ciclamen, *plante*.

Cissus, i, Gr. Κισσος, le lierre qui se soutient de lui-même.

Cissybium, ii ; Gr. Κισσυβιον, tasse de lierre.

Cisthum, i, Gr. Κισθος, arbrisseau qui produit le labdanum.

Cithago, inis, ivraie.

C M.

Para, -Cmasis, is, abaissement des forces, affoiblissement.

Para-Cmasticus, a, um, dont les forces diminuent.

C O.

Pro-Coeton, onis, antichambre, garderobe.

Colias, æ, macquereau, *poisson* ; Gr. Κολιας.

Colurus, i, Gr. Κολουρος, cercle de la sphere.

Coluri, orum ; 1°. les colures ; 2°. à qui l'on a coupé la queue.

Colutea, æ, Gr. κολουτεα & κολυτεα, baguenaudier.

Coluteum, i, gousse de baguenaudier.

Colutea, orum, dessert de table.

Colymbus, i, Gr. Κολυμβος, plongeur.

Colymbas, adis, olive confite dans la saumure.

En-Comium, ii, éloge, Gr. Εγκωμιον ; de κωμα, sommeil profond : c'étoit l'éloge prononcé après la mort, l'oraison funébre.

Hypo-Condria, orum, partie supérieure du ventre sous les dernieres côtes.

Hypo-Condriacus, a, um, affecté des hypocondres.

Corchorus, i, mouron.

Cordax, cis, 1°. trochée ; 2°. danse comique ; 3°. celui qui exécute cette danse.

Corophium, ii, écrevisse de mer.

Du Grec Kudónios, coing, vinrent

Cotoneum, i, coing, coignasse.

Cotoneus, a, um, de coing.

Les mots suivans paroissent tenir à la même racine.

Cotinus, i, olivier sauvage.

Cotona, æ, petite figue.

C R.

Crocodilus, i, Gr. κροκο-δειλος, crocodile, animal amphibie qui sort de l'eau pour dévorer, dit-on, ceux qui se trouvent sur ses bords.

Son nom est composé de deux mots Grecs qui peignent exactement cet animal d'après cette idée ; des mots *Deilia*, terreur, effroi, & *Kroké*, rivage. » La terreur du ri- » vage ».

C T.

Ctenes, um, les quatre dents de devant.

Cteni-Artus, i, Maréchal ferrant. Ce

mot Artus paroît être le Art des Allemands, qui signifie Médecin.

C U, C Y.

Cunila, æ, sarriette; *Gr. Konilé.*

Cunilago, inis, sarriette sauvage.

Cydonius, a, um, de coignier, de coing.

Cydonium malum, coing; Cydoniz malus, un coignassier.

Cydonites, æ; 1°. cotignac; 2°. liqueur faite avec des coings.

Cyma, æ, tendron de choux; 2°. cîma des plantes.

Cyprus, i; 1°. Troëne; 2°. parfum composé de fleurs.

Cytisum, i, } cytise, arbrisseau.
Cytisus, i, }

MOTS LATINS VENUS DE L'ORIENT.

C

C A.

Cacalia, æ, chervis sauvage, ou léontique, *mot-à-mot* plante-lion : c'est un nom Oriental légerement altéré. שׁחל *Sac'hal* signifie un lion. Les Orientaux ont également désigné quelques plantes par ce même nom.

Cadmia, æ, calamine, minéral qui, fondu avec le cuivre rouge, fait la couleur jaune. En Oriental قدميا, QaDMIA.

C Æ C.

Cæcus, a, um, aveugle: ce mot tient à l'Hébreu חשׁך, H-SeK, être obscur, sans lumiere, *mot à-mot*, non lumiere : il est formé du primitif שׁכה, SeKé, voir, regarder, qui a fait l'ancien Allemand *Sekhen*, voir, écrit aujourd'hui *Sehen*, mais dont le C subsiste dans *Sicht*, vue. De-là cette famille.

1. Cæcus, a, um; 1°. aveugle, qui a perdu la vue ; 2°. noir, ténébreux, qui ne reçoit pas la lumiere ; 3°. caché, inconnu, secret, incertain; 4°. inconsidéré, imprudent.

Cæcitas, is, aveuglement, privation de la vue.

Cæco, -are, aveugler, priver de la vue; 2°. obscurcir.

Cæculus, a, um, qui a la vue basse, mauvaise.

Cæculto, -are, avoir la vue très-foible, ne voir pas bien, entrevoir seulement, faire l'aveugle.

Cæcutio, -ire, devenir aveugle, ne voir plus clair.

2. Cæcilia, æ, serpent sans yeux.

3. Cæcias, æ, le Nord-Est, vent très-violent, qui fatigue la vue, qui blesse les yeux.

4. Cæci - Genus, a, um, aveugle né.

Ex Cæco, -are, faire perdre la vue, rendre aveugle.

Ex-Cæcator, is, qui aveugle.

Ob-Cæco; Oc-Cæco, -are, aveugler, faire perdre la vue; 2°. obscurcir, rendre obscur.

C Æ L.

Cælebs, ibis, qui n'est point marié; 2°. veuf: de l'Or. كلى, كلو, Keli, Kelv, seul, solitaire, célibataire.

Cælibaris, e, qui concerne ceux qui ne sont pas mariés.

Cælibatus, ûs, veuvage, célibat, état d'un homme ou d'une femme non-mariés.

Cæremonia, æ, } coutume religieuse,
Cærimonia, æ, } rit sacré.

Ces mots que les Latins durent sans doute aux Etrusques, sont Orientaux. חרם, CHeRM, en Chaldéen, en Ethiopien, en Arabe, &c. signifie sacré, inviolable, consacré à la Divinité; 2°. vœu, &c.

S-Cævus, a, um; 1°. gauche; 2°. ignorant: 3°. malheureux, pervers: en Grec, Σκαιος, Skæos, signifie ignorant; 2°. gauche; 3°. grossier, rustre: c'est l'Oriental שגא, Sga, ignorant, inconsidéré, mal-adroit.

S-Cæva, æ, gaucher.

S-Cævitas, atis, méchanceté, malheur.

C A M, &c.

Camum, i, biere; de l'Oriental חם, C'ham, cuit.

Cando-Soccus, i, marcotte de vigne, branche de vigne qu'on replie & dont on cache le bout en terre afin qu'elle puisse reprendre racine. Ce mot, d'une origine absolument inconnue, est Oriental: c'est un composé, 1°. du mot שוך, Souk, branche, dont nous avons vû dans les Origines Françoises, col. 1085, que venoit le mot souche; 2°. du Verbe כחד, KaHaD; Kad, nasalé en CanD, 1°. cacher; 2°. séparer, couper. On ne pouvoit désigner cette méthode par un nom plus expressif & plus vrai.

Canopus, Gr. κάγωβος, étoile de la premiere grandeur, au gouvernail du vaisseau des Argonautes: c'est également le nom d'une Ville Egyptienne & des cruches consacrées à Isis, & regardées comme une Divinité. Les Egyptiens racontoient que Canope avoit été le Pilote de Menelas, & c'est comme Pilote qu'on lui avoit consacré une étoile dans le vaisseau des Argonautes. C'est ainsi un nom Oriental à tous égards. Selon Jablonsky, ce mot signifie Terre d'or, étant composé de Kahi, terre, & de Nub, Or.

Car-Bas, æ, vent de l'Orient ou Occident équinoxial, le Nord-Est ou le Sud-Ouest: de l'Or. חרף, C'harp, rigoureux.

Car-Basa, orum, voiles de navire; de l'Oriental כרפס, toile de lin, voile, &c.

Car-Basus, i; 1°. lin très-fin ; 2°. voile de lin ; 3°. sorte de navire.
Car-Baseus, a, um,
Car Basinus, a, um, } de fin lin, de toile très-fine.
Car-Basineus, a, um,

Casia, Gr. κασια, Or. קציעה, Qat-sioe, canelle, écorce odoriférante du canellier, arbre de l'Isle de Ceylan.

CASSIT-ERus.

Cassiterus, Gr. κασσιτερος, étain, métal que les Anciens ont appellé plomb blanc. Il est étonnant que Bochart, plein de l'érudition Orientale, & qui voyoit tout dans le Phénicien, n'ait pas connu l'étymologie du mot *Cassiterus*; qu'il ait cru (Canaan Livre I. Chapitre XXXIX) que c'étoit un mot Grec qui désignoit l'étain, & qu'on dériva de-là le nom des Isles Cassiterides, ou de l'Angleterre, parce qu'elles produisoient de l'étain en abondance & de la plus grande pureté. Ce n'est rien de tout cela. L'étain s'appela *Cassiteros*, parce qu'il venoit des Isles Cassiterides; ces Isles durent leur nom aux Phéniciens, & ceux-ci en leur donnant ce nom peignirent parfaitement leur situation à l'extrémité du monde. *Cass*, Cassit, קצית, signifie *fin*, *extrémité*, *ER*, & *ERD*, ארד, *la terre*.

C'est donc *mot-à-mot*, »la derniere terre, la terre la plus reculée : *ultima terrarum* ».

Voyez ce que nous avons dit col. 4,5. sur le Mont Caucase, formé de la même racine.

C E.

Cedrus, i, cèdre ; de l'Orient. אדר, *Adr*, grand, magnifique, adouci par les Grecs en *Kadros*, *Kedros*. C'est le plus grand & le plus beau des arbres de l'Orient. On parle encore des cèdres du Liban, comme étonnans par leur grandeur.

Cedrium, ii,
Cedreum, ii, } gomme qui découle du cèdre qu'on brûle.
Cedria, æ,

Cedris, idis, fruit du cèdre.
Cedrinus, a, um, de cèdre.
Cedratus, a, um, frotté d'huile de cèdre.
Cedr-Elaum, i, huile de cèdre.
Cedr-Elate, is, grand cèdre.
Cedrostis, is, couleuvrée blanche.

Cette famille est entièrement Grecque.

2. Acerra, æ, autel de parfums, cassolette, encensoir. Ce mot, Etrusque sans doute, doit venir de l'Oriental חרר, *Charr*, brûler, & de אח, *Ach*, brasier, foyer.

Ceron, onis, fontaine qui noircissoit les brebis qui y buvoient. Ce mot est venu de la Tartarie, où *Kara* signifie *noir*, de même que dans la Langue Turque.

Ceu, comme, de même; c'est l'Oriental כה, *Cè*; l'Anglois *So*, &c. ainsi, de même.

CHALK.

Airain, cuivre.

CHALCUS, *i*, Gr. χαλκος, est un mot Grec, source d'une nombreuse famille en Grec & en Latin, relative à l'airain, au cuivre. L'origine de ce mot a été jusques ici absolument inconnue; on n'en doit pas être étonné. On n'étoit pas assez avancé dans la science étymologique pour soupçonner que ce mot s'étoit légerement altéré en passant de l'Orient dans la Grèce, & qu'ici la lettre R s'étoit changée en L, comme cela lui arrive si fréquemment, ainsi que nous l'avons vu dans l'*Orig. du Lang. & de l'Ecrit*.

Ce mot est donc l'Orient. כרך, KaRK, qui signifie rouge, racine de כרכם, KaRKos, KRaKos, safran, dont les Grecs & les Latins firent CROCUS, en Syriaque כרבום, KurKuM, & dont ces derniers firent כרכומא, KaRKOMA, airain, cuivre; en Grec KARKÔMA.

Mais les Syriens ajoutoient sans cesse la terminaison A; ainsi le mot primitif étoit CARCOM, que les Gr. changerent aisément en KHALcos & en KHALCON, comme dans AURI-CHALCUM.

Quant au changement de R en L, il est d'autant plus incontestable, qu'il a eu lieu dans d'autres mots de la même nature : c'est ainsi que les Orientaux appellent CHARCEDON la ville que nous appellons CHALCEDOINE : que les Ethyopiens appellent ጎልቄዶን Carkedon, la pierre que nous appellons *Chalcedoine*; & que la ville d'Afrique que les Grecs appelloient CHALCE à cause de ses forges, étoit appellée par les Orientaux CARCOMa.

On voit d'ailleurs sans peine que ces mots appartiennent à la nombreuse famille KAR, CER, rouge.

De-là cette famille Grecque-Latine.

1. CHALcus, *i*; 1°. denier, petite monnoie de cuivre; petit poids.

CHALceus, *a*, *um*, d'airain, de bronze.

CHALcetum, *i*; CHALceos, *i*, sorte de plante.

2. CHALcia, *orum*, fêtes à l'honneur de Vulcain.

3. CHALcites, *æ*, pierre précieuse de couleur d'airain.

CHALcedonius lapis, calcedoine, pierre précieuse.

CHALcitis, *dis*, pierre d'airain; 2°. calamine.

4. CHALcis, *idis*; 1°. oiseau de nuit; 2°. carrelet, *poisson*; 3°. lezard.

5. CHALcidix, *cis*; CHALcides, *æ*, lezard.

6. CHALci-Œcum, *i*, temple de Minerve; 2°. sa fête.

7. CHALcidicus, *i*, liége, *arbre*.

CHALcides, *um*, servantes des Lacédémoniens.

CHALcidicum, *i*, salle où se rendoit la justice.

8. CHALcedon, petit Thon; sa couleur est livide & tire sur celle de l'airain.

9. CHALybs, *ybis*, fer trempé, acier.

COMPOSÉ.

Ex-Chalcio, -are, dévaliser, enlever l'argent.

BINOMES.

Auri-Chalcum, i, sorte de laiton, auripeau; d'*Aurum*, or, & de *Chalcum*, airain; c'est ainsi un mot hébride formé par la réunion d'un mot Latin & d'un mot Grec.

Di-Chalcum, i, petite monnoie de cuivre.

Tri-Chalcum, i, petite piéce de cuivre de la valeur du douziéme de l'obole.

Chalc-Anthus, i, ⎫ vitriol, coupe-
Chalc-Anthum, i, ⎭ rose: de *Chalc*, airain, & *Anthos*, fleur.

Colcotar, is, vitriol calciné rouge. Ce mot paroît tenir à la même famille, sur-tout à cause de Chalc-Anthus.

CHRYS, Or.

De l'Oriental חרס C'hRes, soleil, 2°. or, couleur du Soleil, vinrent les mots suivans Grecs-Latins.

Chrysum, i, 1°. jaune d'œuf; 2°. dorade.

Chrysites, æ, pierre précieuse de couleur d'or.

Chrysitis, dis; 1°. litharge d'or; 2°. serpolet.

Chrysalis, dis, chenille qui devient papillon.

BINOMES.

Chrysa-Oris, idis, pierre précieuse de couleur d'or.

Chrys-Anthemum, i, souci; 2°. marguerite blanche; 3°. œil de bœuf.

Chrys-Endeta, orum, vases enrichis d'or.

Chrys-Electrum, i, ambre jaune.

Chryso-Beryllus, i, beril de couleur d'or.

Chryso-Colla, æ, soudure d'or, borax; 2°. verd de peintre.

Chryso-Come, es, serpolet.

Chryso-Lachanum, i, arroche.

Chryso-Lampis, idis, pierre précieuse, pâle pendant le jour, & qui de nuit éclaire comme du feu.

Chryso-Lithus, i, pierre précieuse de couleur d'or, mot à mot pierre d'or.

Chryso-Melum, i, coing, mot à mot pomme d'or.

Chryso-Pastus, i, ⎫
Chryso-Ptasus, i, ⎬ topaze.
Chryso-Pterus, i, ⎭

Chryso-Phis, dis, pierre précieuse de couleur d'or.

Chryso-Plydium, ii, le lieu où on lave l'or.

Chryso-Polis, is, herbe dont les feuilles font l'effet de la pierre de touche.

Chryso-Rophus, a, um, dont le lambris est doré.

Chrysor-Rhœ, arum, ⎫ qui roule de
Chrysor-Rhoas, æ, ⎭ l'or.

Helio-Chrysus, i, fleur de souci, souci.

Charon, onis, Batelier des Enfers; la Mort.

Charoneus, a, um; Charoniacus, a, um, de Caron, des Enfers.

CHIM.

Chim-Æra, æ, monstre de la fable à tête de lion, & qui vomissoit des flammes; 2°. vision, chimere.

Chimerinus, i, tropique du Capricorne.

Ces mots viennent de l'Oriental ארי, Ari, lion, & חם, CheM, chaler., feu, lumiere, *mot-à-mot*, le lion étincelant, flamboyant ; épithète du Soleil & de l'Eté.

Quant au Tropique du Midi, il fut désigné ainsi, parce qu'on regardoit le Midi comme un climat si brûlant, qu'il en étoit inhabitable.

CHIM*IA*, *æ*, Chymie. Ce mot dont l'origine a toujours été cherchée en vain, est venu de l'Orient avec la science qu'il désigne : c'est l'Oriental חֻם, *C'HUM*, *C'HYM*, qui signifie » l'extraction des sucs par » le feu ou par la fermentation ».

Les Grecs en firent le mot XUMOS, *C'hymos*, qu'on a regardé très-mal à propos comme l'origine du mot *Chymie*, puisqu'il n'en étoit lui-même qu'un dérivé.

CHO.

COG-GYR*IA*, *æ*, cotonnier. Pour trouver l'origine de ce mot, nous le joindrons au suivant.

CHOD-CHOD, } marchandises dont
CHOR-CHOR, } il est parlé dans EZECHIEL, chap. XXVII, & qu'il joint au byssus, au lin, & à la soie. C'étoit donc un objet de commerce de la même nature que le lin & la soie, peut-être même plus précieux, puisqu'il est mis par le Prophete à la suite du lin & de la soie. Les savans Auteurs des *Mémoires concernant les Chinois* ont soupçonné, (Tome II.) que ce mot qui a été une énigme pour nos Commentateurs, devoit désigner la même chose que le CHO-CHO des anciens Chinois, nom d'une soie qu'on tiroit des fils avec lesquels s'attachoit au rivage la Pinne d'eau douce qu'on trouvoit sur les bords des fleuves *Kiang* & *Han*, & qui se vendoit *le centuple de l'or*.

Ce rapport de noms est très-remarquable : d'ailleurs, la soie qu'on tiroit de la pinne marine est connue depuis long-tems en Europe : STRABON en parle, & on en faisoit des manteaux à l'usage des Empereurs : elle étoit donc infiniment estimée, & elle devoit être aussi chere pour le moins en Europe que dans la Chine ; mais elle dut être toujours moins recherchée à mesure que la soie devint plus abondante.

Il existe cependant encore à Tarente, à Palerme, & en quelques autres endroits sur les bords de la mer Méditerranée, quelques manufactures des fils de la pinne marine, dont on fait des ouvrages plus fins que ceux en soie, & peut-être plus chauds.

On pourroit cependant rendre le mot CHOD-CHOD par celui de COT*on*.

1°. Le *coton* étoit bien propre à aller de pair avec le lin & la soie.

2°. Le nom de cette marchandise est manifestement un dérivé de celui

celui de *Chod*, d'autant qu'il est lui-même Oriental & d'une haute antiquité : les Chaldéens, les Ethiopiens, les Arabes, &c. l'appellant *Coton*, d'une racine qui signifie *fin*, *délié*.

3°. Les Grecs eux-mêmes appellerent le cotonnier, comme nous venons de le voir, *Cog-Gyria*, mot qui n'est qu'une altération de celui de *Chod-Chod*, en le prononçant *Cog-Gor*, *Coggur*, *Cogg-yr*.

Il n'y a point de doute non-plus que ce même radical *Cho*, *Chod*, ne soit entré dans le Latin *Gossypium*, *ii*; 1°. coton; 2°. arbre qui porte le coton, cotonnier : & que ce mot ne soit ainsi composé de l'Oriental *Cho*, consacré au coton; de *She* qui, en Egyptien, signifie *arbre*, & peut-être de l'article Egyptien *Pi*, placé très-souvent à la fin des mots.

L'idée primitive de ce mot doit avoir été celle de filer, & il aura désigné en général tout ce qu'on peut convertir en fil, ou filer : delà sans doute :

L'Héb. חוט, *c'hout*, *c'hot*, filet, ficelle.

Le Gall. *Cogeil*, } quenouille.
Le Bas-Br. *Cogall*, }

Le Basq. *Cogoac*, ver à soie, *mot à mot*, animal qui file.

Le Bas-Br. *Cocz*, dévidoir.

L'Ir. *Cochan*, filet.

Orig. Lat.

CHOMA, *atis*, chaussée, digue : de l'Or. חומה, *c'homé*, mur.

CHOMER, grande mesure; en Or. חומר, *c'homer*. Elle contenoit dix éphas : quinze boisseaux, trente-*seah* ou *sates*, dont chacun contenoit 144 œufs, ou douze douzaines, une grosse.

CI.

CIMELIUM, *ii*, présent précieux, trésor.

CIMELI-ARCHA, *æ*; CIMELI-ARCHES, *æ*, Garde du trésor, d'un cabinet de curiosités.

CIMELI-ARCHIUM, *ii*, trésor, cabinet de curiosités.

Tous ces mots viennent de l'Orient. כמה, *Kamé*, desir; 2°. ce qui excite le désir, qui a un grand prix.

CITHARA, *æ*, harpe, Gr. κιθαρα : ce mot paroit une altération du mot Oriental *Cinara*, qui signifie la même chose.

CITHARIZO, *-are*, jouer de la harpe.

CITHARICEN, *inis*,
CITHARISTA, *æ*, } joueur, joueuse de
CITHARISTRIA, *æ*, } guitarre.
CITHAROEDUS, *i*,

CITHRædicus, *a*, *um*, qui concerne la harpe.

CITHARISMA, *atis*, son de la harpe.

CITHARUS, *i*, Gr. κιθαρος, poisson consacré à Apollon.

BINOMES GRECS.

PSALLO-CITHARISTA, *æ*, joueur d'instrumens de musique à cordes.

PSILO-CITHARISTA, *æ*, qui joue sur ces instrumens sans accompagnement de voix.

CINIPHes, um,

CINIPHes, um, en Grec KNIPES, moucherons, cousins, insectes ailés.

CONOPeum, ei, Gr. Konopeion, cousiniere; rideau qu'on tire & qu'on tend avec soin pour fermer tout passage aux cousins.

Ces mots sont dérivés de l'Oriental כנף, CNePH, aîle; animal ailé.

CITRum.

Le CITRON, en Lat. CITRum, en Gr. KITRia, est un nom Phénicien; mais dont l'origine étoit absolument inconnue. Tout ce qu'on en savoit c'est qu'il étoit venu d'Afrique avec le fruit qu'il désignoit, & qu'il est appellé chez les Anciens HESPERIS, comme s'il venoit du jardin des Hespérides; mais l'Afrique septentrionale est au couchant de la Phénicie: ce pays étoit donc appellé avec raison l'Hespérie en Grec, & QDaR קדר, la nuit, le couchant, par les Phéniciens: de-là, CITRa, nom du fruit qu'on en tiroit.

CITRus, i, citronnier.

CITRum, i; CITReum, i, citron.
CITReus, a, um, de citronnier.
CITRinus, a, um,
CITRosus, a, um, } de couleur de citron.
CITRatus, a, um,
CITRum, i, bois de citronnier.
CITRetum, i, citronnage.
CITRago, inis, melisse, citronnelle.

CL.

De l'Oriental גורל, GORaL ou GORL, Sort, changé en GROL, & puis en GLOR par le changement de place entre R & L, si commun dans toutes les langues, se forma le Grec KΛHPOS, Klēros, Sort: d'où cette famille Grecque-Latine:

1. CLERus, i; 1º. lot, Sort; 2º. Clergé.

CLEROS, i, essaim d'Abeilles qui ne réussit pas.
CLERicus, i, clerc, tonsuré, homme d'Eglise.
CLERicatus, ûs, Clergé.

BINOMES.

CLERO-NOMia, æ, héritage partagé au sort.
CLERO-MANtia, æ, divination, par le sort, lotterie.
NAU-CLERus, i, Pilote, patron de vaisseau; de NAU, Navis, navire.
NAU-CLERius, a, um,
NAU-CLERicus, a, um, } de Pilote.
NAU-CLERiacus, a, um,

CNIPHosus, a, um, obscur, Gr. κνηφας; de NEPH, NEB, nébuleux, obscur: à Thèbes en Egypte le Dieu suprême étoit appellé CNEPH,
» l'invisible, qu'on ne peut voir,
» qui est environné d'obscurité,
» de ténèbres.

COLaphus, i, soufflet, gourmade, Gr. Κολαφος; de l'Oriental כלף, KaLaPH, frapper.

COLLAPHiʒo, -are, souffleter, gourmer,

CORBONA, æ, trésor où l'on mettoit les offrandes : c'est le mot Oriental קרבן, QORBAN, offrande : de קרב, QaRB, approcher, offrir.

COSTUM, i, } costus, plante aroma-
COSTUS, i, } tique usitée dans les parfums : en Grec *Kostos* : en Oriental בשת, *Kost*.

C R.

CRAS,   } demain : de l'Oriental
CRASTINÈ, } אחר, *A-CHR*, après, ensuite ; autre ; *mot à mot*, le jour qui suit, qui vient après.

CRASTINUS, a, um, de demain, du lendemain ; du tems qui vient.

PRO-CRASTINO, -are, remettre de jour en jour ; 2°. prolonger.

PRO-CRASTINATIO, onis, délai, remise.

RE-CRASTINO, -are, remettre au lendemain, différer.

CREP,

Entre chien & loup, le soir.

CREPerus, a, um, douteux, incertain, qu'on ne peut discerner comme il faut.

CREPusculum, i, le crépuscule, entre chien & loup, le moment où le jour manquant, on ne peut distinguer les objets comme il faut.

CREPha-GENetus, *mot-à-mot*, existant dans le sein des ténèbres ; nom de la Divinité suprême chez les Égyptiens de Thèbes.

Ces mots d'origine Sabine, viennent de l'Oriental ערב, CHReB, le soir, la nuit, l'érèbe.

CRIB.

CRIBrum, i, crible, tamis, sas : du Celt. CRIB, & de l'Or. ערבלא, *WRBeLA*, crible.

CRIBro, -are, cribler, tamiser, sasser.

CRIBrarius, a, um, qui concerne les cribles.

CRIBrarius, ii, boisselier, faiseur de cribles.

CRIBraria, æ, la fine fleur de farine.

CON-CRIBillo, -are, trouer comme un crible.

CRO.

CROCUS, i, } du safran. C'est l'Or.
CROCUM, i, } כרכום, *KREKUM* safran.

CROCeus, a, um ; CROCinus, a, um, de safran ; jaune.

CROCatus, a, um, safrané, où l'on a mis du safran.

CROCota, æ, habit de femme couleur de safran.

CROCinum, i ; CROCO-Magma, tis, baume de safran.

EPI-CROCus, a, um, de couleur de safran.

EPI-CROCum, i, habit de femme, de couleur de safran.

CRU.

CRUS, uris, jambe : de l'Orient. כרע, *Krw*, se courber, se baisser, 2°. le bas ; כרעים, *KRwim*, les jambes.

CRUPellarii, orum, cuirassier, soldat armé de pied en cap.

De l'Oriental כרבל, KRBeL, couvrir entièrement, envelopper. Ce mot a l'air de tenir au Persan *SaRa BaLa*.

I i ij

CU.

CUMINUM, *i*, plante appellée CUMIN, Grec KUMINON, Oriental כמן, C-MUN. Ce nom tient au verbe כמן, KMAN, récolter, cueillir, amasser des choses précieuses, des trésors, & au nom כמן Kman trésor; choses précieuses rassemblées avec soin.

CUPRUM,
Cuivre.

CUPRUM, *i*, cuivre. Ce mot tient au Grec KUPRIS, nom de Vénus & de l'Isle de Chypre. On a cru que cette Déesse & ce métal qui lui étoit consacré avoient tiré leur nom de l'Isle de Chypre, parce que cette Isle abondoit en cuivre: mais ces étymologies à la Grecque ne rendent raison de rien; car afin que l'Isle de Chypre eût donné son nom au cuivre, il faudroit que ce fût de-là seulement que les Grecs eussent tiré leur cuivre ou qu'ils l'en eussent tiré primitivement, ou que le cuivre de Chypre fut le plus excellent cuivre de l'Univers : assertions qu'on seroit fort embarrassé de prouver. L'Isle de Chypre tira son nom au contraire du cuivre qu'on y trouva, & elle fut consacrée à Cypris par la même raison. Et c'est de Cypris à laquelle on consacra le cuivre, que ce Métal avoit tiré son nom. Vénus étoit appellée dans l'Orient Kebar ou KEBRA prononcé également KEBRA, mot-à-mot, la grande, la parfaite, la brillante : les Grecs en firent KUPRIS ou Cypris : de-là également le nom du cuivre resplendissant & consacré à la Déesse resplendissante de beauté.

Ce mot devint si commun qu'il éprouva de grandes altérations : Kebar fut changé en KEMAR, tandis que nous avons changé Kupris en Cypris, & Cuprum en cuivre, devenu en Theuton KUPFER.

CUPREUS, *a, um*; CUPRINUS, *a, um*, de cuivre.

CURULIS, *is*, adjectif de SELLA, mot-à-mot, chaire curule, ou garnie en ivoire. C'étoit la chaire d'honneur des Magistrats Romains; elle étoit en effet garnie en ivoire : son nom vint donc avec son usage de l'Orient, où חור, Hur, Cur signifie blanc.

CY.

CYLLENIUS, *ii*, surnom de Mercure. Il ne dut cette épithète ni au Mont Cyllene ni à la Nymphe Cyllene, comme le prétendirent les Grecs, & d'après eux, tous nos Etymologues : ce nom vint de l'Oriental כלי, Keli, Kuli, nom de la tortue & de la lyre, dont les Grecs firent χελις, Khelis, lyre.

CYPARISSUS, *i*, } cyprès. Ce mot vient
CUPRESSUS, *us*, } de l'Oriental עץ, Wtz, bois, & גפר, Gupher, cy-

près ; c'est de cet arbre que Moyse dit qu'il servit à construire l'Arche de Noé. En Grec *Kyparissos*.

Cupresseus, a, um; Cupressinus, a, um, de cyprès.
Cupressetum, i, lieu planté de cyprès.
Cupressi-Fer, a, um, qui porte des cyprès.

K U, K Y.

Kyma, Germe.

A-Kyterium, ii, médicament pour prévenir la conception.

Al-Cyon, onis, oiseau qui passoit pour faire son nid sur les eaux de la mer.

Ces mots viennent du Grec *Kuô*, devenir enceinte, grosse ; porter.

Ils tiennent à l'Oriental בוח, Kuh, force, puissance, faculté de produire, &c.

Par conséquent à la famille Latine Queo, pouvoir, puissance, qui tient elle-même à la famille Celtique Quai.

Kuó, concevoir, être enceinte, faisant au futur *Kusó*, paroît tenir au Grec Kusos, baiser ; mot Celtique, Theuton, Runique, Esclavon, & commun aux Dialectes de ces langues.

Gall. Cus, Cusan.
Anglo-Sax, Coss, Kyssan.
Allem. Kuss.
Esclav. Kush.
Island. Koss.
Runiq. Kosl.
Angl. Kisse,
Suéd. Kisning, &c.

MOTS LATINS-CELTES,
OU DÉRIVÉS DE LA LANGUE CELTIQUE.

D

La lettre D est la quatrieme de notre Alphabet & de l'Alphabet de xxii lettres. Dans cet Alphabet ainsi que dans tous ceux qui sont numériques, elle vaut quatre, même dans l'Alphabet Arabe, quoique dans celui-ci on ait absolument dérangé l'ordre primitif des lettres.

Cette lettre se prononce sur la touche Dentale, & elle en est la foible, tandis que T en est la forte : aussi cette touche en a tiré son nom.

Ici tout est puisé dans la nature, & ce son, & le nom de la touche qui le fait entendre, & celui des dents qui forment cette touche. Ainsi plus nous avançons, plus nous nous assurons que l'ensemble des mots repose entiérement sur l'essence des choses, sur la nature toujours la même.

La forme de cette lettre fut également puisée dans la nature ; & à cette forme est liée l'étymologie de la plupart des mots composés de cette lettre.

Un Illustre Grammairien eut donc tort de dire, » qu'il impor- » toit peu de sçavoir d'où nous » vient la figure de cette lettre. « Tout importe dans la recherche de la vérité ; & comment peut-on la découvrir, lorsqu'on néglige les élémens sur lesquels elle repose ?

Il adopta sans peine que notre D a la même forme à peu près que celui des Grecs ; mais s'il avoit cru que l'origine de cette lettre pouvoit nous importer, il l'auroit retrouvée avec cette figure correspondante dans l'Alphabet zend de la Perse, dans ceux des Samaritains, des peuples du Nord, des Ethiopiens au midi, des Arabes, même des Chinois, qui assurément ne la durent pas aux Grecs. Remontant plus haut, il l'auroit reconnue chez les Egyptiens dans la forme du DELTA qu'ils firent prendre aux embouchures du Nil ; dans celle des portes des tentes sous lesquels habiterent les premiers peuples, & dans le célebre Triangle rayonnant qui peignoit la Divinité bienfaisante.

Dès-lors ce Sçavant auroit soupçonné qu'un phénomene aussi répandu, n'étoit pas l'effet du hazard: qu'il existoit donc une unité d'Alphabet chez les peuples qui ont connu l'écriture ; & que les caracteres qui le composent avoient tous une origine digne de leur inventeur, & dont la valeur ne put qu'influer sur les mots dans lesquels chacun de ces caracteres étoit le dominant.

Il crut avoir plutôt fait en pensant que tant de peine étoit inutile; & c'est ainsi qu'on se prive souvent de connoissances intéressantes, en disant, à quoi cela est-il bon ?

Le caractere D qui peignoit, 1°. l'Etre suprême, Auteur de tout ce qui existe, source du jour & de la lumiere; 2°. les portes ou les jours d'une tente, & qui se prononce sur la touche la plus sonore & la plus ferme de l'instrument vocal, devint la source d'une masse de mots qui participent plus ou moins de ces diverses idées.

Ainsi D désigna :

1°. par onomatopée, les Dents, qui constituent la touche dentale.

2°. Tout ce qui est ferme & constant, élevé, digne de respect, l'Etre suprême, les Etres élevés & qui dominent sur les autres.

3°. La lumiere ou le jour élevé.

4°. L'action de mettre au jour, de publier, de dire.

5°. Celle de montrer, d'indiquer, de conduire.

6°. La porte, les ouvertures qui donnent du jour.

7°. L'entrée & la sortie, &c.

D.

DELTOTON, constellation en forme de Delta, ou du D primitif & triangulaire.

ONOMATOPÉES.

DINTRIO, -ire, } crier comme la
DINTRO, -ere,   } souris.

DRENSO, -are, chanter comme un cygne.

DE,

PRÉPOSITION.

D marquant l'origine, le lieu d'où on sort, devint une Préposition Latine qui exprima cette idée, & qui se plaça entre deux mots toutes les fois que l'un servit à déterminer l'autre, ou que l'objet exprimé par l'un devoit être considéré comme l'effet de l'autre, comme en étant une suite. Ainsi ils disoient.

De meo unguento olet, c'est de mes parfums qu'elle tire sa bonne odeur.

De prandio non bonus est somnus, il n'est pas sain, le sommeil qui est l'effet du dîner.

De consilio amici sui agit ia

conduite est l'effet du conseil de son ami.

Elle marqua, 2°. naturellement la cause & le tems.

De Mense Decembri navigare, se mettre en mer, au mois de Décembre.

De principio, dès le commencement.

De illa nos amat, il nous aime à cause d'elle ; comme si nous disions, c'est d'elle que vient son amitié pour nous.

De industriâ, à dessein, par un effet de sa volonté.

DE, initial.

I.

De s'est associé à quelques mots pour marquer la suite des événements.

DE-IN, deux Prépositions unies ensemble par une double ellipse, *mot-à-mot*, Depuis ce point EN un autre. Après, ensuite, secondement.

DE-INDE, après, ensuite, puis.

DE-IN-CEPS : ici l'ellipse est moins considérable : les deux Prépositions sont unies au mot CAP, devenu CEP, chef, point. Le S final paroît une abréviation de *st* ou *est* ; *mot-à-mot*, quand on fût parvenu *de* ce chef en celui-ci.

II.

De s'est aussi uni si étroitement à quelques mots simples qu'il n'y est presque pas sensible, & qu'on a peine à s'appercevoir que les mots qui en résultent sont composés : tels sont ceux-ci.

DE-NUÒ, de nouveau, mot où DE s'est uni à *novo*, nouveau.

DE-UNX, *mot-à-mot*, une once étant ôtée *de* la livre. C'est ainsi qu'on désignoit onze onces, la livre étant composée alors de douze onces.

DODRANS, pour DE UNUS QUADRANS, un quart *de* moins, c.est-à-dire trois quarts ou neuf douziemes.

DODRANT*alis*, *e*, de trois quarts ou de neuf douziemes.

DEBEO, *ui*, *itum*, *ere*, devoir, être obligé, avoir obligation.

Mot composé de la préposition DE, & du verbe HABEO, *mot-à-mot*, TENIR une chose *de* quelqu'un, la lui devoir.

DEMO, *demsi*, *demtum*, *demere*, déduire, ôter, arracher, diminuer : mot composé de AM, monceau, & DE, qui désigne l'action d'ôter, de tirer hors.

Ainsi *d-em-o* signifie *mot-à-mot*, je mets hors du monceau, c'est-à-dire j'ôte.

De-là les deux familles suivantes.

I.

DEBEO, *-ere*, devoir, être obligé, avoir obligation.

DEBITOR, *is*, débiteur, redevable.

DEBITIO, *onis* ; DEBITUM, *i*, dette.

IN-DEBITUS, *a*, *um*, qui n'est pas dû.

IN-DEBITUM, *i*, ce qu'on ne doit pas.

IN-DEBITÒ ; IN DEBITÉ, sans que la chose soit due.

II.

II.

DEMO, is, si, tum, ere, ôter, arracher, rabattre, défalquer.

DEMtio, onis, diminution.

A-DIMO, -ere, ôter, retrancher, séparer, emporter.

A-DEMPtus, a, um; A-DEMtus, a, um, retranchement, dépouillement.

D.

Dent, mordre, couper.

1.

De D désignant les dents, l'action de mordre, de couper, se formerent les mots suivans.

Le Grec DAKÓ, DÉKO, DAKNÓ, mordre; d'où, le Latin-Grec,

TRI-DACNA, orum, huîtres si grosses qu'il en falloit faire trois morceaux, trois bouchées.

2.

1. DAPS, pis, } mets, viandes; 2°.
DAPes, um, } régal, festin.

DAPalis, e,
DAPaticus, a, um,   } magnifique,
DAPticus, a, um,   } somptueux,
DAPsilis, e,   } superbe, abondant.

DAPaticé; DAPsilé, avec appareil, d'une manière splendide.

2. DAPino, -are, préparer un grand repas.

5. DEPso, is, ui, itum, ere, paîtrir, manier de la pâte.

DEPsitius, a, um; DEPsiticius, a, um, paîtri, broyé, manié.

CON-DEPSO, -ere, paîtrir avec.

3.

DENS, tis, dent; 2°. dentelure, sur une frise; 3°. hoyau; 4°. croc, crochet; 5°. clef.

DENTiculus, i, petite dent; 2°. dentelure.

DENtio, -ire, pousser les dents; 2°. avoir les dents longues, avoir faim.

DENTitio, onis, pousse ou venue des dents.

DENTiens, tis, à qui les dents poussent.

DENTiculum, i, étui à aiguilles; 2°. pointe de quelque chose que ce soit.

DENTicularus, a, um, dentelé, qui a des dents.

DENTex, icis, poisson qui a de grandes dents.

DENTale, is, ce qui tient le coûtre de la charrue.

DENTatus, a, um, qui a des dents, dentelé; 2°. qui a de grandes dents.

BINOMES.

DENT-ARPaga, æ, instrument d'arracheur de dents: d'ARPAZÓ, arracher.

DENTi FRANGibulum, i, qui sert à casser les dents.

DENTi-FRANGibulus, a, um, qui casse les dents.

DENTi FRICium, ii, ce qui sert à frotter les dents.

DENTi-LEGus, a, um; DENTi-LOQuus, a, um, qui parle gras, qui parle entre les dents.

DENTi-SCALPium, ii, cure-dent.

COMPOSÉS.

AMBI-DENS, tis, qui a des dents en haut & en bas.

E-DENTO, -are, casser les dents, arracher les dents.

E-DENTulus, a, um, édenté, qui n'a point de dents.

TRI-DENS, *tis*, instrument à trois pointes, trident.

TRI-DENTI-*ger*, *a*, *um*; TRI-DENTI-*fer*, *a*, *um*, qui porte un trident.

FAMILLE GRECQUE.

O-DONTES, *um*, dents.

O-DONT-*Algia*, *æ*, douleur de dents.

O-DONT-*Agra*, *æ*; O-DONT-*Agogum*, *i*, davier, instrument pour arracher les dents.

O-DONTO-*Glyphum*, *i*, cure-dent fait avec un roseau.

O-DONTO-*Trimma*, *tis*, dentifrice, friction pour les dents.

O-DONTO-*Xestes*, *is*, rugine, instrument d'Arracheur de dents.

II.

DU *o*, deux.

Le mot DU signifiant deux, emporte toujours avec lui l'idée de partage. Ce mot vint donc de *D*, les dents, parce que les dents coupent, partagent, mettent en deux. Il n'est donc pas étonnant que la touche Dentale, forte ou foible, *Da* ou *Ta*, ait servi chez presque tous les peuples de la terre à désigner deux.

Ecoss. DA, DO.

Irl. DA, DOO.

Gall. Bret. DAU, DEI, DOU, DU.

Escl. DUA.

Pers. DEU.

Grec. Lat. Ital. DUO.

Esp. DOS.

Dan. THO.

Angl. TWO.

Allem. ZWO. Ici *D* en *Z*.

Les Orientaux nasalant ce mot, le prononcerent de la même maniere que nous prononçons le mot *dent*, ensorte qu'il réunit chez eux ces mêmes significations.

TEN exprima chez eux les idées de *dent* & de *deux*.

En Chald. תנין, *TheNin* deux.

En Hébr. où T devint S, *Schen* signifia dent, & *ScheNi* deux, N changé en L, fit au Congo *Tole*, deux.

I.

DUO, *æ*, *o*, deux.

DUODE-VIGINTI, dix-huit, *mot à mot*, ôtez deux de vingt.

DUELLA, *æ*, troisième partie d'une once.

DUALIS, *e*, de deux.

BINOMES.

DUBIUS, *a*, *um*, douteux, incertain; 2°. indécis, irrésolu; 3°. qui est en balance, en suspens; 4°. suspect, dont on doute. Du mot *Du*, deux, & *Via*, chemin, rencontre fâcheuse de deux chemins entre lesquels on ne sait comment choisir le bon.

DUBIUM, *ii*, doute.

DUBIETAS, *is*, irrésolution, doute.

DUBIÉ, d'une manière douteuse.

DUBIOSUS, *a*, *um*, douteux.

DUBITO, -*are*, douter, être irrésolu, balancer, hésiter; 2°. soupçonner.

DUBITATUS, *a*, *um*, incertain, dont on doute.

DUBITATIO, *onis*, action de douter, incertitude, hésitation; 2°. soupçon.

DUBITANTER, dans le doute, dans l'incertitude.

DUBITABILIS, *e*, douteux, indécis.

COMPOSÉS.

AD-DUBito, -are, douter fort, balancer beaucoup.

AD-DUBitatus, a, um, fort douteux.

AD-DUBitatio, onis, doute, incertitude.

IN-DUBito, -are, douter, se défier, soupçonner.

IN-DUBitatus, a, um, qu'on ne met point en doute.

IN-DUBitabilis, e, qui est hors de doute, sûr.

IN-DUBitaté; IN-DUBitanter, sans doute, assurément, sans contredit.

SUB-DUBito, -are, être en doute, se défier.

2.

MOTS LATINS-GRECS.

1. DEUTeria, æ, piquette.

DI-AULUS, i, espace de deux stades de longueur; 2°. course d'un bout à l'autre du cirque.

3. DI-Esis, is, dièse, en terme de musique, un quart de ton, la moitié d'un demi-ton.

4. DIOTA, æ; DYOTA, æ, vase à deux anses où l'on mettoit le vin; 2°. pélican: de di, deux, & ôt, oreille.

D,

Lumiere, Jour.

D signifiant la lumiere, le jour, devint la source d'une multitude de familles.

I.

DI, Jour.

DIES, ei; 1°. jour, journée; 2°. cours du tems; 3°. terme, délai; 4°. vie.

DIecula, æ, un petit jour, un peu de tems.

BINOMES.

HO-DIE, aujourd'hui, à présent, de hoc, ce: mot-à-mot, en ce jour.

HO-DIErnus, a, um, d'aujourd'hui.

2. IN DIES, chaque jour.

3. MEDI-DIES, ei, } midi, la moitié
   MERI-DIES, ei, } du jour; 2°. sud: de Medius, moyen. Ici D changé en R.

MERI-DIalis, e, du Sud, méridional.

MERI-DIanus, a, um, du Midi.

MERI-DIanum, i, le Midi.

MERI-DIanus, i, Gladiateur.

MERI-DIano, à midi.

MERI-DIo, -are; MERI-DIor, -ari, faire la méridienne, dormir après-midi.

MERI-DIatio, onis, la méridienne, sommeil d'après midi.

ANTE-MERI-DIanus, a, um, qui se fait avant-midi.

4. PEREN-DIE, après-demain.

PEREN-DINus, a, um, d'après-demain.

COM-PER-EN-DINus, a, um, du jour d'échéance, de délai.

COM-PER-EN-DINO, -are, différer, délayer, retarder, prolonger; 2°. remettre le Jugement d'une affaire à une seconde Audience.

COM-PER-EN-DINatio, onis; COM-PER-EN-DINatus, ûs, délai, remise d'un Jugement.

COM-PER-EN-DINatus, a, um, élargi à sa caution juratoire.

5. POST-MERI-DIanus, a, um, } d'après
   PO-MERI-DIanus, a, um,   } midi, d'après-dînée.

POSTER-DIE,   }
POSTRI-DIE,   } le lendemain.
POSTRI-DUO,   }

POSTRI-DIanus, a, um; POSTRI-DUanus, a, um, du lendemain.

Kk ij

6. PRI-DIE, la veille, le jour de devant.
PRI DIAnus, a, um, du jour de devant.
TRI-DUum, ii, espace de trois jours.

DÉRIVÉS.

1. DIALIS, e, d'un jour; 2°. qui est à l'air.
2. DIARIum, ii, journal, mémoire de ce qu'on fait chaque jour; 2°. étape, ration, pitance donnée à un Soldat par jour.
3. DIVum, i; DIUM, i, l'air; 2°. le serein.
4. DIU, de jour.
SUB-DIO, à l'air.
SUB-DIALIS, e, en plein air, à découvert.
SUB-DIU, de jour.
5. DIURO, -are, vivre long-temps.
DIURnus, a, um, du jour, qui se fait en un jour; 2°. éphémère, qui ne dure qu'un jour.
DIURnum, i, pitance, ordinaire, ration d'un jour.
DIURna, orum, Journal, Gazette de chaque jour.

2.

DIU, long-tems.

DIUTIÙS, plus long-tems.
DIUTIssimè, très-long-tems.
DIUTInus, a, um, de longue durée.
DIPTINè, long tems; DIUTURNè, long-tems.
DIUTUlè, assez long tems.
DIUTURNUS, a, um, qui dure long tems.
DIUTURNITAS, atis, longue durée.

COMPOSÉS.

JAM-DIU, il y a long-tems.
JUSTI-DIUM, ii, terme de trente jours accordé aux débiteurs; & pour se préparer à la guerre.
INTER-DIU, de jour.
PER-DIU, fort long-tems.

PER-DIUS, a, um, qui dure tout le jour.
PER-DIUTURNus, a, um, qui dure très-long-tems.

3.

CON-DIO,

Assaisonner.

L'origine de ce mot a été un achoppement pour tous les Etymologues; ce qui n'est pas surprenant; l'idée qu'il offre n'ayant aucun rapport avec le physique de ce mot, & n'étant par-là même qu'une idée figurée dont le sens propre restoit inconnu.

L'étymologie la plus généralement reçue, consiste à dériver ce mot de *duo*, deux, parce, dit-on, qu'assaisonner, confire, c'est mêler deux choses ensemble; c'étoit se tromper en tout point.

Con-Dio signifie assaisonner, confire, saler. Mais ce qu'on sale, ce qu'on confit, c'est pour le conserver, pour en étendre la durée, & n'est-ce pas l'idée qu'offre le mot assaisonner? *mot-à-mot*, ce qu'on prépare pour le manger dans la *saison* favorable.

Le Verbe Latin s'est donc formé du mot *DI*, jour, durée, & signifie *mot à-mot*, l'action d'étendre la *durée* d'un objet bon à manger *avec*, ou au moyen de telle ou telle précaution.

CON-DIO, -ire, assaisonner, apprêter, confire, saler.

Con-Ditus, a, um, salé, confit.
Con-Ditio, onis, assaisonnement, confisage.
Con-Ditus, ûs, l'action d'assaisonner, de saler, de confire.
Con-Ditura, æ, l'art du Cuisinier, du Confiseur; assaisonnement.
Con-Ditorium, ii, saloir; 2°. pot à confiture.
Con-Ditor, is, Cuisinier, Traiteur, Pâtissier, Confiseur.
Con-Dititius, a, um, assaisonné, accommodé.
Con-Ditaneus, a, um, propre à confire.
Con Dimentum, i, apprêt, ragoût, sausse.
Con-Dimentarius, a, um, qui concerne l'art d'assaisonner, de confire, de mariner, de saler.

II.
DEUS, Dieu.

1. Deus, i, Dieu, le Créateur, le Roi des Dieux & le Pere des Hommes, *mot à mot*, l'Etre-Lumiere.
Deitas, atis, Divinité, nature divine.
Dialis, e, de Dieu.
Divus, i; Diva, æ, Dieu; 2°. Saint, Sainte, Déesse.
Dius, a, um, ⎱ de Dieu, divin;
Divus, a, um, ⎰ 2°. céleste, surnaturel; 3°. sacré, saint; 4°. qui prédit, qui prophétise, qui devine; 5°. rare, excellent, sublime.
Divinus, a, um,

2. Divinus, i, ⎱ devin, sorcier.
Divinator, is, ⎰
Divinaculus, i, Faiseur d'horoscope, Astrologue.
Divino, -are, prédire, deviner; 2°. conjecturer, prévoir.
Divinatio, onis, l'art de prédire, de deviner; 2°. prédiction, prophétie.

3. Divinitas, is, Divinité.
Divinitùs, par un don du Ciel, par inspiration; merveilleusement, divinement.
Divinè, d'une façon merveilleuse, surnaturelle.

COMPOSÉS.

Ad-Divino, -are, deviner.
Præ-Divinus, a, um, qui donne des pressentimens de l'avenir.
Præ-Divino, -are, pressentir, deviner ce qui doit arriver.
Præ-Divinator, is, qui devine, qui pressent.
Præ Divinatio, onis, connoissance de l'avenir.

2.
Dæmon, is,   ⎱ 1°. Esprit, Génie;
Dæmonium, ii, ⎰ 2°. Savant; 3°. Diable, mauvais Principe: de Dii, divin, & Mon, lumiere, flambeau.
Dæmoniacus, a, um, possédé du Démon.
Caco-Dæmon, is, mauvais Génie.

III.

1. Dis, dite, is, ⎱ riche, opulent; 2°.
Dis, ditis,   ⎰ Plutus & Pluton,
Dives, itis,   ⎰ en tant que Dieux des Enfers ou des lieux bas, qu'on supposoit être le réceptacle des trésors.

Dives, itis, riche, puissant.
Divito, -are, enrichir.
Diviriæ, arum, richesses, opulence.
Divitatio, onis, l'action de gagner du bien.

2. Dito, -are, enrichir, combler de biens.

DITESCO,-ere, s'enrichir.
DITISSIMÈ, très-riche.
DITIO, onis, autorité, empire, domaine.
PER-DIVES, itis, très-riche.
PRÆ-DIVES, itis, fort riche.

IV.
DAC, DIG, doigt.

2. D, jour, forma DAG, doigt, qui sert à montrer, à indiquer, à connoître.

FAMILLE GRECQUE.

DACTYLUS, i, datte, fruit du palmier; 2°. coquillage; 3°. dactyle.
DACTYLICUS, a, um, de datte; 2°. de dactyle.
DACTYLIO-THECA, æ, écrin à bijoux.
PENTA-DACTYLES, ium, poisson de mer à coquille.
PENTA-DACTYLUS, a, um, qui a cinq doigts.

FAMILLE LATINE.

DIGITUS, i, doigt.
DIGITULUS, i, petit doigt.
DIGITELLUS, i, Joubarbe, plante.
DIGITALIS, e, du doigt.
DIGITALE, is; DIGITABULUM, i, doigtier; 2°. gant, mitaine.
DIGITATUS, a, um, qui a des doigts.

COMPOSÉS.

IN-DIGITO,-are, nommer, montrer du doigt; 2°. invoquer.
IN-DIGITATIO, onis, invocation.
SE-DIGITUS, a, um, qui a six doigts.

2.

De DAG, doigt, se forma la famille IN-DAGO, chercher, rechercher.

IN-DAGO,-are, rechercher.

Ce mot paroît le même que le DOG des Anglois, qui veut dire épier, suivre à la piste.

IN-DAGO, inis, panneau, filets, toiles; 2°. recherche soigneuse.
IN-DAGABILIS, e, qu'on peut rechercher.
IN-DAGANTER, à la piste, en recherchant.
IN-DAGATIO, onis, recherche.
IN-DAGATOR, is; IN-DAGATRIX, icis, qui recherche.

FAMILLES GRECQUES.

De DAG, DEG, doigt, se forma la famille Grecque, DECH, DOCH, relative à toute idée de recevoir, d'admettre : de-là ces dérivés Latins Grecs.

1.

DOGMA, tis, maxime, opinion.
DOGMATICUS, a, um, instructif, dogmatique.

COMPOSÉS.

APO-DECTA, arum, Receveur des tailles.
APO-DIXIS, is, preuve évidente, démonstration.
HOMO-DOXIA, æ, accord d'opinions.
PARA-DOXI, orum, vainqueurs aux Jeux Pythiens.
PARA-DEXUM, i, opinion extraordinaire, contraire à l'opinion commune; paradoxe.

2.

PAN DOCHEUS, i, Aubergiste; *mot-à-mot*, qui reçoit tous *les allans & venans*.
PAN-DORIUM, ii; PAN-DOXATORIUM, ii, auberge, cabaret.
PTOCHO-DOCHIUM, ii, Hôpital; *mot-à-mot*, où l'on reçoit les Pauvres.

SYN-EC-DOCHE, *es*, Synecdoque, figure de Rhétorique où l'on employe la partie pour le tout, ou le tout pour la partie; *mot-à-mot*, prendre d'une chose pour l'ensemble.

V.
DEC, dix.

De DAC, DEC, DIC, doigts, se forma le mot DEC, dix, nombre des doigts; de-là ces familles.

1.

DECAS, *dis*, dixaine, dix; 2°. lieu où l'on étrangloit les criminels à Sparte.

DECEM, dix.
DECIÈS, dix fois.
DECEMBER, *is*, Décembre.
DECEMBRIS, *e*, de Décembre.
DECUMA, *æ*, Dîme, Dixieme, décime.
DECUMANUS, *i*, décimeur; 2°. fermier des dîmes, receveur des dîmes.
DECUMANUS, *a*, *um*, de dixième, de dîme; 2°. fort grand.

2.

DENI, *æ*, *a*, dix par dix.
DENARIUS, *a*, *um*, de dix.
DENARIUM, *ii*; DENARIUS, *ii*, denier Romain, valant dix sols.

BINOMES.

DUO-DENI, *æ*, *a*, } douze.
DUO-DECIM, }
DUO-DECIMUS, *a*, *um*, douzième.
DUO-DECIÈS, douze fois.
DUO-DENARIUS, *a*, *um*, de douze.
TER-DENI, *æ*, *a*, trois-fois dix : trente.

3.

DECIMUS, *a*, *um*, dixième.
DECIMÙM, pour la dixième fois.

DECIMA, *æ*, dîme, dixième partie.
DECIMANI, *orum*, dîmeurs, décim...
DECIMATIO, *onis*, décimation.
DECIMO, *-are*, décimer, prendre le dîme.

COMPOSÉS.

AD-DECIMO-*are*, dîmer, lever la dîme.
E-DECIMO, *-are*, dîmer, choisir.
E-DECIMATA, *orum*, E-DECIMATIO, *onis*, l'action de dîmer.
E-DECIMATOR, *is*, qui prend le dixième.
TRE-DECIM, treize.
TRE-DECIÈS, treize fois.
TRE-DECIMUS, *a*, *um*, treizième.
SE-DECIM, seize.
SE-DECIÈS, seize fois.

VI.
DEXTer, droit, adroit.

De *DEC*, doigt, se forma DEXTER, droit, adroit, qui se sert merveilleusement de ses doigts.

DEXTER, *ra*, *um*, droit, qui est du côté droit.
DEXTRA, *æ*; DEXTERA, *æ*, la droite, la main droite.
DEXTELLA, *æ*, petite main droite.
DEXTERITAS, *is*, adresse, habileté.
DEXTERÈ, ingénieusement, finement; 2°. heureusement.
DEXTIMUS, *a*, *um*, qui est à droite.
DEXTRIMÙM, }
DEXTRORSÙM, } à droite, du côté
DEXTRORSÙS, } droit.
DEXTRO-VERSÙM, }
DEXTRO, *-are*, atteler des chevaux.
DEXTRATIO, *onis*, mouvement à droite; 2°. attelage de chevaux.
DEXTRALE, *is*, } brasselet qui se
DEXTRALIOLUM, *i*, } mettoit à la main
DEXTRO-CHERIUM, *ii*, } droite.
AMBI-DEXTER, *a*, *um*, qui se sert avec facilité des deux mains.

VII.

DEC, décent.

De DEC, montrer, se forma la famille DEC, décent, qui est en état de paroître, de se montrer.

DECeo-ere, } être bien séant,
DECet, cuit, ere, } convenir.

DECens, tis, séant, convenable, bien fait.
DECenter, convenablement, avec décence.
DECentia, æ, bienséance, justesse, convenance.
DECus, oris, } honneur, gloire, di-
DECor, is, } gnité, grace, agrément,
DECorum, i, } bienséance, honnêteté, politesse.

2. DECorus, a, um, beau, agréable; 2°. convenable, bienséant.

DECoré, d'une maniere gracieuse, avec bienséance.

DECoro,-are, embellir, parer, donner de la grace.

DECoramen, inis, ornement.

COMPOSÉS.

AD-DECet, il est bienséant, il convient.
CON-DECet, être à propos, bienséant.
CON-DECentia, æ, décence, honnêteté.
CON-DECenter, décemment, proprement.
CON-DECoro,-are, parer, enrichir.
CON-DECoré, avec bienséance.
PER-DECorus, a, um, très-beau, beau au possible.
DE-DECet, être malhonnête.
DE-DECus, oris, deshonneur, honte, opprobre.
DE-DECoro,-are, deshonorer, diffamer.
DE-DECor, is; DE-DECorus, a, um, deshonorable, honteux.
DE-DECorator, is, qui diffame.
DE-DECorosé, honteusement, ignominieusement.
IN-DECet, il ne sied pas, il est mal séant.
IN-DECens, tis, malséant.
IN-DECentia, æ, mauvaise grace, indécence.
IN-DECenter, de mauvaise grace.
IN-DECoris, e; IN-DECorus, a, um, mal séant, honteux, deshonorant.
IN-DECoré; IN-DECorabiliter, mal honnêtement, indécemment.

VIII.

DIC, dire.

DI, jour, forma la famille DIC, dire, mettre au jour sa pensée.

DICo, is, xi, ctum, ere, dire, parler, plaider.

DICa, æ, procès, action en justice.
DICis GRAtiá, par maniere de dire.
DICax, cis, railleur, plaisant.
DICacitas, is, facilité à railler, penchant à la plaisanterie.
DICaculus, a, um, un peu railleur.
DICaculé, en plaisantant.

2. DICtum, i, mot, parole, 2°. discours.

DICato, orum, Edits, Ordonnances.
DICtor, is, Maître, Docteur.
DICtio, onis, mot, élocution, maniere de parler, style; 2°. récit, exposition; 3°. cause, défense, plaidoyer; 4°. oracle.
DICterium, ii, mot piquant, raillerie.
DICtosus, a, um, plaisant, agréable; 2°. railleur.
DICtionarium, ii, Dictionnaire.

3. DICto,-are, dicter, faire écrire; 2°. inspirer, enseigner.

DICtito,

Dicto, -are, répéter, dire souvent.
Dictata, orum, cahiers, leçons dictées aux écoliers ; 2°. instructions que donne un maître.
Dictatio, onis, dictée.
Dictator, is, Dictateur, Magistrat ; 2°. celui qui dicte.
Dictatrix, cis, Souveraine.
Dictatura, æ, charge de Dictateur, premiere Magistrature.
Dictatorius, a, um, de Dictateur.

COMPOSÉS.

Ab-Dico, -ere, 1°. réfuter, dénier, rejetter, désapprouver ; 2°. défendre, détourner, être contraire ; 3°. refuser d'adjuger, débouter.
Ad-Dico, -ere, adjuger, livrer au plus offrant ; 2°. vendre, mettre en vente ; 3°. confisquer ; 4°. destiner, attacher ; 5°. obliger, consacrer ; 6°. condamner ; 7°. contraindre ; 8°. favoriser, autoriser.
Ad-Dictus, a, um, sujet ; attaché.
Ad-Dictio, onis, adjudication, livraison ; 2°. destination ; 3°. contrainte ; 4°. dévouement.
Ad-Dicté, servilement.
Ad-Dictius, plus étroitement, avec plus de sujétion.
Ante-Dico, -ere, prédire, prophétiser.
Con-Dico, -ere, se promettre l'un à l'autre, s'engager réciproquement, se donner parole, se donner rendez-vous.
Con-Dictus, a, um, accordé, où l'on s'est engagé réciproquement.
Con-Dictum, i, accord, complot.
Con-Dictio, onis, assignation, dénonciation.
Con-Dictitius, a, um, qui concerne les demandes en Justice.
Ec-Dici, orum, Syndics.

Orig. Lat.

In-Dico, -ere, annoncer, déclarer, publier, ordonner, marquer.
In-Dictio, onis, taille, impôt, subside.
In-Dictivus, a, um, qui est annoncé.
In-Dictus, a, um, dont on n'a point parlé.
In-Dex, icis ; 1°. délateur, qui donne à connoître ; 2°. marque, signe, adresse, titre ; 3°. catalogue, table des matieres ; 4°. pierre de touche.
In-Dico, -are, désigner, publier, déclarer, dénoncer, enseigner ; 2°. apprécier.
In-Dicium, ii, indice, marque, enseigne, preuve ; 2°. découverte, révélation ; 3°. récompense ; 4°. épreuve.
In-Dicatio, onis,
In-Dicatura, æ,
In-Dicina, æ,
} dénonciation, prix, taux, appréciation.
In-Dicabilis, e, qu'on peut montrer.
Super-in-D.co, -ere, dénoncer d'abondant.
Super-in-Dictio, onis, dénonciation réiterée.
Para-Digma, tis, exemple.
Para-Digmatice, es, art de farder.
Præ-Dico, -ere, prédire, pronostiquer ; 2°. dire par avance.
Præ-Dictus, a, um, prédit ; 2°. dont on est auparavant convenu.
Præ-Dictum, i ; Præ-Dictio, onis, pronostication, prophétie.
Pro-Dico, -ere, assigner, marquer.
Pro-Dictator, is, prodictateur.
Super-Dico, -ere, ajouter à ce qu'on a dit.
Supra-Dictus, a, um, dit ci-devant, susdit.
Syn-Dicus, i, Délégué d'une Com-

L l

munauté, Syndic; 2°. Avocat du Roi.

BINOMES.

I.

Ju-Dex, *icis*, Juge, de *Jus* & *Dico*, *mot-à-mot*, qui dit la Justice, qui prononce jugement.

Ju-Dico, -*are*, juger, ouvrir son avis; 2°. prononcer un Jugement.

Ju-Dicium, *ii*, Jugement, faculté de juger, Arrêt de Juge; 2°. avis, sentiment.

Ju-Dicialis, *e*; Ju-Diciarius, *a*, *um*, judiciaire, qui concerne les jugemens.

Ju-Dicatus, *ûs*, autorité de Juge, judicature.

Ju-Dicatum, *i*, ce qui est jugé.

Ju-Dicatrix, *cis*, celle qui juge.

Ju-Dicatò, après une mûre délibération.

Ju-Dicatio, *onis*, l'action de juger; 2°. question à juger.

COMPOSÉS.

Præ-Ju-Dico, -*are*, porter un jugement par avance; 2°. faire un préjugé; 3°. faire tort, préjudicier.

Præ-Ju-Dicium, *ii*, préjugé; 2°. dommage, tort.

Præ-Ju-Dicatio, *onis*, préjugé.

II.

1. Juri-Dicus, *i*, Juge: de *Jus*, droit, justice.

Juri-Dicialis, *e*; Juri-Dicus, *a*, *um*, qui est selon les loix; 2°. qui concerne l'exercice de la justice.

Juris-Dictio, *onis*; Juri-Dicina, *æ*, autorité de juger, pouvoir de rendre la justice.

III.

1. Magni-Dicus, *a*, *um*, qui dit de grandes choses, emphatique.

2. Male-Dico, -*ere*, médire, maudire, dire du mal.

Male-Dicus, *a*, *um*, médisant, qui dit des injures.

Male-Dicè, d'une manière outrageante.

Male-Dicentia, *æ*, malédiction, médisance.

Male-Dicentissimus, *a*, *um*, très-injurieux.

Male-Dictus, *a*, *um*, maudit.

Male-Dictum, *i*; Male-Dictio, *onis*, imprécation, outrage.

3. Mœso-Dicus, *a*, *um*, Médiateur; 2°. Avocat du Roi: du Grec *Mœsos*, moyen.

IX.

DIC, dédier.

Dico, -*are*, dédier, dévouer, offrir.

Dicatio, *onis*; Dicatura, *æ*, dédicace; 2°. dévouement.

COMPOSÉS.

Ab-Dico, -*are*, renoncer, quitter, désavouer, se défaire de; 2°. déposer, casser; 3°. déshériter; 4°. interdire, abolir.

Ab-Dicatio, *onis*, renoncement, désaveu, abandon, démission.

De Dico, -*are*, dédier, consacrer.

De-Dicatio, *onis*, consécration.

Præ-Dico, -*are*, publier, divulguer, raconter; 2°. louer, vanter.

Præ-Dicatum, *i*, attribut, ce qui se dit d'un sujet.

Præ-Dicator, *is*, qui publie par-tout; 2°. prédicateur.

Præ-Dicatio, *onis*, publication, témoignage; 2°. louange; 3°. proclamation.

Præ-Dicamentum, *i*, prédicamen-

Præ-Dicativus, *a*, *um*; Præ-Dicabilis, *e*, recommandable, louable, digne d'être loué à plusieurs.

Præ-Dicabilitas, *is*, propriété qu'une chose a de pouvoir être attribuée.

X.
DISC, Apprendre.

De Dic, dire, se forma Disco, apprendre.

1.

Disco, *is*, *didici*, *discitum*, *ere*, apprendre, s'instruire.

2.

Discipulus, *i*, } écolier, élève.
Discipula; *æ*, }

Disciplina, *æ*, enseignement, précepte; 2°. éducation; 3°. art, manière; 4°. secte, école; 5°. science, règlement.

Disciplinosus, *a*, *um*, qui apprend facilement.

Disciplinabilis, *e*, qui est bon à savoir, méthodique.

In-Disciplinatus, *a*, *um*, qui manque de discipline, qui n'a pas été discipliné.

COMPOSÉS.

Ad-Disco, -*ere*, apprendre avec application.

Con-Disco, -*ere*, étudier avec, ensemble.

Con-Discipulus, *i*; Con-Discipula, *æ*, camarade d'école, compagne d'étude.

Con-Discipulatus, *ûs*, société d'études.

De-Disco, -*ere*, désapprendre, oublier; 2°. se désaccoutumer.

E-Disco, -*ere*, apprendre par cœur; 2°. étudier.

Per-Disco, -*ere*, apprendre parfaitement.

Præ-Disco, -*ere*, apprendre auparavant.

MOTS Latins-Grecs.

Au lieu de Disco, les Grecs prononçoient Dasco: de-là:

1. Di-Dascalus, *i*, précepteur.

Hypo-Didascalus, *i*, sous-maître.

2. Auto-Didactus, *i*, qui est son propre maître.

XI.
DOC, Enseigner.

Doceo, *es*, *cui*, *ctum*, *ere*, enseigner, instruire.

Doctus, *a*, *um*, instruit, enseigné; 2°. sçavant, habile, capable.

Docté, savamment, en homme habile; 2°. finement, adroitement.

Doctor, *is*; Doctrix, *cis*, maître; précepteur; maîtresse.

Doctrina, *æ*, érudition, science; 2°. précepte, instruction.

2. Docilis, *e*, qui apprend aisément, susceptible d'instruction, qui aime à être instruit.

Docilitas, *is*, disposition à être instruit; 2°. bonne volonté, facilité à recevoir des leçons.

Docibilis, *e*, aisé à instruire, qu'on peut enseigner.

Documen, *inis*; Documentum, *i*, enseignement, instruction, maxime; 2°. modèle, exemple; 3°. preuve, marque.

COMPOSÉS.

Ad-Doceo, -*ere*, enseigner.

Con-Doceo, -*ere*, instruire, répéter.

Con-Doctus, *a*, *um*, qui a bien appris sa leçon.

Con-Doceo, -*ere*, instruire, répéter.

Con-Doce-Facio, -*ere*, dresser, apprivoiser.

De-Doceo, *ere*, faire oublier ce qu'on avoit appris.

E-Doceo, -*ere*, montrer, instruire.

Per-Doceo, -ere, instruire entiérement.
Per-Doctus, a, um, fort savant.
Per-Docté, très-savamment.
Præ-Doctus, a, um, instruit d'avance.
Pro-Doceo, -ere, déclarer hautement.
Sub-Doceo, -ere, enseigner tellement quellement.
Sub-Doctus, a, um, légérement instruit.

PRIVATIFS.

In-Docilis, e, 1°. à qui on ne peut rien faire apprendre ; 2°. intraitable ; qu'on ne peut accoutumer ; 3°. naturel.
In-Doctus, a, um, ignorant, malhabile, grossier.
In-Docté, en ignorant.
In-Doctor, is, bourreau.

XII.
DUC, conduire.

De Doc, enseigner, se forma Duc, conduire, guider, montrer le chemin.
Duco, -ere, 1°. conduire, guider ; 2°. charmer, attirer ; 3°. croire, penser.
Duco, -are, gouverner.
Dux, cis, 1°. conducteur, guide ; 2°. Général, Chef; 3°. Auteur; 4°. Duc.
Archi-Dux, cis, Archiduc.
Ducissa, æ, Duchesse.
Ducatus, ûs, 1°. commandement, conduite, pouvoir en chef; 2°. Duché.
Ductus, ûs, 1°. conduite ; 2°. administration ; 3°. enchainement, suite ; 4°. trait.
Ductor, is, guide, conducteur, commandant.
Ductio, onis, conduite.
Ductim, petit à petit, sans prendre haleine; 2°. en tirant à soi.
Ductilis, e, qu'on mene où l'on veut.
Ductarius, a, um, qui sert à trainer un fardeau.
Ductarié, en trainant ; 2°. lentement.
Ductirius, a, um, qui se manie aisément, malléable.
Ductito, -are, mener de côté & d'autre.

BINOME.

Parvi-Duco, -ere, faire peu de cas.

COMPOSÉS.

Ab-Duco, -ere, enlever, emporter, entraîner; 2°. faire sortir, éloigner, ravir, soustraire, empêcher.
Ab-Ductio, onis, rupture, déboëtement, descente ; 2°. solitude, retraite ; 3°. démonstration imparfaite.
Ab-Ductor, is, séducteur, trompeur ; 2°. abducteur, nom d'un muscle.
Ad-Duco, -ere, amener, conduire, attirer ; 2°. porter, engager ; 3°. pratiquer, gagner, fléchir ; 4°. tendre, bander, courber, tirer à soi.
Ad-Ductus, a, um, amené ; 2°. serré, concis.
Ad-Ducté, en esclave.
Ad-Ductius, avec trop de contrainte.
Circum-Duco, -ere, 1°. conduire à l'entour, promener de tous côtés ; 2°. tromper, attaquer, duper ; 3°. casser, abolir ; 4°. prolonger, différer.
Circum-Ductus, ûs ; Circum-Ductio, onis, conduite autour ; 2°. circonférence ; 3°. circonvallation, lignes ; 4°. tromperie, finesse.

CIRCUM-Ductum, i, tour de phrase.
CON-Duco, -ere, mener, assembler ; 2°. prendre à tâche ; 3°. louer, prendre à louage.
CON-Ducit, il est à propos, il est bon.
CON-Ducenter, avec conduite.
CON-Ducibilis, e, avantageux, utile.
CON-Ductio, onis, louage, ferme, loyer, rente ; 2°. l'action d'affermer, de donner à rente ; 3°. conséquence, conclusion.
CON-Ductitius, a, um, qu'on prend à loyer.
CON-Ductum, i, chose louée, affermée.
CON-Ductor, is, Entrepreneur ; 2°. qui prend à gages.
DE-Duco, -ere, tirer en haut, en bas, mettre dehors, emmener ; 2°. conduire, accompagner, escorter; 3°. mener, voiturer, transporter ; 4°. obliger, engager.
DE-Ductor, is, guide, conducteur.
DE-Ductio, onis, conduite ; 2°. charroi, voiture ; 3°. diminution.
DI-Duco, -ere, conduire çà & là ; 2°. séparer, partager ; 3°. ouvrir, élargir.
DI-Ductio, onis, séparation, division.
E-Duco, -ere, tirer, mettre dehors ; 2°. conduire ; 3°. nourrir, élever, entretenir ; 4°. élever, pousser en haut.
E-Duco, -are, nourrir, élever ; 2°. former, instruire.
E-Ducatio, onis, nourriture, pâture ; 2°. éducation, instruction.
E-Ducator, is, Nourrissier, qui élève, qui instruit, Gouverneur.
E-Ducatrix, cis, Nourrice, Gouvernante.
INTER-Ductus, tûs, marque pour distinguer les chapitres.
INTRO-Duco, -ere, introduire, amener.

INTRO-Ductio, onis, l'action de faire entrer dedans.
OB-Duco, -ere, mener au-devant ; 2°. tourner contre ; 3°. opposer, mettre en tête ; 4°. couvrir, tourner au-devant.
OB-Ducto, -are, mener souvent.
OB-Ductio, onis, l'action de voiler, de couvrir.
OB-Ductor, is, celui qui mène, qui couvre.
PRÆ-Duco, -ere, conduire.
PRÆTER-Duco, -ere, conduire, faire passer devant.
PRO-Duco, -ere, conduire, accompagner ; 2°. prolonger, étendre ; 3°. retenir, arrêter ; 4°. retarder; 5°. produire, engendrer ; 6°. faire paroître, exposer en vente ; 7°. faire long séjour.
PRO-Dux, cis, Conducteur.
PRO-Ductio, onis, prolongation ; 2°. allongement.
PRO-Ductilis, e, qu'on peut allonger.
PRO-Ducté, d'une manière longue.
RE-Dux, cis, qui est de retour, qui est ramené ; 2°. qui ramene.
RE-Duco, -ere, ramener, reconduire ; 2°. remettre, rétablir ; 3°. réduire.
RE-Ductor, is, qui ramène, qui reconduit.
RE-Ductio, onis, l'action de ramener.
RE-Ductivus, a, um, qui sert à réduire un mixte : en terme de Chymie.
IRRE-Dux, cis, d'où l'on ne sauroit se retirer.
SEMI-RE-Ductus, a, um, réduit à moitié.
RETRO-Duco, -ere, faire reculer, tirer en arrière.
RE-CON-Duco, -ere, reprendre à loyer.
SE-Duco, -ere, tirer à part, prendre en

particulier ; 2°. diviser, séparer ; 3°. tromper, séduire.

Se-Ductio, onis, l'action de tirer à part ; 2°. séduction.

Se-Ductus, ûs, retraite.

Se-Ductor, is, trompeur, qui fait fourvoyer.

Se-Duculum, i, fouet pour frapper les esclaves.

Sub-Duco, -ere, 1°. ôter, retirer, enlever de dessous ; 2°. déduire, soustraire ; 3°. compter, calculer ; 4°. prendre sous main ; 5°. séduire, tromper ; 6°. exposer.

Sub-Ductio, onis, l'action de tirer en haut ; 2°. compte, calcul.

Sub-Ductarius, a, um, qui sert à enlever.

Sub-Intro-Ductus, a, um, introduit par surprise, sous le manteau.

Subter-Duco, -ere, échapper, retirer.

Super-In-Duco, -ere, mettre par-dessus.

Super-In-Ductio, onis, l'action de mettre au-dessus de ce qu'on a effacé.

Trans-Duco, -ere, } transporter ;
Tra-Duco, -ere, } 2°. traduire ;
3°. déshonorer.

Tra-Dux, cis, long sarment, branche d'arbre liée à une autre.

Tra-Ductor, is, qui fait passer.

Tra-Ductio, onis, l'action de faire passer, transportation ; 2°. traduction ; 3°. diffamation, deshonneur.

XIII. DI, DE, Lancer, Jetter.

DISCus.

Discus, i, Palet, disque qu'on lance, qu'on jette en avant ; en Grec Diskos.

Il paroît venir du Grec Diko, lancer, jetter.

Et tenir au Lat. Barb. Decius, dé à jouer, d'où ce mot lui-même écrit autrefois DECZ : on jette en effet les dez ou decz.

C'est un mot également Oriental : en Hébr. דחה, Daké signifie jetter, renverser, Dic'hi, action de jetter ; 2°. chûte.

Dec, Dac est lui-même formé de De, Da, jetter, qui répété, a fait le Celte De-Dwyd, tomber, 2°. échoir, & l'Arabe DuD, sort, ce qui échoit, chance, jeu, Bas-Br. Da, hazard, sort.

Discus, i, palet ; 2. plat, assiette.

Disco-Bolus, i, qui joue au palet.

Disco-Phorus, i ; Disco-Phorum, i, buffet ; 2°. table à manger.

Disco-Phorus, a, um, qui sert sur table.

Disci-Fer, a, um, qui porte des palets.

DICTaMNum, i.

Dictamnum, i, Dictamne. Le Dictamne est une plante de l'Isle de Crête & des pays chauds, célèbre par ses vertus pour la guérison des plaies. On a prétendu qu'elle tiroit son nom du Mont Dictéa, en Crête ; ou de Dictamne, ancienne Ville du même pays ; selon d'autres, de Deikó, montrer, parce que des chévres avoient fait découvrir sa vertu : ce n'est rien de tout cela. Ce nom ne pouvoit être mieux choisi : composé des mots Grecs DIKé, plaie, & TAMò, consolider, fermer, il signifie, *plante qui consolide les plaies.*

Pseudo-Dictamnum, *i*, dictamne bâtard; du Grec *Pseudos*, faux.

XIV.
DO, Donner.

D, désignant les doigts, la main, signifia naturellement l'action de donner : de-là une famille très-étendue en Do, Da, chez les Latins & chez les Grecs.

I.

Dos, *is*, dot, ce qu'on donne à une fille en mariage; 2°. avantage, talent, ce dont on est doué.

Dotalis, *e*, de dot, qui concerne la dot.
Doto, -*are*, doter, douer, fonder, renter.
Dotatus, *a*, *um*, doué, avantagé.
In-Dotatus, *a*, *um*, qui n'a point de dot; 2°. qui est sans ornement.

Familles Grecques.

An-Ec-Dotus, *a*, *um*, qui n'est point divulgué.
Anti-Dotus, *i*; Anti-Dotum, *i*, préservatif, contre-poison.

Apo-Dosis, *is*, figure de Rhétorique qui oppose les derniers membres d'une période aux premiers.

Verbe.

Do, *dedi*, *datum*, *are*, donner, accorder.
Datus, *ûs*; Datum, *i*, chose donnée, don.
Datio, *onis*, l'action de donner.
Dator, *is*, donneur, libéral.

Dato, -*are*, donner de main à main, s'entredonner.
Dativus, *a*, *um*, qui sert à donner.
Datatim, en se donnant mutuellement.
Datarius, *a*, *um*, propre à donner.

Composés en Are.

Ad-Do, -*are*, donner.
Circum-Do, -*are*, entourer, enclorre, enfermer.
Circum-Datio, *onis*, l'action de porter un habit.
Inter-Datus, *a*, *um*, distribué.
Intro-Do, -*dare*, s'insinuer, se jetter dedans.
Super-Do, -*are*, donner par-dessus.
Satis-Do, -*are*, donner caution.
Satis-Datum, *i*, garantie.
Satis-Dato, en donnant caution.
Satis-Datio, *onis*, présentation de caution.
Satis-Dator, *is*, qui donne caution.

II.
Composés en Ere.

Ab-Do, *didi*, *ditum*, *ere*, 1°. cacher, mettre à couvert; 2°. enfoncer, retirer.
Ab-Ditum, *i*, lieu caché, endroit solitaire, reculé, recoin; 2°. désert.
Ab-Ditus, *a*, *um*; Ab-Ditivus, *a*, *um*, couvert, secret, inconnu.
Ab-Dité, secrettement, furtivement.
Ab-Ditamentum, *i*, diminution, retranchement.
Ab-d-Omen, *inis*; ce nom est composé de *Abdo*, cacher, & de *Omen*, péritoine, panse, il signifie le ventre, la graisse ou coëffe du ventre.

Ad-Do, -*ere*, ajouter, joindre, augmenter, donner par-dessus ; 2°. additionner.

AD-DITIO, onis, l'action d'ajouter ; 2°. addition.

AD-DITamentum, i, addition, augmentation, accroissement ; 2°. circonstance.

AD-IN-DO, is, didi, ditum, dere, mettre dedans, introduire, fourrer.

CO-AD-DO, -dere, ajouter avec.

SUPER-AD-DO, ere, ajouter par-dessus.

SUPER-AD-DITum, i, le par-dessus.

DE-DO, is, didi, ditum, ere, donner, livrer, rendre.

DE-DITIO, onis, l'action de donner, reddition.

DE-DITitius, a, um, qui s'est mis au pouvoir ; 2°. transfuge, traitre, qui remet, qui livre.

DI-DO, is, dididi, diditum, ere, partager, diviser.

DI-DITus, a, um, divulgué, publié ; 2°. partagé.

OB-DO, -ere, fermer, mettre devant.

PRO-DO, -ere, 1°. faire paroître ; 2°. divulguer, publier ; 3°. déclarer ; 4°. trahir, livrer ; 5°. prolonger.

PRO-DITur, on rapporte, on dit.

PRO-DITIO, onis, trahison, l'action de divulguer.

PRO-DITor, is ; PRO-DITrix, is, traître, perfide, délateur.

RED-DO, -ere, rendre, restituer ; 2°. représenter, rapporter ; 3°. aller à la selle.

RED-DITIO, onis, restitution, action de rendre.

RED-DITus, ûs, revenus, rentes.

RED-DITor, is, qui punit les crimes, qui rend à chacun ce qui lui est dû.

SUB-DO, -ere, } mettre dessous, sup-
SUB-DITO, -are, } poser, substituer, subroger.

SUB-DITivus, a, um ; SUB-DITitius, a, um, supposé, substitué.

TRANS-DO, -are ; TRA-DO, -ere, livrer, mettre entre les mains ; 2°. trahir ; 3°. enseigner.

TRA-DITIO, onis, remise entre les mains ; 2°. tradition ; 3°. trahison.

TRA-DITor, is, qui remet entre les mains ; 2°. traître, qui trahit.

III.

CONDO, is, didi, ditum, ere, cacher, couvrir, voiler ; 2°. serrer, réserver, garder ; 3°. enfermer, renfermer ; 4°. fonder, bâtir, construire ; 5°. faire, inventer, établir.

CON-DITus, a, um, serré, réservé ; 2°. bâti, fondé.

CON-DITIO, onis, création ; 2°. condition, état, nature, température ; 3°. parti, offre, article.

CON-DITrix, cis, celle qui fonde, qui bâtit.

CON-DITor, is, créateur ; 2°. fondateur, auteur, inventeur.

CON-DITIOnalis, e, conditionnel.

CON-DITIOnaliter, sous condition.

CON-DITivus, a, um, qu'on peut conserver sans se gâter.

CON-DITitius, a, um, mis à part, conservé.

CON-DITivum, i ; CON-DITorium, ii, tombeau, cercueil ; 2°. archives, arsenal, magasin.

CON-DITum, i, lieu où l'on garde le bled.

CON-Dus, i, économe, dépensier ; 2°. espèce de tasse.

COMPOSÉS.

Composés.

Abs-Condo, -ere, cacher, voiler, obscurcir.

Abs-Con-Ditè, en secret, obscurément.

Abs-Con-Ditus, a, um; Abs-Consus, a, um, caché, secret.

Abs-Consor, is, receleur.

Abs-Consio, onis, cachette, lieu secret; 2°. action de cacher.

In-Con-Ditus, a, um, 1°. qui n'est point enterré; 2°. mal poli, grossier, confus; 3°. sans ordre, sans justesse.

In-Con-Ditè, d'une manière confuse, sans mesure.

Per-Con-Ditus, a, um, fort caché.

Re-Con-Do, -ere, cacher; 2°. serrer; 3°. tenir dans l'obscurité.

Re Con-Ditus, a, um, reculé, retiré.

IV.

E-Do, didi, ditum, ere; 1°. produire, porter, engendrer, mettre au jour; 2°. publier, divulguer; 3°. déclarer, dénoncer.

E-Ditus, a, um, mis au jour; 2°. né, issu; 3°. élevé, grand.

E-Ditio, onis, publication, production; 2°. choix, élection; 3°. naissance.

E-Dititius, a, um, choisi, nommé.

E-Ditor, is, qui produit, qui fait naître, qui fait imprimer, qui cause.

In-E-Ditus, a, um, qui n'a point paru; 2°. qui n'a pas été publié.

2. In-Do, -ere, mettre dedans, parmi.

In-Ditus, a, um, mis dedans.

Super-E-Ditus, a, um, élevé par-dessus.

Præ-Ditus, a, um, qui possède, doué, orné.

Orig. Lat.

V.

DON, donner.

Dono, -are, donner, faire présent.

Donum, i, présent, don, offrande.

Donosus, a, um, donneur, libéral.

Donatio, onis, don, présent.

Donativum, i, largesse faite aux Soldats.

Donativus, a, um, qui fait une donation.

Donabilis, e, qu'on peut donner; 2°. qui mérite qu'on lui donne.

Donandus, a, um, à qui on doit donner, qu'on doit donner.

Donarium, ii, offrande, présent; 2°. trésor, lieu où l'on gardoit les offrandes sacrées.

Donatarius, ii, à qui l'on fait un don.

Donaticus, a, um, dont on fait présent.

Donax, cis, denier qu'on donnoit à Caron pour passer le Styx; 2°. roseau pour faire des flèches; 3°. sorte de poisson.

Composés.

Con-Dono, -are, accorder, donner; 2°. pardonner, quitter.

Con-Donatio, onis, libéralité, donation; 2°. pardon.

In-Donatus, a, um, à qui l'on n'a rien donné.

Re-Dono, -are, rendre.

Famille Grecque.

Danista, æ, } usurier: *mot-à-mot*, qui
Danistes, æ, } prête à intérêt; mais l'intérêt étoit si gros, que tout créancier étoit usurier.

D U.

L'opposé de la lumière, c'est l'obscurité: aussi Du signifie obscurité, nuit; 2°. noir, ténébreux, par opposition à Di, De, lumière.

M m

Ce mot se joignant à WI, eau, liquide, forma le mot Latin BI-TUMEN, bitume : *mot-à-mot*, liquide noir, tel que la poix. De-là ces mots :

1. BI-TUMen, *inis*, bitume.
BITUMineus, *a*, *um*; -nosus, *a*, *um*, bitumineux, qui contient du bitume.
BITUMino, -are, enduire de bitume.

2. BAvius, *a*, *um*, couleur de châtaigne, ou de marron; châtain, qui tire sur le noir; bai, couleur puce.
Celte, BA-DU, tirer sur le noir; en Gall. *Bad-duz*, obscurité, brouillard.

On a dit aussi BAGius, BAGus, en Latin-Barbare, noir, obscur.

De-là, le François BAI, *Cheval bai*, ou châtain.

DAL,
Elevé.

Du Celte DAL, élevé, vinrent :

1°.

Le Grec KONDYLOS, articulation des doigts, poing : de DAL, élevé, & CAN, Con, rond, arrondi. De-là :

1. CON-DALium, *ii*, 1°. bague, anneau; 2°. manique de Cordonnier; 3°. Dés à coudre.

2. CON-Dylus, *i*, Gr. Κονδυλις, nœud, tubérosité des os.
CON-DYLoma, *tis*, excroissance qui vient au fondement.

3. PARA-Delus, *i*, qui se distingue au-dessus des autres.

2.

DÆ-DALus, Dedale, nom d'un homme célebre par son génie dans les Arts; 2°. labyrinthe qu'il construisit. Ce nom fut représentatif : il est formé de DAI, habileté, savoir, & de DAL, élevé, grand : *mot-à-mot*, qui sçait faire des ouvrages étonnans, merveilleux.

DÆDaleus, *a*, *um*, de Dédale.
DÆDalus, *a*, *um*, industrieux, habile; 2°. artistement fait, bien exécuté.

3.

1. DOLium, *ii*, tonneau, muid; barique.
DOLearium, *ii*; DOLiarium, *ii*, cellier à contenir des tonneaux.
DOLiolum, *i*, baril, petit tonneau.
DOLiarius, *ii*, Tonnelier.
DOLiaris, *e*, de tonneau.

2. DOLon, *is*, 1°. bâton armé de fer par le bout; 2°. voile de navire.

3. DOLichus, *i*, course de 12 ou 24 stades; 2°. légume.

II.

DOL, supporter, souffrir.

DOLeo-ere, supporter, souffrir, sentir de la douleur; 2°. avoir du déplaisir, se plaindre.

En Allem. DULDen, souffrir.

DOLenter, tristement, d'une manière douloureuse.

DOLor, *is*, mal, douleur : ce qu'on supporte, qu'on souffre; 2°. affliction, déplaisir.

COMPOSÉS.

COR-DOLium, *ii*, mal de cœur.

De-Doleo,-ere, ne reffentir plus la douleur, se défâcher.

In-Doleo,-ere, avoir du regret, s'affliger.

In-Dolesco,-ere, être douloureux ; 2°. être fâché.

In-Dolescendus, a, um, qu'il faut plaindre.

In-Dolentia, æ, infenfibilité, nul reffentiment de douleur ; 2°. indolence, état d'une personne qui ne fe met en peine de rien.

Per-Doleo,-ere, être fort fâché.

2.

In Doles, is, naturel, caractère : maniere dont on s'éleve, dont on fe comporte ; 2°. pente naturelle, nature.

III.

DOL, TOL, DUL,
raboter, polir.

Tol est un mot Celtique qui signifie enlever, rogner, raboter, polir, applanir.

Dol, une plaine, un lieu plein & uni.

Les Latins en tirerent une multitude de familles au physique & au figuré ou au moral.

1. Dolo, raboter.

Dolabra, hache à raboter, rabot, doloire.

2. Deleo, effacer, emporter entiérement.

3. Dulcis, ce qui a été raboté, adouci, ce qui est doux ; & fes composés Adulo, Induligeo, &c.

I.

DOL, enlever les afpérités.

Dolo-are, applanir, polir avec la doloire ; 2°. limer, perfectionner.

Dolatim, en dolant.

Dolivium, ii ; Dolabra, æ ; 1°. doloire ; 2°. décintroir ; couteau à égorger les victimes.

Dolabella, æ, petite doloire ; 2°. houe.

Dolabratus, a, um, poli avec la doloire.

COMPOSÉS.

Circum-Dolo, -are, polir tout autour avec la doloire.

De-Dolo,-are, tailler, polir avec une doloire.

E-Dolo,-are, applanir, unir, raboter ; 2°. perfectionner, polir.

E-Dolator, is, planeur, qui polit.

Per-Dolo,-are, polir parfaitement.

2.

Dolus, i, fourberie, rufe, finesse, feinte.

Dolosus, a, um, trompeur, fourbe, artificieux ; 2°. adroit.

Dolosè, avec rufe, artificieufement, par tromperie ; 2°. adroitement, finement.

Dolofitas, is, malice cachée.

Sub-Dolus, a, um, fourbe, trompeur.

Sub-Dolè, finement.

II.

DEL, effacer, enlever entiérement.

Deleo,-ere, effacer, rayer ; 2°. rafer, renverfer, détruire.

Deletio, onis, défaite, deftruction, ravage.

Deletor, is ; Deletrix, is, deftructeur, deftructrice.

DEletilis, e, qui sert à effacer.
PER-DELEO, -ere, effacer entierement.

III.
DUL, qui a été adouci.

DULCIS, e, doux, agréable; 2°. cher, aimable.

DULCÉ, ius, issimé; DULCITER, doucement, agréablement.

DULCEDO, inis,
DULCITAS, is,
DULCITUDO, inis, } douceur.
DULCOR, is,

DULCESCO, -ere, s'adoucir.
DULCORO, -are, adoucir, rendre doux.
DULCICULUS, a, um, doucereux, douceâtre.
DULCIOLUM, i, friandises, bonbons, sucreries.
DULCIARIUS, ii, pâtissier.
DULCIARIUS, a, um, de pâtisserie.

BINOMES.

DULC-ACIDUS, a, um, aigredoux.
DULCI-FERUS, a, um, qui porte, qui produit des choses douces.
DULCI-FLUUS, a, um, qui coule avec douceur.
DULCI-LOQUUS, a, um, qui parle agréablement.
DULCIORI-LOQUUS, i, beau parleur.
DULCI-SONUS, a, um, qui a un son agréable.

COMPOSÉS.

E-DULCO, -are; E-DULCORO, -are, adoucir, dulcifier.
IN-DULCITAS, is, amertume, défaut de douceur.
IN-DULCO, -are,
IN-DULCITO, -are, } rendre doux, adoucir.
IN-DULCORO, -are,
OB-DULCO, -are, adoucir, rendre doux.
OB-DULCEO, -ere; OB-DULCESCO, -ere, s'adoucir.

PRÆ-DULCIS, e, fort doux.
SUB-DULCIS, e, douceâtre, doucereux.
SUB-DULCESCO, -ere, s'adoucir un peu.

IV.
ADUL.

A-DULO, -are; A-DULOR, -ari; 1°. flatter, avoir une lâche complaisance; 2°. être flatté, caressé, amadoué.

A-DULATIO, onis, adulation, flatteries.
A-DULATOR, oris, flatteur, complaisant.
A-DULATRIX, cis, flatteuse.
A-DULATORIUS, a, um, qui sent la flatterie.

Les Grecs ont la même famille; ils disent: A-DULEO, -LIZÔ; E-DULIZÔ, je flatte, je dis des choses douces & flatteuses.

V.
INDUL.

IN-DULGEO, -ere; 1°. être indulgent; 2°. choyer, épargner; 3°. se laisser aller; 4°. accorder, permettre, octroyer, 5°. pardonner, excuser.

IN-DULGENS, tis, facile, complaisant; 2°. pour qui l'on a de la complaisance.
IN-DULGENTER, avec complaisance, avec douceur.
IN-DULGENTIA, æ, douceur, condescendance.
PER-IN-DULGENS, entis, qui a la plus grande condescendance.

D'AM.

DAM est un mot primitif qui, formé sur D, élevé, désigna lui-même l'élévation en puissance, en domination, & est devenu la source de plusieurs familles.

I.
DAM, DOM,
Maître.

1. A-DAM, æ, } le premier homme ;
A-DAMus, i, } 2°. Seigneur.

2. A-DAMas, antis, diamant : ce mot est pur Grec, & signifie l'indomptable ; il est formé de l'A privatif, & de DAMAO, dompter, se rendre maître.

A-DAMantinus ; A-DAMantæus, de diamant, dur comme le diamant ; 2°. invincible.

A-DAMantis, idis, herbe qu'on ne peut piler.

ANDRO-DAMas, antis, pierre précieuse qui appaise, dit-on, la colere ; mot-à-mot, qui dompte l'homme.

3. DOMO-are, } maîtriser, soumettre ;
DOMITO-are, } 2°. dompter, dresser.

DOMitus, ûs, } l'action de se rendre
DOMitura, æ, } maître, de dompter.
DOMatio, is, }
DOMabilis, e, qu'on peut maîtriser, réduire.
DOMator, oris, qui soumet, vainqueur.
DOMefactus ; DOMitus, a, um, dompté.
DOMitrix, cis ; DOMitor, is, qui dompte, qui subjugue.
E-DOMO,-are, dompter, surmonter, vaincre, soumettre.

COMPOSÉS.

E-DOMatio, onis, l'action de dompter.
PER-DOMO, is, ui, itum, subjuguer entierement.
PER-DOMitor, is, qui dompte tout-à-fait.
IN-DOMitus, a, um, qui n'a point été vaincu, indompté.
IN-DOMabilis, e, invincible, qu'on ne sauroit dompter.
PRÆ-DOMO,-are, dompter auparavant.
SUB-DOMO,-are, soumettre en quelque sorte.

4. DOMinus, i, Maître, Seigneur. En Espagnol & chez plusieurs Religieux, DOM exprime la Noblesse ou la distinction.

DOMina, æ, Maitresse, DAME ; en Espagnol, DONNA.

DOMinor,-ari, maitriser, être maître absolu, régner ; 2°. être fort en vogue.
DOMinatio, is, } empire, souveraine-
DOMinium, ii, } té, seigneurie ; 2°.
DOMinatus, us, } propriété, domaine.
DOMinicus, a, um ; DOMinicalis, e, du Maître, au Seigneur.
DOMinator, is ; DOMinatrix, is, maître absolu, souverain.

5. TAM, tant, autant, si fort, tellement : Adverbe consacré à marquer la Souveraineté, l'excès, la quantité, ce qui surpasse.

II.
DOM, Maison.

DOMa, tis, toit, maison.

DOMus, ûs, 1°. maison, logis ; 2° famille ; 3°. pays ; 4°. temple ; 5°. prison.
DOMuncula, æ, maisonnette, échope.
DOMuitio, onis, retour chez soi, à la maison.

COMPOSÉS.

1. DOMi-CILium, ii, demeure, séjour, habitation.
2. DOME-STicus, a, um ; 1°. qui se tient à la maison, domestique ; 2°. qui concerne la famille, la maison.
DOME-STicatim, de maison en maison.
3. DOMi-NOBilis, e, de maison noble.
4. DOMi-PORta, æ, mot-à-mot, qui porte sa maison ; tortue, limaçon.
5. Iso-DOMum, i, maçonnerie égale.
PSEUD-ISO-DOMus, a, um, maçonnerie dont les assises sont inégales.

III.
DOM, Adverbes de quantité.

De DOM, DUN, DEM, qui désigne l'étendue, la quantité, vinrent un grand nombre d'Adverbes, en appliquant ce mot à la quantité de tems.

1.

DEMum, enfin, sur tout; comme si on disoit *Tempus demum*, le temps le plus étendu.

Post-DEMum, enfin, *mot-à-mot*, après le tems le plus étendu, en sous-entendant *tempus*.

2.

DUN-TAXat, seulement; phrase elliptique formée du Verbe *Taxare*, taxer, estimer, & de DUN, élévation : *mot-à-mot*, aussi haut qu'on peut estimer, évaluer.

Bonus, *sed* DUNTAXAT *bonus*, il est bon; mais c'est tout ce qu'on peut l'évaluer; mais là s'arrêtent les qualités.

DENique, enfin, en un mot, *mot-à-mot*, & à ce point.

DoN-Ec, mot composé de DoN, élévation, point; & EC, ce : *mot-à-mot*, à ce point; 1°. jusqu'à ce que ; 2°. tandis que.

DoN-Icum, même que DONEC, en vieux Latin.

3.

DUM; 1°. tandis que, en attendant, pendant; 2°. lorsque, quand ; 3°. pourvu que ; 4°. jusqu'à ce que ; 5°. après que.

Du-Dum, autrefois, longtems, il y a longtems.
DUMmodo, pourvu que.
JAM-DU-DUM, depuis longtems.
INTER-DUM ; INTER-DUctim, quelquefois.
INTER-a-DUM, en attendant que.
Ne-Dum, bien loin.
PER DU-DUM, depuis très-longtems.

IV.
DUM, Buisson.

DoM, signifiant grand, gros, a formé le Latin DUMus, buisson, halier, *mot à mot*, amas d'arbrisseaux touffus & entrelacés ensorte qu'on ne peut passer à travers. De là cette famille :

DUMus, i, buisson, halier.
DUMosus, a . um, plein de buissons.
DUMetum, i, broussailles, bruyeres; &c. lieu couvert de broussailles.

V.
DAMa, Daim.

DAMa, æ, daim.
DAMula, æ, petit daim.
En Ecossois, DAV, cerf.
En Allem. DAM-*Hirsch*, } chamois.
En Sued. DAM-*Hiort*,   }

Les cornes du daim sont en forme d'arc, & dans le Nord *Thamb* signifie arc.

Ce nom pourroit donc en venir. Telle est l'idée de WACHTER. Je préfere cependant de le rapporter à *Dam*, haut, élevé, à cause de la grandeur de cet animal qui s'élance d'ailleurs sur les lieux élevés. En Irl. DAMH signifie bœuf.

VI.
BINOME GREC.

Don s'écrit en Grec Dun & Dyn : de-là,

Dyn-Asta, æ ; Dyn-Astes, æ, Grand Seigneur, Prince, Roi, puissant.

VII.
DIGN, digne.

De Dun, prononcé Dyn, Din, Dign, se forma la famille suivante.

Dignus, a, um, digne, capable ; *mot-à-mot*, qui domine sur les autres par ses qualités.

Dignitosus, a, um, très-digne.

Digno, -are ; Dignor, -ari ; 1°. croire, estimer, juger digne ; 2°. daigner ; 3°. être cru digne.

Dignitas, is, charge, magistrature, autorité ; 2°. élévation, mérite, qualité.

Dignatio, onis, rang, mérite, crédit, réputation ; 2°. respect, déférence.

Dignanter, favorablement.

COMPOSÉS.

Con-Dignus, a, um, qui mérite.
Con-Digné, dignement, comme il faut.
Per-Dignus, a, um, très-digne.

COMPOSÉS PRIVATIFS.

De-Dignor, -ari, dédaigner, mépriser, rejetter.

De-Dignatio, onis, mépris, dédain.

NÉGATIFS.

In-Dignus, a, um, qui ne mérite pas ; 2°. honteux, infâme.

In-Dignum, i, chose indigne.
In-Digné, misérablement.

In-Dignitas, is, malhonnêteté, bassesse ; 2°. cruauté, méchanceté.

In-Dignor, -ari, s'indigner, être fort fâché ; 2°. rejetter, dédaigner.

In-Dignatus, a, um ; In-Dignabundus, a, um, indigné, aigri, irité.

In-Dignans, tis, qui supporte avec peine.
In-Dignanter, avec indignation.
In-Dignatio, onis, dépit, colere, indignation.
In-Dignatiuncula, æ, petite indignation.

DO-DONe.

Dodona, a, Déesse du Gland ; 2°. forêt de Chênes consacrée à Jupiter dans l'Epire.

Dodonæus, a, um ; -Nius, a, um, de Dodone.

Dodonides, um, Prêtresses de Dodone ; 2°. Nymphes des Chênes.

Dodone étoit une Ville d'Epire, célebre, dès les tems les plus reculés, par la forêt de Chênes, par la Fontaine qu'on y voyoit & par l'Oracle ou le temple de Jupiter, bâti autour de cette fontaine.

Cette fontaine, déja honorée avant qu'on la renfermât dans un temple, & cette forêt de Chênes, sacrée dans tous les tems, nous ramenent aux tems primitifs des Celtes, où ils adoroient la Divinité au bord des fontaines & dans les forêts de Chênes.

Il paroit par le rapport des Anciens que cette Fontaine avoit outre cela des qualités minérales, sulphureuses, puisqu'un flambeau nouvellement éteint se rallumoit en l'approchant de ses eaux.

On a débité beaucoup de fables sur cet Oracle & sur l'étymologie du nom de cette forêt. Les Grecs le dérivoient, à leur ordinaire, de Dodon, fils de Jupiter & d'Europe, ou de Dodonée, Nymphe de l'Océan. ETIENNE, de Dodon, nom de la riviere formée par la fontaine dont nous venons de parler. PAULMIER se moque de ces opinions, & dérive le nom de Dodone, du son de quelques chauderons pendus aux Chênes & sur lesquels on frappoit, comme on diroit, *don-don*, *din-don*.

Tous manquoient le vrai. Ce nom qui fut celui de la Déesse du Gland & d'une forêt de Chênes, est le nom même primitif des chênes, ou des grands arbres appellés en Celte DEN, DUN, DON, *mot-à-mot*, haut, élevé : de la même famille que DUN.

C'est cette racine qui, jointe à DRU, autre nom des arbres, fit le Grec DENDRON, nom des arbres en général.

Quant à la répétition de Do, dans Do-DONE, elle est fort ordinaire dans toutes les langues; c'est la même que dans Du-DUM que nous venons de voir. On en retrouve de semblables, dans PO-PULUS, CU-CUMIS, &c.

D E n S,
Epais.

Du primitif D, élevé, se forma le Celte DAS, monceau, épaisseur, tas; d'où le Grec DASUS, *eia*, *u*, épais, & le Latin nasalé,

DENSUS, *a*, *um*, 1°. serré, pressé; touffu; 2°. épais, condensé; 3°. fréquent, redoublé.

DENSITAS, *atis*, épaisseur, densité.

DENSO, *-are*; DENSEO, *ere*, épaissir, condenser, serrer, presser, fouler.

DENSATIO, *onis*, épaississement, condensation.

DENSÉ, d'une maniere touffue, épaisse, serrée, pressée; 2°. souvent, fréquemment.

BINOMES.

DASY-PUS, *odis*, lièvre, lapin; de *Pous*, pied, & *Dasus*, épais, touffu, bien garni de poil.

COMPOSÉS.

AD-DENSO, *-are*, serrer, presser.

AD-DENSEO, *-ere*, se serrer.

CON-DENSUS, *a*, *um*, dense, épais, 2°. serré, pressé.

CON-DENSO, *-are*, épaissir, serrer, faire cailler.

CON-DENSUM, *i*, lieu épais.

CON-DENSEO, *-ere*, être épais.

CON-DENSITAS, *is*, épaisseur, consistance.

PER-DENSUS, *a*, *um*, fort épais, le plus épais possible.

PRÆ-DENSUS, *a*, *um*, fort épais.

PRÆ-DENSOR, *-ari*, être fort épaissi.

D O R M.

L'étymologie de DORMIO, je dors, est

est des plus difficiles à trouver, parce qu'on manque d'une des deux bases nécessaires pour découvrir l'origine d'un mot quelconque : on sçait que ces bases sont le physique & la valeur du mot : ici nous n'avons que le physique, & nous en ignorons la valeur ; car nous ne voyons pas de quelle idée on est parti pour former le mot *dormire*, dormir. Est-ce de l'idée de repos, ou des yeux fermés, ou de l'action de s'étendre ? Ceux qui voyent tout dans l'Hébreu, ont cru qu'il venoit de רדם, RaDaM, prononcé DaRM, & qui signifie dormir ; mais c'est une étymologie tout au plus probable. J'avois d'abord cru qu'il venoit de DoR, porte, & de MY, *fermer*, parce qu'en dormant les portes des yeux sont fermées. Cette étymologie est peut-être trop subtile.

En voici une autre. On sçait que de deux consonnes semblables, la premiere se change quelquefois en R : c'est ainsi qu'on s'accorde à dériver le mot *Mort*, de l'Oriental מות, *Moth*, écrit *Mott*.

Il en aura été de même ici.

DoM, DuM, דום, est un mot Oriental qui signifie le repos, le silence, le silence du tombeau, du sommeil. On en a fait l'Anglois DUMB, muet, &c.

Ecrit DUMM, on changea en R la premiere de ces lettres : de-là DoRMir, qui présente exactement toutes ces significations : ensorte que ce verbe qui paroît absolument propre aux Latins, tient à toutes les autres langues.

Quant à RaDaM, dormir, des Hébreux, c'est un Composé du même mot DUM, silence, sommeil, & du verbe Hébreu רד, RaD, étendre, être étendu ; c'est *mot à mot*, » être étendu, plongé » dans le sein du silence, du som- » meil. «

On pourroit citer une foule de mots dans lesquels la premiere syllabe s'est chargée ainsi d'un R qui n'existe pas dans son primitif : aucune langue qui n'en contienne un grand nombre.

Il existe une Epigramme de VOITURE au sujet de plusieurs mots François où l'on inséroit ainsi un R dans l'idée de donner plus de grace à leur prononciation.

DoRMio, - ire, dormir, être endormi.

DoRMitio, onis, envie de dormir, sommeil.

DoRMitor, is, dormeur.

DoRMitorius, a, um, où l'on dort.

DoRMitorium, ii, dortoir, chambre à lit ; 1°. cimetiére.

DoRMisco, -ere, s'endormir, sommeiller.

DoRMito, -are, être abattu de sommeil, avoir une grande envie de dormir ; 2°. être négligent, nonchalant.

DoRMitator, is, qui sommeille.

DoRMitatio, onis, l'action de sommeiller.

COMPOSÉS.

CON-DORMio, -ire, } s'endormir
CON-DORMisco, -ere, } ensemble.

E-DORMio, -ire; E-DORMisco, -ere, dormir; 2°. achever de dormir.

IN-DORMio, -ire, dormir dans : 2°. négliger.

OB-DORMio, -ire; OB-DORMisco, -ere, s'endormir sur.

PER-DORMisco, -ere, dormir bien & long-tems.

DAR,
DeR, DuR, &c.

D signifiant fermeté, solidité, & s'unissant à R qui désigne la rudesse, l'aspérité, devint chef d'une famille considérable, qui désigne tout ce qui résiste, qui est ferme, solide, qu'on ne peut faire plier ou fléchir ; soit au sens physique, soit au moral.

I.
DAR, fort.

C'est ainsi que dans toutes les langues DAR, DER, a signifié grand, fort, terrible, redoutable, magnifique, ferme, solide. De-là un grand nombre de familles diverses.

En Hébr. אדר, A-DaR, fort, magnifique ; 2°. grand, généreux ; 3°. glorieux, honorable.

הדר, He-DeR, rendre gloire, honorer.

En Celte, DeR, beaucoup, très, fort.

DoR, TOR, 1°. élévation, élevé ; 2°. contrée, pays, *mot-à-mot*, grande étendue de pays, vaste campagne. De-là.

1.

A-DORea, æ, production de la terre ; 2°. biens, opulence, richesses : elles sont l'effet des productions de la terre.

ADOR, oris, froment pur, production la plus parfaite de la terre ; 2°. fleur de farine.

ADOReus, a, um, de blé, de froment.

2.

De DoR, contrée, les Celtes firent DoR, habiter, & les Orientaux דור, DuR, avec la même signification ; tandis que les peuples du Nord y ajouterent un P ; DORP, THORP, DORF, village, dans toutes ces langues.

3.
DOR, étendu.
Main étendue.

De DoR, grand, étendu, se forma DoR, main étendue, palme. De-là le Grec *Dóron*, palme, main : d'où ces mots Latins-Grecs.

DI-DORus, a, um, qui a deux palmes de long.

PENTA-DORus, a, um, qui a cinq palmes de long.

PENTA-DORum, i, brique de cinq palmes. Et ces mots Celtes ;

Corn. } DoRn, main ; 2°. anse, poignée :
Irl. }
Bas-Br. } En Armen. TxRn ; en Albanois DoRa.

Bas-Br. DoRna, frapper, battre, souffletter, &c.

4.
DOR, le dos.

Dorsus, i, ⎱ 1°. le dos; 2°. môle
Dorsum, i, ⎰ d'un port; 3°. cap;
4°. banc de sable, écueil; 5°. croupe.

Dorsuosus, a, um, qui a un gros dos.
Dorsualis, e, de dos.
Dorsualia, ium; 1°. dossiers; 2°. selles; 3°. housses d'animaux.
Dorsuarius, a, um; Dossuarius, a, um, qu'on porte sur le dos.
Ex-Dorsuo, -are ;-So, -are, écorcher le dos.

II.
DUR, dur.

Durus, a, um, 1°. ferme, dur, solide; 2°. rude, âpre; 3°. rigoureux, fâcheux, austere.

Duré; Duriter, durement, rudement, sévèrement; 2°. malhonnêtement.
Duritas, is, dureté, rudesse, rigueur.
Duritia, æ; Durities, ei, dureté, solidité, fermeté.
Durius, a, um, rude, fâcheux.
Duriusculus, a, um, un peu dur, désagréable.
Duro, -are, 1°. endurcir, rendre dur; 2°. souffrir, supporter; 3°. subsister, durer; 4°. persister.
Dureo, -ere; Duresco, -ere, s'endurcir, devenir dur.
Duratio, onis, durée.
Durator, is; Duratrix, cis, qui conserve, qui fait durer.
Duramen, inis; Duramentum, i, endurcissement, affermissement; 2°. le vieux bois, le sep de la vigne.
Dur-Acinus, a, um, dur & ferme, solide, adhérent au pépin, au noyau, en parlant des fruits.
Durabilis, e, durable, de durée.

COMPOSÉS.

Con-Duro, -are, endurcir.
E Duro, -are, endurcir, rendre ferme; 2°. subsister, durer.
E-Durus, a, um, fort dur.
E Duré, durement, rudement.
In-Duro; -are, endurcir, rendre dur.
In-Duresco, -ere, s'endurcir, devenir dur.
Ob-Duro, -are, ⎫
Ob-Dureo, -ere,   ⎬ s'endurcir, devenir dur, insensible.
Ob-Duresco, -ere, ⎭
Per-Duro, -are, durer long-tems, 2°. prendre patience.
Per Duresco, -ere, s'endurcir extrêmement.
Per-Durus, a, um, fort dur.
Præ-Duro, -are, endurcir fort.
Præ-Durus, a, um, fort dur, vigoureux.
Sub-Durus, a, um, un peu dur.
Sub-Duratio, onis, foible endurcissement.
Sub-Durator, is, qui endurcit un peu.

III.
DUR, DOR, arbre, &c.

De DOR, DUR, dur, se forma une famille dont on ne connoissoit point les rapports avec celle-ci, & dont on ne connoissoit pas mieux l'origine, quoiqu'elle soit très-étendue. C'est la famille DOR, DUR, signifiant:

1°. tout arbre en général.

2°. Les chênes, de tous les arbres le plus dur.
3°. Forêt.
4°. Lance ; 5°. flambeau.
6°. Habitant des forêts.
7°. Religieux, Philosophe.

En Celt. DER, en Armén. DAR, en Theut. DER, en Flam. TAERE, dans les Langues Theut. TRE, en Escl. DERW, & DREW, &c. arbre.

En Héb. דרך-ה, T-DeR, arbres résineux ; 2°. torche, flambeau. דור, DuR, bucher.

En Gr. DRUs, arbre en général ; 2°. chêne.

DRUmos, forêt, ; 2°. chenaye.

DRuppa, olive.

DoRu, lance, 2°. vaisseau.

DouRa, bois, *au plur.*

Les Theutons nazalant ce mot, en firent TRAM, 1°. arbre ; 2°. bois ; 3°. forêt ; 4°. poutre.

De-là ces dérivés.

1.

1. DRYades, *um*, Nymphes des forêts, Dryades.

HAMA-DRYades, *um*, Nymphes des arbres, Hamadryades.

2. DRYo-Pteris, *idis*, plante semblable à la fougere qui croit dans la mousse des chênes.

DRYo-PHIæ, *arum*, grenouilles qui semblent tomber avec la pluie.

DRYites, *æ*, pierre précieuse trouvée dans les racines des arbres.

3. MELAN-DRYum, *ii*, cœur du chêne.

MELAN-DRYon, *i*; MELAN-DRYa, *orum*, thon mariné, à cause de sa ressemblance avec la couleur du chêne.

4. DEN-DRitis, *is*, } Agathe ar-
DEN-DR-ACHAtes, *æ*, } borisée ; de DRYS, chêne, arbre, joint à DEN, élevé.

ACRO-DRYa, les fruits qui ont l'écorce dure comme du bois, tels que les noix, noisettes, amandes.

2.

DoRides, *dum*, couteaux de cuisine.

DoRY-PHORus, *a, um*, Hallebardier, Piquier, qui porte une lance.

3.

DRUIDes, *um*; DRUIDæ, *arum*, les Druides, Prêtres & Philosophes Gaulois.

La vraie Etymologie de ce mot est celle qui dérive ce nom de DRU, forêt, chenaye, & de *Udd* ou *Idd*, maître, possesseur.

Ceux auxquels cette étymologie a paru absurde, ont fait inutilement l'impossible pour en trouver une meilleure ; mais ils ne faisoient pas attention qu'ils avoient tort d'en chercher une qui fût plus vraie, plus naturelle, puisque les anciens Sages, tels que les Druides, habitoient dans les forêts & sur-tout sous les chênes, de tous les arbres le plus majestueux. Aussi ABRAHAM, un des plus illustres Sages de l'Orient, habita toujours sous des chênes : & les *Talapoins*, Religieux Siamois, dont l'établissement est venu de l'ancien pays des Mages ne vivent que dans des forêts.

Les Religieux de la Thébaïde suivoient ce même usage en vivant dans les déserts, ainsi que S. Jean-Baptiste. Et si un cochon accompagne S. Antoine c'est pour marquer que, semblable à un Druide, il habitoit sous les chênes, dont le gland salutaire nourrit les Cochons.

DU.

Du Celte DU, TU, TY, TO, couverture, habitation, maison, se forma le Grec ΔΥΩ, ou δυω, couvrir, envelopper, entrer dedans.

EN-DUMA, habillement, &c. & le vieux Latin DUO d'où se formerent les mots suivans.

1.

IN-DUO, -ere, vêtir, prendre sur soi.
IN-DUMENTUM, i, habit, vêtement.
IN-DUTUS, ûs, vêtement, habit.
IN-DUVIÆ, arum, habillement, écorce.
IN-DUSIA, æ; IN-DUSIATA, æ, & IN-DUSIUM, ii, chemise, chemisette, camisole.
IN-DUSIOR, oris; IN-DUSIARIUS, ii, Faiseur, Marchand de camisoles, chemises.
IN-DUSIATUS, a, um, qui porte une chemise.
SUPER-IN-DUO, -ere, vêtir par-dessus.

2.

On peut aussi rapporter à la même origine le mot IN-DUSTRIA, qui signifieroit, *mot-à-mot*, l'habileté, l'adresse à se procurer les commodités de la vie, à se fabriquer des étoffes, des logements, des meubles, &c. qui tient essentiellement au Celte DOI, au Basque DUY, adresse; & qui a formé cette famille Latine.

IN-DU-STRIA, æ, 1°. application, travail, soin; 2°. science, prévoyance: 3°. adresse, habileté.

IN-DU-STRIUS, a, um, laborieux, actif; 2°. prévoyant; 3°. adroit, habile.

IN-DU-STRIé, adroitement, habilement.
IN-DU-STRIOSUS, a, um, soigneux, attaché.

IN-DU-STRIOSÈ, soigneusement, avec application.

I.

FAMILLE Latine-Grecque.

De-là viennent également nos mots Latins-Grecs.

APO-DYTERIUM, ii, lieu dans les bains où l'on se déshabilloit.

A-DUTUM, i, lieu secret dans lequel on ne peut entrer; 2°. Sanctuaire dans lequel entroient les seuls Prêtres, ou le Grand-Prêtre seul.

CATA-DUPA, orum, cataractes du Nil: de DUO, s'enfoncer dans l'eau, se précipiter.

CATA-DUPI, orum, Peuples voisins des cataractes.

D changé en S.

PRIVATIFS.

DUO, se vêtir, se faisant précéder de la préposition Ex pour désigner l'action de se dévêtir, adoucit la lettre D en S : d'où se forma.

EXUO, -ere, déshabiller, dévêtir; 2°. dépouiller; 3°. se délivrer, se débarrasser; 4°. abandonner, quitter.

Exuvium, ii ; Exuviæ, arum, dépouilles, habillemens, vêtemens ; 2°. butin ; 3°. peaux des animaux.

NÉGATIFS.

Duo, revêtir, joint à la négation Ne, forma la famille suivante.

Nu-Dus, a, um, mot-à-mot, non-habillé, non vêtu : nud.

MOTS LATINS VENUS DU GREC.

D

Dar-danius, a, um, de monopoleur ; 2°. fourbe ; 3°. magique.

Dar-Danium, ii, braffelet d'or.

Ana-Dema, tis, ornement facré de la tête des Prêtres ; fanons qui pendent au derriere de la mitre des Prélats.

Dia-Dema, tis, diadême, bandeau Royal.

Dia Dematus, a, um, orné du diadême.

Epi-Dipnides, um, déffert.

Dipsas, dis, ferpent dangereux.

Dipsacus, i ; Dipsacum, i, chardon ; 2°. épine blanche.

Dorx, cis, } daim, chevreuil.
Dorcas, dis, }

Drapeta, æ, efclave fugitif.

Drepanis, idis, hirondelle de mer.

Dulia, æ, culte rendu aux Saints.

Pan-Dura, æ, inftrument de mufique à trois cordes.

Pan-Durifta, æ, qui joue de la pandore.

Pan-Durizo, -are, jouer de la pandore.

MOTS LATINS VENUS DE L'ORIENT.

D

DRACMA, æ, poids particulier; 2°. espece de monnoie, Gr. DRAKHMÉ, Oriental דרכמון, DRACMON. C'est un binome composé du primitif MON, lumiere, guide, & de l'Or. דרך, DRAC, DRAKH, chemin, voyage, habitude, mode, rits, mœurs, commerce, Police.

C'est donc, mot-à-mot, guide, lumiere du commerce.

COMPOSÉS.

DI-DRACHMA, æ; DI-DRACHINUM, i, didragme, piéce de monnoie composée de deux dragmes.

DRACO, nis, gros serpent, dragon, Gr. DRAKÔN.

On a cru que ce mot venoit du Grec DERKÓ, voir, parce que les dragons, dit-on, ont la vue très-perçante; mais ce nom est l'Oriental DRAC, דרך, chemin, vestige; verb., fouler, fouler aux pieds. Cet animal fut très-bien nommé, puisqu'il foule la terre sur laquelle il se traîne en rampant. C'est par la même raison qu'il est appellé herp en Grec, & SERPent en Latin & en François, mot-à-mot, animal qui rampe.

DRACÆNA, æ, femelle du dragon, dragonne; 2°. souche de vigne qui serpente autour d'un arbre; 3°. drapeau où un dragon étoit représenté.

DRACONITIS, idis; DRACONITES, æ; DRACONTIAS, æ, pierre précieuse.

DRACONI-GENA, æ, engendré d'un serpent.

DRACUNCULUS, i; DRACUNTIUM, ii, serpentine; 2°. estragon.

MOTS LATINS-CELTES,
OU DÉRIVÉS DE LA LANGUE CELTIQUE.

E

LA lettre E, cinquième de l'Alphabet primitif & numérique, & dans presque tous les autres, désigna essentiellement & constamment l'existence, l'être, tout ce qui est.

Sa forme fut dans l'origine parfaitement assortie à ces idées, étant la peinture du visage, siége de la respiration, comme nous l'avons développé fort au long dans l'*Origine du Langage & de l'Ecriture*.

C'est à cette valeur primitive de l'E que se rapportent tous les mots qu'elle offre dans la Langue Latine.

Observons seulement que quelquefois sa prononciation s'est altérée en AI, EI, I, SI, &c. ce qui avoit fait perdre de vue plusieurs de ses dérivés.

Il n'est aucune partie du discours à laquelle ce mot n'en ait fourni quelqu'un; il est Verbe, Nom, Participe, Pronom, Conjonction, &c.

I.
E, Verbe.

E fut dès l'origine un mot qui désigna l'existence, & qui s'unissant aux Pronoms, forma le verbe E qui peignit l'existence. De-là:

Esse, être, action ou qualité d'être, d'exister.

E-S, tu es; en Grec, Eis.

E-St, il est; en Grec, Esti.

Ei-Mi, je suis.

De Eimi qui existe encore en Grec, les Latins firent Eim, Seim, puis Sum.

Esto, sois; 2°. soit, à la bonne-heure.

II.
Nom.

E, en se nasalant, forma le mot

Ens, En*tis*, l'être, ce qui est.

En*tia*, les êtres, toutes les choses existantes.

III.
Participe.

Ce mot est le Participe du Verbe Esse: il est d'autant plus fâcheux qu'on l'ait supprimé dans la conjugaison de ce Verbe, qu'il existe dans

dans celle du Verbe Grec, sous la forme de ON, ONTOS, ce qui est, & qu'il est la racine de tous les Participes Latins; ainsi,

Leg-Ens, est mot-à-mot l'*Etre* qui dans ce moment *lit*.

Am-Ans, l'*Etre* qui dans ce moment *aime*.

N'étant pas nasalé, il devient la marque du Participe Passif.

Etus, *a*, *um*, qui a été.

Doc-Etus, *a*, *um*, qui a été enseigné.

Leg-Etus, *a*, *um*, qui a été lu.

Mots qui se sont changés insensiblement en Doctus, Lectus, par la suppression de la voyelle E.

Si elle a disparu dans ces mots, elle s'est changée en A dans les Verbes de la premiere conjugaison, & en I dans nombre d'autres.

Am-Atus, qui a été aimé.

Mon-Itus, qui a été averti.

COMPOSÉ GREC.

Syn-Esis, *is*, assemblage de deux choses en une.

IV.

E, Pronom

De la premiere Personne.

E devint le pronom de la premiere Personne : de la personne existante, agissante : de-là,

Ego, moi, je.

Orig. Lat.

En Gr. Egó.
En Theut. Ich.

V.

E, Pronom

De la troisiéme Personne.

Ces, Eo, Eà au singulier, & E.. pluriel, sont l'ablatif singulier & l'accusatif pluriel neutre d'un pronom de la troisiéme personne, formé du mot E désignant ce qui existe.

Il s'écrit aujourd'hui Is au nominatif singulier masculin : mais dans l'origine il s'écrivoit & se prononçoit Eis : aussi tous les autres cas ont-ils conservé cette lettre E.

Au féminin Ea, celle qui est, celle, celle-là.

Au génitif E*i-us*.

Au datif E-*i*.

Accusatif E*um*, E*am*.

Ablatif Eo, Ea.

VI.

E

Démonstratif.

Il n'est donc pas étonnant que E soit devenu démonstratif, qu'il se soit joint aux mots qui offroient cette qualité, & qu'on ait dit,

Ec-ce, voilà, voici; *au Fig.* d'abord.

VII.

E, Conjonction.

E désignant l'existence, devint nécessaisairement le mot qui servit à réunir tous les autres, à désigner leur existence sous un point de vue commun à tous: de-là,

ET, &.

ET-IAM, & encore, de plus, aussi; mot formé de ET, &: & d'AM, union, amas.

ET-SI, bien que, quoique, encore que; c'est une ellipse composée de ET, & SI, & qui signifie *& si* telle chose est, n'importe; quoique *cela soit.*

COMPOSÉS D'*Etiam.*

ETiamnum; ETiam nunc, jusqu'à présent.

ETiamsi; ETiam ut, quand même.

ETiamtum, jusqu'alors.

VIII.
E, Préposition.

E désignant l'existence, fut naturellement très-propre à indiquer l'existence de deux êtres, comme ayant entr'eux un rapport d'existence intérieure ou extérieure.

De-là deux prépositions différentes pour indiquer cette diversité de rapports.

EIN, EN, chez les Grecs, devenu IN chez les Latins, fut une préposition qui marqua qu'un objet étoit renfermé dans un autre, contenu par un autre: *Voyez* IN.

E, Ex, fut une préposition qui marqua qu'un objet existoit hors d'un autre, ou qu'il en étoit sorti.

E *regione*, du côté oposé, vis-à-vis.

E *lecto surgere*, sortir du lit.

Ex-ESSE, sortir: *mot-à-mot*, devenir hors, aller hors.

IX.
E, Adverbe elliptique.
I.

E devint naturellement un adverbe qui marquoit le lieu de l'existence: de-là,

Eo, 1°. là, jusques-là: ce qui est une ellipse, au lieu de *Eo loco*, en ce lieu.

Ce mot signifie encore, 2°. à un tel point, si fort; 3°. afin que, à dessein; 4°. d'autant plus; 5°. voilà pourquoi; 6°. cependant, néanmoins.

COMPOSÉS.

Eo-DEM, au même endroit.

Eò-usque, jusques-là.

AD-Eo, 1°. tellement, si fort, plutôt; 2°. de plus, encore.

II.

EA, par-là, par cet endroit.

Ce qui est encore une ellipse, au lieu de E*a parte*, E*a regione*, par ce côté, par cette partie.

III.

PRÆTER-EA, outre cela; troisième ellipse où l'on sous entend *Negotia*: *mot-à-mot*, outre ces choses.

X.
E affirmatif.

E fut naturellement un mot affirmatif qui tint lieu de serment.

E-CASTOR, serment qu'on rend ainsi:

par *Castor*. Ce n'est pas cela ; mais CASTOR est vivant, ou je jure par celui qui est & qu'on appelle Castor.

EC-CERE, CERÈS est vivante ; ou je jure par Cerès qui vit.

XI.
EI, AI,
Existence, vie.

EI, prononcé AI, fit le Grec AIÔN, AIonos, temps, siecle, vie. Les Latins, pour éviter l'hiatus, en firent ÆVUM ; de-là,

ÆVum, i, temps ; 2°. vie ; 3°. siecle ; 4°. Éternité.

ÆVitas, atis, âge, vieillesse.

ÆViternus, a, um, éternel, qui dure toujours.

COMPOSÉS.

CO-ÆVus, a, um, contemporain ; du même âge.

LONG-ÆVus, a, um, fort âgé.

LONG-ÆVitas, is, grand âge.

PRIM-ÆVus, a, um, plus âgé, mot-à-mot, premier en âge, en date.

COMPOSÉ GREC.

DIÆTA, æ ; 1°. régime de vivre, diéte ; de *Dia*, par, & ET, existence, mot-à-mot, moyen par lequel on vit, on maintient son *existence* ; 2°. chambre où l'on mange ; 3. pavillon dans un jardin ; 4°. chambre dans un vaisseau ; hamac de matelot.

XII.
E,
Interjection.

E, en qualité de voyelle, étant l'expression naturelle de nos sensations, devint la source de diverses interjections : en voici qui furent propres aux Latins & aux Grecs.

EIA, ah ! courage !

EU, bien.

EUAX, bon ; bravo.

EUAN, } cri joyeux des Bacchan-
EVANS, tis, } tes ; 2°. surnom de Bacchus.

EUEE ; EVOHE, bien lui soit, vivat, qui vive.

EUGE, fort bien, courage.

XIII.
Composés du Participe
ENS.

1. ABS-ENS, tis, qui n'est pas en un lieu ; 2°. mort, qui n'est plus.

ABS-ENTIA, æ, absence, éloignement.

ABS-ENTO,-are, éloigner, bannir.

Dans plusieurs Langues du Nord S-END, envoyer, éloigner : mot composé de ENT & du s privatif, pour EX ; en sorte que l'Anglois ISEND, & l'Allemand *Ich Sende*, signifient mot-à-mot, j'éloigne de moi : ce qui se dit aussi en Latin, AB-SENTO.

2. AMB-ENS, tis, qui est autour, qui enveloppe.

3. PRÆS-ENS, tis, qui est en personne, présent ; 2°. qui est à la main, tout prêt ; 3°. qui se passe mainte-

nant; 4°. favorable, propice; 5°. efficace, qui remplit l'espérance.

PRÆ-S-ENTia, æ, présence; 2°. tems présent.

PRÆS-ENTaneus, a, um, efficace, qui fait son effet sur le champ.

PRÆS-ENTarius, a, um, présent; 2°. comptant.

PRÆS-ENTO, -are, mot-à-mot, envoyer devant; de *Præ* & de SENT, qui est le même que le SEND des Septentrionaux. Ce verbe signifie présenter, offrir; 2°. rendre présent à l'esprit.

COMPOSÉS.

IN-PRES-ENTià, maintenant, *mot à mot*, en présence, dans le tems présent.

RE-PRÆS ENTO, -are, représenter; 2°. présenter, faire paroître avant le tems, avancer, prévenir le tems; 3°. payer par avance.

RE-PRÆS-ENTatio, onis, représentation; 2°. paiement avant le terme échu.

XII.

COMPOSÉS de ESSE, ou de SUM.

AB-Esse, *sum*, *es*, *fui*, n'être pas, être loin, être absent.

AD-Esse, *sum*, *es*, *fui*, être présent, paroître, se montrer; 2°. assister, aider, secourir; 3°. arriver, approcher, être près.

AD-Esdum, viens-çà.

DE-Esse, être absent, manquer.

IN-Esse, être dedans, y être, paroître sur.

INTER-EST, -ESSE, il importe, il y va de l'intérêt; 2°. il y a de la différence entre; 3°. être présent, se trouver à.

OB-Esse, être sur le chemin de quelqu'un, se présenter devant lui; 2°. nuire, causer du dommage.

PRÆ-Esse, être devant, présider, soigner, avoir la direction.

PROD-Esse, pro-*sum*, *des*, *fui*, profiter, être utile, avantageux.

SUB-Esse, être dessous, être couvert; 2°. être tout contre, approcher; 3°. avoir peu d'esprit.

SUPER-EST, *sum*, *fui*, *Esse*, être de reste; 2°. être superflu, être de trop; 3°. surpasser; 4°. survivre; 5°. venir à bout; 6°. durer; 7°. protéger.

VERBES

Formés du Verbe E.

I.

EO, aller.

E signifiant l'existence, joint à O marque de la premiere personne, forma en Grec le verbe Eo, qui signifie, 1°. exister, être, tout de même qu'EIMI; 2°. aller, se transporter vers un lieu, puisque la vie est essentiellement unie au mouvement.

Et il devint également dans ce sens les verbes Grecs.

Eô, EIMI, IÉMI, aller & être.

De-là ce verbe Latin,

Eo, *ivi*, *itum*, *ire*, aller, marcher, se transporter.

DÉRIVÉS.

1. ITus, *ûs*, } allée, venue, marche.
ITio, onis, }

ITo, -are; ITito, -are, aller souvent.

2. ITer, ineris, } chemin, passage;
ITiner, eris, } 2°. voyage, jour-

née de chemin ; 3°. canal, rigole.

ITINERARIUM, ii, relation d'un voyage; 2°. liste des routes & des postes.

ITINEARIUS, a, um, de chemin, de voyage.

3. ITERO, -are, aller de nouveau, recommencer ; 2°. redire, répéter mot-à-mot ; 3°. faire de nouveau.

ITERATUS, ûs ; ITERATIO, onis, répétition, reprise ; 2°. seconde façon donnée à la terre ; 3°. seconde taille d'un marc.

ITERATOR, is, qui recommence.

ITERÛM ; ITERATÒ, de nouveau, derechef.

COMPOSÉS.

AB-EO, -ire, s'en aller, se retirer, disparoître, se perdre, n'être plus ; 2°. se changer, s'éloigner, quitter.

AB-EONA, æ, la Déesse du départ.

AB ITIO, onis, AB-ITUS, ûs, départ, retraite, séparation ; 2°. issue, avenue ; 3°. mort, trépas.

AD-EO, -ire, aller voir, visiter, aborder, subir.

AD-EONA, æ, Déesse qui présidoit à la venue.

AD-ITO, -are, aller souvent rendre visite.

AD-ITIO, onis, allée & venue.

AD-ITUS, ûs, chemin, sentier, avenue ; 2°. accès, voie, ouverture ; 3°. porche, vestibule.

AD-ITICULUS, i ; AD-ITICULUM, i, petit passage, petite entrée.

AD-ITIALIS, e, qui concerne l'entrée, le départ & le retour.

AMB-IO, ii, itum, ire, aller à l'entour, tourner autour ; 2°. envelopper, entourer, investir ; 3°. aller chez toutes les personnes de qui dépend une place, briguer, ambitionner, faire sa cour ; 4°. attaquer, surprendre.

AMB-ITIO, onis, tour, circuit ; 2°. ambition, desir de s'élever, brigue ; 3°. entreprise, dessein ; 4°. discours & moyens par lesquels on cherche à se faire valoir auprès de ceux dont on desire le suffrage ; faste, vanité, ostentation.

AMB-ITIOSUS, qui fait un long circuit, qui a de grands détours ; 2°. ambitieux ; 3°. qui sollicite avec ardeur ; 4°. importun ; 5°. fanfaron, factieux, &c.

AMBITIOSÈ, par détours, ambitieusement, par brigue, par intrigue.

AMB-ITOR, qui embrasse, qui entoure ; 2°. qui brigue.

AMB-ITUS, ûs ; AMB-ITUDO, circuit, enceinte ; 2°. circonlocution ; 3°. poursuite, recherche, intrigue, cabale.

AMB ITUS, a, um, environné, entouré ; 2°. brigué, recherché.

IN-AMBITIOSUS, sans ambition.

ANTE-EO, -ire ; ANTID-EO, -ire, aller devant, marcher à la tête ; 2°. surpasser, prévenir, exceller.

CIRCUM-EO, -ire, aller autour, tournoyer ; 2°. prendre un détour, affronter, surprendre.

CO-EO, -ire, aller ensemble, s'assembler, s'attrouper, se joindre, se liguer, cabaler ; 2°. s'entrechoquer ; 3°. se reprendre, se resserrer.

CO-ITUS, a, um, comploté, assemblé.

CO-ITUS, ûs ; CO-ITIO, onis, accouplement, union ; 2°. amas ; 3°. cabale, complot, attroupement ; 4°. abord, choc, rencontre.

IN-CO-IBILIS, qui ne sauroit aller ensemble, ou s'allier.

CŒTUS, ûs, assemblée, congrégation ;

ce mot est composé de *Co* ou *Cum*, avec, & de *Eo*, *Ivi*, *Itum*, aller; il désigne le lieu où on s'est rassemblé, & la compagnie qui s'est rassemblée.

COM-ES.

Com-Es, *itis*, compagnon, camarade, qui va avec; 2°. sectateur; 3°. Comte, Comtesse.

Com-Itissa, *æ*, Comtesse.

Com-Ito, *-are*; Com-Itor, *-ari* accompagner, faire cortége, suivre, escorter.

Com-Itatus, *us*, cortége, équipage, train, convoi, escorte; 2°. Comté.

Com-Itia, *orum*, les Etats, assemblées des différens Ordres d'un Etat.

Com-Itium, *ii*, lieu où se faisoient les assemblées du Peuple Romain; 2°. l'action d'aller avec quelqu'un.

Com-Itiatus, *us*, assemblée; 2°. concours de gens qui vont ensemble.

Com-Itialis, *e*, des Etats, des assemblées publiques; 2°. haut-mal, mal caduc. On donne à cette cruelle maladie le nom de *Comitiale*, parce que les assemblées ou les comités se rompoient sur le champ si un assistant venoit à tomber du haut mal.

Com-Itialiter, à la maniere de ceux qui tombent en défaillance par un effet d'épilepsie.

Con-com-Itor, *-ari*, faire compagnie, accompagner.

In-com-Es, *itis* qui est seul, qui est sans compagnie.

In-com-Itatus, *a*, *um*, sans compagnie, sans suite.

In-com-Itio, *-are*, deshonorer, diffamer; 2°. demander réparation en Justice.

Ex-Eo, *ii*, *itum*, *ire*, sortir; 2°. se retirer, s'en aller; 3°. finir, terminer; 4°. éviter, esquiver; 5°. devenir public.

Ex-Itus, *us*; Ex-Itio, *onis*, (de *Ex* & de *Itus*, allé) sortie, issue; 2°. succès.

Ex-Itium, *ii*, désolation, ruine; 2°. disgrace, infortune; 3°. perte irréparable, mort.

Ex-Itialis, *e*,
Ex-Itiabilis, *e*, } dangereux, funeste, ruineux, cruel,
Ex-Itiosus, *a*, *um*, } mortel.

In-Eo, *-ire*, entrer dans; 2°. commencer; 3°. s'emboëter; 4°. s'exposer.

In-Ito, *-are*, aller souvent dans.

In-Itialis, *e*, qui commence.

In-Itium, *ii*, entrée, commencement.

In-Itia, *orum*, principes, élémens; 2°. naissance; 3°. sacrifices.

In-Itio, *are*, introduire, faire entrer dans les choses cachées; 2°. enseigner les élémens.

In-Itiatio, *onis*; In-Itiamenta, *orum*, introduction dans les mystères.

Ex-in-Io, *-ire*, commencer.

Inter-Eo, *-ire*, mourir, périr; 2°. passer; 3°. se gâter; 4°. se dissiper.

Inter-Itus, *a*, *um*, mort, tué.

Inter-Itio, *onis*; Inter-Itus, *us*, mort; 2°. ruine, destruction.

Intro-Eo, *-ire*, entrer dedans.

Intro-Itus, *a*, *um*, où l'on est entré.

Intro-Itus, *us*, entrée; 2°. avenue; 3°. commencement.

Sub-Intro-Eo, *-ire*, être introduit secrettement, sous le manteau.

Ob-Eo, *-ire*, 1°. environner, faire le tour; 2°. visiter; 3°. rôder; 4°. exercer; 5°. être présent; 6°. mourir.

Ob-Itus, *us*, rencontre, mort.

Ob-Iter, en passant.

Ob-Itus, *a*, *um*, mort.

Par-Eo, -ere, être auprès, à la main, être obéissant.

Par-Entia, æ; Parientia, æ, obéissance.

Per-Eo, -ire, se perdre, périr.

Per-Iculum, i; Per-Iclum, i, danger, risque, lieu dangereux; 2°. épreuve, essai.

Per-Iculosus, a, um, dangereux, où l'on court du péril, du danger.

Per-Iculosè, dangereusement.

Per-Iculor, -ari; Per-Iclitor, -ari, risquer, être en danger.

Per-Iclitatio, onis, épreuve, tentative.

Per-Iclitabundus, a, um, qui éprouve.

Per-Ito, -are, périr.

Præ-Eo, -ire, précéder, devancer.

Præter-Eo, -ire, passer outre, au-delà; 2°. surpasser, être au-dessus; 3° taire, passer sous silence; 4° fuir, éviter; 5°. négliger, exclure.

Præter-Itum, i, le tems passé.

Præter-Ita, orum, les choses passées.

Præter-Iti, orum, les gens du tems passé, les morts; 2°. ceux qui sont exclus, omis d'un rôle, d'un registre.

Prod-Eo, -ire, s'avancer, sortir; 2°. paroître, se produire.

Prod-Iùs, plus avant.

Prod-Itur, on s'avance.

Red-Eo, -ire, revenir, retourner; 2°. recommencer; 3° renaître; 4°. provenir.

Red-Itio, onis; Red-Itus, ûs, retour, revenu, rente.

Red-Ito, -are, retourner souvent.

Retro-Eo, -ire, aller en arrière, rétrograder.

Sub-Eo, -ire, se mettre sous, subir;

2°. s'exposer; 3°. encourir; 4°. endurer, supporter; 5°. entrer; 6°. accepter, recevoir; 7°. venir, arriver; 8°. saisir, succéder; 9°. assaillir; 10°. se revêtir, faire une figure; 11°. venir dans la mémoire.

Sub-Itus, a, um, soudain, inopiné, qui se fait à l'improviste.

Sub-Itó, soudainement, tout d'un coup, inopinément.

Sub-Itaneus a, um, soudain, qui arrive à l'improviste.

Sub-Itarius, a, um, fait à la hâte, à l'improviste.

Sub-Itatio, onis, aventure, arrivée subite.

Super-Eo, -ire, aller pardessous.

Trans-Eo, -ire, passer outre, traverser, percer; 2°. n'avoir point d'égard, passer par-dessus; 3°. négliger, omettre; 4°. dévancer.

Trans-Itus, a, um, qui est passé.

Trans-Itio, onis, l'action de passer; 2°. transition.

Trans-Itus, ûs, passage, par où l'on passe.

Trans-Itorius, a, um, passager, de passage.

§. I.

D'E, exister, se forma le verbe Es, Ed, manger; de E, exister, & de D, les dents, *mot à mot*, pourvoir à son existence par le moyen des dents.

C'est un mot de toutes les langues Celtiques; Edein en Grec, Ad en Danois, Idee en Tartare & en Gothique, Eat en Anglois. Ensuite le C s'est changé en Z ou Ds, comme dans Ezan, manger, en

Theuton; & en ST comme dans ESTO, manger, en Grec; EST, il mange, en Latin; & en Allemand ISST. Ensuite le E s'est aspiré; on a dit HEST, il mange; HESTum, mangeaille, tems où l'on fait bonne chere. L'aspiration radoucie en F a produit FESTum, occasion à manger, à se régaler, FESTe.

1. EDO, Es, EST, EDi, ESTum & Esum, Esse, manger : d'où le Verbe Allemand Essen.

DÉRIVÉS.

1. EDax, cis, grand mangeur, qui consume.

EDacitas, grand appétit, gourmandise.
EDitus, ûs, ce qu on a mangé réduit en déjections, excrémens.
EDo, onis, goulu, goinfre.
EDulis, e, bon à manger.
EDulium, ii, tout ce qu'on peut manger.
EDusa, æ, Déesse de la mangeaille.

2. Esus, ûs, l'action de manger.

Esox, cis, grand mangeur; 2°. poisson vorace.
Estor, is, grand mangeur.
Estrix, cis, mangeuse.
Esurio, onis; Esuritor, is, affamé, toujours prêt à manger.
Esurigo, inis; Esuries, ei, appétit violent.
Esurialis, e, de jeûne.
Esurio, -ire, avoir faim, être affamé.
Esito, -are, manger souvent.
Esitator, is, qui mange souvent.
Esitatio, l'action de manger.

COMPOSÉS.

AD-EDO, ronger tout-à-fait.
AD-Esus, a, um, mangé entiérement.
AD-Esurio, -ire, avoir grande faim.
AB-EDO, dévorer tout, consumer, manger tout.
AMB-EDO, Es, EST, di, sum, ere, manger tout autour, ronger.
AM-BAB-EDO, manger, consumer peu à peu.
COM-EDO, -ere, manger, dévorer, prodiguer.
COM-EDO, onis, grand mangeur.
COM-Estor, is, grand mangeur.
COM-Estura, æ, le manger.
COM-Essor, -ari, faire la débauche.
COM-Essatio, is, repas hors des tems ordinaires, medianoche, réveillon.
COM-Essator, qui aime la bonne chere.
EX-EDO, es, estum, dévorer, miner, ruiner.
EX-Esor, is, qui consume.
IN-EDia, æ, abstinence de manger.
OB-EDO, -ere, manger tout autour.
PER-EDia, æ, avidité de manger.
PER-EDO, -ere, ronger entiérement.
SUB-EDO, -ere, miner par-dessous.
SUPER-EDO, -ere, manger après ou par-dessus.

2.

Es-CA, æ, 1°. aliment, nourriture; 2°. amorce, apât.

Es-CARius, a, um, qui sert à la table, bon à manger.
Es-CAlis, e, qui sert à table.
Es-CUlentus, a, um, bon à manger, comestible.
Es-CUlentum, i, viande, nourriture, mets, provision de bouche.

COMPOSÉS.

IN-Esco, -are, amorcer, attirer par l'apât.

OB-Esco

Ob-Esco, -are, donner à manger.
Vescus, a, um, bon à manger, comestible; 2°. maigre, décharné. Ici Ve, Adverbe privatif.
V-Escor, eris, sci, manger, se nourrir, vivre de.

3.

Bestia, æ, bête, animal, mot à mot, Etre qui mange; 2°. le loup, constellation.
Bestiarius, a, um, de bête.
Bestiarius, ii, destiné à combattre contre les bêtes.
Bestiola, æ, petit animal.

III.
Emo, acheter.

Emo, is, emi, emptum, emere, acheter, faire achat: d'*Emas* en Grec le mien : mot à mot, je rends une chose mienne, je l'acquiers.
Emax, cis, grand acheteur, qui se plaît à acheter.
Emtio, onis, achat.
Emtor, is; Emtrix, is, qui achete.

2. Emturio, -ire, avoir envie d'acheter.

Emtito, -are, acheter souvent.
Emtitius, a, um, vénal, à acheter.
Emtionalis, e, qui fréquente les ventes.

COMPOSÉS.

Co-Emo, emi, emtum, ere, acheter en compagnie.
Co-Emptio, onis, achat réciproque; 2°. convention matrimoniale.
Co-Emptionalis, e, qui concerne le contrat de coemption; 2°. courtier, personne qui conseille dans les achats & ventes.

Red-Imo, is, demi, demtum, mere, racheter, acheter; 2°. prendre à ferme; 3°. entreprendre à faire moyennant un prix.
Red-Emptio, -are; Red-Emptito, -are, racheter, payer la rançon.
Red-Emptura, æ; Red-Emptio, onis, bail des Fermes générales, prise à ferme des revenus publics; 2°. rachat; rançon; 3°. entreprise d'ouvrage adjugée au rabais.
Red-Emptor, oris, Partisan, Fermier-Général; 2°. Entrepreneur d'ouvrages.

NÉGATIF.

In-Emtus, a, um, qui n'a point été acheté.

2.
EMO, s'approprier.

D'Emos, mien, on fit non-seulement Emo, se rendre propre en achetant, mais on fit encore Emo, Imo, se rendre propre en prenant; 2°. en enlevant, en ôtant. De-là les Composés d'Emo, qui signifient ôter, enlever. Quant à cette seconde signification d'Emo, elle existoit dans l'ancien Latin, comme nous l'apprennent les Etymologistes, Festus en particulier.

Ab-Emo, ere, ôter, retrancher.
Ex-Imo, -ere, ôter, arracher; 2°. délivrer, préserver; 3°. priver, retrancher.
Ex-Emptio, onis; Ex-Emptus, ûs, retranchement, action d'ôter.
Ex-Emptor, is, qui ôte, qui arrache.
Ex-Emptilis, e, facile à ôter.

INTER-IMO, -ere, tuer.
INTER-EMPtus, a, um, massacré.
INTER-EMPtio, onis, tuerie, meurtre.
INTER-EMPtor, is, meurtrier, assassin.

PER-IMO, emi, emptum, ere, tuer, faire mourir.

PER-EMO, -ere, deshonorer, gâter, défendre.

PER-EMPtus, a, um, supprimé, anéanti.
PER-EMPtor, is, celui qui tue.
PER-EMPtrix, cis, celle qui tue.
PER-EMPtorius, a, um, définitif, décisif.
PER-EMPtalis, e, qui dissipe ce qui a précédé.

IV.
OB-EDio, Obéir.

OB-EDio, -ire, être soumis, obéir. Ce verbe est de la même nature que Par-ere, être auprès, être à la main, prêt à servir, obéir. OB-EDire, formé de OB, devant, signifie, être devant, être obéissant ; en Oriental, OBED.

OB-EDienter, avec obéissance.
OB-EDientiùs, sans aucune répugnance.
OB-EDientia, æ ; OB-EDitio, onis, déférence, soumission.

NÉGATIFS.

IN-OB-EDus, a, um, } désobéissant.
IN-OB-EDiens, tis,   }
IN-OB-EDientia, æ, désobéissance.

E.
Eis signifiant l'existence, désigna également l'existence intérieure. De-là, la Préposition Grecque EIS, dans. Ce mot joint au verbe Grec & Latin STA, EIS-STA, signifia « ce qui existe dans l'intérieur. » De-là cette famille Latine.

EXTA, orum, entrailles, boyaux.
EXTaris, e ; EXTales, ium, qui sert à cuire des tripes, de tripiere.

EN.
De E, Es, exister, & de EN, dedans, se forma la famille suivante, famille vraiment Latine.

EX-ENTera, orum, tripailles, entrailles.
EX-ENTero, -are, éventrer, étriper ; 2°. dévaliser.
EX-ENTeratio, onis, l'action d'ôter les tripes.
EX-ENTerator, is, celui qui évente.

E NÉGATIF.
De IN, non, & de EN, être, prononcé AN, se forma le Négatif IN-ANe, mot-à-mot, le non-être, le néant : De-là cette Famille.

1. IN-ANis, e, vuide : 2°. vain ; 3°. inutile : 4°. gueux ; 5°. affamé ; 6°. qui n'est point chargé.

IN-ANe, is, vuide ; 2°. rien ; 3°. étendue de l'air : mot-à-mot, le non-être.
IN-ANiæ, arum, vuides, riens.
IN-ANio, -ire, vuider, évacuer. En Gr. IN-aô.

2. IN-ANitas, tis, vuide ; 2°. inutilité.

IN-ANiter, inutilement, vainement.
IN-ANimentum, i, vuide, inanition.
IN-ANesco, -ere, se dissiper.

BINOMES.
IN-ANe-FACio, -ere, vuider, faire disparoitre.

In-Ani-loquus, a, um, diseur de riens.

COMPOSÉS.

Ex-Inanio, - ire, 1°. vuider, évacuer ; 2°. épuiser, ne rien laisser ; 3°. dégarnir ; 4°. dépeupler ; 5°. piller, ravager.

Ex-Inanitio, onis, évacuation, action de vuider tout.

Ex-Inanitor, oris, pillard, qui ravage, qui emporte tout, qui ne laisse rien.

EL, OL,
Elémens.

De L, El, Ol, action d'élever, enfance, commencement, (voyez Al, col. 28.) se forma le Latin,

ELementum, principe, élément ; 2°. rudiment, premiere instruction ; *mot-à-mot*, la premiere nourriture du corps & de l'esprit, les premiers commencemens des Etres, ce en quoi ils commencent d'éxister.

ELementarius, a, um, élémentaire ; 2°. qui en est aux élémens, aux premiers principes.

Ce mot remonte à une haute antiquité, puisque sa racine El, Ol, n'est pas moins Orientale que Latine ; על, OL, désignant l'enfance, le tems où on est aux élémens de toutes choses.

Ex-Ilis.

De El, croître, & de Ex, se forma : Ex-Ilis, e, petit, menu, mince, délié; 2°. peu considérable, simple, bas, du commun; 3°. maigre, sec, décharné ; 4°. aride.

Ex-ILitas, atis, petitesse, foiblesse ; 2°. maigreur, sécheresse.

Ex-ILiter, petitement, bassement ; 2°. d'une manière séche, aride.

ERG.

Ergà, envers, à l'égard. *Préposition* qui se met avec l'accusatif.

Ergò, donc, ainsi, par conséquent ; 2°. à cause de cela, eu égard à cela.

Nous réunissons ces deux mots ensemble, parce qu'ils sont unis par l'idée commune d'égard, de considération, de rapport d'un objet à un autre, & qu'ils vinrent ainsi d'une même source : leur origine n'en étoit cependant pas moins inconnue ; ce qui n'est point étonnant, puisqu'ils n'offrent point par eux-mêmes de sens propre ou physique, & que leurs élémens primitifs se sont légérement altérés comme cela arrive dans tous les mots de cette nature & aussi familiers.

Re, Reh, Rec'h, Rch, est un mot primitif qui signifie soleil, rayon, vue ; 2°. arranger par rayons, alligner ; 3°. voir, considérer.

De Rech, vinrent, en Latin, REGula, Riga, &c. rayon, ligne, régle.

De Rch, le Grec Orkhos, plantation en rayons, en lignes droites, & l'Hébr. ערך, O-Rc, ordre, el-

Pp ij

time, &c. mots conservés dans l'Anglois ORCHard.

Les Latins n'eurent donc point de peine à en former E-RGà, E-RGò, qui désignent, l'un le point vers lequel tend le rayon, la considération ; l'autre, le point d'où il part : ou tous les deux, l'objet qui nous détermine.

ERR.

De R désignant la course, se forma la famille suivante.

1. ERRO, -are, rôder çà & là, être vagabond, courir de côté & d'autre.

ERRAbundus, a, um ; ERRAtitius, a, um, errant, vagabond.
ERRO, onis, coureur, vagabond ; 2°. esclave fugitif ; 3°. volage, inconstant.
ERRones, um, les Planettes.
ERRoneus, a, um, coureur, errant çà & là.

2. ERROR, is, détour, égarement ; 2°. erreur, méprise ; 3°. impropriété, faute de Grammaire ; 4°. ruse, tromperie.

ERRantia, æ ; ERRatio, onis, détour, écart ; 2°. méprise, erreur.
ERRatum, i, abus, bévue, manquement.
ERRaticus, a, um, vagabond ; 2°. qui rampe çà & là ; 3°. sauvage, inculte ; 4°. flottant.

COMPOSÉS.

AD-ERRO, - are, se promener, aller & venir auprès.
CIRCUM-ERRO, -are, errer à l'entour.
CO-ERRO, -are, errer avec, courir ensemble.
DE-ERRO, -are, s'égarer, se fourvoyer.
EX-ERRO, -are, s'égarer, sortir de la voie.
EX-ERRatio, onis, égarement, déviation.
IN-ERRO, -are, courir çà & là.
IN-ERRans, tis, fixe, stable, qui n'est point errant.
PER-ERRO, -are, traverser en voyageant.
PER-ERRatio, onis, l'action de parcourir en voyageant.
SUB-ERRO, -are, courir par-dessous.

MOTS

où E a pris la place d'autres voyelles radicales.

I.

ECH pour AC

ECHINUS, i, 1°. hérisson ; de Ac, piquant ; 2°. coque hérissée de piquants, qui enveloppe les chateignes ; 3°. cuvette où l'on rince les verres. : 4°. ove, quart de rond.

ECHINatus, a, um, hérissé de pointes.
ECHINO-METRA, æ, hérisson de mer.
ECHINO-PHOra, æ, poisson à coquille couvert de piquans.
ECHINO-PUS, odis, chardon.

II.

ER pour AR.

AR, haut, pointu, rude, se changea dans les Composés en ER. De-là ces mots où il est uni à Ac, pointu, âcre.

EX-AC-ERBatus, a, um, aigri, irrité ; de Ex, de Ac, pointu, & de ERB, rude, âpre ; en Allemand HERB, très-aigre, très-âcre.

EX-AC-ERBesco, -ere, s'aigrir, s'irriter.
EX-AC-ERBator, is, qui aigrit.

Ex-Ac-Erbatio, onis, aigreur, l'action d'irriter.
Ob-Ac-Erbo, -are, exaspérer.

III.
EQ pour OC, OG.

Du Primitif Oc, Og, grand, haut, nom de divers grands animaux, se forma le Latin Equus, cheval : De-là cette famille.

1.

Equus, i, cheval; 2°. machine de guerre pareille au bélier; 3°. constellation.

Equa, æ, cavale, jument.
Equulus, i; Equuleus, i, poulain, bidet, petit cheval ; 2°. chevalet, cheval de bois, genre de supplice.
Equula, æ, jeune cavale.
Equarius, a, um, de cheval.
Equarius, ii, gardien d'un haras, Palfrenier.
Equinus, a, um, de cheval, de haras.
Equile, is, écurie, étable.
Equitium, ii, haras.
Equiso, onis, Écuyer, qui dresse les chevaux.
Equio, -ire, être en chaleur.
Equimentum, i, prix, salaire pour avoir fait saillir une cavale.

2.

Eques, itis, cavalier, homme de cheval ; 2°. chevalier; 3°. cheval.

Equester, is; Equestris, e, de cavalerie, de cheval, de Chevalier, équestre.
Equestria, ium, les loges des Chevaliers au théâtre de Rome.
Equiria, orum, courses de chevaux, carousel, tournois.
Equito, -are, aller à cheval, être à cheval.
Equitatus, ûs, cavalerie.
Equitatio, onis, l'action d'aller à cheval ; 2°. cavalcade.
Equitabilis, e, où l'on peut aller à cheval.

BINOMES.

Equi-Ferus, i, cheval sauvage.
Equi-Vultur, is, hippogriffe, cheval griffon.

COMPOSÉS.

Ab-Equito, -are, s'enfuir à cheval.
Ad-Equito, -are, aller à cheval tout autour.
Circum-Equito, -are, faire le tour à cheval.
Co-Equito, -are, aller à cheval de compagnie, ensemble.
In-Equito, -are, aller à cheval.
In-Equitabilis, e, où l'on ne peut aller à cheval.
Inter-Equito, -are, être à cheval au milieu.
Ob-Equito, -are, faire la ronde à cheval, battre l'estrade.
Ob-Equitatio, onis, ronde à cheval, l'action de battre l'estrade.
Ob-Equitator, is, qui va tout autour à cheval.
Præter-Equito, -are, passer outre, pardevant, à cheval.
Per-Equito, -are, parcourir à cheval.

MOTS LATINS VENUS DU GREC.

E

De Ac, percer, prononcé Ec, vinrent:

Echo, *ûs*, en Gr. EXΩ, écho, répercussion de la voix.

Cat-Echuntes, *um*, lieux qui étouffent la voix, où il n'y a point d'écho.

D'Ac, vint le Grec Ecc, Occ, prononcé Enc, Onc, & désignant tout ce qui perce : de-là le Grec Ogkis, Ogkos, pointe, arme pointue, qui, prononcé Oncis, Oncos, fit le Latin :

Ensis, *is*, épée, *mot-à-mot*, arme pointue, qui perce.

Ensiculus, *i*, couteau, petite lame.

Ensi Fer, *a*, *um*, qui porte une épée.

Cat-Echefis, *is*, instruction religieuse.

Cat-Echeticus, *a*, *um*, concernant le Catéchisme.

Cat-Echifmus, *i*, Catéchisme.

Cat-Echizo, -are, instruire sur la Religion.

Cat-Echumenus, *i*, celui qu'on instruit sur la Religion.

Cat-Egoria, *æ* ; Cat-Egorema, *atis*, accusation, crime.

Anti-Cat-Egoria, *æ*, récrimination.

Par-Ectafis, *is*, extension, allongement.

Par-Ectatus, *a*, *um*, à qui la barbe commence à pousser.

Elæo-Phagus, *a*, *um*, mangeur d'olives.

Elæ-Thefium, *ii*, chambre dans les bains où les Athlètes s'oignoient d'huile & de cire.

Elenchus, *i*, perle ; 2°. indice, table d'un livre ; 3°. critique.

Elenchticus, *a*, *um*, qui reprend : critique.

Par-Elicia, *æ*, âge qui commence à baisser.

Eone, *es*, arbre portant du gui comme le chêne.

Eos, *ûs*, aurore, point du jour.

Eous, *a*, *um*, Oriental.

Eous, *i*, cheval du Soleil.

Syn-Ephites, *æ*, pierre précieuse.

Syn Erefis, *is*, contraction.

Syn-d-Erefis, *is*, raison, remords de conscience.

Ant-Eros, *otis*, jaspe, améthyste.

Ethica, *æ*, } la morale, philosophie
Ethice, *es*, } des mœurs.

Eth-Logia, *æ*, caractère, portrait.

Etho-Logus, *a*, *um*, qui peint les mœurs, les manières.

Eth-Pœus, *i*, qui représente les passions, Comédien.

Etho-Pœia, *æ*, représentation des mœurs.

Syn-Eurofis, *is*, liaison des os par le moyen des nerfs.

MOTS LATINS VENUS DE L'ORIENT.

E

EKHI, Serpent.

DU Primitif HE, *K'he*, vie, vivacité, les Orientaux firent *Khi*, serpent, symbole de la vie & de l'immortalité. Les Grecs en firent EKHIS, serpent, vipere, & ils en dériverent les mots suivans.

1. ECHIDNA, æ, } vipere femelle ; 2°.
ECHIDNE, es, } hydre.
ECHITES, æ, pierre précieuse tachée comme la vipere.
2. ECHIONIDÆ, arum, Thébains. Ils avoient sans doute un serpent pour armoiries.
3. ECHENEIS, idis, lamproie ; 2°. remore.
4. ECHION, ii, vipérine, *plante* ; 2°. orviétan, thériaque.

AL.

De AL, élevé, grand, les Orientaux firent ALP, ALEPH, bœuf, grand animal : d'où vient le mot suivant.

ELEPHAS, antis, } éléphant ; 2°.
ELEPHANTUS, is, } yvoire ; 3°. ladrerie, lépre.
ELEPHANTINUS, a, um, d'éléphant, d'yvoire.
ELEPHANTIA, æ ; ELEPHANTIASIS, is, ladrerie, lépre.
ELEPHANTIACUS, a, um, lépreux.

ERC

De l'Or. הרך, *Herc*, diviser, partager, ou du Grec EIRGO, renfermer, se forma le Latin,
ERCISCO, ere, diviser, partager.

ERCIUM, i, héritage, bien de famille, partage.

ERG

De l'Oriental ארג, ARG, tistre, se forma le Grec ERGON, travail, ouvrage ; ERGASTÈS, travailleur, ouvrier. De-là ces mots Latins Grecs :
ERGASTULUS, i, esclave qui travaille les fers aux pieds.
ERGASTULUM, i, prison des esclaves, lieu de force où on les tenoit renfermés.
ERGASTULARIUS, ii, Geolier de la prison des esclaves.
ERGATA, æ, Vindas, Cabestan.
PAR-ERGA, orum, ornemens, embellissemens ; 2°. hors-d'œuvre.
PERI-ERGIA, æ, soins superflus, curiosité.

ET, Année.

De l'Oriental עת, עד, ED, ET, tems, se forma le Grec ETOS, année, d'où vint la famille suivante.
ETESIAS, æ, le Nord-Est, le vent étésien, *mot à mot*, qui revient tous les ans.
ETESIACUS, a, um ; ETESIUS, a, um, du Nord-Est, des vents alisés.
ETESIA, arum, les vents étésiens, soufflant huit jours avant la canicule ; 2°. vents alisés, qui se lèvent tous les ans ; en Grec ετησιος, annuel.
ETESIUS lapis, pierre dont on fait des mortiers, *mot-à-mot*, pierre d'une longue durée.

MOTS LATINS-CELTES,
OU DÉRIVÉS DE LA LANGUE CELTIQUE.

F

LA lettre F, la sixieme de notre Alphabet, fut également la sixiéme de l'Alphabet Oriental de XXII lettres & du Samaritain : elle occupe la même place dans l'Alphabet numérique des Grecs.

Il est certain que la figure de cette lettre est la même que celle qu'elle a dans l'Alphabet Samaritain, hormis qu'elle est retournée de droite à gauche, ce qui lui est commun avec plusieurs autres.

Il n'est pas moins certain que dans l'Alphabet Hébreu elle est tout à la fois voyelle & consonne, ce qui a été une source d'erreurs; & qu'elle fut connue chez les Grecs sous le nom de DI-GAMMA ou *double G*, à cause de sa figure F qui paroît formée de deux G Grecs (Γ) placés l'un sur l'autre.

Cependant comme consonne, elle est nulle chez les Grecs, sans qu'on sache les causes qui la firent disparoître de leur écriture.

Rendons compte de tout cela : c'est un détail absolument nécessaire pour parvenir à l'étymologie des mots formés de cette lettre.

La voyelle Ou se prononce de l'extrémité des lèvres. Elle s'écrivit U chez les Latins & ו chez les Hébreux.

Mais Ou, U, se change sans cesse en V; ainsi les Italiens ont changé *ou* en *ove*.

Ainsi ו, U, se prononce souvent V.

Mais V se prononce du bout des lèvres de même que F; ils se mirent donc sans cesse l'un pour l'autre, au point que V se prononce chez les Allemans comme nous prononçons F, & qu'ils disent F là où nous disons V.

Ainsi ו, Ou qui étoit voyelle, devint représentatif de la consonne V & de la consonne F.

Ce n'est pas tout; U a un son mouillé par lequel il se rapproche beaucoup de la voyelle I.

Voilà donc cinq valeurs différentes, toutes désignées par le ו Hébreu répondant à notre F.

Les Grecs, que ces diverses valeurs embarrassoient, crurent devoir les représenter par des caracteres différens.

F ou le Digamma, prononcé V,

V, servit pendant quelque tems à séparer le son de deux voyelles qui se suivoient immédiatement. Ou fut écrit en un seul caractere ȣ.

F consonne fut écrit Φ & il s'aspira. U minuscule fut écrit υ, & majuscule Y.

Et ce fut l'u ou l'I Grec.

Observons que F resta à la sixieme place; que Υ & Φ furent rejettés à la fin de l'Alphabet immédiatement après T qui en étoit la derniere lettre.

Les mots primitifs en F ayant reçu un aussi grand nombre de modifications & dans le son & dans l'écriture, on dut être sans cesse embarrassé pour retrouver leurs rapports avec leurs dérivés : il n'est donc pas étonnant qu'on ait presque toujours échoué sur l'origine des mots qui appartiennent à la lettre F.

Ce qui augmentoit encore prodigieusement l'embarras, c'est qu'outre ces mots qui lui sont propres, il y en a un très-grand nombre à la tête desquels elle est & qui n'en sont pas dérivés; mais sur lesquels elle s'est entée en prenant la place de l'aspiration H, ce qui est arrivé pour en rendre la prononciation plus douce. C'est ainsi qu'un grand nombre de mots que nous prononçons en F se prononcent H chez les Espagnols.

F s'est également substitué à B par la même raison qu'à V & à P.

Quant à sa valeur premiere, comme consonne, c'est la même que celle du Φ Phi des Grecs, ou du P Oriental qui s'aspiroit presque toujours; or le פ Ph Oriental étoit la peinture & le nom de la bouche.

De-là une multitude de mots en F. Si on y ajoute ceux où il a pris la place de B & ceux où il est pour H, on aura l'étymologie de la plus grande partie des mots en F.

Quant à ceux en FL, en FR, en FU, dont le nombre est considérable, ils se sont formés par onomatopée, de même que nombre d'autres.

Au moyen de ces observations il n'est aucun mot Latin en F dont on ne trouve l'étymologie.

F.

DICTIONNAIRE DE L'ENFANCE.

F se prononçant des lévres, devint le nom d'une multitude de choses de premier besoin, qui entrent dans le Dictionnaire de l'enfance, d'où le mot Oriental *Phe*, bouche; le Grec & le Latin *Fa*, 1°. parler, 2°. manger, &c. De là ces nombreuses familles Latines.

I.
F A, parler.

1.

F A*tus, ûs*, la parole.

Fatus, a, um, qui a parlé, qui a dit.
Fator, -ari, parler beaucoup.
Af-Fatus, a, um, qui a adressé la parole.
Af-Fatus, ûs, entretien, conversation ; 2°. Edit.
Ef-Fatus, a, um, qui a parlé.
Ef-Fatum, i, maxime, sentence.
Ef-Fata, orum, dernières prieres que faisoient les Augures.
Præ-Fatio, is, avant-propos, discours préliminaire.
Præ-Fatus, a, um, ayant dit auparavant.
Pro-Fatus, ûs, le parler.
Pro-Fatum, i, sentence, axiome.

2.

1. Fari, For, Fatus sum, parler. For, pour Faor.

Af-Fari, or, atus sum, adresser la parole, parler, entretenir.
Ef-Fari, dire, raconter.
Inter-For, -ari, interrompre, couper la parole.
Inter-Fatio, onis, interruption.
Præ-Fari, dire d'avance.
Pro-Fari, parler.

2. Fans, tis, qui parle, parlant ; pour Fa-ens, l'être qui parle.

Fandus, a, um, dont on peut, dont on doit parler.
Af-Faniæ, arum, babil, contes, sornettes.
In-Fans, qui ne parle pas, muet, qui est sans éloquence, stupide.
In-Fantia, æ, stérilité de paroles, manque d'éloquence.
In-Fandus, a, um, dont on ne doit pas parler ; 2°. dont on ne parle qu'avec horreur.
In-Fandum, chose qu'on n'ose dire.
Præ-Fans, qui dit d'avance, qui prescrit la formule de parler.
Præ-Fandus, qu'il faut dire d'avance.

Ne-Fans, tis ; Ne-Fandus, qu'on n'ose dire, abominable.

3.

Fabula, æ, discours, histoire, récit ; 2°. conte, fable ; 3°. sujet d'entretien, médisance, calomnie.
Fabulo, -are ; Fabulor, -ari, parler, causer, discourir, raconter.
Fabularis, e, de fable, fabuleux.
Fabulario, is, roman, conte.
Fabulator, is, causeur, conteur.
Fabulinus, i, le Dieu des contes.
Fabulo, is, diseur de contes, plaisant.
Fabulosè, d'une manière fabuleuse.
Fabulositas, atis, fiction.
Fabulosus, a, um, dont on parle beaucoup, fameux ; 2°. romanesque, fabuleux.
Fabello, -are, parler, raconter.
Fabella, æ, historiette, conte ; 2°. Piéce de théâtre ; 3°. intrigue.
Fabellator, oris, conteur de fables.
Fabellatrix, icis, conteuse.
Ap-Fabulatio, is, sens, moralité d'une fable.
Con-Fabulo, -are ; Con-Fabulor, ari, parler, converser avec quelqu'un.

4.

1. Af-Fabilis, e, à qui il est facile de parler, obligeant, civil.

Af-Fabilitas, is, la facilité avec laquelle quelqu'un permet qu'on lui parle.
Af-Fabiliter d'une manière affable.
Af-Fabilissimè, très-obligeamment.
Per-Af-Fabilis, e, très-affable.

2. Ef-Fabilis, e, qui se peut dire.

In-Ef-Fabilis, e, qu'on ne peut dire, indicible.
In-Ef-Fabiliter, d'une manière inexprimable.

5.

Fama, æ, en Grec, Phêmê ; du verbe Phao, dire : ce mot signifie, ce qui se dit, ce dont tout le monde parle, renommée, réputation.

Famella, æ, petite réputation.

Famosus, a, um, dont on parle beaucoup, célèbre, fameux, dont on dit beaucoup de bien ; 2°. dont tout le monde parle en mal, diffamé, diffamant.

Famositas, atis, la célébrité.

Famulosus, qui fait l'entretien général.

Af Famen, inis, abouchement.

BINOMES.

Fami-Ger, a, um, qui fait courir des bruits.

Fami-Geratus, a, um, renommé.

Fami-Gerabilis, e, célèbre.

Fami-Geratio, onis, bruit répandu.

Fami-Gerator, trix, nouvelliste, qui répand des bruits.

COMPOSÉS.

De-Famatus, a, um, perdu d'honneur, infâme.

Dif-Famatus, a, um, deshonoré.

Dif-Famo, -are, décrier, diffamer.

In-Famo, -are, perdre de réputation.

In-Famis, e, qui a mauvaise réputation.

In-Famia, æ, opprobre, ignominie.

In-Famatio, nis, diffamation.

In-Famans, qui ôte l'honneur.

Per-In-Famis, infâme au plus haut degré.

6.

Fa-Cundus, a, um, qui sait parler, beau parleur, habile dans l'art oratoire. Ce Binome est formé de Fa, parler, & de Kund, Cund, Savant, qui connoît parfaitement. Ainsi cet adjectif signifie mot-à-mot celui qui connoît bien l'art de parler. La langue Allemande a retenu ce mot primitif ; elle dit Kund, connu ; Kundig, connoisseur, & Kundschafft, science.

Facundia, æ ; Facunditas, is, l'art oratoire, l'éloquence.

Facundo, -are, rendre éloquent.

Facundé, éloquemment.

Facundiosus, le même que Facundus.

In-Facundus, a, um, qui ne sait point parler, peu éloquent.

In-Facundia, æ, défaut d'éloquence, mauvaise grace à parler.

Per-Facundus, a, um, très-éloquent.

Per-Facundé, avec beaucoup d'éloquence.

7.

1. Fanum, i, le lieu où l'on parle par excellence, où l'on fait des discours sacrés, l'Oratoire, l'Eglise.

Fanaticus, a, um, mot-à-mot, qui a soin du Temple, du Fanum ; 2°. celui qui y parle ; 3°. qui parle d'après l'inspiration sacrée ; le Prêtre, ou bien l'Energumène, qui, transporté d'une fureur Divine, profère des Oracles ; 4°. fou, extravagant, visionnaire ; 5°. frappé du tonnerre.

Fanaticé, en fanatique, en Energumène.

2. Pro-Fanus, a, um, 1°. qui ne sçait point le langage sacré, qui n'est point initié dans les mystères, où l'on prononçoit les mots sacrés ou mystérieux. Ce mot tient aussi à Fanum, Temple, parce que les choses sacrées, les mystères, se célébroient dans les Temples, d'où ceux qui n'étoient point initiés n'osoient s'approcher. 2°. Ce mot détourné de son sens propre signifie encore ignorant, excommunié ; 3°. dont on se sert indifféremment, qui n'est pas sacré.

Pro-Fano, -are, profaner.
Pro-Fanatio, onis, profanation.
Pro-Fanator, oris, profanateur.

8.

Fatatum, i,
Fatum, i,
Fatus, ûs,
} Oracle, prédiction qui annonce l'avenir. Destin, sort, le langage des Dieux, c'est-à-dire, les prophéties ou le destin ; car ce qu'on nomme *fatalité* n'est que ce que la Divinité a prononcé devoir arriver. Ce mot Fatum, après avoir signifié l'Arrêt de la Providence, a désigné les objets qu'elle avoit prédits, annoncés, ou décidés, comme l'avenir en général, tout ce qui se prédit, la mort, la vie, la destinée, la nécessité, la fortune bonne ou mauvaise, le malheur & le bonheur.

Fatalis, e, prédit par la Divinité, annoncé par les Oracles ; 2°. funeste, malheureux.

Fataliter, suivant le destin, par l'ordre du destin, malencontreusement.

Fatalitas, is, accident imprévu, malheur fortuit.

9.

BINOMES.

Fatifer, a, um, qui porte la mort, l'arrêt du destin.

Fati-legus, a, um, qui recueille ce qui donne la mort.

Fati-loquus, a, um, Devin, Sorcier, Sybille, Sorciere.

F changé en V.

Faticanus, a, um,
Vaticanus, a, um,
} qui prédit l'avenir, qui rend des oracles. De *cano*, chanter.

Vaticanus, i, Dieu qui préside à la parole ; 2°. le Vatican, la colline où se rendoient les oracles.

Fatidicus, a, um ; Vatidicus, a, um, de Prophete, de Devin, Sorcier, Devineresse.

Faticinus, a, um,
Vaticinus, a, um,
Vaticinius, a, um,
} qui prédit l'avenir, qui contient des oracles ; 2°. poétique, parce que les prophéties étoient en vers.

Vaticinor, -ari, prédire l'avenir, rendre des oracles.

Vaticinium ; Vaticinatio, prédiction.

Vaticinator, devin, sorcier.

Vates, is, devin, prophete, devineresse, sorciere ; 2°. poete, parce que les oracles étoient en vers.

10.

Fatua, æ, la bonne Déesse, celle qui instruit de l'avenir.

Fatuarii, orum, ceux qui épris de la fureur divine, prédisent l'avenir : energumène qui extravague au lieu de prophétiser.

Fatuus, a, um, extravagant, insensé, ce qui est le propre de ceux qui croyent lire dans l'avenir, & qui disent des fatuités, des impertinences ; 2°. fat, sot, insipide, fade.

Fatuor, -ari, faire l'énergumène, l'extravagant, le fou.

Fatuitas, is, impertinence, sottise, l'action de dire des bêtises.

Fatué, en extravagant, en homme qui ne sait ce qu'il dit.

In-Fatuo, -are, troubler l'esprit, faire perdre le sens.

Præ-Fatuus, a, um, qui parle sans avoir réfléchi, impertinent, sot.

11.

1. Fateor, eris, Fassus sum, eri, dé-

clarer, confesser, avouer ; 2°. dire, donner à connoître.

FA-*tendus*, *a*, *um*, qu'il faut avouer.
Con-Fiteor, -eri, dire ingénument, avouer.
Dif-Fiteor, -eri, dire qu'on n'a pas fait, désavouer.
Pro-Fiteor, -eri, parler franchement ; 2°. déclarer ouvertement, témoigner ; 3°. enseigner publiquement ; 4°. promettre.

2. FA*ssus*, *a*, *um*, qui a dit ouvertement, qui a avoué.

Con-Fessus, *a*, *um*, qui a fait l'aveu ; 2°. déclaré, dont on est convenu.
Con-Fessio, onis, aveu.
Con-Fessorius, *a*, *um*, qui concerne un aveu.
In-con-Fessus, *a*, *um*, qui n'a pas avoué.

3. Pro-Fessio, *is*, déclaration publique ; 2°. profession, état.

Pro-Fessor, *is*, Régent, Professeur, qui enseigne publiquement.
Pro-Fessus, *a*, *um*, qui a promis solemnellement.
Pro-Fessorius, *a*, *um*, qui concerne les Professeurs.
Im-pro-Fessus, *a*, *um*, qu'on n'a pas déclaré.

§ 2.

FÉCIALES, Féciaux.

Feciales, Fetiales, les Féciaux, Officiers publics de Rome qui étoient chargés de déclarer la guerre & de négocier la paix. Leur charge étoit un vrai Sacerdoce ; ils portoient la parole pour le Peuple Romain à ceux avec lesquels celui-ci avoit quelque chose à démêler.

Il est apparent que cet ordre avec son nom venoit de l'Étrurie : ce nom est écrit Vesial sur les Monumens de cette Contrée.

Son origine étoit inconnue aux Romains eux-mêmes qui le dérivoient très-mal à propos du verbe Ferire, frapper ; *au fig.* faire un traité.

Varron, dans le deuxième Livre de la Vie du Peuple Romain, dit que les Députés du Col ége des Féciaux s'appelloient *Orateurs*. Mais c'étoit le nom même des Féciaux : il vient du primitif FA, parler, en Gr. Phazein. Phazi-al est donc *mot à mot* celui qui parle.

Les Allemands ignant à ce verbe la terminaison *tzen*, qui le prend en mauvaise part, en firent FA-*tzen*, dire des riens.

II.

FA, manger.

1.

Famille Grecque.

Phago, *is*, gros mangeur ; Phago, manger.

Phagedæna, *æ*, faim canine. faim affreuse ; 2°. cancer qui ronge la chair.

Ce Binôme est composé de Phago & de Deinos, horrible, affreux.

Phagesia, *orum*, carnaval d'Athènes ; mot-à-mot, les mangeailles.

Phagesi-posia, *orum*, le même carnaval, mot-à-mot, mangeaille & buvaille : du Grec Phao, manger, & Posis, boisson.

2.

Fames, *is*, désir de manger, envie de prendre nourriture, faim ; 2°. avidité, passion violente, rage ; 3°. diéte.

Famelicè, en affamé.
Famelicosus, a, um; Famelicus, a, um, qui est affamé.

3.

Fagus, i, arbre fruitier en général, arbre qui produit la nourriture des hommes. Insensiblement le premier sens s'éloigna, & ce mot désigna une espece particuliere, sçavoir le hêtre, le fau, mot Celte, Grec, &c.

Faginus,
Fagineus,
Fageus, a, um,
} de bois de hêtre.

Fagutal, is, bois de hêtre; 2°. chapelle de Jou, où il y avoit un hêtre.

4.

Faba, æ : ce mot a signifié d'abord, fruits, légumes, toutes les petites productions de la Nature, propres à nourrir, d'une figure ronde, ou oblongue, & puis il fut borné à désigner un seul légume, les Féves.

Fabula, æ, petite féve.
Fabulum, i, tige de féve; 2°. haricot.
Fabetum, i plantage de Féves.

Fabaceus,
Fabalis, e,
Fabacius,
Fabaginus,
Fabarius,
} de féves.

Fabacium, ii, tige de féve.
Fabacia, æ, gâteau de farine de féves.
Fabalia, um, plantage de féves.
Fabatarium, ii, vase, plat, potage où il y des féves.

5.

Faselus, i,
Faseolus, i,
Phaselus, i,
} Faséoles, féves de haricot.

Faselinus, a, um; Phaselinus, a, um, de féve, de haricot.

6.

Favus, i, mot à-mot, ce qu'on mange, ce qui est bon à manger; 2°. miel, rayon de miel, gâteau de miel; cellule hexagone pleine de miel; 3°. enflure.

Favulus est le diminutif.

Faveo, -ere, mot-à-mot, être du miel pour quelqu'un, ce qui l'aide & le réjouit; c'est-à-dire, appuyer, favoriser quelqu'un : les premiers hommes pour se témoigner leur amitié respective, se présentoient du miel.

Favor, is, protection, appui, inclination, marque d'amitié, faveur.
Faventia, æ, faveur, égard, attention.
Tibi Favebo, je vous donnerai du miel; je serai pour vous du miel.

Favitor, is,
Fautor, is,
Fautrix, cis,
} patron, protecteur, partisan, qui favorise.

Favorabilis, e, qui favorise, qui donne à quelqu'un des marques d'affection.
Favorabiliter, agréablement.
In-Favorabilis, e, qui ne mérite point de faveur; qui n'est pas favorable.
In-Favorabiliter, d'une maniere qui n'est pas favorable.

7. Faustus, a, um, heureux, avantageux, favorable; 2°. commode, utile, mot-à-mot, ce qui est propre, bon à manger.

Faustitas, is, bonheur.
Faustulus, qui vient avec bonheur, qui se trouve heureusement, comme un rayon de miel qu'un homme affamé trouveroit.
Fauste, heureusement.
In-Faustus, a, um, malheureux,

7.

F**A**vonius, ii, Zéphire, ouest : mot-à-mot, vent favorable ; il étoit fort avantageux pour les biens de la terre.

F**A**vonianus, a, um, de Zéphire, de l'Ouest.

8.

F**A**milia, Famille.

F**A**milia, æ, famille, parenté : mot-à-mot, les personnes qu'on nourrit, qu'on entretient ; 2°. valets, gens, domestiques ; 3°. bien d'une famille ; 4°. secte, parti, compagnie.

F**A**miliaris, e, domestique, de la famille ; 2°. serviteur, valet ; 3°. familier ; 4°. ami, parent ; 5°. ordinaire, commun.

F**A**miliaricus, a, um, particulier, privé.

F**A**miliarius, a, um, de valet, de serviteur.

F**A**miliaritas, is, grande liaison, communication étroite.

F**A**mi iariter, avec familiarité ; par familles.

F**A**mul ; F**A**mulus, i, serviteur, valet, domestique.

F**A**mula, æ, servante, fille de chambre ; 2°. captive, esclave.

F**A**mulus, a, um ; F**A**mulosus, a, um, asservi, sujet ; 2°. qui est en service.

F**A**mularis, e, de serviteur, de domestique.

F**A**mularé, servilement.

F**A**mulor, -ari, servir, être en service ; 2°. aider.

F**A**mulanter, humblement, servilement.

F**A**mulario, onis,
F**A**mulatus, ûs, } service, esclavage ;
F**A**mulitas, is, } 2°. train, gens d'une
F**A**mulitium, ii, } maison.

P**E**r-F**A**miliaris, e, très-intime.

P**E**r-F**A**miliariter, fort familierement.

9.

F**I**c, Figue.

Les Latins appellent une figue F**I**cus : c'est le S**U**kon, figue des Grecs, S**U**keé, figuier.

Ces mots tiennent à l'Hébreu פג, PhaG, figue qui n'est pas mûre ; & à פיק, Phiq, production par excellence, qui se nasalant a formé פנק, PhaNQ, nourriture exquise.

Tous ces mots viennent de F**A**, F**E**, F**E**G, manger ; F**E**G, arbre. De-là :

1. F**I**cus, i, ou cûs, Figuier ; 2°. figue ; 3°. fic, ulcère.

F**I**culus, i, petite figue.

F**I**culnus, a, um ; F**I**culneus, a, um, de figuier.

F**I**culnea, æ, figuier.

F**I**caria, æ ; F**I**cetum, i, lieu planté de figuiers.

F**I**carius, a, um, de figuier.

F**I**citas, atis, abondance de figues.

F**I**citor, oris, cueilleur de figues, qui aime les figues.

F**I**cedula, æ, becfigue, oiseau.

F**I**cedulensis, e, is, marchand de becfigues.

2. F**I**cosus, a, um, plein d'ulcères nommés fics, à cause de leur ressemblance avec la figue.

F A-X,

Trouble ; qu'on ne peut manger.

Fa uni au négatif X, forma le mot F**A**x, F**E**x, trouble, qu'on ne peut manger. De-là :

F**E**x, cis, lie, marc ; 2°. raisiné ; 3°.

liqueur épaisse des poissons; 4°. nuage.

Fecula, æ, liqueur épaisse.
Fecaus, a, um, de marc.
Fecosus, a, um, qui jette une liqueur épaisse.
Ficinus, a, um; Fecinius, a, um, qui a beaucoup de lie.
Feculentus, a, um, plein de lie, bourbeux.
Feculentia æ, lie, bourbe.
Feculenté; Feculenter, avec quantité de lie.
Ef-Fæco, -are, ôter les immondices.

III.
FA, FO,
Feu.

FA, Fo, est un mot primitif & de la plus grande simplicité qui désigna le feu par onomatopée; c'est un soufle, une vapeur excitée également par le soufle, soit naturel, soit artificiel. Aussi existe-t-il dans toutes les Langues Celtiques.

Fo signifie encore en Breton Feu, & toutes les idées relatives au feu; telles que chaleur, ardeur, promptitude, vîtesse.

Ils disent aussi Affo, avec les mêmes significations.

Ils se rapprochent ainsi des Orientaux qui commencent ordinairement par les voyelles, qui disent Ab, Am, là où nous disons Pa, Ma, Pere, Mere; & chez qui, Aph signifie feu; 2°. ardeur, emportement, colère.

Cet usage de commencer les mots par les voyelles & qui sembloit propre aux Orientaux, leur est cependant commun, non seulement ici, mais en beaucoup d'autres occasions, avec les Occidentaux; tant il est vrai que les langues ne sont qu'une.

C'est ainsi qu'en Celte, Af, Aff, Afa, a toutes les significations de Phe, ou Fa, Fe, désignant la bouche, le visage, un baiser, & que Affn y signifie nourriture, aliment.

1. Fax, cis, 1°. flambeau, torche, fallot; 2°. boute-feu; 3°. feu, flamme, passion; 4°. météores ignés; 5°. attraits, charmes, beauté.

Faci-Fer, a, um, qui porte un flambeau.

2. Favilla, æ, 1°. braise; 2°. feu, étincelle, 3°. fumée, vapeur de feu.

Favillaceus, a, um; Favillaricus, a, um, de braise, d'étincelle.

2.
FA, FAC,
Ce qui paroît, qui brille.

Facies, ei; façon, forme, figure, arrangement, maniere de faire; 2°. taille, stature; 3°. face, mine, air du visage; 4°. apparence, posture, situation; 5°. image, peinture, portrait; 6°. spectre, fantôme.

Super-Ficies, ei; Super-Ficium, ii, dessus, surface.

Super-Ficiarius, a, um, qui est bâti sur le fonds d'autrui à certaines conditions.

3.
Fascinum, Fascination.

Ce mot vient du Grec Baskainó, fasciner,

ciner, charmer, ensorceller. Mais ce mot Grec s'est lui-même altéré, au lieu de PHASKAINÓ, mieux conservé dans le Latin.

C'est un mot composé de PHAS, lumiere, œil, & KAINÓ, vaincre, faire périr.

On prétendoit que les charmes agissoient par la vue, de la même maniere que les chats, les serpens, &c. attirent les oiseaux, les crapauds, &c. en les regardant fixement.

1. FASCINUM, i, charme, ensorcellement.

FASCINUS, i, le Dieu préservateur des enchantemens.

FASCINO, -are, charmer, ensorceller.

FASCINATIO, onis, ensorcellement, charme.

FASCINATOR, is ; FASCINATRIX, is, enchanteur, qui fascine.

2. Præ-FIS-CINÒ,) soit dit sans envie ;
Præ-FIS-CINÈ,) mot-à-mot en prévenant tout charme, tout ensorcellement qu'on attribuoit toujours à un œil d'envie.

4.

Foveo, es, vi, fotum, ere ; 1°. échauffer, couver ; 2°. fomenter, bassiner ; 3°. entretenir, maintenir ; 4°. nourrir, cultiver ; 5°. favoriser, protéger.

Fotus, ûs, fomentation, l'action d'échauffer.

Fomes, itis, ce qui donne de l'ardeur ; 2°. matiere combustible, qui brûle aisément.

Fomentum, i ; Fomentatio, onis, étuvement ; 2°. adoucissement ; 3°. fomentation.

Fomento, -are, fomenter, échauffer.

COMPOSÉS.

Con-Foveo, -ere, tenir chaudement ; 2°. remettre de la fatigue.

Præ-Foveo, -ere, échauffer auparavant.

Re-Foveo, -ere ; 1°. réchauffer, fomenter ; 2°. rétablir, remettre en vigueur.

5.

1. Focus, i, 1°. foyer, âtre, & anciennement feu ; 2°. réchaud, chaufferette, fourneau ; 3°. fomentation.

Foculus, i, feu, petit feu ; 2°. petit foyer, potager.

Focarius, ii, cuisinier ; celui qui a soin du feu.

Focaria, æ, cuisiniere.

Focula, orum, viandes.

Focillo, -are ; Focillor, -ari, fomenter, réchauffer, redonner des forces ; 2°. appuyer, conserver.

Focillator, is ; Focillatrix, icis, qui réchauffe, qui rétablit.

Focillatio, onis, fomentation ; 2°. l'action de rétablir.

Re-Focillo, -are, rétablir, refaire.

2. Focale, is, capuchon, bonnet pour couvrir les oreilles & le cou.

Focaneus, a, um, qui croît entre deux rejettons.

6.

FUCÆ, Fard, Algue.

Fucus, i, désigne en Latin & l'algue marine, & le fard, ce fard qui est rouge : c'est le Grec Phukos, & l'Hébr. פוך, Phuc, fard.

Pline nous apprend qu'on se tervoit du fucus pour teindre les étoffes en pourpre.

Ces mots viennent donc de Fo, Foc, feu, couleur de feu.

Fucus, i, 1°. algue, varech; 2°. fard, teinture, couleur artificielle; 3°. déguisement, imposture; 4°. bourdon, guêpe, frelon.

Fuco, -are, farder, colorer, barbouiller; 2°. déguiser, feindre.

Fucator, is, qui farde, qui déguise, barbouilleur.

Fucatio, onis, l'action de farder, de déguiser.

Fucæ, arum, taches de rousseur au visage.

Fucilis, e, déguisé, dissimulé, fardé.

Of-Ficia, æ; Of-Ficia, æ, fard; 2°. fraude.

7.
FUSC.

De Fo, feu, lumière, joint à X, Sc, qui désigne la négation, l'absence, se forma la famille suivante.

Fuscus, a, um, sombre, noirâtre, obscur, hâlé.

Fuscitas, tis, fauve; 2°. hâle.

Fusco, -are, hâler, brunir; 2°. obscurcir, noircir.

Fuscator, is, qui obscurcit.

COMPOSÉS.

In-Fusco, -are, noircir, obscurcir; 2°. brouiller, troubler; 3°. teindre, tacher; 4°. corrompre, gâter.

In-Fuscus, a, um, noirâtre.

In-Fuscatio, onis, obscurcissement.

Ob-Fuscatio, onis, tromperie.

Os Fusco, -are, obscurcir.

Sub-Fuscus, a, um, qui tire sur le brun tané.

IV.
FE, FI,

Ce qui existe, qui paroît, qui se forme; la Nature.

Fe, Fi, Fu, souffle, animation, devint l'origine d'une multitude de mots relatifs aux objets existans, naissans, à la Nature entière qui ne cesse de former des Etres.

De-là diverses familles en F & en Ph.

1.

Fio, is, Factus sum, Fieri; 1°. devenir, être fait; 2°. arriver, venir.

Con-Fio, -ieri, se faire, s'exécuter.

De-Fit, -fieri, manquer, avoir besoin.

Ex-Fio, -ire, purger, nettoyer.

In-Fit, il commence.

Inter-Fio, ieri, être consumé.

Suf-Fio, -ire, parfumer.

Suf-Fitor, is, parfumeur.

Suf-Fitus, us; Suf-Fitio, onis, fumigation, l'action de parfumer.

Suf-Fimen, inis; Suf-Fimentum, i, parfum.

Suf-Fimento, -are, parfumer.

Super-Fio, -eri, être de reste.

2.

Fu désigna la Nature, tout ce qui existe: de-là la nombreuse famille en Grec de Phusis, la Nature, & cette Famille Latine.

Fuo, is, it, -ere, être.

Futo, -are, être souvent.

Futurus, a, um, à venir, qui sera.

Futuritio, onis, existence à venir.

Inter-Futurus, a, um, qui doit être présent.

POST-FUTURUS, a, um, qui arrivera en-suite.
POST-FUIT, on a rejetté.
SUPER-FUTURUS, a, um, qui restera.

3.

FORE, devoir être, devoir arriver : R, marque de l'avenir, comme nous l'avons vu dans la *Gramm. Univ. & Comp.* au sujet de ERO, futur du verbe Esse.

FOREM, je serois, je fusse.

COMPOSÉS.

AB-FORE, ⎫ défaillir, n'être pas, *en*
AF-FORE, ⎭ *parlant de l'avenir*, qui ne sera pas, qui n'arrivera pas.
AD-FORE; AD-FUTURUM *esse*, qui doit se rencontrer dans un lieu.
CON-FORE, qui arrivera, qui doit être.
DE-FORE; DE-FUTURUM, *esse*, qui manquera, qui défaudra.
PER-FORE, qui doit être.
SUPER-FORE, être de reste.
SUPER-FORANEUS, a, um, superflu.

4.

FET, petits, portée.

FE, exister, produire, joint au Participe passé ETUS, signifie mot-à-mot ce qui a été produit : mais il ne s'est dit que des êtres animés, ensorte qu'il désigne les fruits du ventre, les petits, les embryons, & tout ce qui y est relatif.

FETUS, a, um, qui a des petits dans le ventre, pleine ; 2°. enceinte ; 3°. accouchée ; 4°. fécond.
FETUS, us ; FETURA, æ. fruit du ventre, portée, ventrée, petits des animaux, production, accouchement.
FETUOSUS, a, um, qui a des petits dans le ventre.
FETO, -are, faire ses petits.

BINOMES.

FETI-FER, a, um, qui rend fécond.
FETI-FICO, -are, faire ses petits.
FETI FICUS, a, um, qui sert à la production des animaux.

COMPOSÉS.

CON-FŒTUS, a, um, qui a le ventre plein de petits.
CON-FŒTO, -are, mettre bas en même-tems.
CON-FŒTA SUS, truie qu'on sacrifioit avec sa portée.
EF-FETUS, a, um ; 1°. qui ne porte plus ; 2°. épuisé, languissant.
EF-FETA, æ, femme stérile.
EF-FETÈ, sans force, sans vigueur ; 2°. judicieusement, avec sagesse.
SUPER-FETO, -are ; SUPER-FŒTO, -are ; concevoir de nouveau ; 2°. devenir pleine une seconde fois.
SUPER-FŒTATIO, onis, nouvelle portée.

5.

FE CUNDUS, fécond.

De FE, produire, joint à CAN, CUN, habile, puissant, prononcé CUND, se forma le Binome,

FE-CUNDUS, *mot-à-mot*, être habile à produire, plein de fécondité, fécond : de là cette famille.

FE-CUNDUS, a, um, fertile, abondant.
FE-Cunditas, is, fertilité, production abondante.
FE Cundè, abondamment.
FE-Cundo, -are, fertiliser.
FE-Cundator, is, qui rend fertile.
PRÆ-FECUNDUS, a, um, très fertile, fécond d'avance.

R r ij

NÉGATIFS.

IN-FE-Cu*ndus*, *a*, *um*, stérile, infructueux.

IN-FE-Cu*nditas*, *is*, stérilité.

IN-FE-Cu*ndè*, sans fruit.

FAL.

1.

Elevé.

FAL, formé de HAL qui signifie élevé, voy. *Col.* 26, &c. est devenu le nom de quelques objets hauts & élevés, qu'on prononça en *Fal*, afin de les mieux distinguer de la famille HAL, déjà extrêmement nombreuse, & de la famille BAL, *col.* 142, qui ne l'étoit pas moins.

En Etrusque FAL*ando*, le Ciel, haut, élevé.

FAL*æ*, PHAL*æ*, *arum*, tours de bois pour les sièges ; 2°. amphithéâtre.

FAL*arica*, *æ*, tour de bois, beffroy ; javelot embrâsé qu'on jettoit contre ces tours.

FAL*iscæ*, *arum*, rateliers, mangeoires.

FAL*iscus*, *i*, saucisse, boudin, *mot-à-mot*, excellent manger.

2.

FAL, faulx.

Du Celte FAL, couper, retrancher, opposé à BAL, élevé, se forma cette famille Latine.

1. FAL*x*, *cis*, faulx, serpe, coutelas.

FAL*cula*, *æ* ; FAL*cicula*, *æ*, faucille, serpette.

FAL*co*, -*are*, faucher, couper avec la faulx.

FAL*catus*, *a*, *um*, fait en forme de faulx.

2. FAL*cator*, *is*, faucheur.

FAL*carius*, *ii*, taillandier, qui fait des faulx.

FAL*ci*-FER, *a*, *um* ; FAL*ci*-GER, *a*, *um*, armé d'une faulx.

3. FAL*co*, *onis*, faucon, oiseau de proie, ainsi appellé à cause de son bec recourbé.

FAL*cunculus*, *i*, lanier, oiseau de proie.

COMPOSÉ.

DE-FAL*co*-, *are*, abattre, tailler avec la faulx ; 2°. ôter, retrancher ; 3°. déduire, rabattre.

FAL.

De FAL, opposé à BAL élevé, & qui désigne tout ce qui est gâté, mauvais, corrompu, trompeur, se forma la famille suivante.

FAL*lo*, *is*, *fefelli*, *falsum*, *ere*, fourber, surprendre, séduire, abuser.

FAL*lax*, *cis*, trompeur ; 2°. dissimulé, rusé ; 3°. captieux, embarrassant ; 4°. falsifié, déguisé.

FAL*laciosus*, *a*, *um*, fourbe, trompeur ; 2°. captieux.

FAL*laciter*, faussement, par surprise.

FAL*la*, *æ*,
FAL*lacia*, *æ*, } tour d'adresse, tromperie ; 2°. ruse, intrigue ;
FAL*lacies*, *ei*, } 3°. imposture, déguisement.

FAL*sus*, *a*, *um*, 1°. abusé, dupé, surpris ; 2°. qui se méprend ; 3°. déguisé, perfide, traître ; 4°. faux, qui n'est pas réel ; 5°. supposé, contrefait ; 6°. vain, imaginaire.

Falsùm, i, faux; 2°. fausseté, imposture.
Falsò, à tort, faussement.
Falsè, faussement.
Falsarius, ii, faussaire.
Falsitas, is, mensonge, imposture, supposition.
Falsi-Monia, æ; Falsi-Monium, ii, tromperie, fourberie.

BINOMES.

Falsi-Dicus, a, um, qui assure.
Falsi-Ficus, i, fourbe.
Falsi-Ficatio, onis, altération.
Falsi-Jurius, a, um, qui fait un faux serment, parjure.
Falsi-Loquus, a, um, qui dit des mensonges.
Falsi-Loquentia, æ; Fallaci-Loquentia, æ, paroles trompeuses.

COMPOSÉS.

Re-Fello, ere, réfuter, contrarier, n'approuver pas.
In-Fallibilis, e, qui ne peut manquer.

FAR, BAR,
Produire.

Le primitif BAR, FAR, FER, FRA, FRE, &c. qui signifie, produire, faire, a formé une multitude de familles en toutes langues & surtout dans la Latine.

I.
FAR, façon.

On voit par tous les composés suivans, que FAR fut un mot radical qui signifia maniere, façon, thême.

On a cru que ce mot radical venoit de FA, parole; mais ce n'étoit pas rendre raison du R qui l'accompagne. Le dériver de Fari, c'étoit regarder comme radicale la lettre R, qui n'est qu'accidentelle dans ce verbe.

Il faut donc que FAR, façon, maniere, soit un dérivé de BAR, faire, former, façonner.

Bi-Fariam, signifiera donc mot-à-mot, ce qu'on peut faire de deux manieres.

Bi-Fariam, en deux manieres, de deux façons.
Ambi-Farius, a, um, double, qui a deux côtés; 2°. équivoque, captieux.
Ambi-Fariàm, des deux côtés.
Omni-Farius, a, um, qui se met de toutes manières.
Omni-Fariàm, en toutes manières.
Multi-Farius, a, um, qui est de plusieurs façons.
Multi-Fariè; Multi-Fariàm, diversement.
Pluri-Farius, a, um, de plusieurs façons.
Pluri-Fariàm, en plusieurs manières.
Septi-Fariàm, en sept parties.

II.
FABER, Ouvrier.

Du Primitif, BER, BAR, BRA, faire, produire, créer, joint à l'article Oriental FA, se forma une très-belle famille Latine qui marqua l'action de former, de produire des ouvrages, de leur donner l'existence par son travail, par son industrie: de-là ces mots.

Fa-Ber, i, artisan, ouvrier.
Faber, a, um, qui travaille, qui met en œuvre.
Fabrè, avec industrie, avec art, en maitre; 2°. habilement, finement.

FABERrimé, très-artistement.
FABRilis, e, d'ouvrier.
FABRiliter, en artisan.
FABRicus, a, um, d'artisan.
FABRICA, æ, 1°. structure, composition ; 2°. métier ; 3°. boutique, forge ; 4°. l'art de bâtir, architecture ; 5°. pratique d'un art ; 6°. adresse, ruse, intrigue.
FABRICO, -are ; FABRICOR, -ari, faire fabriquer, travailler, construire.
FABRICator, is, ouvrier, Architecte.
FABRICatio, onis, composition, formation, arrangement.
FABRICenses, ium, ouvriers d'un arsenal.
FA-BRE-FACIO, -ere, faire avec art.

COMPOSÉS.

AD-FABRÉ ; AF-FABRÉ, artistement.
IN-FABer, a, um, qui n'est point artiste, mauvais ouvrier.
IN-FABRÉ, sans art, grossièrement.
IN-FABRicatus, a, um, qui n'est pas travaillé.
PER-FABRico, -are, finir, achever.

IV.

FAR, Production.

FAR, faire, produire, devint la tige d'une famille immense qui, prononcée FAR, FER, FRE, FRU, &c. désigna les productions de la Terre, l'action de porter, de rapporter, &c. dans tous les sens, en Hébreu, en Celte, en Grec, &c. De-là ces mots Latins.

1.

FAR, grain.

FAR, ris, toutes sortes de grains ; 2°. farine.

FARina, æ, farine ; 2°. du pain.
FARinarius, ii, Farinier.
FARinarius, a, um, qui concerne la farine.
FARinula, æ, fleur de farine.
FARreus, a, um ; FARraceus, a, um, de grain, de froment.
FARrarium, ii, grenier.
FARratus, a, um, fait de grain.
FARreum, i, gâteau de farine.
FAR-PIum, gâteau qu'on offroit en sacrifice : mot Binome composé de PIUS, a, um, sacré, pieux.
FARraginaria, orum ; FARrago, inis ; 1°. mélange de plusieurs grains ou blés ; 2°. du seigle ; 3°. du fourrage ; 4°. mélange de plusieurs matières qu'on traite sans ordre, fatras, compilation.

COMPOSÉS.

CON-FARreatio, nis, cérémonie des Mariages chez les anciens Romains ; on portoit au Temple un gâteau devant les nouveaux Mariés, & ils en mangeoient en signe d'union ; ensuite cette cérémonie ne se pratiqua qu'aux Mariages des Prêtres.
CON-FARreo, -are, marier avec la susdite cérémonie.
DIF-FARreatio, onis, divorce ; 2°. sacrifice à cette fin.
SUB-FARraneus, a, um, qui recevoit d'un esclave sa portion de farine, comme l'esclave la recevoit de son Patron.

2.

FER, produire, porter.

1. FERO, ers, ers, tuli, latum, ferre, 1°. porter ; 2°. engendrer, causer ; 3°. supporter, souffrir ; 4°. emporter, recevoir ; 5°. offrir, con-

sacrer ; 6°. sentir, goûter ; 7°. annoncer, rapporter.

FERAX, cis, qui porte abondamment, qui rapporte ; 2°. fertile, fécond.
FERaciùs, avec un plus grand rapport.
FERacitas, is, fécondité, fertilité.
OMNI-FER, a, um, qui porte de tout.

2. FERaculum, i, ⎱ 1°. machine à porter quelque chose,
FERiculum, i, ⎰ brancard, civiere ;
FERculum, i, 2°. mets, plat, service.

FERetrum, i, cercueil, biere ; 2°. brancard.
FERentarius, a, um, secourable.
FERentarii, orum, Chevaux-Légers : qui se portent rapidement d'un lieu à l'autre.
FERzola, æ, espèce de raisin ou de vigne.
FERetrius, ii, frappeur, surnom de Jupiter.
FERtum, i, gâteau, brioche.
FERtatus, a, um, à qui l'on donne des gâteaux.

3. FERTus, a, um, ⎱ fertile, fécond, qui
FERTilis, e, ⎰ produit beaucoup.
FERtilitas, is, fécondité, abondance ; 2°. ajustement, parure.
FERtiliter, abondamment, fertilement.

4. FORda, æ, vache pleine qui porte : ce mot est le même que Horda.
FORdicidia, orum, Sacrifices où l'on immoloit des vaches pleines.

COMPOSÉS.

AB-FERO, ⎱ 1°. apporter, rapporter ;
AF-FERO, ⎰ 2°. annoncer, alléguer ;
3°. causer, donner ;
4°. imputer, imposer.

ANTE-FERO, -ferre, porter devant ; 2°. estimer davantage, préférer.
CIRCÙM-FERO, -ferre, porter çà & là, transporter de tous côtés ; 2°. purifier.
CIRCUM-FERentia, æ, circuit, détour.

CON-FERT, il est avantageux, il est utile.
CON FERO, -erre, assembler, amasser, transporter en un même lieu ; 2°. donner ; 3°. contribuer, fournir sa part ; 4°. remettre, différer ; 5°. comparer ; 6°. appliquer, employer ; 7°. combattre.
CON-FERrumino, -are, souder, joindre par la soudure ; de Ferrum, fer.
DE-FERO, -ferre, porter, transporter, voiturer ; 2°. offrir, présenter ; 3°. accuser, dénoncer ; 4°. attribuer.

DIF-FERO, -erre, être différent, ne ressembler point ; 2°. remettre, user de délais ; 3°. porter çà & là, jetter de côté & d'autre ; 4°. dissiper, répandre ; 5°. supporter, souffrir ; 6°. troubler, démonter.

DIF-FERentiùs, avec plus de différence.
DIF-FERitas, is ; DIF-FERentia, æ, disparité, disproportion.
IN-DIF-FERens, tis, commun, ordinaire, qui n'est point difficile.
IN-DIF-FERenter, sans se soucier ; 2°. sans choix.
IN-DIF-FERentia, æ, rapport, ressemblance.
INTRO-FERO, -ferre, porter dedans.
MULTI-FER, a, um, qui porte beaucoup.
OF-FERO, -ferre, présenter, donner, offrir.
OF-FERentia, æ, oblation, offre.
OF-FERumentum, i, offrande.
OF-FERumentæ, arum, marques de coups de fouet ou de bâton.
PER-FERO, -ferre, porter, souffrir ; 2°. obtenir ; 3°. raconter, dire.
POST-FERO, -erre, ne pas préférer, mettre après.

Præ-Fero,-ferre, porter devant; 2°. préférer; 3°. faire paroître.

Præ-Fericulum, i, bassin porté pour les Sacrifices.

Præter-Feror,-ferri, s'avancer au-delà; mot-à-mot, être porté au-delà.

Pro-Fero,-ferre, 1°. produire, montrer; 2°. tirer hors; 3°. emporter; 4°. rapporter, alléguer, découvrir, exposer; 5°. différer, surseoir; 6°. augmenter, accroître; 7°. raconter; 8°. prononcer; 9°. reprocher.

Re-Fero,-ferre, 1°. reporter; 2°. ramener; 3°. raconter, redire; 4°. s'en rapporter, prendre l'avis; 5°. remettre; 6°. appliquer de nouveau; 7°. rapporter, diriger; 8°. répondre, répliquer; 9°. rendre; 10°. compter entre, ressembler; 11°. remporter, gagner; 12°. poser, mettre, 13°. enregistrer.

Re-Fert, il importe, il est de conséquence.

Re-Ferendarius, ii, Référendaire, Maître des Requêtes.

Re-Ferendarium, ii, Charge de Maître des Requêtes.

Re-Ferina, æ,
Re-Feriva, æ, } féve qu'on rapportoit à la maison après avoir
Re-Friva, æ,   } semé ou moissonné, & dont on faisoit un Sacrifice.

Retro-Fero,-erre, reculer, porter en arrière.

Suf-Fero,-erre, souffrir, endurer.

Suf-Ferentia, æ, souffrance; 2°. patience.

Super-Feror,-ferri, être porté par-dessus.

Trans-Fero,-erre, transporter, porter ailleurs; 2°. remettre, différer; 3°. traduire; 4°. mettre, jetter sur.

3.
FRA, Fruit.

De Fer, production, prononcé Fre, sont venues diverses familles en FRA, FRU, &c.

1. Fragum, i, petits fruits en général; 2°. fraises.

Fragaria, orum, groupe de fruits; 2°. fraisiers.

Fragula, æ, fourrage en général; 2°. trèfle.

Fragro,-are, exhaler, rendre une odeur agréable.

Fragrantia, æ, bonne odeur, fumet agréable.

2. Frit, épi du bled; 2°. barbe de l'épi mûr, ce qui est au bout de l'épi.

3. Frutex, icis, arbrisseau; 2°. tige des plantes; 3°. souche, buche; 4°. butor, sot.

Fruticetum, i; Frutetum, i, pépinière d'arbrisseaux.

Frutetosus, a, um, plein d'arbrisseaux.

Fruticatio, onis, production de rejettons.

Fruticesco,-ere,
Frutico,-are,   } pousser des rejettons.
Fruticor,-ari,

Fruticosus, a, um, qui pousse des rejettons; 2°. où il y a quantité d'arbrisseaux; 3°. couvert de broussailles.

4. Frutilla, æ, Vénus qui fructifie.

Frutinal, is, Temple de Vénus, qui fructifie.

5. Frux, gis, fruit, production de la terre; 2°. frugalité, économie, honnêteté.

Frugifer, a, um, fruitier, abondant en fruits, fécond; 2°. utile, lucratif, dont on tire du fruit.

Frugilegus, a, um, qui ramasse des grains.

Frugo,-ere, cueillir des fruits.

Frugeria, æ, la Déesse des fruits.

6. Frugalis,

6. Frugalis, e, qui use modérément des fruits, tempérant, ennemi du luxe.

Frugalitas, is, sobriété, modération; 2°. vivres, provisions de bouche.

Frugaliter, sobrement, avec ménage, frugalement.

4.
FRU, jouir des fruits.

Fruor, eris, fruitus ou fructus sum, frui; Fruiscor; Frunisco,-ere; consumer les fruits, jouir, avoir la jouissance.

Fruitus, a, um; Fructus, a, um, qui a joui.

Frunitus, a, um, 1°. qui a joui; 2°. expérimenté, prudent; 3°. utile.

Composés.

De-Fruto,-are, faire du vin cuit, du raisiné; c'est-à-dire, décomposer le fruit & en faire un autre être.

De-Frutum, i, du fruit décomposé, du raisiné, du vin doux cuit.

In-Frugi-Fer, a, um; In-Fructuosus, a, um, stérile, qui ne porte point de fruit.

In-Frunitus, a, um, sans fruit, inutile; 2°. qui a perdu le sens, fou.

Per-Fruor, ctus sum, i, avoir une pleine & entière jouissance.

5.
FRU, fruit.

Fructus, ûs, 1°. fruit; 2°. usufruit; 3°. revenu; 4°. avantage, profit.

Fructuosus, a, um, qui porte beaucoup de fruits, fructueux; 2°. avantageux, utile.

Fructuarius, a, um; 1°. fruitier, qui porte du fruit; 2°. usufruitier.

Fructi-Fer, a, um, qui porte du fruit.

Fructi-Fico,-are, porter du fruit; 2°. fructifier.

6.
FRU, froment, bled.

Frumentum, i, bled, froment.

Frumentarius, a, um, de bled.

Frumentarius, ii, Marchand de bled.

Frumentaceus, a, um, qui concerne le bled.

Frumentator, is, Munitionnaire, Pourvoyeur.

Frumentor, atus sum,-ari, faire trafic de bled.

Frumentatio, is, l'action, le soin d'amasser les bleds; 2°. fourniture de bled; 3°. distribution de bled.

7. Frumenta, orum, les petits grains qui sont dans les figues.

8. Frumen, inis, mangeaille, consomption de fruits; 2°. le haut du gosier.

7.
FRU-ST, en vain : Binome.

Fru Strà, hors, sans fruit, en vain, inutilement: de Fru & de S privatif, ou de extra.

Fru-sto,-are : Frustor,-ari, priver du fruit, tromper; 2°. rendre inutile.

Fru-strator, ris, trompeur, qui abuse.

Fru-stratio, onis; Fru-stratus, ûs, tromperie; attente vaine, mauvais succès.

V.
FAR, FRA, emporter.

De Far, Fra, porter, sont nées quelques familles relatives à l'idée d'emporter, de priver, de tromper.

1.
FR Aus, fraude.

Fraus, dis, fourberie, surprise, action d'emporter frauduleusement; 2°. dommage, perte; 3°. crime.

FRAUDO, -are, frauder, affronter.
FRAUDATIO, onis, tromperie, supercherie; 2°. préjudice.
FRAUDOSUS, a, um; FRAUDULENTUS, a, um, trompeur, affronteur.
FRAUDULENTER, avec ruse, frauduleusement.
FRAUDULENTIA, æ, tromperie, surprise.
FRAUSUS, a, um, fourbé, trompé.
DE-FRUDO, -are; DE-FRAUDO, -are, tromper, attraper.

2.
FUR, Voleur.

1. FUR, is, larron, voleur; 2°. valet, esclave: en Grec PHÓR: de FER, porter, emporter.

FURUNCULUS, i, petit voleur, larronneau; 2°. petite tumeur, furoncle, clou; 3°. bosse qui se forme où la vigne pousse un bouton.
FURINUS, a, um, de voleur.
FUROR, -ari, dérober, voler.
FURINA, æ, Déesse des voleurs.
FURAX, cis, porté à dérober.
FURACITAS, is, inclination au vol.
FURACITER, en fripon.
FURACISSIMÈ, en vrai larron.
FURATRINA, æ, larcin, métier de voleur.

2. FURTUM, i, vol; 2°. enlévement, rapt; 3°. ce qui a été dérobé; 4°. surprise, ruse.

FURTÒ, } à la dérobée, en cachette;
FURTIM, } 2°. en passant, par occa-
FURTIVÈ, } sion.
FURTIVUS, a, um, secret, qui se fait à la dérobée.
FURTIFICUS, a, um, qui dérobe, qui vole.

COMPOSÉS.
TRI-FUR, is, grand voleur.

FUR-FUR, is, son; 2°. crasse de la tête, *mot-à-mot*, ce qui n'est bon qu'à être emporté par le vent.

FURFUREUS, a, um, de son.
FURFUROSUS, a, um, plein de son, ou de crasse farineuse.

VI.
FAR, Farcir.

De FAR, grain, mêlange de grain, se forma le Latin FARC, donner du grain en abondance, engraisser, d'où vint la famille suivante.

FARCIO, si, rtum, rctum, cire, 1°. engraisser, mettre à l'engrais; 2°. garnir, remplir, farcir.
FARCIMEN, inis, ce qui sert à farcir.
FARCTOR, is; FARTOR, is, Cuisinier, Chaircuitier, faiseur de boudins, de saucisses.
FARTUS, ûs, ce qui farcit, ce qui remplit.
FARTUM, i, farce, saucisse; 2°. chair de la figue.
FARTURA, æ, engrais, l'action d'engraisser; 2°. l'action de farcir; 3°. blocailles, moëllon.
FARTILIS, e, qu'on engraisse.
FARTIM, abondamment.

COMPOSÉS.

CON-FARCIO, -ire, } entasser, accu-
CON-FERCIO, -ire, } muler; 2°. presser, serrer.

CON-FERTUS, a, um, plein, rempli; 2°. serré, pressé.
CON-FERTIM, en un tas, d'une manière serrée.
DIF-FERCIO, -ire, remplir.
DIF-FERTUS, a, um, plein, garni.
EF-FARCIO, -ire, } remplir, garnir;
EF-FERCIO, -ire, } farcir.

Ft-Farctus, a, um ; Ef-Firtus, a, um, rempli, garni.
In-Farcio,-ire, faire entrer, remplir.
Of-Fercio,-re, remplir, farcir.
Re-Fercio,-cire, remplir, combler.
Suf-Farcino, -are, charger de quelque paquet, donner à porter quelque chose à quelqu'un sous son manteau.
Suf-Farcin-Amictus, a, um, tout couvert de paquets.
Suf-Fercio,-ire, remplir.
Suf-Fertus, a, um, plein.
Suf-Fertim, pleinement.

VII.
FER, FOR, fort

De Fer, For, porter, vint Fortis, fort ; *mot à mot*, qui est en état de porter une grande charge.

Fortis, e, 1°. fort, vigoureux ; 2°. brave, vaillant ; 3°. constant, résolu ; 4°. puissant, riche.

Fortiter, fortement, vaillamment, avec intrépidité.
Fortitudo, inis, vertu, grandeur d'ame ; 2°. constance, résolution.
Forticulus, a, um, qui a quelques forces.
Fortiusculus, a, um, assez vigoureux.
Fortiuncula, æ, femme forte, ferme, courageuse.
Fortesco,-ere, devenir fort.

COMPOSÉS.
Forti-Fico,-are, fortifier, renforcer.
Con-Forto,-are, encourager, animer.
Per-Fortiter, très-courageusement.
Præ-Fortis, e, très-courageux.

VIII.
FOR-CEPS, Tenailles, Pinces, Ciseaux.

Il existe nombre d'Etymologies anciennes & modernes de ce mot, dont on ne peut raisonnablement adopter aucune. C'est un bien ne formé de CApere, prendre, saisir, & de Fort, fortement. On ne pouvoit mieux désigner les pinces, les tenailles, &c.

For-Ceps, ipis, } tenailles, pincettes, ciseaux ; 2°.
For-Fex, icis, } davier à arracher les dents ; 3°. louve pour arracher les grosses pierres.

For-Fices, um, tenailles, ouvrages de fortification.
For-Ficulæ, arum, petits ciseaux.

IX.
FER, IN-FER, emporter, porter en bas.

De Fer, porter, se forma une nouvelle idée relative aux lieux bas & aux morts qu'on y dépose.

1. In-Feri, orum, } les enfers, les In-Ferna, orum, } lieux souterrains, le tombeau ; *mot-à-mot*, le lieu dans lequel on porte, parce qu'on porte tous les hommes dans la tombe.

In-Feriæ, arum, sacrifices qui se faisoient aux mânes, *mot à mot*, offrandes qu'on portoit aux morts dans leurs tombeaux.
In-Ferialis, e, qui regarde ces sacrifices.

2. Feralia, um, jours consacrés à la mémoire des morts, à porter des offrandes aux morts.

Feralis, e, qui concerne les présens qu'on faisoit aux morts ; 2°.- de funérailles ; 3°. malheureux, fatal.

Féralé, d'un air triste & lugubre.

3. IN-FERnus, a, um, } qui est en
IN-FERus, a, um, } bas, au-dessous, inférieur ; 2°. des enfers.

IN-FERné ; IN-FERé, en bas.
IN-FERius, plus bas.
IN-FERior, is, plus bas, au-dessous, moindre.
IN-FERnis, tis, qui croit au-dessous.

4. IN-FERO, ers, tuli, latum, erre, porter dedans ; 2°. causer, être cause ; 3°. inférer.
SUB-IN-FERO,-erre, apporter au-dessous.
AR-FERia, on sous-entend Aqua, eau pour les festins funéraires.

5. IN-FRA, sous, dessous.

FAS, FAST.
Faste.

FAS, FAST, abondant, haut, élevé, est un mot de la même famille que FAT & commun à diverses langues.

C'est l'Oriental פוש, Phus, multiplier, augmenter fort. De-là vint l'Or. פסג, PhasGa, Colline ; פסג, PhasG, élever.

C'est le Theuton FAST, beaucoup, fort, & le Grec S-PHODROS, véhément, fort : S-PHEDanos, véhément, fort, dur, vite.

De-là ces familles Latines.

1.

1. FASTus, ûs, apparence, faste, ostentation ; 2°. fierté, hauteur.

FASTosus, a, um ; FastuOsus, a, um, orgueilleux, superbe, altier ; 2°. qui a de l'aparence.
FASTosé ; FASTuosé, fastueusement, avec hauteur.
FASTuosiras, is, montre, parade, vanité.

2.

FASTigium, ii, 1°. faîte, comble, sommet d'un bâtiment ; 2°. hauteur, cîme, pointe ; 3°. fronton, 4°. profondeur d'un fossé ; 5°. superficie, surface ; 6°. rang, grandeur, puissance, dignité.

FASTigo,-are ; FASTigio,-are, élever en pointe.
FASTigans, tis, aiguisant ; 2°. qui s'élève en pointe.
FASTigatio, onis ; FASTigiatio, onis, pointe, bout aigu de la griffe.
FASTigiator, is, qui fait une pointe.

3.

FASTidium, ii, 1°. dégoût, répugnance ; 2°. délicatesse ; 3°. dédain, mépris.

FASTidio,-ire, être dégoûté, sentir de la répugnance ; 2°. dédaigner, mépriser.
FASTiditor, is, dédaigneux.
FASTidiosus, a, um, 1°. dégoûté, à qui rien ne plaît ; 2°. fâcheux, capricieux ; 3°. délicat, difficile ; 4°. dédaigneux ; 5°. dégoûtant.
FASTidiosé,   } avec dégoût ; à regret ;
FASTidienter,   } avec mépris, dédain.
FASTidiliter,   }
IN-FASTiditus, a, um, qui n'est point dégoûté ; 2°. qu'on n'a point méprisé.

FAT

FAT, mot radical qui désigne l'abondance, l'excès, qui tient à la famille SAT, biens.

Il forma, 1°. l'adverbe AFFATim, en abondance.

2°. Le verbe FAT-Isco, qui désigne l'action de s'entr'ouvrir avec excès, de se fendre.

3°. Le verbe FAT-IGO, qui désigne l'action de travailler avec
excès, de le fendre. De-là:

1.

FAT-IGO, -are, 1°. lasser, harasser,
accabler de peine ; 2°. animer,
presser de travailler ; 3° solliciter,
accabler d'importunités; 4°. traverser, inquiéter.

FAT-Igatio, onis, 1°. travail, soin, fatigue ; 2°. lassitude, épuisement de forces.

FAT-Igationes, um, plaisanteries.

2.

Fessus, a, um, las, fatigué, abattu.
Fessitudo, inis, lassitude, épuisement.

COMPOSÉS.

DE-FATigo,-are, lasser, faire de la peine,
fatiguer.
DE-Fatigatio, onis, fatigue, lassitude.
DE-Fetiscor, -sci, se fatiguer, être las.
DE-Fessus, a, um, las, fatigué.
IN-DE-Fessus, a, um, infatigable.
IN-DE-Fessim, infatigablement.
IN-DE-FATigabilis, e, qui ne se lasse point.
IN-FATigatus, a, um, qui n'est point fati-
gué.
IN-FATigabilis, e, qui ne se lasse point.

FAU, FOV, FOD,
Bouche, Fosse.

Les Latins ont dit FAUX, la gorge;
FAVissa, creux, citerne; FOVea,
fosse; FOSsi, j'ai creusé; FODere,
creuser.

Ces mots tiennent certainement au Celte FFAU, qui signifie
fosse, creux, caverne, antre, ca-
ve, fond.

Mais d'où viennent tous ces
mots dont la terminaison a été
d'ailleurs variée en *Vea*, *Si*, *Deret*

On voit visiblement qu'ils viennent de *F*, bouche, qui est elle-
même comme une caverne où
s'engloutissent les alimens, & d'où
sort le souffle, comme les vents
d'une caverne ; ce qu'aucun Ety-
mologue cependant n'avoit pu
appercevoir.

Les Grecs en firent PHÔLea,
un antre.

En Vénitien Bova, canal.

De-là ces diverses familles.

1.

FAU, Gorge, Bouche.

FAUX, cis, bouche, embouchure ;
2°. extrêmité de la bouche, gorge,
gosier ; 3°. défilé, détroit, gorge
de montagnes.

Faucillatio, is (pour Faucillatio) étrangle-
ment, serrement du gosier.
Faucniacus, le Faucigni ou le pays des
gorges, des défilés.

COMPOSÉS.

EF-Foco, -are, suffoquer, regorger.
EF-Focatio, onis, suffocation.
OF-Focandus, a, um, qu'il faut étrangler.
PRÆ-Foco, -are, étouffer, suffoquer.
PRÆ-Focatio, onis, suffocation, mal de
mere.
PRÆ-Focabilis, e, qu'il faut étouffer.

2.

1. FAVissa, æ, citernes du Capitole ;

2°. caves du Capitole où l'on serroit de vieux meubles, &c.

2. Fovea, æ, fosse, creux.

3. Fodio, is, di, ssum, dere, fouir, creuser; 2°. piquer, percer.

Fodina, æ, mine d'où l'on tire les métaux.

Fodico, -are, creuser, percer, pincer.

Fodicatio, onis, l'action de creuser, de pincer.

4. Fossa, æ, fosse, tranchée; 2°. canal.

Fossula, æ, fossette, petit creux.

Fossura, æ; Fossio, onis, l'action de creuser, de faire des fosses.

Fossor, is, fossoyeur, pionnier, qui remue la terre.

Fossilis, e; Fossitius, a, um, ce qu'on tire de la terre en fouillant, fossile.

Fosso, -are, creuser.

Fossatum, i, fosse, fossé.

COMPOSÉS.

Af-Fodio, -ere, creuser auprès.

Circum-Fodio, -ere, fouiller à l'entour.

Circum-Fossor, is, qui creuse à l'entour.

Circum-Fossura, æ, creux, fossé; 2°. fouillement fait autour.

Con-Fodio, -ere, fouir, fouiller, bêcher.

De-Fodio, -ere, fouir, creuser; 2°. houer; 3°. enterrer, enfouir.

De-Fossus, us, creux, fosse.

Ef-Fodio, -ere, fouir, creuser; 2°. déterrer.

Ef-Fossor, is, qui creuse; fossoyeur.

Ex-Fodio, -ere, déterrer.

In-Fodio, -ere, creuser, enterrer.

Inter-Fodio, -ere, percer entre.

Per-Fodio, -ere, trouer; percer de part en part.

Per-Fossor, is, qui perce, qui troue.

Im per-Fossus, a, um, qui n'a point été percé.

Præ-Fodio, -ere, creuser devant, creuser profondément.

Trans-Fodio, -ere, percer de part en part.

FED, FID,
Fidélité, confiance.

Fed, Fid est un mot Grec & Latin qui désigne la fidélité, la confiance, la persuasion.

En Grec, PEITho, persuader.

Pistis, foi, fidélité, croyance.

C'est l'Hébreu פתה, FaThé, persuader, séduire, être persuadé, être séduit.

Mais ces mots tiennent au Celte Fed, pied, racine.

En Grec Podó, pied; en Latin PEDe.

La foi, la confiance, la fidélité sont la stabilité morale désignée très-ingénieusement par le pied, la racine, symbole de la stabilité physique.

De-là ces divers mots.

1.

Fides, ei, fidélité, foi, promesse; 2°. créance, confiance; 3°. assurance, autorité; 4°. sauf-conduit, protection; 5°. cautionnement, garantie.

Fidus, a, um, fidèle, sincère, assuré.

Fidè, fidissimè, fidèlement, très-fidèlement.

Fido, is, di, fisus sum, dere, se fier, fonder son espoir, s'assurer.

Fidens, tis, hardi, qui a de la confiance.

Fidenter, avec assurance, hardiment.

Fiventia, æ, assurance, hardiesse, résolution.

2.

Fiducia, æ, confiance, assurance, courage, hardiesse ; 2°. vente simulée ; 3°. confidence.

Fiduciarius, a, um, donné en confidence ; 2°. vendu avec faculté de pouvoir racheter.
Fiducialiter, avec confiance.
Fidustus, a, um, qui est de bonne foi.

3.

Fedelis, e, sûr, fidele.
Fidelitas, is, fidélité.
Fidelé ; Fideliter, fidèlement, sûrement.

BINOMES.

1. Fidei-Commissus, a, um, ce qu'on a commis à la bonne foi ; de *Committo*, confier.
Fidei-Commissum, dépôt.
Fidei-Commissarius, ii, celui à qui l'on a confié quelque chose.

2. Fide-Fragus, i, qui fausse sa foi : de *Frag*, rompre.

3. Fide-Jubeo, -ere, cautionner, se rendre garant, répondre pour ; de *Jub*, commander.
Fide-Jussor, is, garant, répondant.
Fide-Jussio, onis, garantie.
Fide-Jussorius, a, um, de caution.

COMPOSÉS.

Con-Fido, is, ide, issus sum, dere, se fonder, se confier, faire fonds ; 2°. espérer.
Con-Fidens, tis, présomptueux, téméraire ; 2°. hardi, intrépide.
Con-Fidenter, hardiment, d'un air intrépide ; avec audace, avec présomption.
Con-Fidentia, æ, constance, hardiesse, assurance ; 2°. audace, témérité.
Con-Fidenti-Loquus, a, um, qui parle avec présomption.
Con-Fisus, a, um, qui se confie, qui s'assure.
Con-Fisio, onis, assurance, créance.

Dif-Fido, -ere, se défier, ne se fier pas.
Dif-Fidentia, æ, défiance, apréhension.
Dif-Fidenter, en tremblant, timidement.
Dif-Fido, -are, défier, déclarer la guerre.
Dif-Fidatio, onis, déclaration de guerre.
Dif-Fisus, a, um, qui se défie.
Sub-Dif-Fido, -ere, se défier un peu.

In-Fidus, a, um, infidéle, sans foi.
In-Fidè ; In-Fideliter, de mauvaise foi.
In-Fidelis, e, perfide, infidèle.
In-Fidelitas, is, manque de foi.

Malè-Fidus, a, um, à qui il n'est pas sûr de se fier.

Per-Fidus, a, um, infidèle, perfide.
Per-Fidè, infidèlement.
Per-Fidia, æ, infidélité.
Per-Fidelis, e, très-difficile.
Per-Fidiosus, a, um, plein de perfidie.
Per-Fidiosè ; Per-Fidiosius, perfidement, avec trop de perfidie.
Im-per-Fidus, a, um, très-perfide.
Præ-Fido, -ere, se fier trop.

FEN, PHEN,
Lumiere.

De Fa, feu, lumiere, se forma la famille FAN, Phain, Fen, &c. relative à ces objets, & qui forma nombre de familles Grecques, Latines, Celtiques, &c. écrites en F & en Ph : en voici quelques-unes écrites en F par les Latins.

I. FEN-ESTRa,

Fenêtre.

De Fen, lumière, les Latins firent Fen-Es-Tra, fenêtre, *mot-à-mot*, à travers de quoi passe le jour, la lumière.

3. Fen-Estra, æ, } fenêtre; 2°. cre-
Festra, æ, } neau, embrâsure; 3°. cage.

Feneſtrula, æ ; Feneſtella, æ, petite fenêtre.

Feneſtralis, e, de fenêtre.

Feneſtro, -are, faire des fenêtres.

Feneſtratus, a, um, où il y a des fenêtres.

II. FEN,

Face, Regard, Rencontre.

De Fen, Phen, face, regard, rencontre, se formerent les dérivés suivans qui déſignent, les uns l'action de garantir, de protéger ; les autres celles de heurter, &c.

De-Fendo, -ere, protéger, soutenir, garantir; 2°. maintenir, assurer. En Anglois, Fence, Fend : Fore-*Fend*.

De-Fensor, is, qui défend, qui protége ; 2°. Avocat; 3°. éperon, palissade.

De-Fensio, onis, protection, appui, soutien.

De-Fenso, -are, entreprendre la défense.

De-Fensito, -are, défendre très-souvent.

In-De-Fensus, a, um, qui ne s'est point défendu; 2°. qui est sans défense.

In-Fensus, a, um, fâché, irrité contre, offensé.

In-Fensé, en ennemi.

In-Fenso, -ere, gâter, ravager; 2°. se fâcher.

Of-Fendo, - ere, } heurter, cho-
Of-Fenso, - ere, } quer, broncher : 2°. rencontrer en son chemin; 3°. faillir, manquer; 2°. offenser, blesser.

Of-Fendiculum, i, pierre d'achoppement, chose qu'on rencontre en son chemin.

Of-Fendix, cis, } fermoir d'un li-
Of-Fendimentum, i, } vre ; 2°. bouton
Of-Fensaculum, i, } qui retenoit sous le menton le bonnet des anciens.

Of-Fensa, æ, l'action d'offenser, chagrin qu'on fait, offense.

Of-Fendo, -onis ; Of-Fensio, onis, l'action de broncher, de heurter; 2°. ce qu'il y a de choquant dans quelque chose ; 3°. offense, déplaisir ; 4°. indignation ; 5°. haine, jalousie; 6°. aversion; 7°. reproche ; 8°. obstacle.

Of-Fensum, i; Of-Fensus, us, bronchade, heurt; 2°. chagrin, désagrément.

Of-Fensatio, onis, l'action de heurter; 2°. hésitation en parlant.

Of-Fensator, is, qui hésite, qui bronche.

Of-Fensiuncula, æ, petit aheurtement ; 2°. petite offense.

In-of-Fensus, a, um, qui n'a souffert aucun tort ; 2°. qui n'offense personne.

In-of-Fensé, sans blesser.

FEN,

Foin.

Fenum, i, foin, herbe dont se nourrissent les animaux domestiques.

Ce mot doit venir de FA, FÉ, nourriture animale; ou de VEN, eau, parce qu'il croît dans les lieux arrosés, dans les prairies.

De-là cette famille.

FEN*eus*, *a*, *um*, de foin.

FEN*ile*, *is*, grange à foin.
FEN*arius*, *a*, *um*, qui concerne le foin.
FEN*cularium*, *ii*, fourrage.
FEN*icularius*, *a*, *um*, qui produit du foin.

BINOMES.

FENI-SECA, *æ*, } faucheur; de SECO,
FENI-SEX, *cis*, } couper.

FENI-SECIA, *æ*; FEN-SECI*um*, *ii*, coupe de foin, fenaison.
FENI SEC*us*, *a*, *um*, qui sert à couper le foin.
POST-FŒNUM, *i*, regain, foin de l'arriére-saison.

FERÈ,

Presque, Ordinairement.

FERÈ, prononcé aussi FERMÈ, est un adverbe Latin qui signifie, presque, à peu près, environ; 2°. ordinairement, le plus souvent, presque toujours.

Les Etymologues Latins ont très-bien vu que ce mot tenoit au Latin FERO, porter; mais ce qu'ils n'ont pas vu, c'est comment l'idée de porter avoit pu conduire aux idées de presque, ordinairement, le plus souvent. Ils se sont perdus dans une vaine métaphysique. « Ce » qu'on porte, dit VARRON, est » en chemin, il n'est pas encore ar- » rivé, mais il l'est presque. » Voilà pourquoi Ferè signifie presque. SCALIGER, VOSSIUS, &c. ont adopté cette explication. cherchons quelque chose de mieux.

FERÈ, venant de *Fero*, porter, ne peut s'être revêtu de ces significations qu'en les substituant à une signification plus générale, dont celles-ci n'ont été qu'un résultat, qu'une conséquence. Il ne sera pas difficile de s'en assurer.

Convenons d'abord que FERÈ est un impératif; & que pour signifier presque, il dut signifier nécessairement, non *porter*, dans le sens d'apporter, comme l'ont cru tous les Etymologues, mais *porter* dans le sens d'emporter, de porter, de porter hors, de retrancher.

FERÈ est donc, *mot-à-mot*, emportez, retranchez, ôtez Ainsi lorsque les Latins disent,

FERÈ omnes *Auctores*, presque tous les Auteurs,

c'est exactement comme s'ils disoient:

Tous les Auteurs, ôtez-en quelqu'un.

Eadem FERÈ *hora*, presque à la même heure, *mot-à-mot*, à la même heure, ôtez-en quelque chose, moins quelque chose.

FERÈ *ruri se continet*, il se tient presque toujours aux champs, *mot-à-mot*, il passe ses jours à la campagne, ôtez-en quelques-uns.

Il en est tout de même dans les Phrases négatives. Lorsque Ciceron dit :

Non adhuc Ferè *inveni*, je n'ai presqu'encore rien trouvé, il dit, mot à mot & exactement : » Je n'ai » encore rien trouvé, ôtez-en quel- » que chose. «

Ferè est donc littéralement un correctif à une expression qu'il ne faut pas prendre dans toute son étendue.

FIBER,
Castor.

C'est un binome Celtique, le même que notre mot Bievre, composé de Var, Ver, eau, & de Bi, Vi, vivre, cet animal vivant dans l'eau comme sur terre. De-là :

Fiber, *bri*, Castor, Loutre.

Fi-Brinus, *a, um*, de Castor, de Loutre.

FIBRa,
Fibre.

Bar, Far, Ber est un primitif qui désigne tout ce qui traverse. De-là le Latin Per, à travers ; l'Hébreu Bar, *Huber*, traverser.

D'où Beth-Abara, la maison du passage, Ville sur le Jourdain.

L'Anglo-Saxon Faru, le Theut. Fare, le Runiq. Far, l'All. Faren, Fart, Fort, Furt, le Gall. Fordd.

Tous désignant trajet, lieu de passage, traverser, &c.

Hu-Ber, ou Hyber, prononcé Fibr, forma ces mots Latins.

1.

Fibra, *æ*, fibre, filament ; ces fils qui traversent les corps organisés, qui les soutiennent, qui leur portent la nourriture ; 2°. Filets qui tiennent aux racines des plantes.

Fibræ, *arum*, veines par où se fait la transpiration ; 2°. extrémités du foie, du poumon, du cœur.

Fibratus, *a, um*, qui a des filamens, des fibres.

Ex-Fibro, *-are*, ôter les fibres, les filamens.

Ex-Fibratus, *a, um*, affoibli, énervé, dont la fibre est lâche.

2.

De-là se forma le diminutif Fibula, bouche, agraffe, fibres artificielles.

Fibula, *æ*, 1°. boucle, agraffe ; 2°. ardillon d'une boucle ; 3°. cheville, ancre, crampon ; 4°. anneau à l'usage des Chirurgiens ; 5°. petite focile de la jambe.

Fibulo, *-are*, agraffer, lier.

Fibulatio, *onis*, l'action de boucler, de joindre par des chevilles.

Composés.

Af-Fibulo, *are*, boucler.

Dif-Fibulo, *-are*, déboutonner, dégrafer.

Con-Fibula, *æ*, cheville, agraffe ; 2°. boucle, ardillon.

In-Fibulo, *-are*, boucler, lier.

Re-Fibulo, *-are*, déboucler.

Sub-Fibulo, *-are* ; Suf-Fibulo, *-are*, agraffer, attacher avec une boucle par des fous ; 2°. lier, cheviller par-dessous.

Sub-Fibulum, i; Suf-Fibulum, i, voile blanc des vestales.

Suf-Fibulator, is, qui agraffe par-dessous.

FIG,
Planter, ficher.

De Ac, pointe, se forma le verbe Grec *Pégo*, planter, une famille immense Latine en *Pag*; & la famille,

Fig, 1°. planter, ficher ; 2°. pointer, façonner, former.

De-là ces divers mots.

1.

Figo, *is*, *xi*, *xum*, & *ctum*, *gere*, ficher, clouer, attacher, appliquer, suspendre.

2.

En nazalant ce mot, il s'en forma une nouvelle famille en Fing, presque toujours mêlée avec celle-là.

Fingo, *is*, *nxi*, *fictum*, *ingere*, former, façonner ; 2°. feindre, dissimuler ; 3°. imaginer, composer.

Figmentum, *i*; Framen, *inis*, ouvrage, figure d'argile, de terre à potier.

Figlina, *æ*; Figulina, *æ*, poterie de terre, art de la poterie.

Figlinum, *i*, poterie, vaisselle de terre ; pots de grès.

Figlinus, *a*, *um*; Figularis, *e*, *is*, de terre cuite, de terre à potier.

Figulus, *i*, potier de terre, celui qui travaille en argile.

3.

Fictus, *a*, *um*, feint, contrefait ; 2°. dissimulé, déguisé ; 3°. fait, formé.

Fictur ?, Fictio, *onis*, l'action de feindre, fiction.

Ficté, avec feinte ou dissimulation.

Fictile, *is*, toutes sortes d'ouvrages faits de terre à potier.

Fictilis, *e*, *is*, fait de terre à potier.

Fictitius, *a*, *um*, artificiel, qui n'est pas naturel.

Fictor, *oris*, qui forme, qui est l'ouvrier.

Fictosus, *a*, *um*, plein de dissimulation.

Fictrix, *cis*, celle qui forme, qui est l'ouvriere.

Composés
De FIGo, Ficher, Piquer.

Af-Figo, *xi*, *xum*, ou *ctum*, *gere*, 1°. attacher, enfoncer ; 2°. graver, imprimer, appliquer.

Af-Fictus, *a*, *um*; Af-Fixus, *a*, *um*, attaché, fixé, enfoncé.

Af-Fictitius, *a*, *um*, qui est attenant, qui est joint ; 2°. forgé, inventé à plaisir.

Con-Figo, -*ere*, ficher, clouer, attacher.

Con-Fixus, *ûs*, piquûre, estocade, coup de trait.

Con-Fingo, -*ere*, supposer, inventer, contrefaire, imaginer ; 2°. bâtir, faire, composer.

In-Fingo, *xi*, *xum*, *gere*, faire entrer dedans, enfoncer avec force.

Of-Figo, -*ere*, attacher devant, planter en avant.

Per-Figo, -*ere*, percer d'outre en outre.

Præ-Figo, -*ere*, attacher devant, planter en avant.

Re-Figo, -*ere*, arracher ce qui est attaché, cloué ; 2°. ficher, planter à force.

Suf-Figo, -*ere*, attacher, accrocher, clouer.

Trans-Figo, -*ere*, percer de part en part.

4.
FIG, Figure, forme.

Figura, æ, forme, figure, extérieur des choses matérielles ; 2°. railleries, mot piquant.

Figuro,-are, former, donner la figure ; 2°. concevoir, se figurer ; 3°. façonner, embellir.

Figuratio, onis, figure, aspect ; 2°. image qu'on se forme, idée.

Figuraté, dans un sens figuré, par figures.

Figurativus, a, um, figuré, exprimé par figures.

COMPOSÉS.

Con-Figuro, -are, donner la forme, faire prendre la figure.

Con-Figuraté, en donnant la figure, la forme.

Per-Figuro,-are, donner une forme parfaite.

Præ-Figuro,-are, modeler auparavant ; 2°. ébaucher; 3°. représenter : *Lactance.*

Re-Figuror,-ari, prendre une nouvelle forme.

Trans-Figuro, -are, donner une autre figure, métamorphoser, transformer.

Trans-Figuratio, onis, transformation, changement de figure, métamorphose.

5.
COMPOSÉS

De FIG, FING, façonner, forger.

Af-Fingo, xi, ctum, ere, ajouter, façonner ; 2°. feindre.

Con-Fictio, onis, supposition, feinte.
Con-Fictus, a, um, contrefait, forgé, masqué.

Ef-Fingo, is, nxi, fictum, ngere, représenter au vif, portraire, tirer au naturel, graver la figure ; 2°. essuyer, nettoyer, torcher ; 3°. exprimer, imiter, rendre parfaitement, représenter.

Ef-Figies, ei, image, ressemblance, tableau, figure ; 2°. caractère, copie, patron.

Ef-Fictio, onis, représentation, peinture, caractère.

FID,
Diviser, Fendre.

Fid, Fis, qui signifie, couper, fendre, est l'Oriental פה, *Ph-Th*, prononcé Fat, Fet ; Pat, Per, & qui signifie, 1°. morceau, fragment ; 2°. couper ; d'où :

מפיץ, *M-Phitz*, marteau qui fend & brise.

En Allem. Fetzen, mettre en pièces ; 2°. lambeaux.

Fetzich, déchiré, en lambeaux

Il paroît tenir au Grec *Patto*, manger en coupant par morceaux : en Allemand Speisen.

De-là nos mots De-Pecer, & Piece.

En Ital. Pezza, morceau.

Findo, di, ssum, dere, fendre, séparer.

Fissus, ûs,
Fissum, i,   } fente, crevasse.
Fissura, æ,

Fissio, onis, l'action de fendre.
Fissilis, e, facile à fendre, qui se fend.
Fissiculo,-are, ouvrir, découper à dessein.

BINOMES.

Tri-Fidus, a, um, fendre en trois.

COMPOSÉS.

Con-Findo, -ere, fendre, diviser.

Dif-Findo, -ere, fendre, séparer en deux.
Dif-Fissio, onis, délai, prorogation.
In-Findo, -ere, fendre.
Multi-Fidus, a, um, qui est fendu en plusieurs parties.
Pro-Findo, -ere, labourer, fendre.
Præ-Findo, -ere, fendre pardevant.
Suf-Findo, -ere, fendre un peu ; 2°. fendre par-dessus.

FIM,

Fumier.

De l'Interjection Fi, doit être venu le mot *FIMUS*, fumier.

Fimus, i, } fumier.
Fimum, i, }

Fimarium, ii ; Fimarius, ii, fumier.
Fimator, is, 1°. qui enlève des fumiers ; 2°. cureur de puits, boueur, qui enlève les boues.
Fimetum, i, fumier.

FIN,

Fin.

De Pen, Phen, tête, extrémité, se forma la famille suivante.

Finis, is, 1°. extrémité, terme ; 2°. motif, raison ; 3°. bornes, limites ; 4°. mort ; 5°. définition ; 6°. Fin, conclusion.

Finitor, is, arpenteur ; 2°. horison.
Finitio, onis, fin, terme, perfection.
Finitivus, a, um, définitif.
Finité, d'une manière bornée, sans excès.
Finio, ire, finir, terminer ; 2°. marquer, prescrire, borner ; 3°. définir.
Finitimus, a, um, voisin, contigu ; 2°.

qui a du rapport, qui approche.
Finalis, e, qui concerne la fin.

COMPOSÉS.

Af-Finis, e, voisin, allié, complice, qui a part, approchant, susceptible.

Af-Finitas, is, rapport, sympathie ; 2°. alliance, parenté.
Circum-Finio, -ire, terminer autour.
Con-Fine, is, l'endroit qui touche ; 2°. frontieres, limites.
Con-Finis, e, voisin, joignant, contigu
Con-Finium, ii, frontieres ; 2°. voisinage, proximité.
De-Finio, -ire, } borner, limiter ;
Dif-Finio, -ire, } terminer ; 2°. fixer, résoudre, conclure ; 3°. prescrire, arrêter, régler ; 4°. développer, exposer.
De-Finitio, onis, explication courte, claire & précise ; 2°. détermination, désignation ; 3°. décision, réglement.
De-Finitivus, a, um, décisif.
De-Finité, positivement, expressément ; 2°. précisément, nettement.
In-de-Finitus, a, um, indéterminé, indécis.
In-de-Finitum, i, infinitif.
In-de-Finité, sans bornes.
In-Finitus, a, um, immense, sans bornes ; 2°. qui n'est point fini.

In-Finitas, is,
In-Finitio, onis, } immensité, infini.
In-Finitudo, inis,

In-Finité ; In-Finitò, sans mesure, infiniment.
In-Finibilis, e, qui ne peut finir.
In-Finitivus, i, infinitif des verbes.
Per-Finio, -ire, finir entièrement.

Præ-Finio, ire, prescrire, marquer.

Præ-Finitio, onis, limitation.

Præ-Finitò, déterminément.

FIRM.

De Fer, porter, se forma cette famille Latine.

Firm, qui désigne tout ce qui soutient, qui porte sans succomber sous le poids. Il tient au Celte Ferh, Berh, fortifié.

Firmus, a, um, 1°. solide, bien assuré, qui tient bien ; 2°. constant, inébranlable ; 3°. qui se porte bien.

Firmé, fermement, avec assurance, sans crainte ; 2°. constamment ; 3°. avec effort.

Firmiter, avec fermeté.

Firmitas, is ; Firmitudo, inis, solidité, assurance, constance, intrépidité.

Firmo, -are, appuyer, soutenir ; 2°. justifier, prouver ; 3°. assurer.

Firmator, is, qui soutient, qui établit.

Firmamen, inis ; Firmamentum, i, appui, fondement, ce qui rend solide ; 2°. le Ciel.

Composés.

Af-Firmo, -are, assurer, certifier ; 2°. fortifier.

Af-Firmatio, onis, serment, assurance, protestation.

Af-Firmatores, um, répondans, cautions.

Af-Firmaté, certainement, positivement.

Circum-Firmo, -are, fortifier, munir, assurer de toutes parts.

Con-Firmo, -are, assurer, prouver ; 2°. affermir, appuyer, encourager, relever le cœur ; 3°. donner le sacrement de Confirmation.

Con Firmitas, is, vigueur, fermeté.

Con-Firmatio, onis, assurance, preuve ; 2°. appui, soutien.

Con-Firmator, is, répondant, garant, assureur.

In-Firmus, a, um, débile, languissant ; 2°. inconstant, léger.

In-Firmo-are, affoiblir, ôter la force, rendre foible.

In-Firmatio, onis, affoiblissement, réfutation.

In-Firmitas, is, foiblesse, langueur ; 2°. légereté.

In-Firmé, foiblement.

Per-In-Firmus, a, um, très-foible.

Ob-Firmo, -are, s'obstiner, être inébranlable.

Ob-Firmatio, onis, opiniâtreté ; 2°. résolution.

Ob-Firmaté, résolument, avec constance.

Of-Firmo, -are assurer, endurcir.

FISTula, æ,

Siflet, &c.

1.

Fistula, æ, siflet, est une Onomatopée qui imite le bruit du siflement. Les Italiens en ont fait Fischiare, le siflement du serpent ; & les Héb. פצה, Fetseh, résonner, sifler, chanter, faire entendre un son aigu.

Fistula, æ. 1°. siflet, flageolet, chalumeau ; 2°. canal, conduit, tuyau ; 3°. fistule, ulcere ; 4°. sonde de Chirurgien.

Fistularis, e ; Fistulatorius, a, um, de tuyau, de flûte.

Fistulatus, a um, fait en tuyau.

Fistulans, tis ; Fistulosus, a, um, plein de trous.
Fistulatim, par des tuyaux.
Fistulo,-are, devenir plein de trous ; 2°. siffler, flûter.
Fistulatio, onis, l'action de jouer de la flûte.
Fistulator, is, joueur de flûte, de clarinette.

2.

Festuca, æ, fétu, brin de paille, houssine ; 2°. baguette du Préteur ; 3°. coquiole, plante.
Festucula, æ, petit fétu.
Festucarius, a, um, qui se fait avec la baguette.

FL.

FL est un son liquide & coulant qui est devenu naturellement la peinture ou le nom des objets doux & coulans, ainsi que de ceux qui n'ont point de consistance.

De-là un grand nombre de Familles Latines.

I.
FLAC,
sans consistance.

Flaccus, a, um, qui a les oreilles pendantes.
Flaccidus, a, um, mou, sans consistance, fané, flétri, flasque.
Flacceo, ui, ere ; Flaccesco,-ere, être sans consistance, être mou, fané, flétri, Flasque : se flétrir.
Con-Flacceo,-ere ; Con-Flaccesco-ere, cesser d'être ému, s'appaiser, se désenfler.

II.
FLOC, Floccon.

Floccus, i, floccon, globule, surtout un floccon de Laine.
Flocculus, i, petit floccon.
Floccosus, a, um, plein de floccons.
Floccidus, a, um, qui se cotonne ; 2°. plein de poils.
Flocco,-are, neiger.
Flocci-Facio,-ere ; Flocci-Pendo-ere, mépriser, ne faire aucun cas, faire moins de cas que d'un floccon.
De-Flocco,-are, perdre son poil, montrer les cordes ; 2°. dépiter.
Flaces, ium ; Floces, cum, lie de vin. 2°. marc de raisin. Voyez Frago.

III.
FLO, souffler.

C'est une Onomatopée ; l'imitation du souffle, de la flamme.

Flo, as, avi, atum, are, souffler.
Flabilis, e ; Flabralis, e, de l'air qu'on respire, du souffle des vents.
Flabro,-are, venter, souffler.
Flabra, orum, vents ; 2°. souffle, agitation de l'air.
Flabellum, i ; Flabellullum, i, éventail, ce qui allume.
Flabelli-Fer, a, um, qui porte un éventail.

2.

Flamen, inis, vent, soufle.
Flatilis, e, de vent, qui se fond aisément.
Flatus, ûs, souffle, vent.
Flaturalis, e, de fonte.
Flator, is, souffleur, joueur d'instrument de musique à vent.

Composés.

Af-Flo,- are, souffler, remplir de vent en soufflant ; 2°. inspirer ; 3°. exhaler ; 4°. favoriser.

AF-FLATUS, a, um, poussé par le vent ; 2°. inspiré.

AF-FLATUS, ûs, souffle, haleine, vapeur ; 2°. inspiration ; 3°. caractère, lettre qui marque l'aspiration.

CIRCUM-FLO, -are, souffler de tous côtés.

CON-FLO, -are, souffler ensemble, avec ; 2°. fondre ; 3°. forger ; 4°. faire, exciter.

CON-FLAGES, is, lieu exposé à tous vents.
CON-FLATUS, a, um, fondu ; 2°. forgé, inventé.
CON-FLATOR, is, fondeur.
CON-FLATIO, onis ; CON-FLATURA, æ, fonte, fusion.
CON-FLATORIUM, ii, fournaise, forge ; 2°. fonderie ; 3°. creuset.
CON-FLATILIS, e, jetté en fonte.

DE-FLO, -are, souffler dessus, contre.

DIF-FLO, -are, renverser, dissiper en soufflant ; 2°. exhaler.

EF-FLO, -are, pousser dehors en soufflant.
PER-EF-FLO, -are, exhaler entierement.

IN-FLO, -are, gonfler, souffler dedans.

IN-FLATUS, a, um, bouffi ; 2°. orgueilleux.
IN-FLATUS, ûs, souffle, vent qu'on donne à un instrument à vent.
IN-FLATIO, onis, vent, gonflement.
IN-FLABILIS, e, qui se peut enfler ; 2°. qui enfle, qui gonfle.
IN-FLABELLO, -are, souffler avec des soufflets.

PRO-FLO, -are, souffler, pousser dehors en soufflant ; 2°. faire fondre en soufflant.

PRO-FLATUS, ûs, vent, souffle du vent.

PER-FLO, -are, souffler avec violence, faire grand bruit.

PER-FLATUS, ûs ; PER-FLAMEN, inis, grand souffle de vent.
PER-FLATILIS, e, qui souffle de tous côtés.
PER-FLABILIS, e, exposé à tous vents.

RE-FLO, -are, souffler contre.
RE-FLATUS, ûs, vent contraire.

3.

FLAGITO, -are, demander avec importunité.

FLAGITIUM, ii, infamie, deshonneur ; 2°. action criminelle ; 3. erreur ; 4° dommage.

FLAGITIOSUS, a, um, débauché, libertin, méchant.

FLAGITIOSÈ, d'une maniere maligne, débordée.

FLAGITATIO, onis, demande importune, empressée.

FLAGITATOR, is, solliciteur, importun.

COMPOSÉS.

CON-FLAGITO, -are, demander avec beaucoup d'instance.

EF-FLAGITO, -are, demander avec empressement, conjurer, prier.

EF-FLAGITATIO, onis ; EF-FLAGITATUS, ûs, instance, empressement, priere.

RE-FLAGITO, -are, redemander avec instance.

4.

FLAGRO, -are, brûler, être embrâsé, être allumé.

AF-FLAGRANS, tis, fâcheux, difficile, affligeant.

CON-FLAGRO, -are, brûler, être embrâsé.
CON-FLAGRATIO, onis, embrâsement, incendie.

DE-FLAGRO, -are, brûler, être réduit en cendres.

DE-FLAGRATIO, onis, embrâsement, incendie.

IN-FLAGRO, -are embrâser, allumer.

5. FLEGinum

5.

FLEGINUM, i ; PHLEGINUM, i, inflammation du foie ou des yeux.

FLEMINA, um, enflure des jambes, inflammation.

FLEGMA, tis ; PHLEGMA, tis, pituite, phlegme.

6.

FLAMEN, inis, premier Prêtre, Pontife, mot à mot, celui qui attisoit le feu sacré, qui en avoit le soin.

FLAMINIUM, ii, prêtrise, pontificat.
FLAMINICA, æ, Prêtresse.
FLAMINIUS, a, um, qui concerne les Prêtres.

7.

FLAMMA, æ, feu, flamme ; 2°. désir ardent, amour, 3°. danger.

FLAMMULA, æ, petite flamme.
FLAMMOSUS, a, um, enflammé, embrâsé.
FLAMMO, -are, jetter des flammes ; 2°. embrâser.
FLAMMEOLUS, a, um ; FLAMMIOLUS, a, um, de couleur de flamme.
FLAMMEUS, a, um ; FLAMMIDUS, a, um, embrâsé, enflammé ; 2°. de couleur de flamme.

COMPOSÉS.

CON FLAMMO, -are, enflammer.
IN-FLAMMO, -are, allumer, embrâser ; 2°. animer, exciter..
IN-FLAMMATOR, is ; IN-FLAMMATRIX, is, qui met le feu.
IN-FLAMMANTER, avec ardeur.
IN-FLAMMATIO, onis, ardeur ; 2°. chaleur, emportement.

8.

FOLLIS, lis, soufflet à allumer le feu ; 2°. balon enflé d'air qu'on y a soufflé ; 3°. sac de cuir ; 4°. Avocat qui débite des mensonges, fabuliste.

FOLLICULUS, i ; FOLLICULUM, i, petit soufflet, petit balon ; bale, bourse, qui enveloppe le petit grain de bled ; corps humain ; petit sac de cuir.

FOLLICULARIS, is, endroit d'une rame garni de cuir, qui touche sur le plat-bord.

FOLLICANS, tis, soufflant, qui souffle.

FOLLITIM, comme un balon ; 2°. dans un sac de cuir.

IV.
FLU, Flux.

1.

FLUO, is, xi, xum, ere, couler, se répandre ; 2°. se divulguer ; 3°. s'évanouir, tomber en ruine ; 4°. venir, procéder ; 5°. se relâcher, s'amollir.

FLUENS, tis, coulant, trainant, pendant.
FLUENTER, en coulant.
FLUENTIA, æ, l'action de couler.
FLUENTUM, i, courant d'eau, ruisseau.
FLUENTI-SONUS, a, um, qui retentit des coups des flots.
FLUOR, oris, flux de ventre, diarrhée.
FLUIDUS, a, um, coulant, liquide ; 2°. lâche, mol ; 3°. abattu, languissant.

2.

FLUMEN, inis, fleuve, rivière, courant.
FLUMINEUS, a, um, de courant, de rivière.

3.

FLUXUS, a, um, 1°. coulant, fluide ; 2°. qui s'écoule, qui passe ; 3°. dissolu, plongé dans les plaisirs ; 4°. qui traîne, qui pend.

FLUXUS, ûs, cours, courant ; 2°. écoulement.

Fluxé, abondamment, dissolument.
Fluxio, onis, débordement, écoulement ; 2. fluxion.
Fluxura, æ, cours, flux.

4.

Fluctus, us, vague, houle, flot ; 2°. agitation, secousse, trouble, tumulte ; 3°. cohue.
Flucticulus, i, petite vague, ondée.
Fluctuosus, a, um, orageux, agité des flots ; 2°. ondé, rabité.
Fluctuo, -are, être agité par les flots, flotter sur les eaux ; 2°. balancer, chanceler, être irrésolu.
Fluctuatio, onis, agitation des flots ; 2°. irrésolution, incertitude ; 3°. tressaillement, soulèvement.
Fluctuatim, en flottant ; avec agitation.
Fluctuabundus, a, um, agité, dont les flots sont émus.

BINOMES.

Flucti Fer, a, um, qui cause des ondes.
Flucti Fragus, a, um, qui rompt les flots.
Flucti Gena, æ, engendré dans les flots.
Flucti Vagus, a, um, qui vague, porté çà & là sur les flots.

5.

Fluvius, ii, rivière, fleuve.
Fluvialis, e,
Fluviaticus, a, um, } de rivière, de fleuve.
Fluviatilis, e,
Fluvidus, a, um, ondé ; 2°. flottant, venu par eau.
Fluvidus, a, um, liquide, coulant, languissant.
Fluvito, -are, flotter.

6.

Fluto, -are, } flotter, surnager,
Fluito, -are, } être porté sur les ondes ; 2°. être irrésolu, balancer.
Fluitatio, onis, l'action de floter.
Flustra, orum, vagues légères, applanissement des houles, ou lames d'eau, bonasse, calme.
Flustro, -are, rendre calme, causer la bonasse.
Fluta, æ, grosse lamproie.

COMPOSÉS.

Af-Fluo, -ere, couler vers ; 2°. aborder, venir en foule, accourir de tous côtés ; 3°. avoir en abondance ; 4°. se couler, entrer insensiblement. Ici AF pour AD.
Af-Fluentia, æ, abondance, foison, concours.
Af-Fluenter, abondamment, en quantité, à foison.
Circùm-Fluo, -ere, couler autour ; 2°. accourir de tous côtés ; 3°. entourer ; 4°. avoir en abondance.
Circum Fluus, a, um, qui coule autour.
Con-Fluo, -ere, couler ensemble, faire un confluent ; 2°. venir en foule.
Con-Fluens, tis, la jonction de deux rivières, un confluent.
Con-Fluentia, æ, affluence, abondance d'humeurs.
Con-Fluges, is ; Con-Flugium, ii, confluent.
Con Fluvium, ii ; Con-Fluxus, us, affluence, concours.
Con Fluvius, a, um, joint à un fleuve, placé sur le bord d'une rivière.
Con Flumeus, a, um ; Con-Flumineus, a, um, qui est sur le même fleuve.
Con-Fluito, -are ; Con-Fluctuo, -are, flotter, voguer avec.
De-Fluo, -ere, couler en bas ; 2°.

faire une chûte; 3°. passer, se perdre, cesser.

De-Fluus, a, um, qui tombe.

De-Fluvium, ii, chûte; 1°. écoulement, fluxion.

Dif-Fluo, -ere, se répandre, couler de côté & d'autre, se déborder.

Dif-Fluus, a, um, qui s'épanche de côté & d'autre.

Ef-Fluo, -ere, couler, se répandre, sortir; 2°. passer, s'écouler, se dissiper.

Ef-Fluenter, abondamment.

Ef-Fluentia, æ, écoulement, épanchement.

Ef-Fluvium, ii, écoulement; 2°. canal d'écoulement.

Per-Ef-Fluo, -ere, s'écouler tout-à-fait.

Super-Ef-Fluo, -ere, s'écouler par-dessus.

In-Fluctuo, -are, se décharger dedans.

In-Fluo, -ere, couler dedans; 2°. influer.

In-Fluentia, æ, écoulement, influence.

In-Fluxus, ûs, influence.

In-Fluvium, ii, épanchement.

Sub-In-Fluo, -ere, couler par-dessus.

Inter-Fluo, -ere, couler par le milieu; 2°. flotter parmi les ondes.

Inter-Fluus, a, um, qui coule entre deux.

Per-Fluctuo, -are, flotter parmi.

Per-Fluo, -ere, couler de tous côtés, passer au travers.

Præ-Fluo, -ere, couler devant.

Præ-Fluxus, ûs, action de couler devant.

Præter-Fluo, -ere, couler au-delà, auprès.

Pro-Fluo, -ere, couler, s'écouler.

Pro-Fluens, tis, coulant, qui coule.

Pro-Fluens, tis, courant d'eau.

Pro-Fluenter, abondamment.

Pro-Fluentia, æ, abondance.

Pro-Fluvium, ii, écoulement, flux.

Pro-Fluus, a, um, qui coule.

Re-Fluo, -ere, remonter contre sa source.

Re-Fluus, a, um, qui reflue, qui remonte vers sa source.

Septem-Fluus, a, um, qui coule par sept canaux.

Subter-Fluo, -ere, couler par dessous.

Super-Fluo, -ere, couler par-dessus, regorger; 2°. être superflu, surabondant.

Super-Fluus, a, um, superflu, surabondant; 2°. qui coule par-dessus, qui regorge.

Super-Fluum, i, surplus, superflu.

Super-Fluitas, is, surabondance.

Trans-Fluo, -ere, couler au travers, s'extravaser.

V.
FLO, Fleur.

1.

1. Flos, ris, fleur, fleuron; 2°. splendeur, élite.

Flosculus, i; Flosscellus, i, petite fleur, fleuron, vignette; 2°. ornement d'un discours.

Florus, a, um; Floridus, a, um, fleuri, qui est en fleurs; 2°. vif.

Floridulus, a, um, brillant, beau.

Floreus, a, um, de fleurs, fait de fleurs; 2°. couvert de fleurs.

Floralium, ii; Florantium, ii, parterre, jardin rempli de fleurs.

2. Floreo, -ere, } fleurir, être en
Floresco, -scere, } fleurs; 2°. pousser des boutons, des fleurs; 3°.

être florissant, paroître avec éclat; 4°. devenir célèbre.

FLORulentus, a, um, plein de fleurs.
FLORentia, æ, vigne fleurie.

2.

1. FLORA, Déesse des fleurs.

FLORalis, e, de Flore.
FLORalia, ium, Jeux Floraux.
FLORalitius, a, um, qui concerne les Fêtes.

BINOMES.

FLORI-Comus, a, um, qui a les cheveux ornés de fleurs.
FLORI-FER, a, um; FLORI-GER, a, um, qui produit des fleurs.
FLORI-FERum, i, Fêtes des Romains, où l'on offroit à Cérès des épis en fleurs.
FLORI-LEGus, a, um, qui cueille, qui suce des fleurs.
FLORI-PARus, a, um, qui fait naître des fleurs.

COMPOSÉS.

DE-FLORO, -are, cueillir, ôter la fleur, l'ornement.
DE-FLOREO, -ere; DE-FLORESCO, -ere, perdre sa fleur; 2°. se ternir, se faner, perdre son lustre.
EF-FLOREO, -ere; EF-FLORESCO, -scere, fleurir, s'ouvrir, s'épanouir.
RE-FLOREO, -ere; RE-FLORESCO, -scere, refleurir.
PRÆ-FLORO, -are, cueillir la première fleur.
PRÆ-FLOREO, -ere; PRÆ-FLORESCO, -ere, fleurir avant.
SUPER-FLOREO, -ere; SUPER-FLORESCO, -scere, fleurir par-dessus.

VI.

FLE, Pleurs.

C'est une onomatopée, l'imitation du cri entrecoupé & traîneur d'un enfant qui pleure.

FLEO, es, vi, tum, ere, pleurer, verser des larmes.
FLETus, ûs, larmes, pleurs.
FLEBilis, e, déplorable, pitoyable; 2°. lugubre, triste.
FLEBiliter, d'une manière lamentable.

COMPOSÉS.

AF-FLEO, -ere, pleurer, soupirer.
DE-FLEO, -ere, déplorer, regretter avec larmes.
EF-FLEO, -ere, pleurer fort, verser des larmes.
IN-FLETus, a, um, qui n'a point été pleuré.
IN-DE-FLETus, a, um, qui n'a pas été pleuré.
PER-FLEO, -ere, pleurer amèrement.
PER-FLETus, a, um, baigné de pleurs.
PRÆ-FLETus, a, um, qui a été fort pleuré.

VII.

FLAC, FLEG, qui fléchit en tout sens.

1.

1. FLAGrum, i, fouet, poignée de verges.

FLAGrator, is,
FLAGrio, onis,
FLAGri-TRiba, æ,
} sujet au fouet; 2°. qui fouette souvent.

FLAGri-FER, a, um, qui porte un fouet.

2. FLAGellum, i, fouet; 2°. houssine; 3°. brins que la vigne pousse tous les ans.

FLAGello, -are, fouetter, fustiger.
FLAGellatio, onis, l'action de fouetter, de fustiger.

FLAGellantes, *ium*, Flagellans, Hérétiques.

2.
FLEC, FLAC,
Fléchir, Plier.

FLECto, *is*, *xi*, *xum*, *ere*, plier, fléchir; 2°. courber; 3°. tourner.

FLEXus, *ûs*, détour, tournoyement; 2°. flexibilité; 3°. courbure, pli.

FLEXio, *onis*, l'action de courber; 2°. détour.

FLEXura, *æ*, courbure; 2°. déclinaison, inflexion.

FLEXuofus, *a*, *um*, tortueux, qui serpente.

FLEXuosé, en tournoyant.

FLEXilis, *e*; FLEXibilis, *e*, pliable, souple, facile à tourner.

FLEXibilitas, *is*, pliabilité, aisance à être courbé.

FLEXumines, *um*, Chevaliers Romains; mot-à-mot les caracolleurs.

BINOMES.

FLEX-ANIMO, *are*, toucher le cœur.

FLEX-ANIMUS, *a*, *um*, qui plie, fléchit le caractère.

FLEXI-LOQUUS, *a*, *um*, ambigu, équivoque.

FLEXI-PES, *dis*, qui a les pieds courbés.

COMPOSÉS.

CIRCÙM-FLECto, *- ere*, tourner en rond, prendre un détour.

CIRCÙM-FLEXIO, *onis*; CIRCÙM-FLEXus, *ûs*, détour, circuit.

CON-FLECto, *- ere*, courber, replier.

CON-FLEXus, *a*, *um*, renversé, recourbé.

DE-FLECto, *ere*, plier, courber; 2°. s'écarter, se détourner, tourner.

DE-FLEXus, *ûs*, courbure, pliage.

In-DE-FLEXus, *a*, *um*, invariable, ferme.

IN-FLECto, *- ere*, plier, courber.

IN-FLECtio, *onis*,
IN-FLEXio, *onis*, } l'action de plier.
IN-FLEXus, *ûs*,

IN-FLEXibilis, *e*, ferme, inébranlable.

OF-FLECto, *- ere*, détourner.

RE-FLECto, *ere*, recourber, replier; 2°. rebrousser; 3°. retirer, pencher.

RE-FLEXio, *onis*, l'action de replier, de réfléchir.

RE-FLEXus, *ûs*, reflux.

3
FLIG, Tourmenter, Affliger.

FLIGO, *xi*, *ctum*, *ere*, choquer, heurter.

FLICtus, *ûs*, choc, heurt.

COMPOSÉS.

AF-FLIGO, *-gere*, tourmenter, accabler, vexer; 2°. terrasser, abattre.

AF-FLICtus, *a*, *um*, abattu, perdu; 2°. corrompu.

AF-FLICtio, *onis*; AF-FLICtus, *ûs*, peine, tourment, inquiétude.

AF-FLICtor, *is*, persécuteur, destructeur.

AF-FLICto, *-are*, tourmenter, inquiéter.

AF-FLICtatio, *onis*, persécution, chagrin.

CON-FLIGO, *-gere*, se battre, se choquer, donner bataille; 2°. avoir différend, avoir à démêler.

CON-FLIGium, *ii*, rencontre, choc de deux choses.

CON-FLICtus, *ûs*, choc, combat, contestation.

CON-FLICtio, *onis*, frottement, choc; 2°. débat, opposition.

CON-FLICto, *-are*; CON FLICtor, *-ari*, attaquer, avoir affaire, avoir à démêler; 2°. tourmenter, maltraiter; 3°. être frappé de disgraces.

CON-FLICtor, *-ari*, être tourmenté.

CON-FLICtatio, *onis*, attaque, choc, rencontre.

Ef-Fligo, -ere, tourmenter, maltraiter ; 2°. écraser, assommer ; 3°. ruiner, désoler.

Ef-Flictio, onis, chagrin, vexation.

Ef-Flicté ; Ef-Flictim, ardemment, passionnément.

In-Fligo, -gere, appliquer dessus avec violence.

Pro-Fligo, -are, atterrer, abattre, tailler en piéces.

Pro-Fligator, is, dissipateur, qui met en désordre.

FOED, PUD,
Sale, Vilain.

Du Celte Bud, Pud, Put, p...... sale, vilain, puant, se formèrent familles Latines :

Foedus, sale, vilain.

Pudor, honte.

Putridus, pourri, &c.

Fœdus, a, um, sale, vilain, honteux, difforme, puant, horrible, affreux.

Fœdé, iùs, issimè, salement, honteusement, vilainement, cruellement.

Fœditas, is, malpropreté, turpitude, déshonneur, honte, infamie, cruauté.

Fœdo, -are, salir, tacher, souiller, déshonorer, profaner, gâter.

Fœdator, is, qui salit, qui tache.

COMPOSÉS.

Con-Fœdo, -are, souiller, salir.

Con-Fœdatio, is, souillure, tache.

De-Fœdus, a, um, fort sale, très-puant.

FON,
Fontaine.

Du Celte Von, Fon, source, fontaine, eau, les Latins formèrent le mot de Font, d'où cette famille :

Fons, tis, fontaine ; 2°. source, principe, cause.

Fontalis, e,
Fontinalis, e,
Fontanalis, e,   } de fontaine, de source
Fontanus, a, um,   } d'eau.
Fontaneus, a, um,

Fontinalis, e, Dieu des fontaines.

Fontanalia, ium, Fêtes des Nymphes des fontaines.

Fonticulus, i, petite source d'eau.

FORS,
Sort, Fortune.

De l'Oriental פור, PHUR, Sort, les Latins firent Fors, la fortune, le sort, le hasard : de-là cette famille.

1. Fors, tis, hasard, fortune, destin.

Forté, Fortean, Forsan, Forsitan, Fortassean, Forsit, Fortasé, Fortassis, peut être, par hasard, par aventure.

Fortuitus, a, um, imprévu, inopiné.

Fortuitó ; Fortuitù, par hasard, inopinément.

2. Fortuna, æ, sort, hasard, destin, fortune ; 2°. état, qualité ; 3°. biens, richesses.

Fortuno, -are, rendre heureux, bénir.

Fortunatus, a, um, heureux, qui a du bonheur.

Fortunaté ; Fortunatim, heureusement, avec succès.

NÉGATIFS.

In-Fortunium, ii, malheur, disgrace ; 2°. accident.

In-Fortunitas, is, mauvaise fortune.

In-Fortunatus, a, um, malheureux.

In-Fortunaté, malheureusement.

ONOMATOPÉES
en FR.

FRIT, ce qui est au bout de l'épi de bled mûr, & plus petit que le grain.

FRITillus, i, cornet à jouer aux dés.

FRITinio, - ire, crier, comme les petits des hirondelles.

FRINGilla, æ,
FRIGilla, æ, } pinçon.

FRIGulo, - are, crier comme le geai.

FRIGo, is, xi, xum & ctum, ere, fricasser, frire.

FRIXa, æ, fricandeau, fricassée.

FRINGutio, -ire; FRIGutio, -ire, faire un bruit semblable à quelque chose qu'on frit; 2°. faire un frémissement, un tortillement, un fretillement du corps.

FRIRitus, ûs, frémissement.

IN-FRIGO, -ere, frire dedans.

F R

FR est un son rude & déchirant; il devint donc naturellement la peinture ou le nom de tous les objets bruyans, rudes, fracassés: du bruit, du tumulte, des cris, du fracas, &c. De-là nombre de familles.

I.
FRAG, Bruit, Fracas.

1. Fragor, is; 1°. bruit éclatant d'une chose qui se rompt; 2°. bruit d'applaudissement.

FRAGosus, a, um, rude, raboteux; 2°. qui fait un bruit éclatant.

FRAGosé, avec grand bruit.

2. FRAGilitas, is, fragilité, facilité à se rompre; 2°. foiblesse.

FRAGmen, inis; FRAGmentum, i, morceau, éclat, tronçon, tranche.

FRATilli, orum, franges.

3. FRANGO, fregi, fractum, ngere, 1°. briser, casser, rompre, fracasser; 2°. détruire, abattre, ruiner; 3°. humilier, vaincre, surmonter, arrêter; 4°. amollir, fléchir; 5°. pacifier, calmer.

FRActura, æ, rupture.

FRActio, onis, fracture, rupture.

FRAGesco, -ere; FRAGsco, -ere, languir, être accablé.

FRActum, ii, rupture, l'action de rompre.

FRAgilis, e, frêle, cassant, sujet à se rompre; 2°. foible, périssable; 3°. mou, efféminé; 4°. qui fait du bruit en se rompant.

COMPOSÉS.

AF-FRANGO, - ere, rompre contre; 2°. briser entièrement.

AM-Fractus, ûs; AM-Fractus, ûs, détour, circuit; 2°. échappatoire, faux-fuyant; 3°. courbure, encognure; 4°. pli & repli.

AM-Fractum, i, carrefour.

AM-Fractuosus, a, um; AM-Fractus, a, um, sinueux, tortueux, courbé.

CIRCÙM-FRANGO, - ere, rompre tout autour.

CON FRACTio, onis, rupture.

CON-Fragus, a, um; CON-Fragosus, a, um, raboteux, âpre, scabreux; 2°. grossier, dur; 3°. embarrassant.

EF-FRActura, æ, rupture.

EF-FRActor, is; EF-FRActarius, ii, qui brise, qui rompt.

PER-FRACtio, nis, rupture entière.

Per-Fracté, d'une manière molle ; 2°. opiniâtrement.
Præ-Fractus, a, um, trop coupé ; 2°. entêté, opiniâtre.
Præ Fracté, avec obstination.
Re-Fractum, i, terrein rompu, jachere.
Re-Fractio, onis, rebondissement, rejaillissement.
Re-Fractarius, a, um, opiniâtre, mutin.
Re-Fractariolus, a, um, un peu opiniâtre.
Re-Fragor, -ari, s'opposer, résister, contredire ; 2°. être contraire, nuire ; 3°. répugner, avoir de l'aversion.
Re-Fragator, is, adversaire.

BINOMES.

Male-Fractus, a, um, tout-à-fait rompu.
Nau-Fragus, a, um, } qui fait faire naufrage ; 2°. qui a fait naufrage ; 3°. ruiné ; de Navis, vaisseau.
Navi-Fragus, a, um, }
Nau-Fragium, ii, naufrage, perte, ruine.
Nau-Frago, -are ; Nau-Fragor, -ari, faire naufrage.

COMPOSÉS.

Ad-Fringo, -ere, rompre, casser sur ou contre.
Ad-Frico, -are ; Af-Frico, -are, frotter contre.
Con-Fringo, -ere, briser, rompre.
Di-Fringo, -ere, casser, briser.
Dif-Fringo, -gere, casser, briser.
Ef-Fringo, -ere, rompre, briser.
In-Fringo, -ere, casser, briser, renverser ; 2°. diminuer ; 3°. réprimer.

In-Fractus, a, um, cassé ; 2°. entier ; 3. détruit.
In-Fractio, onis, rupture ; 2°. abattement.
In-Fragilis, e ; In-Frangilis, e, qu'on ne sauroit rompre ; 2°. inébranlable, intrépide.
Inter Fringo, -ere, rompre de côté & d'autre.
Ob-Fringo, -ere ; Of Fringo, -ere, labourer une seconde fois.
Per Fringo, -ere, briser entièrement ; 2°. détruire, corrompre.
Præ Fringo, -ere, rompre auparavant.
Re-Fringo, -ere, briser, enfoncer.

II.

FRUSTum, Morceau.

Frustum, i, morceau, pièce.
Frustulum, i, petit morceau.
Frusto, -are, mettre en pièces.
Frustito, -are, couper en petits morceaux.
Frustulentus, a, um, plein de morceaux.
Frustatim, par morceaux.
Frustillatim, par petits morceaux.

III.

FRAX, Lie, Marc.

De Frag, fracasser, briser, se forma Frax, le marc de fruits brisés sous le pressoir.
Frax, cis, } lie d'huile ; 2°. marc d'olives.
Fraces, ium, }
Fracidus, a, um, moisi, gâté, puant, ranci comme de vieilles huiles.
Fracidé, puamment.
Fraceo, -ere ; Fracesco, -ere, se moisir ; se pourrir, se gâter.

IV.

FREM, Frémir.

Fremo, ui, itum, ere, faire grand bruit,

bruit; 2°. murmurer, gronder; 3°. hennir, 4°. rugir.

FRÆMor, is; FREMitus, ûs, grand bruit, cliquetis, frémissement.

FREMebundus, a, um, qui fait un grand bruit, qui crie.

COMPOSÉS.

AD-FREMO, - ere, murmurer, gronder de quelque chose.

AF FREMO, -ere, causer un certain murmure, frémissement.

CIRCUM-FREMO, -ere, faire grand bruit tout autour.

CON-FREMO, -ere, faire un grand bruit, frémir.

IN-FREMO, -ere, frémir, bruire.

PER-FREMO, -ere, frémir, frissonner.

FREND, briser.

FRENDO, is, dui, fressum, ndere; FRENDEO, es, ui, ere, briser, froisser; 2°. grincer, faire craquer.

FRENDor, is, grincement de dents.

FRESsus, a, um, froissé, brisé.

V.

FRIG, Froid, Frisson.

FRIGUS, oris, froid; 2°. frisson; 3°. frais, fraîcheur; 4°. froideur, langueur; 5°. mort.

FRIGusculum, i, petit froid, refroidissement.

FRIGedo, inis, froid, frimats.

FRIGidus, a, um, froid; 2°. lent, foible, languissant; 3°. plat, insipide.

FRIGidè, froidement; 2°. d'une manière languissante.

FRIGidulus, a, um, un peu froid.

FRIGidiusculus, a, um, frais.

FRIGidarius, a, um, qui sert à rafraîchir.

FRIGidarium, ii, lieu dans les bains où l'on se rafraîchissoit.

Orig. Lat.

COMPOSÉS.

CON-FRIGeo, - ere, } devenir
CON-FRIGefio, - ieri, } froid.

CON-FRIGero, -are, refroidir.

DE FRIGeo, -ere; DE-FRIGesco, -scere, se refroidir, devenir froid.

IN-FRIGesco, - ere, refroidir, devenir froid.

IN-FRIGido, -are, rendre froid.

IN-FRIGidatio, onis, refroidissement.

PER-FRIGidus, a, um, très-froid.

PER-FRIGeo, xi, ictum, gere, être glacé, transi.

PER-FRIGefacio, -ere, glacer, refroidir.

PER FRIctio, onis, grand frisson, grand froid.

PER-FRIGesco, -ere, se refroidir fort.

PER-FRIGero, -are, rafraîchir.

PER-FRIGeratio, onis, rafraîchissement.

PRÆ-FRIGidus, a, um, fort froid.

RE-FRIGeo, - ere, } se refroidir, s'attiédir; 2°. se
RE-FRIGesco, - ere, } ralentir, être moins ardent.

RE-FRIGerium, ii, rafraîchissement.

RE-FRIGero, -are, rafraîchir; 2°. refroidir, ralentir.

RE-FRIGeratio, onis, le frais qu'on prend; 2°. refroidissement.

RE-FRIGerator, is; RE-FRIGeratrix, ir, celui qui rafraîchit, celle qui rafraîchit.

RE-FRIGeratorius, a, um, rafraîchissant.

SUB-FRIGidus, a, um, un peu froid.

SUB-FRIGidè, un peu froidement.

VI.

FRA, partager.

I.

FRAXator, Sentinelle.

FRAXator, oris, sentinelle, qui fait

Xx

le guet, factionnaire.

Ce mot s'est formé du Grec *Phrassō*, futur *Phraxō*, fortifier, munir, établir, mettre dans un poste, à part.

En Héb. פרד, PHaRD, ou PaRaD, séparer.

II.
FRET,
Détroit.

FRETum, i, détroit, ce qui est entre deux; ce mot vint du Celte R̄ir qui signifie la même chose; mais qui, formé de R, rompre, 2°. couler, peint fort bien une eau qui coule entre deux rivages où la terre est rompue, brisée, séparée.

Ces mots tiennent à l'Hébreu פרד, PHRaD, séparer, désunir.

FRETus, ûs, entre deux, ce qui sépare deux choses.

FRETum, i, détroit, bras de mer.

FRETus, a, um, appuyé, soutenu, qui se confie.

FRETale, is, égrugeoir à poivre, moulin à moutarde.

COMPOSÉS.

PER-FRETo, -are, passer un trajet de rivière.

TRANS-FRETo, -are, traverser un bras de mer; 2°. passer au-delà de l'eau.

TRANS-FRETatio, onis, passage d'un détroit.

III.
FURCa,
Fourche.

De PRa, BaS, Ba, FRa, FRI, FRU,

briser, fendre, ébrécher, se forma, en prononçant FUR pour FRU, le mot FURC qui peignit tout ce qui se partageoit en deux, tout ce qui est en forme de fourche. De-là ces mots Latins, qui tiennent également à l'Oriental פרק, FRaQ, partager, fendre.

FURCa, æ, 1°. fourche; 2°. fourche patibulaire, gibet; 3°. étançon fourchu; 4°. crochets de crocheteur; 5°. cangue, bois fourchu mis au cou des criminels frappés de verges.

FURCula, æ; FURCilla, æ, petite fourche.

FURCilles, ium, fourches patibulaires.

FURCillo, -are, soutenir avec une fourche.

FURCulosus, a, um, plein de fourchons.

FURCi-Fer, a, um, pendard, coquin.

TRI-FURCus, a, um; TRI-FURCatus, a, um, qui a trois fourchons.

TRI-FURCifer, a, um, gibier de potence.

FRI,
Emier.

1.

FRIo, -are, émier, mettre en miettes.

FRIatio, onis, l'action de mettre en miettes.

FRIabilis, e, qui s'émie facilement.

COMPOSÉS.

AF-FRIo, -are, émier, mettre en poudre, pulvériser, broyer.

IN-FRIo, -are, émier dedans, réduire en poudre.

2.

Frivolus, a, um, frivole, vain; 2°. frêle, fragile.

Frivola, orum, vaisselle de terre; 2°. bagatelles.

Frivolarius, ii, clinquaillier, vendeur de babioles.

Frictor, is; Frictrix, icis, frotteur, frotteuse.

FRIC,

Frotter : Friction.

Frico, -are, frotter, faire une friction

Frictus, ûs; Frictio, onis, friction.
Fricatura, æ,
Fricatio, onis, } l'action de frotter.
Fricatus, ûs,

COMPOSÉS.

Af-Frico, -are, frotter contre, auprès.

Af-Frictus, ûs, action de frotter, frottement.

Circum-Frico, -are, frotter à l'entour.

Con-Frico, -are, frotter contre; 2°. aigrir, railler.

De-Frico, -are, frotter, décrotter; 2°. bouchonner un cheval.

Ef-Frico, -are, frotter, nettoyer.

Ef-Fricatio, onis, friction, frottement.

In-Frico, -are, frotter.

In-Frictio, onis, l'action de frotter, frottement.

In-Frictus, a, um; In-Fricatus, a, um, frotté.

Per-Frico, -are, frotter, oindre.

Per-Frictio, onis, l'action de frotter, d'enduire

Re-Frico, -are, refrotter; 2°. renouveller; 3°. se renouveller.

Sub-Frico, -are, frotter un peu contre.

F.

Ajouté à la tête des mots commençant par R.

Les labiales B, &c. ont été souvent ajoutées à la tête des mots qui commencent par R : nous en avons donné divers exemples dans nos *Orig. du Langage & de l'Ecriture*, p. 145. De-là diverses erreurs des Etymologistes pour n'avoir pas fait attention à cette propriété de la lettre R. Les Latins vont nous fournir des exemples remarquables de R changé en FR.

1.
FRAM.

Framea, æ, javeline, hallebarde des Germains : mot qui a été conservé par Tacite.

Wachter a très-bien vu qu'il tenoit à Frumen, lancer ; mais en accordant qu'il en vint, d'où viendroit Frumen lui-même ?

Fram est un dérivé de *RAM*, branche, bâton, dard :

II.
FRATer,
Frere.

Ce mot est un binome, formé de *TER*, qui signifie excellent, chéri, & de Fra qui est l'Oriental יר, Rho, Rha, proche, parent, ami, précédé de la lettre F en Latin, de la lettre B en Allemand, &c.

Ce mot est Latin, Grec, Persan, Theuton, &c. De là cette famille.

FRATer, *ris*, frere; 2°. amant; 3°. allié.

FRATellus, *i*; FRATerculus, *i*, petit frere.

FRAtria, *æ*, belle-sœur, femme de frere.

FRATro, -*are*; FRATerculo, -*are*, vivre comme frere, fraterniser.

FRAternus, *a*, *um*, de frere, fraternel.

FRAternitas, *is*, qualité de frere, fraternité; 2°. Confrairie, société.

FRAterné, en frere, fraternellement.

FRATri-Cida, *æ*, qui a tué son frere.

III.
FREN,
Frein.

FRENum, qui en Latin signifie frein, bride, vient du Celte FRIN, FRON, nez. C'est le Grec ΚΙΜ, nez, joint à la lettre F qui précede volontiers la lettre R : en Irland. *Sh rone*, nez.

Quant à *Rin*, ou *Ri*, nez, il s'est formé de la valeur primitive de la lettre R qui fut le nom du nez & qui en avoit la figure, qu'elle a conservé dans l'Alphabet Ethiopien.

Les Grecs firent de FREN, le mot ΦΡΕΝ, *Phren*, qui signifie la prudence, le jugement; c'est le sens figuré & allégorique qu'à toujours offert le nom du nez. De-là cette famille Latine.

FRENi, *orum*, } embouchure de che-
FRENum, *i*, } val, mors de bride.

FRENo, -*are*, brider, mettre un mors; 2°. modérer, réprimer.

FRENator, *is*, qui bride, qui met un mors à la bouche; 2°. qui modére, qui réprime.

COMPOSÉS.

DE-FRÆNatus, *a*, *um*, effréné.

EF-FRENus, *a*, *um*; EF-FRÆNatus, *a*, *um*, débridé, déréglé, sans retenue.

EF-FRENaté, avec emportement, impétueusement.

EF-FRÆNatio, *onis*; EF-FRÆNatio, *onis*, désordre, fureur.

IN-FRENus, *a*, *um*, } qui n'est
IN-FRENatus, *a*, *um*, } point bri-
IN-FRENis, *e*, } dé.

IN-FRENo, -*are*, brider; 2°. réprimer, modérer.

OF-FRÆNatus, *a*, *um*; OF-FRÆNtus, *a*, *um*, enchevêtré, réprimé, arrêté.

RE-FRENo, -*are*, mettre un frein, réprimer, brider, arrêter.

RE-FRÆNatio, *onis*; RE-FRENatio, *onis*, bride, frein; 2°. l'action de modérer.

FREQUENS,
Fréquent.

FREQUENS, est très-certainement un mot composé de plusieurs autres: mais comment en retrouver les radicaux? VOSSIUS, croyant que *Feré*, qui signifie le plus souvent, pouvoit signifier beaucoup, & voyant que *Frequens* s'est écrit *Frecuens*, il pensa que ce mot étoit composé de *Feré*, *cum*, & *ens*, & qu'il signifioit *mot-à-mot*, hommes qui se réunissent en grand nombre. On peut trouver quelque chose de plus satisfaisant. Frequens est relatif à *concours*, il en est l'idée propre; Fre ou Feré n'est donc pas l'Adverbe *Feré*, le plus souvent, presque; mais le Verbe Fero, lui-même, porter, se porter : Frequ-ens désigne donc *mot-à-mot*, des êtres qui se portent ensemble, *au même lieu*.

Frequens, *tis*, 1°. fréquenté, hanté, où l'on vient en concours ; 2°. nombreux ; 3°. assidu ; 4°. peuplé ; 5°. ordinaire, qui arrive souvent, fréquent.

Frequenter, souvent, fréquemment.

Frequentia, *æ*, multitude, concours, grand monde.

Frequento, *-are*, hanter, être fréquemment avec ; 2°. répéter.

Frequentatio, *onis*, répétition, fréquent usage.

Frequentarius, *a*, *um*, qui se fait souvent ; 2°. rempli d'habitans ; 3°. où il y a grand concours.

Frequentamen, *inis*, fréquentation.

Frequentamentum, *i*, fredon, cadence de musique.

Frequentativus, *a*, *um*, réitéré, qui se fait souvent.

Frequentator, *is* ; Frequentatrix, *cis*, qui hante, qui fréquente.

Frequenti-Dicus, *a*, *um*, grand parleur.

Composés.

In-Frequens, *tis*, où il y a peu de gens ; 2°. rare, qui se trouve rarement en un lieu.

In-Frequentia, *æ*, peu d'affluence, petit nombre.

Per-Frequens, *tis*, fort fréquenté.

Re-Frequento, *-are*, repeupler.

FRO,

Front.

De For, tête, devant, prononcé Fro, dérivèrent ces mots Latins.

1.

Frons, *tis*, front ; *mot à mot*, le devant de la tête ; 2°. frontispice, face ; 3°. physionomie, mine, dehors ; 4°. pudeur, honte.

Fronto, *onis*, qui a un grand front.

Frontatus, *a*, *um*, qui fait face des deux côtés.

Frontalia, *ium*, fronteaux, têtières.

II.

Frons, *dis*, feuille d'arbres, le feuillage d'un arbre en est la tête.

Frondosus, *a*, *um*, feuillu, touffu.

Frondeus, *a*, *um*, fait de feuilles, touffu.

Frondeo, *-ere* ; Frondesco, *-ere*, avoir des feuilles, être feuillu.

Frondor, *-ari*, être effeuillé, ébrouté.

Frondarius, *a*, *um*, qui concerne les feuilles.

Frondator, *is*, qui ramasse des feuilles.

Frondatio, *onis*, l'action de ramasser des feuilles.

Frondi-Fer, *a*, *um*, touffu, qui porte des feuilles.

In-Frons, *dis* ; In-Frondis, *e*, qui n'a point de feuilles.

F U.

Le primitif Fu qui étant un son fugitif peint le souffle, la vapeur fugitive, devint la racine des mots qui peignirent le tems passé, qui s'est enfui, l'existence qui n'est plus : delà :

I.
Fu, avoir été.

Fui, je fus, Fuisse, avoir été : d'où, Futare, ancien Verbe Latin, qui, selon Caton, signifioit Être : & qui dut signifier aussi, parler, discourir.

De-là ces Familles.

1.

Con-Futo, -are, réfuter ; 2°. réprimer ; 3°. mêler.

Con-Futatio, onis, réfutation, contradiction.

Re-Futo, -are, refuser, rejetter ; 2°. repousser, réprimer.

Re-Futatus, us ; Re-Futatio, onis, l'action de réfuter, réfutation.

2.

Futilis, e, 1°. vain, léger aisé, à s'évanouir ; 2°. de peu de valeur ; 3°. frêle, cassant.

Futilé, en vain.

Futilitas, atis, légereté, inutilité.

Ef-Futio, -ire, parler légerement, sans réflexion.

II.
FUG,
Fuite.

De Fu, qui peint le souffle fugitif, la vapeur, se forma la famille suivante.

Fuga, æ, fuite, l'action d'éviter ; 2°. échappatoire, excuse, moyen pour éviter ; 3°. exil, course.

Fugio, is, i, itum, ere, fuir, prendre la fuite ; 2°. éviter, refuser.

Fugito, -are, se sauver.

Fugo, -are, mettre en fuite.

Fugax, cis, fuyard, qui fuit aisément, qui passe vite, passager, qui dure peu, qui n'est pas de garde, périssable.

Fugitor, is, fuyard.

Fugitivus, a, um, qui s'enfuit ; 2°. déserteur, transfuge ; 3°. passager, qui s'écoule.

Fugitivarius, a, um, qui cherche les esclaves fugitifs.

Fugalia, ium, fêtes à Rome en mémoire de l'expiation des Rois.

COMPOSÉS.

Con-Fugio, -ere, se retirer, avoir recours.

Con-Fugela, æ ; Con-Fugium, ii, refuge, asyle, retraite.

De-Fugio, -gere, fuir, éviter ; 2°. refuser.

Dif-Fugio, -ere, prendre la fuite ; 2°. éviter.

Dif-Fugium, ii, fuite de côté & d'autre.

Dif-Fugo, -are, faire fuir çà & là.

Ef-Fugio, -gere, fuir, se dérober ; 2°. éviter, échapper.

Ef-Fugies, ei, fuite, l'action d'échapper.

Ef-Fugium, ii, fuite, occasion de se sauver ; 2°. ouverture pour s'enfuir ; 3°. faux-fuyant, issue.

In-Ef-Fugibilis, e, inévitable.

Per-Fuga, æ, déserteur, transfuge.

Per-Fugio, -gere, se sauver vers.

Per-Fugium, ii, asyle, refuge, retraite ; 2°. faux-fuyant, prétexte.

PRO-FUGUS, a, um, chassé de son pays, errant, vagabond, fugitif.

PRO-FUGIO,-ere, s'enfuir loin.

PRO-FUGIUM, ii, réfuge, asyle; 2°. désertion.

RE-FUGIO,-ere, s'enfuir, se reculer; 2°. éviter; 3°. refuser.

RE-FUGA, æ, fugitif.

RE-FUGUS, a, um, qui s'enfuit, qui s'éloigne, qui se réfugie.

RE-FUGIUM, ii, asyle, recours.

SUBTER-FUGIO,-ere, s'enfuir, se dérober, éluder.

SUBTER-FUGIUM, ii, échappatoire, faux-fuyant, détour.

SUPER-FUGIO,-ere, fuir par-dessus.

TRANS-FUGIO,-ere, déserter vers les ennemis, passer de leur côté.

TRANS-FUGA, æ, déserteur, transfuge.

TRANS-FUGIUM, ii, désertion de son parti.

III.
FUM,
Fumée.

De ce primitif FU, qui peint le souffle, la vapeur fugitive, l'existence qui passe, se forma la famille suivante.

FUMUS, i, fumée.

FUMOSUS, a, um, qui jette de la fumée; 2°. enfumé, noirci de fumée; 3°. fumé, parfumé à la fumée; 4°. fameux; 5°. soufré, à qui l'on a donné la mêche.

FUMICUS, a, um; FUMIFER, a, um, qui jette de la fumée.

FUMEUS, a, um, plein de fumée, fumant.

FUMIDUS, a, um, qui jette de la fumée, qui sent la fumée.

FUMARIUM, ii, cheminée; 2°. lieu où l'on fume quelque chose; 3°. fumeterre, plante.

BINOMES.

FUMI-GO,-are, parfumer, encenser: d'ago, faire, conduire.

FUMI-FICUS, a, um, qui jette de la fumée: de facere, faire.

FUMI-FICO,-are, fumer; 2°. parfumer, brûler des parfums.

COMPOSÉS.

CON-FUMO,-are, enfumer.

IN-FUMO,-are, enfumer.

IN-FUMATUS, a, um, fumé, séché à la fumée.

IN-FUMIBULUM, i, tuyau de cheminée.

SUF-FUMIGO,-are, fumer, enfumer; 2°. donner un camouflet.

SUF-FUMIGATIO, onis, fumée, parfum qu'on donne par-dessous.

TRANS-FUMO,-are, pousser la fumée au-delà.

IV.
FUS, Fusion.

Du primitif FU, qui fuit, qui se répand au loin, qui se fond, se forma le Latin FUSUS, fondu, qui s'est répandu; FUSUS, fondu, & FUSI, j'ai fondu, qui en se nasalant fit le présent FUNDO, fondre.

Ces mots peignoient d'ailleurs assez bien le son d'une liqueur qui se répand avec bruit.

Ils tiennent à l'Oriental פוץ, FUTZ, répandre.

FUSUS, a, um, épanché, versé; 2°. étendu, épais; qui se répand &c.

Fusura, æ, fonte, fusion, l'action de fondre.
Fusio, onis, épanchement, effusion.
Fusorius, a, um, de fonte.
Fusilis, e, qu'on peut fondre.
Fusé,
Fusiùs, } amplement, bien au long.
Fusatim,
Fundo, is, fudi, fusum, ndere, fondre, faire fondre ; 2°. jetter en fonte ; 3°. répandre, verser ; 4°. étendre ; 5°. décharger ses eaux.
Fundito, -are, dépenser, dissiper.

COMPOSÉS.

Af-Fusus, a, um, étendu, couché.
Af-Fundo, -ere, verser, épancher, jetter sur, dans, ou contre.
Circum-Fundo, -ere, répandre, épancher tout autour ; 2°. environner.
Circum-Fusio, onis, épanchement tout autour.
Con-Fundo, -ere, confondre, brouiller, mélanger ; 2°. troubler, mettre le désordre.
Con-Fusio, onis, mélange, mixtion ; 2°. embarras, trouble ; 3°. honte.
Con-Fusaneus, a, um, mêlé, mélangé.
Con-Fusé ; Con-sim, sans ordre.
In-con-Fusibilis, e, qu'on ne peut confondre.
In-con-Fusus, a, um, qui n'est point dérangé.
Dif-Fundo, -ere, verser, répandre ; 2°. jetter en fonte.
Dif-Fundo, -ere, épancher, répandre ; 2°. étendre.
Dif-Fundito, -are, dissiper, consumer.
Dif-Fusio, onis, épanchement, épanouissement.
Dif-Fusilis, e, fluide, qui s'étend.

Dif-Fusé, çà & là ; 2°. d'une maniere étendue.
Ef-Fundo, -ere, verser, épancher.
Ef-Fusus, a, um, répandu ; 2°. débordé.
Ef-Fusio, onis, épanchement, écoulement ; 2°. prodigalité, profusion ; 3°. largesse.
Ef-Fusé, immodérément, avec excès.
In-Fundo, -ere, verser dedans, entonner ; 2°. répandre, introduire.
In-Fundibulum, i, entonnoir.
In-Fusus, ûs ; In-Fusio, onis, l'action de verser, de tremper dedans.
In-Fusorium, ii, entonnoir, tuyau.
Inter-Fusus, a, um, qui se répand entre deux.
Inter-Fundo, -ere, verser entre.
Of-Fundo, -ere, répandre, verser autour.
Per-Fundo, -ere, jetter, répandre dessus ; 2°. baigner, tremper ; 3°. inspirer.
Per-Fusus, a, um, mouillé, trempé.
Per-Fusio, onis, l'action de verser dessus ; 2°. épanchement.
Per-Fusor, is, qui épanche, qui mouille.
Per-Fusorius, a, um, qui ne pénètre pas au fond, superficiel.
Per-Fusorié, confusément, d'une maniere embrouillée.
Pro-Fundo, -ere, répandre, verser abondamment ; 2°. pousser en quantité ; 3°. dissiper ; 4°. prodiguer, dépenser beaucoup.
Pro-Fusio, onis, effusion, profusion.
Pro-Fusé, en abondance, en quantité.
Re-Fusio, onis, épanchement.
Re-Fusé, -iùs, en abondance.
Re-Fundo, -ere, répandre de nouveau ; 2°. rembourser,

2°. rembourser, 3°. faire fondre.

SUF-FUNDO, -ere, jetter, répandre.

SUF-FUSOR, oris, qui répand, qui arrose.

SUF-FUSIO, onis, fluxion sur les yeux, épanchement d'humeur.

SUF-FUSORIUM, ii, canal.

SUPER-FUNDO, -ere, répandre par dessus.

SUPER-FUSUS, a, um, débordé; 2°. inondé; 3° épars, dispersé.

TRANS-FUNDO, ere, survuider, transvaser.

TRANS-FUSIO, onis, l'action de verser d'un vase dans un autre.

FULL,
Foulon.

Le Latin FULLO, à l'abl. FULLONE, tient à nos mots, Fouler, Foule.

Tous viennent du primitif PULL, FUL, plein, rempli: 2°. foule, presse; 3°. pression, oppression.

FULLO, -onis, foulon; 2°. escarbot marqueté de blanc.

FULLONIUS, a, um; FULLONICUS, a, um, foulon.

FULLONICA, æ, foulerie; 2°. métier de foulon.

FULLONICUM, i, attelier de foulon.

FUL,
Appui.

BOL, BUL signifie en Celte bâton, d'où en Basq. BOLLatu, abattre, frapper.

En Irl. BOLLE, coup.

En Gall. Theut. &c. BOLLI, javelot, &c.

L'Hébr. en fit פלק, PULC, bâton: Et le Latin, FUL, FULC, d'où la famille suivante.

FULCIO, is, si, tum, cire, appuyer, fortifier.

FULCRUM, i, appui, soutien.

FULCIBILIS, e, qu'on peut soutenir.

FULCIMEN, inis; FULCIMENTUM, i, appui, soutien.

FULMENTA, æ, chantier qu'on met sous des tonneaux.

FULMENTUM, i, appui, soutien.

FULTIO, onis, l'action d'appuyer.

FULTURA, æ, appui, soutien; 2°. nourriture.

COMPOSÉS.

CON-FULCIO, -ire, appuyer, affermir.

CON-FULTUS, a, um, soutenu.

EF-FULCIO, -ire, appuyer, soutenir.

IN-FULCIO, -ire, enfoncer, mettre dedans.

OF-FULCIO, -ire, boucher, appuyer contre.

PER-FULCIO, -ire, appuyer fort.

PRÆ-FULCIO, -ire, appuyer, soutenir.

SEMI-FULTUS, a, um, à demi-appuyé.

FUN,
FON, BON, BUN, MON,
Fécond, abondant.

FON, BON, MON, est une racine primitive qui désigne l'abondance, la fertilité; l'excès en grosseur; c'est une branche de ON, HON, élevé.

En Br. FOUN, BOUNN, abondant, fertile.

FOUNNA, abonder.

Fonn, abondance.

E-Fon, abondamment.

Ar Fon-*Muya*, le plus abondamment.

Irl. Fonai, abondance.

Polon. Buynoſé, abondance, fertilité, excès d'abondance.

Buyny, trop abondant; excessif, fertile, fécond, riche.

De-là ces mots:

I.

A-Bun-do, *mot-à-mot*, donner par masse, produire en abondance: abonder, déborder, regorger, excéder, être de trop, avoir beaucoup.

A-Bun-*D*ant*ia*, *æ*, abondance, affluence; 2°. fertilité; 3°. surcroit, excès.

A-bun-*D*atio, *onis*, inondation; regorgement.

A-Bun*D*ans, *tis*, fertile, abondant; 2°. plein, rempli; 3°. qui regorge.

A-Bun-*D*anter, abondamment, beaucoup; 2°. avec excès.

Super-abun-do,-*are*, être surabondant: être de trop.

II.

Fund*us*, *i*, fonds, terrain en rapport.

De cette même racine désignant un terrain qui a de la profondeur, qui est fertile, en plein rapport, se forma cette famille Latine.

Fund*us*, *i*, } 1°. fonds de terre,
Fund*um*, *i*, } terrain en valeur, en plein rapport; 2°. Auteur; qui produit des ouvrages; 3°. superficie basse, le fond d'un sac, d'un tonneau.

Fund*ulus*, *i*, fonds d'un vase, petit fonds.

Fund*o*, *are*, jetter les fondemens, fonder; 2°. établir; 3°. bâtir.

Fund*ator*, *is*, fondateur.

Fund*atio*, *onis*, l'action de poser les fondemens, fondation.

Fund*amen*, *inis*; Fund*amentum*, *i*, fondement; 2°. tranchée où l'on met des pierres pour servir de fondement.

Fund*itùs*, entierement.

Fund*arius*, *ii*, ouvrier qui travaille à la culture de la terre.

Composés.

Ex-Fund*atus*, *a*, *um*, renversé jusqu'aux fondemens.

Suf-Fund*atus*, *a*, *um*, mis dessous pour fondement.

2.

De Fund*us*, fond, & de Pro, avant, se forma cette famille.

Pro-Fund*us*, *a*, *um*, profond, creux; 2°. haut, élevé; 3°. extrême, grand.

Pro-Fund*um*, *i*, mer; 2°. gouffre; 3°. ventre.

Pro-Fund*itas*, *tis*, profondeur.

Pro-Fund*é*, profondément.

FUNGus,
Champignon.

De même que le mot de Champignon vient du mot *Champ*, parce qu'il croît dans les champs, sans qu'on le seme, de même son nom Latin,

Fungus, *i*, vient du primitif Fun, Fund, terre, terrain, fonds.

2°. Fungus, signifie aussi la crasse qui s'amasse en forme de champignon, au bout du lumignon d'une lampe, ou d'une chandelle, de même que la suie qui s'attache au cul du vase sous lequel une lampe brûle : & 3°. ce mot désigne la maladie des oliviers causée par la trop grande ardeur du soleil.

Fungosus, *a*, *um*, poreux, spongieux, ressemblant aux champignons.

Funginus, *a*, *um*, de champignon ; 2°. comme un champignon.

Fungositas, *atis*, porosité, spongiosité, ressemblance aux champignons.

Fungus, *a*, *um*, sot, fat, bête, niais, étourdi.

FUNGor,
S'acquitter.

Du primitif Bon, Bun, prononcé également, Mon, Mun, Ton, Tun, qui signifie, 1°. élévation, 2°. charge, emploi, fonction, 3°. ouvrage, joint au verbe Ago, agir, se forma le Latin Fungor dont l'origine étoit absolument inconnue, & qui signifie *mot-à-mot* : « je suis élevé à un emploi, je le » remplis, je m'en acquitte ».

Fungor, *ctus sum*, *gi*, être élevé à une fonction ; 2°. s'acquitter d'un emploi : 3°. jouir.

Functio, *onis*, administration, exercice d'une charge, d'un emploi.

COMPOSÉS.

De-Fungor, *i*, venir à bout d'une chose, l'exécuter, la finir avec quelque peine ; 2°. se débarrasser, s'acquitter de, achever.

De-Functus, *a*, *um*, échappé, délivré ; 2°. mort, trépassé, défunt.

De-Functorius, *a*, *um*, léger, foible, passager.

De-Functorié, d'une maniere indifférente, lâchement, nonchalamment, par maniere d'acquit.

Per-Fungor, *i*, s'acquitter d'un emploi, remplir un devoir, exercer une charge ; 2°. essuyer, avoir à souffrir ; 3°. être délivré.

Per-Functio, *onis*, l'exercice d'une charge, l'acquit de son devoir.

Per-Functorius, *a*, *um*, qui se fait par maniere d'acquit.

Per-Functorié, négligeamment, en passant.

FUT,
Vase.

De Bod, Bud, profond, creux, prononcé Fut, se forma cette famille Latine.

Futis, *is* } vase à eau ; 2°. pot à
Futum, *i*, } eau ; 3°. vase de sacrifice.

Futile, *is*, vase pointu, en usage pour les sacrifices.

Futo, *are*, jetter de l'eau froide dans une marmite, pour empêcher le liquide qu'on y fait bouillir de se répandre en dehors.

SECONDE PARTIE

DES MOTS EN F.

MOTS OÙ F A PRIS LA PLACE DE L'ASPIRATION.

Les mots dans lesquels l'aspiration a été remplacée en Latin par la lettre F, sont en si grand nombre, que nous avons cru devoir en faire une classe à part.

FAC,
faire.

Ce Verbe, dont l'origine étoit inconnue, n'appartient pas primitivement à la lettre F : c'est un de ceux où elle a remplacé l'aspiration H, pour adoucir la prononciation de ce mot : aussi les Espagnols qui prononcent ce Verbe HAZA, en ont conservé le son primitif. C'est l'Oriental עשה, *Hosé* ; ou à la Massorethe, *Hasa*, faire.

Mot qui est lui-même un dérivé de עז, Hozz, Hezz, qui signifie Fort, Puissant, puisqu'en effet, pour faire, pour exécuter, pour opérer, il faut être fort & puissant en œuvre.

Cette racine primitive *Hezz*, a produit une famille immense, aussi peu connue que le dérivé dont il s'agit ici : & on peut la considérer elle-même comme un des principaux dérivés du Verbe E, HE, peignant l'existence.

1.

FAcio, is, *feci*, *factum*, *ere*, faire, agir, causer ; 2°. pratiquer ; 3°. sacrifier ; 4°. s'acquitter de son devoir.

FAcilis, e, aisé à faire, qui se fait sans peine ; 2°. traitable, doux, complaisant ; 3°. flexible, souple, obéissant ; 4°. obligeant, favorable, propice.

FAcilitas, is, le pouvoir de faire sans peine, qui est fait aisément, facilité ; 2°. indulgence, complaisance ; 3°. mollesse, foiblesse.

FAcul,
FAc.lé, } aisément, sans peine, à son
FAciliter, } aise; 2°. sans contredit, sans
FAculter, } difficulté.

2.

FAcultas, is, 1°. capacité, pouvoir de faire, efficace, vertu ; 2°. commodité, moyen, expédient ; 3°. abondance, quantité ; 4°. art, science, secret ; 5°. droit, congé.

FAcultates, um, moyens, puissances, richesses.

FActor, is, Artisan, Ouvrier ; 2°. Auteur ; 3°. celui qui renvoye la bale au jeu de paume.

FActitius, a, um, fait de main ; artificiel.

3.

FAs, Fais; ce qu'on doit faire : parconséquent ; 1°. permis, légal ; 2°. droit, justice.

Fasti, crum ; Fastus, uum, iours où l'on peut agir & où le bareau étoit ouvert ; 2°. par conséquent jours où l'on prononce sur les procès, où l'on rend justice ; 3°. Calendrier où l'on voit les noms de ceux qui rendent la Justice, & les jours qui y font confacrés.

NÉGATIFS.

Ne-Fas, c'est la crase de ne-Faes, qui signifie, non fas est, on ne doit pas faire ; ne faites pas : par conséquent, défendu, illégitime, injuste, chose contre la loi, crime, mauvaise action.

Ne-Farius, méchant, qui fait ce qui est défendu.

Ne-Farie ; ne-Fariò, méchamment.

Ne-Fastus, a, um, qui n'a pas été permis par la Loi, quod non Fas est ; car c'est un mot syncopé pour ne Fas est, qui n'est pas permis ; 2°. malheureux ; 3°. méchant, scélérat.

✦

Facesso, is, ssi, sivi, sii situm, ere ; 1°. faire, accomplir, exécuter ; 2°. susciter, attirer ; 3°. se retirer, partir ; 4°. chasser, éloigner ; 5°. abandonner, quitter.

Faxo, is, it, je ferai ; fasse.

Facinus, oris, action, fait ; 2°. crime, attentat.

Facinorosus, a, um, criminel, débordé, dissolu.

Factio, onis ; 1°. maniere d'agir ; 2°. ligue, conspiration ; 3°. troupe, bande de gens de même protection ; 4°. autorité, crédit.

Factiosus, a, um, actif, agissant, turbulent ; 2°. factieux, intriguant ; 3°. opulent qui a du crédit.

Factiosè, par cabales, par intrigues.

Factus, ûs, façon qu'on donne au marc.

Factum, i, fait, action, entreprise.

Factura, æ, structure, composition ; 2°. état, ouvrage.

Factito, -are, faire souvent, pratiquer.

Factitatio, onis, l'action de faire souvent.

Facturio, -ire, avoir envie de faire.

COMPOSÉS.

Af-Fecto, -are, aspirer, prétendre, poursuivre ; faire quelque chose exprès.

Af-Fectator, is, qui affecte, qui recherche trop particulierement ; 2°. qui fait tous ses efforts pour atteindre à quelque chose.

Af-Fectatio, onis, soin trop étudié ; 2°. désir véhément exprimé au dehors.

Af-Fectatè, d'une maniere affectée, étudiée.

In-Af-Fectatus, a, um, non affecté.

Af-Ficio, is, eci, ectum, icere, émouvoir, toucher, causer quelque altération.

Af-Fectus, a, um, ému, agité ; 2°. combé ; 3°. affectionné, disposé ; 4°. infecté, mal disposé, taché ; 5°. abattu, languissant ; 6°. avancé, achevé.

Af-Fectus, ûs, passion, disposition ; 2°. maladie, indisposition.

Af-Fectus, uum, enfans, gages d'un amour conjugal.

Af-Fectio, onis, inclination, penchant, émotion, changement, état.

Af-Fectuosus, a, um, affectueux, plein de tendresse ; 2°. pathétique.

Ante-Facta, orum, actions passées.

Con-Facio, -ere, faire conjointement.

Con-Ficio, -ere, faire, achever, expédier ; 2°. procurer, causer ; 3°. amasser, acquérir ; 4°. tuer, assommer ; 5°. gâter, perdre.

Con-Ficiens, tis, qui achève.

Con-Ficientissimus, a, um, très-exact.

Con-Fectus, a, um, terminé, accompli ; 2°. cassé, infirme, épuisé ; 3°. détruit, défiguré, mort.

Con-Fectio, onis, composition, préparation, l'action d'achever.

Con-Fectura, æ, fabrique, manufacture ; 2°. confection, préparation.

Con-Fector, is ; con-Fectrix, is, qui achève, qui met fin.

In-con-Fectus, a, um, qui n'est point achevé.

De-Ficio, -ere, manquer, avoir besoin ; 2°. abandonner, quitter, quitter un parti ; 3°. finir, se terminer ; 4°. tomber en défaillance, s'éclipser ; 5°. mourir, expirer.

De-Fectus, a, um, dépourvu ; 2°. languissant, cassé.

De-Fectus, ûs, disette, faute, défaut ; 2°. révolte, désertion ; 3°. foiblesse, langueur, abattement.

De-Fectio, onis, manque ; 2°. rébellion ; 3°. défaillance.

De-Fector, is, rebelle, révolté ; 2°. déserteur, transfuge.

Dif-Ficilis, e, malaisé, difficile ; 2°. obscur, embarrassé ; 3°. capricieux, fâcheux ; 4°. pénible, fatiguant.

Dif-Ficilè,
Dif-Ficiliter,
Dif-Ficulter,
} avec peine, malaisément.

Dif-Ficultas, is, embarras, travail, obstacle ; 2° besoin, indigence, défaut, pauvreté.

Per-dif-Ficilis, e, très-malaisé.

Per-dif-Ficiliter ; Per-dif-Ficulter, fort malaisément.

Sub-dif-Ficilis, e, qui n'est pas aisé.

Ef-Ficio, -ere, 1°. faire, procurer ; 2°. s'efforcer ; 3°. achever, terminer, accomplir.

Ef-Ficientia, æ, activité, force.

Ef-Ficienter, avec effet.

Ef-Ficax, is, qui a la force, la vertu, qui fait effet.

Ef-Ficacia, æ ; Ef-Ficacitas, is, vertu, propriété.

Ef-Ficaciter, avec succès, avec force.

In-ef-Ficax, is, qui n'a pas de force, qui est sans succès.

In-ef-Ficaciter, sans succès, inutilement.

In-Ficio, -are,
In-Ficior, -ari,
} nier, refuser.

In-Ficias ire, dénier, aller à l'encontre.

In-Ficiatio, onis, désaveu.

In-Ficiator, is, qui nie, calomniateur.

In-Ficialis, e ; In-Fitialis, e, négatif, qui nie quelque chose.

In-Ficiens, tis, qui ne sait pas.

In-Ficio, -ere, teindre, colorer ; 2°. empoisonner, corrompre ; 3°. instruire, former.

In-Fectus, a, um, qui n'a pas été fait, imparfait ; 2°. teint, mis en teinture ; 3°. gâté, sali.

In-Fectus, ûs, teinture.

In-Fector, is, teinturier ; 2°. qui sert à teindre.

In-Fectivus, a, um, qui sert à teindre.

Inter-Ficio, -ere, tuer, faire mourir ; 2°. détruire.

Inter-Fectio, onis, meurtre, tuerie.

Inter-Fector, is, meurtrier, qui tue.

INter-FEctivus, a, um; INter-FEctibilis, e, mortel, qui cause la mort.

NAUci-FAcio,-ere,
NIHili-FAcio,-ere, } mépriser.

OF-FActus, a, um,
OF-FEctus, a, um, } mis au devant, empêché.

OF-FEctor, is, teinturier, qui reteint les étoffes.

OF-Ficio,-ere, s'opposer, être contraire; 2°. se mettre au-devant; 3°. nuire, faire du tort, incommoder; 4°. empêcher. Le mot suivant est l'antithèse du précédent.

OF-Ficium, ii, devoir, obligation, emploi, ministère; 2°. bon office, plaisir; 3°. dernier devoir.

OF-Ficiosus, a um, obligeant, serviable, honnête.

OF Ficiosé, obligeamment, de bonne grace, de bon cœur.

OF-Ficialis, is, Ministre public, Magistrat; 2°. Ministre de l'Eglise.

OF-Ficina, æ, attelier, laboratoire, boutique.

OF Ficinator, is, Artisan, Ouvrier.

OF-Fici-Perda, æ, ingrat auprès duquel un service est perdu.

IN-oF-Ficiosus, a, um, désobligeant, qui n'oblige personne.

PArvi-FAcio,-ere, estimer peu.

PEr-FAcilis, e, fort aisé.

PEr-FAcilé, très-facilement.

PEr-FIcio,-ere, faire entierement, terminer; 2°. accomplir, exécuter; 3°. faire en sorte que.

PEr FIcus, a, um, qui perfectionne.

PEr-FIcé; PEr-FEcté, entièrement, parfaitement.

PEr-FIca, æ, Déesse de la volupté.

PEr-FEctus, ûs; PEr-FEctio, onis, perfection, achevement.

PEr-FEctor, is; PEr-FEctrix, icis, qui achéve, qui polit.

IM-PEr-FEctio, onis, imperfection.

IM-PEr-FEctus, a, um, qui n'est point achevé.

POst-FActum, i, ce qu'on a fait après.

PRÆ-FAcio,-ere, préférer.

PRÆ-FAcilis, e, très-facile.

PRÆ-FEctus, i, Gouverneur, Intendant, Commissaire.

PRÆ-FEctura, æ, Intendance, Gouvernement.

PRÆ-FEctorius, a, um, qui concerne un Gouverneur.

PRÆ-FIcio,-ere, commettre, préposer, laisser pour chef.

PRÆ-FIca, æ, pleureuse d'enterrement, louée, préposée pour pleurer.

PRO-FIciscor,-sci, partir, s'en aller; 2°. tirer son origine.

PRO-FEctio, onis, départ, voyage.

PRO-FEctitius, a, um, qu'on tient de son pere.

PRO-FIcio,-ere, profiter, gagner; 2°. réussir, s'avancer; 3°. être utile, aider.

PRO-FEctus, ûs, profit, avancement.

PRO-FEcto, certes, véritablement.

RE-FAcio, ere, refaire.

RE-FIcio,-ere, rajuster, réparer.

RE-FEctus, ûs; RE-FEctio, onis, repas, réfection; 2°. réparation, rétablissement.

RE-FEctor, is, qui rétablit, qui raccommode.

RE-FEctorium, ii, réfectoire, lieu où l'on mange en communauté.

SEmi-FActus, a, um, à demi-fait.

SUf-FIcio,-ere, suffire; 2°. mettre

à la place; 3°. fournir; 4°. être assez fort; 5°. teindre, tacher.

Suf-Ficientia, æ, suffisance.
Suf-Ficienter, suffisamment.
Super-Ficiens, tis, exuberant.

BINOMES.

1.

Magni-Ficus, a, um, magnifique, pompeux; 2°. fastueux, vain.

Magni-Ficé; Magni-Ficenter, pompeusement.

Magni-Ficentia, æ, sublimité, pompe.

Magni-Fico,-are, élever par des louanges; 2°. reconnoître avec admiration.

Magni-Ficatio, onis, l'action de penser ou de parler magnifiquement.

Magni-Facio,-ere, estimer, priser beaucoup.

2.

Male-Ficus, a, um, malfaisant; 2°. nuisible; 3°. scélérat.

Male-Ficé; Male-Ficiosé, malicieusement.

Male-Ficium, ii, méchante action, dégât, tort.

Male-Ficentia, æ, dommage; 2°. pente au mal.

Male-Facio,-ere, faire du mal.

Male-Factor, is; Male-Factrix, cis, qui fait mal, malfaiteur.

Male-Factum, i, crime, mauvaise action.

3.

Miri-Ficé, d'une maniere qui fait merveille.

Miri-Ficus, a, um, merveilleux.

Miri-Fico,-are, rendre merveilleux.

4.

Muni-Fex, icis, qui fait quelque devoir, obligé de faire quelque chose.

Muni-Ficus, a, um, libéral, qui fait du profit.

Muni-Ficé, libéralement.

Muni-Ficentia, æ, libéralité.

Muni-Fico,-are, faire présent.

Muni-Ficium, ii, chose qui n'est point exempte de payer les douanes.

5.

Multi-Facio,-ere, estimer fort.

FAC.

De חגג, HAGG, qui signifie en Oriental, réjouissance, joie, fête, doit être venu le Latin Facetus, qui est réjouissant, enjoué, qui inspire la joie.

Facetus, a, um, } enjoué, railleur, badin,
Facetosus, a, um, } bouffon; 2°. risible; 3°. délicat.

Faceté, plaisamment, agréablement.

Facetia, æ; Facetiæ, arum, enjouement, plaisanteries, bons mots.

Facetior,-ari, plaisanter, railler agréablement.

COMPOSÉS.

Per-Facetus, a, um, fort plaisant.

Per-Faceté, fort plaisamment.

In-Facetiæ, arum; In-Ficetiæ, arum, mauvaises plaisanteries.

In-Ficetus, a, um, qui n'a rien de grossier.

FAD, FED, FID,
Corde.

HED, HYD, signifie en Celte, étendue; 2°. longueur, fil, corde, parce que ce sont des objets longs & étroits:

En Basq. Hedea, courroie, laniere: Hébr.

Héb. חוט, *Hut*, *Hyt*, ficelle, filet. Ce mot, par le changement de H en F, forma l'Allem. *FADen*, fil, & la famille suivante chez les Latins dont l'origine étoit absolument inconnue.

F*ide*lia, æ, vase de terre blanche à mettre du vin ; 2°. ficelle blanchie avec de la craie, pour tirer au cordeau.

F*id*is, *is*, la lyre ; 2°. corde d'instrument de musique.

F*ides*, *is* ; F*ides*, *ium*, instrument de musique à cordes.

F*idic*ula, æ, petit instrument de musique à cordes.

F*idic*ulæ, *arum*, instrumens de torture pour étendre le corps avec violence.

BINOMES.

F*idi*-Cen, *inis*, } Musicien, Musi-
F*idi*-Cina, æ, } cienne, qui jouent d'instrumens à cordes en s'accompagnant de la voix: De can, chanter.

F*idi*-Cinius, *a*, *um*, qui concerne les instrumens à cordes.

F*idi*-Cino, -are, jouer des instrumens de musique montés de cordes.

FAR.

De Har, Far, élevé, se formerent les mots suivans, qui désignent des arbres élevés.

1.

F*ar*nus, *i*, mot rendu par ceux de hêtre, de chêne.

En Irl. Fearn signifie un aune.

En Vald. Varne, Verne, désigne une espéce de haut sapin, de hêtre. Ces mots viennent sans doute de Har, Bar, haut, élevé.

2.

F*ar*ranum, *i*,
F*ar*-Fenum, *i*, } espéce de peu-
F*ar*-Fugium, *ii* } pliers ; 2°. pas
F*ar*-Fara, æ, } d'âne, *plante*.
F*ar*-Farus, *i*,

3.

De Far, élevé, prononcé Fr, & de עץ, Hatz, bois, se formerent,

Fraxinus, *i*, frêne.

Fraxinus, *a*, *um* ; Fraxineus, *a*, *um*, de frêne.

FASC, FISC,
ficelle, bande.

Fasc, Fisc, bande, ficelle, cordon, sont du nombre de ces mots où l'aspiration a cédé la place à la lettre F.

Ask, Isk, est un mot radical qui désigne la force, la puissance, d'où le Grec Iskhus, force, puissance ; isko, iskano, contenir, retenir, réprimer.

Skoinos, cordeau ; 2°. mesure itinéraire.

Phaskolos, écrin,

Phaskolion, bourse, cassette.

De-là ces familles Latines.

1.

Fascia, æ, 1°. bande, bandelette ; 2°. écharpe, jarretiere ; 3°. bandage, brayer ; 4°. mouchoir de cou, gorgerette ; 5°. jupe ; 6°. bande, coterie ; 7°. bandeau royal,

Orig. Lat. Zz

diadême; 8°. cercle du Zodiaque, Zône de la Sphere; 9°. cercle qui paroît quelquefois autour du soleil; 10°. langes, draps, langles de lit.

Fascis, *is*, fagot, botte, fascine; 2°. charge, fardeau.

Fasces, *ium*, faisceaux de verges, marque de la suprême Magistrature.
Fasciculus, *i*, ballot, paquet.
Fascizim, par faisceaux.
Fascia, *æ*, bandelette, ruban, jarretière.
Fascio, *-are*, bander, emmaillotter, entourer de bandes.

2.

Fiscus, *i*, 1°. panier, sac; 2°. panier à mettre de l'argent; 3°. trésor public, fisc; 4°. couloire, panier mis au pressoir, pour que le marc ne passe pas avec la liqueur.

Fiscalis, *e*, qui concerne les finances, le trésor public.
Fiscina, *æ*, corbeille, panier de jonc, d'osier.
Fiscella, *æ*, petit panier; 2°. muselière; 3°. clayon, éclisse à égoutter des fromages.
Fiscellus, *i*; Fiscellum, *i*, éclisse, forme de fromage; 2°. mangeur de fromages frais.

COMPOSÉS.

Con-Fisco, *-are*, confisquer.
Con-Fiscatio, *onis*, confiscation.
Con-Fiscarius, *ii*, délateur.
Suf-Fiscus, *i*, un sac, une bourse.

F E Licitas,

Félicité.

Hal, Hel fut un mot Celte & primitif qui signifia santé, salut, &c.

Il forma une multitude de mots en toute langue, mais sa lettre H se changea souvent en F, en S, &c. comme nous avons vu dans l'*Origine du langage & de l'Ecriture.*

De-là, par le changement de H en F, se forma la famille suivante, tandis qu'on en dériva celle de *Salus* par son changement en S.

Felix, *cis*, } heureux, fortuné;
Foelix, *cis*, } 2°. favorable, propice; 3°. fertile.

Felicitas, *is*, bonheur, fortune, prospérité.
Feliciter, heureusement.
In-Felix, *is*, malheureux; 2°. stérile.
In-Felicitas, *is*, malheur, disgrace.
In-Feliciter, malheureusement; 2°. par malheur.
In-Felicito, *-are*, jetter dans le malheur.

FEMINA,

Femme.

Du mot Homine, homme, se forma le mot Femina, par le changement de H en F, & par l'adoucissement d'O en Œ, & puis en E. De-là cette famille.

Femina, *æ*, femme, femelle; 2°. Dame, Maîtresse.
Femella, *æ*, petite femme.
Femineus, *a*, *um*, de femme; 2°. efféminé, lâche; 3°. tendre; 4°. déréglé; 5°. languissant.
Femininus, *a*, *um*, féminin.
Feminatus, *a*, *um*, efféminé.
Ef-Femino, *-are*, énerver, amollir corrompre, gâter.

FEMur,
Cuisse.

L'origine de ce mot inconnue jusqu'ici tient à la même racine que le Grec Hômos, & le Latin Humerus qui tous deux signifient *épaule*.

Ici le radical s'est prononcé en F pour désigner la cuisse.

Ce radical est HEM, HOM, grosseur, formé de *M* grand.

FEMur, oris, cuisse, dehors de la cuisse.

FEMen, inis, dedans de la cuisse, cuisse.

FEMorale, is, cuissart, armure de la cuisse.

FEMoralia, ium; FEMinalia, um, culottes, caleçons.

FENus,
Gain.

Du primitif ON, HON, richesses, abondance, se forma cette famille Latine.

FENus, oris, 1°. profit, gain ; 2°. intérêt d'argent ; 3°. usure, intérêt excessif, illégitime.

FENebris, e, d'usure.

FENerator, is,
FENerarius, ii, } usurier, qui prête à usure.
FENeratrix, cis,

FENeralia, um, échéance du paiement des usures.

FENeratio, onis, prêt à usure.

FENerato, avec usure.

FENeratitius, a, um, usuraire.

FENeratorius, a, um, d'usure.

FER,
Frapper.

De HAR, BAR, branche, rameau, se formèrent en Latin les verbes VER-BERO, battre, frapper ; & FERio, frapper, blesser ; tandis que d'autres peuples conservèrent la prononciation aspirée.

Ainsi l'Espagnol dit ;

HERio, frapper.

HERida, blessure.

On a même dit en Latin.

HERina, æ, action de couper, castration. De-là :

1.

FERio, -ire, frapper, blesser ; 2°. *au figuré* sacrifier.

RE-FERio, -ire, rendre coup pour coup, frapper à son tour ; 2°. réfléchir.

2.

FERiæ, arum, mot-à-mot, jours de sacrifices ; 2°. *au figuré* jours de repos, fêtes, réjouissances, 3°. vacations, féries.

FERior, atus sum, ari ; mot à mot, être en féries, fêter ; 2°. être oisif.

FERiatus, a, um, qui se divertit.

FERiaticus, a, um, de vacations.

MALé-FERiatus, a, um, paresseux, qui ne s'occupe à rien ; mot à mot, mal disposé pour la fête.

3.

Ce mot éprouva un autre changement ordinaire aux langues : R se changea en D. De-là l'Italien ancien,

FEDire, frapper ; & le Latin,

FŒDus, eris, alliance, ligue, traité, parce qu'on les confirmoit en frappant dans les mains & en immolant une victime en signe qu'on consentoit à être traité comme cette victime, si on étoit parjure au traité.

Fœdero, -are, se liguer, s'allier.

BINOME.

Fœdi-Fragus, a, um, qui rompt l'alliance.

4.

Ferula, æ, férule, espéce de plante; 2°. instrument du supplice que les pédagogues font subir aux enfans : de Ferio, frapper.

Ferulæ, arum, premiers bois des jeunes cerfs.

Ferulaceus, a, um, de férule.

BINOMES.

Oculi-Ferius, a, um, qui frappe la vue.

Oculi Ferium, ii, étalage, montre de boutique.

FESTum,
Fête.

De Hes, manger, repas, vint la famille,

Festum, i, fête, mot-à-mot, jour de repas solemnel; 2°. festin, banquet.

Festus, a, um, de fête; 2°. joyeux; 3°. agréable, divertissant; 4°. heureux, fortuné.

Festivus, a, um, agréable, joyeux, divertissant.

Festivitas, atis, enjouement, galanterie, jeux d'esprit, air enjoué.

Festivé, gaiement, agréablement, d'une manière enjouée, plaisante, réjouissante.

NÉGATIFS.

In-Festo, - are, faire le contraire d'une fête, c'est-à-dire, ravager, désoler, nuire.

In-Festus, a, um, pernicieux, acharné à nuire, qui fait de la peine; 2°. à qui l'on fait de la peine.

In-Festivus, a, um, qui n'a rien d'agréable.

In-Festator, is, qui ravage, Pirate.

In-Festiviter, grossièrement.

In-Festé, avec hostilité, en ennemi.

In-Festatio, dégât, ravage.

COMPOSÉ.

Pro-Festus, a, um, jour où l'on travaille, où l'on ne se régale pas; 2°. excommunié, exclus du repas sacré.

2

Ferilla, æ, bouillie en usage dans les Sacrifices.

FESCENNINI,
Espéce de vers.

Les Latins appelloient Fescennini, les vers qu'on chantoit dans les noces & dans les festins, vers ordinairement libres & enjoués. Les Etymologistes Latins ont été fort embarrassés sur l'origine de ce nom ; les uns disoient qu'il venoit de la Ville de Fescennie où on avoit inventé ce genre de chansons : les autres le dérivoient de Fascinum, charme, parce, disoient-ils, que l'objet de ces vers étoit de dissiper l'effet des charmes, des sorts qu'on auroit pu jetter sur les mariés. On sent très-bien que ces Etymologies sont sans fondement. C'est un mot composé, 1°. de Cenn, chant, & 2°. de Fest, fête, festin, banquet: mot-à-mot, chansons de banquets, de table ; elles sont ordinairement gaies & libres, & sur-tout dans les festins de noces.

HEST, FUSTis,
Bâton.

De St, Est, être debout, se forma chez les Habitans du Nord le mot Fest & chez les Gaulois Fust signifiant, 1°. arbre, bois ; 2°. branche d'arbre. De-là ces familles Latines.

1.

Fustis, is, bâton, bastonnade, supplice des baguettes.

Fusticulus, i, petit bâton.

Fustim, à coups de bâton.

Fustuarius, ii, exécuteur, celui qui fustigeoit les criminels.

Fustuarium, ii, volée de coups de bâton, bastonnade, supplice des baguettes.

Festitudinæ, arum, lieu où l'on frappoit les criminels.

Festigatus, a, um, bâtonné, fustigé.

Fusterna, æ, bâton noueux ; 2°. tronc de sapin.

BINOMES.

Fusti-Baius, i, bâton à lancer des pierres.

Fusti-Balatores, um, ceux qui faisoient jouer la baliste.

2.

Fistuca, æ, hie, demoiselle de paveur ; 2°. sonnette, mouton.

Fistucare, affermir à coups de hie, battre, aplanir avec la batte ; 2°. enfoncer à coups de mouton.

Fistucatio, onis, l'action d'enfoncer des pilotis avec le mouton : action de battre du plâtre, du ciment.

FIL.

Filum, i, est le même que notre mot Fil, & tous les deux paroissent tenir à celui de Pilus, dont nous avons fait Poil ; & à *Capillus*, dont nous avons fait Cheveu.

Mais quelle est l'origine de ces mots ? On a cru qu'ils venoient tous de *Pel* qui signifie peau, enveloppe, mot primitif, commun à une foule de langues, ensorte que peau, poil & fil, en Latin Pellis, Pilus, Filum, ne seroient que des nuances d'un même mot, du mot Pellis.

On a dit également Fall pour poil, cheveu.

En Irl. Faltach, pelisse, manteau, enveloppe.

En Écossois, & en Irl. Folt, cheveu, poil.

Folium, viendroit de la même racine, puisque les feuilles sont comme les plumes, les cheveux des arbres.

Il en sera de même de Velum, voile, enveloppe.

Mais ici l' & F pourroient bien n'être qu'une nuance de l'aspiration H ; dès-lors ceci conduit au primitif Hal, cacher, couvrir, voiler, envelopper, qui fit l'Allem. Helen, Huten, le Latin Celo, en François Celer, &c.

De-là en effet tous ces mots :

La *Peau* qui couvre le corps ; le *poil*, la *plume*, qui couvrent la peau ; les *cheveux* qui couvrent la tête.

On a très-bien vu que le Grec

PTILon qui signifie plume, aile, voile, casque, venoit de la même racine, FIL ou PIL, parce que les Grecs aimoient de faire suivre le P du T.

Mais ce que personne n'a vu, ce dont on ne se doutoit point c'est que les Hébreux avoient le même mot & le même usage. Chez eux. פתיל, PTKIL signifie, Fil, cordon; 2°. ruban; 3°. voile, manteau; 4°. coëffe, turban.

On pourra donc arranger ainsi les dérivés de Hal:

1°. PELLis, peau, autrefois *Pel*, d'où, peler.
2°. PIuma, plume.
3°. PILus, poil.
4°. Ca-PILius, cheveu.
5°. FILum, fil.
6°. VELum, voile.

En voici quelques uns.

1.

FILum, *i*, fil, filet; 2°. ligne; 3°. trait.

FILatim, par filets.
FILarium, *ii*, peloton de fil.
FILacissa, *æ*, fileuse; 2°. petite araignée.
Ex-FILatus, *a*, *um*, faufilé, cousu avec.

2.

FILtratio, *onis*, filtration.

3.

FILix, *cis*, fougere.

FILictum, *i*, une fougeraye.
FILicatus, *a*, *um*, dentelé comme la fougere.
FILicula, *æ*, polypode, plante.

4.

FIL, FUL.

De FIL, FUL, coëffure, voile, se forma cette famille Latine.

IN-FULa, *æ*, mitre, turban, ornement sacerdotal.
IN-FULatus, *a*, *um*, qui a cet ornement sur la tête.
EX IN FULO, -are, ôter l'ornement de tête dont se couvroient les sacrificateurs.

HIL, FIL.

Du même radical HEL, HIL, HOL, signifiant production, action d'élever (*Col.* 30. 31.) & prononcé en F, vinrent,

I. FILius, Fils.

En Celte HIL signifie enfant, postérité.
En Hébr. עיל, *HWul*.
En Basq. ILO.
En Angl. CHILD.

De-là,

FILius, *ii*, fils, enfant, petit.
FILia, *æ*, fille.
FILiolus, *i*, petit garçon, petit fils.
FILiola, *æ*, fillette, petite fille.
FILialis, *e*, d'enfant, filial.
FILiaster, *tri*; FILiastra, *æ*, beau-fils, belle fille.

II. FOLium, Feuille.

FOLium, feuille, en Orient. עלה, *Holé*; c'est un dérivé de *Hol*, sur, dessus; 2°. élévation.

Ce mot signifiant également produire, on voit qu'il convient parfaitement à l'idée des feuilles, puisque ce sont des productions placées au-dessus des plantes auxquelles elles servent ainsi de chevelure, de couverture, de couronnement.

Folium, ii, feuille ; 2°. feuillage ; 3°. guirlande, couronne.

Foliosus, a, um ; Foliatus, a, um, feuillu, couvert de feuilles.

Foliaceus, a, um, fait de feuilles ; 2°. fait en forme de feuilles.

Foliatio, onis, l'action de se couvrir de feuilles.

Foliatum, i, sorte de parfum des anciens.

Foliatura, æ, feuillage des arbres.

BINOMES.

Mille-Folium, ii, } mille-feuille,
Mille-Folia, æ, } herbe.

Tri-Folium, ii, trefle.

FOR

Du Grec Hormos, rade, port, abri pour les vaisseaux, se forma le Latin,

Formiæ, arum, rades excellentes, bons ports, abri sûr.

FOR,
Ouverture, Porte.

Du primitif Or, jour, lumiere, les Latins firent Foris, 1°. porte, jour d'une maison; 2°. ce qui est au grand jour, en dehors. De-là une nombreuse famille.

1.

Foris, dehors, par-dehors.
Foris, hors, dehors.
Forin-secus, par dehors.

COMPOSÉS.

A-Foris, de dehors.
De-Foris, en dehors, par dehors.

2.

Forum, i, halle, porche, galerie, corridor, appartement extérieur ; 2°. entrée, vestibule d'un tombeau ; 3°. marché, place publique de trafic ; 4°. Barreau, lieu où l'on rend la Justice ; 5°. cuve à vendanger.

Forensis, e, du barreau.
Fora, orum, cuves de pressoir.
In-Forator, oris, qui appelle en Justice.

3.

Fori, orum, chaises, bancs ; 2°. sentiers, allées d'un jardin ; 3°. ponts d'un navire, tillac.

Foruli, orum, armoires, tablettes à livres, trous ; 2°. tiroirs, layettes.

Foris, is ; Fores, ium, porte.

Forculus, i, le Dieu des portes.

Foria, orum, excrémens liquides, foire, ce qu'on jette au dehors.

Foriolus, a, um, qui a le cours de ventre, foireux.

Forica, æ, privé, retrait, l'ouverture de la garde robe.

Forcula, æ, petite porte, guichet.
Forinæ, arum, canaux, tuyaux.

4.

Foro, -are, trouer, percer.
Forabilis, e, qu'on peut percer.
Foramen, inis, trou ; 2°. pore.

COMPOSÉS.

Circùm-Foro, -are, percer tout autour.

Circùm-Foraneus, a, um, qui va de place en place, de marché en marché, pour vendre.

In-Foro, - are, percer, trouer ; 2°. divulguer.

In-Forator, is, celui qui perce.

Per-Foro, - are, trouer, percer.

Per-Foratio, onis, l'action de trouer.

Per-Foratile, is ; Per-Foraculum, i, foret, villebrequin.

Trans-Foro, -are, percer de part en part.

BINOMES.

Multi-Forus, a, um ; Multi-Foris, e, qui a plusieurs trous.

Multi-Foratilis, e ; Multi-Foratilis, e, percé de plusieurs trous.

Septi-Foris, e, qui a sept trous.

FORM,
Forme, figure.

Du même primitif Hor, jour, lumiere, vint en Grec Horaô, voir, d'où par le changement de H en M les Grecs firent Morphé, forme, figure, apparence, vision, tandis que les Latins changeant H en F, en firent :

Forma, la forme, la figure, l'apparence, sous laquelle on voit un objet.

Forma, æ, 1°. figure, forme ; 2°. plan, modele ; 3°. idée, image ; 4°. moule ; 5°. éclisse, forme de fromage ; 6°. régle ; 7°. beauté, graces.

Formella, æ. éclisse de fromage.

Formo-are, figurer, façonner, former ; 2°. dresser, instruire.

Formula, æ, formule, maniere, regle ; 2°. style prescrit dans les actes judiciaires.

Formularius, ii, un bon Praticien, qui possède l'usage du barreau.

Formalis, e, qui est dans les formes.

Formalitas, is, formalité.

Formaliter, formellement.

Formatura, æ, tour, conformation.

Formatio, onis, représentation, dessein.

Formator, is, qui façonne, qui instruit.

Formamentum, i, forme que prend quelque chose.

Formaster, tri, qui imite, qui contrefait quelqu'un ; 2°. qui fait l'agréable.

Formiceus, a, um, fait de terre paitrie.

Formositas, is, beauté, grace.

Formosus, a, um, beau, joli.

Formosulus, a, um, joli, gracieux.

COMPOSÉS.

Con-Formo, - are, former, donner une forme ; 2°. disposer, ajuster, presser.

Con-Formitas, is, ressemblance, rapport.

Con-Formis, e, semblable, de même figure.

Con-Formatio, onis, arrangement, figure, tour ; 2°. idée, notion, représentation ; 3°. prosopopée.

Con-Formator, is, qui arrange, qui forme, qui régle.

De-Formo, - are, 1°. défigurer, rendre difforme ; 2°. faire le portrait, décrire ; 3°. déshonorer ; tailler, dégrossir.

De-Formis, e, défiguré, hideux, vilain ; 2°. honteux, mal-séant.

De-Formitas, is, laideur ; 2°. deshonneur.

De-Formiter, d'une maniere désagréable.

De-Formatio,

DE-Formatio, onis, dessein, esquisse, ébauche ; 2°. l'action de défigurer ; 3°. deshonneur.

IN-Formis, e, qui n'a ni forme, ni figure, qui n'est point formé.

3.

IN-Formitas, is, imperfection, difformité.

IN-Formo, -are, former, dresser ; 2°. ébaucher, crayonner ; 3°. se former dans l'idée ; 4°. instruire, 5°. décrire.

IN-Formatio, onis, idée, représentation.

IN-Formabilis, e, à quoi l'on ne peut donner de forme.

PER-Formo, -are, former entièrement.

PRÆ-Formo, -are, former, dresser par avance ; 2°. ébaucher.

PRÆ-Formator, is, qui forme auparavant.

PRÆ-Formatio, onis, ébauche, l'action de former auparavant.

RE-Formo, -are, former de nouveau, réformer.

RE-Formatio, onis ré formation.

RE-Formator, is ; RE-Formatrix, icis, restaurateur, réformateur, réformatrice.

TRANS-Formo, -are, métamorphoser ; donner une autre forme.

TRANS-Formis, e, qui change de forme.

TRANS-Formatio, onis, métamorphose.

BINOMES.

MULti-Formis, e, qui est de plusieurs figures ; 2°. changeant.

MULti-Formiter, diversement.

OMni-Formis, e, qui prend toute sorte de formes.

PLuri-Formis, e, qui a plusieurs formes.

SEMi-Formis, e, à demi-formé.

Orig. Lat.

SEPti-Formis, e, qui est de sept manieres.

TRi-Formis, e, qui a trois figures.

FOR.

Du même primitif HOR jour, lumiere, qui signifie également soleil, feu, chaleur, dériverent tous ces mots en FOR, FER, FUR.

I.

FORMica, æ, fourmi, parce qu'elle cause une vive cuisson par sa piquure.

FORMicinus, a, um, de fourmi.

FORMicosus, a, um, plein de fourmis.

FORMico, -are, démanger, chatouiller.

FORMicatio, onis, ébullition de sang avec démangeaison.

FORMicans, tis, }
FORMicalis, e, } qui fait ressentir une démangeaison semblable à celle que causeroient des fourmis.
FORMicabilis, e, }

FORMi-Lega, æ, fourmi : de Lego, cueillir.

II.

FORNax, cis, fournaise.

FORNacula, æ, four, fourneau.

FORNaceus, a, um ; FORNacalis, e, de four, de fournaise.

FORNacalius, ii, }
FORNacarius, ii, } fournier, celui qui chauffe les fours.
FORNacator, is, }

FORNacalia, ium ; FORNicalia, um, Sacrifices qu'on faisoit aux Dieux dans les fours.

III.

FORNix, icis, voûte, arche ; 2°. lieu de prostitution.

FORNicor, -ari, être courbé en arc, se voûter.

FORNicatio, onis, structure en voûte.

Aaa

Fornicator, is, débauché, fornicateur.
Fornicarius, a, um, de débauche.

Con-Fornico, -are, voûter, former en arc.

Ex-Fornicor, -ari, pécher contre nature.

IV.

Furnus, i, four, fournaise.

Furnarius, ii, Boulanger.

Furnaria, æ, boulangerie, métier de Boulanger.

Furnaceus, a, um, de four.

Præ-Furnium, ii, bouche d'un four.

In-Furnibulum, i, pèle à feu.

V.

De Her, chaleur, les Grecs firent Pher, Ther, chaleur, & Phlerm, chaud : En Anglois & en Allemand Werm & Warm : les Latins dirent aussi en Ferm, Ferv,

Forbea, æ, nourriture chaude.

Fermentum, i, levain, ferment.

Fermento, -are, faire fermenter, joindre avec du levain.

Fermentesco, -ere, lever, s'enfler.

Fermentatio, onis, fermentation.

Fervo, -ere, brûler, jetter des flammes ; 2°. prendre feu, se mettre en colere ; 3°. se troubler, s'échauffer.

Fervor, voris, ardeur, chaleur ; 2°. bouillonnement, transport ; 3°. fermentation, agitation.

Ferveo, es, bui, ere ; Fervesco, is, scere, s'échauffer, bouillonner ; 2°. être embrâsé, agité.

Fervidus, a, um, brûlant, bouillant ; 2°. vif, qui a du feu ; 3°. animé, agité.

Ferventer, avec feu, ardeur.

Ferv-Facio, feci, factum, faire bouillir 2°. agiter, animer.

Composés.

Con-Ferveo, es, bui, ere, } se fondre
Con-Ferbeo, -ere, } ensemble, se souder, se rejoindre.

Con-Fervesco, -ere, bouillir, fermenter ; 2°. s'enflammer.

Con-Ferve-Facio, ere, embrâser, brûler.

De-Ferbeo, } } 1°. cesser
De-Ferveo, } bui ou vi } de bouillir,
De-Fervesco, } } se refroidir ;
2°. s'appaiser, se calmer.

De-Ferve-Facio ; In-Ferve-Facio, -ere, faire bouillir.

Ef-Fervo, -ere, } sourdre, se
Ef-Fervo, is, vi, lui, ere, } répandre à
Ef-Fervesco, is, lui, ere, } gros bouillons ; 2°. s'échauffer, mettre sa bile en mouvement.

In-Ferveo, }
In-Fervo, } bouillir avec.
In-Fervesco, }

Præ-Fervidus, a, um, fort chaud, ardent.

Per-Fervidus, a, um, très-chaud.

Re-Ferbeo, } 1°. re-
Re-Ferveo, bui, ere, } com-
Re-Fervesco, is, bui, scere, } mencer
à bouillir ; 2°. se refroidir.

Sub Fervidus, a, um, un peu ardent.

Suf-Ferveo, es, bui ; Suf-Ferve-Fio, bouillonner un peu.

Suf-Ferve-Facio, faire bouillir un peu.

VI.

FEBRis, Fièvre.

De l'Oriental Hur, feu, se forma le Grec Pur, feu : d'où par le changement de P en F & de U en B se forma le mot FEB, qui désigna le feu; 2°. la fiévre, qui est un feu interne.

1.

FEBris, is, fiévre, frisson.

FEBrilis, e, de fiévre.
FEBrio, -ire, avoir la fiévre.
FEBricula, æ, petite fiévre.
FEBresco, -ere, éprouver des mouvemens de fiévre.
FEBricosus, a, um, FEBriculosus, a, um, fiévreux qui cause la fiévre.
FEBriculositas, is; FEBricitatio, onis, mouvement de fiévre.
FEBricito, -are, avoir la fiévre.
FEBricitator, is, qui a la fiévre.
FEBriculentus, a, um; FEBricitans, tis, qui éprouve les frissons de la fiévre.

BINOME.

FEBri-FUGA, æ, } matricaire; 2°. fé-
FEBri-FUGIA, æ, } brifuge.

2.

FEBruum, i, sacrifice expiatoire.

FEBruus, i, Dieu des mânes, Pluton.
BEBruus, a, um, qui expie, qui purge.
FEBrulis, is; FEBrualis, is, surnom de Junon Expiatrice.
FEBruo, -are, expier, faire des purifications.
FEBruatio, onis; FEBruamentum, i, expiation, purgation.

FEBruarius, ii, le mois de Février, où se faisoient les Sacrifices expiatoires.

FEBruarius, a, um, de Février.

VII.

FUR, Fureur.

Du Primitif UR, feu, chaleur, prononcé FUR, se forma cette famille Latine.

1.

FURO, is, -ere, être en fureur; 2°. être transporté de colere; 3°. enrager.

FUROR, is, furie, transport; 2°. folie, manie; 3°. enthousiasme; 4°. passion violente.
FURIO, -are, mettre en furie.
FURiosus, a, um, furieux, transporté de fureur; 2°. insensé.
FURiose, en furie.
FURens, tis, impétueux, violent.
FURenter, avec fureur.

2.

FURia, æ, fureur, transport de colere.
FURiæ, arum, furies, remords de conscience.
FURialis, e, de furieux.
FURialè, FURialiter, en furie.
FURbundus, a, um, transporté, furieux.
FURina, æ, Erynnis, Déesse des crimes.
FURinalia, ium, fêtes dédiées à Erynnis.

COMPOSÉS.

INTER-FURO, -ere, faire le furieux par-tout.
PER-FURO, -ere, être transporté de fureur.
PRÆ-FURO, -ere, être fort en fureur.
SUF-FUROR, -ari, filouter, dérober en cachette.

FUL,

briller.

De HEL, HOL, soleil, lumiere, vint par le changement de H en F, la famille Latine FULGere, briller, composée de tous ces dérivés.

FULGO, is, si, ere, } briller,
FULGeo, es, Fulsi, ere, } répandre une extrême clarté; 2°. éclairer, faire des éclairs.

Aaa ij

FULGUR, is, \
FULGETRUM, i, } lueur extrême, splen-
FULGETRA, æ, } deur ; 2°. lumiere,
FULGOR, is, / éclat ; 3°. grande &
subite lueur, éclair,
foudre.

FULGURO,-are, briller, reluire ; 2°. éclairer, faire des éclairs.

FULGURITUS, a, um ; FULGURATUS, a, um, frappé de la foudre.

FULGURITAS, atis, splendeur, éclat.

FULGURIO,-ire, foudroyer, lancer la foudre.

FULGURATOR, is, devin, qui pronostiquoit ce que présageoient les éclairs.

FULGURALIS, e, qui concerne les éclairs.

FULGORA, æ, la Déesse des éclairs.

COMPOSÉS.

AF-FULGEO, -ere, reluire, éclairer ; 2°. se montrer favorable.

CIRCUM-FULGEO,-ere, briller de toutes parts.

CON-FULGEO,-ere, resplendir.

EF-FULGO, is, ere, briller.

EF-FULGEO,-ere, éclater, reluire.

IN-FULGENS, is, resplendissant, luisant.

INTER-FULGEO,-ere, briller au milieu.

PER-FULGURO, -are, briller comme des éclairs.

PRÆ-FULGURO,-are, faire briller comme un éclair.

PRÆ-FULGEO,-ere, être resplendissant.

RE-FULGEO, -ere, avoir de l'éclat.

RE-FULGENTIA, æ, lueur, brillant.

RE-FULGIDUS, a, um, resplendissant.

SUPER-FULGEO, es, ere, briller davantage.

2.

FULMEN, inis, foudre, feu du Ciel.

FULMINEUS, a, um, de foudre.

FULMINO,-are, foudroyer.

FULMINATIO, onis, éclat de tonnerre.

DIF-FULMINO,-are, foudroyer.

3.

FELES, is ; FELIS, is, chat, fouine, belette ; à cause de leur couleur d'or ou jaune.

FELIO,-ire, crier comme le léopard.

FELINUS, a, um, de chat.

FULVIANA, æ, espèce d'ortie.

4.

FLAVUS, a, um, c'est pour FALVUS, qui se disoit autrefois, & dont les François avoient fait FALVE, & puis FAUVE, de couleur d'or, blond.

FLAVEO,-ere ; FLAVESCO,-ere, devenir blond doré ; 2°. jaunir.

FLAVI-Comans, tis ; ——— comus, a, um, qui a les cheveux blonds : de COMA, chevelure.

SUB-FLAVUS, a, um ; SUF-FLAVUS, a, um, un peu jaune, ventre de biche.

FULVUS, a, um, jaune, roux, fauve.

FULVASTER, tra, trum, roux, ventre de biche.

5.

FULIGO, inis, suie de cheminée.

FULIGINEUS, a, um, de suie.

FULIGINOSUS, a, um, plein de suie.

FULIX, icis ; FULICA, æ, poule d'eau, ainsi appellée, de sa couleur noirâtre.

FUNis,

Corde.

Ce nom est un de ceux où la lettre F a remplacé l'aspiration H pour en adoucir la pronciation. C'est le mot primitif HON?., qui signifie comme verb., ber, & comme nom un rejetton, un rameau tendre, souple, propre à faire des liens.

Les Grecs en firent le mot INES,

nerfs, fibres, fils, prononcé également In au singulier; mais altéré au nominatif en Is; comme cela arrive constamment dans ces sortes de noms de la troisiéme déclinaison, qui perdent toujours une syllabe au nominatif.

Les Hébreux pour distinguer ces deux idées de lier & de branche proche propre à lier, prononcent le premier Hond & le second Honph.

1.

FuNis, is, corde, cable.

FuNiculus, i, ficelle, cordelette.
FuNarius, ii, Cordier.
FuNalis, e, de corde, d'attelage.
FuNale, is, corde, cable; 2°. flambeau, torche.
FuN-Ambulus, i, Voltigeur, Danseur de corde.
FuNetum, i, branches de vigne tortillées en corde.
FuNe-Repus, a, um, qui danse sur la corde.

3.

De FuNis, corde, se forma FuNda, filet; 2°. fronde.

En Grec Sphendoné, que mal-à-propos on regardoit comme la racine de Funda.

Funda, æ, fronde, 2°. tramail : filet de pêcheur : 3. chaton de bague.

Fundala, æ, petite fronde.
Funditor, is, Fundibularius, ii, frondeur.
Fundibulum, i, fronde ; 2°. la pierre lancée avec la fronde.

Fundibalista, æ,
Fundibalus, i,
Fundibalator, i, } frondeur.
Fundibalitor, is,
Fundibularius, ii,

FUNus,
Funérailles.

Lorsque sans aucun principe, on vouloit percer l'obscurité profonde des Etymologies, on a dit: Funus nom des convois funébres vient de Funis, corde ; car ces convois se faisoient la nuit, par conséquent aux flambeaux ; or ces flambeaux consistoient en branches liées avec des cordes : & ceux qui sentant le ridicule de ces étymologies, cherchoient quelque chose de mieux, soupçonnoient que ce mot Funus pouvoit bien venir du Grec Phonos meurtre, massacre : à quoi ils auroient pu ajouter que les premieres funérailles furent occasionnées par un meurtre. Mais ce n'est rien de tout cela.

Funus est un de ces mots où la lettre F a pris la place de l'aspiration, & auquel les Latins ont ajouté leur terminaison us pour le nominatif, er pour les autres cas : le radical fut donc Hun, Hun, Hon: Mais ce mot est une onomatopée représentant les soupirs, les gémissemens d'une profonde tristesse.

Aussi les Orientaux en firent les mots עני, Honi, affliction, misere, douleur: און, Hun, peines douleurs, ennuis; אוּן, *Hunn*, noirceur, obscurité, ténèbres.

Tout est noir dans les funérailles, la Nature entière semble être en deuil : il semble qu'il ne reste plus que douleur & qu'angoisse, que rien ne sera capable de consoler.

1.

Funus, eris, 1°. convoi, enterrement; 2°. mort; 3°. ruine, perte.

Funera, æ, la plus proche parente d'un mort.

Funus, a, um,
Funerius, a, um, } de funérailles.
Funerarius, a, um,

Funero, are, enterrer, faire les funérailles.

Funeratus, a, um, dont on a fait les funérailles; 2°. mort, tué.

5.

Funebris, e, de deuil, qui concerne les funérailles.

Funestus, a, um, dommageable, pernicieux; 2°. qui cause la mort; 3°. qui est en deuil; 4°. souillé de meurtre.

Funesto, are, profaner par un meurtre un lieu sacré.

Fin de la premiere Partie du Dictionnaire Etymologique.

ERRATA.

Col. 24. Æchtsen, *lisez* Æchzen.
— 27. Alacer, eris, *lis.* cris.
— 60. Schn-Appen, *lis.* Schn-Appen.
— 75. Ære-Diratus, *lis.* Ære-Dirutus.
— 76. Lig. 3. *fodire*, lis. *fodere*.
— 89. Armi-luſtrum, ii, lis. i.
— 90. Hortamentum, is, lis. i.
Ibid. Hortatius, *lis.* Hortativus.
— 93. Assares, a, um, *lis.* Assares, um.
— 102. lign. dern. Aplustria, iorum, *lis.* ium.
— 120. Automaria, *lis.* Automataria.
— 130. Præ-Bito, *lis.* Præ-Bibo.
— 172. Fety, *lis.* Fett.
— 179. lig. 2. Beto, *lis.* Beto.
— 213. lign. dern. Per-cepio, *lis.* cipio.
— 228. Scabres, ei, lis. is.
— 246. lig. 11. par morceaux, *lis.* par monceaux.
— 249. Castellula, *lis.* Cistellula.
Cesti-Ger., *lis.* Cistiger.
— 250. Intlr-Costacus, *lis.* Inter-Costalis.
Inter-Cos, *lis.* Inter-cus.
— 251. Codon-Phorus, *lis.* Codono-Phorus.

— 257. Cespitius, *lis.* Cespititius.
— 268. lig. 7. Scapel, *lis.* Scalpel.
— 269. lig. 6. avant la dern. entraille, *lis.* entaille.
— 292. lig. 4. antus, lis. antes.
— 300. Accline, is, *lis.* Acclinis, e.
— 355. avant dern. Cuncpor, *lis.* Cunctor.
— 365. Cannabis, i, lisez is.
— 380. Curalis, e *lis.* Curialis, e.
— 381. De-Curiatus, a, um, en deux endroits, *lis.* De-Curiatus, us.
— 428. Ago-Ceros, *lis.* Ægo-Ceros.
— 447. Κρατης, *lis.* Κρατηρ.
— 457. Causi-Ficcor, *lis.* Causi-Ficor.
— 468. Crumata, orum, lis. um.
— 500. Collaphizo, *lis.* Colaphizo.
— 506. Kisse, *lis.* Kiss.
— 523. Dicitale, *lis.* Digitale.
— 528. Dicato, *l.s.* Dicta.
— 585. lig. 5. Itinearius, lis. Itinerarius.
— 653. Fedelis, *lis.* Fidelis.
— 654. Per-Fidelis, e, très-difficile, *lis.* très-fidele.
— 660. Af-Fibulo, -are, boucher, *lis.* boucler.
— 662. Con-Figo, ere, per, *lis.* percer.
Col. 578. Ne lisez le N° V qu'après le N° IX. col. 580.

FIN.

www.ingramcontent.com/pod-product-compliance
Lightning Source LLC
Chambersburg PA
CBHW061955300426
44117CB00010B/1350